T5-BQA-245

Alter Orient und Altes Testament
Veröffentlichungen zur Kultur und Geschichte
des Alten Orients und des Alten Testaments

Band 247
Ana šadî Labnāni lū allik
Festschrift für Wolfgang Röllig

Alter Orient und Altes Testament

Veröffentlichungen zur Kultur und Geschichte des Alten Orients
und des Alten Testaments

Herausgeber
Manfried Dietrich · Oswald Loretz

1997

Verlag Butzon & Bercker Kevelaer

Neukirchener Verlag Neukirchen-Vluyn

Ana šadî Labnāni lū allik

Beiträge zu altorientalischen und mittelmeerischen Kulturen

Festschrift für Wolfgang Röllig

Herausgegeben
von
Beate Pongratz-Leisten
Hartmut Kühne
Paolo Xella

1997

Verlag Butzon & Bercker Kevelaer

Neukirchener Verlag Neukirchen-Vluyn

Die Deutsche Bibliothek – CIP-Einheitsaufnahme

Ana šadî Labnāni lū allik:
Beiträge zu altorientalischen und mittelmeerischen Kulturen;
Festschrift für Wolfgang Röllig / hrsg. von Beate
Pongratz-Leisten ... – Kevelaer: Butzon und Bercker;
Neukirchen-Vluyn: Neukirchener Verl., 1997
(Alter Orient und Altes Testament; Bd. 247)
ISBN 3-7666-0074-5 (Butzon und Bercker)
ISBN 3-7887-1616-9 (Neukirchener Verl.)
NE: Pongratz-Leisten, Beate [Hrsg.]; Röllig, Wolfgang:
Festschrift; GT

Herstellung: Weihert-Druck GmbH, Darmstadt
Printed in Germany
ISBN 3-7887-1616-9 Neukirchener Verlag
ISBN 3-7666-0074-5 Verlag Butzon & Bercker

Vorwort der Herausgeber

Ana šadî Labnāni lū allik „Ich ging wahrlich bis zum Libanongebirge“

Am 6. Februar 1997 wird Wolfgang Röllig 65 Jahre alt. Diese Festschrift ist eine Antwort auf seine Forschungsanstöße im Bereich der Sprachen und Kulturen Vorderasiens wie auch auf sein persönliches Engagement als Lehrer und Mensch im Umgang mit seinen Schülern. Seine Kollegen, Schüler und Freunde widmen sie ihm in Anerkennung, Dankbarkeit und Verbundenheit. Die thematische Vielfalt der Beiträge aus den Bereichen der Assyriologie, der Nordwestsemitistik, der Hethitologie, der Vorderasiatischen, Ägyptischen und Biblischen Archäologie sowie des Alten Testaments und der Alten Geschichte spiegeln die Vielseitigkeit und Interdisziplinarität, die den Jubilar auszeichnen.

Angesichts der großen Zahl der Beiträge und ihrer internationalen Herkunft sowie der Tatsache, daß wir den Autoren eine Korrekturlesung ermöglichen wollten, haben wir auf eine Vereinheitlichung der Bibliographien und Zitierweise verzichten müssen. Für die Abkürzungen verweisen wir daher auf die einschlägigen Bibliographien in *Akkadisches Handwörterbuch, Chicago Assyrian Dictionary, Reallexikon der Assyriologie und Vorderasiatischen Archäologie, Keilschriftbibliographie* und *Archiv für Orientforschung Bd. 25 ff.*

Daß dieses Projekt rechtzeitig zum Abschluß gebracht werden konnte, verdanken wir dem Einsatz von Wolfgang Pempe, der das Formatieren der Texte übernahm, und Susanne Fischer, die sowohl die Autorenkorrekturen auf dem Computer vorgenommen wie auch maßgeblich das Layout für den Abbildungsteil fertiggestellt hat. Ebenso danken wir Corinne Bonnet, die uns beim Korrekturlesen unterstützt hat. Nicht zuletzt gilt unserer besonderer Dank Manfried Dietrich und Oswald Loretz, die das Erscheinen der Festschrift in ihrer Reihe ermöglichten und uns in der Phase der Redaktion mit Rat und Tat zur Seite standen.

Beate Pongratz-Leisten Hartmut Kühne Paolo Xella

Zum Geleit

Schüler, Freunde und Kollegen wollen Wolfgang Röllig mit dieser Festschrift zu seinem fünfundsechzigsten Geburtstag gratulieren und ehren. Er hat wie kaum einer in den letzten dreißig Jahren die Wissenschaft der Altertumskunde Vorderasiens bewegt. Geboren 1932 in Dresden, verlor er seinen Vater und einen Bruder im Zweiten Weltkrieg. Kurz vor dem Abitur mußte er den Tribut an das zweigeteilte Deutschland entrichten und wechselte nach Westberlin. Dort begann er nach Vollendung seiner Schullaufbahn 1952 das Studium der Religionswissenschaft, Alten Geschichte, Orientalistik und Altorientalistik und hörte bei Walter Braune, Johannes Friedrich und Franz Altheim. Nicht genug damit studierte er evangelische Theologie an der Kirchlichen Hochschule bei Leonhard Rost, Günther Harder, Heinrich Vogel und Ludwig Köhler. 1955 ging er nach Heidelberg und hörte dort bei Adam Falkenstein, Albert Dietrich, Anton Schall, Gerhard von Rad, Karl Georg Kuhn, Günter Bornkamm und anderen. Am Ende seiner Heidelberger Zeit 1957 gab er das Studium der evangelischen Theologie zugunsten einer stärkeren Konzentration auf die Altorientalistik auf. Er ging nach Wien zu Wolfram von Soden, um an dem Akkadischen Handwörterbuch mitzuarbeiten. Dort vollendete er seine bei Johannes Friedrich begonnene Dissertation mit dem Titel „Studien zu ausgewählten phönizischen und punischen Inschriften" und promovierte im Januar 1960 in Berlin.

So breit wie sein Studium angelegt war, so begann auch seine wissenschaftliche Karriere. 1961 wurde er Assistent bei Wolfram von Soden, der inzwischen nach Münster gegangen war. Seine Dissertation baute er mit Herbert Donner zu einem Handbuch aus, das in drei Bänden 1962-1964 unter dem Titel „Kanaanäische und aramäische Inschriften" in Wiesbaden erschien und 1978-1980 die vierte Auflage erfahren hat. Gleichzeitig arbeitete er weiter mit W. von Soden am „Akkadischen Handwörterbuch" und am „Akkadischen Syllabar". Letzteres erschien 1967 in völliger Neubearbeitung und erreichte 1991 die vierte Auflage. Parallel zu diesen drei größeren Unternehmungen verfaßte er seine Habilitationsschrift mit dem Titel „Quellen zur Chronologie des 2. Jahrt. v.Chr. in Mesopotamien", die er Ende 1965 an der Westfälischen Wilhelms Universität einreichte. Noch bevor das Verfahren abgeschlossen war, erreichte ihn der Ruf der Universität Tübingen auf den neu geschaffenen Lehrstuhl für Altorientalistik, dem er zum Sommersemester 1966 folgte.

In Tübingen stand er vor der Aufgabe, dieses neu gegründete Institut mit Inhalt und Leben zu erfüllen, worin ihn besonders der Ägyptologe Hellmut Brunner unterstützte. Es entsprach seinem weit gesteckten Horizont, daß kurz nach seiner Berufung die Vorarbeiten zur Gründung eines Sonderforschungsbereiches begannen, die geschickt und energisch ebenfalls von Hellmut Brunner betrieben wurden. Im Jahre 1969 begann die Förderung durch die Deutsche Forschungsgemeinschaft. 1972 übernahm Wolfgang Röllig die Leitung dieses Forschungsunternehmens, das den Namen „Tübinger Atlas des Vorderen Orients" bekommen hatte. Damals ahnte wohl niemand, am wenigstens Wolfgang Röllig selbst, daß dies sein Lebenswerk werden sollte. Als es sich nach vierundzwanzigjähriger Förderung am 30.6.1993 auflöste, war ein gigantisches Kartenwerk vollbracht, bestehend aus 295 Blättern. Ein dreibändiges Register, herausgegeben von Horst Kopp und Wolfgang Röllig, erschließt dieses Werk. Da wo es nützlich erschien, werden die Karten von den „Beiheften zum Tübinger Atlas des Vorderen Orients" begleitet, von denen bisher 82 Bände erschienen sind, herausgegeben von Wolfgang Röllig.

Innerhalb des Gesamtprojektes vertrat und leitete er den Bereich des Alten Orients. Die hier zu bewältigenden Aufgaben waren im Verhältnis keineswegs weniger umfänglich als das Gesamtwerk. Es galt nicht mehr und nicht weniger, als das gesamte Quellenmaterial des Alten Orients auf seine Toponyme zu durchforsten. Diese Grundlagenforschung war die Voraussetzung für die zahlreichen Fragen der Historischen Topographie und Geographie. Unnötig zu betonen, daß sich in Wolfgang Rölligs Geist daran gleich die ganze Kulturgeschichte des Alten Orients anschloß. Auch dieser gigantischen Aufgabe stellte er sich auf zwei Ebenen: Die eine beschäftigte sich streng mit den schriftlichen Quellen, und das Resultat ist bekannt: Das „Répertoire Géographique des Textes Cunéiformes" hat in bisher zwölf von Wolfgang Röllig herausgegebenen Bänden die Toponyme des Alten Orients erschlossen. Der französische Titel wurde von den Kollegen übernommen, die damit begonnen und ihre Materialien eingebracht hatten, den Belgiern Jean-Robert Kupper und Wilhelmus Francois Leemans und dem Franzosen Jean Nougayrol. Die andere Ebene war die der Vorderasiatischen Archäologie, der Wolfgang Rölligs Neigung seit jeher galt und die an der Universität Tübingen nicht vertreten war. Die Arbeit am Tübinger Atlas und am Répertoire Géographique ließ eine Ergänzung durch die Archäologie unumgänglich erscheinen, um nicht zuletzt wenigstens punktuell den Versuch wagen zu können, den Quellenbefund im Gelände nachzuvollziehen. Dabei gelang Wolfgang Röllig 1977 der wohl schönste Erfolg, nämlich die Identifizierung des modernen Ortes Tall Šēḫ Ḥamad mit der viel gesuchten assyrischen Stadt Dūr-Katlimmu. Es kam für Wolfgang Röllig sicher nicht unerwartet, daß solche archäologischen Geländeunternehmungen ihre eigene Dynamik entwickelten, zumal wenn sie mit dieser Glückshypothek behaftet waren. Die daraus folgende und bis heute anhaltende Ausgrabung bescherte ihm das archäologische Engagement, das er sich vielleicht schon immer gewünscht hatte. Er stellte sich ihm bereitwillig. Honoriert hat ihm das seine Universität mit der Einrichtung einer Professur für Vorderasiatische Archäologie im Jahre 1993.

Über die unendlich viel Zeit verschlingende organisatorische Arbeit am Atlas hat er sein eigentliches wissenschaftliches Stammgebiet, die Altorientalistik, nie vernachlässigt. Seine beiden Schwerpunkte waren die

Assyriologie und die westsemitischen Sprachen und Epigraphik. Über siebzig Artikel bezeugen seine andauernde wissenschaftliche Kleinarbeit, aber auch hier neigte er immer zum Grundsätzlichen. So erschien 1979 die von seinem Lehrer Johannes Friedrich stammende, aber mit ihm völlig neu bearbeitete „Phönizisch-punische Grammatik" und 1994 das mit Johannes Renz zusammen verfaßte dreibändige „Handbuch der Althebräischen Epigraphik". Darüber hinaus hat er an zahlreichen Sammelwerken mitgewirkt, ist federführender Herausgeber der Zeitschrift „Die Welt des Orients" und Mitherausgeber der „Zeitschrift der Deutschen Morgenländischen Gesellschaft". Internationale Tagungen und Kongresse besuchte er häufig. Nie hat er sich den akademischen Selbstverwaltungsgremien seiner Universität verweigert, ob als Dekan, Mitglied des Senats oder als Schloßvogt. Jahrelang war er und ist er gegenwärtig wieder Fachgutachter der Deutschen Forschungsgemeinschaft. Dem Deutschen Archäologischen Institut diente er über Jahre in der Zentraldirektion. Ohne Anspruch auf Vollständigkeit seien noch die Volkswagenstiftung und sein jahrelanges Engagement für das Evangelische Studienwerk Villigst erwähnt.

Keine Arbeit erschien ihm zu groß, als daß sie nicht hätte bewältigt werden können. Aus dieser Grundeinstellung erwuchs eine Kraft, die sich mit seinem ausgeglichenen Wesen und seiner Stetigkeit ideal vereinbaren ließ. Nichts war ihm zu schwer, für nichts war er sich zu schade, ob am Schreibtisch oder im Gelände. Sein humorvoller Gleichmut schützte ihn geradezu vor unerwarteten Ereignissen, Mißerfolgen oder sonstigen Mißlichkeiten. Bei aller Belastung, die er aber nie als solche empfand, blieb Wolfgang Röllig Realist und vor allem Mensch. Seiner Familie war er genauso zugeneigt wie anderen Freuden des Lebens, und ein gemütliches Beisammensein war ihm allemal wichtig und fand ihn immer bereit.

Wolfgang Röllig hat einen wichtigen Abschnitt seines Lebens erreicht, und er kann stolz auf sein Werk sein. Aber viel ändern wird sich nicht. Wolfgang Röllig sieht noch große Aufgaben vor sich liegen – eine steht gerade vor der Vollendung, die phönizischen Inschriften vom Karatepe – und er wird sie mit großem Engagement und der bekannten Wirksamkeit angehen und meistern. Wir wünschen ihm viel Glück, Schaffenskraft und Gesundheit!

Hartmut Kühne Beate Pongratz-Leisten Paolo Xella

Inhalt

Schriftenverzeichnis von Wolfgang Röllig

I. Bücher:

1) W. Röllig – H. Donner, *Kanaanäische und aramäische Inschriften*, Bd. I (Texte) Wiesbaden 1962, 2. Auflage 1966, 3. Auflage 1971, 4. Auflage 1978
Bd. II (Kommentar) Wiesbaden 1964, 2. Auflage 1968, 3. Auflage 1973, 4. Auflage 1978
Bd. III (Glossar/Tafeln) Wiesbaden 1964, 2. Auflage 1969, 3. Auflage 1976, 4. Auflage 1980

2) W. von Soden – W. Röllig, *Das akkadische Syllabar,*
2., völlig neubearbeitete Auflage, Analecta Orientalia 42 (Rom 1967)
3., durchgesehene und verbesserte Auflage (Rom 1976)
4., durchgesehene und ergänzte Auflage (Rom 1991)

3) W. Röllig, *Das Bier im Alten Mesopotamien* (Berlin 1970)

4) J. Friedrich – W. Röllig, *Phönizisch-punische Grammatik*
2., völlig neubearbeitete Auflage, Analecta Orientalia 46 (Rom 1979)

5) J. Renz – W. Röllig, *Handbuch der Althebräischen Epigraphik* Bd. I, II/1, III (Darmstadt 1994)

II. Artikel:

1) *El als Gottesbezeichnung im Phönizischen*; in: R. von Kienle u.a. (Hg.), Festschrift Johannes Friedrich (1959) 403-416

2) *Griechische Eigennamen in Texten der babylonischen Spätzeit*; in: Orientalia Neue Serie 29 (1960) 376-391

3) *Erwägungen zu neuen Stelen König Nabonids*; in: Zeitschrift für Assyriologie 56 (1964) 218-260

4) *Nabonid und Tema*; in: Compte Rendu de l'onzième Rencontre Assyriologique Internationale (1964) 21-32

5) *Die Keilschrift und die Anfänge der Alphabetschrift*; in: Studium Generale 18 (1965) 729-742

6) *Die Glaubwürdigkeit der Chronik P*; in: Heidelberger Studien zum Alten Orient (1967) 173-184

7) *Zur Datierung Zimrī-Lims*; in: Compte Rendu de l'XVe Rencontre Assyriologique Internationale 1966 (1967) 97-102

8) *Der Gott Lim im amoritischen Pantheon*; in: Biblische Zeitschrift NF 12 (1968) 123-127

9) *Die Alphabetschrift*; in: Handbuch der Archäologie Bd. 1, Allgemeine Grundlagen der Archäologie (1969) 289-302

10) *Beiträge zur nordsemitischen Epigraphik* (1-4); in: Die Welt des Orients 5/1 (1969) 108-126

11) *Nitokris von Babylon*; in: H. Stier – H.E. Stier (Hg.), Beiträge zur Alten Geschichte und deren Nachleben, Festschrift F. Altheim (1969) 127-135

12) *Zur phönizischen Inschrift der Astarte-Statuette in Sevilla* (Hispania 14); in: Madrider Mitteilungen 10 (1969) 141-145

13) *Zur Typologie und Entstehung der babylonischen und assyrischen Königslisten*; in: W. Röllig (Hg.), *lišān mitḫurti*, Festschrift W. von Soden, AOAT 1 (1969) 265-277

14) *Irīšum-Inschrift Z. 16 ff.*; in: RA 64 (1970) 95

15) *Zwei Ostraka vom Tell Kamid-el-Loz und ein neuer Aspekt für die Entstehung des kanaanäischen Alphabets* (zus. mit G. Mansfeld); in: Die Welt des Orients 5/2 (1970) 265-270

16) *Alte und neue phönizische Inschriften aus dem ägäischen Raum*; in: Neue Ephemeris für Semitische Epigraphik 1 (1972) 1-8

17) *Die Religion Altsyriens*; in: U. Mann (Hg.), Theologie und Religionswissenschaft (1973) 86-105

18) *Alte und neue Elfenbeininschriften*; in: Neue Ephemeris für Semitische Epigraphik 2 (1974) 37-64

19) *Die Amulette von Arslan Taş*; in: Neue Ephemeris für Semitische Epigraphik 2 (1974) 17-36

20) *Eine neue phönizische Inschrift aus Byblos*; in: Neue Ephemeris für Semitische Epigraphik 2 (1974) 1-16

21) *Politische Heiraten im Alten Orient*; in: Saeculum 25 (1974) 11-23

22) *Der Tübinger Atlas des Vorderen Orients und seine altorientalischen Karten*; in: Acta Antiqua Academiae Scientiarum Hungaricae XXII (1974) 531-537

23) *Der Turm zu Babel*; in: A. Rosenberg (Hg.), Der babylonische Turm, Aufbruch ins Maßlose (1975) 35-46

24) *Der Markt in der altorientalischen Stadt*; in: Die Welt des Orients 8/2 (1976) 286-295

25) *The Lower Habur.* A Preliminary Report on a Survey Conducted by the Tübinger Atlas des Vorderen Orients in 1975. (zus. mit H. Kühne); in: Annales Archéologiques Arabes Syriennes 27/28 (1977/78) 15-140

26) *Dūr-Katlimmu*; in: Orientalia 47 (1978) 419-430

27) *Zalpa*; in: S. Şahin u.a. (Hg.), Studien zur Religion und Kultur Kleinasiens, Festschrift F.K. Dörner II (1978) 762-770

28) *Das Punische im Römischen Reich*; in: G. Neumann (Hg.), Sprachen im Römischen Reich der Kaiserzeit (1980) 285-299

29) *Zum „Sakralen Königtum" im Alten Orient*; in: B. Gladigow (Hg.), Staat und Religion (1981) 114-125

30) *Die Aḥīrōm-Inschrift, Bemerkungen eines Epigraphikers zu einem kontroversen Thema*; in: B. von Freytag gen. Löringhoff u.a. (Hg.) Praestant Interna, Festschrift U. Hausmann (1982) 376-383

31) *Paläographische Beobachtungen zum ersten Auftreten der Phönizier in Sardinien*; in: D. Metzler (Hg.), Antidoron. Festschrift für Jürgen Thimme zum 65. Geburtstag (1982) 125-130

32) *Die Phönizier des Mutterlandes zur Zeit der Kolonisierung*; in: H.G. Niemeyer (Hg.), Phönizier im Westen; in: Madrider Beiträge 8 (1982) 15-30

33) *Ein Itinerar aus Dūr-Katlimmu*; in: Damaszener Mitteilungen 1 (1983) 279-284

34) *The Lower Habur.* Second Preliminary Report on a Survey Conducted by the Tübinger Atlas des Vorderen Orients in 1977 (zus. mit H. Kühne); in: Annales Archéologiques Arabes Syriennes 33/2 (1983) 187-201

35) *The Phoenician Language – Remarks on the Present State of Research*; in: Atti del I. Congresso Internationale di Studi Fenici e Punici, Vol. II (1983) 375-385

36) *Ein phönikischer Krugstempel*; in: R. Hachmann (Hg.), Frühe Phöniker im Libanon (1983) 47-48 und: Kamid el-Loz 1977-1981 (1986) 159 f.

37) *Phönizische Gefäßinschriften aus Morro de Mezquitilla*; in: Madrider Mitteilungen 24 (1983) 132-144, Tf. 10

38) *„Der den Schwachen vom Starken nicht entrechten läßt, der der Waise Recht schafft ..."*; in: B. Gladigow (Hg.), „Vor Gott sind alle gleich" (1983) 42-52

39) *Der Mondgott und die Kuh. Ein Lehrstück zur Problematik der Textüberlieferung im Alten Orient*; in: Orientalia NS 54 (1985) 260-273

40) *On the Origin of the Phoenicians*; in: Berytus 31 (1983, ersch. 1985) 79-93

41) *Über die Anfänge unseres Alphabets*; in: Das Altertum 31 (1985) 83-91

42) *Aims and Organization of the „Répertoire Géographique des Textes Cunéiformes" and Historical Geography*; in: Sumer 42 (1986) 40-43

43) *Assur – Geißel der Völker. Zur Typologie aggressiver Gesellschaften*; in: Saeculum 37 (1986) 116-128

44) *Der Beitrag der phönizisch-punischen Schriftdenkmäler zur Erforschung der Frühgeschichte Spaniens = Contribución de las inscriptiones fenicio-punicas al estudio de la protohistoria de España*; in: Aula Orientalis 4 (1986) 51-58

45) *Preliminary Remarks on the Middle-Assyrian Archive from Tell Schech Hamad/Dūr-Katlimmu, First Congress on the Region of Der ez-Zor (1983);* in: Annales Archéologiques Arabes Syriennes 34, 1984 [1986] 189-194

46) *Volksliteratur in mesopotamischer Überlieferung*; in: K. Hecker – W. Sommerfeld (Hg.): Keilschriftliche Literaturen, Berliner Beiträge zum Vorderen Orient 6 (1986) 81-87

47) *A Reexamination of the Early Evidence of Alphabetic Script. First Congress on Palestinian Archaeology, Aleppo 1981*; in: Studies in the History and Archaeology of Palestine II (1987) 165-171

48) *The Thamudic Inscriptions*; in: M.M. Ibrahim – R.L. Gordon, A Cemetery at Queen Alia International Airport (1984, ersch. 1987) 43-45

49) *Ein altorientalischer Pferdeschmuck aus dem Heraion von Samos* (mit H. Kyrieleis): *Die aramäische Inschrift für Hazaʾel und ihr Duplikat*; in: Mitteilungen des Deutschen Archäologischen Instituts, Athenische Abteilung 103 (1988) 62-75

50) *Die Inschrift auf der Lamassu-Figur: Die Ausgrabung auf dem Tell ʿAǧāǧa/Šadikanni 1982*; in: Damaszener Mitteilungen 3 (1988) 148 f.

51) *Notizen zur Praxis der Siegelung in mittelassyrischer Zeit*; in: Die Welt des Orients 11 (1988) 111-116

52) *Das Siegel des Königs Salmanassar I. von Assyrien* (zus. mit H. Kühne); in: K. Emre u.a. (Hg.), Anatolia and the Ancient Near East, Studies in Honor of Tahsin Özgüç (1989) 295-299. pl. 51

53) *Eine ägyptische Schreiberpalette in phönizischer Umgestaltung* (zus. mit K.-Th. Zauzich); in: Orientalia 59 (1990) 320-332

54) *Das phönizische Alphabet und die frühen europäischen Schriften*; in: U. Gehring – H.G. Niemeyer (Hg.), Die Phönizier im Zeitalter Homers, Katalog (1990) 87-95

55) *Zwei aramäische Inschriften vom Tell Šēḫ Ḥasan/Syrien*; in: Semitica 39 (1990) 149-154 pl. VI.

56) *Hellenistic Babylonia: The Evidence from Uruk*; in: Ho Hellinismos sten Anatole, Internat. Meeting of History and Archaeology 1986 (1991) 121-129

57) *Überlegungen zum Etana-Mythos*; in: I. Gamer-Wallert – W. Helck (Hg.), Gegengabe, Festschrift E. Brunner-Traut (1991) 283-288

58) *Achäer und Trojaner in hethitischen Quellen?*; in: I. Gamer-Wallert (Hg.), Troia Brücke zwischen Orient und Okzident (1992) 183-200

59) *Die Anfänge der Braukunst im Zweistromland*; in: Bierwelt. Ausstellungskatalog Stadtmuseum Linz (1992) 31-36

60) *Asia Minor as a Bridge Between East and West. The Role of the Phoenicians and Aramaeans in the Transfer of Culture;* in: G. Kopcke – I. Tokumaru (Hg.), Greece between East and West: 10th-8th Centuries B.C. (1992) 93-102

61) *Aspekte altmesopotamischer Religion*; in: E. Brunner-Traut (Hg.), Die großen Religionen des Alten Orients und der Antike (1992) 47-69

62) *Die phönizische Sprache, Bemerkungen zum gegenwärtigen Forschungsstand*; in: W. Huss (Hg.), Karthago (1992) 76-94

63) *Aktion oder Reaktion? Politisches Handeln assyrischer Könige*; in: K. Raaflaub (Hg.), Die Anfänge politischen Denkens in der Antike (1993) 105-113

64) *Die aramäischen Beischriften auf den Texten 1 und 3*; in: State Archives of Assyria Bulletin 7/2 (1993) 125-128

65) *Ein assyro-babylonisches Rollsiegel aus Tall Šeḫ Ḥamad* (zus. mit H. Kühne); in: M.J. Mellinck u.a. (Hg.), Aspects of Art and Iconography: Anatolia and its Neighbors, Festschrift Nimet Özgüç (1993) 375-381

66) *Zur historischen Einordnung der Texte*; in: State Archives of Assyria Bulletin 7/2 (1993) 129-132

67) *Die nordwestsemitischen Schriftkulturen*; in: H. Günther – O. Ludwig (Hg.), Schrift und Schriftlichkeit 1/1 (1994) 503-510

68) *„Drachen des Gebirges" – Fremde als Bedrohung in Mesopotamien*; in: H. von Stietencron – J. Rüpke (Hg.), Töten im Krieg (1995) 87-97

69) *Historical Geography – Past and Present*; in: M. Liverani (Hg.), Neo-Assyrian Geography (1995) 117-125

70) *Onomastic and Palaeographic Considerations on Early Phoenician Arrow-heads*; in: M. Fantar (Hg.), Actes du IIIe Congrès International des Études Phéniciennes et Puniques, Tunis, 11-16 novembre 1991, Vol. II (1995) 348-355

71) *Phoenician and the Phoenicians in the Context of the Ancient Near East*; in: I Fenici: hieri – oggi – domani (1995) 203-214

72) *Phönizier und Griechen im Mittelmeerraum*; in: H. Breuninger – R.P. Sieferle (Hg.), Markt und Macht in der Geschichte (1995) 45-73

73) *Die Stiftungsinschrift für Šadrapa und Milk-Aštart aus Leptis Magna IPT 31*; in: Oriens 48 (1996) 179-187

74) *Akkadisch* tuʾum, diʾum, *phönizisch* tw, *aramäisch* twn. *Versuch einer Klärung*; in: E. Acquaro u.a. (Hg.), Alle soglie della classicità. Il Mediterraneo tra tradizione e innovazione, Studi in onore di Sabatino Moscati (im Druck)

75) *Altorientalische Schiffsmetaphorik*; in: D. Henke u.a. (Hg.), Festschrift D. Rößler zum 70. Geburtstag (im Druck)

76) *Aramaica Haburensia I: Eine ostaramäische Inschrift parthischer Zeit aus Tall Šēḫ Ḥamad*; in: H. Neumann u.a. (Hg.), Festschrift J. Oelsner zum 65. Geburtstag (im Druck)

77) *Aramaica Haburensia II: Zwei datierte aramäische Urkunden aus Tall Šēḫ Ḥamad*; in: V. Haas u.a. (Hg.), Festschrift Horst Klengel zum 65. Geburtstag, AoF 24 (im Druck)

78) *Das Archiv von Dūr-Katlimmu*; in: H. Kühne – A. Mahmoud – W. Röllig (Hg.), Berichte der Ausgrabung Tall Šēḫ Ḥamad/Dūr Katlimmu Bd. 2 (im Druck)

79) *The Phoenician Inscriptions*; in: H. Çambel, The Inscriptions of Karatepe-Aslantaş (im Druck)

80) *Sinn und Form. Formaler Aufbau und literarische Struktur der Karatepe-Inschrift*; in: U. Esin u.a. (Hg.), Festschrift H. Çambel zum 80. Geburtstag (im Druck)

81) *Ein urartäisches Gürtelblech mit Darstellung einer Löwenjagd*; in: Orientalia 66 (im Druck)

III. Mitarbeit in Sammelwerken:

1) *Bibellexikon*, hrsg. von H. Haag, 2. Auflage (1968); Beiträge aus dem Bereich des Alten Orients

2) *Biblisches Reallexikon*, hrsg. von K. Galling, 2. Auflage (1976); Artikel: Assur, Babylon, Ninive

3) *Brockhaus-Enzyklopädie*; 25 Bände (1966-1974); alle Beiträge zur Geschichte, Religion und Archäologie des Alten Orients

4) *Dictionary of Deities and Demons*, hrsg. von K. van der Toorn u.a. (1995); Artikel: Baal-shamem, Bethel, El-creator-of-the-earth, Hermon, Lebanon, Sirion

5) *Dictionnaire de la Civilisation Phénicienne*, hrsg. von C. Baurain u.a. (1990); Artikel: Astarté, Baal, Baal Marqod, Danse rituelle, İvriz, Phénicie

6) *Enzyklopädie des Märchens*, hrsg. von U. Marzolph; Bd. 4 (1983) Artikel: Etana, Sp. 494-499; Bd. 5 (1987/8) Artikel: Gilgameš, Sp. 1244-1253; Bd. 8 (1995) Artikel: Kyros, Sp. 692-694

7) *„Fragen an die Geschichte"*, Schulbuch (1973)

8) *Handbuch der Orientalistik I/20*: La Civilisation phénicienne et punique, hrsg. von V. Krings (1995); Artikel: La Langue (zus. mit M.G. Amadasi Guzzo), 185-192; L'Alphabet, 193-214; Anatolie, 640-645

9) *Historia del Antiguo Oriente* (zus. mit A. Tovar und I. Gamer-Wallert) (1984)

10) *Der Kleine Pauly*, hrsg. von K. Ziegler – W. Sontheimer (1969-1975); Artikel: Heliopolitanus, Ithobalus, Jamblichos, Jambulos, Kalachene, Karrhai, Koile Syria, Kommagene, Kyros, Larsa, Lagaš, Mesopotamien, Nabonadios, Nabonassaros, Nabupolassaros, Osroene, Palmyra, Phoiniker, Salmanassar, Šamaš, Seleukeia u.a.m.

11) *Kunst- und Kulturgeschichte Bd. 1* (Brockhaus; im Druck); Beiträge: Die Kodifizierung des Rechts. Die Stele des Hammurabi, Der Kudurru. Rechtsdenkmal der Kassiten, Gilgamesch und Dumuzi: Gestalten und Gattungen der sumerischen Literatur, Entfaltung der Überlieferung: Die Dichtung, Die Keilschrift, Die phönizische Buchstabenschrift, Verkehrs- und Bildungssprachen im Alten Orient

12) *Land des Baal: Syrien – Forum der Völker und Kulturen*, Katalog (1982); Völker, Sprachen und Schriften, S. 324-330 und Katalogteile

13) *Lexikon der Alten Welt*, hrsg. von C. Andresen (1965); alle Beiträge Alter Orient, 24 Spalten

14) *Lexikon für Theologie und Kirche*, hrsg. von W. Kasper ([3]1993); Artikel: Babylon, Babylonien

15) *Neues Handbuch der Literaturwissenschaft 1*, hrsg. von W. Röllig (1978) Artikel: Die altorientalischen Literaturen, Einleitung, 9-24; Die ugaritische Literatur, 255-271

16) *Propyläen Weltgeschichte*, hrsg. von G. Mann; Bd. II (1962) Artikel: Die Keilschrift, S. 107-109

17) *Reallexikon der Assyriologie*

– Bd. 3, Lfg. 4-9, hrsg. von E. Weidner – W. von Soden u.a. (1966-71) Artikel: Gesellschaft, Giammu, Giluni, Gilušu, Gilzānu, Gilzau, Gimillu, Gimti, Gina, Gindutauša, Gingibira, Gingirda, Gingištilenzaḫa, Gintiašna, Gintikirmil, Ginzina, Gitipadalla, Gitirimunima, Gizinikissi, Götterzahlen, Granatapfel B, Griechen, Gubaru, Gubbatu, Gubrum, Gudda-šuna, Gudūdānu, Gugišḫa, Gukrasir, Gulbata, Gulguli, Gulusu, Gumaraši, Gumedu, Gumguḫu, Gummanu, Gunatum, Gurʾabi, Gurata, Gurazu, Gurdî, Gurēte, Gurgum, Gurgušši, Gurke, Gurrusupa, Gurʾukirra, Gusunê, Gutti, Guzallu-ša-ili, Guziat, Gyges

– Bd. 4, Lfg. 4-7, hrsg. von D.O. Edzard u.a. (1975) Artikel: Ḫazi, Ḫazzi, Heirat, Hermon, Hesychios, Ḫibarâ, Ḫibarītum, Ḫibatum, Ḫiḫi, Hikuptaḫ, Ḫilmu/Ḫilimmu, Ḫiluni, Ḫimuni, Ḫindaina, Ḫindiru/Ḫindaru, Hipparchos, Ḫipparna, Ḫiram I., Ḫirimmu, Ḫirītum, Ḫubur, Ḫudādum, Ḫur(a)ma, Ḫurāṣi(na), Ḫurrâ/Ura I., Ḫuršītum, Ḫutamma(na), Ḫuzuš

– Bd. 5, Lfg. 1-6, hrsg. von D.O. Edzard u.a. (1976-80) Artikel: Idue/Ituwe, Ila-Kabkabu, Ili-ma-AN, Ilištamʾi, Illeqāja, Ilpiʾatu, Inamta, Ionier, Irgištiana, Irkalla, Iškuzā(ja), Iṣṣurbēli, Jabes, Jakimānu, Jakīn-Ilum, Jakinlu, Jaminta, Januamma, Japu, Jarmuti/Jarimuta, Jarqani, Jasumunu, Josephus Flavius, Jursa, Kakmum, Kank/gaki, Kapara, Karaḫna (zus. m. H. Otten), Karalla, Kār-Aššur-aḫ-iddina, Kār-Aššur-nāṣir-apli, Kār-Bāniti, Kār-Bēl-mātāte, Karkašši, Karmaʾu, Kār-Nabû, Kār-Ninlil, Kār-Ninurta, Kār-Šamaš, Kār-Šamaš-nāṣir, Kār-Sîn, Kār-Sîn-aḫḫē-erība, Karzida, Kibati, Kibrē, Kibrū, Kibšu, Kibšuna, Kiburi, Kilambati, Kimaš (zus. m. D.O. Edzard), Kinabila, Kinderopfer, Kirdaḫat, Kisiri, Kitpattia, Kitrusi

– Bd. 6, Lfg. 1-8, hrsg. von D.O. Edzard u.a. (1980-83) Artikel: Klassische Autoren, Ktesias, Kuakinda, Kubruna, Kubšum, Kulḫitim, Kullar, Kullimeri, Kumme, Kundu, Kupfer A. Philologisch, Kuri, Kūši, Kutumta, Laba-Igigi, Labāja/Labʾaja, Labaṣi, Lābāši-Marduk, Labaʾum, LakabruLalla, Lallar, Landkarten, Larbusa, Lasutu, Latiḫu

– Bd. 7, Lfg. 1-6, hrsg. von D.O. Edzard u.a. (1987-89) Artikel: Lidir, Limītu, Liʾtaʾu/Litaʾu/Litamu, Literatur (akk.), Luḫuššu, Lukka/Lukki, Madaktu, Magda, Magarisi/Magrisu, Makrisâ, Marratu

– Bd. 8, Lfg. 1-6, hrsg. von D.O. Edzard u.a. (1993 ff.) Artikel: Meḫrānu, Meḫri, Meḫri-garî-šarri, Mekeltum, Mekubi, Mesopotamia, Mesu, Mê-Turran, Mê-Turnat, Migatu, Miḫri-garî-šarri, Miḫu, Milkilu, Milqia, Milz, Mineralien, Mirar, Miṣir/Mizru, Möbel (m. H. Waetzoldt), Muʾari, Mudue, Muḫrašti, Munzigani, Mur/Muru, Murattaš, Murgi, Murteli, Mušbianna, Mušbi-edena, Muschel, Mušiḫuna

18) *Die Religion in Geschichte und Gegenwart*, 3. Auflage; hrsg. von K. Galling u.a.; Bd. V (1960) Artikel: Mari, Sp. 44-747; Bd. VI (1962) Artikel: Tammuz, 609

19) *Wörterbuch der Mythologie*; hrsg. von H.W. Haussig; Bd. I (1962) Artikel: Syrien, die Mythologie der Ugariter und Phönizier (zus. m. M.H. Pope), 219-312

IV. Herausgebertätigkeit:

1) *M.A. Beck, Bildatlas der assyrisch-babylonischen Kultur* (1961) Deutsche Ausgabe von W. Röllig

2) *Die Welt des Orients*; federführender Herausgeber ab Bd. 5/1 (1969)

3) *lišān mitḫurti.* Festschrift Wolfram Freiherr von Soden zum 19.VI.1968. Alter Orient und Altes Testament Bd. 1 (1969)

4) *Neue Ephemeris für Semitische Epigraphik* (zus. mit R. Degen und W.W. Müller); Bd. 1 (1972) – 3 (1978)

5) *Zeitschrift der Deutschen Morgenländischen Gesellschaft*; Mitherausgeber seit Bd. 122 (1972)

6) *Beihefte zum Tübinger Atlas des Vorderen Orients*; Reihe B; erschienen bisher 82 Bände, weitere im Druck

7) *Répertoire Géographique des Textes Cunéiformes*; erschienen bisher Bd. 1 (1977), Bd. 2 (1974), Bd. 3 (1979), Bd. 4 (1991), Bd. 5 (1982), Bd. 6/1 (1978), Bd. 6/2 (1992), Bd. 8 (1984), Bd. 9 (1981),), Bd. 10 (1993), Bd. 11 (1993), Bd. 12/1 (1993)

8) *Neues Handbuch der Literaturwissenschaft*; Bd. 1: Altorientalische Literaturen (1978)

9) *Saeculum*: Jahrbuch für Universalgeschichte; Mitherausgeber seit 1984

10) *Zeitschrift der Deutschen Morgenländischen Gesellschaft*; Supplement VI: XXII. Deutscher Orientalistentag 1983 in Tübingen, ausgewählte Vorträge (1985)

11) *Hellmut Brunner, Das hörende Herz.* Kleine Schriften zur Religions- und Geistesgeschichte Ägyptens; Orbis Biblicus et Orientalis 80 (1988)

12) *Von der Quelle zur Karte.* Abschlußbuch des Sonderforschungsbereichs 19 : Tübinger Atlas des Vorderen Orients (1991)

13) *Tübinger Atlas des Vorderen Orients. Register zu den Karten* Bd. 1-3 (1994) zus. mit H. Kopp

V. Nachrufe:

1) *Adam Falkenstein*; in: Frankfurter Allgemeine Zeitung vom 20.10.1066

2) *Johannes Friedrich*; in: Zeitschrift der Deutschen Morgenländischen Gesellschaft 123 (1973) 1-5

3) *Kurt Bittel*; Das neue Bild der Hethiter. K.B. und seine Arbeit in der Türkei; in: Kurt Bittel zum Gedächtnis (1992) 23-29

VI. Rezensionen (ohne Anzeigen):

1) G.F. Castellino, Le civiltà mesopotamiche; in: Bibliotheca Orientalis 20 (1962) 269-270

2) Cuneiform Texts from Babylonian Tablets in the British Museum II, VII,VIII; in: Bibliotheca Orientalis 19 (1962) 156-158

3) G. Garbini, Il Semitico di Nord-Ouest; in: Bibliotheca Orientalis 19 (1962) 23-25

4) P. Garelli, Gilgameš et sa légende; in: Orientalistische Literaturzeitung 57 (1962), Sp. 486-493

5) P. Geoltrain, La traité de la Vie Contemplative de Philon d'Alexandrie; in: Wiener Zeitschrift für die Kunde des Morgenlandes 58 (1962) 226-228

6) C. Jean – J.F. Hoftijzer, Dictionnaire des Inscriptions Sémitiques de l'Ouest. Livraisons I, II; in: Wiener Zeitschrift für die Kunde des Morgenlandes 58 (1962) 228-232

7) J. Laessoe, The Shemshara Tablets; in: Zeitschrift der Deutschen Morgenländischen Gesellschaft 113 (1962) 180

8) S. Moscati, The Semites in Ancient History; in: Bibliotheca Orientalis 19 (1962) 132 f.

9) K. Oberhuber, Sumerische und akkadische Keilschriftdenkmäler des Archäologischen Museums zu Florenz; in: Wiener Zeitschrift für die Kunde des Morgenlandes 58 (1962) 233-239

10) G. Rinaldi, Storia delle letterature dell'antica Mesopotamia; in: Bibliotheca Orientalis 19 (1962) 258-259

11) F. Rosenthal, A Grammar of Biblical Aramaic; in: Kratylos 7 (1962) 94-96

12) H. Schmökel u.a., Kulturgeschichte des Alten Orients; in: Das Historisch-Politische Buch 10 (1962) 232 f.

13) Cuneiform Texts from Babylonian Tablets in the British Museum IX, X, XI, XII, XIII; in: Bibliotheca Orientalis 20 (1963) 160-162

14) D. Harden, The Phoenicians; in: Bibliotheca Orientalis 21 (1964) 324 f.

15) S. Moscati, Die Kulturen des Alten Orients; in: Orientalistische Literaturzeitung 59 (1964) Sp. 463-465

16) S. Moscati, L'Orient avant les Grecs; in: Historische Zeitschrift 199 (1964) 566-568

17) A. Salonen, Die Möbel des alten Mesopotamien nach sumerisch-akkadischen Quellen; in: Historische Zeitschrift 199 (1964) 200

18) M. San Nicolò – H. Petschow, Babylonische Rechtsurkunden aus dem 6. Jahrhundert v.Chr.; in: Orientalia Neue Serie 33 (1964) 115-118

19) Cuneiform Texts from Babylonian Tablets in the British Museum, Vol. XIV, Vol. XVIII; in: Bibliotheca Orientalis 22 (1965) 167-169

20) Cuneiform Texts from Babylonian Tablets in the British Museum, Vol. XLIII, Vol. XLV; in: Bibliotheca Orientalis 22 (1965) 169-171

21) Cuneiform Texts from Babylonian Tablets in the British Museum, Vol. XLIV; in: Bibliotheca Orientalis 22 (1965) 33-35

22) L. de Meyer, L'Accadien des contracts de Suse; in: Zeitschrift der Deutschen Morgenländischen Gesellschaft 115 (1965) 349-352

23) S. Baramki, Die Phönizier; in: Bibliotheca Orientalis 23 (1966) 303 f.

24) Cuneiform Texts from Babylonian Tablets in the British Museum, Vol. XIX; in: Bibliotheca Orientalis 23 (1966) 50 f.

25) E. Leichty, A Bibliography of the Cuneiform Tablets of the Kuyunjik Collection in the British Museum; in: Orientalistische Literaturzeitung 61 (1966) 450-454

26) A. Moortgat, Tell Chuera in Nordost-Syrien. 4. Kampagne 1963 (1965); in: Die Welt des Orients 3 (1966) 269 f.

27) Cuneiform Texts from Babylonian Tablets in the British Museum, Vol. XLVI; in: Bibliotheca Orientalis 24 (1967) 58

28) K.-H. Bernhardt, Die Umwelt des Alten Testaments I: Die Quellen und ihre Erforschung; in: Deutsche Literaturzeitung 89 (1968) 1070-1073

29) C.J. Gadd, Assyria and Babylonia ca. 1370-1300 B.C. = Cambridge Ancient History, 2nd Ed., Vol. I/XVIII; in: Orientalistische Literaturzeitung 63 (1968) 343-345

30) A. Jalil Jawad, The Advent of the Era of Townships in Northern Mesopotamia; in: Zeitschrift der Deutschen Morgenländischen Gesellschaft 118 (1968) 152-154

31) H. Lewy, Assyria ca. 2600-1816 B.C. = CAH[2], Vol. I/XXV – J.M. Munn-Rankin, Assyrian Military Power CAH[2], Vol. II/XXV; in: Indogermanische Forschungen 73 (1968) 164-168

32) R.D. Barnett, Illustrations of Old Testament History; in: Zeitschrift für Assyriologie 59 (1969) 350 f.

33) Cuneiform Texts from Babylonian Tablets in the British Museum, Vol. XXIII – XXVII – XLVII; in: Bibliotheca Orientalis 26 (1969) 359 f.

34) J. van Dijk, Texts in the Iraq Museum, Vol. IV; in: Die Welt des Orients 5/1 (1969) 129 f.

35) R.W. Ehrich, Chronologies in Old World Archaeology[2]; in: Orientalia NS 38 (1969) 484-489

36) A. Grohmann, Arabien: Handbuch der Altertumswissenschaft III/1-3 – III/4; in: Zeitschrift für Assyriologie 59 (1969) 351-354

37) Ch.-F. Jean – J. Hoftijzer, Dictionnaire des Inscriptions Sémitiques de l'Ouest, Liv. III/IV; in: WZKM 62 (1969) 304-307

38) S. Moscati, Die Phönizier von 1200 v.Chr. bis zum Untergang Karthagos; in: Historische Zeitung 208 (1969) 117-120

39) A. Salonen, Die Türen des Alten Mesopotamien; in: Wiener Zeitschrift für die Kunde des Morgenlandes 62 (1969) 298-301

40) Semitica, Vol. XII; in: Wiener Zeitschrift für die Kunde des Morgenlandes 62 (1969) 302-304

41) A. Ungnad – L. Matouš, Grammatik des Akkadischen, 4. Auflage; in: Wiener Zeitschrift für die Kunde des Morgenlandes 62 (1969) 301-302

42) A. van den Branden, Grammaire phénicienne; in: Bibliotheca Orientalis 27 (1970) 376-379

43) J. Friedrich, Geschichte der Schrift – K. Jaritz, Schriftarchäologie der altmesopotamischen Kultur; in: Zeitschrift der Deutschen Morgenländischen Gesellschaft 120 (1970) 167-170

44) J. Henninger, Über Lebensraum und Lebensformen der Frühsemiten; in: Die Welt des Orients 5/2 (1970) 297

45) J.-C. Margueron, Mesopotamien. Archaeologia Mundi; in: Zeitschrift des Deutschen Palästina-Vereins 86 (1970) 110

46) B. Meissner – K. Oberhuber, Die Keilschrift^3; in: Orientalistische Literaturzeitung 65 (1970) 462-467

47) Cuneiform Texts from Babylonian Tablets in the British Museum, Vol. XLVIII, XLIX; in: Bibliotheca Orientalis 28 (1971) 203-205

48) R. Degen, Altaramäische Grammatik, AKM 38/3; in: Die Welt des Orients 6 (1971) 128-130

49) P. Dikaios, Enkomi. Excavations 1948-1958, Vol. I, IIIa, IIIb; in: Die Welt des Orients 6 (1971) 125 f.

50) W.W. Hallo – J.J.A. van Dijk, The Exaltation of Inanna = YNER 3; in: Die Welt des Orients 6 (1971) 111 f.

51) R. Hampe, Kretische Löwenschale des siebten Jahrhunderts v.Chr.; in: Die Welt des Orients 6 (1971) 126 f.

52) A. Moortgat, Die Kunst des Alten Mesopotamien; in: Orientalistische Literaturzeitung 66 (1971) 357-361

53) B.B. Pjotrowski, Urartu. Archaeologia Mundi; in: Die Welt des Orients 6 (1971) 123 f.

54) A.F. Rainey, El Amarna Tablets 359-379. AOAT 8; in: Die Welt des Orients 6 (1971) 122 f.

55) Y. Rosengarten, Répertoire commenté des signes présargoniques; in: Bibliotheca Orientalis 28 (1971) 205-208

56) P. Cintas, Manuel d'Archéologie punique, Vol. I; in: Die Welt des Orients 6 (1972) 280-282

57) E. Salonen, Die Gruß- und Höflichkeitsformeln in babylonisch-assyrischen Briefen; in: Studia Orientalia Fennica 38; in: Orientalistische Literaturzeitung 67 (1972) 44-47

58) A. Spycket, Les statues de culte dans les textes mésopotamiens; in: Die Welt des Orients 6 (1972) 277 f.

59) R. Borger, Akkadische Zeichenliste. AOAT 6; in: Die Welt des Orients 7/1 (1973) 191-192

60) J. Jungius-Gesellschaft, Frühe Schrifterzeugnisse der Menschheit; in: Die Welt des Orients 7/1 (1973) 188-190

61) U. Moortgat-Correns, Die Bildwerke von Djebelet el-Bēḏā in ihrer räumlichen und zeitlichen Umwelt; in: Die Welt des Orients 7/1 (1973) 192-194

62) Ch. Chad, Les dynasties d'Emèse; in: Wiener Zeitschrift für die Kunde des Morgenlandes 65/66 (1973/74) 283-285

63) W. Eilers, Semiramis: Entstehung und Nachhall einer altorientalischen Sage; in: Die Welt des Orients 7/2 (1974) 286-288

64) K. Oberhuber, Die Kultur des Alten Orients; in: Die Welt des Orients 7/2 (1974) 285 f.

65) L.A. Bange, A Study of the Vowel-Letters in Alphabetic Consonantal Writing; in: Die Welt des Orients 8 (1975/76) 155 f.

66) K. Bittel, Archäologische Forschungsprobleme zur Frühgeschichte Kleinasiens; in: Die Welt des Orients 9/1 (1977) 163

67) O. Eißfeldt – K.H. Rengstorf (Hg.), Briefwechsel zwischen Franz Delitzsch und Wolf Wilhelm Graf Baudissin 1861-1890; in: Die Welt des Orients 9/1 (1977) 164

68) Th. Nöldecke, Geschichte der Perser und Araber zur Zeit der Sassaniden; in: Die Welt des Orients 9/1 (1977) 165

69) P. Green, Alexander der Große; in: Die Welt des Orients 9/2 (1978) 305 f.

70) J. Aharoni, Beersheba I. Excavations at Tel Beer-Sheba, 1969-1971; in: Die Welt des Orients 10 (1979) 125 f.

71) W. Beyerlin (Hg.), Religionsgeschichtliches Textbuch zum Alten Testament; in: Die Welt des Orients 10 (1979) 132 f.

72) G.R. Driver, Semitic Writing from Pictograph to Alphabet, 3. Aufl.; in: Die Welt des Orients 10 (1979) 127

73) G. Frank, Die Herrscher der Osmanen; in: Die Welt des Orients 10 (1979) 167 f.

74) M. Kochavi – A.F. Rainey – I. Singer – R. Giveon – A. Demsky, Aphek -Antipatris 1974-1977; in: Die Welt des Orients 10 (1979) 126-127

75) O.W. Muscarella, Ancient Art: The Norbert Schimmel Collection; in: Die Welt des Orients 10 (1979) 162

76) M.K. Schretter, Alter Orient und Hellas; in: Wiener Zeitschrift für die Kunde des Morgenlandes 71 (1979) 250-258

77) J. Teixidor, The Pagan God; in: Die Welt des Orients 10 (1979) 133 f.

78) S. Heinhold-Krahmer, Arzawa; in: Die Welt des Orients 11 (1980) 165-166

79) R. Schützeichel (Hg.), Erlanger Ortsnamen-Kolloquium; in: Die Welt des Orients 11 (1980) 135

80) St. Segert, A Grammar of Phoenician and Punic; in: Wiener Zeitschrift für die Kunde des Morgenlandes 72 (1980) 168-171

81) E. von Voigtländer, The Bisutun Inscription of Darius the Great; in: Die Welt des Orients 11 (1980) 164-165

82) F. Bron, Recherches sur les inscriptions phéniciennes de Karatepe; in: Wiener Zeitschrift für die Kunde des Morgenlandes 73 (1981) 183-186

83) K.-Th. Zauzich, Hieroglyphen ohne Geheimnis; in: Die Welt des Orients 12 (1981) 177 f.

84) Z. Herzog (Hg.), Excavations at Tell Michal 1978-1979; in: Die Welt des Orients 13 (1982) 177 f.

85) H. Ringgren, Die Religionen des Alten Orients; in: Theologische Revue 78 (1982) 105-108

86) A. Schmitt, Entstehung und Entwicklung von Schriften; in: Zeitschrift der Deutschen Morgenländischen Gesellschaft 132 (1982) 383-385

87) K. Bittel, Hattuscha: Hauptstadt der Hethiter; in: Spektrum der Wissenschaft 1983/11, 142-143

88) E. Bleibtreu, Rollsiegel aus dem Vorderen Orient; in: Mundus 19 (1983) 100-101

89) M. Heltzer, The Suteans; in: Die Welt des Orients 14 (1983) 260 f.

90) S.G. Beld – W.W. Hallo – K. Michalowski, The Tablets of Ebla; in: Die Welt des Orients 15 (1984) 207

91) A. Moortgat, Die Kunst des Alten Mesopotamien: Sumer und Akkad; in: Spektrum der Wissenschaft 1984/3, 140

92) V. Donbaz – A.K. Grayson: Royal Inscriptions on Clay Cones from Ashur now in Istanbul; in: Die Welt des Orients (1985) 166 f.

93) A. Fadhil, Studien zur Topographie und Prosopographie der Provinzstädte des Königreichs Arrapḫe; in: Mundus 21 (1985) 15 f.

94) Z. Herzog, Beer-Sheba II: The Early Iron Settlement; in: Die Welt des Orients 16 (1985) 180 f.

95) A. Moortgat, Die Kunst des Alten Mesopotamien: Babylon und Assur; in: Spektrum der Wissenschaft 1985/2, 125 f.

96) W. Daum, Ursemitische Religion; in: Die Welt des Orients 17 (1986) 155-158

97) E. Heinrich, Die Tempel und Heiligtümer im Alten Mesopotamien; in: Zeitschrift der Deutschen Morgenländischen Gesellschaft 136 (1986) 113-114

98) N. Karg, Untersuchungen zur älteren frühdynastischen Glyptik Babyloniens; in: Mundus 22 (1986) 105-107

99) O. Pedersén, Archives and Libraries in the City of Assur I; in: Die Welt des Orients 17 (1986) 160-161

100) Ch.F.-A. Schaeffer-Forrer, Corpus des cylindres-sceaux de Ras Shamra – Ugarit et d'Enkomi; in: Zeitschrift der Deutschen Morgenländischen Gesellschaft 136 (1986) 111-113

101) F. Bertrandy – M. Sznycer, Les stèles puniques de Constantine; in: Die Welt des Orients 18 (1987) 207 f.

102) J.S. Cooper, Sumerian and Akkadian Royal Inscriptions, Vol. I; in: Die Welt des Orients 18 (1987) 173 f.

103) G. Ifrah, Universalgeschichte der Zahlen; in: Spektrum der Wissenschaft 1987/1, 115 f.

104) M. Jansen, Die Indus-Zivilisation: Wiederentdeckung einer frühen Hochkultur; in: Spektrum der Wissenschaft 1987/7, 127-128

105) O. Keel – S. Schroer, Studien zu den Stempelsiegeln aus Palästina/Israel I; in: Die Welt des Orients 18 (1987) 197 f.

106) P. Bordreuil, Catalogue des Sceaux Ouest-Sémitiques inscrits de la Bibliothèque National, du Musée du Louvre et du Musée Biblique de Bible et Terre Sainte; in: Die Welt des Orients 19 (1988) 194-197

107) G.E. Mendenhall, The Syllabic Inscriptions from Byblos; in: Orientalistische Literaturzeitung 83 (1988) 573-576

108) H. Weiss (Hg..), The Origin of Cities in Dry-farming Syria and Mesopotamia in the Third Millennium B.C.; in: Die Welt des Orients 19 (1988) 179-181

109) V. Brockhoff, Götter, Dämonen, Menschen. Mythen und Geschichten aus dem Zweistromland; in: Fabula 30 (1989) 112-115

110) H. Donner, Geschichte des Volkes Israel; in: Die Welt des Orients 20/21 (1989/90) 311-312

111) F.K. und E. Dörner, Von Pergamon zum Nemrud Dağ. Die archäologischen Entdeckungen Carl Humanns; in: Spektrum der Wissenschaft 9 (1990) 157 f.

112) J.B. Pritchard (Hg.), Herders großer Bibel-Atlas; in: Spektrum der Wissenschaft 11 (1990) 192-194

113) S. Izre'el – I. Singer, The General's Letter from Ugarit; in: Zeitschrift der Deutschen Morgenländischen Gesellschaft 143 (1993) 401

114) M.G. Amadasi Guzzo – C. Bonnet – S.M. Cecchini – P. Xella, Dizionario della Civiltà Fenicia; in: Die Welt des Orients 25 (1994) 174

115) E. Badalì, Strumenti musicali, musici e musica nella celebrazione delle feste ittite; in: Zeitschrift der Deutschen Morgenländischen Gesellschaft 144 (1994) 431

116) C. Bonnet, Melqart. Cultes et mythes de l'Héraclès Tyrien en Méditerranée; in: Die Welt des Orients 25 (1994) 173 f.

117) A.K. Grayson, Assyrian Rulers of the Third and Second Mill. B.C., RIMA 1/2; in: Die Welt des Orients 25 (1994) 143-145

118) H. Klengel (Hg.), Kulturgeschichte des alten Vorderasien; in: Die Welt des Orients 25 (1994) 145 f.

119) P. Bordreuil, Une bibliothèque au sud de la ville. Ras Shamra-Ougarit VII; in: Zeitschrift der Deutschen Morgenländischen Gesellschaft 145 (1995) 208

120) S. Košak, Konkordanz der Keilschrifttafeln I. StBoT 34; in: Zeitschrift der Deutschen Morgenländischen Gesellschaft 145 (1995) 208 f.

121) A. Nibbi, Canaan and Canaanite in Ancient Egypt; in: Zeitschrift der Deutschen Morgenländischen Gesellschaft 145 (1995) 210 f.

122) M. Yon, Arts et industries de la pierre. Ras Shamra-Ougarit VI; in: Zeitschrift der Deutschen Morgenländischen Gesellschaft 145 (1995) 210

VII. Sonderforschungsbereich „Tübinger Atlas des Vorderen Orients"

1) *Großprojekt der Forschung – Tübinger Atlas des Vorderen Orients*: Informationen – Berichte – Diskussionen; in: Tübinger Universitätszeitung 11 (Nov. 1973) 13-17

2) *Sonderforschungsbereich 19;* Arbeitshefte 1-14 (1975-1984)

3) *Ein Atlas des Vorderen Orients*; in: DFG-Mitteilungen 4 (1977) 14-16

4) *Erfahrungen mit einem Großprojekt der Forschung*; in: Tübinger Universitätszeitung 4/5 (1977) 27-29

5) *Tübinger Atlas des Vorderen Orients*: Vorwort; in: TAVO-Lieferung 1 (1977)

6) *Die historischen Karten im „Tübinger Atlas des Vorderen Orients*“; in: Jahrbuch der Historischen Forschung (1978) 33-36

7) *Recent German Research in the Middle East*; in: DFG/Institut für Wissenschaftliche Zusammenarbeit, 1. Auflage (1978), 2. Auflage (1983) Problems and Concepts (S. 5-8), History in the Atlas of the Middle East (S. 13-20)

8) *Tübinger Atlas des Vorderen Orients (TAVO)* – zus. mit W. Denk; in: Internationales Jahrbuch für die Kartographie 20 (1980) 54-77

9) *Brückenschlag zum Orient – der „Tübinger Atlas“;* in: Tübinger Blätter 70 (1983) 71-76

10) *Tübinger Atlas des Vorderen Orients*; in: Forschung in der Bundesrepublik Deutschland (1983) 49-54

11) *Der Tübinger Atlas des Vorderen Orients*; in: Geschichte, Kunst und Altertum: DFG-Ausstellung 1984 (1984) 59 f.

12) *Der Vordere Orient*: Ein fächerübergreifender Forschungsgegenstand; in: Sonderforschungsbereiche 1969-1984 (1985) 67-78

13) *Ein Atlas des Vorderen Orients*; in: Spektrum der Wissenschaft 7 (1986) 14-17

14) *Geschichtsräume.* Der erste Atlas des Vorderen Orients; in: FAZ vom 19. März 1986

15) *Erforschung einer Krisenregion – der Tübinger Atlas des Vorderen Orients*; in: R. Gerwin (Hg.), Wie die Zukunft Wurzeln schlug (1989) 100-107

16) *Noch einmal „Tübinger Atlas des Vorderen Orients*“; in: Tübinger Universitätszeitung 38 (April 1989) 1-4

17) *Ziele – Methoden – Ergebnisse der Arbeit am „Tübinger Atlas des Vorderen Orients*“; in: Von der Quelle zur Karte (1991) 1-17

VIII. Karten des TAVO

1) B II 8: Mesopotamien. Akkade- und Ur III-Zeit. Politische Entwicklung (1991)

2) B II 9.2: Der Kernbereich des Reiches von Ur III (1992)

3) B II 12.2: Mesopotamien in altbabylonischer Zeit. Politische Entwicklung (1991)

4) B III 3: Palästina und Syrien zur Zeit der ägyptisch-hethitischen Vorherrschaft (zus. mit A. Kuschke und G. Bunnens) (1990)

5) B IV 8. Östlicher Mittelmeerraum und Mesopotamien um 700 v.Chr. (mit F. Prayon – A. Wittke) (1993)

6) B IV 12: Östliches Kleinasien. Das Urartäerreich im 9.-7. Jh. v.Chr. (1992)

7) B IV 14: Syrien und Palästina vor der Annektion durch Assyrien (zus. mit H. Sader) (1991)

L'accompli à la 3e personne du féminin singulier et le pronom suffixe à l'accusatif de la 3e personne du singulier: note de grammaire phénicienne*

Maria Giulia Amadasi Guzzo, Rome

«Bélise: 'Ton esprit, je l'avoue, est bien matériel! / *Je* n'est qu'un singulier, *avons* est pluriel. / Veux-tu toute ta vie offenser la grammaire?... / La grammaire, du verbe et du nominatif, / comme de l'adjectif avec le substantif, nous enseigne les lois.' Martine: 'J'ai, madame, à vous dire / que je ne connois pas ces gens là.'»
(Molière, Les femmes savantes, Acte II, scène VI)

Dans la conjugaison phénicienne les formes de l'accompli à la troisième personne du féminin singulier avec un complément suffixe sont très rares. L'exemple PᶜLTN «elle m'a fait» dans l'inscription de Byblos KAI 10, 2 montre que dans le dialecte de cette ville, à l'époque perse, et vraisemblablement aussi dans le reste du phénicien, la terminaison originaire en -T s'était conservée devant les suffixes[1], comme en hébreu.

Cette règle est confirmée par quelques autres exemples, dont l'analyse a cependant été discutée. L'explication correcte de ces formes a été établie par Ch.R. Krahmalkov[2], qui a démontré que deux verbes qui se terminent par -T, présents dans deux inscriptions de Carthage, et qui sont expliqués le plus

---

* L'idée da la présente note m'a été donnée par le prof. W.R. Mayer, de l'Institut Biblique Pontifical, au cours de la révision critique du matériel pour la troisième édition de la Phönizisch-punische Grammatik de J. Friedrich – W. Röllig (1970). Je remercie le Prof. J.L. Ska pour avoir révisé mon texte français.

[1] Cf. PPG², § 132 b.

[2] Ch.R. Krahmalkov, The *Qatal* with Future Tense Reference in Phoenician: JSS 31 (1986) 7-8, qui cite QBT (cf. aussi id., The Periphrastic Future Tense in Hebrew and Phoenician: RSO 61 [1987] 75 avec la note 15); la même analyse a été dernièrement proposée par Ph.C. Schmitz, A Problem of Punic Morphology: The Third Person Singular Feminine of the Suffixing Conjugation with Affixed Object Pronoun: JSS 40 (1995) 219-225. Les formes KPT (cf. note 9) et NKST avaient été analysées comme des parfaits féminins (sans y reconnaître la voyelle du suffixe) par J.-B. Chabot, Bulletin archéologique du Comité des Travaux historiques et scientifiques, 1941-42, 390 (anlayse de WKPT) et par J.G. Février, Remarques à propos d'une inscription punique récemment découverte: ibid., 1946, 171 (WKPT), id., Une formule funéraire néopunique: CdB 8 (1958-59) 27 (qui cite aussi comme parfait féminin NKST).

souvent comme des participes actifs féminins[3], doivent être interprétés comme des troisièmes personnes du féminin singulier de l'accompli + le pronom suffixe complément d'objet direct de la troisième personne du masculin singulier. Le but de la présente note est de fournir trois autres exemples possibles de la même forme et, surtout, de discuter dans tous ces cas la question de la prononciation du suffixe accusatif de la 3e pers. du singulier, masculin et féminin, qui n'est pas noté par l'écriture, à l'exception d'un seul exemple.

Les attestations qu'il a été possible de recueillir sont:

En phénicien: – ᶜŠTRTḤWT «ᶜAštart l'a fait vivre (= l'a rendu sain)»[4]; c'est le nom du donateur et peut-être aussi celui de son grand-père, dans la partie phénicienne de la bilingue d'Arwad[5] (25/24 av. J.C.[6]). Il doit être expliqué comme un nom divin féminin + la 3e pers. du fém. singulier de l'accompli de ḤWY au piel + le suffixe de l'accusatif de la 3e pers. du masc. singulier. Il peut être comparé au nom PMYḤWY «Pumaiy l'a fait vivre (= l'a rendu sain)» (CIS I, 5981, 1), *Pumaiy-ḥiwwiyō*; la même formation est fréquente avec le verbe ḤNN: en phénicien il existe le nom de personne DᶜMḤNʾ «(le dieu) DᶜM lui a fait grâce» (KAI 54, 2, inscription bilingue, phénicienne et grecque)[7]; en punique BᶜLḤNʾ «Baᶜl lui a fait grâce» est fréquent; les noms puniques ʾŠMNḤNʾ «Eshmun lui a fait grâce» et MLQRTḤNʾ «Melqart lui a fait grâce»[8] sont plus rares.

---

[3] Cf. en dernier lieu W. Röllig, The Phoenician Language: Remarks on the Present State of Research: Atti del I Congresso internazionale di Studi fenici e punici, Roma 1983, 383.

[4] F.L. Benz, Personal Names in the Phoenician and Punic Inscriptions (Studia Pohl, 8), Rome 1972 (ensuite, Benz, Names), 212 interprète ce nom comme «Aštart has given me life(?)». Sur la différence, en hébreu, entre la signification du piel et de l'hiphil de ḤYH, cf. E. Jenni, Das hebräische Piᶜel, Zürich 1968, 61 ss. (v. aussi 16-21).

[5] Cf. R. Savignac, Une visite à l'île de Rouad: RB 13 (1916) 576-579; pour la partie grecque cf. J.-P. Rey Coquais, Inscriptions grecques et latines de la Syrie, VII (Bibliothèque archéologique et historique 89), Paris 1970, 25-27, n° 4001 (avec bibliographie).

[6] Cf. H. Seyrig, Antiquités syriennes. 49. Aradus et sa pérée sous les rois Séleucides: Syria 28 (1951) 213, 215 avec la note 2; J.-P. Rey Coquais, Arados et sa pérée aux époques grecque, romaine et byzantine (Bibliothèque archéologique et historique 97), Paris 1974, 124 avec la note 5 (cf. H. Seyrig, Questions aradiennes, Revue Numismatique, 1964, 34-37).

[7] À ma connaissance c'est le seul cas d'un nom propre phénicien où le suffixe est indiqué par ʾ, comme en punique. Le nom est transcrit Δομανω en grec.

[8] Cf. Benz, Names, 314.

En punique, les formes citées par Krahmalkov sont:

– NKST (CIS I, 3783, 6) , dans la phrase: (5) ... WKL ʾDM ʾŠ GNB (6) T MTNT Z NKST TNT ... « et tout homme qui emportera (dérobera) ce don, Tanit ... le tuera / que Tanit ... le tue!»;

– QBT (CIS I, 4945, 5), dans la phrase: (4) .... WʾŠ YR(5)GZ T MTNT Z WQBT TNT ... «et celui qui déplacera ce don, Tanit ... le maudira / que Tanit ... le maudisse!»[9].

Concernant ces deux attestations, Ch.R. Krahmalkov a démontré que la syntaxe des phrases dont ces verbes font partie[10] exige l'emploi d'un parfait et non d'un participe. Il s'agit en effet de propositions qui équivalent à des conditionnelles: les propositions relatives à sens général, introduites par «tout homme qui», ou «celui qui», ont la fonction d'une protase[11]; la proposition principale qui les suit équivaut à une apodose, où l'emploi de

[9] KPT de CIS I, 5510, 4 , dans la phrase: «(4) [WKL ʾ]DM ʾŠ ʾYBL MŠRT WKPT RBTN TNT ... Wʾ(5)DN B[ʿL] ḤMN ʾYT ʾDMM HMT BḤYM ʿL PN ŠMŠ ...» peut être ou bien la 3e pers. du fém. sing. (sujet Tanit) ou bien la 3e pers. du pl. de l'accompli (sujet Tanit et Baʿl Ḥammon); ayant comme complément d'objet direct ʾYT ʾDMM HMT «ces hommes là», Ch.R. Krahmalkov, JSS 31 (1986) 8, analyse la forme comme une 3e personne du fém. singulier de l'accompli d'un verbe KPT «to bind», qui n'est pas attesté ailleurs en phénicien. Étant donné l'emploi de KPP à la l. 3 ([WKL ʾDM (?)] ʾŠ LKP ʾYT ʾMTNT Z ...(Y)ʾML YD «[et tout homme] qui brisera ce don ... sa main se desséchera / que sa main se dessèche!»), il semble possible de retrouver la même racine dans KPT de la l. 4, suivant une construction asyndétique: le verbe serait à la 3e pers. du fém. singulier de l'accompli avec le pronom suffixe de la 3e pers. du masc. singulier se rapportant KL ʾDM, antécédent du relatif: «et tout homme qui ne prêtera pas service, notre dame Tanit ... le brisera et le seigneur Baʿl Ḥammon (brisera), ces hommes là.../ que notre dame Tanit le brise, etc. ...» ; cf. DISI, 532 s. v. *kpt*, avec les différentes explications qui en ont été proposées.

[10] Ch.R. Krahmalkov, JSS 31 (1986) 5 définit ainsi les phrases en question: «sentences with anticipatory clause followed by resumptive main clause in which the *qatal* appears in restricted initial position in the resumptive clause».

[11] Cf. en particulier pour l'hébreu C. Brockelmann, Hebräische Syntax, Neukirchen 1956, § 157 et 172, où ces relatives sont appelées «konditionale Relativsätze»; elles sont un exemple typique de la construction appelée traditionnellement *casus pendens*, cf. GK, § 144 d, S.R. Driver, A Treatise on the Use of the Tenses in Hebrew, 3rd ed. revised and improved, Oxford 1892, § 123 a; en dernier lieu, avec les différentes dénominations employées («nominative absolute construction», «*casus pendens* construction», «focus-construction», «topic-comment construction»), cf. B.K. Waltke – M. O'Connor, An Introduction to Biblical Hebrew Syntax, Winona Lake, Indiana, 1990, § 4.7 et 32.2.1 e (où les auteurs emploient aussi l'expression «anticipatory clauses», dont se sert Krahmalkov, cf. note 10).

l'accompli, précédé ou non par W-, est normal[12]. La formule suivante (CIS I, 3785, 6-11 = KAI 79), exactement parallèle aux malédictions de CIS I, 3783, 5-6 et 4945, 4-5, qui a été également citée par Ch.R. Krahmalkov[13], rend certaine – s'il y avait encore besoin d'une preuve – l'analyse de NKST et de QBT: WKL ʾŠ LSR T ʾBN Z ... WŠPṬ TNT ... BRḤ ʾDM Hʾ «et tout homme qui déplacera cette pierre-ci ..., Tanit ... jugera / que Tanit ... juge contre le souffle de cet homme-là!». ŠPṬ est une forme verbale féminine, sans le pronom suffixe et sans -T final; par conséquent, elle ne peut être que la troisième personne du féminin de l'accompli.

Les exemples suivants sont incertains:

– BRKʾTʾ se lit dans CIS I, 580, 3, dédicace d'une femme, exécutée en écriture néopunique: (1) LRBT WLʾDN BʿL ḤMN (2) N̊Š̊ʾ ʾRŠT BT BDʿŠTRT (3) ŠMʿ QLʾ BRKʾTʾ «à la dame et au seigneur Baʿl Ḥammon; a offert ʾArišot fille de Bod-ʿaštart; (la dame) a écouté sa voix, elle l'a bénie!».

BRKʾTʾ avait été interprété dans le CIS comme BRK ʾTʾ «il (Baʿl Ḥammon) l'a bénie». Cependant la construction du verbe suivi par ʾ(Y)T et par le pronom suffixe complément d'objet, bien connue en hébreu, ne semble attestée qu'ici dans tout le phénicien; P.G. Mosca a proposé d'en identifier un deuxième exemple dans l'inscription phénicienne de Cebel Ires Dağı, mais son interprétation a été réfutée par A. Long et D. Pardee, sur la base de considérations d'ordre syntaxique[14]. Suivant l'interprétation de BRʾKʾTʾ de CIS I, 580 proposée ici, le sujet des verbes ŠMʿ et BRK de la formule finale serait la seule Tanit, citée en premier lieu dans la dédicace simplement comme «la dame»; il s'agirait donc de troisièmes personnes du féminin singulier de l'accompli[15]: ŠMʿ «elle a écouté», ayant comme com-

[12] Pour l'emploi des temps dans ce type de phrases en phénicien cf. en particulier F. Bron, *Waw* conversif en phénico-punique: GLECS 18-23 (1973-79) 607-610 (surtout 608).

[13] Cf. également Ph.C. Schmitz, JSS 40 (1995) 220.

[14] Cf. P.G. Mosca – J. Russell, A Phoenician Inscription from Cebel Ires Dagi in Rough Cilicia: Epigraphica Anatolica 9 (1987) 18 (l. 7 A/B WKM ʾŠ YGL ʾYT MSNZMŠ «and when MSNZMŠ drove him (i. e. KLŠ) into exile» (p. 6); au contraire G.A. Long – D. Pardee, Who Exiled Whom? Another Interpretation of the Phoenician Inscription of Cebel Ires Dagi: Aula Orientalis 7 (1989) 207-214, traduisent ce même passage par «When, however, he (KLŠ) exiled MSN(ʾ)ZMŠ» (p. 213); A. Lemaire, Une inscription phénicienne découverte récemment et le mariage de Ruth la Moabite: EI 20 (1989) 124*-129*, accepte l'explication donnée dans l'*editio princeps*.

[15] Dans le texte CIS I, 3785 déjà cité, les deux sujets de la dédicace sont Tanit et Baʿl Ḥammon, mais le sujet de la formule de malédiction est la seule Tanit; sur le verbe BRK dans les formules finales des inscriptions puniques cf. Ch.R. Krahmalkov, RSF 2 (1974) 41-43; sur le problème du rapport entre les divinités à

plément d'objet direct QLʾ «sa (fém.) voix», se termine par *-ā*; BRKʾTʾ, ayant le complément suffixe accusatif, se termine par *-at*; les deux ʾ présents dans ce verbe seraient des *matres lectionis*, la première indiquant la voyelle de la 3e personne du féminin singulier[16], la deuxième celle du pronom suffixe.

– NDRT se lit dans CIS I, 417, 3 s. et dans CIS I, 1200, 2, comme le verbe exprimant la dédicace accomplie par une femme: 417: (1) LRBT LTNT ... (2) WLʾDN LBʿL Ḥ[MN] ʾŠ NDRT ʾMŠ[T](3)RT BT MLKY̊[TN] ... «à la dame, à Tanit ... et au seigneur Baʿl Ḥammon; qu'a dédié[17] ʾMŠ[T]RT fille de Milk-yaton»; 1200: (1) [LRBT LT]NT ... [.. WLʾ(2)DN LB]ʿL ḤMN ʾŠ NDRT ʿL̊(3)[ŠT] BT BʿLYŠPṬ, «[à la dame Ta]nit ....[.. et au seigneur Ba]ʿl Ḥammon; qu' a dédié ʿL̊[ŠT] fille de Baʿl-yišpoṭ».

Le verbe (NDR) des phrases relatives citées ci-dessus ne nécessite pas de complément suffixe de l'accusatif, qui, de fait, n'est pas présent dans les nombreuses dédicaces carthaginoises qui emploient le même formulaire (LRBT LTNT ... WLʾDN LBʿL ḤMN ʾŠ NDR + nom de personne «à la dame Tanit ... et au seigneur Baʿl Ḥammon; (ce) qu'a dédié + nom de personne»)[18]. Cependant l'orthographe NDRT laisse supposer la présence de ce suffixe. Comment l'expliquer? Il pourrait bien reprendre l'objet voué (NDR) qui serait sous-entendu. En effet, ce type de textes emploie souvent la formule L- + nom divin + NDR ʾŠ NDR + nom de personne. La traduction littérale de l'expression devrait être «(don) que l'a dédié» + nom propre féminin. Les dédicaces CIS I, 417 et 1200, tardives et exécutées d'une manière peu soignée, reproduiraient donc un type de langage quotidien.

Quant à la reconstruction de la morphologie du suffixe complément d'objet direct de la troisième personne du singulier (masculin et féminin), la règle qui a été formulée par Ch.R. Krahmalkov et qui a été réaffirmée par R. Garr et J. Huehnergard est la suivante[19]: quand le verbe se termine par une consonne, le pronom suffixe de la troisième personne du singulier est en simple voyelle, masc. *-ō*, fém. *-ā*; quand le verbe se termine par une voyelle, le suffixe masc. est *-yū*, le fém. *-yā* (comme c'est le cas du suffixe posses-

---

qui le voeu est adressé et le(s) sujet(s) de la formule finale cf. M. Fantar, Formule propitiatoire liée au culte du tophet: Histoire et archéologie d'Afrique du Nord. Actes du Ve Colloque (115e Congr. nat. Soc. sav.), Avignon, 1990, Paris 1992, 59-63.

[16] Cf. PPG², § 131, 187.

[17] Pour l'explication de la forme voir les remarques qui suivent.

[18] En effet NDR n'a jamais de *mater lectionis* ʾ, qui indique la présence d'un suffixe; lorsque le sujet du verbe est une femme, il est possible de trouver un ʾ ou un ʿ final, indiquant la terminaison en voyelle du verbe.

[19] Cf. Ch.R. Krahmalkov, The Object Pronouns of the Third Person of Phoenician and Punic: RSF 2 (1974) 42-43; W.R. Garr, Dialect Geography of Syria-Palestine, 1000-586 B.C.E., Philadelphia 1985, 110; J. Huehnergard, The Development of the Third Person Suffixes in Phoenician: Maarav 7 (1991) 183-194 (en particulier 184).

sif). Du point de vue orthographique, en phénicien, la variante en voyelle du suffixe (*-ō* / *-ā*) n'est pas indiquée par l'écriture; sauf exception, elle est indiquée par -ʾ en punique (cf. *infra*).

L'examen du développement de **-hū,* après les différentes désinences de la conjugaison, montre toutefois que l'énoncé de cette règle, qui est de caractère purement descriptif[20], n'est pas exact. Ce qui suit n'examine qu'une partie du problème en rapport avec la conjugaison de l'accompli. Comme point de départ, on se réfère à la reconstruction d'ensemble du pronom suffixe de la troisième personne du singulier en phénicien et en punique présentée par J. Huehnergard[21].

Quelques transcriptions prouvent que le suffixe de la troisième personne du singulier, après un verbe à la troisième personne du masculin singulier de l'accompli, était vocalisé en *-ō*. La transcription la plus citée est Βαραχω «il l'a béni», KAI 175, 4/5 (cf. aussi FELO «il l'a fait», OA 2, 83, 5). Cette vocalisation a été expliquée aisément par J. Huehnergard à partir de la forme originaire de l'accompli, se terminant par *-a*[22]: *qatala* + *hū*: **qatala-hū* > **qatalau* > *qatalō*, donc **baraka-hū* > *barakau* > *barakō*[23]. La vocalisation en *-ā* du suffixe féminin de la troisième personne du singulier résulte d'un développement identique: **qatala-hā* > *qatalā* (par ex. punique récent BRKʾ «il l'a bénie», JA 1917/2, 32: 2, 4); vraisemblablement le *-ā* final ne se développe pas en *-ō*, pour différencier le féminin du masculin.

Les variantes du suffixe de la troisième personne du singulier, masc. *-yū* , fém. *-yā*, ont été expliquées à partir des cas où une terminaison en *-i* précède les suffixes *-hū* et *-hā.* Ainsi pour la première personne du singulier de l'accompli, J. Huehnergard a reconstruit le développement suivant: **qataltī-hū̆* > *qataltīyū̆*, **qataltī-hā̆* > *qataltīyā̆*[24]. Les autres formes du verbe qui se terminent par une voyelle longue emploient également les variantes en *-y-* du suffixe comme l'indique l'orthographe phénicienne (suffixe masc. et fém. écrit Y), punique et punique récente (suffixe masc. et fém. écrit Y,

---

[20] L'affirmation de Ch.R. Krahmalkov (RSF 2 [1974] 42) «... the object pronoun is affixed directly to the verb stem in the same manner the possessive pronoun is affixed directly to the noun», qui dérive de la formulation rappelée ci-dessus, est au contraire incorrecte, aussi bien dans le cas du pronom à l'accusatif que dans celui du complément au génitif.

[21] Cf. la note 19.

[22] Cf. J. Huehnergard, Maarav 7 (1991) 187, qui considère comme *anceps* la voyelle finale du suffixe masculin: donc **-hū̆*, et **-hā̆.*

[23] Comme le montre la transcription grecque, le verbe BRK est ici au qal.

[24] J. Huehnergard, Maarav 7 (1991) 188 (pour le reste de la conjugaison, il remarque seulement: «and likewise for the first plural **qatalnū̆* third plural **qatalū̆* and so on»).

parfois Yʾ; suffixe fém. écrit parfois -Yʿ)[25]. Ce développement peut s'expliquer en supposant que l'emploi de *-yū* et de *-yā* s'est étendu à toutes les formes se terminant en voyelle autre que *a*; sinon il faut supposer que le Y de l'orthographe phénicienne est dans tous les cas l'indication de la chute du *h* entre voyelles, dont la première n'est pas *a*[26]. Quoi qu'il en soit, la voyelle finale du suffixe **-hū* ne subit de changement que si elle forme une diphtongue avec la voyelle qui précède. Dans les autres cas, c'est la voyelle finale *-ū* qui se conserve. Par exemple, la troisième personne du pluriel de l'accompli de BRK + le suffixe de la troisième personne du masculin singulier s'écrit en punique BRKY (CIS I, 4575, 4/5) «ils l'ont béni», qui doit correspondre à *barakūyū*[27] < **barakū-hū.*

La reconstruction du développement qui a donné lieu aux formes βαραχω, FELO, BRKʾ (= *barakā*), BRKY (= *barakūyū*) montre que le suffixe personnel de l'accusatif de la troisième personne du singulier masculin et féminin était rattaché à la terminaison originaire de la conjugaison – la situation est la même dans le cas du suffixe possessif[28] –, qui a conditionné la morphologie successive (et la conservation même du -T du féminin devant le suffixe appuie cette analyse). Ainsi, lorsque la forme du verbe se termine originairement par une consonne, comme c'est le cas de la troisième personne du féminin singulier de l'accompli, le suffixe *-hū* s'unit directement à cette terminaison; le *h* est sans doute assimilé à la dernière consonne du verbe, comme il arrive en hébreu biblique (**qatalat-hū* > *qᵉtālathū* ou

---

[25] Cf. PPG², § 187, à corriger pour les formes de BRK d'après Ch.R. Krahmalkov, RSF 2 (1974) 43.

[26] Cf. Ch.R. Krahmalkov, RSF 2 (1974) 40 qui remarque à propos de cette orthographe :«the evidence is massive that *-y-* (and never -ʾ-) functions as an intervocalic glide in Phoenician and Punic». Le phénomène peut être analogue à celui qui se vérifie dans le cas du préfixe du causatif, cf. J. Tropper, Die phönizisch-punischen Kausativbildungen im Lichte von Präjotierung und Dejotierung im Semitischen: ZDMG 145 (1995) 28-37. Suivant G. Garbini, Le lingue semitiche. Studi di storia linguistica. Seconda edizione riveduta ed ampliata, Napoli 1984, 82-84, 123, le *y* des suffixes, ainsi que celui du préfixe du causatif, serait une forme pronominale très archaïque, «cananéenne», préservée en phénicien.

[27] L'orthographe punique récente BRKYʾ (par ex. KAI 105, 4 et 119, 8), pourrait indiquer un développement *-yū* > *yō* (dû peut-être, dans cette phase, à la tendance à l'abréviation et à la chute des voyelles finales); toutefois -ʾ peut parfois indiquer la voyelle *u*, comme le montrent par exemple RʾPS pour *Rufus* (KAI 121, 2) et PʿLʾ pour *paʿalū* (par ex. KAI 130, 5); cf. PPG², § 104.

[28] Cf. en particulier Ch.R. Krahmalkov, Studies in Phoenician and Punic Grammar: JSS 15 (1970) 181-188; id., Comments on the Vocalization of the Suffix Pronoun of the Third Person of Phoenician and Punic: JSS 17 (1972) 68-75.

q^etālattū)[29]. La voyelle finale reste *-ū* au masculin (comme dans le cas où le verbe se termine par une voyelle différente de *a*) et *-ā* au féminin.

En conséquence le nom propre d'Arwad devait être prononcé *ʿAštart-ḥiwwittū* (ou *-ḥiwwītū*?); NKST et QBT devaient être *nakasattū* (ou *nakasatū*?) et *qabbattū* (ou *qabbatū*?)[30]; si NDRT a le suffixe, il doit être reconstruit comme *nadarattū* (ou *nadaratū*?); BRKʾTʾ, avec le suffixe féminin, doit être vocalisé *barakattā* (ou *barakatā?*).

L'orthographe punique NKST, QBT, NDRT et BRKʾTʾ peut appuyer la présente proposition: en effet Krahmalkov lui-même a remarqué que, dans cette phase de la langue, -ʾ est employé régulièrement comme *mater lectionis* pour *-ō* et pour *-ā*[31]. Or, c'est en particulier l'absence du -ʾ dans les inscriptions puniques citées qui a incité à analyser NKST et QBT comme des participes; mais c'est la vocalisation en *-ū* du suffixe masculin qui pourrait justifier cette orthographe à l'apparence irrégulière. Au contraire, dans la forme BRKʾTʾ, le suffixe en *-ā* du féminin est indiqué par la *mater lectionis* ʾ, suivant les traditions puniques. D'ailleurs la variante masc. *-yū* fém. *-yā* du suffixe de la troisième personne du singulier est écrite normalement en punique Y, comme en phénicien[32], c'est-à-dire sans l'indication de la terminaison en *-ū* ou en *-ā*. L'orthographe -Yʾ[33], qui n'est cependant jamais régulière, n'apparaît qu'en punique récent, lorsque les traditions orthographiques unitaires s'affaiblissent et que certains scribes, selon toute vraisemblance, tendent à reproduire dans l'écriture les sons de la langue parlée.

En conclusion, dans le cas du verbe à l'accompli, il semble assuré que le phénicien annexait le suffixe de la troisième personne du singulier, masculin et féminin, aux terminaisons originaires de la conjugaison et que ce sont ces dernières qui en ont influencé le développement et par conséquent l'orthographe; la règle générale énoncée précédemment semble donc devoir être modifiée: après la voyelle *a* originaire le suffixe masculin était *-ō* (à la suite de la contraction de la diphtongue *-au*); après les autres voyelles il était *-yū*; après une consonne il était *-ū*. Enfin, il est à remarquer que dans le cas

---

29 Cf. par ex. GK, § 59 g; G. Bergsträsser, Hebräische Grammatik, I, Leipzig 1918, § 16 d, II, Leipzig 1926, § 4 f; H. Bauer – P. Leander, Historische Grammatik der Hebräischen Sprache des Alten Testaments, Halle 1922, § 15 b, § 48 o'; R. Meyer, Hebräische Grammatik, 3. neubearb. Auflage I, 1982 § 24, 2b; II, 1969 § 84 2 f; P. Joüon – T. Muraoka, A Grammar of Biblical Hebrew, Roma 1993, § 25 c, § 62 a, d.

30 Pour QBT, cf. J.C. Greenfield, Some Phoenician Words: Semitica 38 (1990) [Hommages à M. Sznycer, I], 157-158 note 6 (où il reconstruit la prononciation *qabbatu*).

31 Ch.R. Krahmalkov, RSF 2 (1974) 41.

32 Cf. PPG² § 112 1. I c B, II (nom), 2 (verbe).

33 Qui peut correspondre aussi bien à *-yū* qu'à *-yō*; cf. ici la note 27.

de la troisième personne du masculin singulier de l'accompli des verbes à troisième radicale faible, le Y qui apparaît dans l'écriture doit représenter la troisième radicale, conservée devant le suffixe, qui est donc *-ō*, comme c'est la règle après le *-a* originaire de la conjugaison[34].

---

[34] Cette reconstruction m'a été suggérée par le prof. W.R. Mayer: par ex. **banaya* + *hū* > **banayau* > **banayō*, «il l'a construit» (cf. peut-être βινιω, G. Garbini, Venti anni di epigrafia punica nel Magreb [1965-1985]: RSF 14 [1986], Supplemento, p. 82, sans doute piel, *binniyō* < **binniya-hū*); cf. Z.S. Harris, The Development of the Canaanite Languages, New Haven 1939, n° 32, p. 56-57, qui place la syncope de *y* entre voyelles non accentuées après le développement *h* > *y* dans le suffixe de la troisième personne du singulier. La forme RPYʾ «il l'a guéri», KAI 66, 2, peut correspondre à *rapayō* et s'expliquer sur la base de la chute déjà ancienne de ʾ, de sorte que les verbes IIIe -ʾ se confondent avec les verbes IIIe *-y*, cf. PPG², § 175 b. Pour le développement éventuel *-yū* > *-yō* du suffixe en punique récent cf. note 27 et, vraisemblablement, Ch.R. Krahmalkov, Languages. Phoenician: The Anchor's Bible Dictionary, New York / London etc. 1992, IV, 223.

A Phoenician Market Place in Southern Spain

María Eugenia Aubet Semmler, Barcelona

Archaeological evidence has made it clear that the Bay of Cadiz and the Mediterranean coast of Andalusia were one of the main focuses of Phoenician expansion in the western Mediterranean. The complex formed by Toscanos, Málaga (ancient *Malaka*), Chorreras, Morro de Mezquitilla, Almuñécar (*Sexi*) and Adra (*Abdera*), founded between 750-700 B.C., is particularly significant among the Phoenician colonies which have been found along the Mediterranean coast of Andalusia. A new Phoenician settlement has recently been discovered at Cerro del Villar, sited on the estuary of the Guadalhorce river. The site is a strategic one, only a few kilometres to the east of Málaga, and dominates the wide bay of Málaga and the Guadalhorce river – the most important river in the region whose present course still runs along one of the main communication routes linking the interior (Granada, Cordoba, Seville) with the coast.

Various archaeological, geomorphological and paleogeographic studies conducted in the Guadalhorce estuary demonstrate that Cerro del Villar, which is now a prominent hill set among alluvial plains, was an island in ancient times, located in the river estuary (Aubet – Carulla 1987; cf. Hoffmann 1988, 81-90) (Fig. 1). It is estimated that the hinterland of the colony covered some 18 square kilometres and was an ideal area for irrigation agriculture and livestock farming on the low hills. In addition, abundant outcrops of fine mio-pliocene clays made large scale pottery production possible, while lead was mined some 10 kilometres from the settlement (Aubet 1993, 254-257; 1995).

The archaeological excavations carried out between 1987 and 1995 on this site revealed the large urban perimeter of this Phoenician settlement which, from the seventh century B.C. onwards, occupied the whole of the ancient island (some 10 hectares). This makes it one of the biggest Phoenician colonies in the south of Spain, second only to the ancient colony of Gadir. The enclave was founded in the second half of the eighth century and was occupied continuously until the sixth century B.C. The heavily settled colony carried out a regular trade with indigenous communities in the interior over a period of almost 200 years and gradually specialized in the local production of amphorae and large recipients for transport. The discovery of numerous kilns built in the seventh and sixth centuries B.C. shows that there was a kind of "industrial belt" which ringed the colony. There is also a complex in the centre of the island with a large building housing the remains of a potter's wheel, surrounded by open courtyards with kilns, vitrified slag and half-fired pots. There is thus overwhelming evidence of the colony's trading importance. The potter's wheel is thought to have been active at the beginning of the sixth century and its output was brought to an abrupt end by an enormous flood around 580-560 B.C. which swept away most of the buildings (Aubet 1991).

Another characteristic of Phoenician economic activities in Cerro del Villar was the intensive use of the valley's agricultural and livestock resources (probably employing native labour), and forestry providing wood for ship building and to feed the kilns. Seed analysis shows that vines, olives, wheat, and barley were the most important crops in the colony's hinterland. This produced a deterioration in the environment with deforestation, soil erosion and silting with the result of ever more violent floods. Pollen analysis shows the retreat of the forest caused by the Phoenicians, while the archaeological record reveals that there were at least two violent floods in Cerro del Villar in the second half of the seventh century and the beginning of the sixth century.

With regard to long-distance trade, the presence of amphorae and commodities from the East, Carthage, Cerveteri, Athens, Corinth and Jonian cities such as Samos and Miletos reveals the cosmopolitan character of this Phoenician city and reflects regular trade between the main Mediterranean cities. There was also a flourishing trade with centres in the interior, evidenced by the regular supplies of wine, oil and grapes, which were transported in amphorae through an established network of intermediate centres in the valley, facilitated by pacts and alliances forged with native overlords in the interior.

One of the most debated issues among specialists in Phoenician history is the economic character and importance of these settlements: were they ports of trade, factories, trading colonies or emporia? In this connection we would like to say something about the latest discoveries made in the last archaeological season at Cerro del Villar (November and December 1995), which may shed some light on the economic role played by these colonial settlements.

Most of the excavations carried out so far have centred on the study of the most recent horizon in the settlement, dating from the middle of the seventh century to the beginning of the sixth century B.C. In addition to the industries already mentioned, there were various residential areas with large rectangular dwellings, some of them with six or more rooms around a central open courtyard. One can establish the different economic and social activities which took place in these buildings through detailed archaeological analysis: storage areas, purple dye production, kitchens, domestic cults and areas for repairing fishing implements, inferred respectively from the concentration of amphorae, *múrex* shells, hand-made vessels, ostrich eggs and lamps, and lead items such as hooks and fishing weights. There are some luxury dwellings with alternating stone and mud brick walls (generally with plaster inside) and stone steps leading down to their own landing stages. The dwellings also marked streets or open spaces (some of which were paved with cobblestones) which follow a north-south orientation and reflect a highly advanced urban structure.

One of these dwelling areas was excavated in 1995. A large east-west exploration trench over 40 metres long was cut across the eastern half of the site. This trench revealed various dwellings from the end of the seventh century and beginning of the sixth century B.C. as well as what might be the remains of the city wall in the area nearest to the river (Figs. 2, 4).

A large house proved particularly noteworthy. Its outer walls were formed by stone socles and mud brick walls. It gave on to two streets, the corners of which were indicated by large ashlar blocks. Of particular interest was the fact that the main street was aligned north-south, and marked the front (and probably most important part) of the house. The street was over 5 metres wide and must have been one of the colony's main thoroughfares, judging from its position near the highest and most central part of the site. The street surface was of beaten earth and there are some small flagstones near possible entrances to the house to the right.

The most notable feature of the street are the small stone socles along its western side (Fig. 4 below). These stone socles were perpendicular to the dwelling walls and spaced at regular intervals marking out small squarish areas, which seem to bear some relationship to a large building with stone and mud brick walls sited at the other end of the street in which remains of metal-working activities have been found (Fig. 2).

The purpose of these socles in the middle of the street can be inferred from their regular spacing and the remains of beams and wooden posts which have been found along the side of the street. The only credible architectural explanation for these small stone socles is that they formed wall supports or mud brick pillars for a porched structure or portico. Small wooden side posts and beams found among the stone socles must have formed the roofing for this structure. The abundant remains of burnt wood on the street surface suggest that this portico must have had a flat roof formed by beams and a lattice of clay and wood (Fig. 3). The supports marked out small internal spaces, rather like *tabernae*, some of which might well have had a wooden door on the street side, judging from the marks on the beams found on the ground. The items found inside these structures (particularly amphorae) make it clear that these were small "shops" for storing or displaying goods. It should be noted that the analysis conducted to date on the contents of the amphorae discovered at the site invariably indicates the transport of subsistence items: wheat, barley, grapes, almonds and fish.

If this hypothesis is confirmed, one can say that Cerro del Villar had a market street with a portico on one side, which housed small premises which were probably shops or workshops. We know of no other porticos in other Phoenician colonies in either the Mediterranean or the East, although one should add that the east Phoenician cities have been little excavated. What seems clear is that this type of structure and the notion of a "market street" are foreign to the western Mediterranean at that time and must have been imported by the Phoenicians from the Near East.

In the Near East, the term used to indicate "street" is derived from the word *sūqu*, which often refers to places where trading, market or lending activities are conducted. The term *sūq šīmātim*, "market street" or "street of the merchants", has been documented from the second half of the second millennium in Old-Babylonian texts from Mesopotamia, which mention the buying and selling of merchandise in the street, profits, the sale of foodstuff and adjoining shops in the streets (Zaccagnini 1989, 422-423). Some texts from the fifteenth century B.C. state that the city of Nuzi had a "street of fowlers" and biblical texts in the first millennium mention the goods which could be obtained in the *sūqu* (Silver 1985, 119), and refer also to a "bakers' street" in Jerusalem (Jeremiah 37:21) and to "market streets" in Damascus and Samaria (I Kings 20:34).

Oriental cities had certain streets, squares or city quarters which served as open air markets -a feature which is still to be found in oriental *souks*-, and which occasionally served as a place for trading transactions or meetings. In addition to the market street, the city gates also provided a site for markets from the second millennium onwards (Zaccagnini 1976, 523: Silver 1985, 119): in the first millennium the most famous ones were those of Samaria (where flour and barley were sold in accordance with set prices in the ninth century B.C.) (II Kings 7:1), and those of Jerusalem, which specialized in selling goods such as fish (Sophonias xxx 1:10; Nehemiah 3:3; 3:39), sheep (Nehemiah 3:1;3:32:) or pottery (Jeremiah 19:2).

Despite the fact that some have denied the existence of market places in the pre-classical Near East altogether (Polanyi 1976, 66) in a wide-ranging debate on the notion and origins of market economies, it has now been conclusively proved that there were fixed areas in which commercial transactions took place (cf. Belshaw 1973, 103, 111; Renger 1984, 76; Silver 1985, 118; Zaccagnini 1989, 421; 1993, 128-129). Texts from the beginning of the second millennium B.C. clearly mention market places in Assur, Sippar, Larsa, Susa, Kanesh, and Nuzi (Veenhof 1972, 397; Postgate 1992, 212-213; Silver 1985, 118-119: Zaccagnini, 1989: 422). These were normally sited in strategic centres or way stations on trade routes which served as meeting points for goods and merchants from far-off places and farmers and herdsmen from the immediate hinterland. The texts also mention adjoining shops and large "tabernae" for goods, agricultural produce, wool, food, lending and borrowing, and contracting goods (Zaccagnini 1976, 522). The Old Testament repeatedly mentions the weekly arrival of peasants in the cities to sell their products, and a particular passage from Nehemiah on fifth century Jerusalem describes such an event:

> "In those days saw I in Judah some treading wine presses on the sabbath, and bringing in sheaves, and lading asses; as also wine, grapes, and figs, brought into Jerusalem on the sabbath day: and I testified against them in the day wherein

they sold victuals. There dwelt men of Tyre also therein, which brought fish, and all manner of ware, and sold on the sabbath unto the children of Judah, and in Jerusalem." (Nehemiah 13: 15-16).

Judging from this text and the number of times which Homeric texts describe Phoenician merchants calling in at Aegean ports and islands to buy and sell goods and slaves (cf. *Iliad* XXIII 741 s), it is clear that the Phoenicians travelled from place to place peddling their wares in the local markets.

The archaeological evidence confirms the existence of these market places in eastern cities. Thus shops full of amphorae containing grain have been found at Jericho in the middle of the second millennium, the shops giving on to a central street in the city. The same applies to Ugarit, with its shop buildings, and Assur, where houses with rooms open to the street appeared near the Gate of the Coppersmiths (Silver 1985, 119-121). Many of the market centres appear to be linked to places of worship, as in Kition, where shops and metal workshops appear close to a Late Bronze Age temple (Karageorghis 1976, 72-75). There are references to a street opposite the Chnum temple on the island of Elephantine, which was a strategic way station between Egypt and Nubia. There were shops and stalls selling amulets and other objects to pilgrims visiting the temple during the Ptolemaic era (Jaritz 1980). These transit markets in the ancient Near East were sited in cross-cultural border areas where different cultures met, and many of them became large cities, such as Carchemish, Jericho, Hazor and Palmira.

In texts from the Near East the term "market place" denotes a more important site than *sūqu*. In the first and second millennia B.C., the name given to the urban area where trade was conducted and markets concentrated was *maḫīru*, equivalent to market place (*bīt maḫīrum*) which had shops, warehouses and business premises which were supervised by an official, the *rabî maḫīrim* (Veenhof 1972, 389; Röllig 1976; Zaccagnini 1989, 421-422). It came to mean something similar to the *kārum*, but while *bīt maḫīrum* meant an area where goods were received, bought and sold, the *kārum* refers originally to a quay, embankment or harbour district and to a centre of long-distance trade, and thus became identified with trading colonies and merchant communities in general. The term *kārum* has also been translated as *emporion* (Leemans 1968, 178; Oppenheim 1976, 80; Zaccagnini 1976, 521; Renger 1984, 76-79; Postgate 1992, 211-212 and 221; cf. Teixidor 1993; Etienne 1993).

In any case, market places (*maḫīru*) in the Near East were wholly institutionalized trading centres and the Phoenicians could have used them as a model for export throughout the Mediterranean. Whether as specific city quarters or streets (*sūqu*), they must clearly have proliferated in those western colonies which were significant centres of production and trade, such as Cerro del Villar. Various features always seem to be associated with these market places: various instruments directly linked to buying and selling, such as stone or metal weights; prices and rates of exchange; a retail-based commerce – probably privately-owned; and a territorially-based exchange system with limited trading circuits (cf. Zaccagnini 1989, 422; 1976, 522). Above all, there must have been a system or institution which guaranteed protection to visitors and a correct commercial behaviour – something which could only be provided by a temple or the state. A temple or a sanctuary built near the harbour area or market fulfilled this function in international trading centres such as Jerusalem, Jericho, Hazor, Sarepta, Carchemish and Kition (Silver 1985, 9-11).

We consider that the Phoenician colony of Cerro del Villar (which was exceptionally large in the context of Phoenician colonies in the western reaches of the Mediterranean) possesses all of the features of an important central market place. Its position on an island made it an ideal strategic point for setting up a coastal transit market linking the interior with the coast. An island constituted a kind of "no man's land", a neutral territory where trade could be conducted without outside interference and without having to go through middle men (cf. Belshaw 1973, 115; Curtin 1984, 2.57). In addition, Cerro del Villar's *hinterland* provided consumers, with powerful native communities capable of absorbing goods and manufactured items from the coast, while these also guaranteed a regular supply of metals, manpower, raw materials and agricultural products from the hinterland.

Bibliography

Aubet, M.E.
1991 "Die phönizische Niederlassung vom Cerro del Villar (Guadalhorce, Málaga)", *Madrider Mitteilungen* 32: 29-51.
1993 *The Phoenicians in the West. Politics, Colonies and Trade,* Cambridge University Press.
1995 "From trading post to city in the Phoenician-punic world", in: B. Cunliffe/S. Keay (eds.), *Social Complexity and the Development of Towns in Iberia*, Oxford University Press: 47-65.

Aubet, M.E. – Carulla, N.
1987 "El asentamiento fenicio del Cerro del Villar (Málaga): arqueología y paleogeografía del Guadalhorce y de su hinterland", *Anuario Arqueológico de Andalucía 1986* , Sevilla, vol.II: 425-430.

Belshaw, C.S.
1973 *Comercio tradicional y mercados modernos,* Labor, Barcelona.

Curtin, Ph.D.
1984 *Cross-cultural Trade in World History,* Cambridge University Press.

Hoffmann, G.
1988 *Holozänstratigraphie und Küstenlinienverlagerung an der andalusischen Mittelmeerküste,* Berichte aus dem Fachbereich Geowissenschaften, Nr. 2, Bremen.

Jaritz, H.
1980 *Elephantine III. Die Terrassen von den Tempeln des Chnum und der Satet*, Archäologische Veröffentlichungen 32, Deutsches Archäologisches Institut, Abteilung Kairo, Mainz a. Rhein.

Karageorghis, V.
1976 *Kition. Mycenaean and Phoenician Discoveries in Cyprus,* Thames-Hudson, London.

Leemans, W.F.
1968 "Old Babylonian Letters and Economic History. A Review Article with Digression on Foreign Trade", *Journal of the Economic and Social History of the Orient* XI: 171-226.

Oppenheim, A.L.
1976 "La historia económica mesopotámica a vista de pájaro", in: K. Polanyi/C.M. Arensberg/H.W. Pearson (eds.): 77-86.

Polanyi, K.
1976 "Intercambio sin mercado en tiempos de Hammurabi", in: K. Polanyi/C.M. Arensberg/H.W. Pearson (eds.): 61-75.

Polanyi, K., Arensberg, C.M. and Pearson, H.W. (eds.)
1976 *Comercio y mercado en los imperios antiguos,* Labor, Barcelona.

Postgate, J.N.
1992 *Early Mesopotamia. Society and Economy at the Dawn of History,* Routledge, London/New York.

Renger, J.
1984 "Patterns of Non-Institutional Trade and Non-Commercial Exchange in Ancient Mesopotamia at the Beginning of the Second Millennium B.C.", in: A. Archi (ed.), *Circulation of Goods in Non-palatial Context in the Ancient Near East*, Roma: 31-123.

Röllig, W.
1976 "Der altmesopotamische Markt", *Die Welt des Orients* 8: 286-295.

Silver, M.
1985 *Economic Structures of the Ancient Near East,* Croom-Helm, London-Sydney.

Teixidor, J.
1993 "Un terme ouest-sémitique pour emporion?", in: A. Bresson/ P. Rouillard (eds.), *L'emporion*, Publications du Centre Pierre Paris, Paris: 85-87.

Veenhof, K.R.
1972 *Aspects of Old Assyrian Trade and its Terminology,* Studia et Documenta X, Leiden.

Zaccagnini, C.
1976 "La circolazione dei beni", in: S. Moscati (ed.), *L'alba della civiltà. Società, economia e pensiero nel Vicino Oriente antico,* vol. II, Torino: 425-581.
1989 "Markt", *Reallexikon der Assyriologie und Vorderasiatischen Archäologie,* Bd. 7, Lieferung 5/6, Berlin: 421-426.
1993 "In margine all'emporion: modelli di scambio nelle economie del Vicino Oriente antico", in: A. Bresson/P. Rouillard (eds.), *L'emporion*, Paris: 127-143.

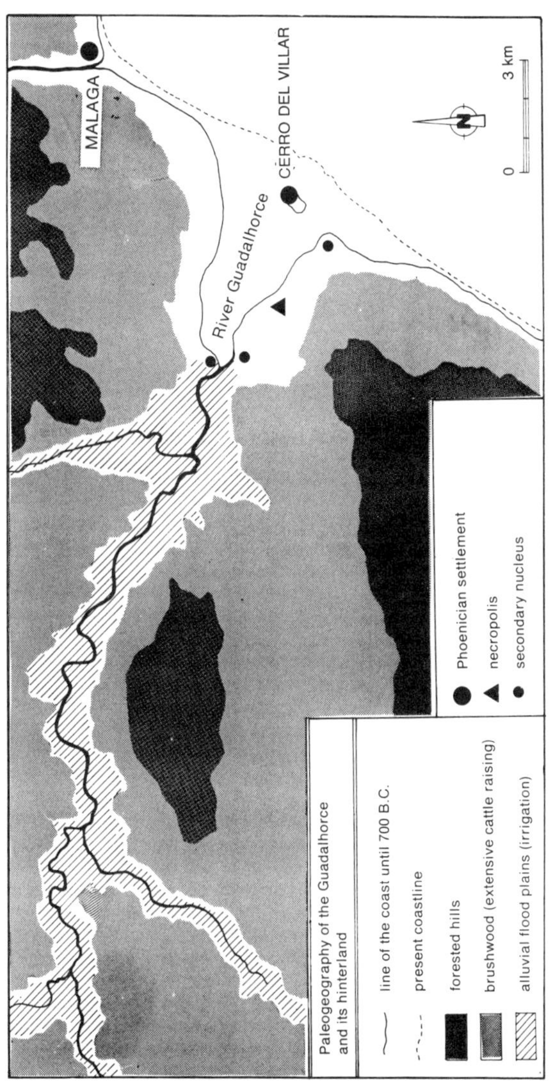

Fig. 1: The island of Cerro del Villar and its territory.

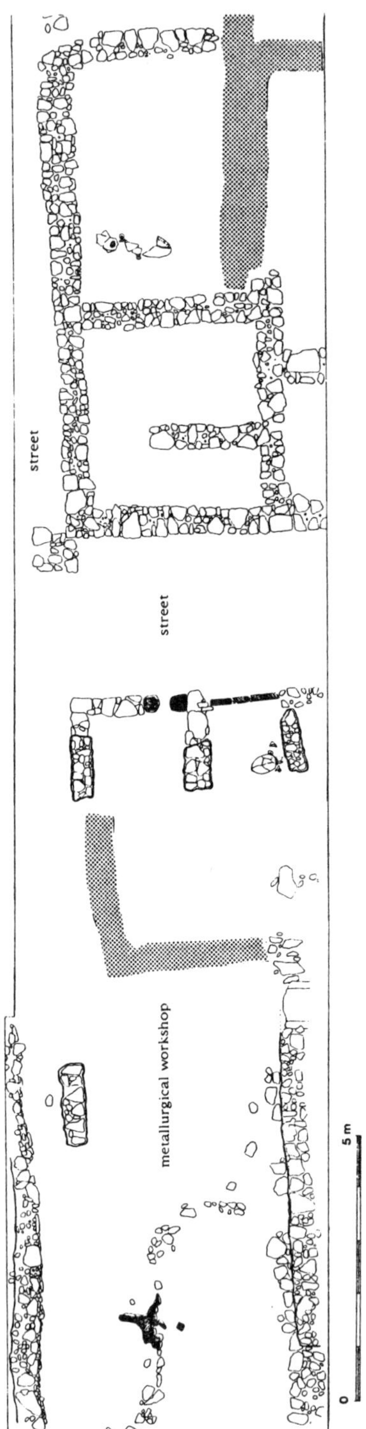

Fig. 2: Cerro del Villar: plan of the excavated area in 1995.

Fig. 3: Reconstruction of the market street.

Fig. 4: View of the excavated area in 1995 and (below) stone socles along the central street.

Einige ältere, in jüngeren Zeiten wiederbenutzte altorientalische Siegel

Rainer Michael Boehmer, Berlin

Mich an der Festschrift für Wolfgang Röllig zu beteiligen, mit dem ich zusammen vor mehr als 40 Jahren bei Johannes Friedrich in Berlin studiert habe, ist mir eine besondere Freude. Dank gilt dem Jubilar für gute Zusammenarbeit seit vierzehn Jahren am Uruk-Projekt, und zwar vor allem für die Freistellung U. Finkbeiners für die Durchführung des Surveys in Uruk in den Jahren 1982-1984 und später für alle Hilfe bei der Vorbereitung der in Tübingen herzustellenden Manuskripte für die Publikation desselben[1] und z.Zt. für die Bereitstellung der von A. Falkenstein erstellten Kopien von Tontafeln aus Uruk für die Bearbeitung durch Antoine Cavigneaux[2]; der wissenschaftliche Nachlaß Falkensteins befindet sich bekanntlich im Altorientalischen Seminar der Universität Tübingen, dessen Direktor der Jubilar ist.

In Uruk, einer der größten Städte Mesopotamiens, wurden immer wieder alte Baureste und Schichten von den antiken Einwohnern abgeräumt, und Fundamente oder Gräber in ältere Zusammenhänge eingetieft. Dabei blieb es nicht aus, daß mit dem Aushub auch Funde aus tieferen Lagen an die Oberfläche gefördert wurden. Je nach Art derselben erregten sie Interesse bei den späteren Bewohnern der Stadt. Schmuck wurde wiederbenutzt, und auch Rollsiegel fanden Beachtung.

Daß jedes Siegel seit prähistorischer Zeit gleichzeitig Amulett war, ist nicht neu. Auch nicht, daß der Amulettcharakter in neuassyrischer Zeit dadurch verstärkt wurde, daß die Keilschriftzeichen der Legende jetzt mehr und mehr positiv in das Siegel selbst geschnitten wurden[3]. Hier sind auch die keinen Sinn ergebenden, teils positiv, teils negativ in das Brokat-Stil-Siegel (Abb. 1)[4] geschnittenen neubabylonischen Zeichen zu erwähnen. Sie verstärken magisch die Kraft des Amuletts, als welches das Frühdynastisch I-Siegel vom neuen Eigentümer zweifellos empfunden wurde.

Als Amulette dienten in erster Linie auch die älteren Siegel aus neubabylonischen Gräbern Uruks. Es fanden sich darin zwei Rollsiegel der Spät-

---

[1] AUWE 4, 1991.

[2] AUWE 23, 1996.

[3] Vgl. Moortgat, 1940, 67; Collon, 1987, 119; Maul, 1995, 208 f.

[4] Porada, 1948, 9. 165 Nr. 48.

uruk-Ğemdet Nasr-Zeit (Abb. 2. 3)[5], drei der neusumerischen Zeit (Abb. 4. 5)[6], davon eines in späterer Zeit überarbeitet mit groben Schnitten (Abb. 6)[7], das Fragment eines wohl früh-altbabylonischen (Abb. 7)[8], das Bruchstück eines kassitischen Siegels (Abb. 8)[9] sowie eines Skarabäus wohl aus dem frühen 2. Jt. v.Chr. (Abb. 9)[10]. Als Siegel werden diese Stücke kaum noch benutzt worden sein.

Auch aus parthischer Zeit gibt es entsprechende Belege. Rund um den Nordhof II des Bit Reš war eine Zahl kleinerer Kulträume gruppiert mit Kultnische und, nicht in allen erhalten, Podest für das Götterbild und davor befindlichem Altar. In Raum 31 konnten drei übereinanderliegende Fußböden festgestellt werden. Während der zweiten Benutzungsphase wurde eine nicht ganz im rechten Winkel angebrachte Quermauer installiert, die den Raum in zwei Teile teilte. Ob sie noch während der dritten Phase bestand, konnte nicht geklärt werden[11]. Sicher ist, daß diese dritte Phase durch einen Brand endete. Die Decke fiel auf den Lehmestrich und die im Raum abgelegten Gegenstände herab. Nur solche aus Stein und Ton blieben erhalten, manche der steinernen in zerborstenem Zustand[12]. Insgesamt gehören gemäß Inventarbuch dazu sieben Roll- und ein Stempelsiegel. Bedauerlicherweise wurden davon nur fünf fotografiert. Es handelt sich dabei im einzelnen um eines der späten Ğemdet Nasr-Zeit (Abb. 10)[13], ein frühdynastisches (Abb. 11)[14], ein akkadzeitliches (Abb. 12)[15] und ein frühes altbabylonisches (Abb. 13)[16] sowie ein späturukzeitliches Stempelsiegel (Abb. 14)[17]. A. Kose datiert den Brand nach 108 v.Chr., etwa in das 1. Viertel des 1. Jhs. v.Chr. (Zeit Mithridates II.)[18]. Zweifellos sind diese Siegel als Weihgaben mit besonderer magischer Wirkung in dem Raum abgelegt worden.

---

[5] Salje, 1995a, Gräber Nr. 237. 260; dies., 1995b, 602 Nr. 1. 2 Taf. 46 a.b.

[6] Salje, 1995a, Gräber 245. 464 c 2; Salje, 1995b, 602 f. Nr. 3. 4 Taf. 46 c.d.

[7] Salje, 1995a, Grab 311 h; Salje, 1995b, 603 Nr. 5 Taf. 46 e.

[8] Salje, 1995a, Grab 464 c 3; 1995b, 603 Nr. 6 Taf. 47 a.

[9] Salje, 1995a, Grab 311 i; Salje, 1995b, 603 f. Nr. 7 Taf. 47 b.

[10] Salje, 1995a, Grab 464 c 4; Salje, 1995b, 607 Nr. 19 Taf. 49 e.

[11] Jordan, 1928, Taf. 9. 18. 60 b; Kose, 1996.

[12] Jordan, 1928, 69.

[13] Ebenda, Taf. 97 c = Moortgat, 1940, Nr. 24.

[14] Ebenda, Taf. 97 d = Moortgat, 1940, Nr. 156.

[15] Jordan, 1928, Taf. 97 a.

[16] Ebenda, Taf. 97 b = Moortgat, 1940, Nr. 318.

[17] Jordan, 1928, Taf. 97 f.

[18] Kose, 1996, Teil I.

Als solche sind offensichtlich auch vier Rollsiegel angesehen worden, die während der spätparthischen Periode im Gareus-Tempel, der auf jeden Fall aufgrund einer Urkunde vor 111 n.Chr. bestand[19], in Uruk als Weihgaben niedergelegt wurden.

Zwei davon waren neben dem Postament vor der Kultnische in eine Vertiefung gelegt worden, die auf einen fehlenden, offensichtlich herausgenommenen Pflasterstein zurückgeht. Es handelt sich dabei um das frühdynastische Siegel Abb. 15[20] und um ein zweites Stück, das von den Ausgräbern leider weder gezeichnet noch fotografiert wurde. In UVB 6, 36 wird es in die „zweite Hälfte des 3. Jahrtausends" gesetzt. Daß damit die frühdynastische Zeit gemeint ist, ergibt sich bei der Datierung des ebenda folgenden Siegels, von dem gesagt wird, es „stammt auch aus der Zeit der plankonvexen Ziegel", also der frühdynastischen Zeit. Dieses letztere Stück wurde mit dem Isin II-zeitlichen Frittesiegel Abb. 16[21] laut Inventarbuch auf dem Pflaster hinter dem Postament, d.h. zwischen Postament und Kultnische, gefunden.

Daß hier, im Gareus-Tempel, neben dem neubabylonischen also allein drei frühdynastische Siegel angetroffen wurden, verwundert nicht, steht der Tempel doch auf einem Tell, der neben nur sehr geringen neubabylonischen Resten unmittelbar unter den Schichten der parthischen Periode solche der Isin II- und Kassitenzeit und unmittelbar darunter wieder solche der frühdynastischen Zeit birgt. Sicher ist man während der Arbeiten an den Bauten des Gareus-Bezirks auf diese Siegel gestoßen.

Auch andernorts und auch weit entfernt von Mesopotamien sind altorientalische Siegel in jüngeren Fundlagen entdeckt worden.

So fand E. Chantre 1893/1894 bei seinen Untersuchungen im Bereich des großreichszeitlichen Großen Tempels von Hattuša ein Rollsiegel der Akkadzeit (Abb. 17)[22]. Es dürfte in etwa aus der Zeit der Könige Maništusu oder Rimuš stammen und später als besonderes Beutegut nach Hattuša gebracht worden sein, wo es dann als Weihgabe in den Großen Tempel gelangte.

In Iberien, bei Mtskheta wenige Kilometer nördlich Tiflis, wurde in der Nekropole von Samtavro ein Fürstinnengrab angetroffen[23]. In der Steinkiste lagen neben den Skeletten zweier zu verschiedener Zeit bestatteter Personen, wahrscheinlich Frauen, sehr reiche Beigaben. Darunter befanden sich neben Münzen aus der Zeit des Augustus und des parthischen Königs Gotarzes (40/41 bis 51) solche aus den Jahren Hadrians (125/128), die einen

---

[19] Meier, 1960, 107 f.

[20] Heinrich, 1935, 36 Taf. 31 d; Boehmer, 1992, 175 Nr. 3.

[21] Heinrich a.O. Taf. 31 c; Wittmann, 1992, 227 Taf. 39 Nr. 196.

[22] Delaporte, 1909, 8 Nr. 14; Boehmer, 1987, 97 Nr. 281.

[23] Vickers, 1995, 187 ff.

Zeitansatz zumindest für die zweite Beisetzung liefern. Die Steinkiste enthielt ferner u.a. zwei altorientalische Siegel. Bei dem einen handelt es sich um ein altsyrisches Rollsiegel (Abb. 18)[24], bei dem anderen um einen achaemenidenzeitlichen Stempel (Abb. 19)[25]. Dessen Darstellung gehört in das Schema des Tierbezwingers, der zwei Löwen am Schwanz hochreißt. Hier ist der Held geflügelt. Seine Arme sind nicht ausgeführt. Schon von daher gibt sich das Siegel als ein in der Provinz gefertigtes Stück zu erkennen und ist nicht im klassischen Reichsstil sondern in einem provinziellen Kerbstil geschnitten. Die Form des Siegels, ein sog. „Pyramidal Stamp“, mit abgesetzten, geglätteten Seiten und achteckiger Stempelfläche, leitet sich von neuassyrisch-neu/spätbabylonischen Stempeln ab, unterscheidet sich jedoch von ihnen durch das nicht, wie üblich, oben längs[26], sondern tiefer zur Mitte hin, quer angelegte Bohrloch. Daraus ist zu schließen, daß das Oberteil des Siegels von einem Bügel aus Metall umfaßt wurde, der unten in das Siegel eingriff oder durch einen durch das Siegel geführten Stift mit diesem verbunden war. Als Beispiel sei ein achaemenidenzeitliches Stück aus dem an der Westküste Kleinasiens gelegenen Sardis[27] genannt. Vom Kerbstil her könnte unser Stück durchaus in Kleinasien geschnitten worden sein[28]. Damit ist ein Hinweis auf das vermutliche Herkunftsgebiet des Siegels gegeben.

Einen weiteren bildet das Motiv: In Sardis wurde unter Artaxerxes II. Ende des 5. Jhs. v.Chr. der Kult der Artemis mit dem der iranischen Anahita assimiliert[29]. Auf Stempeln unserer Form mit achteckiger Siegelfläche erscheint die geflügelte Artemis als *potnia theron*. Sie bezwingt Löwen in der aus der achaemenidischen Kunst bekannten Weise, indem sie die Tiere am Hinterbein (oder Schwanz) hochreißt[30]. Dabei kann sie mit dem persischen Rock bekleidet sein (Abb. 23 A)[31]. Einmal tritt als Tierbezwinger ein geflügelter Meder an ihre Stelle[32], auf dem Siegel aus Samtavro ist es, wie

---

[24] Ebenda 191 Abb. 13 a. – Vgl. z. B. Moortgat, 1940, Nr. 532.

[25] Vickers, 1995, 13 b.

[26] Vgl. z.B. Porada, 1948, Nr. 795 d. – Rost, 1975, 105 Nr. 231.

[27] Curtis, 1925, 13 Nr. 8, Taf. 1, 8; 43 Nr. 114 Taf. 10, 11; 11, 5. – H.Th. Bossert, 1942, Nr. 175. – Boardman, 1970, 43 Taf. 6, 137 (45 Taf. 8, 188). – Boehmer, 1987, 114 Abb. 89 (mit silberner Kappe). – Vgl. ferner B. Salje in: Kühne-Salje, 1996, Nr. 59. 60 (Konische Siegel mit Bügel aus Kamid el-Loz).

[28] Vgl. gröber geschnittene Stücke aus Boğazköy (Yazılıkaya) und Gordion: Boehmer, 1987, 112 f. Abb. 88 Nr. 320.

[29] Boardman, 1970, 28.

[30] Ebenda 27 f. 40 Abb. 22 Taf. 2, 23. 24; von der Osten, 1936, Taf. 12, 137.

[31] Boardman, 1970, Abb. 22 Taf. 2, 23.

[32] Ebenda Taf. 2, 26.

erwähnt, ein geflügelter persischer König[33]. Dieses Motiv ist selten, Boardman führt in seiner grundlegenden Studie nur drei Beispiele an (Abb. 23 B-D)[34]. Mit Recht vermutet er, daß diese Stücke von der *potnia theron* beeinflußt sein dürften[35]. Auch von daher bietet sich Westkleinasien, enger noch, Lydien als Ursprungsbereich des Siegels Abb. 19 an.

Sicherheit wird schließlich durch die zwei Buchstaben gewonnen, die sich rechts und links des Kopfes des Tierbezwingers befinden: Das eine ist deutlich ein Λ (Lambda), bei dem anderen, einem Χ, wird es sich daher nicht um ein Andreaskreuz sondern um ein Chi handeln. Phrygische[36] und lydische Siegel[37] weisen mitunter Lettern auf. Χ und Λ sehen im phrygischen Alphabet anders aus[38], das Λ dagegen ist auf einem der wenigen beschrifteten lydischen Siegel vertreten[39]. Ein dem Chi ähnliches Kreuz erscheint u.a. auch auf achaemenidischen Münzen aus Hortfunden aus Kleinasien und nahe Smyrna[40]. Die enge Verbindung der Hauptperson zur geflügelten *potnia theron* ist in Phrygien nicht nachweisbar[41], wohl aber, wie oben ausgeführt, im lydischen Bereich.

So ist das Siegel mit an Sicherheit grenzender Wahrscheinlichkeit ein achaemenidisches Stück des 5. Jhs. v.Chr. aus dem lydischen Bereich. Von dort wird es zu unbekannter Zeit und auf unbekannte Weise – nicht nur auf dem Landweg, auch an die Schiffsroute übers Schwarze Meer ist zu denken – nach Iberien gelangt sein.

---

[33] Im Gegensatz zu den klassischen achaemenidischen Darstellungen rollen seine Schwingen am Ende kaum ein, ein weiterer Hinweis auf eine provinzielle Herkunft des Siegels.

[34] Boardman, 1970, 33: Lajard, 1867, Taf. 68, 21 (= unsere Abb. 23 B. Kerbstil. Tierbezwinger vierflügelig, auf einem Tier [Löwen] stehend: Nachwirkung assyrischer Vorstellungen. Krone ägyptisierend. Das Stück ist sicher zur Perserzeit im levantinischen Bereich geschnitten: wegen des assyrischen Einflusses – vgl. zu diesem auch unten Abb. 21 mit Anm. 50 – eher ausgehendes 6. als 5. Jh. v.Chr.); von der Osten, 1936, Taf. 12, 165 (= unsere Abb. 23 C. Konisches Siegel. Reichsstil. Geflügelter Held im Knielauf mit einem Löwen kämpfend); Richter, 1949, 292 Taf. 31, 1 (= unsere Abb. 23 D. Pyramidaler Stempel. Kommt dem Stück von Samtavro am nächsten. Ohne Schriftzeichen).

[35] Boardman, 1970, 33.

[36] Boehmer, 1987, 85 Abb. 59 b.

[37] Boardman, 1970, 20 f. 39 Nr. 1-10 Taf. 1. – Zu Nr. 7 vgl. auch Boehmer, 1987, 112 f.

[38] O. Haas, 1966, 177 ff.

[39] Boardman, 1970, 21 Abb. 2,9.

[40] Ebenda 24 Anm. 20. Abb. 4.

[41] Vgl. Boehmer, 1987, 85 ff.

Ein anderer Stempel ist aus kostbarem Silber gearbeitet. Die Hauptszene zeigt einen medischen Priester rechts vor dem Altar mit dem heiligen Feuer und ist links, von der Symmetrie der Komposition her notwendig, vom Motiv her sehr ungewöhnlich, um einen etwas steif dastehenden, riesigen Greifvogel erweitert, der eine große Kanne hält (Abb. 20)[42]. Ungewöhnlich ist auch der Altar, der auf einem Stab, nicht einem festen stufenartigen Unterbau ruht. Dieser Stab sieht in seinem Oberteil wie ein Räucherständer mit dem charakteristischen, kegelförmigen Kopf aus. Von daher könnte man zunächst erwägen, ob die dreigliedrige Platte des Altars vielleicht später hinzugefügt worden ist, doch ist dieser Gedanke abzulehnen, da die Flügelsonne deutlich auf das hochflammende Feuer Rücksicht nimmt: sie ist nicht mittig, sondern zur Seite versetzt angebracht worden. Ungewöhnlich ist schließlich auch das Symbol oberhalb des eine Schale haltenden Meders. Soweit zur Achaemenidenzeit wohlbekannte Motive verwendet wurden, hat der Künstler sich bemüht, sie im Reichsstil zu halten; die ungewöhnlichen sind zweifellos gleichzeitig. Eine Imitation, ein Pasticcio römischer Zeit, in der bekanntlich die orientalischen Kulte große Bedeutung hatten, ist es sicher nicht: dagegen spricht die gute, fehlerlose Durcharbeitung der klassisch achaemenidischen Motive. Das Siegel stammt aus der ersten Etage eines Hauses von Herculaneum, jenem Ort, der bekanntlich durch die Lava des Vesuvausbruchs vom 24/25. August 79 n.Chr. zugedeckt wurde.

Der gewaltige Raubvogel ist ein seltenes Motiv in der achaemenidischen Glyptik. Es erscheint auch auf einem graeco-persischen Rollsiegel aus der 1. Hälfte des 5. Jhs. v.Chr. (Abb. 23 E)[43]. Hier ist der Vogel, wie schon J. Boardman erkannt hat, mit seinem Jungen gezeigt. Vor dem Vogel befindet sich unter einer Flügelsonne ein weiteres Alttier mit seinem Nachwuchs, nämlich eine säugende Stute mit Fohlen, hinter ihm ein im lydischen Raum bekanntes Symbolzeichen[44]. J. Boardman weist auf die stilistische Nähe des Pferdes zur Darstellung auf einem lydischen Stempelsiegel sowie auf die Schwierigkeiten des Steinschneiders bei der Wiedergabe des Vogels hin.

Auch der Künstler des in Herculaneum gefundenen Siegels hatte, wie oben erwähnt, seine Schwierigkeiten bei der Ausführung der einzelnen Motive, die ihm offensichtlich nicht so recht geläufig waren. Der Vogel verbindet das Stück mit dem Rollsiegel Abb. 23 E, es dürfte, wie jenes, der 1. Hälfte des 5. Jhs. v.Chr. entstammen und aus dem graeco-persischen, vermutlich lydischen Bereich kommen.

Um ein weiteres Stück aus römischem Zusammenhang handelt es sich bei dem neubabylonischen Siegel vom römischen Legionslager zu Mainz

---

[42] Tinh, 1971, 73 Nr. 37 Fig. 27. – Ich verdanke den Hinweis auf dieses Stück H. v. Gall.

[43] Boardman, 1981, 210 zu Nr. 173; Bible Lands Museum, 1994, 101, Seal 727; Bible Lands Museum Jerusalem, 1995, Fig. 11.

[44] Boardman, 1970, 22 f. Abb. 3, 5.

(Abb. 21)[45]. Seine vermutliche Fundstelle wird in den Anfang der 70er Jahre des 1. Jahrhunderts n.Chr. datiert[46]. Dieses Stück dürfte mit einem hohen römischen Offizier (oder Beamten), der unter Nero und dann Vespasian in Syrien seinen Dienst versah, und der vielleicht sogar am Feldzug des Titus gegen Jerusalem teilgenommen hatte, nach Mainz gekommen sein, als er dorthin versetzt wurde. Er wird es eher in Syrien mit seinen reichhaltigen Relikten neuassyrischer/neubabylonischer Zeit erworben haben als in Palästina. Die Versetzung römischer Feldherrn im Orient nach Europa und umgekehrt ist gut belegt[47], daß sie dabei ausgewählte Leute ihres Generalstabes mitnahmen, ist wahrscheinlich. Das Siegel selbst ist, wie U. Moortgat-Correns anführt, ein mittelassyrisches, „im 1. Jahrtausend in neuassyrisch/neubabylonischer Art“ überarbeitetes Stück[48]. Der letzte Umstand läßt sich heute besser eingrenzen: Vermutlich sind die Personen im assyrisierenden Schalgewand und die in der neubabylonischen Glyptik beliebte kaktusähnliche Pflanze[49] im 6. Jh. v.Chr. in das Siegel geschnitten worden, als in Nordsyrien noch Assyrer bzw. der assyrischen Kultur nahestehende Menschen unter der Herrschaft Babylons lebten[50]. Der Steinschneider wird einer von diesen gewesen sein. Ihm war das neuassyrische

---

[45] Moortgat-Correns, 1968, 38 ff. Taf. 3.

[46] Klumbach, 1968, 38.

[47] Kuhnen, 1994, 10 f.: „Publius Quinctilius Varus unternahm 6 n.Chr. als Statthalter Syriens eine Strafexpedition nach Judäa; 9 n.Chr. fand er ein aus judäischer Sicht sicher verdientes Ende in der Schlacht am Teutoburger Wald (E. Ritterling, Fasti des römischen Deutschland unter dem Prinzipat, hrsg. v. E. Stein. Wien [1932], 10 f.). Titus Flavius Vespasianus war Kommandeur der Legio II Augusta in Obergermanien, ehe ihm Kaiser Nero 66/7 n.Chr. den Oberbefehl im Feldzug gegen die aufständischen Judäer übertrug (Ritterling a.O. 123). Umgekehrt befehligte L. Antonius Saturninus zwischen 78/9 und 80/1 n.Chr. die Zehnte Legion in Jerusalem, bevor er 85 n.Chr. als Legionskommandeur nach Mainz wechselte und dort 88/89 eine Rebellion gegen Kaiser Domitian wagte (R. Syme, Antonius Saturninus. JRS 68, 1978, 12 ff; E. Dabrowa, Legio X Fretensis [1993] 31 f.); ebenfalls von Jerusalem nach Mainz wechselte zwischen 141 und ca. 151/155 n.Chr. der Legionslegat Gaius Popilius Carus Pedo, der in seiner obergermanischen Amtszeit den Limes von der Neckar-Odenwald-Linie auf die vordere Linie von Walldürn bis Welzheim vorschob (Dabrowa 1993, 44 f.; G. Alföldy, Gaius Popilius Carus Pedo und die Vorverlegung des Obergermanischen Limes. FBerBaden-Württemberg 8, 1983, 55 ff.). Weitere Namen ließen sich anfügen, etwa Julius Severus, Quintus Lollius Urbicus oder Claudius Paternus Clementianus (vgl. Ritterling a.O. 66 ff.; s.a. H.-W. Böhme, Römische Beamtenkarrieren. Cursus Honorum. Kl. Schriften z. Kenntnis d. röm. Besetzungsgeschichte 16. Stuttgart [1977], 30 ff.)“.

[48] Moortgat-Correns, 1968, 40.

[49] Porada, 1947, 151 Anm. 2.

[50] Postgate, 1993, 109 ff.; Röllig, 1993a, 125 ff.; ders., 1993b, 129 ff.; Brinkmann, 1993, 133 ff.

Repertoire noch vertraut, so kleidete er die Gestalten in die ihm vermutlich auch vom Alltag her noch geläufige Mode und nicht in das bei den Babyloniern beliebte Hemd. In den Freiraum setzte er dann die inzwischen auch ihm bekannt gewordene kaktusähnliche Pflanze, deren genaue Deutung und Bedeutung sich uns bis heute entzieht.

Sowohl dieses Rollsiegel als auch der achaemenidische Stempel sind gewiß nicht als Siegel, sondern als Amulette, denen man besondere magische Kraft zuschrieb, an ihren jeweiligen Fundort gelangt. Zu nennen ist hier auch ein akkadzeitlicher Zylinder mit der Darstellung des thronenden Ea, dem der Vogelmensch (nicht Zû)[51] gefangen vorgeführt wird. Die Siegellegende ist später beseitigt und teilweise durch eine thronende Figur ersetzt worden, die ein kugeliges Gefäß mit einer Pflanze hält (Abb. 22). Sie wurde vermutlich zur gleichen Zeit angebracht wie die Inschrift in griechischen Buchstaben auf dem oberen und unteren Siegelende. Zu diesen Legenden führt D. Collon aus: „At each end of the seal is an inscription which, judging from the shape of the letters, should be dated to the third or fourth century A. D. Professor Morton Smith of Columbia University, New York, ... thinks that they were probably cut somewhere in southern Mesopotamia. They should not be connected with Gnosticism though they are certainly magical in content. The meaning of the inscriptions is not clear the word 'Azineot' on the upper end of the seal might be the magical name for a strong deity but the word has not so far been recorded anywhere else. It might therefore have to be explained in some other way – perhaps it is simply a case of magical mystification. The inscriptions should be read as follows:

Upper end of the seal:

Lower end of the seal:

"[52] *Autographie Smith*

[51] Lambert, 1966, 69 f.

[52] Collon, 1982, 97 Nr. 200.

A. Kose sind die folgenden Ausführungen zu dieser Inschrift zu verdanken, die von der Lesung M. Smiths abweichen:

Autographie Kose

„Die Inschrift am unteren Siegelende ist von Morton Smith entgegen ihrer Leserichtung abgeschrieben worden. Er konnte acht Buchstaben lesen, von denen die ersten fünf auch auf den publizierten Photos von 1982 und 1987[53] gut zu erkennen sind. M. E. fehlt noch ein Neunter, den ich als (Alpha) mit verlängerter rechter Schräghasta deuten möchte. Der Achte könnte ein auf dem Kopf stehendes (Omega) oder ein um 90° gedrehtes (Epsilon) sein. Spiegelbildlich zum fünften Buchstaben, einem (Kappa), scheint an sechster Position ein weiteres (Kappa) angeordnet zu sein, während Smith es auf den Kopf gestellt wiedergegeben hat. Als (Rho) mit kleinem, nach rechts verlaufendem Sporn glaube ich den Buchstaben Nr. 7 identifizieren zu können. Er fällt bei Smith durch die verlaufenen Linien etwas undeutlich aus.

Die am oberen Siegelende eingravierte Inschrift ist in dem 1982 veröffentlichten Photo kaum zu lesen[54], wurde aber zum Glück von D. Collon 1987 nochmals in besserer Qualität abgedruckt[55]. Smiths Lesung entspricht in diesem Falle demjenigen, was ich auf dem letztgenannten Photo zu erkennen glaube:

oberes Siegelende

Autographie Kose

[53] Collon, 1987, 98 Nr. 446.

[54] Collon, 1982, 97 Nr. 200.

[55] Collon, 1987, 98 Nr. 446.

Zur paläographischen Datierung ist folgendes zu bemerken[56]:

Für eine zeitliche Einordnung ins 2./3. Jh. n.Chr. sprechen das (Sigma [Nr. 1]), das als rechteckige Variante der späten Halbmondform anzusehen ist, das rechteckige, auf dem Kopf stehende (Omega) und das mit kleinem Sporn versehene (Rho). Zudem ist vermutlich ein (Alpha) mit verlängerter rechter Schräghasta zu lesen. Auch die eigentümlich ausgeführten Serifen – (Kappa) und (Ny [Nr. 4]) sind hier besonders charakteristisch – scheinen mir diesen Zeitansatz zu bestätigen. Er stimmt im übrigen mit dem Herstellungszeitraum für magische Amulette aus dem ägyptischen Kulturbereich überein, den E. Zwierlein-Diehl auf das 1. bis 3. nachchristliche Jahrhundert festlegen konnte[57]. Sie dienten häufig als medizinischer Heilzauber[58].

Ob die eingravierten Schriftzeichen als vollständige Wörter zu verstehen sind, ist, wie schon M. Smith bemerkte, unklar. Lediglich im Wort „Azineot“ vom oberen Siegelende klingt infolge der Endung ‘ot’ vielleicht eine Verwandtschaft zu semitischen Eigennamen an. Auch läßt sich eine Deutung als Anagramm oder Kryptogramm nicht ausschließen[59]. Smiths Vermutung, daß die Inschrift in Südmesopotamien eingraviert worden sei, halte ich für nicht stichhaltig begründbar. Vergleicht man die Typen nämlich mit gewissen Inschriften auf ägyptischen magischen Amuletten, so läßt sich kein regionaler Unterschied feststellen[60].“

T. Leisten verdanke ich den Hinweis, daß die Inschrift höchstwahrscheinlich nicht in Südmesopotamien angebracht wurde, da das eckig und nicht, wie in griechischen Inschriften spätparthischer und frühsasanidischer Zeit, halbrund mit einem waagerechten Strich ausgeführt worden ist. Aus Uruk ist dafür die Inschrift vom Gareustempel als früher Beleg zu nennen, in der noch beide Schreibweisen nebeneinander vorkommen[61]. Überträgt man die Ausführungen von C. Meier zum Schriftcharakter dieser Inschrift auf den des Siegels, so ergibt sich daraus ein Zeitansatz, der nicht vor dem 1. Jh. n.Chr. liegt.

Dieses Siegel wird also höchstwahrscheinlich irgendwo im römischen Reich des 2. oder 3. Jahrhunderts mit der Inschrift versehen worden sein

---

[56] Vgl. Cook, 1990, S. 14 f.; Klaffenbach, 1957, 41 f.; Kirchner, 1948; Larfeld, 1914, § 175/6 S. 268 ff.; Meier, 1960, 106 f.; Rehm, 1939, 216 ff.; Welles, 1938, 358 ff.; Woodhead, 1959, 62 ff.

[57] Zwierlein-Diehl, 1993, 15.

[58] Michel, 1995, 379 ff.

[59] Vgl. dazu Bonner, 1950, 186 ff.; Zwierlein-Diehl, 1993.

[60] Vgl. z.B. Zwierlein-Diehl, 1993, Taf. 1 Nr. 1.

[61] Meier, 1960, 104 Abb. S. 105.

und, wie schon D. Collon und M. Smith angenommen haben, als Gegenstand magischer Kraft, als Amulett, gedient haben.

Ein neuassyrisches Rollsiegel versah ein seldschukischer Sultan im 13. Jahrhundert mit seinem Namen[62], sicher diente es ihm als Talisman, was auch für weitere, später nach Palermo, Vicenza, Rom, Karthago, Velez-Malaga und Dover bzw. Herat und Nagpur (Indien) gelangte Siegel mit hoher Wahrscheinlichkeit vermutet werden darf. D. Collon hat diese Stücke zusammengestellt[63].

Die Umzeichnungen der Siegel Abb. 23 C - E werden Helga Kosak, die des Stempels Abb. 20 Eva Bernhard und die Erstellung des Tafellayouts Corinna Maschin verdankt.

---

[62] Lambert, 1979, 24 f. Nr. 68.

[63] D. Collon, 1987, 97 ff. 138 f.

Bibliographie

Bible Lands Museum, 1994 — Bible Lands Museum Jerusalem, Guide to the Collection.

Bible Lands Museum, 1995 — Bible Lands Museum Jerusalem, Publications No. 1, Seals and Sealing in the Ancient Near East. Proceedings of the Symposion held on Sept. 2, 1993, Jerusalem, Israel. Edited by Joan Goodnick Westenholz, Fig. 11.

Boardman, 1970 — J. Boardman, Pyramidal Stamp Seals in the Persian Empire, Iran 8.

Boardman, 1981 — J. Boardman, in: O.W. Muscarella, Ladders to Heaven.

Boehmer, 1987 — R.M. Boehmer in: R.M. Boehmer – H.G. Güterbock, Die Glyptik von Boğazköy, Boğazköy-Ḫattuša XIV.

Boehmer, 1992 — R.M. Boehmer, Die frühdynastisch II-zeitliche Glyptik aus Uruk, Acta Praehistorica et Archaeologica 24.

Bonner, 1950 — C. Bonner, Studies in Magical Amulets – Chiefly Graeco-Egyptian.

Bossert, 1942 — H.Th. Bossert, Altanatolien.

Brinkman, 1993 — J.A. Brinkman, Babylonian Influence in the Šeh Hamad Texts Dated under Nebuchadnezzar II, SAAB VII/2.

Collon, 1982 — D. Collon, Catalogue of the Western Asiatic Seals in the British Museum. Cylinder Seals II. Akkadian-Postakkadian- Ur III-Periods.

Collon, 1987 — D. Collon, First Impressions. Cylinder Seals in the Ancient Near East.

Cook, 1990 — B.F. Cook, Greek Inscriptions.

Curtis, 1925 — C. Densmore Curtis, Sardis XIII, Jewelry and Gold Work.

Delaporte, 1909 — L. Delaporte, Catalogue du Musée Guimet, Cylindres orientaux, Annales du Musée Guimet XXXIII.

Haas, 1966 — O. Haas, Die phrygischen Sprachdenkmäler, Académie Bulgare des Sciences, Linguistique balkanique X.

Heinrich, 1935 — E. Heinrich, UVB 6.

Jordan, 1928 — J. Jordan, Uruk-Warka, WVDOG 51.

Kirchner, 1948 — J. Kirchner, Imagines Inscriptionum Atticarum.

Klaffenbach, 1957 — G. Klaffenbach, Griechische Epigraphik.

Klumbach, 1968 — H. Klumbach, Germania 48.

Kose, 1996 — A. Kose, Uruk. Architektur IV. Von der Seleukiden- bis zur Sasanidenzeit. AUWE 17.

Kühne-Salje, 1996 — H. Kühne – B. Salje, Kamid el Loz 15. Die Glyptik.

Kuhnen, 1994 — H.P. Kuhnen, Judäa von der Autonomie zur römischen Provinz: Romanisierung und Widerstand, in H.P. Kuhnen (Herausgeber). Mit Thora und Todesmut. Judäa im Widerstand gegen die Römer von Herodes bis Bar-Kochba.

Lajard, 1867 — F. Lajard, Introduction à l'étude du culte public et les mystères de Mithra en Orient et en Occident.

Lambert, 1966 — W.G. Lambert, Iraq 28.

Lambert, 1979 — W.G. Lambert, Iraq 41.

Larfeld, 1914 — W. Larfeld, Griechische Epigraphik, HdA I 5.

Maul, 1994 — S. Maul, Zukunftsbewältigung, BaF 18.

Meier, 1960 — C. Meier, Ein griechisches Ehrendekret vom Gareus-Tempel in Uruk, BaM 1.

Michel, 1995 — S. Michel, Medizinisch-magische Amulettgemmen, Antike Welt 26 H. 5.

Moortgat, 1940 — A. Moortgat, Vorderasiatische Rollsiegel.

Moortgat-Correns, 1986 — U. Moortgat-Correns, Germania 46.

von der Osten, 1936 — H.H. von der Osten, Ancient Oriental Seals in the Collection of Mrs. Agnes Baldwin Brett, OIP 37.

Porada, 1947 — E. Porada, Suggestions for the Classification of Neo-Babylonian Seals, OrNS 16.

Porada, 1948 — E. Porada, Corpus of Ancient Near Eastern Seals in North American Collections I.

Postgate, 1993 — J.N. Postgate, The Four „Neo-Assyrian" Tablets from Šeh Hamad, SAAB VII/2.

Rehm, 1939 — A. Rehm, Der griechisch-italische Kreis: Die Inschriften, HdA VI 1.

Richter, 1949	G.M.A. Richter, the Late „Achaemenian“ or „Graeco-Persian“ Gems, Hesperia Suppl. VIII.
Röllig, 1993a	W. Röllig, Die Aramäischen Beischriften auf den Texten 1 und 3, SAAB VII/2.
Röllig, 1993b	W. Röllig, Zur Historischen Einordnung der Texte, SAAB VII/2.
Rost, 1975	L. Jakob-Rost, Die Stempelsiegel im Vorderasiatischen Museum.
Salje, 1995a	B. Salje in: R.M. Boehmer – F. Pedde – B. Salje, Uruk. Die Gräber, AUWE 10.
Salje, 1995b	B. Salje, Zur Bedeutung von Siegeln im Leben und im Tode, in U. Finkbeiner – R. Dittmann – H. Hauptmann, Beiträge zur Kulturgeschichte Vorderasiens, Festschrift für R.M. Boehmer.
Tinh, 1971	V. Tran tam Tinh, Le culte des divinités orientales à Herculanum.
Vickers, 1995	M. Vickers, Aristokratinnen im Kaukasus, Antike Welt 26.
Welles, 1938	C.B. Welles, in: C.H. Krealing (Hrsg.), Gerasa.
Wittmann, 1992	B. Wittmann, Babylonische Rollsiegel des 11.-7. Jahrhunderts v.Chr., BaM 23.
Woodhead, 1959	A.G. Woodhead, The Study of Greek Inscriptions.
Zwierlein-Diehl,	E. Zwierlein-Diehl, Magische Amulette und andere Gemmen 1993 des Instituts für Altertumskunde der Universität zu Köln.

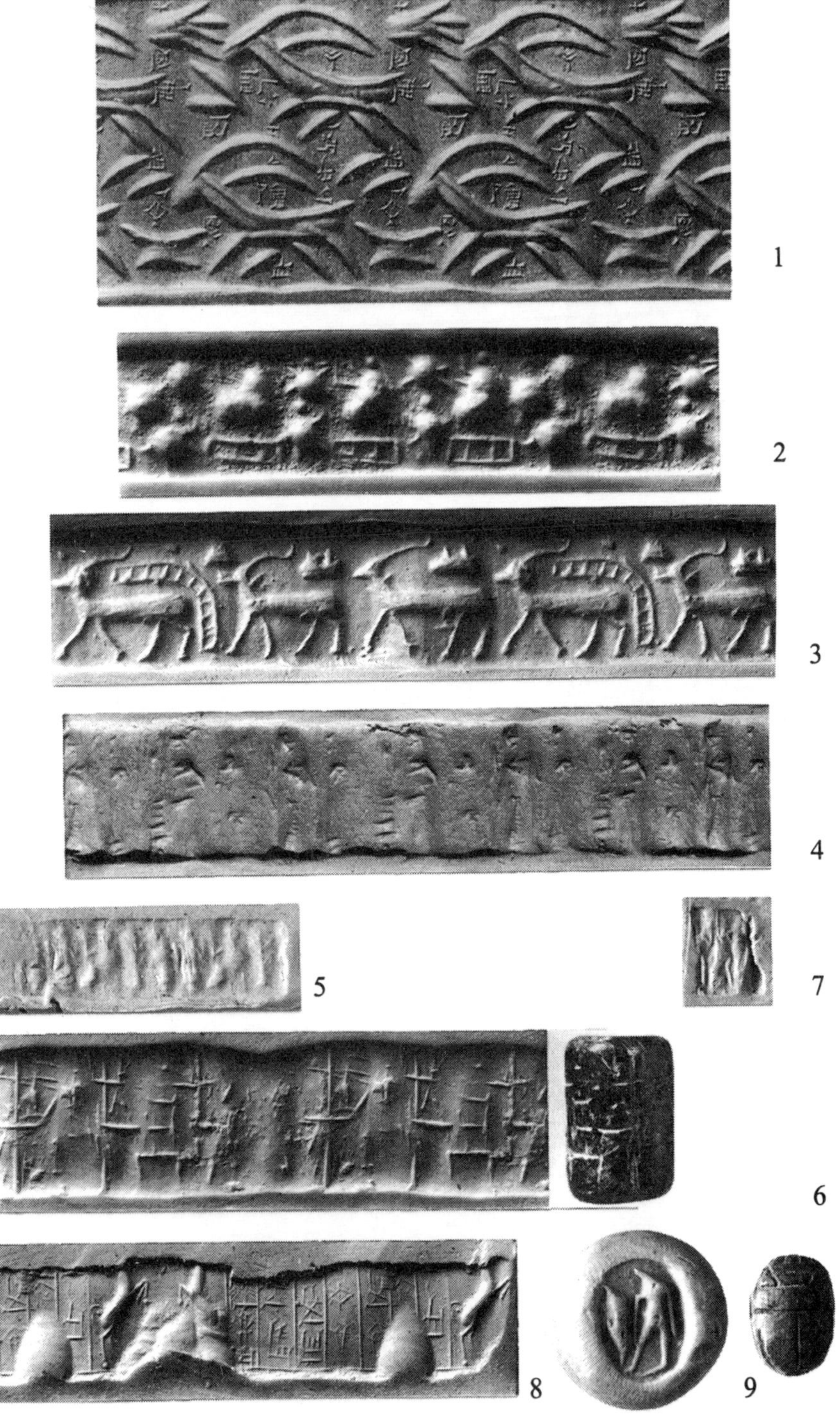

1

2

3

4

5

7

6

8

9

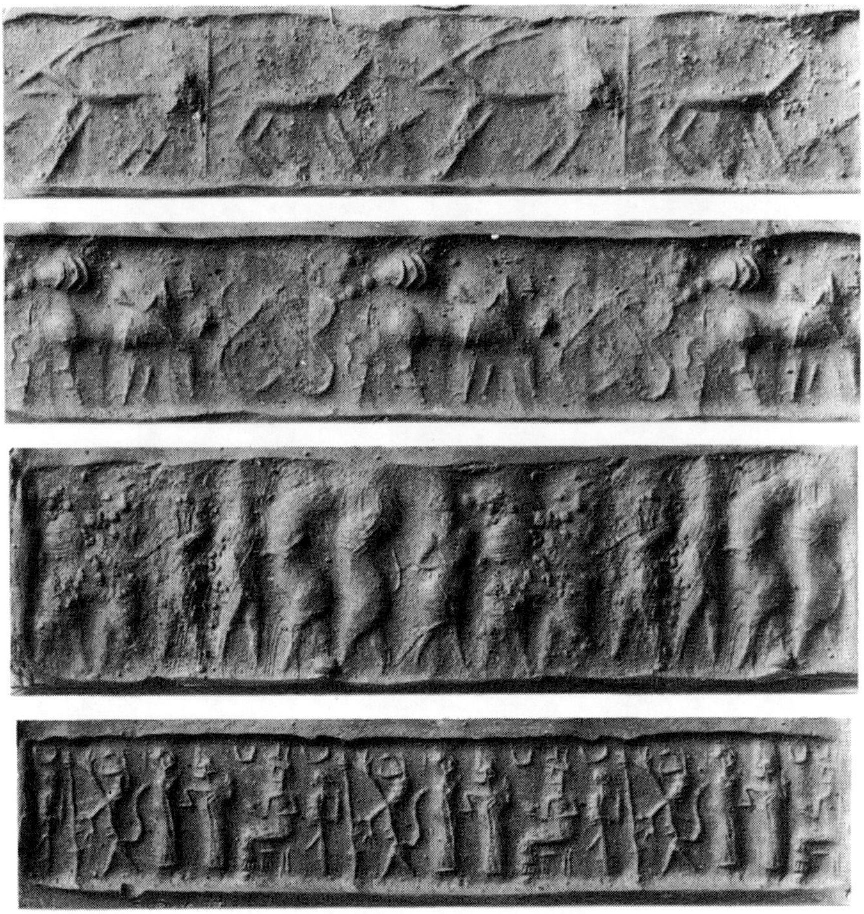

10-13

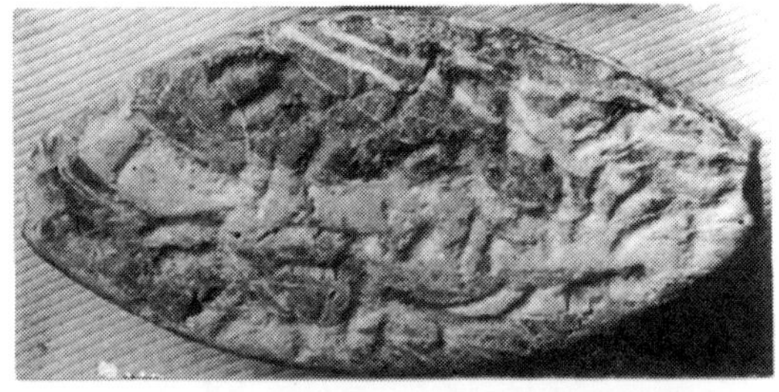

14

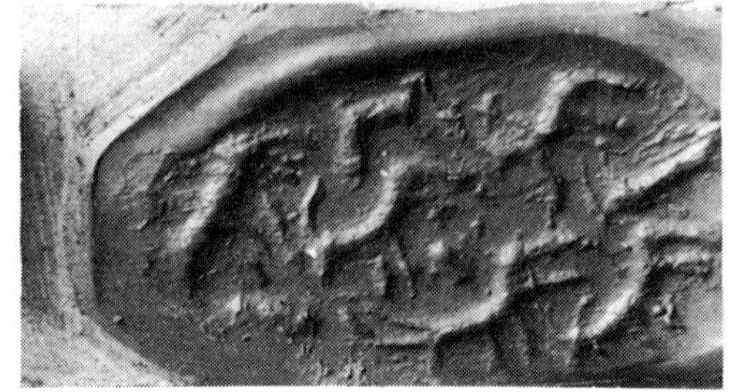

15

16

17

18

19

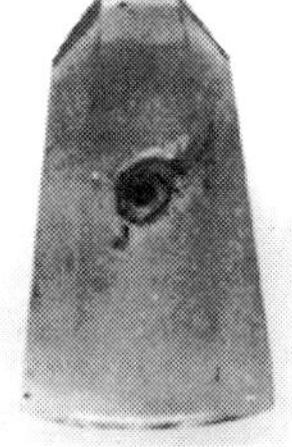

20

21

22

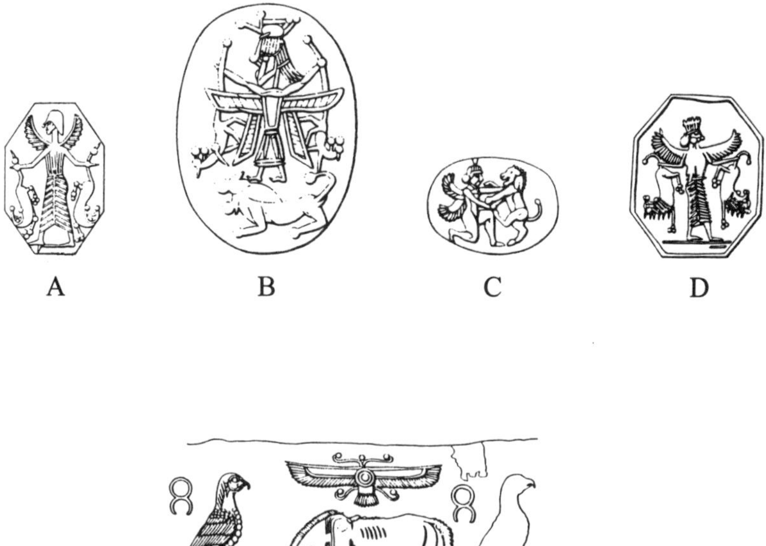

E

Abb. 23

Le culte d'Isis à Carthage.

À propos de l'inscription funéraire punique CIS I, 6000 bis

*Corinne Bonnet, Namur – Rome**

L'inscription qui porte le numéro 6000 bis dans le premier tome du *Corpus Inscriptionum Semiticarum* (Fig. 1) fut découverte à Carthage en mars 1899 par le Père A. Delattre au cours d'une fouille dont la localisation précise n'est pas aisée: la colline qui livra divers puits à sarcophage se trouve, semble-t-il, à proximité de la batterie de Bordj-Djedid et de la nécropole de Sainte-Monique[1]. La singularité du texte de cette épitaphe a naturellement retenu l'attention de nombreux spécialistes, encore que, depuis une quinzaine d'années, elle n'a plus été l'objet d'études particulières[2]. Bien que divers passages de cette inscription mériteraient d'être revus et approfondis, il n'entre pas dans mes intentions de reprendre ici l'interprétation du texte par le menu. Je voudrais plutôt en extrapoler une donnée particulière, à savoir la mention d'un *bt ʾs*, «sanctuaire d'Isis», et faire le point sur nos connaissances du culte de la déesse égyptienne à Carthage.

Divers documents, certains connus depuis plus d'un siècle, d'autres venus au jour il y a quelques années à peine, et sur lesquels je vais revenir, témoignent en effet de l'existence d'un culte d'Isis, en association étroite avec Sarapis, dans la Carthage d'époque romaine. Les spécialistes d'Isis se

---

* C'est une vraie joie pour moi de pouvoir dédier à W. Röllig, qui m'a toujours accueillie si aimablement à Tübingen comme boursière Humboldt, cette petite étude en témoignage d'estime et d'affection.

[1] Delattre, 1899, 552-564, parle de l'arête du plateau qui fait face à la batterie de Bordj-Djedid et précise que des constructions romaines recouvraient les puits de ce qui semble bien être une des nécropoles de Carthage. Sa fouille livra du matériel tel qu'on a l'habitude d'en trouver dans ce type de contexte (rasoirs, scarabées, amulettes) et quelques inscriptions dont la plus longue – la nôtre – est qualifiée de «vrai monument épigraphique» (560). Bénichou, 1982, 230-231 et inscription 84 (conservée au Musée National de Carthage). La fouille en question est la numéro 49 et elle se déroula en 1899 et 1900. Je remercie Hélène Bénichou-Safar pour les précisions qu'elle a bien voulu me fournir sur la provenance de l'inscription.

[2] Delattre, 1899, 560; Berger, 1900, 35-37 et pl. V, 4; Lidzbarski, 1902, 164-169; RÉS 13 et 236; CIS I, 6000 bis et pl. XCVII; Février, 1951-52, 74-80; Ferron, 1966, 67-79 et pl. I; Février, 1968, 195-197; Van den Branden, 1981, 155-159; Garbini, 1986, 28. Sa datation est problématique: les avis oscillent, comme c'est souvent le cas pour les inscriptions de Carthage, entre le IVe et le IIe siècle av. J.C. M.G. Amadasi Guzzo, qui a bien voulu me donner sur la question un avis tout à fait provisoire, pencherait pour le IIIe siècle.

sont interrogés sur l'origine et le sens de cette dévotion, sur les voies suivies par Isis pour atteindre la métropole punique; ils se sont efforcés de préciser l'identité et le statut social de ses fidèles, de localiser le lieu de culte qui devait abriter ces dieux égyptiens, tout en ayant présent à l'esprit la fréquence des images isiaques dans l'art punique des époques antérieures (notamment dans la glyptique), mais à tous est demeuré inconnu le fait qu'une inscription punique du IIIe siècle av. J.C. environ – l'inscription CIS I, 6000 bis – contient la mention de loin la plus ancienne d'un «sanctuaire d'Isis». Une telle information mérite certes d'être prise en considération dans leur analyse et, à l'inverse, la prise en compte du milieu isiaque dont émane l'inscription punique est susceptible de faire progresser l'interprétation d'un de ses passages au moins. C'est ce dont je me propose de traiter.

La stèle funéraire qui nous intéresse est une plaque de calcaire gris entourée d'une moulure (h.: 0,18 m.; l.: 0,25 m.; ép.: 0,11 m.) sur laquelle un texte de 8 lignes a été assez soigneusement gravé. Si le texte semble complet dans sa partie inférieure – seule manque la moulure que l'on entrevoit dans le coin inférieur gauche – en revanche la partie finale des lignes, sur la gauche, a disparu suite à une fracture en biseau, l'angle supérieur gauche ayant été ultérieurement endommagé, ce qui a entraîné une perte plus substantielle aux 3 premières lignes. De nombreuses incertitudes pèsent donc encore sur la lecture et le sens de plusieurs termes ou expressions du texte.

Le voici, suivi d'une traduction qui s'inspire pour l'essentiel des travaux de J.G. Février:

1. MLKPLS BN BDMLQRT BN MLKPLS BN̊ [NP BN]
2. MLKPLS BN MLQRTPLS MQM ʾLM BN [NP BN]
3. MLKḤRM <espace> MṢBT LʿZR YŠR ʾNK ʾŠṢP[3] [BN NP]
4. LSKR ʿL MʾSPT ʿṢMY ṬNʾT K RḤ DL QDŠM RḤ[Y W]
5. K KM KHN BḤYY QDŠM ʿBR (=ʿBD ?) WʾLNM ŠMŠ ʿD LʾTY [
6. MŠM MKTB WTʾRT K[T]BT ŠMY BRʾŠ ʿṬR LʿL̊[M

---

[3] Ferron, 1966 croit pouvoir restituer un T à la fin de ce nom propre (soit ʾŠṢP[T]), mais en vérité on ne voit rien de tel sur les photos disponibles. Du reste, l'onomastique carthaginoise connaît le NP ŠṢPT, ici parfois avec *aleph* prosthétique (8 attestations recensées par Benz, 1972), qui est un nom féminin, ce qui semble peu convenir au présent contexte. C'est aussi le cas du NP ʾŠṢPTY, attesté une seule fois. On aurait donc plutôt affaire au NP masculin ʾŠṢP, variante avec *aleph* prosthétique de ŠṢP, attesté plus de 20 fois à Carthage (variantes ŠṢPʾ et ŠṢPM). On notera que l'origine de ce NP est loin d'être claire (Benz, 1972, 400 et 425) et notre texte ne permet pas de formuler d'hypothèse sur une éventuelle origine étrangère (égyptienne ?) du personnage qui le porte.

7. BNM ʿLTY WBKBDT ʿṢMTY ʾDR ŠPḤ SK[

8. B/YRḤ . BT ʾS . WʾBT SPRY KTB BPS [Z]

1. MLKLPS, fils de BDMLQRT, fils de MLKPLS, fils de [NP fils de]

2. MLKPLS, fils de MLQRTPLS, MQM ʾLM, fils de [NP fils de]

3. MLKḤRM. Monument (stèle) funéraire pour un ʿZR[4] juste (que) moi ʾŠṢP [fils de NP]

4. j'ai érigé en souvenir sur le lieu où sont rassemblés ses ossements parce que son esprit avec les dieux/les choses sacrées ... (?)[5] [et

5. parce que, en qualité de prêtre, durant sa vie, il a accompli (?) les actes sacrés/il a servi les «saints»[6] et il a officié[7] pour les dieux de toute sa force/jusqu'à épuisement (?).

6. Et j'ai écrit, conformément au texte et au plan, son nom au sommet de la couronne (du fronton) pour l'éternité,

7. par bienveillance envers lui et pour la gloire de ses ossements, lui qui était le ʾDR ŠPḤ[8] SK[[9]

8. B/YRḤ[10] . Sanctuaire d'Isis . Et j'ai gravé son texte en le consignant à cette tablette.

---

[4] Sur les difficultés que pose l'interprétation de ʿZR, cf. DNWSI II, 836-837: il pourrait s'agir d'une personne qui aide, c'est-à-dire un assistant, ou d'une aide (substantif abstrait, par référence à «une aide juste», celle sans doute de l'exécuteur testamentaire), ou bien encore d'un patron, ou d'une personne impliquée dans des sacrifices. Peut-être le syntagme ʿZR YŠR désignait-il une charge ou un titre. À l'heure qu'il est, il semble impossible de trancher.

[5] Ferron, 1966 propose «(c'était) un esprit de sainteté (que) le sien», interprétation considérée comme «possible, sans plus» par Février, 1968, 195-197. Sur le sens de *qdšm*, «choses sacrées» ou «dieux», voir DNWSI II, 994-996.

[6] On notera le parallélisme *qdšm ʿbr // ʾlnm šmš*, qui suggère de rendre *qdšm* par «saints», «dieux». Cf. note 5 et le rapprochement avec KAI 27 où l'on trouve un parallèle similaire (*qdšm // ʾlnm*).

[7] Il ne s'agit pas ici d'une mention du dieu solaire Shamash, comme le pensaient les premiers commentateurs du texte, mais du verbe *šmš*, «servir»; cf. DNSWI II, 1168-1169.

[8] Nous ne traduisons pas cette expression d'emblée, car elle va faire l'objet d'une proposition interprétative.

[9] Selon Ferron, 1966, il manquerait ici 1 ou 2 lettres; pour Février, 1968, 3 ou 4.

[10] La lecture des trois premières lettres de la dernière ligne est très incertaine; pour Ferron, 1966, 77, il s'agirait d'un syntagme signifiant «par l'âme», tandis que

On a donc affaire à l'épitaphe d'un dignitaire du sanctuaire d'Isis, apposée sur son monument funéraire, grâce aux bons soins d'un tiers, une sorte d'exécuteur testamentaire qui a suivi les instructions laissées par le défunt quant au texte et au monument[11]. Celui-ci devait avoir une certaine importance et l'on peut sans doute émettre l'hypothèse que MLKPLS, le défunt, était une personne d'un rang social assez élevé: il est en mesure de faire figurer dans son épitaphe une séquence de 7 ancêtres, dont un a exercé la charge, assez prestigieuse semble-t-il, de *mqm ʾlm* [12].

Le texte de son épitaphe, si l'on comprend bien les lignes 6 à 8, avait été rédigé par MLKPLS de son vivant et fidèlement reproduit par ʾŠṢP. Il recourt à un style rhétorique et formulaire de circonstance afin de souligner les vertus du mort, en particulier dans la manière dont il s'est acquitté de ses devoirs de prêtre d'Isis. La mention à la ligne 8, entre deux points qui isolent ce syntagme, du *bt ʾs* – mention dont on doit la compréhension à la sagacité de M. Lidzbarski – semble avoir la valeur d'un «timbre officiel» apposé au bas du document, en guise d'approbation, ce qui laisserait supposer que l'exécuteur testamentaire était, lui aussi, issu de ce milieu isiaque[13].

Quoi qu'il en soit, notre texte porte indubitablement témoignage de l'existence, aux environs du IIIe siècle av. J.C., d'un sanctuaire d'Isis à Carthage[14], sanctuaire dont une partie au moins du personnel était d'origine

---

Février, 1968, préfère y voir un anthroponyme «Bâriaḥ», qui ferait fonction de patronyme du titulaire du clan («chef du clan Skr, fils de Brḥ»). En vérité, aucune de ces deux solutions ne convainc pleinement. Lipiński, 1995, 460, propose pour sa part de lire *z[b]ḥ*, ce qui ferait du défunt un «sacrificateur du temple d'Isis», mais il semble bien difficile de faire de la première lettre de la ligne un *zayin* (comparez avec le *zayin* de *ʿzr* à la ligne 4, qui est nettement plus étroit).

[11] Nous adhérons à l'opinion de Février 1968, 197, pour qui la traduction de la partie finale par Ferron, 1966 est «impossible». Ferron traduit en effet les ll. 7-8: «par bienveillance pour lui et pour la glorification de ses ossements, (lui qui est) un prince du peuple dont l'âme habite / la demeure d'Isis. Enfin j'ai gravé son épitaphe, en l'inscrivant sur cette tablette». Ferron en tire des indications quant aux croyances funéraires puniques: Isis, la «divine ressusciteuse de tous les Osiris», aurait accueilli le défunt dans sa demeure, c'est-à-dire l'au-delà, où elle leur ferait «respirer éternellement l'encens de la renaissance et de la divination». MLKPLS aurait donc été divinisé parce que, de son vivant, il avait eu une conduite exemplaire. Une telle interprétation enlève à *bt ʾs* toute prégnance sur le terrain, mais elle nous semble devoir être écartée.

[12] Sur ce titre, voir Bonnet, 1988, 174-179 et Bonnet, 1996, 101-102.

[13] Pour Février, 1968, 197, cette mention correspond à l'autorisation du temple, précédée par celle du clan (ŠPḤ; nous allons y revenir), nécessaire car ʾŠṢP n'était pas un parent du défunt.

[14] Une donnée qui a échappé aux meilleurs spécialistes: Gsell, 1929, 341 («nous n'avons pas, il est vrai, de preuves que ces divinités [=divinités égyptiennes] aient reçu des hommages officiels à Carthage», d'où l'idée que les divinités égyptiennes

punique. Rien en effet, dans l'anthroponymie de cette inscription funéraire, ne trahit une possible composante égyptienne, par ailleurs bien représentée dans l'onomastique de Carthage[15].

Avant de nous interroger sur la localisation de ce sanctuaire et de faire appel aux témoignages plus tardifs du culte d'Isis à Carthage, il n'est peut-être pas inutile de préciser que la présence de ce culte à l'époque hellénistique, bien avant la période romaine, n'a rien de vraiment étonnant. En Phénicie, Isis est très présente, notamment dans le répertoire iconographique, et l'on sait que, dans les milieux syncrétistes de la Méditerranée orientale, par exemple en Égypte même ou à Délos, elle fut plus d'une fois identifiée à Astarté[16]. Nul doute donc qu'Isis ait fait partie de l'imagerie et des croyances qui ont «émigré» en Méditerranée occidentale avec les Phéniciens[17].

Dater son «infiltration» en Afrique du Nord et l'instauration de son culte à Carthage n'est pas chose aisée. Mais l'on possède un parallèle instructif et éclairant: le cas de Cyrène récemment étudié par S. Ensoli Vittozzi[18]. Là, le culte d'Isis est antérieur au IVe siècle av. J.C. et il s'y est implanté à la faveur d'un syncrétisme avec Déméter. Dans le cas de Carthage, nous l'avons dit, l'assimilation plus obvie se faisait assurément avec Astarté, mais lorsqu'au début du IVe siècle av. J.C., on introduisit officiellement le culte de Déméter et Koré à Carthage, en provenance de la Sicile[19], il est fort probable qu'un second syncrétisme s'instaura, entre Déméter et Isis[20]. Du reste,

---

occuperaient plus de place dans les superstitions privées que dans le culte public); Vidman, 1970, 778.

[15] Lemaire, 1986, 87-98. Isis est du reste un des plus anciens éléments théophores égyptiens présents dans l'onomastique phénico-punique puisqu'elle y figure dès le VIIIe siècle av. J.C. (NP attestés: *ʾsbrk, ʿbdʾs, pṭʾs, ʾsʿʾ*). Sur Isis comme élément théophore en particulier dans la zone sidonienne (avec *interpretatio* en Astarté), voir Xella, 1990, 217-222. Sur le sens et l'origine du nom ʾŠṢP présent dans notre inscription (et sur ses variantes), cf. *supra*, note 3. À propos de la vénération d'Isis en Phénicie à haute époque, on verra la publication récente d'une invocation à Isis provenant peut-être de la communauté phénicienne de Memphis, datant du milieu du VIe siècle av. J.C. Cf. Kyle McCarter Jr., 1993, 115-120.

[16] À Memphis, KAI 48; à Délos, ID 2101. Cf. Bonnet, 1996, 64 et 87.

[17] On peut, à ce sujet, consulter le classique Vercoutter, 1945 ou, tout récemment, Fantar, 1994, 203-211.

[18] Ensoli Vittozzi, 1992, 167-250.

[19] Xella, 1969.

[20] Rives, 1995, 69 sur la base d'une terre-cuite de Thinissut, suppose que Tanit/Caelestis aussi emprunta à Isis certains traits particuliers de son iconographie, comme le disque solaire, le signe *ankh*, sans parler de leur commune fonction de *numen frugifer*. On connaît, dans la Carthage de l'époque romaine, sur la base de documents épigraphiques, l'existence d'un culte à Cérès (avec un temple dont on ignore la localisation précise – mais voir aussi notre note 21), mais il ne semble pas

il n'est peut-être pas indifférent de noter, à cet égard, que la fouille dont l'épitaphe de Milkpillès est issue est contiguë de la *favissa* où le Père Delattre découvrit un grand empilement de brûle-parfums à tête de Koré-Cérès, une trouvaille qui l'induisit à localiser dans les parages le temple de cette déesse[21]. Quoi qu'il en soit, sur la base de ces quelques éléments, on peut penser que la dévotion des Carthaginois envers Isis remonte bien au-delà de l'époque romaine.

Cela dit, mise à part notre inscription, l'utilisation d'Isis comme élément théophore de l'onomastique locale et sa présence dans le répertoire iconographique punique, on ne peut guère mentionner de traces tangibles de son culte, ce qu'en revanche on possède pour les époques postérieures. Voyons de quelles pièces est composé ce dossier:

1) SIRIS 772 = CIL VIII 12492 = Mora 1990, 512, 9 / IIe s. ap. J.C.
dédicace latine à Sarapis Auguste d'une statue de dieu cynocéphale

2) SIRIS 770 = CIL VIII 1002.12462 = ILS 4390 = Mora 1990, 512, 10 / IIe s. ap. J.C.
dédicace latine à Sarapis Neptune Auguste d'une statue sur la proue d'un navire

3) SIRIS 771 = CIL VIII 1003 = Mora 1990, 512, 10 / IIe s. ap. J.C.
dédicace grecque d'une base à un dieu [---] de Canope, qualifié de *theos megistos*

4) SIRIS 773 = CIL VIII 1004 = Mora 1990, 513, 16 / IIe s. ap. J.C.
dédicace latine à Sarapis *deus maximus* par un prêtre

5) SIRIS 777 = CIL VIII 12493 = Mora 1990, 513, 21 / IIe s. ap. J.C.
dédicace grecque d'un petit autel à Zeus Hélios *megas pantheos* Sarapis

6) SIRIS 776 = CIL VIII 1007 = Mora 1990, 514, 29 / datation incertaine
protomé portant l'inscription grecque «Manethôn», sans doute par référence au célèbre prêtre égyptien Manéthon de Sébennytos, auteur des *Aegyptiaca* et promoteur du culte de Sarapis en Égypte[22]

7) SIRIS 774 = CIL VIII 1005 = Mora 1990, 516, 43 / IIe s. ap. J.C.
dédicace grecque à Zeus Helios *megas* Sarapis et aux *theoi sunnaoi* sur une petite colonne de marbre.

8) SIRIS 775 = CIL VIII 1006 = Mora 1990, 517, 50 / IIe s. ap. J.C.

établi qu'il y ait un lien de continuité entre le culte de Déméter et Koré d'époque punique et cette «résurgence» romaine (cf. Rives, 1995, 45-50, 157 sur le fait qu'il s'agit de Cérès plutôt que des Céréres).

21 Hélène Bénichou-Safar me signale en outre (lettre du 14/3/96) que «la carte de Bordy mentionne, au S-E, à mi-chemin entre la favissa et la côte, un édifice romain très proche qu'il nomme 'Fanum de Cérès'».

22 Sur Manéthon et son rôle dans le culte de Sarapis, voir Dunand, 1973, I 71.

dédicace mutilée figurant sur une petite colonne de marbre et provenant du même endroit, sans mention de théonyme.

9) SIRIS 778 = SEG 9, 829 = Mora 1990, 517, 51 / datation incertaine fragment de marbre portant une inscription grecque fragmentaire contenant une formule bien attestée dans les épitaphes isiaques, en Égypte et ailleurs, invitant Osiris à offrir au défunt une «eau fraîche», comme promesse d'immortalité[23].

Ce groupe de textes trouve en fait son origine dans une découverte opérée par E. de Sainte-Marie en 1874 et est donc connu, pour la majorité des inscriptions, depuis plus d'un siècle. Celles-ci ont été mises au jour dans un périmètre assez précis, ce qui a permis de localiser le sanctuaire carthaginois de Sarapis du IIe s. ap. J.C. entre la colline de Saint-Louis (=Byrsa) et les grandes citernes de Bordj Djedid, non loin des thermes d'Antonin[24]. Le fait qu'une des dédicaces à Sarapis mentionne des *sunnaoi theoi* a permis de supposer que le dieu égyptien était flanqué de ses acolytes habituels: Harpocrate, Anubis et bien entendu Isis, dont la présence en ces lieux est confirmée par une dédicace (cf. *infra*) et par la découverte de lampes portant son image.

Depuis l'époque de ces découvertes, on suppose que Sarapis s'est implanté à Carthage au départ de l'Égypte, comme semblent l'indiquer plusieurs indices: sa qualification de dieu de Canope et celle d'Hélios, fréquente en Égypte; la probable qualité d'affranchis grecs (fixés en Égypte?) du groupe des dédicants (quatre personnes en tout, portant toutes un *nomen* latin et un *cognomen* grec); la présence d'un buste de Manéthon. Bref, on pourrait bien avoir affaire à un groupe de marchands alexandrins hellénophones ayant immigré à Carthage où ils vénérèrent leur dieu national Sarapis, en compagnie de ses acolytes traditionnels[25]. Il est bien difficile de préciser si la création du culte fut une initiative de ce groupe de personnes ou fut antérieure; par ailleurs, en dépit de la forte coloration alexandrine du culte, il ne semble guère douteux qu'une participation locale devait avoir élargi l'assise du culte, même si, à ce jour, nous n'en avons pas de traces explicites. Dans un second temps, ce culte de Sarapis fut aussi romanisé, comme le révèle son épiclèse d'Auguste. Pour Isis, comme je l'ai indiqué ci-dessus, on peut songer à une «réintroduction» de son culte puisqu'elle

---

[23] Ferron, 1966 aurait pu citer ce texte (connu depuis les années '40) à l'appui de son interprétation eschatologique de la fin de l'inscription CIS I, 6000 bis, mais son existence ne suffit néanmoins pas à donner plus de validité à sa proposition (à ce sujet, cf. *supra*, n. 11). Sur ce texte, voir Dunand, 1973, III 212, n. 5 et Wild, 1981, 103 et 123.

[24] Sur les fouilles de E. de Sainte-Marie en 1874, voir Audollent, 1901, 238-240 et 402-408. Sur la proposition de localisation, voir aussi Gsell, 1909, 149-159; Wild, 1984, 1763; Rives, 1995, 212.

[25] Rives, 1995, 212-214.

faisait partie du patrimoine religieux archaïque véhiculé par les Phéniciens d'Occident et qu'un sanctuaire lui était consacré à Carthage vers le IIIe s. av. J.C., mais il n'est pas aisé de se prononcer sur la part éventuelle de continuité entre le culte attesté à l'époque punique et celui de l'époque romaine[26]. Il semble impossible de savoir si la localisation du sanctuaire isiaque mentionné par l'inscription punique CIS I, 6000 bis, trouvée dans la nécropole où MLKPLS fut enseveli, nécropole située plus au nord, en direction de la colline de Ste Monique, correspond à celle du sanctuaire des dieux égyptiens de l'époque romaine. Mais Isis a fort bien pu être vénérée en plusieurs points de la ville: ainsi a-t-on extrait de la lagune au sud de la ville, une grande statue d'Isis dont on ignore la localisation et la fonction d'origine[27]. Au sujet du sanctuaire de Sarapis et Isis d'époque tardive, on doit encore faire état de la découverte dans les années '50 d'une tête colossale de Sarapis au pied de la colline de Junon, en contrebas de la nécropole punique, mais aussi et surtout d'informations très récentes qui permettent d'en préciser remarquablement la localisation[28].

A. Beschaouch a en effet mis au jour *in situ*, au sud-est de la colline de Byrsa qui abritait le forum, un piédestal de marbre blanc portant une dédicace latine effectuée par un citoyen romain à Isis et Sarapis (*Isi et Serapi*), le texte grec qui est gravé sous le couronnement ne comprenant que le nom du dédicant, sans mention des destinataires (peut-être présents dans une ligne précédente et disparue)[29]. Ce texte peut être daté de la seconde moitié du IIe s. ap. J.C. et l'on notera que le piédestal portait les traces matérielles du scellement d'une statue dont il ne reste rien, mais qui représentait probablement les divinités invoquées. Dans les parages de cette trouvaille, on a pu repérer les vestiges d'une cour dallée, une base anépigraphe et le soubassement de ce qui semble bien être une cella. On détient donc probablement tous les indices matériels permettant d'identifier le sanctuaire des dieux égyptiens[30] et de le localiser avec précision, dans la centurie B, dans

---

[26] Il est même probable que les influences alexandrines soient venues se greffer sur le vieux fond de croyances phénico-puniques et aient en quelque sorte revivifié un antique patrimoine. La preuve de cette vague hellénistico-romaine est le nombre important de traces de culte tant à Isis qu'à Sarapis dans l'ensemble de l'Afrique romanisée (Cyrène, Cherchel, Lambèse, Auzia, Cirta, etc.). Voir notamment Turcan, 1992, 98.

[27] Sur cette découverte, Gsell, 1909, 149-159, avec renvoi au Catalogue du Musée Alaoui (suppl. p. 52, nº 982, pl. XXXII, fig. 1).

[28] Beschaouch, 1991, 323-330.

[29] Sur ce texte, *L'année épigraphique 1991*, Paris 1994, 465, nº 1662. On remarquera la flexion latine *Isi et Serapi*, au lieu du plus courant *Isidi et Serapidi*.

[30] Alors que ses prédécesseurs donnaient la priorité à Sarapis, A. Beschaouch parle au contraire de l'Iseum de Carthage. Il nous semble plus prudent, dans l'état actuel de la documentation, de parler de sanctuaire des dieux égyptiens.

l'insula délimitée par le decumanus II nord et les kardines XI et XII est, du côté du théâtre et de la colline de l'Odéon, face au quartier des «villas» romaines.

On se considérera particulièrement privilégié si l'on songe qu'au concours de l'archéologie et de l'épigraphie se joint celui d'un important texte littéraire pour rendre vie au culte pratiqué en ces lieux. L'inscription CIS I, 6000 bis n'apporte en fait aucun éclairage sur les modalités du culte d'Isis dans son sanctuaire, si ce n'est le titre de ʾDR ŠPḤ sur lequel je vais revenir en fin de parcours. En revanche, Apulée, qui vécut au IIe s. ap. J.C., dans le livre XI des *Métamorphoses* (appelées aussi *L'Âne d'or*) relate par le menu les cérémonies qui ont lieu dans le cadre de l'initiation isiaque de son héros Lucius[31]. La valeur de son témoignage dérive du fait qu'on a de bonnes raisons de penser que Lucius est une sorte de double d'Apulée, du fait aussi que ce dernier est originaire de Madaure, en Algérie, donc très probablement d'origine et de langue puniques[32], et, *last but not least*, du fait qu'il nous apprend dans son ouvrage intitulé *Florida* qu'il fut grand-prêtre d'Isis à Carthage[33] dans les dernières années de sa vie, lorsqu'il regagna l'Afrique natale, après avoir été avocat à Rome. On peut donc croire que son témoignage – si du moins on admet une rédaction tardive pour les *Métamorphoses*[34] – fait revivre indirectement l'Iseum sur les traces duquel nous nous sommes engagés.

Cette cérémonie comprend toute une série de phases qu'il serait trop long de détailler ici. Rappelons seulement que le candidat myste est averti en rêve du fait que la déesse le juge digne de commencer l'initiation, préparée du reste par une série de comportements purificatoires. Accompagné de ses co-religionaires, le candidat est baigné, puis reçoit des aspersions d'eau lustrale censée symboliser l'eau du Nil. Suit une période de dix jours d'abstinence, qui prélude au grand jour: après la remise de cadeaux et d'une robe neuve, Lucius est conduit dans le saint des saints où, semble-t-il – car la matière est *top secret* – il prête serment et accompli un voyage fictif dans le monde astral et infernal qui lui permet de contempler de près la puissance divine, sans doute des statues révélées aux seuls initiés. Cette mort rituelle prélude à la renaissance de l'initié, désormais devenu un autre suite à cette expérience et aux révélations qu'elle comporte. Le lendemain, l'initié revêt douze robes de consécration, symbolisant les constellations zodiacales régies par Isis, puis il est exposé, avec couronne de palmes et flambeau, sur une estrade et soumis à l'admiration des fidèles qui défilent devant lui. Un

---

31 Apulée, *Métamorphoses,* XI.

32 Gwyn Griffiths, 1975, 15 et 59-66; Rives, 1995, 261-263.

33 Apulée, *Florida,* 16, p. 29. L'initiation de Lucius est, en revanche, localisée à Cenchrées, près de Corinthe.

34 Gwyn Griffiths, 1975, 7-14.

banquet sanctionne son intégration à la communauté religieuse et, deux jours plus tard, un déjeuner sacramentel pose un terme à ces cérémonies.

Nul ne peut dire si les choses se passèrent exactement comme cela dans le sanctuaire des dieux égyptiens de Carthage, ni si MLKPLS, dont nous sommes partis, aux alentours du IIIe s. av. J.C., eut à «subir» une initiation de ce type. On peut néanmoins supposer qu'il joua un rôle important dans le culte d'Isis, comme l'indique son titre de ᵓDR ŠPḤ sur lequel nous voudrions conclure cette étude. Les exégètes de l'inscription CIS I, 6000 bis ont en effet hésité sur le sens et la portée de cette expression. ŠPḤ signifie habituellement «clan, famille»[35] : c'est notamment le cas dans le Tarif de Marseille qui mentionne des offrandes faites par des associations ou des collectivités[36]. ᵓDR ŠPḤ serait donc un «chef de clan». Mais que recouvre au juste ce «clan» dans la structure sociale du monde punique et notre terme pourrait-il désigner, de manière plus restreinte, la «confrérie» religieuse dont MLKPLS faisait partie ? Concernant cette expression, on doit faire état d'une proposition d'A. van den Branden[37] qui rattache plutôt ŠPḤ à la racine homonyme signifiant «verser, asperger» et propose de faire de MLKPLS un «chef initiateur», par référence à la cérémonie initiatique isiaque au cours de laquelle le candidat myste était effectivement aspergé d'eau par le prêtre en chef[38]. Cette hypothèse peut sembler ingénieuse, mais elle a un point faible: ŠPḤ n'est jamais attesté avec ce sens en phénico-punique. En définitive, il semble de loin préférable de donner à ŠPḤ son sens traditionnel de «clan, famille», mais un coup d'œil à la terminologie en usage dans les milieux sacerdotaux de l'Égypte ptolémaïque pourrait nous fournir la clé d'un approfondissement ultérieur du sens de cette expression[39].

Des documents égyptiens relatifs à l'organisation des sanctuaires, il appert que les personnes attachées au service des dieux (comme aussi au culte funéraire et, à l'origine, à la marine) étaient réparties en 5 groupes (eux-mêmes divisés en sections, 2 ou 4, *ʿpr*) appelés *zꜣ* en égyptien et *phylè*, dans les documents en grec d'époque ptolémaïque, notamment dans le

---

[35] DNWSI, 1181.

[36] À ce sujet, Xella, 1984, 166-168, avec un rapprochement entre le phénico-punique *šp*ḥ et l'ougaritique *ṯpḥ*, avec le sens de «famille, clan familial».

[37] Van den Branden, 1981, 155-159 (voir déjà 1956, 94).

[38] Cf. Malaise, 1972, 114-115 (qui étudie le clergé isiaque en Italie et note que le *summus sacerdos* appelle et guide les initiés); Wild, 1981, en général sur le rôle de l'eau dans le culte d'Isis et de Sarapis. L'eau en question, censée émaner du Nil, donc en dernier recours d'Osiris, était contenue dans une hydrie spéciale. Dans Apulée, ce recours à l'eau est bien mentionné.

[39] Je dois l'idée de ce rapprochement au Professeur M. Malaise de l'Université de Liège à qui vont mes plus vifs remerciements pour cette indication et pour d'autres qui ont contribué à enrichir cette étude.

Décret de Canope (sous Ptolémée III). Les responsables de chacune de ses «phyles[40] » portaient divers noms, parmi lesquels je relèverai celui de *wr sꜣ*, rendu en grec par *phylarque*[41] , et que W. Helck traduit littéralement par «Großer der Phyle», une expression dont le punique ʾDR ŠPḤ serait un calque parfait. On émettra donc ici l'hypothèse que le titre punique n'est rien d'autre que le calque d'un titre sacerdotal d'origine égyptienne et l'on proposera de le rendre par «phylarque» sur le modèle du grec. Il est toutefois malaisé de préciser dans quelle mesure l'emprunt, au-delà de la forme, concernait aussi le fond, c'est-à-dire l'organisation sociale et religieuse qu'il implique en Égypte et dont nous n'avons aucune trace concrète en terre punique[42]. On en retiendra en tout cas que MLKPLS fut un membre éminent du clergé isiaque de Carthage, ce qui aide indubitablement à comprendre davantage son épitaphe.

Bibliographie

Audollent, A.
1901 *Carthage romaine*, Paris.

Benichou-Safar, H.
1982 *Les tombes puniques de Carthage*, Paris.

Benz, F.L.
1972 *Personal Names in the Phoenician and Punic Inscriptions*, Rome.

Berger, Ph.
1900 *Inscription funéraire de Melecpalas,* dans *Musées et collections archéologiques de l'Algérie et de la Tunisie. Musée Lavigerie de Saint-Louis de Carthage*, Paris, 35-37 et pl. V.

Beschaouch , A.
1991 *Topographie de Carthage romaine: sur la localisation du temple d'Isis, CRAI,* 323-370.

Bonnet, C.
1988 *Melqart. Cultes et mythes de l'Héraclès tyrien en Méditerranée* (Studia Phoenicia VIII), Namur-Leuven.

---

[40] Telle est l'orthographe consacrée dans la littérature scientifique francophone (et non *phylai*).

[41] Cf. Helck, 1973-74, 1-8; 1982, 1044. Voir aussi Otto, 1905, 23-38 et *RE,* XX, 1941, col. 990 (s.v. *phylarchès/phylarchos*), et plus récemment Posener-Kriéger, 1976, 565-574. Les membres de ces «phyles» prenaient en charge, à tour de rôle, les obligations du culte.

[42] Il faut du reste noter qu'on aurait là l'unique attestation du titre de «phylarque» en dehors des frontières de l'Égypte.

1996 *Astarté. Dossier documentaire et perspectives historiques* (Contributi alla religione fenicio-punica II = Collezione di studi fenici XXXVII), Rome.

Delattre, A.
1899 *Rapport sur les fouilles de Carthage (avril-juin 1899), CRAI,* 552-564.

Dunand , F.
1973 *Le culte d'Isis dans le bassin oriental de la Méditerranée I. Le culte d'Isis et les Ptolémées; III. Les cultes d'Isis en Asie Mineure: clergé et rituel des sanctuaires isiaques* (EPRO 26), Leiden.

Ensoli Vittozzi, S.
1992 *Indagini sul culto di Iside a Cirene*, dans A. Mastino (éd.), *L'Africa Romana* IX, Sassari, 167-250.

Fantar, M.
1994 *Présence égyptienne à Carthage,* dans *Hommages à Jean Leclant III. Études isiaques,* Le Caire, 203-211.

Ferron, J.
1951-52 *L'épitaphe de Milkpillès, BAC,* 74-80.
1966 *L'épitaphe de Milkpillès à Carthage, Studi Magrebini* 1, 67-79 et pl. I.

Février, J.G.
1968 *À propos de l'inscription de Milkpillès, AION* 18, 195-197.

Garbini, G.
1986 *Venti anni di epigrafia punica nel Magreb (1965-1985)* (suppl. RSF), Rome.

Gsell , S.
1909 *Les cultes égyptiens dans le nord-ouest de l'Afrique sous l'Empire romain, RHR 59,* 149-159.
1929 *Histoire ancienne de l'Afrique du Nord* IV, 2e éd., Paris.

Gwyn Griffiths, J.
1975 *Apuleius of Madauros. The Isis-Book (Metamorphoses, Book XI),* (EPRO 39), Leiden.

Helck, W.
1973-74 *Die Handwerker- und Priesterphylen des Alten Reiches in Ägypten, WO* 7, 1-8.
1982 *Phyle*, dans *Lexikon der Ägyptologie* IV, Wiesbaden, col. 1044.

Kyle McCarter Jr., P.
1993 *An Inscribed Phoenician Funerary Situla in the Art Museum of Princeton University, BASOR* 290-291, 115-120.

Lemaire, A.
1986 *Divinités égyptiennes dans l'onomastique phénicienne*, dans C. Bonnet *et alii* (éd.), *Religio Phoenicia* (Studia Phoenicia IV), Namur, 87-98.

Lidzbarski, M.
1902 *Ephemeris für Semitische Epigraphik* I, Giessen.

Lipiński, E.
1995 *Dieux et déesses de l'univers phénicien et punique* (OLA 64), Leuven.

Malaise, M.
1972 *Les conditions de pénétration et de diffusion des cultes égyptiens en Italie* (EPRO 22), Leiden.

Mora, F.
1990 *Prosopografia Isiaca* I. *Corpus Prosopographicum religionis Isiacae* (EPRO 113), Leiden.

Posener-Kriéger, P.
1976 *Les archives du temple funéraire de Néferirkarê-Kakaï (Les papyrus d'Abousir),* Bibliothèque d'Étude de l'IFAO LXV/1-2, Le Caire.

Rives, J.B.
1995 *Religion and Authority in Roman Carthage from Augustus to Constantine,* Oxford.

Turcan, R.
1992 *Les cultes orientaux dans le monde romain,* 2e éd., Paris.

Van den Branden, A.
1956 *Notes phéniciennes, BMB* 13, 87-95.
1981 *Note riguardanti l'iscrizione punica CIS 6000 bis, BeO* 23, 155-159.

Vercoutter, J.
1945 *Les objets égyptiens et égyptisants du mobilier funéraire carthaginois,* Paris.

Vidman, L.
1969 *Sylloge Inscriptionum Religionis Isiacae et Serapiacae,* Berlin.
1970 *Isis und Sarapis bei den Griechen und Römern. Epigraphische Untersuchungen zur Verbreitung und zu Trägern des ägyptischen Kultes,* Berlin.

Wild, R.A.
1981 *Water in the Cultic Worship of Isis and Sarapis* (EPRO 87), Leiden.

1984 *The Known Isis-Sarapis Sanctuaries from the Roman Period,* dans *ANRW* II/17.4, 1739-1851.

Xella, P.

1969 *Sull'introduzione del culto di Demetra e Kore a Cartagine, SMSR* 40, 215-228.

1990 *Un Sidonien à Carthage (CIS I 4914 et 308), REPPAL* 5, 217-222.

Fig 1: CIS I, 6000 bis

Arwad et l'empire assyrien*

Françoise Briquel-Chatonnet, Paris

Arwad occupe une place toute particulière dans l'histoire des relations entre la côte phénicienne et l'Assyrie. C'est là en effet que se sont noués les premiers contacts entre le premier souverain de l'empire néo-assyrien à porter son armée jusque dans cette région et les Phéniciens. Point de départ d'échanges, de conflits et de conquêtes qui allaient avoir une importance exceptionnelle dans l'histoire des deux parties. Pour les Phéniciens, c'est la première approche de la dure réalité de l'invasion, et de la nécessité de composer avec un voisin puissant. Mais c'est aussi l'ouverture d'un large et riche marché, tant les premiers tributs sont en fait plus de nature commerciale que le témoignage d'une dépendance politique[1]. Pour les Assyriens, c'est la découverte tout à la fois de ces petites cités faibles mais riches et capables d'offrir des tributs éblouissants[2], mais aussi de la Grande Mer d'Occident, que, à l'image de Šamši-Adad, ils souhaiteront atteindre.

Šamši-Adad est en effet le premier souverain à avoir atteint la côte. Ses annales proclament qu'il a «érigé [son] nom en une inscription monumentale dans le pays du Liban, sur le rivage de la Grande Mer»[3]. La mention du Liban, d'où il rapporte les cèdres utilisés dans la construction du temple d'Aššur, implique que le lieu mentionné n'est pas situé près de l'embouchure de l'Oronte, au pied de l'Amanus, un débouché naturel sur la Méditerranée pour une armée arrivant de l'Euphrate. Soit, arrivé ici, le souverain est ensuite descendu le long de la côte, soit plus probablement il a passé par la vallée de l'Oronte et rejoint la côte par la trouée de Homs. Dans les deux cas, il est probable qu'il a passé non loin du site d'Arwad. Mais

---

* C'est pour moi une agréable occasion, par cette petite synthèse portant sur les deux grands domaines de ses recherches, la Mésopotamie et le monde ouest-sémitique, de remercier le Professeur Röllig pour la grande gentillesse avec laquelle il m'a invitée et accueillie à l'*Altorientalisches Seminar* de Tübingen en 1990-1991.

[1] LIVERANI 1990, 267.

[2] GARELLI 1983. Pour situer ces relations entre Arwad et l'Assyrie par rapport au phénomène global de l'expansion assyrienne, voir LAMPRICHS 1995.

[3] GRAYSON 1987, 50: texte A.0.39.1 (tablettes de fondation du temple d'Aššur), ll. 81-87: *šu-mi ra-bé-e-em ù na-re-ia i-na ma-a-at la-ab-a-an*-KI *i-na a-aḫ* A.AB.BA *ra-bi-i-tim lu-ú aš-ku-un*. Sur le règne de Šamši-Adad et le contexte de cette campagne, voir VILLARD 1995, spéc. 881.

rien ne nous étant connu de cette cité à cette époque, et le récit étant très laconique, la question doit rester ouverte[4].

La campagne de Tiglath-phalasar I marque une étape essentielle: reprenant la direction de l'Ouest, le souverain lance vers l'an 1100 une grande expédition qui l'amène jusqu'à Arwad[5], expédition dont la réalité et le récit serviront de modèle à tous ses successeurs. Deux faits essentiels marquent ce premier contact avec Arwad. D'abord, la cité est l'une des trois qui lui offrent un tribut, avec Byblos et Sidon. Le contenu de ce tribut phénicien n'est d'ailleurs pas mentionné, à part deux animaux exotiques, un crocodile et un grand singe femelle de la côte[6]. De plus, la plus grande partie du récit est consacrée à une promenade en mer sur des bateaux d'Arwad, jusqu'à Ṣumur, et à la pêche d'un animal marin, le *nāḫiru*. Dans ce premier contact, la découverte d'un monde étrange prime sur l'intérêt matériel[7] et Arwad symbolise le lieu de ce contact avec l'exotisme.

Mais, en dehors même de son aspect «touristique», la description de cette campagne n'est pas sans appeler quelques remarques. La première concerne le statut et l'importance respectives des cités d'Arwad et de Ṣumur. Alors qu'à l'époque amarnienne, Ṣumur était la grande cité de la plaine du ʿAkkar et la capitale du royaume d'Amurru, Arwad jouant un rôle plus effacé[8], la cité insulaire est ici au premier plan: Ṣumur ne verse aucun tribut, bien que le souverain assyrien y soit allé, et se trouve juste mentionnée comme but de la promenade organisée par les gens d'Arwad. Tout se passe comme si Ṣumur était vraiment un centre d'importance secondaire, ce qui était sans doute le cas après les destructions opérées par les Peuples de la Mer et la disparition du royaume d'Amurru[9].

Mais cette différence d'importance des deux cités dans le récit de Tiglath-phalasar I marque aussi et surtout une différence dans l'intérêt porté par les Assyriens. Ce qui les intéresse, à l'orée du XIe siècle, c'est la découverte de la mer. Et c'est pourquoi ils privilégient Arwad, «une cité au milieu de la mer» d'après le texte des annales, par rapport à Ṣumur «du pays d'Amurru». La géographie impose une vocation différente à ces deux cités. Arwad est une cité maritime, dont l'importance est essentiellement liée à sa

---

[4] BRIQUEL-CHATONNET, sous presse a, pour un aperçu général de l'histoire d'Arwad.

[5] GRAYSON 1991, 37: texte A.0.87.3, ll. 16-25 pour la version la plus détaillée.

[6] GRAYSON 1991, 42: texte A.0.87.4, ll. 24-30.

[7] Tiglath-phalasar I ira jusqu'à orner l'entrée de son palais de statues de *nāḫiru* (GRAYSON 1991, 44: texte A.0.87.4, ll. 67-71).

[8] Sur la situation politique d'Arwad à l'époque amarnienne et jusqu'au début de l'âge du fer, voir BRIQUEL-CHATONNET, sous presse b.

[9] KLENGEL 1984. SINGER 1991, 178-179.

flotte[10]. C'est pour les Assyriens la porte de la Méditerranée. Inversement, même si Ṣumur disposait d'un port à l'embouchure du Nahr el-Abrash, elle restait avant tout la capitale d'un terroir: tell dominant la plaine du ʿAkkar et d'où la vue portait de la montagne libanaise au Ǧebel Ansariye ainsi que sur la vallée du Nahr el-Kebir el-Ǧanūbī, en direction de la vallée de l'Oronte[11], elle contrôlait les voies de circulation terrestres tant le long de la côte que venant de l'intérieur par la trouée de Homs. C'était un carrefour de routes ainsi qu'un centre d'exploitation de cette riche région agricole. D'où l'intérêt différent présenté par les deux cités, en fonction des buts de la puissance dominante. Après la conquête de Thoutmosis III, et jusqu'à ce que la région passe dans la sphère d'influence hittite, les Égyptiens ont cherché avant tout à maintenir leur domination sur toute cette région. De fait, ils disposaient depuis longtemps à Byblos du port dans lequel leurs vaisseaux pouvaient débarquer. Aussi, le choix de Ṣumur comme tête de pont et résidence du *rabiṣu* correspond à cette volonté de contrôler un territoire et l'acceptation tacite d'Aziru comme vassal[12] répond à la même nécessité. La préoccupation de Tiglath-phalasar I est différente: pour les Assyriens, il ne s'agit pas encore de guerre de conquête et la mer est au contraire en soi un but d'expédition. Il est donc naturel dans cette optique qu'ils aient privilégié les contacts avec Arwad.

De plus, Arwad est la plus septentrionale des cités de la côte mentionnées pour cette expédition, comme pour celle d'Aššurnasirpal, les deux souverains n'évoquant ni Suksu, ni Usnu, ni Siyannu, dont l'importance était sans doute trop réduite pour les intéresser. Plus au Nord, aucune cité n'est évoquée dans les textes assyriens sur les décombres de l'ancien royaume d'Ougarit, dont la chute semble avoir précipité la région, au moins en ce qui concerne le développement urbain, dans un déclin durable[13]. Qu'ils viennent de l'embouchure de l'Oronte ou directement de l'arrière-pays, Arwad est la première cité côtière avec laquelle les Assyriens, chaque fois, prennent contact.

L'expédition de Tiglath-phalasar I sera sans suite immédiate, car on ne peut guère prendre en compte la mention de la pêche d'un *nāḫiru* sur des bateaux d'Arwad dans une inscription d'Aššur-bēl-kala[14], mention qui, hors de tout contexte d'expédition, semble trop un décalque de l'aventure de son illustre prédécesseur. Il faut donc attendre le IXe siècle pour que les cités phéniciennes aient un nouveau contact avec les Assyriens. C'est en effet sous Aššurnasirpal II (883-859) qu'une autre expédition vers l'Ouest amène

---

[10] Déjà à l'époque amarnienne. Voir BRIQUEL-CHATONNET, sous presse b.

[11] DUNAND-SALIBY 1957, spécialement 10. Introduction dans BADRE *et al.* 1990.

[12] SINGER 1991, 148-152.

[13] CAUBET 1992, spécialement 128. LIVERANI 1995.

[14] GRAYSON 1991, 103: A.0.89.7, IV, ll. 1-4.

l'armée jusqu'aux rives de la Méditerranée[15]. Deux inscriptions royales mentionnent Arwad, parmi les cités qui ont offert un tribut au souverain assyrien. Ces cités, au nombre de huit, sont énumérées dans un ordre qui va du sud au nord, de Tyr jusqu'à Arwad. La seule variante concerne la place d'Amurru, citée juste au sud d'Arwad dans le premier texte, ce qui correspond à la réalité géographique de la place de Ṣumur, capitale de l'ancien royaume d'Amurru, quand le second texte place Amurru entre Sidon et Byblos: il peut s'agir d'une simple erreur, induite par le fait qu'Amurru reprenait son sens traditionnel de désignation générale de l'Occident. Ce texte se place sans doute à une époque où le terme «Amurru» avait un sens ambigu.

Aššurnasirpal est-il allé jusqu'à Arwad? L'itinéraire est difficile à préciser. Seules pourraient le faire penser l'évocation des pentes du Mont Liban et la précision selon laquelle Arwad se trouve sur une île au milieu de la mer. Mais ces deux expressions sont reprises mot pour mot des «annales» de Tiglath-phalasar I et peuvent être un simple clin d'œil à ce célèbre précédent. De fait, c'est sur l'Amanus qu'Aššurnasirpal a fait couper les arbres dont il avait besoin. L'adjonction du déterminatif URU à Arwad, quand les sept autres villes citées dans la même liste portent celui de KUR, n'est guère plus dirrimant: elle est sans doute liée à la situation insulaire d'Arwad, ici répétée, et souligne les limites de son territoire et donc de sa puissance. De fait, seules Tyr et Sidon seront conviées à envoyer des représentants au banquet organisé à Kalhu pour célébrer la construction du palais royal[16]. Il est possible que le roi se soit contenté d'atteindre la Méditerranée aux bouches de l'Oronte, où il aurait reçu le tribut phénicien. La composition de ce dernier, métaux précieux, bois précieux, ivoire, tissus colorés, animaux exotiques, est le plus ancien exemple de ce qui sera considéré comme un tribut phénicien typique.

Le premier affrontement militaire entre l'Assyrie et les cités phéniciennes, notamment Arwad, se produit quelques années plus tard, en 853, au cours de la campagne qui a marqué la 6e année du règne de Salmanasar III, et dont le récit détaillé a été retrouvé gravé sur le monolithe de Kurkh[17]. Les conditions dans lesquelles Arwad se trouve face à l'Assyrie sont cette fois bien différentes. Parmi les troupes des 12 rois de Hatti et de la côte qui repoussent l'invasion assyrienne à Qarqar, on note la présence d'un contingent arwadite de faible importance - seulement deux cents hommes de troupe -, le plus faible des onze énumérés avec celui d'Usnu. Il contraste avec celui de Ṣumur, 1000 hommes, si c'est bien ce nom que l'on doit rétablir à la

---

[15] GRAYSON 1991, 219: texte A.0.101.1, III, ll. 86-87 (sur des reliefs du temple de Ninurta à Kalhu) et 226: texte A.0.101.2, l. 29 (dans le palais de Kalhu).

[16] GRAYSON 1991, 293: A.0.101.30, l. 145.

[17] WINCKLER 1909, 18-21. *ARAB* I, 223, § 611. Commentaire de la liste des coalisés dans BRIQUEL-CHATONNET 1992, 79-87.

place du controversé 'Muṣur'[18], et plus encore avec les forces levées par ʿArqa et Siyannu. Cependant ces disparités ne reflètent pas la puissance militaire ou politique respective des différents royaumes: celle d'Arwad avait toujours été appuyée sur sa flotte[19], qui n'était d'aucun secours dans ce contexte. Mais ce nombre montre également que l'emprise d'Arwad sur le continent devait encore être faible: une population limitée, et peut-être le sentiment de sécurité lié à la situation insulaire d'une ville sans large terroir, expliquent que le roi ne se soit guère impliqué dans ce premier fait de résistance.

Dans une version plus tardive et abrégée de la même expédition, sur des statues colossales de taureaux de Nimrud[20], Salmanasar III évoque une excursion en mer immédiatement après la bataille de Qarqar. On songe immédiatement à Arwad comme point de départ de cette promenade. Mais, malgré le ton triomphal de ses annales, il semble bien que la progression de Salmanasar ait été bloquée par les petits États coalisés: il est donc invraisemblable que l'armée ait poursuivi son avance dans la vallée de l'Oronte puis la trouée de Homs et traversé Hamath sans que le texte ne l'ait précisé. Il s'agit ici seulement d'un thème de propagande, destiné sans doute à masquer la fin abrupte du récit de conquête pour cette année-là.

Arwad n'est plus mentionnée ensuite dans les inscriptions de Salmanasar III. Peut-être toujours partie prenante de la coalition qui s'est à nouveau réunie en 849, 848 et 845, elle a certainement retrouvé son autonomie en 841 lors de la grande expédition contre Damas[21]. Aucun tribut de la cité n'est mentionné, pas plus que de Byblos et contrairement à Tyr et Sidon[22]. Le souverain assyrien se vante d'avoir fait ériger une stèle sur le Mont Liban sur le chemin du retour, au même endroit que son prédécesseur Tiglath-phalasar[23]. L'armée est sans doute repartie par la vallée du Nahr el-Kebir, chemin le plus commode pour une large troupe. Arwad n'est pas évoquée: il est vrai que Salmanasar III avait déjà pu célébrer son contact avec la mer en élevant une première stèle sur le promontoire du Baʿli-raʾsi, face à la mer.

C'est en effet à nouveau sa situation insulaire qui vaut à Arwad d'être mentionnée dans une inscription d'Adad-nirari III relatant sa campagne

---

18 LEMAIRE 1993.

19 BRIQUEL-CHATONNET, sous presse b.

20 *ARAB* I, 238, § 647. Recension D selon SCHRAMM 1973, 76. Elle date sans doute de la 18e année de règne, dont elle relate à la fin la dernière campagne.

21 PITARD 1987, 146-148.

22 Qui faisaient alors partie du même royaume. Cf. KATZENSTEIN 1973, 130-135. BRIQUEL-CHATONNET 1992, 65-66.

23 Plaque de marbre d'Assur publiée par SAFAR 1951, col. IV, ll. 12-15.

occidentale de 803[24] : «J'ai marché vers la grande mer du soleil couchant et érigé une image de ma majesté dans la ville d'Arwad qui est au milieu de la mer». Le tribut de la cité, trop faible sans doute pour être jugé intéressant, n'est même pas évoqué. Arwad n'est considérée ni comme une cité ennemie, ni comme un tributaire mais seulement comme un cadre prestigieux pour des actes à commémorer.

L'interruption des campagnes assyriennes vers l'Ouest entraîne un silence des sources à propos d'Arwad jusqu'aux premières incursions occidentales de Tiglath-phalasar III après le milieu du VIIIe siècle. C'est alors que l'on trouve à nouveau mention d'un roi de cette cité, Mattanbaᶜal, cette fois comme tributaire de l'Assyrie. Mais la position de ce dernier dans cette période cruciale de conquête de la région et d'expansion de l'empire est très difficile à cerner. Le tournant majeur dans cette région se situe en 738 quand, suite à la révolte et à la défaite d'Azrijau, un roi de la région, Tiglath-phalasar envahit et annexe une grande province au nord de la Syrie, c'est-à-dire les districts occidentaux du royaume de Hamath ainsi que la côte depuis les contreforts du Liban jusqu'à l'Amanus[25]. Sont ainsi intégrés à l'empire assyrien notamment les royaumes de Usnu, Siyannu et Ṣumur ainsi que ᶜArqa, qui manque dans la liste précédente, mais qui est énuméré avec les autres comme lieu d'installation de déportés venus de l'Est[26]. La liste des tributaires venus à ce moment-là réitérer leur soumission au monarque assyrien, et dont il reste deux versions presque identiques[27], ne comprend pas non plus Arwad. Son roi n'est mentionné parmi les tributaires que dans une liste de rédaction tardive[28], et la présence dans la même liste de royaumes méridionaux (Amon, Moab, Edom, Ascalon, Juda) invite plutôt à attribuer ce tribut à la campagne de 734-732[29].

En tout cas, il est particulièrement frappant de constater qu'Arwad échappe à l'annexion de tout son arrière-pays, certainement grâce à sa situation insulaire qui la protégeait des assauts éventuels de l'armée assyrienne. Un texte très mutilé fait allusion à un affrontement contre une «ville

---

[24] Stèle de Tell el-Rimah, ll. 9-10: PAGE 1968. Un autre texte qui évoque l'érection d'une statue à Arwad émane peut-être du même roi: HULIN 1970. Sur ces textes, PONCHIA 1991, p. 14-16. Sur la date de la campagne, BRIQUEL-CHATONNET 1992, p. 119-125.

[25] TADMOR 1994, p. 60 et 62: Annales de Kalhu 19, l. 1-11.

[26] TADMOR 1994, p. 66: Annales de Kalhu 13, l. 5-6.

[27] TADMOR 1994, p. 68: Annales de Kalhu 13, l. 10-12 et 14, l. 1-5; p. 104-106: stèle d'Iran III A. La seule variante concerne le nom du roi de Tyr et l'absence de Hamath dans la deuxième version.

[28] TADMOR 1994, p. 170, inscription résumée de Kalhu nº 7, l. 10'.

[29] BRIQUEL-CHATONNET 1992, 161. TADMOR 1994. p. 268.

au milieu de la mer»[30] et on a évoqué Arwad[31], mais l'état lacunaire du texte rend tout aussi probable que la ville en question soit Tyr[32], située sur la route de la Philistie et du torrent d'Égypte qui ont formé le but de l'expédition de 734. De toute façon, l'existence d'un royaume d'Arwad après les conquêtes de Tiglath-phalasar III est bien attestée. Mais cette indépendance était d'effet limité quand la plaine du ʿAkkar et la côte au pied du Ǧebel Ansariye faisaient partie de la nouvelle province assyrienne de Ṣumur/Ṣimirra[33] et qu'Arwad ne disposait au mieux que d'un territoire de terre ferme très réduit. En fait, les Assyriens ont sans doute renoncé à une conquête difficile et sans réel intérêt. Leurs buts étaient alors centrés sur la création d'une province dont le gouverneur contrôlerait les routes et le territoire de la région. Dans cette nouvelle perspective, Arwad redevenait un site d'importance secondaire par rapport à Ṣumur/Ṣimirra et en représentait peut-être le débouché maritime dont l'autonomie garantissait l'activité. De même que pour Tyr, il pouvait entrer dans la politique assyrienne de favoriser ce lieu de transit entre le monde assyrien et la Méditerranée[34].

Aucune mention d'Arwad ne nous est parvenue pour les règnes de Salmanasar V et de Sargon. Ce dernier a pourtant dû faire face dès le début de son règne à une révolte de la province de Ṣimirra suscitée par le roi de Hamath à laquelle Arwad ne s'est sans doute pas associée. Un autre événement a plus probablement mis en rapport Arwad et le roi d'Assyrie: l'armée assyrienne a en effet fait une expédition dans l'île de Chypre, vraisemblablement dans le cadre de la lutte contre la puissance grecque au sud de l'Anatolie[35]. Une stèle érigée à Kition apporte un témoignage concret sur cette démonstration de force en Méditerranée[36]. Mais pour ce faire, le souverain assyrien a eu besoin de disposer de bateaux appartenant aux cités côtières. Même si l'expédition n'était pas dirigée contre la puissance de Tyr, il est possible que Sargon ait eu recours à la flotte d'autres cités, dont Arwad.

De fait, la situation d'Arwad par rapport à l'empire assyrien n'évolue guère, depuis la création de la province de Ṣimirra jusqu'à la chute de l'Assyrie. La cité insulaire garde son roi, qui est régulièrement mentionné

---

30 TADMOR 1994, p. 176: inscription résumée de Kalhu n° 8.

31 KATZENSTEIN 1973, 215-216. BOTTO 1990, 24.

32 VOGT 1964. TADMOR 1994, p. 176, note aux l. 2'-7'.

33 FORRER 1921, 57. KESSLER 1975. KLENGEL 1984, 13-14. BOTTO 1990, 23. Selon Kessler, c'est peut-être seulement après les campagnes de 734-732 que toute la région passe sous l'autorité d'un gouverneur.

34 Pour cet aspect de la politique de Tiglath-phalasar III, voir BOTTO 1990, 31-34 et références n. 97.

35 BOTTO 1990, 40-44.

36 SAPORETTI, texte nA.16, dans BOTTO 1990, 174-176.

parmi les tributaires: ainsi Abdiliʾti est mentionné parmi une liste nombreuse de rois de Phénicie et de Palestine qui, quatre années de suite, apportent un tribut à Sennacherib[37]. Sous le règne d'Asarhaddon, c'est Matanbaʿal qui, au milieu des 22 rois de la région tributaires du souverain, est sommé de livrer des pièces de bois pour la construction du palais de Ninive[38]. Sa situation insulaire a certainement protégé Arwad, comme Tyr, d'une intégration directe dans une province de l'empire. Cependant, cette autonomie théorique était amplement limitée par deux facteurs: d'une part Arwad, dont le territoire insulaire était très étroit, avait besoin d'être approvisionnée par l'arrière-pays, où se situaient sans doute également les nécropoles. La ville ne pouvait guère vivre dans un isolement total et devait donc garder des relations étroites avec la province de Ṣimirra. D'autre part, l'emprise de l'Assyrie sur la côte, depuis la Philistie jusqu'à la Cilicie, lui donnait un contrôle sur le commerce maritime qui obligeait Arwad à composer avec le système assyrien. Les tributs dont nous avons la trace sont le signe visible de cette soumission[39].

Ce *modus vivendi* a, autant que nos sources le laissent entrevoir, été remis en cause par un nouveau roi d'Arwad, monté sur le trône à la fin du règne d'Asarhaddon et dont le nom, selon les sources, est transcrit tantôt Ikkilū[40], tantôt Ikkalū[41], tantôt Iakinlū[42]. Celui-ci semble, dès cette époque, avoir adopté une attitude hostile à l'Assyrie. La question au dieu Šamaš présentée par le prince hériter Aššurbanipal, montre celui-ci doutant que son messager soit bien accueilli par le roi d'Arwad[43]. Or, dans les récits de ses campagnes, Aššurbanipal rappellera «Iakinlū, roi d'Arwad qui vit au milieu de la mer et qui ne s'était pas soumis aux rois, mes pères». Et une lettre au

---

[37] Annales, col. II, l. 52: LUCKENBILL 1924, 30 = SAPORETTI, texte nA.22, dans BOTTO 1990, p. 185.

[38] Inscription de Ninive, col. V, l. 60: BORGER 1956, 60 = SAPORETTI, *ibid.*, texte nA 27, 197.

[39] BOTTO 1990, 82.

[40] Inscription sur tablette, v°, ll. 27-31 (STRECK 1916, 169 = *ARAB* II, § 912 = SAPORETTI, texte nA.42, *ibid.*, 227). Lettre de Itti-Šamaš-balāṭu (*ABL* 992).

[41] Requête au dieu Šamaš (STARR 1990, 104-105).

[42] Cylindre Rassam, col. II, ll. 63 et 81 (STRECK 1916, 19 = *ARAB* II, § 780, 783 = SAPORETTI, texte nA.40, *ibid.*, 220-222) ; Cylindre B, col. II, l. 71 et 81 (STRECK, 97 = ARAB § 848 = SAPORETTI, texte nA.43, *ibid.*, 231-232) ; cylindre C, col. I, l. 32 (STRECK, 141 = *ARAB* II, § 876 = SAPORETTI, texte nA.41, *ibid.*, 225). C'est sans doute la forme la plus proche du nom phénicien. Sur cette formation, BENZ 1972, 332.

[43] STARR 1990, 104-105, texte 89: «Est-ce que Assurbanipal, fils d'Asar[haddon roi d'Assyrie], doit envoyer Nabû-šarru-uṣur, le *rab mūgi* à Ikkalû qui habite la ville d'Arwad? S'il l'envoie, est-ce que Ikkalû écoutera et agréera le message...».

roi Aššurbanipal[44], donc postérieure également, envoyée par Itti-Šamaš-balāṭu, un fonctionnaire assyrien en place dans la région, rappelle que celui-ci avait déjà constaté l'hostilité du roi d'Arwad sous le règne d'Asarhaddon, mais n'avait pas osé la dénoncer à cause de la notoriété des personnalités assyriennes impliquées aux côtés de Iakinlū.

C'est précisément à propos du trafic maritime que l'auteur de la lettre met en cause l'attitude ce dernier: «Ikkilū ne laisse pas les bateaux, si bien qu'ils ne peuvent pas accoster au *karum* du roi, mon Seigneur. Il s'approprie les recettes du *karum*. Si quelqu'un va chez lui en premier, il lui permet de repartir, mais s'il accoste au *karum* assyrien, il le tue et confisque son bateau» (ll. 15-21). Ce texte souligne bien quelle place était réservée à Arwad dans le système assyrien: celle de collaborer étroitement à son commerce maritime. C'était à cette condition-là qu'une certaine autonomie lui était réservée et cette guerre économique, présentée dans les annales comme un superbe isolement au milieu de la mer[45], fut naturellement suivie de représailles de la part d'Aššurbanipal. Au cours de sa troisième campagne, dirigée également contre Tabal et Tyr, le souverain assyrien soumit Arwad et contraignit son roi à venir jusqu'à Ninive lui baiser les pieds et lui offrir sa fille comme concubine en signe de soumission[46]. De même, à la mort de Iakinlū, il choisit lui-même son successeur parmi les dix fils de ce dernier et garda les autres en otages à la cour de Ninive[47], preuve de l'importance que revêtait pour lui la docilité d'Arwad.

La situation exceptionnelle d'Arwad lui a permis d'entretenir des relations particulières avec l'empire assyrien. Située «aux premières loges» face à ce dernier, elle a représenté pour ses souverains un lieu de contact privilégié avec la mer, d'abord comme monde mystérieux et prestigieux - et l'épisode du XIe siècle lui a valu une célébrité longtemps répétée -, puis, à partir du VIIIe siècle, comme source d'un commerce aux multiples richesses. Protégée par sa position insulaire, Arwad n'a pas connu le destin de pillage de certaines autres cités et a gardé, tout au long de son histoire, un roi autonome. Mais tout montre l'intérêt essentiel que les empereurs assyriens lui ont cependant accordé.

---

[44] Transcription et traduction dans PFEIFFER 1935, 14-15, n°137. Texte commenté par ELAYI 1983, 50-53.

[45] *ARAB* II, § 912: «Ikkilū, roi d'Arwad, qui habite la vaste mer, dont la demeure, comme (celle) d'un poisson, est dans les eaux infinies, de la profondeur puissante, qui s'est fié à la mer effrayante».

[46] *ARAB* II, § 780, 848. Le tribut versé à cette occasion comprenait de l'or, des laines teintées de pourpre, des oiseaux et des poissons (*ARAB* II, § 912).

[47] *ARAB* II, § 783.

Bibliographie

BADRE *et al*. 1990 — L. BADRE, E. GUBEL, M. AL-MAQDISSI, H. SADER, «Tell Kazel. Syria. Excavations of the AUB Museum 1985-1987. Preliminary Reports», *Berytus* 38, 1990 [1992], 9-124.

BENZ 1972 — F.L. BENZ, *Personal Names in the Phoenician and Punic Inscriptions*, Rome.

BORGER 1956 — R. BORGER, *Die Inschriften Asarhaddons, Königs von Assyrien*, Graz.

BOTTO 1990 — M. BOTTO, *Studi storici sulla Fenicia. L'VIII e il VII secolo A.C.*, con i contributi di A. CATASTINI, C. SAPORETTI, L. TROIANI, Pise.

BRIQUEL-CHATONNET 1992 — F. BRIQUEL-CHATONNET, *Les relations entre les cités de la côte phénicienne et les royaumes d'Israël et de Juda,* SP XII, OLA 46, Louvain.

BRIQUEL-CHATONNET sous presse a — F. BRIQUEL-CHATONNET, «Arwad cité phénicienne», *Alla soglia della classicità, Studi in onore di Sabatino Moscati,* Rome, sous presse.

BRIQUEL-CHATONNET sous presse b — F. BRIQUEL-CHATONNET, «Le statut politique d'Arwad au IIe millénaire», *Actes du IV congreso internacional de estudios fenicios y punicos,* Cadiz 1995, sous presse.

CAUBET 1992 — A. CAUBET, «Reoccupation of the Syrian Coast After the Destruction of the 'Crisis Years'», dans W.A. Ward et M.S. Joukowski éd., *The Crisis Years: the 12th Century B.C. From Beyond the Danube to the Tigris*, Dubuque (Iowa), 123-131.

DUNAND-SALIBY 1957 — M. DUNAND, N. SALIBY, «À la recherche de Simyra», *AAS* 7, 3-16.

ELAYI 1983 — J. ELAYI, «Les cités phéniciennes et l'empire assyrien à l'époque d'Assurbanipal», *RA* 77, 45-58.

FORRER 1921 — E. FORRER, *Die Provinzeinteilung des assyrischen Reiches*, Leipzig.

GARELLI 1983 — P. GARELLI, «Remarques sur les rapports entre l'Assyrie et les cités phéniciennes», *Atti del I Congresso internazionale di studi fenici e punici*, Rome, I, 61-66.

GRAYSON 1987 A.K. GRAYSON, *Assyrian Rulers of the Third and Second Millennia BC (to 1115 BC)*, RIM, Assyrian Periods I, Toronto.

GRAYSON 1991 A.K. GRAYSON, *Assyrian Rulers of the Early First Millennium BC I (1114-859 BC),* RIM, Assyrian Periods II, Toronto.

HULIN 1970 P. HULIN, «An Inscription on a Statue from the Sinjar Hills», *Sumer* 26, 127-131.

KATZENSTEIN 1973 H.J. KATZENSTEIN, *The History of Tyre*, Jérusalem.

KESSLER 1975 K. KESSLER, «Die Anzahl der assyrischen Provinzen des Jahres 738 v. Chr. in Nordsyrien», *WO* 8, 49-63.

KLENGEL 1984 H. KLENGEL, «Ṣumar/Simyra und die Eleutheros-Ebene in der Geschichte Syriens», *Klio* 66, 5-18.

LAMPRICHS 1995 R. LAMPRICHS, *Die Westexpansion des neuassyrischen Reiches. Eine Strukturanalyse.* AOAT 239, Neukirchen-Vluyn.

LEMAIRE 1993 A. LEMAIRE, «Joas de Samarie, Barhadad de Damas, Zakkur de Hamat. La Syrie-Palestine vers 800 av. J.-C.», *Eretz Israel* 24, Jérusalem, 148-157.

LIVERANI 1990 M. LIVERANI, *Prestige and Interest. International Relations in the Near East ca. 1600-1100 B.C.*, HANES 1, Padoue.

LIVERANI 1995 M. LIVERANI, «La fin d'Ougarit: Quand? Comment? Pourquoi?», dans M. Sznycer, M. Yon, P. Bordreuil éd., *Le pays d'Ougarit autour de 1200 avant J.-C.*, Ras Shamra-Ougarit XI, Paris, 113-117.

LUCKENBILL 1924 D.D. LUCKENBILL, *The Annals of Sennacherib*, Chicago.

PAGE 1968 S. PAGE, «A Stela of Adad-nirari III and Nergal-ereš from Tell al Rimah», *Iraq* 30, 139-153.

PFEIFFER 1935 R.H. PFEIFFER, *State Letters of Assyria*, New-Haven.

PITARD 1987 W.T. PITARD, *Ancient Damascus*, Winona Lake.

PONCHIA 1991 S. PONCHIA, *L'Assiria e gli stati transeufratici nella prima metà dell'VIII sec. a.C.*, HANES IV bis, Padoue.

SAFAR 1951 F. SAFAR, «A Further Text of Shalmaneser III from Assur», *Sumer* 7, 3-21.

SCHRAMM 1973 W. SCHRAMM, *Einleitung in die assyrischen Königsinschriften, 2ter Teil, 934-722 v. Chr.*, HdO, I, Erg. Band V.1.2, Leyde/Cologne.

SINGER 1991 I. SINGER, «A Concise History of Amurru», dans S. Izre'el, *Amurru Akkadian. A Linguistic Study*, vol II, HSS 41, Atlanta, 134-195.

STRECK 1916 M. STRECK, *Assurbanipal und die letzen assyrischen Könige bis zum Untergange Niniveh's*, Leipzig.

STARR 1990 I. STARR, *Queries to the Sun God. Divination and Politics in Sargonid Assyria*, SAA IV, Helsinki.

TADMOR 1994 H. TADMOR, *The Inscriptions of Tiglath-pileser III, King of Assyria*, Jérusalem.

VILLARD 1995 P. VILLARD, «Shamshi-Adad and Sons», dans J.M. Sasson éd. *Civilizations of the Ancient Near East*, II, New-York, 873-883.

VOGT 1964 E. VOGT, «Die Texte Tiglath-pilesers III über die Eroberung Palästinas», *Biblica* 45, 348-354.

WINCKLER 1909 H. WINCKLER, *Keilschriftliches Textbuch zum alten Testament*, Leipzig.

WISEMAN 1951 D. J. WISEMAN, «Two Historical Inscriptions from Nimrud», *Iraq* 13, 21-26.

Rechtfertigung von politischem Handeln in Assyrien im 13./12. Jh. v.Chr.

Eva Cancik-Kirschbaum, Berlin

Literatur ist in Mesopotamien bereits früh als Medium zur Darstellung von politischem Handeln eingesetzt worden.[1] Mythen und Epen reflektieren und erklären politisches Geschehen. In Königshymnen, historischen Epen und 'Königsinschriften' wird historisches Geschehen und politisches Handeln aus der Sicht der Herrschenden dargestellt. Die Reflexion über Politik ist in all diesen Texten überwiegend implizit vorhanden. So vermitteln die assyrischen Königsinschriften des 2. und 1. Jts. v.Chr. Strukturen assyrischer Machtpolitik in Form von Ereignisgeschichte.[2] Ein Grundsatzcharakter ergibt sich bei diesen Texten nicht durch allgemeinen theoretischen Diskurs sondern durch Wiederholung des Konkreten. Die narrative Reihung zahlreicher individueller Situationen, die zwar in den Details verschieden sind, im Grundmuster jedoch übereinstimmen, erzeugt beim antiken wie beim modernen Leser den Eindruck eines allgemein wirksamen Prinzips, das dem Geschehen zugrunde liegt. Das politische Konzept wird in seiner Verwirklichung sichtbar gemacht. Gelegentlich jedoch finden sich Versuche, politisches Handeln oder Elemente dieses Handelns nicht nur als historische Praxis sondern allgemein und grundsätzlich zu beschreiben. Zwei Beispiele aus der historischen Narrative des 13./12. Jhs. v.Chr. mögen dies veranschaulichen.

Das erste Beispiel stammt aus den Annalen Tiglatpilesers I., das zweite aus dem sogenannten Tukultī-Ninurta-Epos (TNE), das gegen Ende des 13. Jh. v.Chr. entstanden sein dürfte. Tukultī-Ninurta I. (1233-1197) wie Tiglatpileser I. (1114-1076 v.Chr.) waren starke Herrscherpersönlichkeiten, denen es in ständiger militärischer Auseinandersetzung mit den Nachbarstaaten gelang, Assyrien als Großmacht im nördlichen Mesopotamien zu etablieren. Ein zentrales Thema in der historiographischen Selbstdarstellung beider Herrscher ist die Darstellung ihrer Kriegstaten. Krieg erscheint in diesen Texten als dominierendes Instrument der assyrischen Machtpolitik; seine grundsätzliche Legitimität als politisches Mittel wird nicht in Frage gestellt. Vielmehr entwickelte man im Laufe der Zeit ein komplexes System von historischen und religiösen Begründungen zur Rechtfertigung des spe-

---

[1] Zuletzt Wilcke, 1993.

[2] Auch in Hinblick auf das in Königsinschriften vermittelte Selbst- bzw. 'National'-bewußtsein, die Abgrenzung gegen andere, können bspw. die nA Königsinschriften als politische Texte bezeichnet werden, vgl. Machinist, 1993.

zifischen kriegerischen Aktes.[3] Die historische Begründung nimmt Bezug auf einen realen oder vorgeschobenen Sachverhalt, der ein militärisches Eingreifen des assyrischen Herrschers erforderlich macht. Dieses wird vorzugsweise als Reaktion auf feindliche Verfehlung oder Herausforderung dargestellt.[4] Die religiöse Begründung besteht in dem Verweis auf Handlungsauftrag, Beistand oder Zustimmung seitens der (assyrischen) Götter. Die Ausformung und Gewichtung dieser traditionellen Argumentationsstränge ist je nach Text und historischer Situation verschieden.[5]

1. Annalen Tiglatpilesers I. Kol. I 46-61:

Gewöhnlich sind innerhalb der Feldzugsberichte historische und theologische Begründung unmittelbar miteinander und mit dem Bericht über den jeweiligen Feldzug verbunden. Ein typisches Beispiel dafür ist die Einleitung „auf Befehl des Gottes / der Götter ..." gefolgt von dem historischen Bericht; es finden sich jedoch auch weitaus umfangreichere vor- oder nachgeordnete Begründungen.[6] Dieses Schema wird auch in den Tiglatpileser-Annalen befolgt. Darüber hinaus ist jedoch die hymnische Einleitung nach Anrufung der Götter und Selbstpreis des Herrschers um ein neues Element erweitert worden.[7] Es handelt sich um den folgenden, durch Trennstriche von dem vorhergehenden und dem nachfolgenden Text abgesetzten Abschnitt von 16 Zeilen (I 46-61).[8]

„[46]Assur (und) die großen Götter, die mein Königtum groß machen, [47]die mir Macht und Stärke als meinen Anteil [48]schenkten, die Grenzen ihres Landes [49]befahlen sie mir zu erweitern. Ihre Waffen, [50]die mächtigen, die Sturmflut des Kampfes, [51]ließen sie meine Hand ergreifen. Länder, Gebirge, [52]Städte und Könige, Feinde Assurs, [53]nahm ich unter Herrschaft, ihre Gebiete [54]unterwarf ich. (...) [59]Dem Land Assur fügte ich Land, der Bevölkerung Assurs [60]Leute hinzu; die Grenze meines Landes [61]erweiterte ich, die Gesamtheit ihrer Länder beherrschte ich."

Der gesamte Abschnitt ist, bis auf die konkrete Zahl der Gegner im Resümee, allgemein gehalten, nennt weder Zeit noch Ort, noch Namen. Die

---

[3] Weeks, 1984. Oded, 1992.

[4] Röllig, 1993, bes. 106 f.

[5] „Thus it is only after imperial expansion takes place that the possibility arises of describing and justifying that expansion in theological terms. Of course once imperialism has become part of official theology, then that theology may serve as motivation for further expansion." Weeks, 126.

[6] Oded, 1992.

[7] In der Tat erscheint dieses Motiv offenbar erstmals unter Tiglatpileser in den assyrischen Königsinschriften. Weeks, 1984, 123.

[8] Zitiert nach RIMA 2 A.0.87.1 S. 12 ff.

ersten Zeilen enthalten das außenpolitische Programm Tiglatpilesers. Es wird in Gestalt eines göttlichen Auftrags präsentiert. Die zentrale Aussage, das politische Programm des Tiglatpileser, erscheint gleich zu Beginn: *miṣir matīšunu ruppuša iqbûni* „sie befahlen mir, die Grenze ihres Landes zu erweitern" (I 48/49). Diese Expansion soll nicht friedlich, etwa auf diplomatischem Wege, erfolgen, sondern durch militärische Eroberung: *kakkēšunu dannūti abub tamḫāri qātī lušatmeḫu* „ihre mächtigen Waffen, die Flut des Kampfes, ließen sie meine Hand ergreifen" (I 49/50). Anschließend weist Tiglatpileser mit knappen Worten die Erfüllung dieses Auftrages nach.[9] Es folgt ein Trennstrich, bevor die annalistische Schilderung der einzelnen Kampagnen einsetzt. In gewisser Weise wirken die Zeilen I 46-61 als Erweiterung der königlichen Epitheta.[10] Diese Assoziation ist sicher beabsichtigt. Andererseits zeigt die bewußte optische Trennung von der traditionellen Einleitung und die Plazierung am Übergang zum Hauptteil, daß diese Passage noch eine andere Funktion hat. Sie ist als 'abstract' vor die Schilderung der historischen Fakten gestellt; dies ist das politische Konzept, das dem Handeln Tiglatpilesers zugrunde liegt. Gleichzeitig wird darin auch der Krieg grundsätzlich als Mittel zum Zweck legitimiert. Die folgende Zusammenschau der konkreten militärischen Taten des Herrschers erscheint als konsequente Verwirklichung des Mottos „Expansion durch Krieg".

2. Tukultī-Ninurta-Epos III A 15'-16'

Einen gänzlich anders gestalteten Versuch, die Notwendigkeit von Krieg als Element des politischen Handelns zu begründen, bietet das Tukultī-Ninurta-Epos (TNE).[11] In diesem 'politischen Propagandagedicht' wird aus assyrischer Sicht ein Konflikt zwischen Tukultī-Ninurta I. von Assyrien (1233-1197) und dem König von Babylonien (Karduniaš), Kaštiliaš IV. (1232 bis etwa 1225?), geschildert. Als Grund für die Auseinandersetzung gibt der Verfasser des Epos an, der kassitische König habe die Bestimmungen eines zwischen Assyrien und Babylonien geschlossenen Staatsvertrages

---

[9] Interessant ist der Wechsel der Perspektive. Der Auftrag wird aus Sicht der Götter geschildert („ihr Land", „ihre Waffen"), das Ergebnis, „mein Land erweiterte ich", aus Sicht des Königs.

[10] „Neu ist dabei, dass (...) einige solche Phrasen, die man früher als Appositionen und Relativsätze formuliert hätte, jetzt Hauptsätze mit den Göttern bzw. dem König selbst als Subjekt geworden sind, was stilistisch einen wesentlichen Fortschritt bedeutet." Borger EAK 122.

[11] Der Text wird zitiert nach Machinist, 1983; dort findet sich auch die ältere Literatur. Zur Gruppe der akkadischen 'historischen' Epen vgl. die allgemeinen Bemerkungen bei Grayson, 1975, 7.41 ff. Die Regierungsdaten basieren auf der verkürzten Chronologie von Boese und Wilhelm, 1979.

mißachtet.[12] Kaštiliaš hat damit nicht nur gegen geltendes Recht verstoßen, er hat auch gegen die Götter gefrevelt. Damit ist sowohl ein historisch-politischer wie auch ein theologischer Grund für das Handeln des assyrischen Königs gegeben. Der Fall wird als Rechtssache (II. Kol. 13' ff.) vor den Schutzherrn des Vertrages, den göttlichen Richter Šamaš, gebracht. Als Urteil gilt der Ausgang einer Feldschlacht zwischen den beiden Gegnern. Bevor es zum eigentlichen Kampf kommt, stellt Tukultī-Ninurta I. in zwei parallel aufgebauten Briefen an Kaštiliaš die Sachlage dar und fordert ihn zum Entscheidungskampf heraus.[13] Während jedoch in uns überlieferten Briefen die Verfehlungen gegen die einzelnen Abmachungen konkret benannt sind, werden sie in der literarischen Fiktion des TNE verallgemeinert.[14] Der scheinbar im Wortlaut zitierte Brief wird nicht nur als Hinweis auf die historische Zuverlässigkeit des Berichtes verwendet, sondern als literarischer Topos genau an dieser Stelle eingesetzt. Er markiert in der Entwicklung der Handlung den Höhepunkt der Krise. Knapp faßt der Brief nochmals den Stoff des gesamten Epos zusammen. Von der Vorgeschichte und den gegen Assyrien begangenen Freveltaten leitet die Anklage vor Šamaš über zu einer Vision von der bevorstehenden Schlacht und ihrem Ausgang: Niederlage und Tod des babylonischen Königs. Indem er das Briefmotiv zweimal gebraucht, betont der Autor nicht nur das intensive Bemühen des assyrischen Königs; er erreicht durch das Herauszögern der endgültigen Entscheidung eine dramatische Steigerung. Erst dieser zweite Brief bringt den Kassiten zur Einsicht (III A 21'-61'), jedoch zu spät – ein Einlenken ist nicht mehr möglich. Dieser Brief ist ein stilistischer Kunstgriff, durch den gleichermaßen die historische Zuverlässigkeit der Darstellung und das in jeder Hinsicht korrekte Vorgehen des assyrischen Königs herausgestellt wird.

Durch die Verbindung von historischer und theologischer Begründung wäre der Einsatz von militärischer Gewalt nach dem Schema der Königsinschriften hinlänglich gerechtfertigt. Dennoch wird in dem Schreiben explizit auf die Notwendigkeit und Unausweichlichkeit des Krieges verwiesen, und zwar mit den Worten (III A 15'-16'):

ul iš-ša-ka-an sa-li-mu ba-lu mi-it-ḫu-ṣi ka-al x [*x x (x)*]
ul ib-ba-áš-ši ṭu-ub-tu ba-lu ši-it-nu-ni-ma a-di la-a x [*x*]

„Nicht wird Frieden festgesetzt werden ohne Kampf ... [...]
nicht wird sein ein gutes Verhältnis ohne Streit; bis ... [...]"[15]

---

[12] Eine Rekonstruktion der vertraglichen Beziehungen zwischen Assyrien und Babylonien bietet Brinkman, 1990.

[13] 1. Brief: II A 27 ff.; 2. Brief D Rs. 9-18 bis III A 20. Juristisch gesehen fungieren die beiden Briefe als Klageschrift, der Kampf als Prozeß.

[14] Machinist, 1983, 250 ff.

[15] Zu möglichen Ergänzungen am Zeilenende vgl. Machinist, a.O.

Der besondere Stellenwert dieser Passage zeigt sich bereits in ihrer stilistischen Gestaltung. Durch die unpersönliche Formulierung unterscheidet sie sich von dem übrigen Brieftext, in dem die 2. und 1. Person Singular vorherrschen. Die Zeilen 15'-16' bilden einen – mit Rücksicht auf die fragmentarischen Zeilenenden unvollständigen – syntaktischen Parallelismus. Impersonalität und Parallelismus wiederum gelten als typische Stilmittel der Sentenz, einer literarischen Form von Weisheit.[16] Der weisheitliche Charakter der Aussage wird unterstrichen durch die Verbalformen. Diese implizieren sowohl ein feststellendes Futur wie auch eine zeitlose Tatsachenfeststellung für die Aussage. Auch die Wortstellung hebt die beiden Zeilen aus dem umgebenden Text heraus. Negation und Prädikat stehen betont am Anfang des Satzes. Dadurch wiederum befinden sich die beiden Gegensatzpaare (*salīmu – mitḫuṣu*, *ṭūbtu – šitnunu*) in der Satzmitte, nur getrennt durch die Partikel *balu*. So sind jene beiden Zustände einander unmittelbar gegenübergestellt, welche ein Leitmotiv des Epos bilden: Frieden und Streit.

Wie verhält sich nun die Form der Aussage zu ihrem Inhalt? *salīmu* „Frieden“ und *ṭūbtu* „freundschaftliches Verhältnis“ (statt *ṭūbtu* finden sich auch Derivate der Wurzel *dmq* „gut sein“) werden in der Diplomatensprache beinahe synonym und häufig als Hendiadyoin gebraucht. Sie bezeichnen seit altbabylonischer Zeit jenen Zustand, der durch den Abschluß eines Vertrages zwischen zwei Staaten hergestellt wird.[17] Eine entsprechende Assoziation war von dem Dichter des Epos gewiß beabsichtigt. Er spielt damit bewußt auf das von Kaštiliaš verletzte zwischenstaatliche Abkommen, auf die gestörten guten Beziehungen der beiden Nachbarstaaten an. Dem Friedenszustand wird der Hinweis auf den bevorstehenden Kampf gegenübergestellt. Die Termini *mitḫuṣu* und *šitnunu* gehören dem literarisch-poetischen Vokabular an. Die Wahl des seltenen Ausdrucks *šitnunu* als Synonym zu *mitḫuṣu* erweist die Gelehrtheit des Dichters und könnte sich darüber hinaus aus dem Bemühen um eine gewisse Konsequenz in der Vokalfärbung erklären.[18] Anders als für Frieden (*salīmu*, *šulmu*, *nēḫtu* u.a.) gibt es im Akkadischen offenbar kein eigenes Wort für Krieg. Stattdessen findet sich ein breites Spektrum von Ausdrücken für seine konkreten Erscheinungsformen (*tamḫāru*, *tāḫāzu*, *mitḫuṣu*, *šitnunu*, *qablu*, *ṣāltu* – um nur einige zu nennen, die alle dem Bedeutungsfeld „Kampf, Schlacht, Streit“ angehören).

Die Zeilen III A 15'-16' nehmen also durch die Wortwahl zunächst sehr konkret auf die historische Situation Bezug, wobei sie scharnierartig Vergangenheit und Zukunft verklammern. Darüber hinaus haben sie jedoch auch den Charakter einer allgemeingültigen Aussage, einer Maxime. Dies wird nicht nur durch die Gestaltung als synonymer (parathetischer) Paralle-

---

16 McKane, 1970, 3.

17 Weinfeld, 1973, 191 f. Machinist, 1983, 269. Tadmor, 1990. Weinfeld, 1990, 176 ff. CAD S s.v. *salīmu*, bes. 1d).

18 Zu *šitnunu* vgl. CAD Š/III 132, wo diese Stelle nachzutragen ist.

lismus angedeutet. Auch die Auflösung des Ausdrucks *salīmu u ṭūbtu* in seine beiden Bestandteile ist möglicherweise ein bewußter Versuch, die beiden Begriffe in ihrer ursprünglichen Bedeutung wirksam werden zu lassen, um so über den engeren diplomatischen Jargon und die konkrete Situation hinauszuführen. Die besprochene Passage ist knapp und prägnant nach Art eines Sprichwortes gebildet, das pragmatische Weisheit vermittelt.[19] 'Weisheit' ist weder an eine bestimmte literarische Form gebunden noch spezifisches Wissen einer bestimmten gesellschaftlichen Gruppe. Sie ist vielmehr allgemeines, menschliches Erfahrungsgut. Frieden und Krieg als elementare Erfahrungen der menschlichen Gemeinschaft gehören durchaus zum Themengut der Weisheitsliteratur.[20] Besonders die Omina dokumentieren die Auseinandersetzung mit dem Thema Krieg/Frieden. Stellvertretend für die zahlreichen Beispiele aus diesen Texten sei hier eine Aussage aus der Serie *Enūma Anu Enlil* zitiert[21]:

> *šamšatu ina libbiša/pāniša Kabta/Dilbat izziz nukurtu <ana> salīmi iššakkan.*
>
> „Wenn im Inneren/vor der (Sonnen?)scheibe Kabta/Venus steht, wird Feindschaft *<zu> Frieden werden.*"

Anders als in der Maxime aus dem Tukultī-Ninurta-Epos steht dem Frieden hier der Begriff *nukurtu* „Feindschaft" gegenüber. Dieser ist abgeleitet von der Wurzel *nkr*, die eigentlich „fremd sein" bedeutet.[22] Frieden und Feindschaft sind zwei sich gegenseitig ausschließende Grundzustände. Die Vorstellung, daß alles, was nicht dem eigenen Einfluß unterliegt, fremd und damit zunächst feindlich sei, ist ein wichtiges Element der assyrischen Staatsidee.[23] Die Überwindung des äußeren Chaos, der Unordnung, die als Bedrohung für Assyrien aufgefaßt wurde, war Aufgabe des Königs. Das

---

[19] Gordon, 1968(1959), 16. „The Proverbs are characteristically short (...) the poignancy of the message derives precisely from the narrow outer boundaries of the text, which provoke the need of a compact expression, often heightened in its tension by the presence of word play. It may be said, then, that compositional brevity is a necessary requirement of the Proverbs as literary units (...)." Buccellati, 1981, 39 f.

[20] Vgl. bspw. die entsprechenden Anfragen der neuassyrischen Könige bzw. die entsprechenden Verweise unter den Stichworten *salīmu* und *šulmu*, bzw. *nukurtu* in den Lexika. 'Krieg' und 'Frieden' sind auch in der Liste der ME, jener Zivilisationsgüter, welche der Menschheit von den Göttern zugewiesen werden, enthalten. Sie wurden also offenbar als Grundbestandteile der menschlichen Gesellschaft verstanden.

[21] Zitiert nach Van Soldt, 1995, 24. Die Schwierigkeit der Stelle ist bereits von CAD S s.v. *salīmu* angemerkt worden.

[22] Oded, 1992. RlA 6 (1980-83) 241 f. (H. Klengel).

[23] Vgl. hierzu Liverani, 1990, 115. Machinist, 1993, 86.

politische Handeln war in erster Linie auf das Herstellen und Bewahren von Ordnung ausgerichtet; Krieg galt als legitimes Mittel, dieses Konzept zu verwirklichen. Da wiederum Frieden nicht als Gegensatz zu Krieg, sondern primär als Gegensatz zu Ungeordnetheit und Fremdheit verstanden wird, ist die Möglichkeit von Frieden als Naturzustand des Menschen, wie ihn etwa die griechische Kultur mit dem Begriff Eirēnē verbunden hat[24], in Assyrien von vorneherein ausgeschlossen. Frieden wird vor allem mit „Recht" (*kittu*), „Gerechtigkeit" (*mīšaru*), „Eintracht" (*mitgurtu*) und „Ruhe" (*nēḫtu*) verbunden; er ist keineswegs grundsätzlich gegeben, sondern vielmehr das Ergebnis von rechter und gerechter assyrischer Herrschaft, wie sie von den Herrschern regelmäßig propagiert wird.[25] Ein Friedenszustand mit Nicht-Assyrien kann nur durch eine juristische Vereinbarung oder aber durch Unterwerfung unter assyrische Herrschaft erreicht werden. Ein solches dem assyrischen vergleichbares Konzept findet sich auch im römischen Staatsrecht. Dort fehlt nämlich, im Gegensatz bspw. zu Griechenland, der Friedensvertrag, d.h. die Feststellung eines prinzipiell herrschenden Friedenszustands, als eigenständiger Vertragstypus. Frieden kann nur als Folge eines Freundschafts- oder eines Freundschafts- und Bundesgenossenschaftsvertrages hergestellt werden. Die Folge dieser Konstruktion ist: entweder 'äußerer Frieden' durch vertragliche Bindung oder 'innerer Frieden' durch Unterwerfung. Auf diesem Hintergrund ist die Aussage „kein Frieden ohne Kampf" nichts anderes als eine allgemeine Formulierung eines außenpolitischen Konzepts. Da einerseits Frieden nicht grundsätzlich gegeben ist und andererseits der König zur Schaffung von Frieden angehalten ist, bleibt nach dem Scheitern des juristisch (durch Staatsvertrag) konstruierten 'äußeren Friedens' nur die Möglichkeit, durch die Unterwerfung Babyloniens einen 'inneren' Frieden herzustellen. Durch die Ambivalenz des Begriffes *salīmu* und die prägnante Formulierung erhält die Aussage einen generalisierenden Charakter, der über die konkrete Situation hinausführt. Sie könnte somit als politische Maxime Tukultī-Ninurtas bezeichnet werden.

Vergleicht man die beiden Beispiele für allgemeine und grundsätzliche Rechtfertigung von politischem Handeln, so zeigt sich, daß sie in ihrer jeweiligen Form und Aussage der literarischen Gattung und dem Kontext, in dem sie erscheinen, angepaßt sind. In beiden Fällen erscheint Krieg als gleichermaßen notwendiges wie legitimes Mittel der assyrischen Machtpolitik, als deren Ziel ein Frieden unter assyrischer Herrschaft angestrebt wird.

---

[24] B. Keil, EIRHNH. Eine philologisch-antiquarische Untersuchung. Berichte über die Verhandl. d. königl. sächsischen Gesellschaft der Wissenschaften Leipzig, phil.-hist. Kl. 68 (1916).

[25] Gross, 1956, 37 f.

Bibliographie:

Boese, J. u. G. Wilhelm
1979 Aššur-dān I., Ninurta-apil-Ekur und die mittelassyrische Chronologie, in: WZKM 71, 19-38.

Brinkman, J.A.
1990 Political Covenants, Treaties, and Loyalty Oaths in Babylonia and between Assyria and Babylonia, in: L. Canfora, M. Liverani, C. Zaccagnini (Hrsg.), I trattati nel mondo antico. Forma, ideologia, funzione. Saggi di Storia Antica 2 (Roma) 81-111.

Buccellati, G.
1981 Wisdom and Not: the Case of Mesopotamia, in: JAOS 101, 35-47.

Gordon, E.I.
1968 (1959) Sumerian Proverbs: Glimpses of Everyday Life in Ancient Mesopotamia. (Philadelphia, reprinted New York).

Grayson, A.K.
1975 Babylonian Historical-Literary Texts (Toronto, Buffalo).

Gross, H.
1956 Die Idee des ewigen und allgemeinen Weltfriedens im Alten Orient und im Alten Testament (Trier).

Liverani, M.
1990 Prestige and Interest. International Relations in the Near East ca. 1600-1100 B.C. (Padova).

Machinist, P.
1976 Literature as Politics: The Tukultī-Ninurta Epic and the Bible. CBQ 28, 455-482.
1983 The Epic of Tukultī-Ninurta (PhDiss. Ann Arbor 1978/83).
1993 Assyrians on Assyria in the First Millennium B.C., in: K. Raaflaub (Hrsg.), Anfänge politischen Denkens in der Antike (München) 77-104.

McKane, W.
1970 Proverbs: A New Approach (Philadelphia).

Oded, B.
1992 War, Peace and Empire. Justifications for War in Assyrian Royal Inscriptions (Wiesbaden).

Röllig, W.
1986 Assur – Geißel der Völker. Zur Typologie aggressiver Gesellschaften, in: Saeculum 27, 116-128.

1993 Politisches Handeln assyrischer Könige, in: K. Raaflaub (Hrsg.), Anfänge politischen Denkens in der Antike. Schriften des Historischen Kollegs – Kolloquien 24 (München) 105-113.

Tadmor, H.
1990 Alleanza e dipendenza nell'antica Mesopotamia e in Israele: terminologia e prassi, in: L. Canfora, M. Liverani, C. Zaccagnini (Hrsg.), I trattati nel mondo antico. Forma, ideologia, funzione. Saggi di Storia Antica 2 (Roma) 17-36.

Van Soldt, W.H.
1995 Solar Omens of Enuma Anu Enlil: Tablets 23 (24) – 29 (30). Uitgaven van het Nederlands Historisch-Archaeologisch Instituut te Istanbul 78.

Weeks, N.K.
1984 Causality in Assyrian Royal Inscriptions. OLP 14, 115-127.

Weinfeld, M.
1973 Covenant Terminology in the Ancient Near East and its Influence on the West, in: JAOS 93, 190-199.
1990 The Common Heritage of Covenantal Traditions in the Ancient World, in: L. Canfora, M. Liverani, C. Zaccagnini (Hrsg.), I trattati nel mondo antico. Forma, ideologia, funzione. Saggi di Storia Antica 2 (Roma) 175-191.

Wilcke, C.
1993 Politik und Literatur im älteren Babylonien, in: K. Raaflaub (Hrsg.), Anfänge politischen Denkens in der Antike. Schriften des Historischen Kollegs – Kolloquien 24 (München) 29-75.

Wilhelm, G.
s.u. Boese, J. und G. Wilhelm.

Ein hurritisches Totenritual für ʿAmmištamru III.
(KTU 1.125)

Manfried Dietrich – Walter Mayer, Münster

1. Vorbemerkung

Im südlichen Bereich der 'Akropolis' wurde während der 24. Kampagne 1961 in Raum 10 des Hauses eines 'prêtre hourrite'[1] eine Gruppe von alphabetisch beschrifteten Tontafeln ausgegraben, die kultisch-religiöse Themen zum Inhalt haben. Von diesen sind elf mit Sicherheit rein in hurritischer oder gemischt in hurritischer und ugaritischer Sprache abgefaßt:

1.	KTU 1.110 (RS 24.254)	–	Liste für Opfer des Palastes[2]
2.	KTU 1.111 (RS 24.255)	–	Orakelbescheid für ein königliches Sühneopfer[3]
3.	KTU 1.116 (RS 24.261)	–	Opfer am Astarte-Fest
4.	KTU 1.120 (RS 24.269+297)	–	Fragment einer Beschwörung
5.	KTU 1.125 (RS 24.274)	–	ein Totenritual
6.	KTU 1.128 (RS 24.278)	–	Beschwörung für El[4]
7.	KTU 1.131 (RS 24.285)	–	Beschwörung für Ušḫara[5]
8.	KTU 1.132 (RS 24.291)	–	Festritual für die Palastgöttin Pidray
9.	KTU 1.135 (RS 24.295)	–	Palastopfer aus einem Festritual
10.	KTU 1.148 (RS 24.643)	–	Palastopfer aus einem Festritual für Astarte
11.	KTU 1.149 (RS 24.644)	–	*unklar*

Im folgenden behandeln wir KTU 1.125. Dieser Text hat trotz seiner offenkundig hervorragenden historischen und kultisch-religiösen Relevanz nach

---

[1] Bordreuil – Pardee 1989, 298; vgl. van Soldt 1991, 194: „Hurrian Priest".

[2] Letzte Bearbeitung: Dietrich – Mayer 1995, 12-16.

[3] Letzte Bearbeitung: Dietrich – Mayer 1995, 17-22.

[4] Letzte Bearbeitung: Dietrich – Mayer 1994, 87-94.

[5] Letzte Bearbeitung: Dietrich – Mayer 1994, 94-101.

der Erstpublikation durch E. Laroche in Ugaritica 5[6] keine detaillierte Untersuchung mehr erfahren.

2. Umschrift, Transkription, Übersetzung

1 *il.dm . sktndm . aṯḫlm*
ile=da=ma sikitt=enne=da=ma aṯḫVle=ma
Für El, der die Lebewesen erschafft, ein *aṯḫl*-Opfer.

atn . ḫwrn
atta=na ḫawur=en(n)=na
„Gegenüber den Vätern, denen im Himmel

ṯyn . nrl
ṯay=en(n)=na nir=ul=le
(und) denen am (unterirdischen) Wasser, sei gnädig

kmrb . ṯwl
kumarbe ṯiw=u=le
Kumarbi! Es geleite

5 *nbdg* . ṯrnd . a*tnd*
nubadiga ṯarre=nada atta=nada
Nubadig (den Verstorbenen) zu den Königen, den Vätern!“

in a*lḏyġ* . i[n]amr*w*
en=na alaḏiya=ġe en=na amurri=we
„Oh ihr Götter von Alaḏiya, ihr Götter von Amurru,

in ugrtw[.]ʿm*ṯtmrw*
en=na ugarita=we ʿamiṯtamru=we
ihr Götter von Ugarit (und) des ʿAmmiṯtamru!“

tṯ*bd*
teṯṯuba=da
(*aṯḫl*-Opfer) für Teṯṯub,

kḏġd
kuḏuġu=da
für Kuḏuġ,

10 *aṯtb*d
aṯtabe=da
für Aṯtabi,

iydm ḫzzdm
eya=da=ma ḫazziz=(n)eda=ma
für Ea, den Weisen,

---

[6] S. 504-507.

kyḏd . [xxx]*d*
kiyaḏe=da [ ]=da
für Kiyaḏe, für [ ],

low.e.

*n*wrwnd
naware=we=neda
für den von Nawar,

rev.

aġrṯḫnd
aġruṯḫe=neda
für das Räuchergefäß,

ḫbrṯḫnd
ḫubruṯḫe=neda
für das (Weih-)Wassergefäß,

kldnd
kelde=neda
für das Heil,

---

uḏnd .
uḏe=neda
für den Opferschaubefund

tgnd
tagi=neda
(und) für das Schöne.

Der Rest der Tafel ist nicht beschriftet.

3. Philologischer Kommentar

1

il.dm sktndm = ile=da=ma sikitt=enne=da=ma

Zwischen dem Grundwort *il* und der Deklinationsendung *-d* (=da=), hier mit einem affigierten *-m* (=ma), ist ein Worttrenner gesetzt. Damit haben wir einen weiteren Beleg dafür, daß die verschiedenen Arten der Deklinationsendungen von den zeitgenössischen Schreibern als Einheit empfunden wurden[7].

Unsere bisherigen Untersuchungen zu den hurritischen Texten aus Ugarit in Alphabetschrift haben ergeben, daß sich die Zischlaute *s, ṣ* und *š* in genuin hurritischen Wörtern nicht nachweisen lassen[8]. Im Umkehr-

---

[7] Dietrich – Mayer 1993, 155 f.

[8] Dietrich – Mayer 1994, 106; 1995, 33 f.

schluß bedeutet dies, daß dann, wenn einer dieser Zischlaute in einem hurritischen Wort begegnet, es sich bei diesem um ein Fremdwort handeln muß, das aus dem am ehesten semitisch geprägten Umfeld entlehnt ist.

Für das vorliegende *sktndm* bedeutet dies, daß *sktn* trotz der offensichtlich hurritischen Kasusendung *-d* (=da), wiederum mit affigiertem *-m* (=ma), kein genuin hurritisches Wort ist. Aus der Analyse ergibt sich, daß ihm eine um das Adj.-Morphem =enne erweiterte Basis *skt* zugrundeliegt, die aller Wahrscheinlichkeit nach auf ein akkadisches *šikittu* zurückgeht: ein *šikittu*-machender.

Nach dem AHw. bedeutet *šikittu* „Gestalt(ung), Art" und nach dem CAD „stature, figure"[9]. Die Lexika beziehen sich also in ihren Bedeutungsansätzen auf die Wurzel ŠKN „setzen, stellen, legen" und sehen in dem Wort vorrangig das Resultat einer äußeren Formgebung. Da *sktn* ein Epitheton des ugaritischen Hochgottes El ist, sei festgehalten: Nach der Vorstellung der Ugariter ist El der Schöpfer aller Lebewesen, auch des Menschen, wie die genuin ugaritischen Epitheta *bny bnwt* „Erschaffer der Geschöpfe" oder der *ab adm* „Vater des Menschen" zeigen[10]. Von daher scheint es geboten, bei der Deutung des Epithetons *šikittu* zur Beschreibung der Schöpfertätigkeit Els den Ausdruck *šikin/šiknat napišti*(*m*) „Lebewesen"[11] mit einzubeziehen. Aus dieser Genetiv-Verbindung hat sich das Regens *šiknat* unter Beibehaltung der Bedeutung des gesamten Ausdrucks schon vor der Übernahme als Epitheton Els zu einem eigenständigen Lexem *šikittu* entwickelt.

Als Übersetzung von *sktn* ist daher vorzuschlagen: „der die Lebewesen erschafft".

Hier und in Z. 11 erscheint nach dem Direktiv, wie schon aufgezeigt, ein enklitisches =ma am jeweiligen Gottesnamen und an einem für den Gott charakteristischen Epitheton. Die Wiederholung scheint anzuzeigen, daß jeweils ein spezifischer Aspekt des Gottes hervorgehoben werden soll.

aṯḫlm = aṯḫVle=ma

Zum *aṯḫl*-Opfer siehe Dietrich – Mayer 1995, 12 f.

2 - 7

Nach der einleitenden Zeile folgt eine direkte Rede, die sich unterteilen läßt in die beiden Fürbitten Z. 2-4 und Z. 4-5 und die Invokation Z. 6-7.

---

[9] AHw. 1233b; CAD Š/2 430 f.

[10] Zu diesen Epitheta siehe Herrmann 1995, 524 f., wo – mit entsprechenden bibliographischen Angaben – auch auf die Kontroverse in der Deutung von *bny bnwt* als „creator of creatures" oder „engendering power, virility" hingewiesen wird.

[11] AHw. 1234b: „Lebewesen, Geschöpfe" (in der Deutung von *šiknāt napišti* als *Plurale tantum*); CAD Š/2 436: „living being, creature".

3

ṯyn = ṯay=en(n)=na

Kontextlich wird der Gegensatz zwischen Himmel und Unterwelt, also der des Oben und des Unten für den Verbleib der Toten angesprochen.[12]

ṯay=, das zunächst „Wasser, Fluß"[13] bedeutet, spielt hier wohl auf das aus dem unterirdischen Bereich entspringende, frische, reine Quell- und Flußwasser an. Es symbolisiert also im Rahmen der kultischen Handlung das Unten. In diesem Zusammenhang sei auch auf die Weihrauchbeschwörungen[14] hingewiesen, in denen die Opfermaterien (Quell-) Wasser und Weihrauch Symbole für Oben und Unten darstellen – „Wasser" für Quellwasser und Unten, der aufsteigende Weihrauch für den Luftbereich und Oben. Der Weihrauch wird so letztlich als eine Abstrahierung der Materie verstanden, mit der der Mensch allein seine Gaben in höhere, 'transzendente' Sphären bringen kann.

Im vorliegenden Text geht es also nicht um das (Quell-)Wasser als solches, sondern um den unterirdischen Bereich, aus dem es hervorquillt.

In einer *Interpretatio mesopotamica* nimmt ṯāy= in der Bedeutung „Fluß" Bezug auf den Unterweltsfluß, der als Ḫubur die Grenze zwischen der Welt der Lebenden und der Toten bildet.[15]

nrl = nir=ul=le

Die Verbform nir=ul=le ist zu deuten als Optativ (=le) eines durch das reflexive =ul= erweiterten Grundwortes nir= „gut"[16] in der Bedeutung „sich als gut erweisen". Die Konstruktion erweist dieses Verbum als intransitiv, da Kumarbi als Zustands-Subjekt im Absolutiv und die Väter im Himmel und am Wasser im Beziehungs-Absolutiv[17] stehen.

4

kmrb = kumarbe

Die Tatsache, daß hier der El der Überschrift angesprochen wird, bietet einen weiteren Beweis für die Gleichsetzung von El und Kumarbi.[18]

---

[12] Vgl. dazu Dietrich – Loretz 1990, 56-65, bes. 59 f., wo festgestellt wird, daß Krieger als Tote in die Entourage der Sonne aufgenommen werden; siehe auch Dietrich 1992, 15 f.: Z. 7 f.

[13] GLH 230 f. *s.v.* šiye.

[14] Dietrich – Mayer 1994, 79.

[15] Vgl. u.a. CAD Ḫ 219.

[16] GLH 185 *s.v.* niri.

[17] Dietrich – Mayer 1991, 110-114; Neu 1992.

[18] Vgl. Dietrich – Mayer 1994, 92; dazu noch KTU 1.42:6.7.

ṯwl = ṯiw=u=le

Parallel zur vorangehenden Bitte liegt auch hier ein Optativ vor. Das Grundwort ṯiw=, das mit dem urartäischen šiu= „bringen, hinführen, forttragen, wegführen"[19] zu verbinden ist, wird hier als Verbum der Bewegung intransitiv aufgefaßt – darauf verweist die alphabetische Schreibung mit *w*, die ohne einen implizierten *u*-Vokal undenkbar ist. Von daher ist auf die Bedeutung „begleiten, geleiten" zu schließen. Der in Parallele zum Vorangehenden zu erwartende Beziehungs-Absolutiv, der nur auf den Verstorbenen gerichtet sein kann, fehlt – der Tote war wohl tabuiert.

5

nbdg = nubadiga

Der Charakter Nubadigs als Totenführer wird hier deutlich.[20]

6 - 7

Die Anrufung der Götter geschieht im Absolutiv.

Die Zugehörigkeit der Götter wird im Falle von Alašia durch eine Nisbe, in allen anderen Fällen durch eine Genetivverbindung ausgedrückt.

*in al*ḏ*yǵ* i[n]amr*w* = en=na alaḏiya=ġe en=na amurri=we

Die Tatsache, daß Götter von Alašia und von Amurru angerufen werden, verweist auf verwandtschaftliche Beziehungen zwischen den Herrscherhäusern von Ugarit, Zypern und Amurru: Möglicherweise hatte der nachfolgend genannte ʿAmmištamru neben einer Prinzessin aus Amurru auch eine aus Alašia zur Frau. Was die Person dieses ʿAmmištamru angeht, so handelt es sich demzufolge am ehesten um ʿAmmištamru III. (ca. 1265-1215)[21].

Die Invokation der Götter von Amurru läßt sich mit der gut dokumentierten Eheschließung zwischen ʿAmmištamru III. und der *bittu rabītu*, der Tochter des Bentešina von Amurru[22], erklären: Seitdem spielten die Götter von Amurru gewiß eine bedeutende Rolle in Ugarit.

Eheliche Verbindungen zwischen ʿAmmištamru III. und einer Prinzessin von Zypern lassen sich aufgrund bisher bekanntgewordener Urkunden nicht nachweisen. Daß es solche jedoch gegeben haben dürfte, dafür könnte beispielsweise der Tenor des Briefes Ug. 5 25 mit seiner überaus devoten Anrede ein Zeugnis sein, in dem der König von Ugarit den von Alašia wiederholt mit „mein Vater" anredet und sich selbst als dessen „Sohn" bezeichnet. Angesichts der aktuellen politischen und militärischen

---

[19] UPD 407a.

[20] Vgl. Dietrich – Mayer 1995, 16.

[21] Vgl. Aboud 1994, 11-20, 40; Klengel 1992, 139-144.

[22] Vgl. Aboud 1994, 79-80; vgl. dagegen Klengel 1992, 142.

Lage, in der sich der Absender befand, sollte dies jedoch nicht überbewertet werden.

Als ein weiterer Hinweis auf derartige Beziehungen kann auch die Tatsache gelten, daß die Prinzen Ḫišmi-Šarrumma und ʿAbdi-Šarrumma nach ihrer Verbannung aus Ugarit in Alašia Exil gefunden haben.[23]

8 - 18

Den Abschluß des Dokuments bildet eine Liste von Opfern für Götter, deifizierte Paraphernalia und Heilsausdrücke, die alle im Direktiv stehen.

12

kyḏd = kiyaḏe=da

Die Funktion der Gottheit Kiyaḏe[24] ist nicht bestimmbar.

Der danach folgende Gottesname, der aufgrund der Lückenlänge aus drei Buchstaben bestanden haben dürfte, läßt sich nicht rekonstruieren.

13

*n*wrwnd = naware=we=neda

Die Tišari-Inschrift nennt eine d.NIN.*Na*-GÀR.KI „Herrin von Nawar"[25], also wohl eine 'Ištar-Gestalt'. Sollte aber an der vorliegenden Stelle an eine männliche Gottheit gedacht sein, was naheliegt, weil sonst keine Göttinnen erwähnt werden, so käme am ehesten der in der Tišari- und der Arišen-Inschrift[26] genannte Nergal[27] in Betracht.

14 - 15

aġrṯḫnd ḫbrṯḫnd = aġruṯḫe=neda ḫubruṯḫe=neda

Bei beiden Begriffen handelt es sich um deifizierte Paraphernalia.

aġruṯḫe ist eine nominale Erweiterung von *aġre* „Weihrauch" und bezeichnet ein „Räuchergefäß". Wesentlich für den Vorgang des Räucherns ist die Schale oder das Gefäß (DUG), in dem die Kohle und die Aromata glimmen. Der in der Forschung geläufige Bedeutungsansatz „Räucherständer"[28] für *aġruṯḫe* ist abzulehnen, da ein Ständer für die kultische Handlung gegenüber dem Gefäß völlig sekundär ist.

---

[23] Klengel 1992, 141; Aboud 1994, 114-119.

[24] PTU 238; GLH 147.

[25] Gelb – Kienast 1990, 382:18.

[26] Gelb – Kienast 1990, 382 f.

[27] Vgl. von Weiher 1971, 36/7.

[28] Vgl. CAD A/1 194 f.

Zum deifizierten Paraphernalium *ḫubruṯḫe* ist das akkadische *ḫuprušḫu, ḫurpušḫu* zu stellen.[29] Der Ansatz des Labials *p*, wie er in den akkadischen Wörterbüchern erfolgt, ist nicht haltbar, da einerseits der hurro-ugaritische Text ein *b* schreibt und die Gerätebezeichnung andererseits nicht von dem Flußnamen *Ḫubur* „Unterweltsfluß" getrennt werden kann. In dem Gerät wird frisches, reines und zuvor wohl auch geweihtes Quellwasser für den Opfervorgang bereitgehalten – für die Opferhandlung an sich war das Wasser ebenso unabdingbar wie das Feuer. Daher ist *ḫubruṯḫe* am besten mit „Opfer-, Weihwassergefäß" zu übersetzen. Es steht gleichgewichtig neben dem Weihrauchgefäß *aǵruṯḫe*, und beide beschreiben mit den Symbolen Weihrauch und Wasser das Oben und das Unten[30].

17

ud̲nd = ud̲e=neda

Das Grundwort ud̲= ist eine Entlehnung aus dem sumerischen UZU und entspricht dem akkadischen *šīru* „Fleisch; Leib; Eingeweideomen".[31] Im vorliegenden Kontext ist vor allem von der Bedeutung „Eingeweideomen" auszugehen, wobei der positive Opferschaubefund gemeint sein dürfte und nicht der Vollzug der Opferschau an sich.

18

tgnd = tagi=neda

Es handelt sich hier um das deifizierte tag= „schön": „das Schöne".[32]

4. Gliederung und Aufbau

Überschrift

[1]Für El, der die Lebewesen erschafft, ein *aṯḫl*-Opfer.

1. Bitte

„ [2]Gegenüber den Vätern im Himmel [3](und) am Wasser, sei gnädig, [4]Kumarbi!

2. Bitte

Es geleite [5]Nubadig (den Verstorbenen) zu den Königen, den Vätern!"

---

[29] Vgl. Dietrich – Loretz 1993, 112 Anm. 84; AHw. 357a *s.v. ḫuprušḫu, ḫurpušḫu* und CAD Ḫ 241.

[30] Vgl. zu Z. 3.

[31] GLH 291: uzi „chair"; zum Gebrauch von akk. *šīru* s. AHw. 1248 f.; CAD Š/3 113-122.

[32] Dietrich – Mayer 1992, 53.

Invokation

„[6]Oh ihr Götter von Alaḏiya,
ihr Götter von Amurru,
[7]ihr Götter von Ugarit (und) des ʿAmmiṯtamru!"

aṯḫl-Brandopfer

– *für Götter*

[8](Opfer) für Teṯṯub, [9]für Kuḏuǵ, [10]für Aṯtabi, [11]für Ea, den Weisen, [12]für Kiyaḏe, für [ ], [13]für den/die von Nawar,

– *für deifizierte Paraphernalia*

[14]für das Räuchergefäß, [15]für das (Weih-)Wassergefäß,

– *für deifizierte Heilsausdrücke*

[16]für das Heil, [17]für den Opferschaubefund [18](und) für das Schöne.

5. Historische und kultisch-religiöse Bedeutung von KTU 1.125

Bemerkenswert sind schon Fundort und Sprache des Textes: Für dieses Totenritual zu Ehren von ʿAmmištamru III. war offensichtlich ein Priester zuständig, der seinen Sitz weitab vom Palast im Südbereich der Akropolis hatte. Dieser Priester bediente sich des Hurritischen als Kultsprache für dieses Ritual. Ein ugaritisch oder babylonisch abgefaßtes Pendant ist bislang nicht aufgefunden worden. Dies wirft die überaus interessante, vorerst jedoch nicht zu beantwortende Frage auf, ob es sich beim vorliegenden Text um ein Ritual im Rahmen des 'Staatstraueraktes' oder um ein speziell für die hurritische Einwohnerschaft[33] verfaßtes handelt.

Es dürfte deutlich geworden sein, daß in diesem Text ein Brandopferritual beschrieben wird. Hauptadressat ist der ugaritische Hochgott El, dessen Funktion als Schöpfergott hervorgehoben wird.

Die beiden nachfolgenden Bitten geben den Anlaß für die Brandopfer an: Zunächst die Bitte, El-Kumarbi möge sich den verstorbenen Vätern gegenüber gnädig erweisen, danach die um das Geleit durch den Totenführer Nubadig zu den königlichen Ahnen. Dies zeigt, daß es sich hier um ein Ritual für einen Verstorbenen handelt. Gleichzeitig ergibt sich daraus, daß dieser Verstorbene ein König gewesen sein muß. Daß El als Schöpfer angesprochen ist und als erster mit einem Brandopfer bedacht wird, mag daran liegen, daß eines seiner Geschöpfe die Welt der Lebenden verlassen hat.

Bei den weiteren, auf die Invokation folgend aufgeführten und den Text beschließenden Opferempfängern fällt auf, daß es sich einerseits um die Hochgötter des hurro-ugaritischen Pantheons handelt, andererseits weibliche Gottheiten dabei ausgespart sind. Die Frage, ob die nachfolgend genannten Paraphernalia und Heilsausdrücke als Opferempfänger eventuell ein

---

[33] Vgl. Dietrich – Mayer 1995, 39-40.

besonderes Kennzeichen von Texten aus dem Bereich des Totenkults sind, soll hier nicht weiter untersucht werden.

Die Invokation selbst richtet sich an die Götter von Alašia, Amurru und Ugarit, die mit denen von ʿAmmištamru III. zusammengebracht werden. Daraus ergibt sich einerseits, daß die Gattung des Textes KTU 1.125 bestimmbar ist: Es handelt sich, wie bereits ausgeführt, um ein Totenritual[34]. Andererseits gewinnen wir für KTU 1.125 dadurch auch eine erfreulich präzise historische Einordnung: Der Text wurde anläßlich des Todes von ʿAmmištamru III. ca. 1215 abgefaßt.

Literatur (Abkürzungen nach UF):

J. Aboud 1994
Die Rolle des Königs und seiner Familie nach den Texten von Ugarit. FARG 27.

P. Bordreuil – D. Pardee 1989
La trouvaille épigraphique de l'Ougarit 1. Concordance. Ras Shamra-Ougarit 5.

M. Dietrich 1992
„Ein Leben ohne Freude . . .". Studie über die Weisheitskomposition aus den Gelehrtenbibliotheken von Emar und Ugarit. UF 24, 9-29.

M. Dietrich – O. Loretz 1993
Der biblische Azazel und AIT *126. UF 25, 99-117.

M. Dietrich – W. Mayer 1991
Beiträge zum Hurritischen (I). Einzelfragen zu Grammatik und Lexikon des Mitanni-Briefs. UF 23, 107-126.

M. Dietrich – W. Mayer 1992
Die Konjunktive im Mitanni-Hurritischen. Beiträge zum Hurritischen (II). Einzelfragen zu Grammatik und Lexikon des Mitanni-Briefs. UF 24, 39-58.

M. Dietrich – W. Mayer 1993
Die Deklination des Hurritischen im Mitanni-Brief. Beiträge zum Hurritischen (III). Einzelfragen zu Grammatik und Lexikon des Mitanni-Briefs. UF 25, 143-156.

---

[34] Zum Vergleich wäre möglicherweise die Evokation anläßlich der Begräbniszeremonie für König ʿAmmurapi, KTU 1.161, heranzuziehen.

M. Dietrich – W. Mayer 1994
Hurritische Weihrauchbeschwörungen in ugaritischer Alphabetschrift. UF 26, 73-112.

M. Dietrich – W. Mayer 1995
Sprache und Kultur der Hurriter in Ugarit. ALASP 7/1, 7-42.

I.J. Gelb – B. Kienast 1990
Die altakkadischen Königsinschriften des dritten Jahrtausends v.Chr. FAOS 7.

W. Herrmann 1995
El. Dictionary of Deities and Demons in the Bible, ed. K. van der Toorn, B. Becking, P.W. van der Horst (Leiden) Sp. 522-533.

H. Klengel 1992
SYRIA 3000 to 300 B.C. A Handbook of Political History. Berlin.

E. Neu 1992
Der hurritische Absolutiv als Ortskasus. Zur Syntax der hurritisch-hethitischen Bilingue aus Ḫattuša. FS Alp, 391-400.

W.H. van Soldt 1991
Studies in the Akkadian of Ugarit. Dating and Grammar. AOAT 40.

E. von Weiher 1971
Der babylonische Gott Nergal. AOAT 11.

Heracleustibus

Herbert Donner, Kiel

Es wird nicht leicht sein, jemanden zu finden, der den Namen *Heracleustibus* kennt. Muß man ihn kennen? Davon kann gar keine Rede sein. Es handelt sich um einen Ortsnamen, der in der gesamten antiken Literatur nur ein einziges Mal belegt ist, noch dazu an versteckter Stelle. Er findet sich deshalb mit Recht in keiner der Enzyklopädien, in keinem der Hand- und Wörterbücher der Altertumswissenschaften. Kein Hahn kräht nach ihm. Daß dieser obskure Ortsname im folgenden dennoch behandelt werden soll, mehr noch: daß für den von ihm bezeichneten Ort eine sichere und überzeugende Lokalisation vorgeschlagen wird, hat zwei unterschiedlich gewichtige Gründe. Der geringere besteht darin, daß *Heracleustibus* dem Verfasser dieser Zeilen, die Wolfgang Röllig zum 65. Geburtstag herzlich grüßen sollen, aus der Verlegenheit geholfen hat. Der bedeutendere Grund aber ist, daß einem dergleichen keine Ruhe läßt. Man will es wissen, wenn es auch sonst niemand wissen will. Der verehrte Jubilar gehört zu jenen Gelehrten, die sich darüber klar sind, daß solche Fälle öfter auftreten, und daß man Geringes nicht verachten soll. Das galt schon immer, auch in unseren Jugendjahren, als wir „Kanaanäische und Aramäische Inschriften" (KAI) bearbeiteten, die bekanntlich keineswegs nur bedeutende Texte enthalten (vgl. Nr. 21, 56, 131, 205-213, 221 u.a.). *„Minima non curat praetor"* ist kein Wahlspruch für die Wissenschaft. Nachdem wir uns so gestärkt haben, kann die Sache vorgetragen werden.

Als sich der anonyme Pilger von Bordeaux[1] im Jahre 333 nach Vollendung seiner Wallfahrt zur Heimreise anschickte, wählte er den Seeweg. Der lateinische Bericht sagt das zwar nicht ausdrücklich, aber es ergibt sich mit größter Wahrscheinlichkeit aus dem Duktus der Darstellung.[2] Ein Schiff brachte den Pilger vom palästinischen *Caesarea maritima* (*Qēṣārye*) nach Konstantinopel, wo er zu Weihnachten 333 eintraf.[3] Vermutlich zu Anfang des darauffolgenden Jahres reiste er weiter, betrat in *Herakleia-Perinthos* am Nordufer des Marmarameeres (*Marmara ereğlisi*) europäischen Boden[4] und bewegte sich von da an – wie nicht anders zu erwarten – auf der *Via*

---

[1] *Itinerarium Burdigalense* ed. Geyer, 1898, 3-33; neuere Textausgabe in CCSL 175, 1-26. Übersetzung und Kommentar bei Donner, 1979, 36-68.

[2] S. Geyer, 1898, 26,5-6.

[3] S. Geyer, 1898, 13,16-18; dazu Donner, 1979, 36.

[4] S. Geyer, 1898, 26,6; dazu Donner, 1979, 64 m. Anm. 117.

Egnatia[5] nach Westen durch das südöstliche Makedonien in Richtung Thessaloniki. Die Straße durchquerte den Nordteil der Chalkidiki und verlief südlich der beiden Seen Volvi (Βόλβη) und Koronia (Κορώνεια). Der Pilger hat hier wie überall die Stationen der römisch-byzantinischen Post (*cursus publicus*) getreulich verzeichnet und die Entfernungen zwischen ihnen in Meilen angegeben. Der Text lautet:[6]

ciuitas Amphipolim	*milia XIII*
mutatio Pennana	*milia X*
mutatio Peripidis	*milia X*
ibi positus est Euripidis poeta	
mansio Appollonia	*milia XI*
mutatio Heracleustibus	*milia XI*
mutatio Duo dea	*milia XIIII*
ciuitas Thessalonica	*milia XIII.*

Das ist in deutscher Übersetzung:[7]

Stadt *Amphipolim*[8]	13 Meilen
Pferdewechsel *Pennana*	10 Meilen
Pferdewechsel *Peripidis*	
(coni. Geyer *Euripidis*)	10 Meilen
dort ist der Dichter Euripides begraben	
Übernachtungsstation *Appollonia*	11 Meilen
Pferdewechsel *Heracleustibus*	11 Meilen
Pferdewechsel *Duo dea*	14 Meilen
Stadt *Thessalonica*	13 Meilen.

Von den genannten Ortschaften sind einige wohlbekannt (*Amphipolis*, *Appollonia* oder *Apollonia*, *Thessalonica*), andere unsicher (*Peripidis* oder *Euripidis*, *Duo dea* oder *Duodea*), wieder andere gänzlich unbekannt (*Pennana* und *Heracleustibus*). Da wir für *Pennana* keinerlei Vorschlag zu machen haben, konzentrieren wir uns auf *Heracleustibus*.

Der Name kommt nur im *Itinerarium Burdigalense* vor, nicht in der Itinerarsammlung des sog. *Itinerarium Antonini* und nicht auf den *Tabulae Peutingerianae*, die den entsprechenden Abschnitt der *Via Egnatia* ebenfalls darbieten. Diese nennen zwischen Apollonia und Thessaloniki nur eine Ortschaft: *Melissurgin*[9] oder *Melissirgin*[10]; beide Namensformen, zu denen

[5] Zu ihrem Verlauf s. PW V,2 (1905) 1988-1993.

[6] CCSL 175, 22,1-8.

[7] Zu Einzelheiten vgl. Donner, 1979, 64.

[8] *Amphipolis* unweit der Mündung des *Strymon*, heute Emboli.

[9] Itin. Ant. 317ff. Wessely; s. Cuntz, 1929, 48.

[10] Tab. Peut., Segm. VIII; s. Miller 1916, 522.

sich weitere aus anderen Quellen gesellen, führen auf *Melissurgis*[11], heute Melissurgos, ca. 5 km südlich von Apollonia. Das hat zu der Annahme geführt, die *Via Egnatia* sei auf der Höhe von Apollonia nach Süden umgeschwenkt, anstatt – wie die heutige Fahrstraße – nach Westen weiterzulaufen. In diesem Fall müßten *Heracleustibus* und *Duodea* ebenfalls südlich der griechischen Staatsstraße Nr. 2 gesucht werden. Sehr wahrscheinlich ist das alles freilich nicht, zumal das Gelände nach Süden hin welliger wird und nicht recht einzusehen ist, warum eine der großen Verbindungsstraßen des *Imperium Romanum* abenteuerliche Kurven hätte machen sollen. Entweder ist mit einer Straßenverlegung in diesem Abschnitt der *Via Egnatia* zu rechnen oder, wahrscheinlicher, mit *Melissurgis* als Regionalbezeichnung, wegen der im ganzen Gebiet vorzugsweise betriebenen Imkerei.

Nun sind das sog. *Itinerarium Antonini* ebenso wie die Peutingerschen Tafeln ganz ohne Zweifel Schreibtischprodukte, gewiß aus Quellen gearbeitet, aber eben doch die Früchte des Fleißes begabter Verwaltungsbeamter. Das *Itinerarium Burdigalense* dagegen ist ein Gelegenheits- oder Erinnerungsitinerar; es beruht auf dem Augenschein und auf den Notizen seines Verfassers. Man wird ihm insgesamt und erst recht in Zweifelsfällen ein hohes Maß an Vertrauen entgegenbringen dürfen, wie das für einen anderen, weiter westlich gelegenen Abschnitt der *Via Egnatia* auch Ch. Edson nachdrücklich betont hat.[12] Ich erzähle von einem Versuch, der zwei Voraussetzungen hatte: die Überzeugung von der generellen Vertrauenswürdigkeit des Pilgeritinerars und die naheliegende Annahme, daß die antike *Via Egnatia* im wesentlichen auf der Trasse der heutigen griechischen Staatsstraße Nr. 2 verlief.

Während eines Griechenland-Urlaubs im Herbst 1985 passierten meine Frau und ich, von Kavala, dem antiken *Neapolis*, kommend, am 26. September das bescheidene Landstädtchen Apollonia, auch Pollina genannt (s. Abb. 1). Am Ortsausgang stellten wir den Tageskilometerzähler auf Null. Ich bat darum, langsam zu fahren und den Wagen nach exakt 16,5 km = 11 römischen Meilen anzuhalten. So geschah es dann, und siehe, wir standen in einem Dorfe unweit des Kaffeehauses, hinter welchem sich links der Straße ein auffallender Hügel aus dem sonst ebenen Gelände erhob. Das Ortsschild hatten wir bei der intensiven Beobachtung des Kilometerzählers übersehen. Ich erstieg zunächst den Hügel, auf dessen Kuppe sich ein Feld befand, das ein Bauer eben bestellte. Ein Feldweg führte hinauf, bei dessen Anlage der Hügel auf seiner Nordseite ein Stück weit abgegraben worden war. Besonders hier, aber auch an den Böschungen des Hügels und auf seiner Kuppe fand sich ein nicht allzu dichter, aber doch beachtlicher Belag mit byzantinischen und nachbyzantinisch-mittelalterlichen Keramikscherben. Von oben war das übersehene Ortsschild deutlich wahr-

---

[11] S. Oberhummer, 1931.

[12] Vgl. Edson, 1951, bes. 3f.

zunehmen, freilich von hinten, mit der Schriftseite nach Osten abgewandt. Ich suchte es auf und las zu meiner Verblüffung Στίβος. Erst in diesem Augenblick ging mir die Bedeutung des Namens *Heracleustibus* auf: Ἡρακλέους στίβος „Herakles-Trappe“. Denn ὁ στίβος bezeichnet sowohl den betretenen Pfad, den Fußsteig, als auch die Fußtapfen, die Spur, die Fährte; im Neugriechischen soll das Wort, worüber ich kein Urteil habe, für bestimmte Sportarten gebraucht werden. Also hat man im Altertum an Ort und Stelle einen Fußabdruck des Herakles oder dergleichen gezeigt, und diesem Sachverhalt verdanken die *mutatio* des Pilgers und das Dorf bis zur Gegenwart den Namen.[13] Darüber, daß Herakles in dieser Region auftaucht, wird man sich nicht wundern dürfen. Die Herakles-Verehrung war in ganz Makedonien weit verbreitet:[14] makedonische Städte werden in den Herakles-Sagen oft genannt, die argeadischen Herrscher Makedoniens führten sich genealogisch auf Herakles zurück, Städte und Potentaten ließen Münzen mit dem Kopfbild des Herakles schlagen. Um die Region etwas einzugrenzen, seien Orte mit Herakles-Traditionen auf oder in der Nähe der Chalkidiki gesondert genannt: der Fluß *Strymon*, Amphipolis am Ausfluß des *Volvi*-Sees, das noch nicht lokalisierte *Anthemus* im Nordteil der Chalkidiki, *Pallene* als älterer Name der Halbinsel Kassandra, *Torone* an der Westküste der Halbinsel Sithonia, Thessaloniki u.a.m. So ist der Halbgott denn wohl auch in Stivos vorbeigekommen.

Der Pilger von Bordeaux erreichte nach weiteren 14 Meilen die *mutatio Duo dea* oder *Duodea*, vielleicht Aios Vasilios (Ἅγιος Βασίλειος) am Südufer des Koronia-Sees, das tatsächlich ca. 21 km von *Heracleustibus* entfernt liegt. Sollte der merkwürdige Name *Duodea*, wie längst vermutet, eine Abkürzung für *ad duodecimum* (*milliarium*) „Zum 12. Meilenstein“ sein, dann wären die 18 km von Thessaloniki aus zu rechnen, das nach dem *Itinerarium Burdigalense* 13 Meilen von *Duodea* entfernt war. Auf die Differenz von einer Meile soll es uns nicht ankommen, zumal sie auch von Abschreibern verursacht sein könnte.[15] Man müßte dann annehmen, daß die *Via Egnatia* zwischen Aios Vasilios und Thessaloniki ungefähr geradlinig, d.h. in Ost-West-Richtung, verlief, ohne den großen Nordbogen der Staatsstraße Nr. 2 über Lagina zu machen.

Fazit: die *mutatio Heracleustibus* des Pilgers von Bordeaux ist mit dem älteren Siedlungshügel des Dorfes Stivos, halbwegs zwischen dem Volvi- und dem Koronia-See an der griechischen Staatsstraße Nr. 2, zu identifizieren. Dafür spricht die Entfernungsangabe (11 römische Meilen) von Apollonia im *Itinerarium Burdigalense*, die Oberflächenkeramik und

---

[13] Im nachhinein sehe ich, daß Cuntz, 1929, 99 im Apparat den antiken Namen richtig als *Heracleus Stibus* rekonstruiert hat, ohne allerdings einen Lokalisationsvorschlag zu machen.

[14] Das Material bei Gruppe, 1918, 952-955.

[15] S. CCSL 175, 22 App.: *milia XII coni. Cuntz pro XIII.*

das Überleben eines Teiles des alten Ortsnamens bis zur Gegenwart. Mehr kann man eigentlich nicht verlangen.[16]

Bibliographie

1965 *Itineraria et alia Geographica*, CCSL 175.

Cuntz, O.
1929 *Itineraria Romana I.*

Donner, Herbert
1979 Pilgerfahrt ins Heilige Land. Die ältesten Berichte christlicher Palästinapilger (4.-7. Jahrhundert).

Edson, Charles
1951 The Location of *Cellae* and the Route of the *Via Egnatia* in Western Macedonia, Classical Philology 46, 1-16.

Geyer, Paulus
1898 *Itinera Hierosolymitana saeculi IIII-VIII*, CSEL 39.

Gruppe, O.
1918 Art. Herakles III. Örtliche Verbreitung der H.-Kulte und -Sagen, in: PW Suppl. III, 910-1121.

Miller, Konrad
1916 *Itineraria Romana.* Römische Reisewege an der Hand der *Tabula Peutingeriana* dargestellt (Nachdruck 1964).
1916/19 Die Peutingersche Tafel (Nachdruck 1962).

Oberhummer
1931 Art. Melissurgis, in: PW XV,1,532.

[16] Es soll wenigstens angedeutet werden, daß man doch noch mehr verlangen könnte: den Nachweis, daß das Dorf Stivos stets so geheißen hat, auch während der mehrhundertjährigen Türkenherrschaft. Leider bin ich wegen des Mangels an geeignetem Kartenmaterial nicht in der Lage, diesen Nachweis zu erbringen.

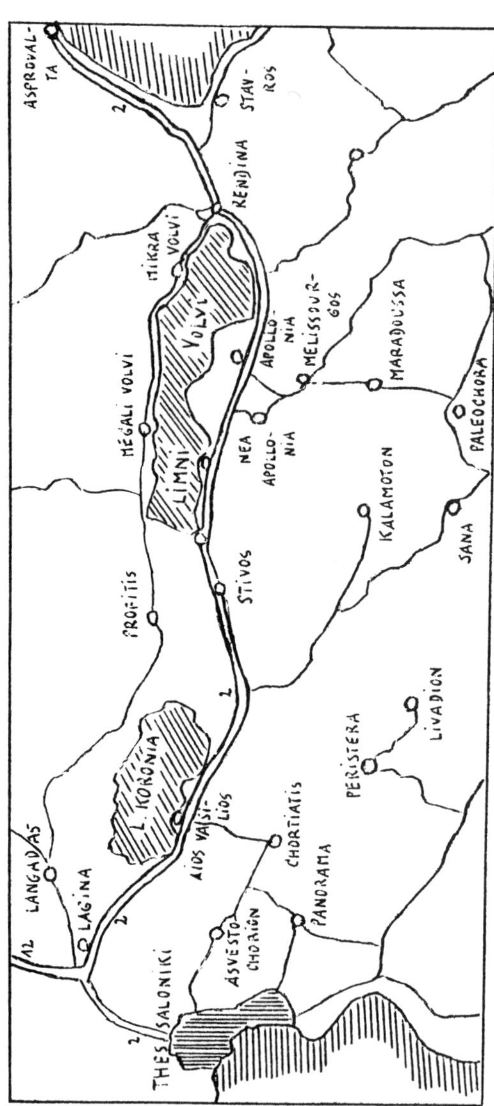

Abb. 1: Nordteil der Chalkidiki

Ein Hund, ein Schwein, ein Musikant

Ricardo Eichmann, Berlin

Gelegentlich muß man sich aufraffen oder, wie eine deutsche Redensart besagt, den 'inneren Schweinehund überwinden', um eine längst fällige Angelegenheit zu erledigen, die man aus Faulheit oder gar Mutlosigkeit – beides oft zu unrecht genannte Eigenschaften der im Kompositum enthaltenen Tiere – lange vor sich hergeschoben hat. Von den möglichen Angelegenheiten möchte ich freilich – mit einem Augenzwinkern vielleicht – die Fertigstellung eines Manuskripts ausgrenzen, vor allem heute, da mit dem 65. Geburtstag unseres sehr verehrten Kollegen Wolfgang Röllig ein würdiger Anlaß gegeben ist. Vermutlich wird der Jubilar das mit etlichen Konnotationen befrachtete Jubiläum mit gemischten Gefühlen feiern, nach seiner Art ausgedrückt: mit einem lachenden und einem weinenden Auge; wir übrigens auch ... Möglich, daß ihn dieselben Gefühlsregungen überkommen, wenn er meinen Beitrag liest und rasch feststellen wird, daß mich eigentlich keine schwerwiegenden fachlichen Probleme zu diesen Zeilen veranlaßt haben. Ich werde mich vorsorglich kurz fassen, was mich nicht daran hindert, hie und da vielleicht etwas zu weit zu gehen.

Wenn ich, an den einleitenden Satz anknüpfend, gelegentlich m e i n e m 'inneren Schweinehund' freien Lauf lasse, d.h. meine Pflichten vernachlässige und für die Gesellschaft unproduktiv werde, kann folgendes geschehen: 1. Nichts oder allenfalls etwas Geringfügiges, das mich nicht übermäßig begeistert und zu nichts führt, oder 2. Etwas, das ich als angenehm empfinde und mich in hohem Maße fesselt. Dies kann z.B. das Nachdenken (oder das Bemühen darum) und/oder die Beschäftigung mit einer der schönen Künste sein, wie z.B. der Musik. Der zweite Punkt führt mich zum Thema, und ich hoffe klar gemacht zu haben, daß ich mich zu diesen Zeilen nicht habe aufraffen müssen.

Ein Hund, ein Schwein und ein Musikant sind Thema einer seit langem bekannten Szene mehrerer formgleicher, einst ca. 9 × 11,5 cm großer Terrakottareliefplaketten (Abb. 1) aus Nippur, die in unterschiedlichem Erhaltungszustand aus altbabylonischer Zeit, genauer gesagt aus der Isin-Larsa-Zeit, überliefert sind[1]. Der wechselansichtig sitzend dargestellte, mit einem gegürteten Rock bekleidete Musikant hält eine Laute in der für die Zeit typi-

[1] D.E. McCown – R.C. Haines – D.P. Hansen, Nippur I. Temple of Enlil, scribal quarter and soundings. Oriental Institute Publications 78 (1967) Taf. 138, 1; S.A. Rashid, Mesopotamien. Musikgeschichte in Bildern II, 2 (1984) 92 ff., Abb. 82.

schen Spielhaltung[2]. Der Kopf und der Unterkörper mit den wie in Schrittstellung hintereinander gestellten Beinen sind im rechten Profil, der Oberkörper en face wiedergegeben. Der Kopf ist nicht klar durchgeformt. Möglich, daß der Figur ein oder zwei Haarsträhnen oder Zöpfe in den Nacken fallen. Von der Sitzgelegenheit, vermutlich ein Hocker, erkennt man nur ein dünnes Bein und vielleicht eine Querstrebe. Links des Musikanten steht ein ihm zugewandtes, hochbeiniges Schwein in Schrittstellung, rechts ein Hund in aufmerksamer Haltung mit geöffnetem Maul und aufwärts gerolltem Schwanz.

Was hat diese Figurenkombination zu bedeuten? Was hat ein Musikant in altbabylonischer Zeit mit einem Schwein und einem Hund zu tun? Hat man mit dieser Terrakottaplakette vielleicht eine Allegorie auf den 'inneren' oder gar ebenfalls nichtswürdigen 'äußeren Schweinehund'[3] geschaffen?

Terrakottaplaketten mit Reliefdarstellungen sind vor allem für die altbabylonische Zeit charakteristisch[4]. Ihre genaue Funktion im Leben der altorientalischen Gesellschaft ist wie die der figürlichen Terrakotten noch nicht befriedigend geklärt[5]. Man weiß aber immerhin, daß in Darstellungen, die stilistisch und herstellungstechnisch dem hier besprochenen Exemplar ähnlich sind, Szenen aus dem kultischen oder mythologischen Bereich abgebildet sind, wie z.B. die Tötung des Ḫuwawa durch Gilgameš und Enkidu[6]. Außerdem kommen Szenen vor, die nicht sicher mit den genannten Bereichen in Zusammenhang gebracht werden können, wie z.B. Jagdszenen, sportliche Zweikämpfe oder einzelne Figuren, wie z.B. ein Musikant, ein Handwerker oder gar eine säugende Hündin. Man vermutet, daß auch sie das Produkt religiöser oder magischer Vorstellungen sind, die in einem kultischen Zusammenhang Verwendung fanden und vielleicht für die Durchführung von Ritualen nötig waren[7], deren genauer Ablauf uns unbekannt ist. Aufgrund der Fundlage der Objekte können die vorausgesetzten Rituale in häuslichen Bereichen durchgeführt worden sein. An dieser Stelle präziser zu werden, würde bedeuten, spekulativen Boden zu betreten. Davon wird hier

---

2 R. Eichmann, Zur Konstruktion und Spielhaltung der altorientalischen Spießlauten. Baghdader Mitteilungen 19, 1988, 583 ff.

3 G. Wahrig, Deutsches Wörterbuch (1978) Sp. 3313, s.v. Schweinehund: <m.; fig.; vulg.> unanständiger, nichtswürdiger, verächtlicher Kerl; seinen inneren Schweinehund überwinden: sein schlechtes Ich, besonders seine Feigheit, überwinden.

4 R. Opificius, Das altbabylonische Terrakottarelief. Untersuchungen zur Assyriologie und Vorderasiatischen Archäologie 2 (1961).

5 E. Klengel-Brandt, Terrakotten – Kunst des Alltags, in: J. Zabłocka – S. Zawadzki, Šulmu IV. Everyday life in ancient Near East (1993) 161-170.

6 R. Opificius (Anm. 4), 137, Taf. 13, Nr. 489; W. Orthmann, Der Alte Orient. Propyläen Kunstgeschichte 14 (1975) Abb. 186a; B. Hrouda, Der Alte Orient (1991) 286.

7 E. Klengel (Anm. 5).

aber abgesehen, zumal die Auseinandersetzung mit den Bildinhalten, wie im folgenden an einem Beispiel gezeigt, ohnehin schon etliche Hilfshypothesen erfordert.

Im Falle des hier behandelten Reliefs ist es nicht möglich, die dargestellten Figuren mit bestimmten aus der Mythologie bekannten Gestalten oder die Szene mit einer bekannten kultischen Handlung in Zusammenhang zu bringen. Eine genaue Analyse der Figuren kann aber (im Rahmen von Hypothesen) zur Beschäftigung mit möglichen Bedeutungen führen, wobei Vergleiche mit anderen bildlichen Darstellungen oder der schriftlichen Überlieferung hilfreich sind.

Den Ausgangspunkt für die Untersuchung bildet die Bildkomposition, die im vorliegenden Fall recht simpel ist. Die Symmetrie in der Anordnung der Figurengruppe und die Größenverhältnisse kennzeichnen den Musikanten als Hauptfigur der Szene. Das Bedeutende der Darstellung kann die Person selbst oder die von ihr ausgeführte oder initiierte Handlung sein.

Über die Funktion des Sitzenden erfährt man Näheres, wenn man seine äußere Erscheinung und die Gegenstände, die er benutzt, genauer betrachtet. Die Laute kennzeichnet ihn, wie schon erwähnt, als Musikanten, vermutlich einen, der nicht nur das Instrument beherrschte, sondern auch zu singen verstand[8]. Die wahrscheinlich künstliche Sitzgelegenheit (Hocker) läßt ahnen, daß der Mann in einem häuslichen, zumindest bewohnten Umfeld tätig ist. Hinweise auf seine soziale Stellung können die Trachtmerkmale geben (ein gegürteter kurzer Rock und Haarsträhnen oder Zöpfe), vorausgesetzt, es sind keine anlaßbezogenen Charakteristika, die mit einer uns nicht bekannten Rahmenhandlung zusammenhängen. Nach der Kleidung kann der Mann derselben hierarchischen Ebene angehören wie z.B. zwei Faustkämpfer, die auf einem anderen altbabylonischen Relief dargestellt sind[9]. Nach der noch nicht klar bestimmten Haartracht repräsentiert er vielleicht eine besondere soziale Gemeinschaft, deren Mitglieder – darunter mehrfach Lautenspieler – zum Teil durch teilrasierte Schädel und seitlich getragene Zöpfe oder Strähnen gekennzeichnet sind[10]. Über die soziale Stellung, die die Träger solcher Haartrachten innehatten, geben die Quellen keine Auskunft. Bekannt ist lediglich, daß Musikanten am unteren Ende der Stände- und Berufslisten angesiedelt sind, was sicherlich einen niedrigen sozialen Status bedeutet[11]. Man weiß aber auch, daß das Musizieren im Alten Orient

---

[8] C.G. Wilcke, Schrift und Literatur, in: B. Hrouda (Anm. 6), 295; S.A. Rashid (Anm. 1), 14.

[9] Schätze aus dem Irak. Ausstellungskatalog Berlin 1965, Nr. 111, Abb. 41.

[10] R. Eichmann (Anm. 2), 617.

[11] V. Haas, Soziale Randgruppen und Außenseiter altorientalischer Gesellschaften, in: ders. (Hrsg.), Außenseiter und Randgruppen. Beiträge zu einer Sozialgeschichte des Alten Orients. Xenia 32 (1992) 29 ff.

durchaus zu den königlichen Betätigungen gehören konnte[12]. Hinzu kommt, daß Berufsmusiker namentlich bekannt sind, in der figürlichen Plastik verewigt wurden oder in Rollsiegellegenden auftreten[13].

Welche Funktion kommt den Tieren in der Reliefdarstellung zu? Für die Beschäftigung mit dieser Frage kann u.a. ein Rückgriff auf Informationen nützlich sein, die uns die Schriftquellen oder ikonographischen Quellen geben, auch wenn sie aus einer der altbabylonischen Ära vorangehenden oder folgenden Zeit stammen. Grundsätzlich möglich ist, daß die Figuren, als Elemente eines semiologischen Systems betrachtet, unterschiedliche Funktionen erfüllten. Das Bild kann z.B. eine Episode aus der physischen Welt widerspiegeln oder einen psychischen Sachverhalt ausdrücken.

Zunächst zur ersten Möglichkeit: Danach kann der Musikant im Umfeld von Tieren tätig gewesen sein. Das mögliche Umfeld kennzeichnen die Tierarten, Schwein und Hund. In ikonographischen Darstellungen aus der späten Uruk-Zeit (Abb. 2) oder der frühdynastischen Zeit treten Schwein und Hund gemeinsam in Jagdszenen auf[14], wobei ein oder mehrere Schweine das Ziel der Jagd sind, und einer oder mehrere Hunde den Jäger bei seinem Unternehmen durch Aufscheuchen des Wilds unterstützen. Eine solche Handlung kommt in dem hier behandelten Relief jedoch nicht im geringsten zum Ausdruck. Man könnte im Gegenteil annehmen, daß der Musikant, indem er zwischen den Opponenten sitzend dargestellt ist, das sich hinter seinem Rücken aufhaltende Schwein vor möglichen Attacken des Hundes in Schutz nimmt. So betrachtet könnte das Relief eine Szene aus dem eher friedlicheren Hirtenleben wiedergeben. Daß im Alten Orient Schweine gezüchtet und deren Fleisch auch gegessen wurde, wenn auch nicht von allen und nicht immer, ist sowohl aus Schriftquellen bekannt als auch paläozoologisch nachgewiesen[15]. Für das Gedeihen der Tiere waren sicherlich wie im Falle der Schafs-, Ziegen- und Rinderherden Hirten verantwortlich, die bei ihrer Arbeit von Hunden unterstützt wurden[16]. Letzteres geht jedoch im Bezug auf Schweine – soweit ich in Erfahrung gebracht habe – nicht explizit aus den Quellen hervor, weder aus den schriftlichen, noch aus den ikonographischen. Dennoch wird die Interpretation seit langem schon vertreten. An ein Hirtengenre dachten bereits z.B. B. Meissner,

---

[12] Th.J.H. Krispijn, Beiträge zur Altorientalischen Musikforschung. 1. Šulgi und die Musik, Akkadica 70, 1990, 1-27.

[13] W. Orthmann (Anm. 6), 165, Abb. 24; S.A. Rashid (Anm. 1), 62, Abb. 38.

[14] R.K. Englund, Late Uruk Pigs and other Hearded Animals, in: Beiträge zur Kulturgeschichte Vorderasiens (Festschrift R.M. Boehmer; 1995) 122, Abb. 1c.e (hier: Abb. 2); 123, Abb. 2.

[15] R.K. Englund (Anm. 14), 124, Anm. 7; CAD (Anm. 24) S 104 s.v. *šaḫû*; S.A. Salonen, Jagd und Jagdtiere im Alten Mesopotamien (1976) 258 ff.

[16] Reallexikon der Assyriologie und Vorderasiatischen Archäologie (RLA) 4, 495. 497, s.v. Hund; RLA 4, 421 ff., s.v. Hirt.

demzufolge der Hirtenhund dem Lautenspieler andächtig zuhört[17], oder R. Opificius, die es für möglich hält, daß die Szene einen mythologischen Sachverhalt repräsentiert[18].

Einen anderen Aspekt, der die realen Tiere in der Umgebung des Musikanten erfordert haben könnte, betont N. Cholidis: Der Lautenspieler könnte ein Priester sein, der ein Fruchtbarkeitsritual vollzieht. Diese Interpretation beruht auf der Beobachtung, daß ein Schwein in der Darstellung einer mehrfigurigen Coitus-Szene aus der Akkad-Zeit erscheint[19]. Für den vorliegenden Interpretationsversuch ist die Deutung nicht weiterführend, da sie die Hundedarstellung nicht berücksichtigt und abgesehen davon etliches spekulatives Denken voraussetzt. Sie richtet aber unser Augenmerk auf den kultischen Bereich, der in den folgenden Bemerkungen klarer zum Ausdruck kommt. Für die Bekämpfung der Krankheitsdämonin Lamaštu benötigte man Ritualanweisungen zufolge z.B. einen oder mehrere Hunde oder einen Hund und ein Schwein[20]. Dies zur Grundlage genommen, könnte die Szene einen die Lamaštu beschwörenden Musikanten zeigen, der an einem gegen die Dämonin gerichteten Ritual teilnimmt. Ein Problem für die Interpretation ist, daß die Quellen nichts über die Verwendung der Laute (oder anderer Musikinstrumente?) im Lamaštu-Ritual aussagen. Außerdem hätte man im Rahmen der Interpretation die Abbildung der Dämonin auf der Reliefplatte erwarten können, gehört doch auch ein Bild von ihr zum Abwehrritual[21]. Als weiterer Einwand kommt hinzu, daß auch die Tiere nicht als reale Lebewesen für das Ritual erforderlich waren. Substitute in Form von plastischen Figuren, vermutlich aus Lehm oder anderen Materialien reichten gelegentlich völlig aus, wie z.B. in einem hethitisch-hurritischen Beschwörungsritual der Priesterin Allaituraḫi. Für dieses Ritual, das behexte Menschen wieder in Ordnung bringen sollte, benötigte man u.a. eine Schweine- und eine Hundefigur[22]. Dieser Hinweis macht zugleich deutlich, daß Schwein und Hund im Alten Orient für unterschiedliche Beschwörungsrituale tauglich waren.

Auf einen noch nicht genannten Aspekt macht F. Blocher aufmerksam. Zwar hält auch er einen Zusammenhang mit dem Lamaštu-Ritual für mög-

---

17 B. Meissner, Babylonien und Assyrien (1920) 221.

18 R. Opificius (Anm. 4), 233 f.

19 N. Cholidis, Möbel in Ton (1992) 151.

20 H. Klengel, Neue Lamaštu-Amulette aus dem Vorderasiatischen Museum zu Berlin und dem British Museum. Mitteilungen des Instituts für Orientforschung 7, 1959/60, 339 f., Anm. 9; RLA (Anm. 16) 6, 439, s.v. Lamaštu.

21 W. Farber, Rituale und Beschwörungen in akkadischer Sprache, in: Texte aus der Umwelt des Alten Testaments II, 2. Rituale und Beschwörungen 1 (1987) 260.

22 V. Haas – H.J. Thiel, Die Beschwörungsrituale der Allaituraḫi und verwandte Texte. Hurritologische Studien II (1978) 107.

lich, verlegt diesen jedoch in die 'profane' Welt[23]. Seiner Ansicht nach kann der Lautenspieler der Berufsgruppe der Gaukler und Spielleute angehören, die dressierte Tiere vorführen. Im vorliegenden Fall könnte ein Komödiant(?) mit dem Entsetzen des Publikums gespielt haben, das beim Anblick von Schwein und Hund vielleicht unweigerlich an die furchteinflößende Lamaštu dachte. Diese Interpretation führt zur Beschäftigung mit den psychischen Aspekten der Tierdarstellungen.

Schwein und Hund könnten als Zeichen für einen psychischen Sachverhalt unterschiedliche Funktionen erfüllt haben. Möglich ist, daß sie 1. etwas über den Musikanten, 2. über die musikalische Darbietung, entweder die Art ihrer Ausführung oder die Botschaft des Musikanten, oder 3. über den Handlungsrahmen, in dem der Musiker agiert, mitteilen. Ihre diesbezügliche kommunikative Wirksamkeit kann auf den Eigenschaften und Verhaltensweisen, die man den Tieren zugesprochen hat, beruhen. Nach den Schriftquellen[24] können beide Tiere sowohl mit positiven als auch negativen Qualitäten in Zusammenhang gebracht werden. Eine positive Funktion erfüllt der Hund z.B. als Attributtier der Gula, Göttin der Heilkraft, und das Schwein vielleicht als Zeichen der Fruchtbarkeit[25]. Beide Tiere zusammen – und nur darum geht es hier – vertreten aber eher negative Aspekte. Sie sind nach den Textquellen die Tiere der Straßen und Gassen schlechthin. Schweine schnüffeln im Dreck, fressen alles, sind dumm, unrein und stinken. Hunde sind Aasfresser, bellen viel, können den Menschen beißen und gefährliche Krankheiten übertragen. Beide Tiere sind aber auch fügsam oder unterwürfig und dienten deshalb oft als Vergleiche, um (besiegte) Feinde zu entwürdigen und zu demütigen, sei es verbal oder durch öffentliche Bloßstellung wie z.B. im Fall eines gefangenen Königs, den Asarhaddon zusammen mit einem Hund, einem Schwein und einem Bären vor dem Stadttor angebunden sitzen ließ[26].

Hund und Schwein waren, wie andere Tiere auch, Omenanzeiger. In der Omenserie *šumma izbu* folgen Schwein und Hund unmittelbar aufeinander[27]. Sie werden stellenweise in ein und demselben Omen zusammen er-

---

[23] F. Blocher, Gaukler im Alten Orient, in: V. Haas (Hrsg.; Anm. 11), 86, Abb. 32.

[24] Vgl. die Hinweise auf Textstellen in den Wörterbüchern zu den Keilschriftsprachen, z.B. CAD oder AHW, s.v. *kalbu* und *šaḫû*.

[25] I. Fuhr, Der Hund als Begleiter der Göttin Gula und anderer Heilgottheiten, in: Isin – Išān Baḥrīyāt I. Die Ergebnisse der Ausgrabungen 1973-1974 (1977)135 ff. – CAD S 103, s.v. *šaḫû* (z.B.: „make love to me 14 times like a pig"); vgl. auch Anm. 19.

[26] R. Borger, Archiv für Orientforschung, Beih. 9, 1956, 50; Der Garten in Eden. Ausstellungskatalog München (1978), 114; vgl. auch D. Marcus, Animal similes in Assyrian Royal Inscription. Orientalia (NS) 46, 1977, 86-106 (freundl. Hinweis von Eva Cancik).

[27] E. Leichty, The Omen Series šumma izbu. TCS 4 (1970) 190 ff. (Taf. 22 u. 23).

wähnt. In einer medizinischen Abhandlung wird ein böses Omen genannt, nach dem ein Patient sterben wird, wenn der sachkundige Heiler auf dem Weg zum Krankenbett einen schwarzen Hund oder ein schwarzes Schwein erblickt[28].

Ein negativer Aspekt der beiden Tiere kommt auch in den Darstellungen der bereits erwähnten Krankheitsdämonin Lamaštu zum Ausdruck, die aufgrund ihres zweiten Namens auch als Schwester der Straßengötter galt[29]. Diesem Sachverhalt ist es wohl zuzuschreiben, daß Hund und Schwein, beide Tiere der Straßen, in den Lamaštu-Ritualen eine Rolle spielen. Die milieubedingte Verbindung kommt am klarsten in den bildlichen Darstellungen der Lamaštu auf Amuletten zum Ausdruck, wo sie häufig ein Schwein und einen Hund säugend abgebildet ist[30], als sei sie die Mutter dieser Kreaturen (Abb. 3). Die Darstellungen unterstreichen die üble, unreine und Krankheiten bewirkende Natur der Dämonin, was bildlich kaum besser hätte mitgeteilt werden können. Die hohe Signifikanz der Figurenkombination kann die Ausführung einfacherer Bildkompositionen begünstigt haben, in denen die Tiere wie in dem Lautenspielerrelief neben der zentralen Figur stehend erscheinen (Abb. 4).

Was kann die Tiergruppe nach den vorigen Bemerkungen im Umfeld des Lautenspielers bedeuten? Auf die Art der musikalischen Darbietung bezogen vielleicht eine schweinisch dargebotene Musik oder einen hundsgemeinen jaulenden Gesang. Wohl kaum. Zwar konnte zumindest das Hundegebell als abschätziger Vergleich für eine fremde Sprache gebraucht werden[31], im Bezug auf Musik sind meines Wissens keine 'schweinehündischen' Vergleiche bekannt. Möglich, daß die Tiere auf den Handlungsrahmen aufmerksam machen, und die musikalische Darbietung z.B. eine unreine, verwerfliche Angelegenheit zum Gegenstand hat oder eine dagegen gerichtete Maßnahme (Ritual), wie z.B. eine Beschwörung, in der die Tiere apotropäisch wirksam werden. Der Musikant könnte auch als Agierender in einem derartigen Ritual dargestellt sein.

Auf den Musikanten bezogen können den Tieren ähnliche Funktionen zugesprochen werden wie im Fall der Darstellungen auf den Lamaštu-Amuletten. Möglich, daß der Musikant wie die Dämonin in dem von den Tieren beanspruchten Raum, den Straßen und Gassen wirkte, ohne einen

---

[28] R. Labat, Traité akkadien de diagnostics et prognostics médicaux. I Transcription et traduction (1951) 3, Taf. 1, 8.

[29] H. Klengel (Anm. 20), 339 f., Anm. 9.

[30] a.a.O. z.B. 351 f., Nr. 41, Abb. 11 (hier: Abb. 3).

[31] Der Vergleich bezieht sich auf die Gutäer: W. Röllig, „Drachen des Gebirges". Fremde als Bedrohung in Mesopotamien, in: H. v. Stietencron – J. Rüpke (Hrsg.), Töten im Krieg (1995), 90 (Intelligenz des Hundes). 93 (Sprache); vgl. auch H. Klengel, Soziale Differenzierung und Randgruppen der Gesellschaft im Alten Orient, in: V. Haas (Hrsg.; Anm. 11), 19.

funktionalen Zusammenhang zwischen Lamaštu und Musikant zu implizieren. Nach dieser Interpretation kann der Lautenspieler am treffendsten als Straßenmusikant bezeichnet werden. Im genannten Umfeld galt er wohl ähnlich wie die Lamaštu als ein zu verachtendes Subjekt, zumindest stand er als Musikant am unteren Ende der sozialen Hierarchie, wie es in den Berufs- und Ständelisten zum Ausdruck kommt[32]. Die Geringschätzung kann damit zusammenhängen, daß das Musizieren vom materiellen Standpunkt aus betrachtet zu den für die Gesellschaft unproduktiven Tätigkeiten gehört. Auch die beiden Haustiere gehörten in gewisser Weise zu den weniger produktiven Geschöpfen. Sie mußten, wenn sie sich nicht selbst in den Gassen versorgten, gefüttert werden, erbrachten dafür aber kaum Gegenleistung, sieht man von der Wächter- und Hütefunktion der Hunde ab. Schweine wurden weder als Zugtiere, noch als Milch- oder Wollieferanten genutzt. Sie gaben nur das, was die anderen größeren Haustiere auch boten, Fleisch, Fett, Leder. Eine kaum gewürdigte, aber wichtige Funktion beider Tiere war Abfallvertilgung. Möglich, daß die Reliefszene – in einer etwas abgemilderten Interpretation – lediglich zum Ausdruck bringt, daß die Subsistenzgrundlage des Musikanten eine ähnliche Qualität hatte wie die der Straßentiere. Ist sie vielleicht eine Allegorie auf eine brotlose, zumindest unterbezahlte Kunst, die keine feste Anstellung versprach und ein herrenloses Dasein in einem hunde- und schweinewürdigen Milieu bedeutete? Geht man davon aus, daß dies auch in damaliger Zeit keine von der Mehrheit angestrebte Lebensweise war, muß man sich fragen, weshalb das Bild geschaffen wurde. Ist es eine an den in 'normalen' Berufen tätigen Menschen gerichtete Mahnung, mit dem Erreichten zufrieden zu sein? Oder sollte es die mit dem Zweifel am geplagten Dasein verknüpfte Sinnsuche fördern, wie sie z.B. in der antiken bukolischen Dichtung zum Ausdruck kommt und noch heute zu manchen romantisch anmutenden Auffassungen vom einfachen Leben führt? Da ich mich auf dem besten Wege befinde, mein (archäologisches) Arbeitsgebiet zu verlassen, möchte ich an dieser Stelle lieber abbrechen und zum Konkreten zurückkehren.

Hund und Schwein treten in einem weiteren, hier noch nicht besprochenen, ca. 10 × 13,6 cm großen Terrakottarelief auf[33] (Abb. 5). Die Tiere flankieren eine nach rechts blickende, in der Hocke befindliche männliche Gestalt, vor der ein unbekannter, horizontal gerippter Gegenstand steht. Der Mann hält einen stabförmigen Gegenstand mit einem spitzen und einem trapezförmigen Ende in seiner linken und einen keulenförmigen Gegenstand mit rundem Kopf in seiner rechten Hand. In bisherigen Interpretationen hat man die Person meist als Musikant mit einer Laute und einem Plektrum (Spielhilfe für das Anschlagen der Saiten) vor einem Hocker oder einer

---

[32] Anm. 11.

[33] D.E. McCown – R.C. Haines – D.P. Hansen (Anm. 1), Taf. 138, Abb. 5.

Trommel gedeutet[34]. Man stellt sich u.a. vor, daß die Terrakotten aus Abb. 1 und Abb. 4 Teile eines Zyklus sind, in dem der Musikant vor und während der musikalischen Darbietung gezeigt wird[35].

Ein Problem für die Interpretation der Abb. 4 ist, daß die Gegenstände, die die Person in den Händen hält, nicht eindeutig bestimmt sind. Es fehlen Merkmale, die den Gegenstand in der rechten Hand zweifelsfrei als Laute kennzeichnen. Ein Plektrum mit der Länge des in der linken Hand befindlichen stabartigen Gegenstands ist für den Alten Orient (einschließlich Ägypten) noch nicht nachgewiesen[36]. Hinzu kommt, daß die Laute mit dem Corpus nach hinten weisend in der linken und das Plektrum in der rechten Hand zu erwarten gewesen wäre[37]. Somit steht der Weg für alternative Interpretationen offen. Die 'Laute' kann z.B. als Stiel mit rundem Keulenkopf und das 'Plektrum' als meißelartiges Werkzeug, beide in richtiger Anwendung dargestellt, gedeutet werden[38]. Möglich, daß hier nicht ein Musikant, sondern ein Handwerker mit (Hammer-)Keule und Meißel dargestellt ist, der an einem (auf einem Tisch oder Hocker liegenden?) Werkstück arbeitet, das nicht genau benannt werden kann[39].

Die im Zusammenhang mit dem Lautenspieler erörterten Interpretationsmöglichkeiten können zum Teil auch hier berücksichtigt werden. Der

---

[34] Ebenda; S.A. Rashid, Das Auftreten der Laute und die Bergvölker Vorderasiens, in: Festschrift zum hundertjährigen Bestehen der Berliner Gesellschaft für Anthropologie, Ethnologie und Urgeschichte (1970) 214.; F. Blocher (Anm. 23); R. Opificius (Anm. 4), 159 ff., Taf. 17, Nr. 579.

[35] S.A. Rashid (Anm. 34).

[36] Soweit dargestellt, waren Lautenplektren höchstens daumen- oder fingerlang, vgl. z.B. Eichmann (Anm. 2), 594, Abb. 5e; 600, Abb. 8b; 605, Abb. 9c.f; erhaltene oder dargestellte altägyptische Plektren: ebenda 587, Abb. 2c; 592, Abb. 4a-c. Lange stabförmige oder längliche fächerförmige Plektren sind aus dem 1. Jtsd. n.Chr. bekannt, vgl. z.B. W. Bachmann, Die Anfänge des Streichinstrumentenspiels (1966) Abb. 17. 18. 20.

[37] In der altorientalischen Kunst sind fast ausschließlich rechtshändige Lautenspieler dargestellt, vgl. R. Eichmann (Anm. 2), 608 f. (Zu einer Ausnahme vgl. ebenda 598, Abb. 5b).

[38] Für Meißel mit einem spitzen und einem breiteren Ende (mit Schneide) vgl. z.B. H.W. Catling, Cypriot Bronzework in the Mycenean World (1964) Taf. 11i (Länge 23 cm); F. Tallon, Métallurgie susienne I,2 (1987) 217 ff.

[39] Die Darstellung eines Handwerkers wäre nicht außergewöhnlich. Auf einer ebenfalls altbabylonischen Terrakotte von Uruk (?) ist ein Tischler mit Dechsel dargestellt, vgl. W. Orthmann (Anm. 6), Abb. 185b; R. Opificius (Anm. 4), 187, Nr. 689. – In den photographischen Aufnahmen (Anm. 33; Schätze aus dem Irak. Ausstellungskatalog Berlin 1965, Nr. 112, Abb. 40) sieht das Oberteil des unbekannten Gegenstands vor dem Handwerker(?) wohl nur zufällig wie ein Ziegenschädel aus. 'Auge' und 'Maul' können Schadstellen oder ausgebrannte Magerungsbestandteile kennzeichnen.

Handwerker kann im Rahmen eines Rituals und/oder im Freien, auf der Straße tätig dargestellt sein. Vielleicht handelt es sich, wie in den Berufs- und Ständelisten zu Ausdruck kommt, um einen in der gesellschaftlichen Hierarchie wenig angesehenen Handwerker.

Der zweifellos nicht bis zur Erschöpfung durchgeführte Streifzug durch das Feld der möglichen Bedeutungen der Figurengruppe in Abb. 1 führt hier zu keiner endgültigen Klärung des Problems. Er mag aber ein Licht auf die Vielfalt der Interpretationsmöglichkeiten werfen, mit denen es der Vorderasiatische Archäologe mitunter zu tun hat, wenn er sich Zeit nimmt. Und er macht deutlich, wie sehr doch letzterer von den Arbeiten der altorientalischen Philologie abhängig ist. Möge es gelingen, daß Archäologen und Philologen verstärkt dieselben Probleme in gemeinsamer Arbeit untersuchen, ohne sich jeweils darauf zu beschränken, die eigenen Ideen mit dem ungeprüften Wissen des Kollegen der Nachbardisziplin zu illustrieren, was ich schändlicherweise mangels Kompetenz und ohne sachkundige Beratung hier als Archäologe getan habe.

Abb. 1: Terrakottarelief aus altbabylonischer Zeit; Sitzender Lautenspieler, daneben ein Schwein und ein Hund; Umzeichnung nach den in Anm. 1 genannten Bildvorlagen; Originalgröße ca. 9 × 11,5 cm.

Abb. 2 a+b: Schweinejagdszenen in späturukzeitlichen Siegelabrollungen von Uruk-Warka und Susa nach R.K. Englund (Anm. 14).

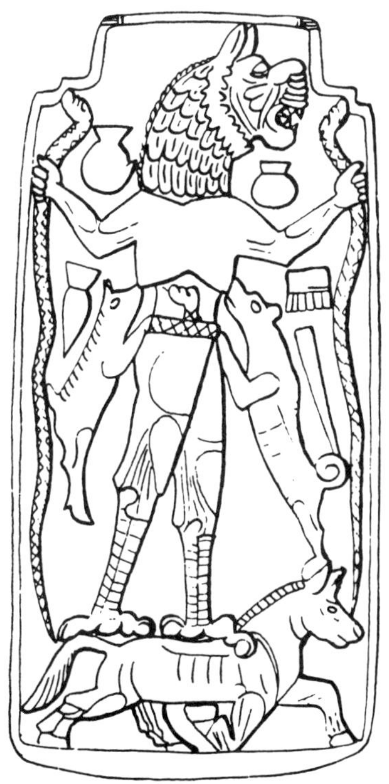

Abb. 3: Lamaštu-Amulett; Fundort unbekannt; nach H. Klengel (Anm. 30).

Abb. 4: Lamaštu-Amulett; Fundort unbekannt (Babylon?); nach H. Klengel (Anm. 20), 339, Abb. 1.

Abb. 5: Terrakottarelief aus altbabylonischer Zeit; Hockender Mann mit einer Laute oder Keule und einem Plektrum oder Meißel vor einem horizontal gerippten Gegenstand unbekannter Funktion, daneben ein Schwein und ein Hund; Umzeichnung nach in Anm. 39 genannten Bildvorlagen; Originalgröße ca. 10 × 13,6 cm.

Von Lagaš nach Tübingen

Gertrud Farber, Chicago

Als ich vor nunmehr fünfundzwanzig Jahren meine Stelle am TAVO in Tübingen antrat und brav begann, Ur-III-Texte auf ihre Ortsnamen zu verzetteln, machte mich Herr Röllig auf ein Keilschrifttäfelchen aufmerksam, das er im Archäologischen Institut der Universität Tübingen gesehen hatte. Ich habe dieses dann einige Zeit später im Einverständnis von Herrn Otto Wilhelm von Vacano kopiert, jedoch nie für eine Veröffentlichung fertiggemacht.[1]

Da dieser Text jedoch wegen seiner seltenen Erwähnung des Ortsnamens Siʾum im Répertoire Géographique Eingang fand[2], scheint es besonders angebracht, seine überfällige Publikation nun in einer Festschrift vorzulegen, die Wolfgang Röllig gewidmet ist.

Das Täfelchen trägt keine Sammlungsnummer des Archäologischen Institutes. Es mißt etwa 6,5 cm × 4 cm. Es handelt sich um eine sogenannte Botenlohnurkunde aus Lagaš, aus dem sechsten Monat eines unbekannten Jahres[3]. Bier-, Brot- und Ölrationen werden an die ausländischen Arbeiter[4] von Siʾum, Duduli und ihre Vorgesetzten, die lú-$^{\tilde{g}iš}$tukul[5] Enlilakam und Nannabidu, und an den lú-$^{\tilde{g}iš}$tukul Ilumbani ausgehändigt für den momen-

---

[1] Für die Publikationserlaubnis möchte ich dem Archäologischen Institut und Herrn von Vacano sehr herzlich danken.

[2] S. Edzard – Farber, 1974, 170.

[3] Einer der wesentlichen Unterschiede zwischen den Botenlohntexten aus Umma und denen aus Lagaš ist, daß die Lagaš-Texte fast nie ein Jahresdatum tragen. S. dazu z. B. McNeil, 1970, 32.

[4] Wer diese NIM waren und was sie für eine gesellschaftliche Stellung einnahmen, läßt sich nach wie vor nicht sicher bestimmen. Zu einer Lesung elama und einer Bedeutung "a type of soldier" s. Sollberger, 1966, 114 f. Nr. 188. Die recht verbreitete Deutung der NIM als Söldner geht zurück auf Goetze, 1953, 116 Anm. 7. S. auch die Diskussion bei McNeil, 1970, 64 ff., der in ihnen eher eine Art (unbezahlter) Gastarbeiter sieht. Entscheidend ist jedoch, wie Sigrist, 1986, 53 betont, daß sie stets unter Aufsicht stehen, offensichtlich also eine niedrigere soziale Stellung einnahmen. So mögen sie vielleicht doch ursprünglich Kriegsgefangene aus den östlichen Nachbarländern gewesen sein, die bei öffentlichen Arbeiten oder unter strenger Überwachung bei Geschäften in ihrem Heimatland eingesetzt wurden.

[5] Diese lú-$^{\tilde{g}iš}$tukul sind typisch für Lagaš, s. McNeil, 1970, 27 Anm. 10 und 66 f. Sie wechseln sich in der Beaufsichtigung der NIM ab mit Funktionären wie aga-ús oder sukkal. Sie werden meist als „Soldat" oder „Gendarm" übersetzt.

tanen Aufenthalt in der Stadt und für ihre Reisen nach Siʾum, Duduli und Susa.

Der Name Ilumbani ist in Lagaš-Texten geläufig. Die beiden anderen Personennamen konnte ich in Lagaš jedoch sonst nicht nachweisen, obwohl sie in ihren Bildungstypen völlig normal sind.

Die Anzahl der jeweiligen Reisenden läßt sich nicht eindeutig bestimmen. Die drei lú-^{ĝiš}tukul bekommen Rationen für Bier, Brot und Öl für ihren Aufenthalt in der Stadt und für die Reise, die NIM bekommen ihre Rationen nur für die Reise, u. zw. bekommen die NIM-si-um^{ki} die zwölffache Menge Brot und die NIM-du$_8$-du$_8$-lí^{ki} die sechsfache Menge der Brotrationen ihrer Aufseher. Die anderen Substanzen sind nicht vergleichbar. Daraus läßt sich vielleicht schließen, daß zwölf NIM und ein Vorgesetzter nach Siʾum und sechs NIM und ein Vorgesetzter nach Duduli reisten; der lú-^{ĝiš}tukul Ilumbani zog wohl alleine nach Susa.

Der Text

1)	2 sìla kaš 2 sìla ninda	2 sila Bier, 2 sila Brot
2)	1 á-gam ì šà-uru	und 1 agam Öl für den Aufenthalt in der Stadt,
3)	1.0.0 ^{kaš}dida 5 sìla ninda kas[kal-šè]	(ferner) 1 gur dida-Würze und 5 sila Bier für unterwegs
4)	^{d}en-líl-lá-kam lú-^{ĝiš}tukul	(erhält) Enlilakam, der Gendarm.
5)	0.1.0 kaš-gin lugal	1 nigida feinstes Normalbier,
6)	0.1.0 ninda	1 nigida Brot
7)	1 sìla ì-ĝiš	und 1 sila Sesamöl
8)	NIM si-um^{ki}-me	(bekommen) die NIM von Siʾum.
9)	ĝìri ^{d}en-líl-kam lú-^{ĝiš}tukul	Unter der Leitung von Enlilkam, dem Gendarm,
10)	si-um^{ki}-šè du-ne-ne	sind sie dabei, nach Siʾum zu gehen.
11)	2 sìla kaš 2 sìla ninda	2 sila Bier, 2 sila Brot
12)	1 á-gam ì šà ⸢uru⸣	und 1 agam Öl (für den Aufenthalt) in der Stadt,

Rs.

1)	1.0.0 ^{kaš}dida 5 sìla ninda <kaskal-šè>	(ferner) 1 gur dida-Würze und 5 sila Brot <für unterwegs>
2)	^{d}nanna-bí-du$_{11}$ lú-^{ĝiš}tukul	(erhält) Nannabidu, der Gendarm.
3)	0.0.3 kaš 0.0.3 ninda	3 ban Bier und 3 ban Brot

4)	NIM du_8-du_8-lí^{ki}-me	(bekommen) die NIM von Duduli.
5)	g̃ìri-^{d}nanna-bí-du_{11}	Unter der Leitung von Nannabidu
6)	du_8-du_8-lí^{ki}-šè du-ne-ne	sind sie dabei, nach Duduli zu gehen.
7)	2 sìla kaš 2 sìla ninda	2 sila Bier, 2 sila Brot
8)	1 á-gam ì šà-uru	und ein agam Öl (für den Aufenthalt) in der Stadt,
9)	1.0.0 ^{kaš}dida 5 sìla ninda ⌜kaskal⌝-š[è]	(ferner) 1 gur dida-Würze und 5 sila Brot für unterwegs
10)	ilum-ba-ni lú-^{giš}tukul	(erhält) Ilum-bāni, der Gendarm;
11)	šušina^{ki}-šè du-ni	er ist dabei, nach Susa zu gehen.
12)	iti ezem-^{d}dumu-zi	Monat: Dumuzi-Fest.

Bemerkungen zum Text:

Der Vermerk kaskal-šè, der parallel zu šà-uru steht, ist in unserem Textchen an zwei Stellen offensichtlich nachträglich zugefügt worden, in Z. 3 über den Rand gehend[6], in Rs. 9 ganz klein unter sìla ninda gequetscht. In Rs. 1 hat der Schreiber den Vermerk gänzlich vergessen.

Daß die NIM von Duduli kein Sesamöl erhalten wie ihre Kollegen aus Siʾum, ist möglicherweise ein weiteres Versehen des Schreibers, der dies nach Rs. 3 vergessen hatte zu notieren?

Wie man in Herrn Rölligs Bierbuch[7] nachlesen kann, ist dida trotz seines Determinativs kaš[8] keine Biersorte, sondern eine süße Bierwürze, die man mit Wasser angießen mußte.[9]

---

[6] Da ich den Text nicht mehr kollationiert habe, muß ich den Jubilar, der ja leichten Zugang zu ihm hat, bitten, nachzuprüfen, ob noch Spuren von -šè sichtbar sind.

[7] Röllig, 1970, 40 ff.

[8] Es liegt wohl häufig auch das Determinativ dug „Krug" vor. Leider läßt sich der graphische Unterschied jedoch in den Kopiebänden kaum feststellen, so daß eine saubere Trennung der beiden Schreibungen und ein System ihrer Verteilung vorläufig nicht möglich ist.

[9] Wahrscheinlich hat dieses „Nes-Bier" jedoch ziemlich furchtbar geschmeckt und liefert uns keinen Tip dafür, wie man das lang ersehnte Pulver herstellen könnte, aus dem man bei einer Wanderung am Gebirgsbach ein erfrischendes Bier angießen könnte, ohne schwere Flaschen im Rucksack mit sich führen zu müssen.

Die Wissenschaft ist sich jedoch einig, daß wir es mit einer Art anzugießendem Sirup zu tun haben, der manchmal auch pur getrunken wurde. S. Civil, 1964, 76 und 81, Bottéro, 1966, 302 oder Yoshikawa, 1988, 237.

Es ist auffällig, daß dida in zwei verschiedenen Maßeinheiten ausgegeben wird, u. zw. offenbar einmal in Hohlmaßen[10] gemessen, oder aber nach Stückzahl. Einer Anregung Markus Hilgerts folgend habe ich versucht festzustellen, ob sich diese beiden Maßsysteme auf die Orte Umma auf der einen Seite und Lagaš/G̃irsu auf der anderen Seite verteilen lassen. Da viele Ur-III-Texte nur in Umschrift publiziert sind und dann meist kein Unterschied zwischen Zahlen mit waagerechten Keilen und Zahlen mit senkrechten Keilen gemacht wurde, muß eine solche Untersuchung *a priori* unvollständig bleiben. Trotzdem scheint es so zu sein, daß in Lagaš dida im Hohlmaß, d.h. in gur und den darin enthaltenen Einheiten gemessen wurde, während dida in Umma in Stücken gezählt wurde, d.h. wahrscheinlich in dug, also in Krügen, s. auch Anm. 7. Bei den Lagaš-Belegen konnte ich von dieser Regel keine Ausnahme finden. Für Umma kann ich jedoch schon jetzt drei Texte angeben, in denen dida in gur und seinen Untereinheiten gemessen wurde: SACT 2, 296 (0.2.4? und 0.0.5.5 sìla), MVN 13, 379 (0.2.0) und 773 (20.2.0). Der einzige Beleg, den ich für dida in Drehem finden konnte, zählt in sìla: AUCT 3, 436 (0.0.1.5 sìla).

Was die umstrittenen Verbalformen DU.NI und DU.NE.NE betrifft, so habe ich mich im Anschluß an D.O. Edzards Ausführungen[11] entschlossen, sie du-ni und du-ne-ne zu lesen. Diese Formen wären dann zu analysieren als die *marû*-Basis des Verbums g̃en/du, erweitert durch das Possessivpronomen der 3. Ps. -ani bzw. -anene, „er/sie sind/waren dabei zu gehen/kommen". Daß die *marû*-Basis du hierbei nicht wie andere Verben das *marû*-Suffix /ed/ erfordert, hatte D.O. Edzard bereits vermutet und ist inzwischen von J. Krecher[12] bekräftigt worden.

Die in anderen Botenlohnurkunden ebenfalls häufig vorkommende Form g̃en-na, die für den Singular wie den Plural stehen kann, spiegelt einen anderen Aspekt der Handlung wider. Es handelt sich hier um die durch -a nominalisierte *ḫamṭu*-Basis, „er (sie) ist (sind) gegangen/gekommen". Die Bildungsform mit dem Possessivpronomen ist für *ḫamṭu* nur selten im Plural[13], im Singular gar nicht belegt. Eine Lesung *g̃en-né, die häufig in der Literatur zu finden ist, ist auszuschließen, da das *marû*-Zeichen -e unmöglich, wie dies M. Yoshikawa[14] vorgeschlagen hatte, auf die *ḫamṭu*-Basis folgen kann.

---

[10] Es handelt sich hierbei um Hohlmaße trockener Substanzen, s. Röllig, 1970, 42 oder die Tabelle für Hohlmaße bei Sigrist – Gomi, 1991, 380.

[11] Edzard, 1972, 17 ff., s. auch Nachtrag zu Anm. 22a bei Yoshikawa, 1979, 172.

[12] Krecher, 1978, 392 und 1995, 147 Anm. 8, 182.

[13] Zu der Form g̃en-na-ne-ne s. Edzard, 1972, 16: 16.8.,18.

[14] Yoshikawa, 1979, 172.

Bibliographie:

Bottéro, Jean
1966 Getränke A, RlA 3, 302-306.

Civil, Miguel
1964 A Hymn to the Beer Goddess and a Drinking Song, in: From the Workshop of the Chicago Assyrian Dictionary, Studies Presented to A. Leo Oppenheim, Chicago, 67-89.

Edzard, Dietz Otto
1972 *ḫamṭu*, *marû* und freie Reduplikation beim sumerischen Verbum (Fortsetzung), ZA 62, 1-34.

Edzard, Dietz Otto und Farber, Gertrud
1974 Die Orts- und Gewässernamen der Zeit der 3. Dynastie von Ur, RGTC Band 2, Wiesbaden.

Goetze, Albrecht
1953 Ḫulibar of Duddul, JNES 12, 114-123.

Krecher, Joachim
1978 Die Form und der Gebrauch der nominalen Verbalformen, OrNS 47, 376-403.
1995 Die *marû*-Formen des sumerischen Verbums, in : M. Dietrich / O. Loretz (Hrsg.), Vom Alten Orient zum Alten Testament, Festschrift W. von Soden, AOAT 240, Neukirchen-Vluyn, 141-200.

McNeil, Robert C.
1970 The "Messenger Texts" of the Third Ur Dynasty, Diss. Philadelphia, University Microfilms, Ann Arbor, Michigan 1971.

Röllig, Wolfgang
1970 Das Bier im Alten Mesopotamien, Berlin.

Sigrist, Marcel
1986 Les courriers de Lagaš, in: L. De Meyer / H. Gasche / F. Vallat (Hrsg.), Fragmenta Historiae (A)elamicae, Mélanges offerts à M.-J. Stève, Paris, 51-63.

Sigrist, Marcel und Gomi, Tohru
1991 The Comprehensive Catalogue of Published Ur III Tablets, Bethesda, Maryland.

Sollberger, Edmond
1966 The Business and Administrative Correspondence under the Kings of Ur, TCS 1, Locust Valley, New York.

Yoshikawa, Mamoru
1979 Aspectual Morpheme /a/ in Sumerian, ZA 69, 161-175.

1988 GABA-aš and GABA-ta in the Ur III Umma Texts, ASJ 10, 231-241.

ištu api īlâmma ezēzu ezzet

Ein bedeutsames neues Lamaštu-Amulett

Walter Farber, Chicago

Prophylaktische Amulette zum Schutze gegen die Aktivitäten der bösen Lamaštu waren im Alten Orient bekanntlich weit verbreitet und sind in relativ großer Zahl auf uns gekommen. Die in den letzten Jahren von F.A.M. Wiggermann[1] und mir selbst[2] mehrfach fortgeschriebene Liste publizierter Exemplare hatte zuletzt die Zahl 70 erreicht. Mindestens sechs weitere Stücke sind von uns früher übersehen bzw. inzwischen publiziert worden; sie seien hier zur Bibliographie nachgetragen:

71: E. Bleibtreu, in: Beiträge zur historischen Sozialkunde, 14. Jhg., Nr. 4 (Dezember 1984), S. 122 [frdl. Hinweis E. Bleibtreu]. Sehr grob gearbeitetes Stück mit Ritzzeichnung auf der Vs. und Pseudo-Inschrift auf der Rs.

72: T. Eickhoff, Kār Tukulti-Ninurta (ADOG 21, Berlin 1985), S. 60 f., 70 und Taf. 6.9. Schieferplättchen mit grober Ritzzeichnung.

73: K. Limper, Uruk: Perlen - Ketten - Anhänger (AUWE 2, Mainz 1988), S. 46, 193 und Taf. 55: F 482 (s. bereits früher, H. Lenzen, UVB 21, S. 34 f. und Taf. 12i). Vs. Ritzzeichnung, Rs. Pseudo-Schriftzeichen.

74: K. Limper, ibid. S. 47, 193 und Taf. 29: F 483. Ritzzeichnung und Pseudo-Inschrift.

75: F.M. Fales, Prima dell' Alfabeto (Venezia 1989) S. 230 f., Nr. 72. Fragment eines gut gearbeiteten Stückes des 'elaborierten nA Typs' mit 6 fragmentarischen Zeilen der Beschwörung *ša maldi eršija* (vgl. G. Wilhelm, ZA 69, 38-40).

76: M. Cogan, A Lamashtu Plaque from the Judaean Shephelah, in: IEJ 45 (1995) S. 155-161 (ebenso id., An Assyrian Incantation Plaque from the Shephelah, in: Qadmoniot 28 [1995] p. 46; in Iwrit, Hinweis Ch. Jones). Bruchstück eines reliefierten Amuletts mit Resten einer Beschwörung (nicht identifiziert) auf der Rs.

Obwohl ich weiterhin Hinweise auf noch unpublizierte Stücke sammelte und sammle, hatte ich eigentlich nicht vor, schon jetzt wieder auf die

---

[1] Zuletzt 1992 S. xiii.

[2] S. zuletzt Farber 1989, 95-101.

Lamaštu-Amulette zurückzukommen, zumal meine Arbeit an der Edition der Lamaštu-Texte derzeit Vorrang vor allen anderen Projekten beansprucht. Doch dann ergab es sich eben doch: T. Ornan, Kuratorin am Israel Museum in Jerusalem, erwähnte anläßlich eines Besuches in Chicago, daß ihr Museum derzeit als Leihgabe ein besonders attraktives Exemplar beherberge, und schickte mir umgehend Photos des Stückes zu; ihr schulde ich dafür herzlichen Dank. Die Photos zeigten dann tatsächlich ein ungewöhnlich schön gearbeitetes und gut erhaltenes Stück, das dazu noch eine bisher auf Amuletten nicht belegte Lamaštu-Beschwörung enthält und zur Klärung des betreffenden Abschnittes der kanonischen Serie Wichtiges beiträgt. Eine Publikation schien mir daher unbedingt gerechtfertigt[3], und ich habe dem Besitzer, Mr. S. Moussaieff (London) für sein freundliches Einverständnis zur Veröffentlichung zu danken. Mein Dank gilt schließlich auch Herrn Dr. S. Holloway, der mit Akribie und Sachverstand das Original in Jerusalem für mich eingesehen und den Text für mich kollationiert hat.

Ganz besonders freue ich mich, das neue Stück mit der magischen Nr. 77 in einer Festgabe für meinen Doktorvater, dessen Interessen schon immer weit über die rein philologische Erschließung altorientalischer Quellen hinausgingen, vorstellen zu dürfen. Hätten damals seine Versuche gefruchtet, den prospektiven Studenten, der vor fast genau dreißig Jahren in einem Kämmerchen im Hegelbau zu Tübingen bei ihm zwecks Studium der Altorientalistik vorsprach, von der Unvernunft seines Vorhabens zu überzeugen, so wäre aus mir nie ein Assyriologe geworden, und unsere Lamaštu hätte ein anderes Opfer finden müssen. Daß Herr Röllig nach jenem ersten, ernsten Gespräch dann allerdings trotzdem den Werdegang seines ersten eigenen Schülers über viele Jahre unermüdlich gefördert hat, bis dieser schließlich imstande war, wissenschaftlich auf eigenen Beinen zu stehen, dafür schulde ich ihm ein Vielfaches des Dankes, den ein kleiner Artikel ausdrücken kann.

Lamaštu-Amulett Nr. 77
(aus dem Kunsthandel)

Herkunft und Datierung sind nicht genau festzustellen, doch stammt das Stück nach der Paläographie und dem Namen des antiken Besitzers sicher aus Babylonien und ist zweifellos in das 1. Jtsd. v. Chr. zu datieren.

Material: Kalkstein, gelblich-orange, mit schwarzen Ablagerungen auf der Oberfläche.

Maße: Höhe 103 mm (mit, 86 mm ohne Henkel); Breite 64 mm; max. Dicke 29 mm.

---

[3] Trotz gewichtiger Bedenken wegen der ungeklärten Herkunft des Stücks, das m.W. erst nach 1991 im Kunsthandel auftauchte; immerhin ist festzustellen, daß das Amulett in keiner der mir bekannten Listen von im Zusammenhang mit dem Golfkrieg aus dem Iraq verschwundenen Artefakten verzeichnet ist.

Die Darstellungen

Auf der Vorderseite sehen wir die sog. Reiseszene[4]. Lamaštu steht im Knielauf auf einem Esel? in einem Boot mit Stier- und Löwenprotomen[5]. Die Dämonin selbst hat einen Löwenkopf mit langen, spitzen (Esels?-) Ohren und dem auch sonst für diese Art der Darstellung typischen Kopfputz, der hier wie ein an einem spatenförmigen Stiel befestigtes Säckchen aussieht[6]; in beiden Händen hält sie doppelköpfige Schlangen[7]. Die Darstellung des Hängebusens mit Schwein und Hund, des gefiederten(?) Unterleibs und der Adlerkrallen an den Füßen entspricht dem wohlbekannten Kanon[8]. Auch die „Landschaft" (Fische im Fluß, Tamariske? links des Bootes[9], Busch über der Löwenprotome) ist konventionell für diesen Amulettypus. Zwischen den Beinen der Dämonin ist ein Skorpion und links der einen Schlange eine Lampe mit Ständer zu sehen[10]. Rechts von der anderen Schlange sind ein Pazuzu-Kopf und – in besonders stark stilisierter und kaum mehr erkennbarer Form – ein Hundertfüßler (*ḫallulāja*) abgebildet[11]. Am oberen Bildrand, links und rechts des Kopfes der Dämonin, sind – von links nach rechts – die Fibel[12], die Spindel und der Kamm[13], sowie der gerollte Stoffballen, die Sandale und (darunter) die Stiefelette[14] zu erkennen. Unter dem Stoffballen ist ein etwas unklarer Gegenstand abgebildet, der vielleicht als Nadelspange (*kirissu*) zu erklären ist[15]. Ganz unklar bleibt mir schließlich der kleine Gegenstand unterhalb des 'Säckchens' an Lamaštus Kopfputz, der keinem der sonst regelmäßig abgebildeten Gegenstände (*mušālu*, Eselsknöchel, Topf) zu entsprechen scheint.

---

4 S. im allgemeinen Farber 1987a, 85 ff.

5 Vgl. l.c. 89 f. mit Anm. 12-13.

6 Vgl. Farber 1983, 444a.

7 Vgl. Farber 1987a, 89 Anm. 9.

8 Farber 1983, 444 f. und 1987, 89.

9 Farber 1987a, 90 f. Die Zeichnung der Zweige und des Seiles zu Lamaštus Fuß ist allerdings etwas mißglückt und scheint mit der Stierprotome zu einem merkwürdigen „Mischwesen" zu verschmelzen.

10 Vgl. Farber l.c. 92 f.; ein kleines Ölgefäß im Lampenständer ist trotz einer Bruchstelle noch auszumachen, vgl. l.c. 96 m. Anm. 55. Der Ständer selbst zeigt eine mir sonst unbekannte zinnenförmige Dekoration unter der Lampe.

11 l.c. S. 102 ff.

12 l.c. S. 96 ff.

13 l.c. S. 93 f.

14 l.c. S. 99 ff.

15 l.c. S. 96 ff.

Auf der Rückseite des Amuletts befindet sich ein Fries von sieben Tierköpfen auf langen Hälsen. Dieser Fries ist so angebracht, daß beim Aufhängen des Amuletts die Darstellungen sowohl der Vorder- als auch der Rückseite aufrecht zu stehen kommen, während die Inschrift, die unter der 'Reiseszene' beginnt, wie bei einer Tontafel über den unteren Rand weiterläuft und daher auf der Rs. gegenüber der Darstellung auf dem Kopfe steht. Ein ähnlicher Fries mit sieben Tierprotomen bzw. als Standarten abgebildeten Tierköpfen ist bisher nur auf einem anderen Lamaštu-Amulett (Nr. 61, nA) belegt[16]. Dagegen finden sich auf den elaborierteren Lamaštu-Amuletten häufiger Friese von meist ebenfalls sieben Mischwesen mit menschlichen Körpern und Tierköpfen, stets nach rechts gewandt und den rechten Arm in Abwehrhaltung erhoben (Lam.-Amulette Nr. 1, 2[17], 3, 4, 36, 50, 58, 63 und 64[18]). Wiggermanns Erklärung folgend halte ich diese Gruppen für Darstellungen der sieben *urigallū*, wobei eine Gleichsetzung der dargestellten Tiere mit einzelnen *urigallū* bisher ebensowenig möglich ist wie eine Erklärung der (offenbar von Amulett zu Amulett wechselnden) Reihenfolge derselben. Auf unserem Stück hat S. Holloway die Tierköpfe am Original folgendermaßen identifiziert (von links nach rechts): Löwe, Adler, Steinbock, Widder, Schwein, Hund[19] und Schlange. Ein Vergleich mit den Darstellungen der genannten anderen Amulette im Rahmen der Ikonographie von Tierdarstellungen des 1. Jahrtausends wäre zur Bestätigung dieser Erstidentifizierung und weiteren Klärung der Funktion der *urigallū* sehr wünschenswert, doch fühle ich mich als Philologe dieser Aufgabe nicht gewachsen.

---

[16] Wiggermann 1992, 72 nimmt an, daß auch Amulett Nr. 19 einen solchen Fries gezeigt habe, doch kann ich dies nach den wenigen erhaltenen Spuren der Darstellung auf der Rückseite jenes Stückes nicht nachvollziehen.

[17] Hier nur sechs Figuren, s. Wiggermann, l.c. 72.

[18] Die meisten dieser Stücke bereits genannt bei Wiggermann, l.c. 72.

[19] Oder möglicherweise ein Equide, doch sind lt. Holloway Ohren, Maul und Schnauze fast identisch mit denen des Hundes an Lamaštus Brust.

Der Text

Unser Amulett enthält 23 Zeilen Text, von denen die ersten drei einen (ausnehmend schlecht geschriebenen) kolophonartigen Besitzervermerk bilden:

1 DUB$^{!?}$ šá ^{md}a-nu-I$^{!?}$(-)ME(-)ŠÚ A ^{m}ina-SÙḪ$^{!}$-SUR

2 šá UD$^{?}$.Ú$^{?}$.ŠÚ$^{?}$ NU GUR ^{d}PA ZÀḪ$^{!}$-šú

liq-bi$^{!}$

„Tafel$^{?}$ des ^{m}Anu-na'id$^{?}$, ... , des *kalû*-Priesters$^{?}$, Sohnes des ^{m}Ina-tēšê-eṭir.

Wer (sie) ... nicht zurückbringt, dessen Verderben möge Nabû

anordnen!“

1. Die ersten beiden Zeichen, offenbar anfangs ausgelassen, sind auf dem linken Rand sekundär zugeschrieben. Statt des zu erwartenden DUB steht dabei jedoch ein GÁ-ähnliches Zeichen. Der erste PN bleibt mir unklar, zumal das auf ^{d}*a-nu* folgende Zeichen nicht sicher zu identifizieren ist. Ob die darauffolgenden zwei klaren Zeichen ME und ŠÚ noch zum Namen gehören oder aber evtl. eine Berufsangabe (IŠIB = *āšipu*? ŠÚ = *kalû*?) enthalten, ist entsprechend ebenso unklar.

2. UD$^{?}$.Ú$^{?}$.ŠÚ$^{?}$ steht an der Stelle, an der nach einigen anderen nB Kolophonen am ehesten eine Zeitangabe **ina kakkabišu* o.ä. zu erwarten wäre[20], doch ist es mir nicht gelungen, den Zeichen eine entsprechende Lesung zu entlocken.

Die darauffolgenden Zz. 4-23 duplizieren dann den größten Teil der Beschwörung Nr. 7 der ‘kanonischen’ Lamaštu-Serie (= Lam. II 34-58). Der Text wird nach Z. 18 von dem oben beschriebenen Protomenfries unterbrochen, setzt sich auf der Rückseite des Henkels noch für fünf kürzere Zeilen fort und bricht unvermittelt in der Mitte von Lam. II 53 ab, obwohl durchaus noch genügend Platz für ca. 6 weitere Zeilen (und damit fast den ganzen Rest der Beschwörung) vorhanden gewesen wäre. Ob dies absichtlich geschah oder ob unser Amulett aufgrund dieser Sachlage als unvollendet anzusehen ist, kann ich nicht sagen.

Dieser Beschwörungstext ist viel besser geschrieben als der Kolophon und weist einige interessante textliche und graphische Varianten zur Standardversion auf. Für die Kopie des Textes und alle Details sei dabei auf meine in Kürze erscheinende Bearbeitung der Serie verwiesen, in der unser Exemplar das Siglum „Ah“ führt. Um unnötige Wiederholungen zu vermeiden, füge ich hier den Photos des Amuletts nur eine Transliteration und Übersetzung dieses Textvertreters an:

---

[20] Vgl. Farber 1987b, 31 m. Anm. 22.

4 ÉN ez-ze-et DUMU.MUNUS ^{d}a-nu

5 mu-um-mi-lat la-ʾu-ú-tú ez-ze-et

6 i-lat na-mur-rat iš-tu a-pi i-lam-ma

7 e-ze-zi ez-ze-et ZÚ ANŠE ZÚ.ME-šú

8 IGI UR.MAḪ da-pi-nu IGI.ME-šú GAR-nu GIM nim-rum

9 tuk-kup BIR.ME-šú GIM IM.GẠ́.LI TE-sa ár-qat

10 IGI-ši-ma ^{d}asal-lú-ḫi DUMU.MUNUS ^{d}a-nu šá AN-e

11 ina ÉN-šú šá né-me-qa SA.ME-šú ú-šá-lik lil-lu-tú

12 at-lak ana KUR-i šá ta-ra-am ṣab-tú a-a-lu u DÀRA

13 AMA.ME la-ʾi DÙ-ši-na ṣab-tú DÙ-ki ^{GIŠ}MÁ.GUR$_{8}$

14 šà-ḫu-tú E$_{11}$-ki ana lìb-bi E$_{11}$ KI-ki 4 UR.GI$_{7}$.ME

15 2 BABBAR.ME 2 GI$_{6}$.ME BAL-ki ^{ÍD}ú-la-a A.AB tam-tim DAGAL-tim

16 KI ku-šá-ri AŠ GÌR-ki a-rak-kas ZÌ.SUR.RA-a NIGIN-ki

17 tùm-mat lu-u ta-mat ú-tam-me-ki ^{d}ÍD KÁ.GAL

18 ^{d}mi-šá-rum u re-bi-tú

19 ^{d}šár-ur$_{4}$ ^{GIŠ}TUKUL dan-nu šá re-eš

20 EN KUR.KUR ú-tam-me-ki lu ta-ma[t]

21 ẹ TE-e ana ^{GIŠ}IG šá sik-kur-šú

22 ^{d}mi-šar šu-ku-šú ^{d}a-nu

23 ^{LÚ}EN.NUN KÁ-šú ^{d}pap-sukkal

^{4} Beschwörung: Wild ist die Tochter des Anu, ^{5} die die kleinen Kinder übel zurichtet.
Wild ist sie, ^{6} (besitzt) göttlich(e Macht), ist furchterregend.
Aus dem Sumpfland kam sie ^{7} grimmig wild ^{6} herauf.
^{7} Eselszähne sind ihre Zähne, ^{8} ihr Gesicht sieht aus wie das eines mächtigen Löwen,
wie ein Leopard ^{9} ist sie am Hinterleib getüpfelt, ihre Wange ist gelblich wie Ocker.
^{10} Kaum hatte Asalluḫi sie gesehen, die Tochter des Anu aus dem Himmel,
^{11} da machte er sie mit seiner genialen Beschwörung schlaff und kraftlos:
^{12} „Fort mit dir zum Gebirge, das du liebst!
Halte dich an Hirsch und Steinbock,
^{13} halte dich an all die Mütter von (deren) Jungen!
Ich baue dir einen ^{14} ‘Segeltuch-^{13} Kahn’ (= Segelboot?), ^{14} lasse dich hineinsteigen.

Mit dir lasse ich vier Hunde einsteigen, [15] zwei weiße und zwei schwarze.
Ich lasse dich den Ulâ-Fluß, den Ozean, das weite Meer überqueren.
[16] An einem alleinstehenden Rohrstengel binde ich deinen Fuß fest,
umgebe dich mit einem (magischen) Mehlkreis.
[17] Du bist beschworen und sollst beschworen bleiben!
Ich habe dich beschworen bei Fluß, Stadttor, [18] Recht(sstätte) und Hauptplatz,
[19] bei Šarur, der mächtigen Waffe, dem Leibwächter [20] des Herrn (aller) Länder!
Du bist beschworen und sollst beschworen bleiben!
[21] Du darfst dich nicht der Tür nähern, deren Riegel [22] Justitia, deren Türangel Anu,
[22] deren Torwächter Papsukkal ist!"

Möge dies schöne Amulett vielen babylonischen Müttern und Babies das Leben gerettet haben und dem Jubilar, der des Schutzes gegen Lamaštu weniger bedarf, entsprechend viel Freude bereiten!

Bibliographie der Fußnoten

Farber, Walter

1983 Lamaštu. – RlA 6/V-VI (Berlin), 439-446.

1987a Tamarisken – Fibeln – Skolopender: Zur philologischen Deutung der 'Reiseszene' auf neuassyrischen Lamaštu-Amuletten. – F. Rochberg-Halton (Hrsg.), Language, Literature, and History: Philological and Historical Studies Presented to Erica Reiner (AOS 67, New Haven), 85-105.

1987b Neues aus Uruk: Zur „Bibliothek des Iqīša". – WO 18 S. 26-42.

1989 Dämonen ohne Stammbaum. – A. Leonard Jr., B.B. Williams (Hrsg.), Essays in Ancient Civilization Presented to Helene J. Kantor (SAOC 47, Chicago), 93-108.

Wiggermann, Frans A. M.

1992 Mesopotamian Protective Spirits (Cuneiform Monographs 1, Groningen).

Abb. 1: Vorderseite: Reiseszene und Besitzernotiz (Text Zz. 1-3).

Abb. 2: Rückseite: *urigallu*-Fries und Beschwörungstext (Zz. 7-18).

Abb. 3: Unterer Rand: Beschwörungstext Zz. 4-6.

Abb. 4: *urigallu*-Fries (Detail) und Henkel: Beschwörungstext Zz. 19-21.

Abb. 5: Oberer Rand, Henkel: Beschwörungstext Zz. 22-23.

Abb. 6: Linker Rand der Inschrift.

Abb. 7: Rechter Rand der Inschrift.

Noch einmal zum Vorgang *pišerti karūʾe*

Helmut Freydank, Berlin

Auch wenn es erforderlich wird, die erst unlängst mitgeteilte Beobachtung[1] zu berichtigen, daß sich keine weiteren „Feldertragstexte", wie sie in wenigen Exemplaren aus Assur und in größerer Anzahl aus Dūr-Katlimmu vorliegen, im Berliner mittelassyrischen Material aufspüren ließen, nimmt der Vf. gern die Gelegenheit wahr, gerade an dieser Stelle kurze ergänzende Bemerkungen zu einem Thema beizutragen, das dem verehrten Jubilar seit langem am Herzen liegt und über das er in dankenswerter Weise stets bereitwillig Auskunft gab. Zwar kann der hier zu behandelnde Text aufgrund der Beschädigungen nicht zweifelsfrei auch als Feldertragstext identifiziert werden, doch läßt er sich jedenfalls den betreffenden Verwaltungsurkunden inhaltlich anschließen.[2]

Die Tafel VAT 19194 trägt die Fundnummer Assur 16235 w. Die erhaltene Rückseite erscheint auf dem Photo Assur S 4777 in der Mitte der zweiten Reihe von oben, während die zerstörte Vorderseite mit Sicherheit nicht fotografiert wurde.[3] Der gegenwärtige Erhaltungszustand der Tafel scheint von dem im Foto festgehaltenen nicht nennenswert abzuweichen. Auf der Vorderseite sind in Z. 1 etwa als drittes Zeichen drei nebeneinander stehende Winkelhaken sichtbar, so daß man vermutlich 30 lesen und davor eine höhere Zahl ansetzen darf. Im übrigen markieren sich die Zeilen z.T. als Querrinnen, in denen aber Zeichenformen nicht mehr erkennbar sind. Lediglich auf dem rechten Seitenrand, am Ende der Zeilen, sind wieder ein-

[1] Vgl. Freydank, 1994a, 14 Anm. 6.

[2] Da die Urkunde im erhaltenen Teil keine Ernteerträge erwähnt, entging sie zunächst im Zusammenhang der Feldertexte meiner Aufmerksamkeit. – Frau Dr. E. Klengel-Brandt, Direktorin des Vorderasiatischen Museums Berlin, danke ich für die Erlaubnis, die Tafel publizieren zu dürfen, wie auch für den freundlich gestatteten Zugang zu den Archivmaterialien. Die hier beigefügten Kopien von VAT 19194 und VAT 9845 (s. u. Anm. 16) werden voraussichtlich von einer zusammenfassenden Edition einzelner Fundgruppen aus Assur noch einmal erfaßt werden.

[3] Vgl. Pedersén, 1985, 55 [M 5:8]. O. Pedersén wies mich freundlicherweise auf ein „Verzeichnis zu den Photographien aus Assur" hin, über das sich Fundnummern gegebenenfalls verifizieren lassen. Da die Tafel unpubliziert ist und eine hohe Inventarnummer trägt, erscheint diese noch nicht im „Index of museum numbers" (Pedersén, 1986, 175).

zelne beschädigte Zeichen auszumachen, die aber ebenfalls keine Lesungen gestatten, zumal jeglicher Kontext fehlt.[4]

Die Rückseite der Tafel trägt bis zu einer den Text abschließenden Linie zwölf Zeilen. Danach verbleibt ein unbeschriebener Raum für etwa zwei Zeilen. Nur das fragmentarische *kar*[*ū*?*e*? (Z. 17') und ein möglicherweise zu lesendes *ittalkā* (Z. 18') könnten darauf schließen lassen, daß auf der Vorderseite in etwa 15 Zeilen Ernteerträge in derselben Weise verzeichnet waren wie in MARV 2, 23 und MARV 3, 4 und 10.[5] Da in Rs. 22' eine Zwischensumme von mehr als 4500 *emāru* aufgeführt wird und in Rs. 19' der noch erhalten gebliebene letzte Teilbetrag, dessen Aufbewahrungsort benannt wird, nur 638 *emāru* umfaßt, hätte man für die Vorderseite weitere Beträge mit einer Summe von fast 4000 *emāru* und dazu womöglich, falls es sich um einen Feldertragstext des üblichen Aufbaus handelte, die Ackerflächen, die Durchschnittserträge und vielleicht auch entsprechende topographische Daten zur Speicherung bzw. Angaben über die Herkunft der Gerste und die beteiligten Personen zu erwarten.[6]

Der bei zwei Amtsträgern auftretende Eponymenname Abī-ilī – eine Filiation war hier höchstwahrscheinlich im Datum genannt – scheint zunächst eine Datierung der Tafel in die Salmanassar- oder Tukultī-Ninurta-Zeit zu ermöglichen.[7] Da aber bisher alle Vertreter der Gattung „Feldertragstexte" aus Assur der Salmanassar-Zeit zugewiesen werden konnten[8] und der Eponym Adad-šamšī in diese Regierungszeit gehört,[9] kommt hier der ältere Namensträger, also Abī-ilī, der Sohn des Aššur-šumulēšir, in Frage. Ein weiteres Argument für diesen Ansatz ist Ubru, der *rab alāni* „Vorsteher der Städte" (s. u.).[10] Wegen des Beamten, der auch in KAJ 263[11] (VAT 9845) mit seinem vollen Titel erscheint, empfahl sich eine Kollation dieser Tafel. Von ihr wurde eine neue Kopie angefertigt (vgl. Anm. 2).

---

4 Diese Reste der Vs. sind ebenfalls in Kopie beigefügt, aber auch nicht versuchsweise transliteriert worden.

5 Vgl. Freydank, 1982, u. Freydank, 1994b.

6 Vgl. zuletzt Freydank, 1994a, 13-30.

7 Vgl. Freydank, 1991, 105 f.

8 Vgl. Freydank, 1994a, 27.

9 Vgl. Freydank, 1991, 109 f.

10 S. Saporetti, 1970a, 490. Im Vergleich mit dem vorliegenden Text läßt sich nun jeder Zweifel an der Lesung des Vatersnamens Adad-šuma-iddina ausräumen.

11 Ebeling, 1927, Nr. 263.

VAT 19194

Rd. 17']x x x x x x *ka-r*[*u-e*$^{?}$]

18']⸢*it*$^{?}$⸣-*tal-ka te*-[ ]

Rs. 19' 6 *me* 38 ANŠE ŠE *i+na* É *qu-up-te*

20' *ša* KA-*i ad-ri* É.GAL^{lim}

21' ⸢*ša*⸣ ^{URU}US-*be ta-ab-ku-ni*

22' ŠU.NÍGIN 4 *lim* 5 *me* 32 ANŠE 5 BÁN 8 SÌLA ŠE *pi-šèr-ti k*[*a-ru-e*]

23' ⸢*ša li*⸣-*im* ^{Id}IM-*šam-ši*

24' ⸢*a-na*⸣ 4 *lim* 7 *me* 59 ANŠE 1 BÁN 5 SÌLA ŠE

25' ⸢*a-na*⸣ *ši-iḫ-ṭé ta-lik* 3 BÁN 5 SÌLA [?]

26' [Š]U.NIGIN 5 *lim* 87 ANŠE 4 BÁN 5 SÌLA ŠE *i+na* ^{GIŠ}BÁN SUMUN

27' ⸢*a*⸣-*na ta-kúl-te ša li-me* ^{I}*A-bi*-DINGIR

28' *a-na* ^{I}*Ub-ri* DUMU ^{Id}IM-MU-SUM-*na* GAL URU^{DIDLI} *ta-din*

29' ^{Id}*A-šur-id-na-ni* DUMU EN-UR.SAG *qi-pu*

30' ⸢*ù*$^{?}$⸣ ^{I}KAR-^{d}*A-šur* DUMU ÌR-*Ku-be* DUB.SAR

Rd. 31' ⸢^{ITU}⸣x x ⸢U_4.2⸣8.⸢KÁM⸣ *li*-⸢*mu*⸣

32' ⸢^{I}*A-bi*-DINGIR D[UMU]x$^{?}$[ ][12]

Übersetzung

Rd. 17'].................des Getreide[haufens$^{?}$]

18'] entspricht$^{?}$ ...[

Rs. 19' 638 *emāru* Gerste im *quptu*-Haus,

20' die (am) Eingang der Scheune des Palastes

21' der Stadt USbe aufgeschüttet worden sind;

22' insgesamt 4532 *emāru* 5 *sūtu* 8 *qû* Gerste, Auflösung des Sp[eichers]

23' des Eponymats des Adad-šamšī,

24’ entspricht 4759 *emāru* 1 *sūtu* 5 *qû* Gerste

25’ hinsichtlich *šiḫṭu* – 3 *sūtu* 5 *qû*?[?];

26’ [in]sgesamt 5087 *emāru* 4 *sūtu* 5 *qû* Gerste im alten *sūtu*-Maß

27’ (sind) für die „Vorräte“ des Eponymats des Abī-ilī

28’ dem Ubru, dem Sohn des Adad-šuma-iddina, dem Vorsteher der Städte, gegeben.

29’ Aššur-idnanni, der Sohn des Bēl-qarrād (ist) der Beauftragte,

30’ und? Šūzub-Aššur, der Sohn des Urad-Kūbe, (ist) der Schreiber.

31’ Monat ......, 28. Tag, Eponym

32’ (ist) Abī-ilī, der [Sohn des ......].[......][12]

17’: Die Zeichen vor *ka-r*[*u-e*?] lassen sich nicht als *pi-šèr-ti* lesen.

18’: Zu *ittalkā* in Verbindung mit Durchschnittserträgen vgl. Freydank, 1994a, 23 Anm. 29. Eine etwaige Ergänzung zu *te-*[*li-it* BURU$_{14}$ wäre nach dem Kontext sehr unsicher.

19’-21’: Vgl. zu *i+na* É *qu-up-te* MARV 3, 4:10 *i+na qu*-BE-*te* (nach Kollation kein Zweifel an BE; vgl. Freydank, 1994a, 21 Anm. 24).[13] Die Passagen hier und in MARV 3, 4:9 f. bezeugen die ähnlichen Verhältnisse in Nēmad-Ištar und dem hier genannten Ort USbe:

---

[12] Ergänzung also zu Aššur-šumu-lēšir, doch lassen sich die Spuren nicht zuordnen.

[13] AHw 928b ist die Lesung von KAJ 199:3 als *ana pī qup-pat bābe* zu finden. CAD Q 308a und N$_{i}$ 219b folgen darin dem AHw. Wegen der auffälligen, obgleich möglichen Schreibung mit zwei KVK-Zeichen empfahl sich eine Kollation der Tafel. Sie ergab, daß E. Ebeling in seiner Kopie Keile überschriebener Zeichen nicht von den letztgültigen unterschieden hat. So blieb die Stelle ungeachtet seiner grundsätzlich richtigen Überlegung, es müsse eine von *petû* abzuleitende Form vorliegen (Ebeling, 1933, 44 [„Nr. 31“ Z. 3 mit Anm. a)]), nicht gut verständlich.

Der als gebrochen aufgefaßte untere Keil in dem von E. Ebeling kopierten DU (*qup*) ist der Rest eines überschriebenen, d.h. vom „oberen“ waagerechten Keil des „DU“ weggedrückten einfachen waagerechten Keiles, der folglich vernachlässigt werden kann. Der zu einem *pat* gerechnete bzw. als *u* (E. Ebeling: *pi-i-du-u ša*!?) gelesene Winkelhaken bildet mit den vorigen Keilen ein *ti*. Somit ist *a-na pi-i-ti šá* KÁ zu lesen, und es liegt *pīt bābim* „Öffnung der Tür/des Tores“ vor, was AHw 871a als ein Fest notiert und also nach KAJ 199:3-6 Anlaß für ein Tieropfer ist (3) „[ ]... ist für die ‘Öffnung der Tür/des Tores’, 4) bei der sie den Eingang des Turmes 5) geöffnet haben, 6) geschlachtet worden.“).

VAT 19194:19') ... ŠE *i+na* É *qu-up-te* 20') *ša* KA-*i ad-ri* É.GAL^{lim} 21') ⌜*ša*⌝ ^{URU}US-*be ta-ab-ku-ni*

MARV 3, 4:9) [*g*]*ab-bu-šu i+na* É *kar-me* ⌜*i+na*⌝ *ad-ri* É.GAL^{lim} 10) *i+na qu*-BE-*te ta-bi-ik* ....

Auch nach dem vorliegenden Text handelt es sich im Zusammenhang mit der „Scheune des Palastes" sehr wahrscheinlich um eine Baulichkeit, die zur Aufbewahrung von Behältnissen für Gerste diente.

21': Ein ON Us/ṣ/zbe/u läßt sich bisher anderweitig, soweit man sieht, nicht belegen (vgl. Nashef, 1982, s.v., und Parpola, 1970, s.v.), und der Vergleich mit dem singulären ^{uru}*uš-bat-a-a-a* (s. Zadok, 1985, s.v.) führt nicht weiter.

23': Falls so aufzufassen, wäre *līmu* in einer Status-constructus-Verbindung mit einem folgenden PN bisher anscheinend ohne Beispiel.

22'-25' bestätigt das schon aus MARV 3, 10:13'-15' abgeleitete, mit der Eigenschaft *šiḫṭu* (!; sehr wahrscheinlich so zu lesen) verbundene Umrechnungsverhältnis[14], obwohl eine geringfügige Abweichung auftritt, deren Ursache sich noch nicht erklären läßt. So kann man 5 % von 453258 *qû* (Z. 22') als 22662,9 *qû* ermitteln, weshalb die Summe 475920,9 *qû* betragen sollte. Demgegenüber nennt Z. 24' nur 15 *qû*, womit eine Differenz zu 20,9 *qû* von knapp 6 *qû* vorliegt. Die am Ende von Z. 25' verzeichneten 35 *qû*?! lassen sich anscheinend in keine Beziehung zu der Rechnung setzen.[15] In jedem Fall nimmt Gerste durch die Eigenschaft *šiḫṭu* bzw. einen entsprechenden Vorgang einen um rund ein Zwanzigstel vergrößerten bzw. verringerten Raum ein.

27': Fraglich scheint in diesem Kontext die Deutung von *tākultu* als „Kultmahlzeit" (vgl. AHw [von Soden, 1965-1981] 1309) zunächst deshalb,

---

[14] Vgl. Freydank, 1994a, 24 u. 26 mit Anm. 31. Gegen die Lesung *šiḫḫu* wie folglich auch gegen eine Ableitung von *šaḫāḫu* spricht VAT 16451 Vs. 2 (s. den Text bisher bei Weidner, 1959, Tf.XI [2. Seite 2]; die Tafel ist inzwischen durch einen Join ergänzt worden und zur erneuten Publikation vorgesehen). Mit hoher Wahrscheinlichkeit liegt nun (Gerste) [*š*]*a-aḫ*-DA *ma-di-id* vor – eine Lesung *še* oder *ši* ist für das beschädigte Zeichen auszuschließen–, so daß auch MARV 2, 20:25 als *ši-iḫ*-[*Ḫ*]*U ma-di-id* fraglich wird, zumal dort womöglich eher zu *ši-iḫ*-[*D*]*A* ergänzt werden darf. Somit kommt jeweils die Lesung *ši-iḫ-ṭí* anstelle von *ši-iḫ-ḪI* in Frage, und es ist auf CAD Š$_{\mathrm{I}}$ 92b-95a *šaḫāṭu* hinzuweisen, und insbesondere auf ebd. 101b *šaḫṭu* „stripped", das sich auf Früchte und Holz beziehen kann. Nach VAT 16451 Vs. 2 und MARV 2, 20:25 sollten *šaḫṭu* und *šiḫṭu* dasselbe Wort vertreten, das etwa als *šeḫṭu* (vgl. auch Ahw 1209b) anzusetzen wäre. Vorsicht scheint geboten bei der Interpretation des oben genannten Umrechnungverhältnisses in Hinsicht auf die Beschaffenheit der Gerste, die mit *šeḫṭu* bezeichnet wird, denn diese könnte entweder zu dem um 5 % vergrößerten Volumen führen oder aber begründen, daß die Gerste in diesem Zustand noch ein um 5 % größeres Volumen einnimmt.

[15] Vgl. die sich gegenseitig aufhebenden und deshalb nur rechnerisch relevanten Gerstenmengen in MARV 2, 23 Vs. 12 u. 17; vgl. Postgate, 1990, 84 f. u. Freydank, 1994a, 17 f.

weil die „Feldertragstexte" offenkundig ausschließlich im säkularen Milieu angesiedelt sind. Dafür spricht ebenso der *rab alāni* als Empfänger der beträchtlichen Getreidemenge, neben dem als offizielle Personen bei der Übergabe der Gerste – der überwiegende Teil davon wird Z. 22' durch *pišerti karūʾe* „Auflösung des Getreidehaufens" gekennzeichnet – in Z. 29' ein Beauftragter (des Königs?!) und in Z. 30' ein Schreiber, also der Protokollant, auftreten.

Über die beiden Eponymen hinaus vermittelt bisher nur Ubru, der Sohn des Adad-šuma-iddina und *rab alāni*, eine Beziehung zu anderen bekannten Urkunden. Obwohl der PN dort ohne Filiation und Funktionsbezeichnung erscheint, werden die Belege KAJ 218:4 und KAJ 318:4 nach inhaltlichen Kriterien zu Recht zu KAJ 263:4 gestellt und auf die nach Vatersnamen und Titel mit vorliegendem Ubru identische Person bezogen.[16] Die an ein und demselben Tag abgefaßten Urkunden KAJ 218 und 318 weisen mit dem Eponymen Libūr-zānin-Aššur allerdings schon in die Tukultī-Ninurta-Zeit.[17] In KAJ 263 hat sich dagegen das Datum nicht erhalten. Die Urkunde ist in diesem Zusammenhang auch deshalb interessant, weil sie im Gegensatz zum vorliegenden Text den *rab alāni* nicht bei der Vereinnahmung von Gerste (vgl. Rs. 26'-28') zeigt, sondern eine Vergabe von Gerste des Palastes durch ihn zu Lasten eines *alaḫḫinu* dokumentiert, wobei die Zweckbestimmung des Getreides nicht mehr festgestellt werden kann.

[16] Vgl. Saporetti, 1970a, 490; daß der neben Uṣur-namkūr-šarri in MARV 3, 7:12 und 53:8 erwähnte Ubru mit dem *rab alāni* identisch ist, darf man in Anbetracht der Häufigkeit des PN kaum annehmen.

[17] Vgl. Freydank, 1991, 148. – Nach KAJ 218 (VAT 15450 [Ass. 14445 M 11:58]) und KAJ 318 (VAT 15451 [Ass. 14445 f. M 11:45]) ist Gerste (2 *emāru* zur Fütterung des Geflügels bzw. 2 *emāru*, die an den *alaḫḫinu* zum Mahlen gegeben werden) obendrein Eigentum des Libūr-zānin-Aššur und befindet sich in der Verfügung des Ubru.

KAJ 263 (VAT 9845)[18]

Vs. 1 2⸢4⸣[+x AN]ŠE ŠE BABBAR

2 *i+na* ^{GIŠ}BÁN SUMUN

3 *ša* É.GAL^{lim}

4 *ša* ŠU ^{I}*Ub-ri*

5 DUMU ^{d}⸢IM⸣-MU-SUM-⸢*na*⸣

6 GAL ⸢URU⸣^{DIDLI}

7 *i+na* UGU EN-MU-⸢*le-ši*⸣[*r*]

8 ^{LÚ}*a-*⸢*láḫ*⸣*-ḫi-ni*

Rd. 9 *ša* ⸢É⸣ x[ ] MAŠ [?]

10[19] ⸢*ša*? $^{\text{I}?}$⸣[ ]x x ⸢*qi*?⸣

Rs. (abgebrochen)

Übersetzung

Vs. 1 24[+x *em*]*āru* weiße? Gerste

2 im alten *sūtu*-Maß,

3 Eigentum des Palastes,

4 aus der Verfügung des Ubru,

5 des Sohnes des Adad-šuma-iddina,

6 des Vorstehers der Städte,

7 schuldet Bēr-šumu-lēši[r],

[18] Die etwa quadratische Tafel ist stellenweise stark beschädigt. So ist der von E. Ebeling schraffiert wiedergegebene Mittelteil von Z. 1 gänzlich abgebrochen. Die Schraffuren in Z. 5 f. gehen auf eine etwa kreisrunde Durchbohrung der Tafel zurück. Mit den Schraffuren am Anfang und Ende von Z. 5 werden zwei ähnliche, aber weniger tiefe Beschädigungen angedeutet. Folglich liegt der Gedanke nahe, die Tafel sei bei der Ausgrabung von einer Forke getroffen worden, deren Zinken etwa 1,5 cm Abstand hatten. Diese Maße lassen sich auf der völlig zerstörten Rs. (vgl. KAJ 263: Rückseite abgebrochen) an vergleichbaren Vertiefungen bestätigen. – Die Schrift der Vs. ist relativ groß. Jeder einzelne Keil wurde deutlich abgehoben eingedrückt. Es fallen die nahezu rechten Winkel bei den Winkelhaken und den Köpfen der senkrechten Keile auf. – Die Tafel wurde bisher keiner Fundgruppe zugeordnet (vgl. Pedersén, 1985 II, 169).

[19] Oder lies und ergänze diese Zeile etwa *ša* ⸢*a*⸣-[*na*]x-⸢*qi*?⸣?

8 der *alaḫḫinu*

Rd. 9 des Hauses/Tempels...[...]...,

10 die ....[

Nachdem der Vorgang *pišerti karūʾe* „Auflösung des Getreidehaufens" und *pašāru* „auflösen" im Sinne einer Entscheidung und Aufsicht eines Beauftragten des Königs bezüglich der Verteilung und Verwendung der vom Kronland geernteten Gerste gedeutet worden ist[20] – der Sachverhalt läßt dann auch an eine Bedeutungsnuance „Freigabe" bzw. „freigeben" denken –, sei noch ein Blick auf die bereits ausführlich behandelten Verpflegungsprotokolle KAJ 113 und KAJ 109 geworfen.[21]

KAJ 113(:5-9 u. 13-17) führt die beiden Getreideposten, die zusammen auf Befehl des Königs an Deportierte zu verteilen sind, mit dem Verb *pašāru* offenkundig auf den besagten administrativen Vorgang zurück (... *ša* ... PN ... *ipšurūni*). Die jeweils genauestens beschriebenen Mengen waren folglich im Ergebnis jener auf zwei verschiedene Eponymate bezogenen „Auflösungen" sehr wahrscheinlich in den Speicher des Palastes gelangt und dort verblieben, bis sie nun zur Verpflegung eingesetzt wurden.

In KAJ 109 ist die Gerste demgegenüber nicht ausdrücklich derselben Herkunft, d.h. sie kommt aus der Verfügung des Urad-Šerūʾa, des Sohnes des Melisaḫ. – Melisaḫ tritt seinerseits zu einer bestimmten Zeit als Statthalter von Naḫur auf. – Im Fall dieser Urkunde scheint jedenfalls die Gerste durch die Herkunftsangabe hinreichend beschrieben zu sein, d.h. Urad-Šerūʾa dürfte die Eignung der Gerste für den betreffenden Zweck voll verantwortet haben.

Die wesentlichen Schwierigkeiten bei der Interpretation der beiden Dokumente, mit deren Problematik sich C. Saporetti und J.N. Postgate anläßlich ihrer Bearbeitungen beschäftigt haben, bestehen in der Unsicherheit, wie die verschiedenen beschriebenen Vorgänge aufeinander zu beziehen sind. Im folgenden sei insbesondere auf die Passagen KAJ 113:32-36 und KAJ 109:4-11 noch einmal eingegangen. Die dabei vorzuschlagende Deutung weicht prinzipiell von der zuletzt von J.N. Postgate[22] vertretenen ab, nicht dagegen hinsichtlich des übergebenen Objektes von der C. Saporettis.[23] Dieser bringt die in beiden Texten enthaltenen, auf mehrere Tafeln (KAJ 113:32: 5 *le-a-ni*; KAJ 109:4: 13 *le-a-ni*) bezogenen Aussagen jeweils mit der einen Gerstenmenge in Verbindung, die in Empfang ge-

---

[20] Freydank, 1994a, 14 u. 21.

[21] Saporetti, 1970b, 437-453; Postgate, 1988, Nr. 34 (KAJ 109), S. 68-70, u. Nr. 35 (KAJ 113), S. 71-74.

[22] Postgate, 1988, 69 f.

[23] Saporetti, 1970b, 439 u. 441 f.

nommen wurde, während J.N. Postgate einen Wechsel des Tafelbesitzes annimmt und deshalb im Fall von KAJ 106 zu der bezweifelbaren Konsequenz gelangt, daß die Deportierten selbst die Tafeln in Empfang genommen hätten.

Der Hauptgrund, beide Interpretationen in Frage zu stellen, ergibt sich aber letztlich aus dem gemeinsamen Zeithorizont der Urkunden. KAJ 113 nennt Aššur-kettī-īde, den Sohn des Aššur-šar-ilāni, als den gegenwärtigen Statthalter von Naḫur. Der zwei Tage später geschriebene Text KAJ 109 bezeichnet dagegen Melisaḫ als den Statthalter von Naḫur. Er tut dies aber im Kontext eines Vorganges, der nach der einleitenden Formel *ša* KA 13 *le-a-ni* „gemäß 13 (Holz)tafeln" beschrieben wird. Dem vergleichbar ist die Nennung eines Beauftragten des Königs namens Bēr-iddina in KAJ 113:33, von dem J.N. Postgate annimmt, er habe jene fünf Urkunden von Urad-Šerū'a, dem Sohn des Melisaḫ, erhalten und an Aššur-kettī-īde weitergegeben. Diese Person tritt aber im Text nur im Zusammenhang der betreffenden Handlung auf und ebenfalls nur nach der Formel *ša pi-i* 5 *le-a-ni*.[24]

Beide Passagen möchte ich nun als referierte Präzedenzfälle auffassen, nach denen man sich bei der Zumessung des Getreides aktuell richtete. In KAJ 109:4-11 folgte die Übergabe von Gerste somit dem Wortlaut bzw. der Vorgabe der 13 Tafeln, nach denen die Deportierten der Stadt Šuduḫi Saatgut, Rinderfutter und Verpflegung in Naḫur aus der Verfügung des Melisaḫ, des Sohnes des Aššur-aḫa-iddina, des Statthalters der Stadt Naḫur, erhalten hatten. Nach den Datenformeln beider Tafeln (vgl. KAJ 113) zu urteilen, war Melisaḫ inzwischen also nicht mehr der Statthalter von Naḫur, nahm jedenfalls nicht mehr an entsprechenden Transaktionen teil und war vielleicht nicht mehr am Leben, zumal die Gerste nun aus der Verfügung des Sohnes gegeben wurde.

---

[24] Entsprechend seiner Interpretation, wie mit den *le'āni* verfahren worden sei, schreibt Postgate, 1988, 74, über die hier genannten Dokumente: „The details of the deportees receiving rations would have been conveyed to the governor in the form of these five writing-boards, probably along with the administrative liability for carrying out the distribution." – Hinsichtlich der möglichen Gestalt solcher Urkunden ist auf eine Anzahl von Fragmenten größerer Tontafeln aufmerksam zu machen, die in den bei Pedersén, 1985 I, unter M 8 (S. 82-89) vorgestellten Fundkomplex einbegriffen sind. Die Bruchstücke tragen Fundnummern der Gruppen Assur 10990 ff. Nach wenigen erhaltenen Eponymen zu urteilen, handelt es sich um Dokumente der Salmanassar-Zeit, die einen ähnlichen Aufbau wie die Deportiertenlisten der Tukultī-Ninurta-Zeit (vgl. MARV 2, 6) zeigen, jedoch von diesen darin verschieden sind, daß anscheinend nur die Familienoberhäupter mit Namen genannt und den Familien jeweils Gerstenmengen zugeteilt werden. Da die Familienmitglieder nur summarisch nach Stellung, Alter und Qualität als Arbeitskraft verzeichnet worden sind, ist der Ertrag an Personennamen begrenzt. Wegen der auffällig starken Beschädigungen wird die Aufbereitung dieser Textgruppe voraussichtlich einen hohen editorischen Aufwand erfordern.

Ähnlich läßt sich auch KAJ 113:32-36 interpretieren: 32) „[Die]se [Gerste] entspricht (derjenigen Gerste von) fünf Tafeln, 33) [die B]ēr-iddina, der Beauftragte 34) [des Kö]nigs, aus der Verfügung des Urad-Šerūʾa, 35) [des So]hnes des Melisaḫ, erhalten 36) (und) dem Aššur-ke[ttī-ī]de gegeben hatte."

Auch hier läge also eine Erklärung und Absicherung des gegenwärtigen Vorganges durch das Vorbild eines früheren vor, der sich auf Urkunden stützen kann. C. Saporettis Übersetzung scheint diese Deutung zuzulassen, doch sieht er offenkundig die Abschnitte als Varianten ein und desselben Vorganges, wenn er z. B. mit dem Satz „un caricato del re ha ricevuto questo orzo ..." von Z. 12-14 auf Z. 2 verweist.[25]

In KAJ 109, wo die betreffende Passage auf Z. 2 f. folgt, d.h. unmittelbar auf die Nennung der Gerste, erübrigt sich eine Wiederholung des Objekts als *šeʾu anniu*. Aufzufassen hätte man sie als: 4) „(Diese Gerste) entspricht (derjenigen Gerste von) 13 Tafeln, 5) die die Deportierten 6) der Stadt Šuduḫi als Saatgut, 7) Rinderfutter und ihre Verpflegung 8) in der Stadt Naḫur aus der Verfügung des Melisaḫ, 9) des Sohnes des Aššur-aḫa-iddina, 10) des Statthalters von Naḫur, 11) erhalten hatten."

Hiernach ist erneut zu versuchen, die Vorgänge zueinander in Beziehung zu setzen. Man hat folgende einzelne Handlungskomplexe zu unterscheiden:

KAJ 113

(A) (Z. 1-9) Bēr-šumu-lēšir, der Sohn des Etel-pî-Tašmēte, der Beauftragte des Königs, hat im Eponymat des Abī-ilī, des Sohnes des Aššur-šumu-lēšir, einen Ernteertrag „aufgelöst", und eine daraus hervorgegangene und hier genannte Gerstenmenge befindet sich jetzt im Eigentum des Palastes der Stadt Amasakku.

(B) (Z. 10-17) Ubru, der Sohn des Aššur-mušēzib, der Beauftragte des Königs, hat im Eponymat des Aššur-ālik-pāni einen Ernteertrag „aufgelöst", und eine daraus hervorgegangene und hier genannte Gerstenmenge befindet sich jetzt im Eigentum des Palastes der Stadt Amasakku.

(C) (Z. 18-31) Die unter A) und B) definierten Gerstenmengen sind auf Befehl des Königs von Bēr-šumu-lēšir, dem Sohn des Etel-pî-Tašmēte, und Ubru, dem Sohn des Aššur-mušēzib, den beiden Beauftragten des Königs, den Deportierten der Stadt Naḫur gegeben worden, d.h. sie wurden Aššur-kettī-īde, dem Sohn des Aššur-šar-ilāni, dem Statthalter von Naḫur, zur Verteilung gegeben.

(D) (Z. 32-36) Die oben genannte, aus zwei Teilbeträgen bestehende Gerstenmenge richtet sich nach einer Gerstenmenge, die auf fünf Tafeln verzeichnet ist und von Bēr-iddin, dem Beauftragten des Königs, aus der Verfügung des Urad-Šerūʾa, des Sohnes des Melisaḫ, in Empfang genommen und Aššur-kettī-īde gegeben worden war.

---

[25] Saporetti, 1970b, 439.

(E) (Z. 37 f.) Datum der Tafel und damit Zeitpunkt des unter (C) verzeichneten Vorganges ist der 21. Ša-kēnāte im Eponymat des Mušallim-Aššur.

KAJ 109

(F) (Z. 1-3, 12-21) Šamaš-aḫa-iddina, der Beauftragte des Königs, hat aus der Verfügung des Urad-Šerū'a, des Sohnes des Melisaḫ, in Naḫur eine Gerstenmenge in Empfang genommen und Kidin-Sîn, dem Sohn des Adadteja, dem Statthalter von Šuduḫi, zur Verteilung gegeben.

(G) (Z. 4-11) Die unter (F) genannte Gerstenmenge richtet sich nach einer Gerstenmenge, die auf 13 Tafeln verzeichnet ist, und die die Deportierten der Stadt Šuduḫi als Saatgut, Rinderfutter und Verpflegung in Naḫur aus der Verfügung des Melisaḫ, des Sohnes des Aššur-aḫa-iddina, des Statthalters von Naḫur, erhalten hatten.[26]

(H) (Z. 22 f.) Datum der Tafel und damit Zeitpunkt des unter (F) verzeichneten Vorganges ist der 23. Ša-kēnāte im Eponymat des Mušallim-Aššur.

Damit haben aufgrund von (E) und (H) die Vorgänge (C) und (F) nahezu gleichzeitig stattgefunden. Im Verhältnis dazu sind (A) und (B) ebenso wie die referierten Vorgänge (D) und (G) vorzeitig, wobei man (B) später als (A) ansetzt.[27] (D) könnte später als (A) und (B) sein, was sich aber nicht beweisen läßt. (G) wäre nach dem oben genannten Argument, der Statthalterschaft des Melisaḫ in Naḫur, früher als (D).

Ort des Vorganges, der mit dem Verpflegungsprotokoll KAJ 113 festgehalten wird, ist offenkundig Amasakku, wo der Statthalter von Naḫur Gerste für die Deportierten, die sich in Naḫur aufhalten, in Empfang nimmt. Laut KAJ 109 nimmt zwei Tage später in Naḫur der Statthalter von Šuduḫi, vermittelt von einem Beauftragten des Königs, Gerste für Deportierte entgegen, die sich in Šuduḫi aufhalten.

Wenn KAJ 109:6 f. explizit die Zweckbestimmung der Gerste nennt, so erinnert das an die Aufteilung von Gerste nach dem Feldertragstext MARV 3, 10, in dem zumindest Saatgut genannt wird und Viehfutter wie auch die Rationen für Landarbeiter sehr wahrscheinlich sind.[28] Mit den ÉRIN^{MEŠ} *na-ás-ḫu-te* bezieht man sich in KAJ 109:5 und KAJ 113:26 augenscheinlich

---

[26] Dabei sollte es ohne wesentliche Bedeutung sein, ob sich die Deportierten zu dem Zeitpunkt in Naḫur aufgehalten hatten oder die Gerste schon einmal stellvertretend für sie entgegengenommen worden war.

[27] Vgl. Saporetti, 1979, 86: „La sequenza Abī-ilī Aššur-ālik-pāni Mušallim-Aššur è dovuta al testo KAJ 113, ...“ Auf die Unsicherheit, in welchem zeitlichen Abstand vom Regierungsbeginn Salmanassars I. diese Eponymate anzusetzen seien, weist Heinhold-Krahmer, 1988, 98 Anm. 221, hin

[28] Freydank, 1994a, 26 f.

auf eine zwar deportierte, aber bereits wiederangesiedelte oder doch zum Verbleib bestimmte Bevölkerung, an der nicht mehr die Herkunft, die uns folglich verschwiegen wird, sondern im vorliegenden administrativen Kontext nur noch der gegenwärtige Aufenthaltsort interessiert.[29] Falls also in Šuduḫi zu diesem Zeitpunkt aus welchem Grund auch immer keine oder noch keine Speicherung bzw. Zuteilung aus einer eigenen Produktion stattfinden konnte, so mochte tatsächlich das benachbarte Naḫur einspringen, das seinerseits aus Amasakku unterstützt werden mußte. Eine Vermutung, der Statthalterposten in Amasakku sei vorübergehend nicht besetzt gewesen[30], erübrigt sich, wenn man berücksichtigt, daß der Statthalter bei der von KAJ 113 dokumentierten Aktion keine Rolle zu spielen hatte. Die „Auflösung des Getreidehaufens" war nicht seine Aufgabe, sondern die der Beauftragten des Königs. Da sich diese im vorliegenden Fall noch oder wieder in Amasakku aufhielten, konnten sie auf Befehl des Königs sehr wohl ohne Zutun und folglich auch ohne Erwähnung des Statthalters von Amasakku handeln.

Die Urkunden KAJ 109 und 113 belegen zum einen die im eroberten Hanigalbat agierenden königlichen Funktionäre, ferner die Ortsnamen aus dem Habur-Dreieck und die zu verpflegenden Gruppen, die man noch als deportiert bzw. umgesiedelt kennzeichnet, andererseits die zur Zeit Salmanassars I. in den assyrischen Provinzen übliche Verwaltungspraxis, die ihren landesweit verbindlichen Prinzipien zu folgen scheint. Eben diese Verwaltungspraxis erweckt aber den Eindruck, so gut eingespielt zu sein, daß man mit einem größeren zeitlichen Abstand von der Eroberung dieser Gebiete rechnen möchte.[31] Aufschluß darüber wird man sich von einer vollständigen Rekonstruktion der Eponymenfolge in der Regierungszeit Salmanassars I. erhoffen dürfen.

---

[29] C. Saporetti hatte noch eine der beiden Möglichkeiten „Herkunftsort" oder „Aufenthaltsort" (vgl. Saporetti, 1970b, 437: „deportati di (o di stanza in)") eingeräumt, wohingegen Harrak, 1987, 191 f., ausführlich die zweite Interpretation bevorzugt und begründet. Für ihn ist der Terminus *nasḫūte* ein Indiz dafür, daß die Tafeln in die ersten Jahre nach der Wiedereroberung Hanigalbats durch Salmanassar I. zu datieren seien. Diesem Zeitansatz ist entgegenzuhalten, daß eine Bevölkerung ihren Status als „Umgesiedelte, Deportierte" kraft der wirtschaftlichen und sozialen Stellung, die ihr auf Königsland zugewiesen wurde, bei stabilen Herrschaftsverhältnissen nicht ohne weiteres verlieren konnte. Man vgl. dazu etwa eine Deportiertenliste wie MARV 2, 6.

[30] Saporetti, 1970b, 444.

[31] Vgl. Anm. 28. Eine Erklärung dafür mag davon abhängen, welche Teile Hanigalbats im besonderen von der Eroberung bzw. Wiedereroberung durch Salmanassar I. betroffen waren, und inwieweit der König etwa nur einen Topos aus den Inschriften seines Vorgängers verwenden ließ. S. dazu die umfassenden Erörterungen bei Heinhold-Krahmer, 1988, 79-104.

Bibliographie:

Ebeling, Erich

1927 Keilschrifturkunden aus Assur juristischen Inhalts, Leipzig (WVDOG 50)

1933 Urkunden des Archivs von Assur aus mittelassyrischer Zeit, MAOG VII/1-2

Freydank, Helmut

1982 Mittelassyrische Rechtsurkunden und Verwaltungstexte. 2, Berlin (VS 21 [N.F. 3])

1991 Beiträge zur mittelassyrischen Chronologie und Geschichte, Berlin

1994a Drei Tafeln aus der Verwaltung des mittelassyrischen Kronlandes, AoF 21, 13-30

1994b Mittelassyrische Rechtsurkunden und Verwaltungstexte. 3, Berlin (WVDOG 92)

Harrak, Amir

1987 Assyria and Hanigalbat, Hildesheim/Zürich/New York (Texte und Studien zur Orientalistik 4)

Heinhold-Krahmer, Susanne

1988 Zu Salmanassars I. Eroberungen im Hurritergebiet, AfO 35, 79-104

Nashef, Khaled

1982 Die Orts- und Gewässernamen der mittelbabylonischen und mittelassyrischen Zeit, Wiesbaden (RGTC 5)

Parpola, Simo

1970 Neo-Assyrian Toponyms, Kevelaer/Neukirchen-Vluyn (AOAT 6)

Pedersén, Olof

1985 Archives and Libraries in the City of Assur. Part I, Uppsala (Studia Semitica Upsaliensia 6)

1986 Archives and Libraries in the City of Assur. Part II, Uppsala (Studia Semitica Upsaliensia 8)

Postgate, J.N.

1988 The archive of Urad-Šerūa and his family. A Middle-Assyrian household in government service, Rome

1990 Or. 59, 83-85 (Rez. zu Freydank, 1982)

Saporetti, Claudio

1970a Onomastica medio-assira. Vol. I/II, Roma (Studia Pohl 6)

1970b Una deportazione al tempo di Salmanassar I, in: Atti della Accademia Nazionale dei Lincei 1970, Ser. VIII, Rendiconti Classe di Scienze morali, storiche e filologiche, vol. 25, Roma, 437-453

1979 Gli eponimi medio-assiri, Malibu (Bibliotheca Mesopotamica 9)

von Soden, Wolfram
1965-81 Akkadisches Handwörterbuch, Wiesbaden

Zadok, Ran
1985 Geographical Names According to New- and Late-Babylonian Texts, Wiesbaden (RGTC 8)

Abkürzungen:

AHw	s. von Soden, 1965-1981
CAD	The Assyrian Dictionary of The Oriental Institute of the University of Chicago, Chicago/Glückstadt 1956 ff.
KAJ	s. Ebeling, 1927
MARV 2	s. Freydank, 1982
MARV 3	s. Freydank, 1994
RGTC	Répertoire Géographique des Textes Cunéiformes

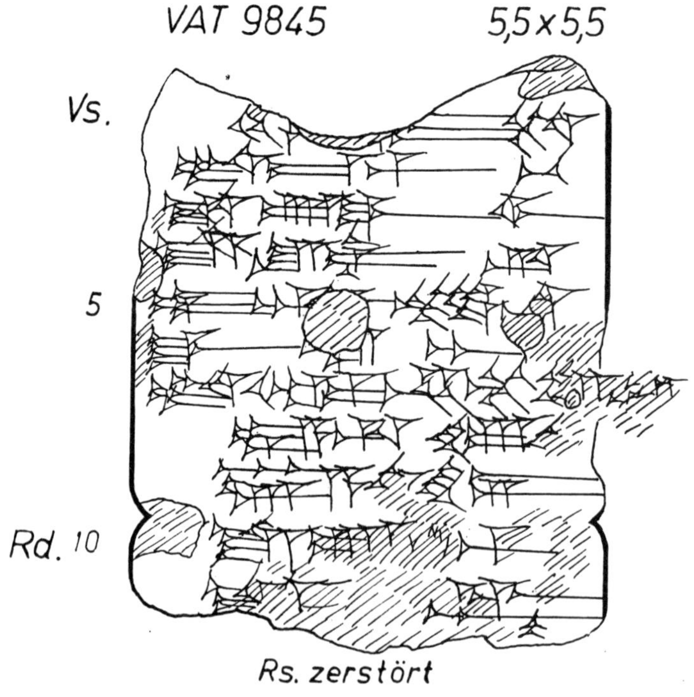

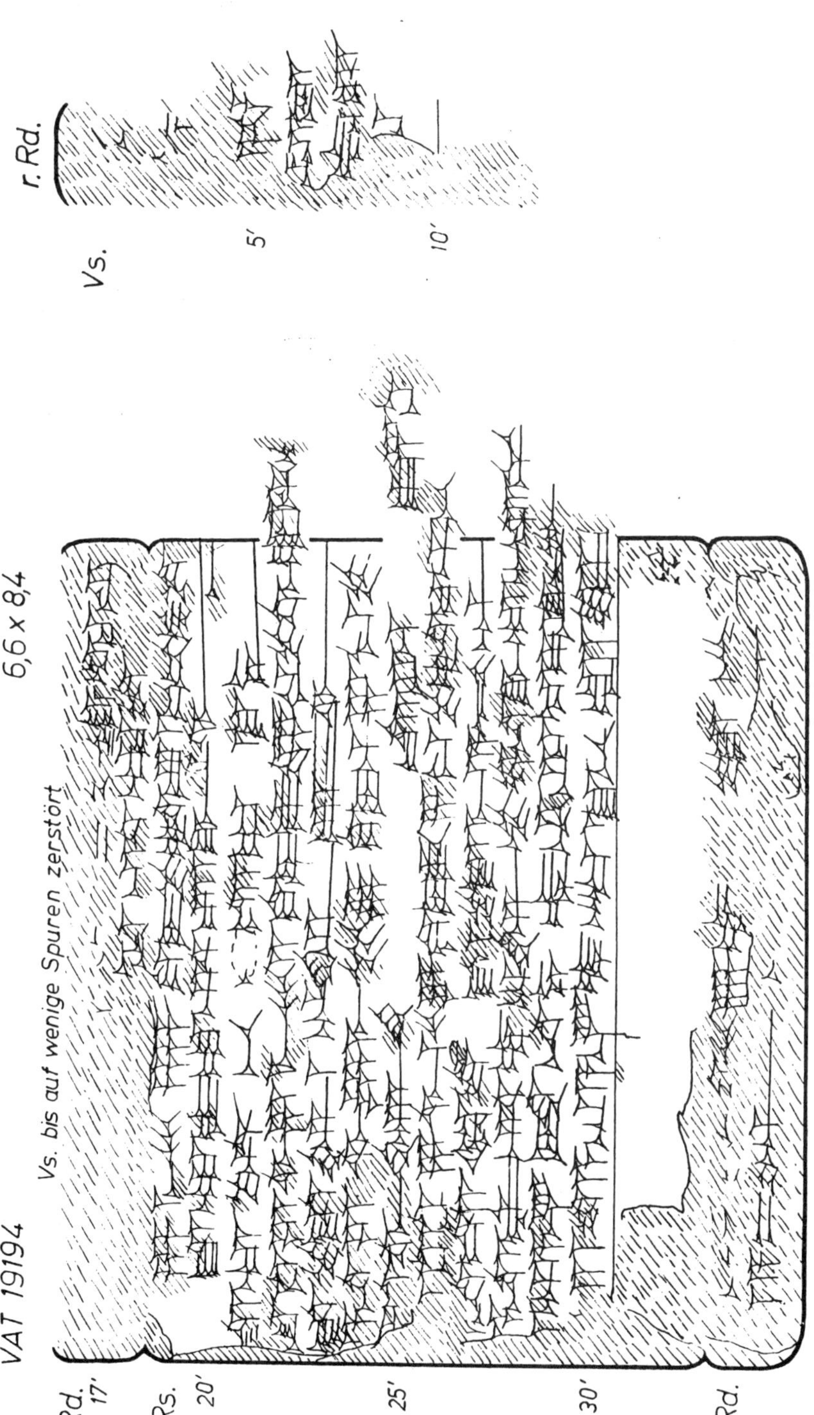
VAT 19194
6,6 x 8,4
Vs. bis auf wenige Spuren zerstört
r.Rd.
Vs.
Rd.
Rs.
Rd.

Eine mesopotamisch-ägyptische Synthese

Ingrid Gamer-Wallert, Tübingen

Das von Erna Stadler vor einigen Jahren initiierte und von Wolfgang Röllig seitdem geleitete Forschungsprojekt „Kunst und Archäologie des Vorderen Orients im kulturgeschichtlichen Rahmen“ der Breuninger Stiftung GmbH, Stuttgart, räumt auch Fragen interkultureller Beziehungen zwischen Vorderasien und Ägypten einen angemessenen Raum ein. Schönste Musterbeispiele dafür kann die Gattung der Roll- oder Zylindersiegel bieten.

In Sumer und Elam „erfunden“, scheinen diese sehr bald nach Ägypten gelangt und dort auf die neuen Bedürfnisse angepaßt worden zu sein. Schon im beginnenden 3. Jahrtausend v.Chr. sind sie im Niltal weitverbreitet[1], bezeugt durch Abdrücke ebenso wie durch Originalbeispiele. Ihrer Beschriftung nach zu schließen, dienen sie zuallererst als Amtssiegel, das Namen und Titel des zum Tragen berechtigten Beamten mit dem Namen seines Königs vereint. Dies gilt zum Teil auch noch für das Mittlere Reich, als Rollsiegel in der expandierenden Skarabäenproduktion eine ernst zu nehmende, sie nach und nach verdrängende Konkurrenz erhalten. Wie die Skarabäen haben allerdings auch sie den Charakter eines Siegel„amuletts“ nie eingebüßt: Exemplare, deren Inschriften mit Glasur gefüllt sind, zeigen im Gegenteil, daß manche zum Siegeln gänzlich ungeeignet waren. G.Th. Martin möchte denn auch eher von „Zylinder-Perlen“ sprechen[2]. Das Wissen um den vorderasiatischen Ursprung der Roll- oder Zylindersiegel scheint in Ägypten zu jeder Zeit erhalten geblieben zu sein. So verwundert es nicht, daß sich ein gehäufter Gebrauch etwa unter Amenemhet II. *Nwb-k3w-(Rꜥ)* erkennen läßt, einem König, der die Verbindungen mit Vorderasien, über Palästina und Phönizien hinaus, stärker pflegte als andere Herrscher des Mittleren Reiches. Sicher nicht zufällig fanden sich Rollsiegel der 3. Dynastie von Ur unter den Grundsteinbeigaben des von ihm ausgebauten Monthtempels von Tod. Im Gegensatz zum Alten Reich beschränkt sich jetzt der Dekor der Siegelabrollfläche in der Regel auf die Namen des Kö-

---

[1] P. Kaplony, Die Rollsiegel des Alten Reiches I-II. Brüssel 1977-1981; LÄ V. Wiesbaden 1984, 294-300 s.v. Rollsiegel (P. Kaplony).

[2] G.Th. Martin, Egyptian Administrative and Private Seals. Oxford 1971, S. 1 Anm. 2.

nigs[3] und/oder seiner engsten Familienangehörigen[4]. Einen weiteren Höhepunkt hinsichtlich des Gebrauchs von Rollsiegeln in Ägypten bildet die sog. Hyksoszeit, eine Epoche, in der ägyptisches und vorderasiatisches Kulturerbe besonders nachhaltig aufeinandertreffen in einem Prozeß gegenseitigen Gebens und Nehmens. Diese Beziehungen brechen, wie u.a. W. Helck[5] beeindruckend dargelegt hat, mit dem Übergang zum Neuen Reich nicht ab, intensivieren sich eher im Laufe der zweiten Hälfte des 2. vorchristlichen Jahrtausends, ganz zu schweigen von den außen- und innenpolitischen Verhältnissen in der ägyptischen Spätzeit, die immer wieder Asiaten auf dem Pharaonenthron erlebt. Asiatische Gottheiten gewinnen schon im Neuen Reich zeitweilig eine kaum zu überschätzende Bedeutung auch für den gläubigen Ägypter[6] und umgekehrt. Die Rollsiegelproduktion allerdings ist jetzt, wenngleich bis in die Spätzeit in Ägypten nachweisbar, weitgehend von jener anderer Siegelamulettformen abgelöst[7]. Die wenigen, sicher in Ägypten hergestellten Exemplare tragen rein ägyptischen Dekor[8], ägyptische Beschriftung. Die an Zahl häufigeren Stücke mit ägyptisierenden Motiven dürften außerhalb der engeren Grenzen des Pharaonenreiches entstanden sein, soweit ihr Fundort bekannt, stammen sie aus Vorderasien[9].

---

[3] z.B. L. Delaporte, Catalogue des cylindres orientaux et des cachets assyro-babyloniens, perses et syro-cappadociens de la Bibliothèque Nationale. Paris 1910, Taf. 28 Nr. 413; P. Newberry, The Timins Collection. London 1907, Taf. 1 Nr. 8; ders., Scarabs. London 1906, Pl. VI Nr. 16. 18; Fl. Petrie., Scarabs and Cylinders. London 1917, Taf. 13 Nr. 12. 13; dort auch Beispiele mit Namen anderer Könige der 12. Dynastie.

[4] z.B. H. Brunner, Eine neue königliche Frau der 12. Dynastie. ZÄS 115, 1988, S. 171 ff.; P. Newberry, a.O., Taf. 1 Nr. 9; T.G.H. James, Corpus of Hieroglyphic Inscriptions in the Brooklyn Museum I. Brooklyn 1974, S. 44 Nr. 104a.

[5] Die Beziehungen Ägyptens zu Vorderasien im 3. und 2. Jahrtausend v.Chr. Wiesbaden 1971[2], S. 107 ff.

[6] s. z.B. R. Stadelmann, Syrisch-palästinensische Gottheiten in Ägypten. Leiden 1967; W. Helck, Zum Auftreten fremder Götter in Ägypten. Oriens Antiquus 5, 1966, 1-14.

[7] Eine Zusammenstellung und Bearbeitung der ägyptischen Rollsiegel, abgesehen von jenen des Alten Reiches, die P. Kaplony verdankt wird, fehlt bis heute.

[8] z.B. Fl. Petrie, a.O. Taf. 24 Nr. 12 und 13.

[9] A. Rowe, A Catalogue of Egyptian Scarabs, Scaraboids, Seals and Amulets in the Palestine Archaeological Museum. Kairo 1936, Taf. 27 S. 57; O. Tufnell, Lachish II. The Fosse Temple. London 1946, Taf. 33 B Nr. 47 S. 73; D. Collon, First Impressions. London 1987, Nr. 551 S.127 f.; du Mesnil du Buisson, Nouvelles études sur les dieux et les mythes de Canaan. Leiden 1973, Taf. 4, 1.2; A. Rowe, a.O., Taf. 28 S. 61.

1960 in Bagdad erworben wurde auch das kleine Siegel einer Tübinger Privatsammlung, dessen Publikation der Eigentümer wie die Verfasserin dieser Zeilen[10] dem Jubilar widmen möchten (Abb. 1-2). Es besteht aus graubraunem Kalkstein, hat eine Höhe von 31 mm und einen Durchmesser von 1,6 mm.

Das Thema des Dekors seiner Abrollfläche bildet der Kampf zweier heldenhafter Gestalten mit einem Fabeltier, am ehesten einem geflügelten Stier (?) mit Hufen und einem aufgerichteten Schweif, der aber eher der eines Löwen zu sein scheint. Die Vorderläufe des Tieres sind bereits eingeknickt, mal mehr, mal weniger. Einer der beiden Kämpfer überragt den anderen an Größe; auch das bis zu den Knöcheln reichende Wickelgewand mit fein ziseliertem Fransensaum zeichnet ihn vor dem anderen aus, mehr noch einst wohl seine Bekrönung. Mit beiden vorgestreckten Händen könnte er das Tier bei den Hörnern (?) gepackt haben, sein hinterer Fuß steht auf dem noch weniger eingeknickten Fuß des Tieres. Den gegenüberstehenden Held bestimmt die Pose des Kämpfers. Weit vorgebeugt, sucht er, das Tier mit dem rechten Fuß zu Boden zu zwingen. Gleichzeitig greift seine rechte Hand nach den Flügeln, schwingt die erhobene Linke eine (nicht mehr erkennbare) Waffe. Er ist weniger prachtvoll gekleidet als sein Kampfgefährte, zudem ist er unbekrönt, offensichtlich ein Gehilfe, ein Rangniederer.

Siegelbilder in Brüssel (Abb. 3) und London (Abb. 4) bieten sich zum Vergleich an, die D. Collon[11] der neubabylonischen Zeit zuordnet. Und dorthin wird in dem Katalog auch ein erst kürzlich im Hôtel Drouot in Paris[12] zum Kauf angebotenes Exemplar (Abb. 5) verwiesen und versuchsweise um 700 v.Chr. datiert. Gedeutet wird die Szene als der Kampf des Gilgamesch und Enkidu mit dem geflügelten „Himmelsstier“, der die Erde zu verwüsten droht. Gelegentlich wird die Personengruppe durch eine weitere Gestalt bereichert, in der Collon Inanna erkennen möchte, die versuche, Gilgamesch vor dem Töten des „Himmelsstiers“ zu bewahren. Von ihr findet sich auf unserem Siegelbild keine Spur, statt dessen springen an entsprechender Stelle drei übereinander angeordnete Schriftzeichen ins Auge, die, untereinander gelesen, den Namen des Gottes Ptah ergeben. Deutlich tiefer geschnitten/gebohrt und ungelenker geformt als die übrigen Konturen, lassen sie sich als spätere Zutat erkennen, zumal man darunter zweigähnli-

---

[10] Gedankt sei dem Eigentümer und seiner Gattin für jede nur erdenkliche Hilfe bei der Bearbeitung des kleinen Objekts, auch für die Erlaubnis der Publikation in diesem Rahmen als Vorveröffentlichung aus I. Gamer-Wallert, Vermerk: Fundort unbekannt. Ägyptologische Entdeckungen bei Privatsammlern in und um Stuttgart, im Druck beim Attempto-Verlag, Tübingen, einer Arbeit, die ebenfalls von dem Jubilar ermutigend begleitet wurde.

[11] z.B. D. Collon, a.O., Nr. 857 und 858, Periode VI b.

[12] Etude Tajan, Glyptique. Vendredi 13 octobre 1995, Paris – Hôtel Drouot – Salle 7, Nr. 112.

che(?) Spuren des ursprünglichen Dekors auszumachen glaubt. Demselben Steinmetz dürfte auch die kurze Inschrift zuzuschreiben sein, die auf der oberen Kreisfläche des zylindrischen Gegenstands angebracht ist. Sie könnte, neben einem *nfr*-Zeichen, in Hieroglyphen den Namen des (späteren?) Besitzers festhalten, eines *P3-dj*-Isis, Pete-Esis, „Der, den Isis geschenkt hat", einen Namen, der seit der 22. Dynastie in Ägypten erstmals und gleich häufiger belegt ist und in der ägyptischen Spätzeit sehr beliebt sein wird.[13] Möglich und durchaus sinnvoll wäre aber auch der erweiterte Name *Nfr-p3-dj*-Isis, „Schön ist der, den Isis geschenkt hat"; leider findet sich bei H. Ranke, a.O., kein entsprechender Beleg.

Was aber – so müssen wir uns fragen – führte jenen der ägyptischen Hieroglyphenschrift kundigen Siegelschneider dazu, neben eine Kampfszene aus dem mesopotamischen Motiv-/Mythenschatz, die dem Schutz der Erde und der Bewahrung der Weltordnung dienen sollte, den Namen des ägyptischen Ptah zu setzen?

Wenn die vorgeschlagene Datierung des Siegels in seiner ursprünglichen Form um 700 v.Chr. stimmt, dann geleitet es uns in eine Epoche, die in der Folgezeit Ägypten immer wieder in Berührung mit Mesopotamien bringen sollte: Im Jahr 681 v.Chr. beginnt Asarhaddon den für ihn letztlich so erfolgreichen Zug durch das von einer Nubierdynastie beherrschte Ägypten. Necho, Fürst in Sais, unterstützt den Assyrerkönig zunächst, der 671 Memphis einnimmt und Taharqa in die Flucht schlägt. Später findet sich Necho aber auf der Seite des den Tod Asarhaddons ausnutzenden und nach Memphis zurückkehrenden Äthiopen. Im Zuge einer Strafexpedition deportiert Assurbanipal im Jahr 667/66 Necho zusammen mit anderen Deltafürsten nach Ninive, setzt allerdings wenige Jahre später dessen Sohn Psammetich als Vasallen auf den Thron der Pharaonen in Memphis, der Stadt des Ptah. Die Beziehungen zwischen Memphis und dem Assyrerreich bleiben für Jahrzehnte mehr oder weniger stabil, Psammetich unterstützt den Assyrerkönig etwa in den beginnenden Kämpfen gegen Babylon, über den Fall von Ninive im Jahre 612 v.Chr. hinaus, und wird selbst 605 v.Chr. von Nebukadnezar bei Karkemisch geschlagen. Im Zuge solcher Ereignisse könnte es jenen (Nefer?-)Pete-Esis an den Euphrat verschlagen haben. Wie das neubabylonische Siegel in seine Hände kam, wissen wir nicht. Beim Betrachten seiner Abrollfläche mit der Kampfszene mögen ihm Bilder von Tempeltoren, Stelen und Siegelamuletten seiner ägyptischen Heimat in den Sinn gekommen sein, Bilder vergleichbaren hintergründigen Inhalts, die den ägyptischen König im Triumph über die Feinde vor Ptah zeigten, mag er vielleicht in jener majestätischen Gestalt im Wickelgewand Ptah, den memphitischen Stadtgott, wiedererkannt oder zumindest, durch Beifügen seines Namens, diese dazu ernannt haben. Im übrigen war das Niederschla-

[13] H. Ranke, Die ägyptischen Personennamen I. Glückstadt 1935, 121, 18.

gen der Feinde vor Ptah, wie O. Keel gezeigt hat, längst ein auch in Vorderasien verbreitetes und gelegentlich sogar imitiertes Motiv[14].

Unser Siegel könnte also von einem Ägypter namens (Nefer?-)Pete-Esis zeugen, dem es irgendwo im Zweistromland in die Hände gefallen war. Daß er von dem Mythos der beiden Helden gehört hatte, die das Böse der Welt in Gestalt des Himmelsstieres bekämpften, ist kaum auszuschließen. Jedenfalls scheint er sich, beim Betrachten der Abrollfläche, an die ihm aus Ägypten vertraute Vorstellung erinnert zu haben, nach der Pharao das in den Feinden verkörperte Weltchaos vor Ptah besiegt. Eine Synthese von beidem in seinem Siegelamulett zu verwirklichen, könnte ihm als die beste Garantie für die eigene Sicherheit im Ausland wie auch das Bestehen der Weltordnung im allgemeinen erschienen sein.

---

[14] O. Keel, Der ägyptische Gott Ptah auf Siegelamuletten aus Palästina/Israel. 4. Das Niederschlagen der Feinde vor Ptah, in: O. Keel, H. Keel-Leu, S. Schroer, Studien zu den Stempelsiegeln aus Palästina Israel II. Freiburg-Göttingen 1989, S. 304 ff.

Abb. 1 und 2: Siegel aus Tübinger Privatsammlung

Abb. 3: Collon, First Impressions, Nr. 857

Abb. 4: a.O. Nr. 858

Abb. 5: Etude Tajan, 13.10.95. Paris – Hôtel Drouot – Salle 7, Nr. 112

Über „Löwenmenschen" und Türhüter in Uruk/Warka

Karlheinz Kessler, Erlangen

P.A. Beaulieu verdanken wir eine rezente Studie über den Kult der *urdimmu* „Löwenmenschen" in neu- bzw. spätbabylonischen Tempeltexten aus Uruk[1]. Dabei verwies er auf die insgesamt sehr spärlichen Informationen über diesen Kult, die vor allem einigen Eanna-Verwaltungstexten wie YOS 17, 345 (Nbk. 12) oder TCL 13,67 (Kam. 5) zu entnehmen waren. Ein bereits von Beaulieu verwerteter, in die Regierungszeit Nebukadnezars II. zu datierender Text aus Cincinnati wurde kurz darauf von W.W. Hallo und D.B. Weisberg publiziert[2], ein weiterer jüngst durch R. Sack[3]. E. Ehrenberg veröffentlichte zuletzt eine Siegelabrollung auf einer Uruk-Verwaltungsurkunde (PTS 2567, Nbk. 22) mit einer Abbildung eines *urdimmu* mit Symbolstandarten[4]. Des weiteren verdeutlichte der Name des Ina-ṣilli-Urdimmu, Sohn des Nabû-bāni-aḫi aus der Familie *atû*, die Pfründenanteile an einer „Türhüter" (*atû*)-Pfründe besaß, die Tradition dieses Kultes in Uruk. Zusätzliche, wegen der ungünstigen Beleglage sehr willkommene Informationen liefern zwei bisher unpublizierte Tempeldokumente der Uruk-Kollektion des Princeton Theological Seminary, die derzeit am University Museum in Philadelphia aufbewahrt werden und hier veröffentlicht werden können[5]. Des weiteren möchte ich die Textbasis durch Hinweise auf einige bereits publizierte, jedoch verlesene bzw. unkommentierte Belege für den Kult der *urdimmu* verbreitern. Nicht eingegangen werden kann in diesem Rahmen auf die generelle Situation dieses und der anderen kleineren Kulte im Bereich des Eanna-Tempelbezirkes.

1. Der Kult der *urdimmu* in einer *maššartu*-Liste aus dem Jahr Dar. 29.

In PTS 2180, einer ungewöhnlich langen Vierteljahresabrechnung über Gerste, die als Pfründenlieferung (*maššartu*) an die Tempelbäcker in Uruk ging, begegnet ebenfalls der Kult der *urdimmu*. Die entsprechende Gerste-

---

[1] Beaulieu 1990. Zum *urdimmu* siehe Wiggermann 1986, 299-302.

[2] Hallo/Weisberg 1992, 64.

[3] Freundlicher Hinweis von M. Jursa, doch stand der Text mir bis Redaktionsschluß noch nicht zur Verfügung.

[4] E. Ehrenberg 1995.

[5] Für die Erlaubnis zur Veröffentlichung des Textes habe ich A. Sjöberg und E. Leichty zu danken, ebenso den anderen Kollegen in Philadelphia für ihre Gastfreundschaft und vielfache Hilfe.

lieferung findet sich gegen Ende der Auflistung in der Reihe der kleineren Kultstellen bzw. Einzelkulte des Eanna-Tempelkomplexes:

PTS 2180 (UM Philadelphia)

Rs.	67	16(kùr) 3(n) 1(b)	⸢*šá*⸣ É ^{d}AMAR.UTU *u* É ^{d}30
	68	[x] 3(b)	*šá* É ^{d}ENŠADA
	69	[x] 3(n) 3(b)	*šá* ^{d}*Ur-dim*^{meš}
	70	3(kùr) 3(n) 3(b)	*šá* É ^{d}NIN.URTA
	71	2(n) 3(b) 4 SÌLA	É ^{d}U.GUR
	72	2$^{?}$(n) 3(b) 4 SÌLA	É ^{d}IŠKUR
	73	[x] 3(b) 1 [SÌLA]	^{d}[x-]x
Rd.	74	1(kùr) 4(n) 1(b) ^{d}*Gu-la šá* É KISAL	

PTS 2180 ist auf das 29. Jahr Dareios I. datiert, ist also eine der jüngsten zum Eanna-Archiv gehörenden Verwaltungsurkunden, die bisher bekannt wurden. Die Textpassage bezeugt eine ungebrochene Kulttradition für die *urdimmu* und die anderen der kleinen Kulte im Eanna-Bereich bis an das Ende der Regierungszeit des Dareios I., bestätigt also auch die zuletzt von M. Dandamajev vorgetragenen Argumente[6] für einen ungestörten Betrieb innerhalb des Eanna-Bezirks zumindest bis Xerxes. Die Stelle PTS 2180,69 zeigt ferner unmißverständlich, daß die Verehrung der *urdimmu* nicht in einem eigenen kleinen Sanktuar (*bītu*) erfolgte, was eine entsprechende Vermutung Beaulieus bestätigt. Wie schon Wiggermann und Beaulieu ausgeführt hatten, dürfte der Kult der *urdimmu* an Türflügeln bestimmter Tempel durchgeführt worden sein. In YOS 17,345,6/7 erscheint ein Opferschaf an den Urdimmu und ^{d}Narkabtu nach den Sanktuaren des Marduk und des Nusku. Die Auflistung PTS 2180,69 nach Nusku ist nicht zufällig, was durch die Verbindung mit Nusku in mehreren anderen Verwaltungstexten, – siehe dazu im folgenden –, zum Teil sogar in Form gemeinsamer Pfründenlieferungen, bestätigt wird. E. Ehrenberg wies dagegen auf eine ikonographische Verflechtung der *urdimmu* mit Marduk hin[7].

2. Der Kult der *urdimmu* in Eanna-Verwaltungstexten.

Die durch PTS 2180 nachgewiesene lange und anscheinend ungebrochene Kulttradition für die *urdimmu* in Uruk steht in einem gewissen Kontrast zur bisherigen spärlichen Bezeugung in den Urkunden des Eanna-Archives. Da durch PTS 2180 der Kult der *urdimmu* mit dem Empfang von

[6] Dandamajev 1992, 169-172.

[7] Ehrenberg 1995, 104-105.

maššartu-Lieferungen an Gerste verknüpft ist, verwundert es doch etwas, daß bisher keine Spuren solcher Lieferungen in den bisher vorliegenden *maššartu*-Lieferungslisten und ähnlichen Listen mit Lieferungen für den Opferkult entdeckt wurden, zumal die anderen der kleineren Kulte gut belegt sind. Nach einer Überprüfung dieses Sachverhalts ist klar, daß die Existenz diverser Belege übersehen wurde bzw. diese nur unzutreffend gedeutet wurden. In den von H. Freydank als *Spätbabylonische Wirtschaftstexte aus Uruk* (SWU) edierten Lieferungslisten, vorwiegend an Bäcker und Brauer, finden sich allein 4 Belege für einen vermeintlichen Kult des „^{d}UDU.IDIM.MEŠ“ in Uruk, mit der gewöhnlichen akkadischen Entsprechung *bibbu* „Wildschaf“ bzw. „Planet, Komet“. Doch findet sich diese ^{d}UDU.IDIM = Bibbu gelesene Gottheit auch bereits in der Verwaltungsurkunde betr. Dattelrationen AnOr 9,8,63[8], wo die Kopie A. Pohls ein deutliches UDU aufweist. Von Freydank wurde nun auch konsequent für Uruk ein Kult einer Gottheit Bibbu postuliert[9]. Der *Bibbu* ist zwar gelegentlich in Mesopotamien als ein unheilvoller Dämon belegt, jedoch ist ansonsten ein spezifischer Kult des *Bibbu* wegen des Plurals in den *maššartu*-Listen in der Mehrzahl(!) dort nicht zu erwarten. Des weiteren verdeutlicht auch die Position dieser Eintragungen in den SWU-Listen unter ebendenselben kleinen Kulten wie in PTS 2180, daß hier der Kult der *urdimmu* vorliegen muß. Auch in Freydanks Kopien ist dort, wo die Zeichen eindeutig sind, so SWU 44 Rs. 6’ oder SWU 124 Rs. 9’, ein recht klares *ur*/*taš* zu erkennen. Nach Kollationen von AnOr 9,8 und den SWU-Texten bestätigt sich nun, daß an allen Textstellen zweifelsfrei ^{d}UR$^{!}$.IDIM zu lesen ist.

Noch unpubliziert ist die undatierte, aber sicher dariuszeitliche Abrechnung W 20000,201 über Gerste und Emmer aus dem Privatarchiv des Egibi-Hauses in Uruk, wo Z. 5/6 Gerstelieferungen begegnen, die wahrscheinlich ebenfalls den Kult der *urdimmu* betrafen.

Die Zahl der Belege für diesen Kult in Eanna-Urkunden ist demzufolge wesentlich größer als angenommen. Hinzuzufügen sind:

SWU 44 Rs. 6’	...]+3 GUR *šá* ^{d}UR$^{!}$.IDIM^{meš} ^{Id}UTU-MU-MU	Gerste an Brauer
SWU 72 Rs. 11’	5 (kùr) *šá* ^{d}UR$^{!}$.IDIM^{meš} ^{I}x [...	Gerste an Bäcker
SWU 124 Rs. 9’	12 *šá* ^{d}ENŠADA u ⌜^{d}⌝UR$^{!}$.IDIM^{meš}	Gerste
SWU 160 Vs. a)	...] IGI ⌜^{d}UR$^{!}$⌝.IDIM^{me}	Gerste ?
AnOr 9,8,63	^{d}UR$^{!}$.IDIM	Datteln (*kurummatu*)

---

[8] Siehe zu dieser Textstelle auch im folgenden.

[9] Freydank 1971, 146 II. Götternamen, vgl. auch die zitierten Passagen der Wörterbücher SWU 44 Anm. 2.

W 20000,201,5/6 16 GUR ŠE.BAR *šá* É ^{d}ENŠADA *u* ^{d}UR-I[DIM]^{me} Gerste

Der SWU 44 Rs. 6' genannte Šamaš-šuma-iddina dürfte analog zu anderen Eintragungen in den SWU-Listen zum einen der Pfründenbesitzer sein, als auch derjenige, der einen bestimmten Anteil am Pfründendienst der *urdimmu* durchführte. Die bereits oben erwähnte engere Verbindung des Kultes mit Nusku geht nun auch aus SWU 124 Rs. 9' und W 20000,210,5/6 hervor.

3. Die „Kasse" des *urdimmu*-Kultes.

Aus der oben besprochenen, bisher verlesenen Passage AnOr 9,8,63 aus dem Jahr Nbn. 3 erfahren wir, daß dieser Kult wie andere eine eigene „Kasse" (*quppu*) besaß, auf deren Rechnung auch Dattellieferungen ausgegeben wurden. Nach der Einleitung AnOr 9,8,1-4 handelt es sich um Restlieferungen von *kurummatu*-Verpflegungslieferungen an Handwerker (*ummannu*) und Tempelsklaven (*širku*), die Arbeit (*dullu*) im Eanna-Tempelbereich leisteten.

AnOr 9,8,63 (kollationiert)

1 GUR *ri-ḫi-it* ^{iti}DIRI.ŠE.KIN.TAR *u*$^{!}$ ^{i}[^{ti}ŠE ^{I}x-*ḫ*]*u*$^{?}$*-uṣ-an-ni*$^{!}$ *šá* AŠ UGU *qu-up-pu šá* ^{d}UR$^{!}$.IDIM

Die Lesung des Namens der AnOr 9,8,63 aufgelisteten Person, welche die Lieferung zu Lasten der Kasse des *urdimmu* entgegennahm, bleibt weiterhin problematisch[10]. Sicherlich handelt es sich nicht um den Kassenverwalter der Kasse des *urdimmu*, obwohl ein solches Amt eines Kassenverwalters, eines ^{lú}*ša muḫḫi quppi* ^{d}*urdimmu*, existiert haben dürfte. Kurz danach ist AnOr 9,8,66 (kollationiert) auch eine als ^{lú}*šá* UGU[11] *qu-up-pu* bezeichnete Person in Verbindung mit einer Dattellieferung aufgelistet, leider jedoch ohne nähere Spezifizierung.

Unter den PTS-Texten befindet sich eine kleine Urkunde, die uns einige zusätzliche Details über diesen Aspekt des Kultes des *urdimmu* in Uruk liefert:

---

[10] AnOr 9 S. 28 (Eigennamen) wird der Personenname ...]-*ḫu-uz*-^{d}U.GUR gelesen. Nach dem heutigen Zustand der Tafel zu urteilen, läßt sich das erste Zeichen nach der Lücke nicht mehr so eindeutig bestimmen.

[11] Nach Kollation nicht ^{lú}*šá* AŠ UGU *qu-up-pu* wie in der Kopie AnOr 9,8.

PTS 3117 (UM Philadelphia) 2. VI. Nbn. 7 (549 v.Chr.)

Vs.	1	1/3 (m) 5 GÍN KÙ.BABBAR *ir-bi*	1/3 Minen, 5 Šekel Silber Eingangsabgabe,
	2	*šá* ^{giš}*qu-up-pi šá* ^{d}UR.IDIM	gehörend zur Kasse des Urdimmu,
	3	*šá* TA U$_4$ 21^{kam} *šá* ^{iti}ŠU	die vom 21. Tag des Monats Duʾūzu
	4	*a-di* U$_4$ 1^{kam} *šá* ^{iti}KIN	bis zum 1. Tag des Monats Elūlu,
Rs.	5	*ina lìb-bi* 1 GÍN KÙ.BABBAR *a-na*	davon 1 Šekel Silber für
	6	^{lú}ḪUN.GÁ^{me} *ina* IGI ^{I}DÙ-*iá*	Mietlinge, zur Verfügung des Bānija,
	7	*apil* ^{I}*Ap-la-a*	Sohn des Aplā.
	8	^{iti}KIN U$_4$ 2^{kam} MU 7^{kam}	Monat Elūlu, 2. Tag, 7. Jahr des
	9	^{d}AG-IM.TUKU LUGAL TIN.TIR^{ki}	Nabonid, König von Babylon.

Im Gegensatz zu den meisten oben genannten Belegen, in denen mehrere *urdimmu* erwähnt sind, fehlt wie AnOr 9,8,63 hier der pluralische Indikator. Die vorliegende Urkunde, die einen Zeitraum von 5 Wochen erfaßt, nennt einen Betrag von 25 Šekel Silber, von dem 1 Šekel für Mietzwecke ausgegeben worden war. Es könnte natürlich sein, daß dieser Betrag die Gesamteinnahme dieses Zeitraumes erfaßt, was die exakte Termineinbindung nahelegt, die eventuell auch Rückschlüsse auf eine wöchentliche Abrechnung der Einnahmen der Kultkasse zuläßt. So oder so liegt ein recht bescheidener Betrag vor. Die wöchentlichen Einnahmen betrügen dann nur ca. 5 Šekel Silber.

Zunächst könnte auch angenommen werden, daß auf Anweisung irgendwelcher Tempelautoritäten 1 Šekel Silber für Arbeiten, welche die Anmietung von fremder Arbeitsleistung erforderlich machten, aus der Kasse abgezogen worden waren. Wer war aber dieser Bānija, Sohn des Aplā? Hat er etwas mit dem Kult der *urdimmu* zu tun? Oder ist er lediglich als Verantwortlicher für die Arbeitsgruppe genannt? Die Spurensuche verspricht auf den ersten Blick nicht unbedingt ergiebige Ergebnisse, da nicht besonders charakteristische Namen vorliegen. Die Wahrscheinlichkeit einer Identifizierung steigt jedoch, wenn es sich um identische Berufsfelder bzw. Textgruppen handelt, so daß prosopographische Hypothesen durchaus erlaubt scheinen. Plausibel scheint mir daher eine Identität mit Bānija, Sohn des Aplā FLP 1591[12],3 aus dem Jahr Nbn. 10, der in einer vergleichbaren Position in Zusammenhang mit 10 Šekel Silber erscheint, das für die Anmietung von 10 Mietlingen (10 ^{lú}ÉRIN^{meš} ^{lú}*a-gar-ú-tu* FLP 1591,1/2) Ver-

[12] Dillard 1975, 158.

wendung fand, welche Dienst (*dullu*) am Ebabbar-Tempel in Larsa verrichteten. Eine andere Spur läßt sich unter der Annahme verfolgen, Bānija, Sohn des Aplā könne doch unmittelbar in den Kult der *urdimmu* involviert sein. Da, wie auch Beaulieu ausführte, der Kult der *urdimmu* mit dem Dienst als Pförtner (*atû*) verknüpft war und bestimmte Angehörige einer *atû*-Familie sogar noch Pfründenanteile an einzelnen Torflügeln besaßen, bzw. einer wie erwähnt im Personennamen noch den Götternamen *urdimmu* führte, ist das Auftauchen eines *atû* namens Bānija AnOr 9,8,36, in einer Rationenliste aus dem Jahr Nbn. 3, zweifellos besonders interessant. Beim gegenwärtig ungenügenden Stand der prosopographischen Durchdringung des Eanna-Materials wäre auch eine Hypothese, daß Bānija, Sohn des Aplā vielleicht ein Bruder des mit dem *urdimmu*-Kult verbundenen Nabû-bāni-aḫi, Sohn des Aplā aus der *atû*-Familie war und diesen vielleicht bis zur Übernahme der Pfründen durch dessen Sohn ablöste, nicht völlig auszuschließen. Da die bisher jüngste Bezeugung für Nabû-bāni-aḫi in das Jahr Ngl. 1 fällt, sein Sohn Ina-ṣilli-Urdimmu aber nach TCL 12,117,13 erst im Jahr Nbn. 16 belegt ist[13], würden die Belege für Bānija, Sohn des Aplā, zumindest gut in den Zeitrahmen passen. Daß Bānija selbst ein Hypokoristikon für Nabû-bāni-aḫi ist, scheint mir nicht wahrscheinlich. Jedoch ist es angesichts der Beleglage sicherlich besser, auf die Publikation neuen, klärenden Textmaterials zu warten.

4. Die *urdimmu* in Personennamen.

Bei Ina-ṣilli-Urdimmu, Sohn des Nabû-bāni-aḫi aus der Familie *atû*, scheint hinreichend gesichert, daß die Namensgebung auf die Verbundenheit seines Familienzweiges mit dem Kult der *urdimmu* zurückgeht. Bei der Seltenheit dieses theophoren Namenselements ist anzunehmen, daß eine ähnlich geartete Beziehung auch für Id*Ur-dim*-DINGIR-*ú-a* YOS 6,184,2.5 gilt, Sohn des Šamaš-erība, der zusammen mit seinem Bruder Nanā-karābī im Jahr Nbn. 11 in eine gerichtliche Auseinandersetzung um eine Zahlung von 15 Šekel Silber verwickelt war. Dieser Urdimmu-ilūa begegnet YOS 6,240,16 im gleichen Jahr noch einmal unter den Zeugen, in einer inhaltlich das gleiche Umfeld (Viehwirtschaft?) betreffenden Eanna-Verhandlung, hier freilich in der sicher irrtümlichen (Hörfehler?) Schreibung Id*Nu*!-*ur-dim-mu*-DINGIR-⌜*ú*⌝-*a*[14]. Beide Urkunden sind in der vermutlich kleinen Siedlung Ālu-ša-Jaqiʾil abgefaßt.

---

[13] Zu den Daten siehe Kümmel 1979, 47. Itti-Anu-balāṭu, Sohn des Ina-ṣilli-Urdimmu ist BM 67419, 5 (unpubl., Zt. Dar.) mit Pfründenbesitz erwähnt.

[14] Ich habe P.-A. Beaulieu zu danken, der diesen Personennamen für mich kollationierte und die Zuverlässigkeit der Kopie bestätigte.

5. Der Kult des *urdimmu* und die Türhüter (*atû*).

Wir besitzen eine ganze Anzahl von Namen von Türhütern, welche die Tore der diversen kultischen und profanen Gebäude kontrollierten und überwachten[15]. Nur sehr wenige dieser Personen lassen sich bisher mit urukäischen Familien verbinden, welche einen eigenen Familiennamen führten. Es scheint also ein beträchtliches soziales Gefälle innerhalb dieser Berufsgruppe gegeben zu haben. Tempelsklaven (*širku*) befinden sich in größerer Zahl unter ihnen. Wir erfahren leider noch weniger darüber, welche dieser Türhüter mit bestimmten Einkommensrechten versehen waren, dürfen aber annehmen, daß nur diese in Frage kommen, die unmittelbar in kultische Vorgänge integriert waren. Bestätigung für diese strikte soziale Zweiteilung der Berufsgruppe liefert uns nun auch der bisher unpublizierte Text PTS 2050, datiert auf das 2. Jahr Dareios I. Hintereinander finden sich Z. 12/3 als Empfänger von Datteln:

PTS 2050 (UM Philadelphia)

12 33 GUR 1(n) 4(b) ^{lú}NI.GAB^{meš} *ši-ra-ki*
13 16 GUR 3(n) 2(b) ^{lú}NI.GAB^{meš} *ki-na-áš-tu*$_4$

Die Zweiteilung der Gruppe der Türhüter in „Tempelsklaven" (*širku*) einerseits und „Kultpersonal" (*kinaštu*) andererseits bestätigt in gewisser Hinsicht Überlegungen, die H.M. Kümmel hinsichtlich der Textpassage AnOr 8,26,10 (Nbn. 11) anführt, wo Rationen für immerhin 20 ^{lú}NI.GAB^{me} DUMU DÙ^{me} begegnen. Der Zusatz *mār banê* „Freigeborene" für diese Gruppe von Türhütern dürfte den gleichen Personenkreis erfassen, der in PTS 2050 als Kultpersonal aufgelistet ist. Bei einer Annahme gleicher Dattelrationen könnte die Gruppe der als Türhüter eingesetzten Tempelsklaven ungefähr doppelt so groß gewesen sein. Die Zahl der als *atû* bezeichneten Personen des Eanna-Komplexes war auf jeden Fall nicht gering.

Da in den Eanna-Verwaltungsurkunden in der Regel keine Familiennamen begegnen, ist derzeit zumeist keine Aussage zu treffen, zu welcher der beiden Gruppen die betreffenden Personennamen zu zählen sind, es sei denn, solche Namen geben sich als typische Namen von Sklaven zu erkennen. In diesem Zusammenhang sind aber die bereits erwähnten Informationen über eine urukäische Familie *atû*[16] wichtig. H.M. Kümmel betonte zwar, daß für die diversen Familienmitglieder der Nachkommen des *atû* kein Nachweis dafür bestehe, daß sie tatsächlich noch als Türhüter fungierten, ergänzte aber, daß sie wohl aus ihrem ehemaligen erblichen Beruf noch Einkommensrechte eines Pförtnerdienstes besaßen bzw. an ihnen interessiert waren. So wird in Nbk 129,4/5 dem Nabû-bāni-aḫi, dem Vater des Ina-ṣilli-Urdimmu, von einer Person namens Bābija, dessen Name sicher nicht

[15] Siehe dazu die Übersicht bei Kümmel 1979, 119.

[16] Kümmel 1979, 47.

von seinem Beruf zu trennen ist, ein Türflügel der Pförtnerschaft des *bāb salīmi* (1-*et* gišIG *šá* lúNI.GAB-*ú-tu šá* KÁ *sa-li-mu*) als Pfand für ein Darlehen überlassen. Aus dem Vergleich mit anderen Berufsgruppen am Eanna-Tempel spricht eine große Wahrscheinlichkeit, daß auch die Familie *atû* noch berufliche Funktionen an den Tempeltoren hatte und per se zu dieser Gruppe von „freigeborenen" Tempeltürhütern gehörte. Es ist daher wohl vorauszusetzen, daß aus den für diese Kulte vorgesehenen Lieferungen, die für Opfermahlzeiten und Kultvorgänge flossen, ein Überschußanteil auch an die Inhaber dieses Amtes bzw. des einzelnen Einkommensrechtes ging. Der Erwerb bestimmter Pförtnerstellen an Tempeln muß entsprechend denen anderer Pfründenberufe lukrativ gewesen sein und die Höhe der Lieferungen die gewöhnlicher Verpflegungsrationen an das normale Tempelpersonal übertroffen haben. Die Teilnahme an den Kulthandlungen machte sie und ihre Nachkommen so automatisch zu geachteten Gliedern der Tempelgesellschaft des städtischen Uruk.

Bibliographie

Beaulieu, Paul-Alain
1990 Lion-Man: *uridimmu* or *urdimmu*, NABU 1990/4,99-101: 121.

Dandamajev, Mohammed
1992 Was Eanna destroyed by Darius I?, AMI 25, 169-172.

Dillard, Raymond B.
1975 Neo-Babylonian Texts from the John Frederick Lewis Collection of the Free Library of Philadelphia, Dissertation Dropsie University.

Ehrenberg, Erica
1995 Der *uridimmu* und seine Symbolstandarten, in: U. Finkbeiner/ R. Dittmann/ H. Hauptmann (Hrsg.), Beiträge zur Kulturgeschichte Vorderasiens. Festschrift für Rainer Michael Boehmer, 103-105.

Freydank, Helmut
1971 Spätbabylonische Wirtschaftsurkunden.

Kümmel, Hans Martin
1979 Familie, Beruf und Amt im spätbabylonischen Uruk.

Hallo, William W./ Weisberg, David B.
1992 A Guided Tour through Babylonian History: Cuneiform Inscriptions in the Cincinnati Art Museum, JANES 21, 49-90.

Wiggermann, Frans
1986 Babylonian Prophylactic Figures.

PTS 3117

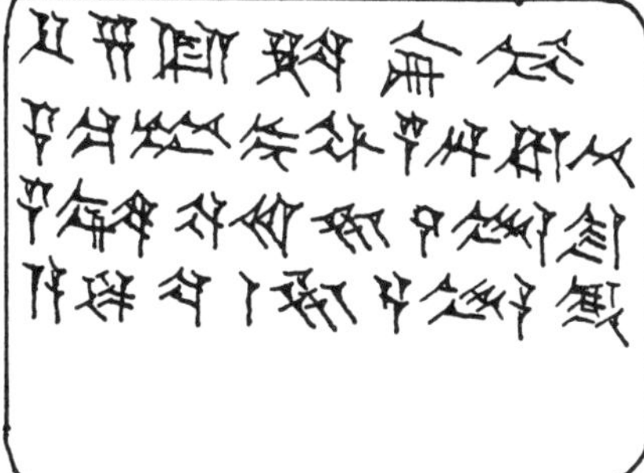

Vs.

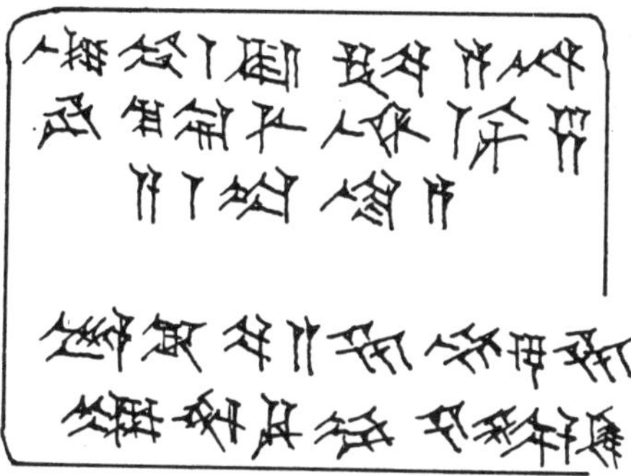

Rs.

Eine altbabylonische Kaufurkunde betreffend Feld von „Stiftsdamen“ des Gottes Šamaš in Sippar

Horst Klengel, Berlin

Die soziale Position und die geschäftlichen Aktivitäten von „Stiftsdamen“ *(nadītum*, Pl. *nadiātu)* der verschiedenen Götter in altbabylonischer Zeit sind bereits des öfteren Gegenstand von Untersuchungen gewesen.[1] Daß diese Damen auch Land besaßen, aus dem sie Einkünfte bezogen, ist in diesem Zusammenhang schon herausgestellt worden und kann durch eine ganze Reihe altbabylonischer Texte belegt werden. Insbesondere für die *nadiātu* des Gottes Šamaš, die im „Kloster“ bzw. „Stift“ (*gagûm*) im Bereich der „*city-agglomeration*“, oder besser: der Zwillingsstädte „Sippar“[2] lebten, konnten zahlreiche relevante Belege beigebracht werden[3]. In der Hoffnung, daß die Thematik auch das Interesse des verehrten Jubilars finden wird, soll im folgenden diesem umfangreichen Textzeugnis eine Urkunde der Zeit des Ammiṣaduqa hinzugefügt werden, die sich im Besitz des Vorderasiatischen Museums Berlin befindet und dem Verf. im Rahmen seiner Editionsarbeit zur Veröffentlichung überlassen wurde.[4]

Ebenso wie der kürzlich bereits vorgelegte Text[5] stammt die Tafel VAT 632 aus der umfangreichen Tontafelsammlung von Selim Homsy, von dem 1887 das Vorderasiatische Museum Berlin eine große Anzahl von Tontafeln ankaufte. Diese Texte dürften, auch nach dem Ausweis ihrer Personennamen, zu den Sippar-Texten gehören. Zudem handelt es sich auch bei

---

[1] R. Harris, Studies presented to A. Leo Oppenheim, Chicago 1964, 106 ff.; J. Renger, ZA 58 (1967) 149 f.; R. Harris, Ancient Sippar. A Demographic Study of an Old Babylonian City (1894-1595 B.C.), Leiden 1975 (im folg.: Harris, Sippar) 305 ff.; C. Janssen, Northern Akkad Project Reports 5 (1995) 3 ff.

[2] D. Charpin, RA 82 (1988) 13 ff. hat aufgrund neuer Belege für die verschiedenen Sippar-Bezeichnungen festgestellt, daß sich diese Namen auf zwei „Sippar“, die an der Stelle von Abu Habba und Tell ed-Dēr liegen, reduzieren lassen.

[3] Harris, Sippar 305 ff.

[4] Dem Vorderasiatischen Museum der Staatlichen Museen Preußischer Kulturbesitz sei an dieser Stelle für die Erlaubnis gedankt, diesen Text vorab bekanntzumachen. Die Textkopie wird in einem der nächsten Bände der Reihe VS vorgelegt werden. Dort werden auch die Siegeldarstellungen ihre Bearbeitung finden.

[5] VAT 808, s. H. Gasche et al. (eds.), Cinquante-deux reflexions sur le Proche-Orient ancien (Fs. L. De Meyer), Leuven 1994, 169 ff.

VAT 632 um eine „Quasihüllentafel“[6]; die Tafel war einmal auseinandergebrochen und läßt dadurch eindeutig erkennen, daß es eine Innentafel nicht gab. Auch von ihrem Inhalt her ist VAT 632 als Quasihüllentafel zu bezeichnen; sie stellt die jüngste Urkunde (*ṭuppi šimātim*) über die Veräußerung eines Feldes dar, der mehrere frühere Besitzübertragungen dieses Grundstücks vorhergegangen waren.

Die Tafel ist leider nicht vollständig erhalten. So fehlen insbesondere der Beginn sowie der Schluß mit dem Datum. Ein der Tafel beigelegtes Bruchstück des unteren Tafelrandes, das sich nicht direkt anschließen läßt, nennt als Datum den 10. Tag des 8. Monats (Araḫsamna) eines Regierungsjahres des Ammiṣaduqa: [i]ti apin.du$_8$.a u$_4$-10-kam/ [mu *Am-mi-ṣ*]*a-du-qá* lugal.e (abgebr.). Trotz der Übereinstimmung mit dem im Tafeltext erwähnten Eid bei diesem König, eines gleichen Duktus sowie einer ähnlichen Färbung des Tons bleibt es noch unsicher, ob das Fragment tatsächlich als zugehörig betrachtet werden darf. Auf ihrer Rs. ist die Tafel leicht korrodiert und dann abgebrochen; die Liste der Zeugen ist dadurch nicht vollständig erhalten.

Der erste Abschnitt des Textes mit noch teilweise erhaltenen neun Zeilen (z. T. auf einem flachen Bruchstück, das jedoch aufgesetzt werden kann) enthält die Lageangabe des Feldgrundstücks, das Gegenstand des Kaufvertrags ist. Der schlechte Erhaltungszustand erlaubt hier keine zusammenhängende Textrekonstruktion, daher seien hier nur einige Angaben gemacht: In Z. 2’ (Raum evtl. für eine weitere Zeile davor?) wird nach dem (nicht erhaltenen) Flächenmaß der Flurname angegeben, von dem nur noch Reste des ersten Zeichens erhalten sind.[7] Seitengrundstücke sind solche eines -]*bani*, Sohn des [*Aw*]*īl-Adad*, *ra*[*bi sikkatim*], falls so entsprechend dem zweiten Zeugennamen (Z. 38) ergänzt werden darf, sowie eines *Šamaš-xx*[, und an den Schmalseiten bildeten ein *atappu*-Kanal der Flur[8] sowie das Feld einer anderen Person (?) die Begrenzung. Ohne Abschnittsstrich wird dann zur ersten hier noch relevanten Übertragung an einen neuen Eigentümer übergegangen:

---

[6] Zum Verständnis dieser Tafeln, die in ihrem äußeren Erscheinungsbild einer Hüllentafel ähneln, s. C. Wilcke, in: Zikir šumim (Fs. F.R. Kraus), Leiden 1982, 426 ff.; D. Charpin, in: K.R. Veenhof (ed.), Cuneiform Archives and Libraries, Leiden 1986, 121 ff. ; C. Wilcke, ZA 80 (1990) 304 ff.; K. Van Lerberghe – G. Voet, in: Northern Akkad Project Reports 6 (1991) 3 ff.; ferner vgl. C. Janssen in H. Gasche et al.(eds.), Fs. L. De Meyer (1994) 95 ff.

[7] Die Zeichenspuren wären mit dem öfter in Sippar-Texten belegten Flurnamen Buša vereinbar; s. zu diesem Harris, Sippar 372 sowie K. Van Lerberghe – G. Voet, Northern Akkad Project Reports 6 (1991) 3 f. zu Di 674. Es kämen jedoch auch weitere Flurnamen in Betracht.

[8] Vgl. dazu CT 47. 63:6 sag.bi 1-kam *a-tap* a.gàr; in Di 286:19, s. K. Van Lerberghe – G. Voet, Sippar Amnanum, The Ur-Utu Archive, Gent 1991 (im folg. MHE 1 Texts 1,1), wird ein *atappu*-Kanal Išme-Adad erwähnt.

Vs. (10) *š*[*a*] ki *La-ma-sà-ni* [l]ukur ^{d}ut[u dumu.mu]nus ^{d}utu-*ba*-[*n*]*i*

(11) [^{I}]*Ni-ši-i-ni-šu* lukur ^{d}u[tu dumu.munus] *Ri-iš-*^{d}utu

(12) [*i-n*]*a* iti še.kin.kud u$_4$-10[+]-kam

(13) [*š*]*a* mu *A-bi-e-šu-uḫ* lugal.[e sipa[9] k]i-ág an ^{d}Enlil.bi[.da-ke$_4$][10]

(14) *a-na* 1 ma.na kù.babbar *i-ša-mu*

(15) *ša* ki gemé-*be-el-tim* lukur ^{d}utu dumu.munus *Nu-úr-*^{d}utu sipa

(16) *ù* ^{d}en.zu-*iš-me-a-ni a-ḫi-ša*

(17) dumu^{meš} *Nu-úr-*^{d}utu sipa dumu *Ta-ri-bu* dumu *Ri-iš-*^{d}utu

(18) ^{I}*E-ri-iš-ti-*^{d}*A-a* lukur ^{d}utu

(19) dumu.munus ^{d}en.zu-*i-qí-ša-am* sipa

(20) *i-na* iti sig$_4$.a u$_4$-26-kam

(21) *ša* mu *Am-mi-ṣa-du-qá* lugal.e alam.a.ni [d]u$_{10}$-bi ì-muš-a[11]

(22) *a-na* 1 ma.na kù.babbar *i-ša-mu ša* 1 *ṭup-pí ši-*[*m*]*a-tim*

(23) ki *Šu-mu-um-li-ib-ši*[ ]xx[

(24) *ù* ìr-*i-li-šu* [0[12]

Rd. (25) dumu^{meš} ^{d}en.zu-*i-q*[*í-ša-am* sipa(?)[13]

(26) [*b*]*e-l*[*u*^{meš} a.šà]

(27) ^{I}*Ku-ru-u*[*m*[14]

---

[9] Nach dem Raum am Tafelrand möglich.

[10] So entsprechend dem Datum Ae 2. Aus Platzmangel mußte aber auf den letzten Teil der Zeile verzichtet werden, da bereits der Rand der Seitenfläche zur Vs. hin erreicht war.

[11] So auch die (vorläufige) Lesung bei M. Sigrist – P. Damerow, Mesopotamian Year Names. Neo-Sumerian and Old Babylonian Date Formulae, I. Die *preprint version* (1991) wurde mir freundlich von Herrn R. Englund zur Verfügung gestellt. Das vollständige Datum Aṣ 17+b lautet dementsprechend mu alam.a.ni du$_{10}$.bi ì.muš.a ^{d}pap.nun.na aš.ša$_4$.a é.babbar.ra in.na.an.ku$_4$.ra / bí.en.ku$_4$.ra gub.bé dar.a. Die in VAT 632 Vs. 21 verwendete Kurzfassung des Datums findet sich u.a. in YOS XIII 32, 37, 60 u. ö.

[12] Wohl leer gelassen, um in der folgenden Zeile die Filiation zusammenhängend zu bringen.

[13] Gewiß gleiche Person wie in Z. 19. Die in Z. 23 f. genannten Käufer wären dann als Brüder der *nadītum* Erišti-Aja (Z.18) zu betrachten.

(28) dumu ìr-^{d}*Ma-mu*

Rs. (29) in.ši.in.šám šám.til.la.bi[.š]è

(30) 1 ma.na kù.babbar in.na.an.lá

(31) *ù* 1 gín kù.babbar si.bi *iš-ku-un*

(32) in[im].bi al.til šà.ga.a.ni al.dug

(33) ukur.šè lú.lú.ra inim.nu.gá.gá.a

(34) mu ^{d}utu ^{d}a.a ^{d}amar.utu

(35) *ù Am-mi-ṣa-du-qá* lugal.e

(36) in.pà.dè.meš

---

(37) igi ^{d}iškur-ma.an.sum ugula dam.gàr

(38) igi *A-wi-il*-^{d}iškur *ra-bi sí-ik-ka-tim*

(39) igi ^{d}en.zu-*i-din-nam* [d]i.ku$_5$

(40) igi *I-din*-[^{d}]ištar$^{?}$ [0] di.ku$_5$

(41) igi *A-wi-il*-^{d}utu di.ku$_5$

(42) igi ^{d}utu-*ba-ni* di.ku$_5$

(43) [ig]i *A-wi-il*-^{d}en.zu di.ku$_5$

(44) [i]gi ^{d}amar.utu-*mu-ša-lim* di.ku$_5$

(45) igi *I-din*-^{d}*Bu-ne-ne* dumu *Ib-ni*-^{d}iškur

(46) igi ^{d}en.zu-*mu-ša-lim* dumu *Li-pí-it*[-]^{d}iškur

(47) [igi *Ì*]-*lí*-m[a.]an.sum dumu dingir-*šu-ib-ni*

(48) [igi]x-^{d}utu(?) dumu *Ip-qú-An-nu-ni-tum*

(49) [igi] dumu ^{d}en.zu-*iš-me-a*[-*ni*]

(50 ff. zerstört)

(Z.10-14): (Feld), das von Lamassāni, der [*na*]*dītum* des Šam[aš, der Toch]ter des Šamaš-bani, Niši-īnīšu, die *nadītum* des Ša[maš, die Tochter] des Rīš-Šamaš, [i]m Monat Addāru, am 10(+x).Tag, [de]s Jahres „Abiʾešuḫ, [der] König, [der Hirte?], Liebling von Anu und Enlil“ , für 1 Mine Silber kaufte,

---

[14] Wohl so; für einen Titel bliebe zu wenig Raum.

(Z.15-22) (Feld), das von Amat-bēltim, der *nadītum* des Šamaš, der Tochter des Nūr-Šamaš, des Hirten, und von Sîn-išmeʾanni, ihrem Bruder, Kindern des Nūr-Šamaš, des Hirten, des Sohnes des Taribu, Sohnes des Rīš-Šamaš, die Erišti-Aja, *nadītum* des Šamaš, Tochter des Sîn-iqīšam, des Hirten, im Monat Simanu, am 26.Tag, des Jahres „Ammiṣaduqa, der König, sein Standbild ...[15] (brachte er)"[16], für eine Mine Silber kaufte,

(Z.22-36) hat entsprechend der jüngsten (vorliegenden) Urkunde von Šumum-libši, [dem ...] ..., und Warad-ilišu, Söhnen des Sîn-i[qīšam, des Hirten(?)], [Bes]itz[ern des Feldes], der Kurū[m], der Sohn des Warad-Mamu, gekauft. Als seinen vollen Kaufpreis hat er 1 Mine Silber gezahlt und 1 Šeqel Silber als seine Zugabe daraufgelegt. Seine Ange[legenheit] ist beendet, ihr Herz ist zufriedengestellt. In Zukunft wird einer gegen den anderen nicht Klage erheben. Einen Eid bei Šamaš, Aja, Marduk und Ammiṣaduqa, dem König, haben sie geschworen.

(Z.37-49): Vor Iškur-mansum, dem Vorsteher der Kaufleute, vor Awīl-Adad, dem *rabi sikkatim*[17], vor Sîn-iddinam, dem Richter, vor Iddin-Ištar, dem Richter, vor Awīl-Šamaš, dem Richter, vor Šamaš-bani, dem Richter, [vo]r Awīl-Sîn, dem Richter, [v]or Marduk-mušallim, dem Richter[18], vor Iddin-Bunene, dem Sohn des Ibni-Adad, vor Sîn-mušallim, dem Sohn des Lipit-Adad, [vor I]li-id[di]nam, dem Sohn des Ilšu-ibni, [vor ....], dem Sohn des Sin-išmeʾ[anni] (abgebrochen).

Auf der Tafel sind 15[+x] Siegel abgerollt worden. Soweit erkennbar, ist keines davon zweimal vertreten, was an der großen Zahl siegelnder Personen liegen dürfte. Die Siegel befinden sich auf der Siegelleiste der Vs., auf dem linken Rand, dem unteren Rand sowie der Siegelleiste der Rs. Nur einige davon sind klar genug, um die Legende zu erkennen (d-i). Um auch

---

15 Die Übersetzung von du$_{10}$.bi ì.muš.a ist unklar, dürfte sich aber wohl auf eine besondere Knie-Haltung des Königsbildes beziehen, vgl. etwa die Inschrift-Kopie auf einer Sippar-Tafel, derzufolge der Richter Gimil-Marduk der Statue des Gottes Šamaš für das Leben des Ammiṣaduqa eine Kupferstatuette „mit gebeugtem Knie", du$_{10}$ bí.in.gam.ma, weihte ; s. dazu D.R. Frayne, Old Babylonian Period (2003-1595), Toronto 1990 (RIM, Early Periods, 4) 429 Nr. 2001, ferner S. Böhme, AoF 20 (1993) 126 ff.

16 Das Datum entspricht dem des Jahres 17+b (Ungnad) bzw. 18? (Mercer) des Ammiṣaduqa. Die ersten vier Zeugen sind mit denen in VAB V 92 (Datum Aṣ 17+b) identisch, was auf eine zeitliche Nähe deuten dürfte.

17 Wörtl. "Großer des Pflocks", etwa „Stadtkommissar"? Oder mehr wörtlich als ein Vermessungsbeamter zu verstehen? Vgl. G. Buccellati, in: H. Gasche et al. (eds.), Cinquante-deux reflexions sur le Proche-Orient ancien (Fs. L. De Meyer), Leuven 1994, 287 ff. Nach CAD 15 (1984) 252 finden sich die Belege für den *rabi sikkatim* meist in einem militärischen Kontext.

18 Nach dem Siegel bei D.R. Frayne, a. O. 432 Nr. 2008 Sohn des Ipqu-Annunītum.

eine Aussage über ihre Abfolge treffen zu können,[19] sei im folgenden versucht, die Siegeleigner so weit wie möglich zu benennen: Nach den schwachen Zeichenspuren zu urteilen, handelt es sich bei dem ersten Siegel der Leiste der Vs. wohl um das des Šumum-libši, Diener Adads, bei (b) dürfte wohl [ì]r-*ì-lí*-[*šu* dumu en.zu-*i-qí-ša-am*] [ì]r ^{d}en.zu ù ^{d}nin.šubur/*Ilabrat* zu lesen sein. Die Siegel der beiden Verkäufer des Grundstücks entsprechend der *ṭuppi šimātim* stünden dann am Beginn der Siegelungen. Darunter folgt auf der Siegelleiste der Vs. offenbar das Siegel (c) des Awīl-Adad, des *rabi sikkatim*. Besser erkennbar ist das Siegel von (d) *I-din*-ištar / dumu *Ip-qú-An-nu-ni-tum* / ìr *Am-mi-ṣa-du-qá*-ke$_4$ (Z. 40). Alle Siegel zeigen auch Beterfiguren. Auf dem linken Tafelrand sind noch die beiden unteren der insgesamt wohl vier Siegelabrollungen teilweise erkennbar; es handelt sich dabei wohl um die Siegel der beiden Ammiṣaduqa-Beamten (h, i) Iškur-mansum/Adad-iddinam, Sohn des Adad-šar-r[um[20] sowie Sîn-iddinam, Sohn des Iškur-mansum, letzterer Siegelinhaber gewiß mit dem ersten unter den Zeugen erwähnten Richter (Z. 39) gleichzusetzen. Der untere Rand läßt noch Spuren (unter der Schrift) von zwei Siegelabrollungen erkennen, wobei die zweite die eines Beamten des Ammiṣaduqa darstellt. Dann folgen noch, klarer erkennbar weil im schriftfreien Raum: (e) *A-wi-il*-^{d}u[tu] / [d]umu *I-din*-^{d}nin.š[ubur(*Ilabrat*)/ [ì]r *Am-mi-ṣa*[-*du-qá*-ke$_4$] sowie auf der Siegelleiste der Rs. (f) ^{d}utu-*ba*[-*ni*] / dumu *Ìl-šu-a-b*[*u-šu* ?] / ìr *Am-mi-ṣa-d*[*u-qá* -ke$_4$] (Z. 42) und (g) *A-wi-il*-^{d}[Sîn] / dumu *Ìl-šu-ba-ni* / ìr[(wohl: des Ammiṣaduqa, s. Z. 43).

Der Text zeigt den Wechsel von Feldbesitz zwischen dem Jahr 2 des Abiʾešuḫ und dem Jahr 17+ des Ammiṣaduqa. Der aus der Zeit Abiʾešuḫs erwähnte Vater der damaligen Feldbesitzerin, Rīš-Šamaš, ist zweifellos der Träger dieses Namens, der – aus diesem Grunde – in Z. 17 als Urgroßvater derer erwähnt wird, die das Feld in der Zeit des Ammiṣaduqa an eine andere *nadītum* veräußerten; danach wurde es von Kurūm erworben, und zwar von den Brüdern ebendieser *nadītum* Erišti-Aja. Zwischen der ersten Transaktion und der zweiten (Ae 2 bis Aṣ 17+b) sind also etwa 80 Jahre vergangen; dies entsprach drei beteiligten Generationen. Die Urkunde der ersten Transaktion dürfte noch vorhanden gewesen sein, da das vollständige Datum angegeben werden kann. Die nächste Wechsel des Eigentümers war von dem in der vorliegenden Urkunde bezeugten offenbar zeitlich nicht weit entfernt, da er noch während der Regierung des Ammiṣaduqa stattfand und Brüder der zweiten Käuferin als Feldeigner erscheinen. Es ist auffällig, daß als Preis des eingangs definierten Grundstücks jeweils 1 Mine Silber genannt wird, im letzten Falle mit der Zugabe von 1 Šeqel Silber, die aber

[19] Vgl. die Untersuchung von C. Wilcke, in: Zikir šumim (Fs. F.R. Kraus, 1982) 450 ff.

[20] Vgl. den Namen des Besitzers eines benachbarten Feldes (Z. 6). Hier wohl entsprechend dem Namen des Vaters des Iškur-mansum/Adad-iddinam zu ergänzen, wie er in einer ganzen Reihe von Texten überliefert ist.

auch bei den beiden frühen Käufen vorausgesetzt werden könnte. Das dürfte auf eine gewisse Stabilität der Bodenpreise im genannten Zeitraum (zumindest im Bereich von Sippar) hinweisen. Unter den Zeugen erscheinen nach dem ugula dam.gàr und dem *rabi sikkatim*, zwei hohen königlichen Beamten, 6 Richter sowie weitere, nicht durch Ämter definierte Personen.

Was die in VAT 632 genannten Personen betrifft, so sind die Namen der an den Feldkäufen beteiligten Personen häufig belegt[21], doch lassen sich keine sicheren Identitäten feststellen; meist sind sie dann aufgrund abweichender Filiationen sicher als verschiedene Personen ausgewiesen.[22] Anders verhält es sich mit den unter den Zeugen genannten Amtsträgern, da sie in ihrer Eigenschaft als Beamte noch in Zeugenlisten weiterer Urkunden dieser Zeit nachweisbar sind. Das trifft vor allem auf Iškur-mansum/Adad-iddinam zu, dessen Identität mit weiteren Trägern dieses Namens durch Titel und Vatersnamen gesichert werden kann.[23] Soweit datierbar, stammen diese Belege ebenfalls aus den späteren Regierungsjahren des Ammiṣaduqa. Iškur-mansum, ugula dam.gàr, der *rabi sikkatim* Awīl-Adad und die Richter Iddin-Ištar und Awīl-Šamaš erscheinen gemeinsam auch in VAB V 92 (BE 6/1, 105), wo der Kauf eines bebauten Grundstücks in Sippar-Jaḫrurum behandelt wird.[24] Iškur-mansum war dementsprechend offenbar der für Sippar-Jaḫrurum zuständige ugula dam.gàr, und auch das in VAT 632 als Vertragsgegenstand erscheinende Feldgrundstück könnte daher wohl in der Bewässerungsflur dieses Teils von „Sippar" lokalisiert werden. Mit dieser Ansiedlung des hier behandelten Vorgangs in Sippar-Jaḫrurum würde auch übereinstimmen, daß gerade diese Stadt wegen ihres *gagûm* der Stiftsdamen des Gottes Šamaš gelegentlich auch als „Sippar des Šamaš" bezeichnet worden ist.[25] Interesse verdienen auch Erwähnungen des Iškur-mansum in Briefen: In AbB II 169 erscheint er zwar ohne Titel, doch nennt sein Siegel ihn Sohn des Adad-šarrum und Diener des Ammiṣaduqa. Der Brief ist an einen

---

[21] Als hilfreich erwies sich auch hier wieder der (unveröfftl.) Index Personal Names Old Babylonian „Sippar", Leiden 1992, zusammengestellt von G.Th. Ferwerda und E. Woestenburg, der mir freundlicherweise zur Verfügung gestellt wurde.

[22] Vgl. etwa für Niši-īnīšu, Tochter des Rīs-Šamaš, CT 47. 56,25: N. erscheint als Zeugin in einer Urkunde des Jahres Samsuiluna 4, wird aber nicht als *nadītum* bezeichnet; vgl. Harris, Sippar, 358 Anm. 56.

[23] Vgl. dazu Harris, Sippar , 76.

[24] Zu den Zeugensiegeln s. auch C. Wilcke, in: Zikir šumim , Fs. F.R. Kraus (1982) 468, ferner vgl. D.R. Frayne, a. O. 429 ff. Nrn. 2002-2005.

[25] D. Charpin, RA 82 (1988) 20 ff. In den bislang veröffentlichten Texten des Ur-Utu-Archivs aus Sippar-Amnānum / Tell ed-Dēr (s. K. Van Lerberghe – G. Voet, Sippar-Amnānum. The Ur-Utu-Archive 1, Gent 1991) erscheinen weder Iškur-mansum noch Awīl-Adad in ihren Funktionen, was damit ebenso übereinstimmt wie der dort in zwei Briefen (Nrn. 68 und 69) ausdrücklich gegebene Hinweis auf die Zuständigkeit des Richters Sîn-iddinam in Sippar-Jaḫrurum.

gewissen Taribuša gerichtet. In AbB VII 184 wird er mit seinem Titel ugula dam.gàr in Verbindung mit einer Reise nach Babylon genannt sowie mit der Vindikation eines Feldes. Schließlich wäre noch auf den Brief AbB XI 99 hinzuweisen, der die Entsendung von Leuten für die Sesamernte behandelt, wobei hier die Identität mit dem Iškur-mansum in VAT 632 aber nicht zu sichern ist. Awīl-Adad, auch in VAB V 92 als Zeuge nach Adad-iddinam in diesem Amt belegt, war wohl der in Sippar-Jaḫrurum zuständige *rabi sikkatim*.[26] Die Richter[27] werden noch in einer ganzen Reihe von Texten erwähnt, wobei die Namen ihrer Väter oder die gemeinsame Erwähnung mit weiteren Richtern, die auch in VAT 632 erscheinen, auf eine Personengleichheit hinweisen; ihre Amtszeiten und familiären Verhältnisse zu untersuchen ginge jedoch über das Anliegen dieses Beitrags weit hinaus, der lediglich einen weiteren Sippar-Text dem bisher publizierten Korpus hinzufügen wollte.

---

[26] Harris, Sippar 78. Man darf in ihm wohl den Sohn des Ipqu-Šala sehen, vgl. zum entsprechenden Siegel zuletzt D.R. Frayne, a. O. 430 Nr. 430.

[27] Vgl. zu den Richtern Sippars A. Walther, Das altbabylonische Gerichtswesen, Leipzig 1917, 25 ff., ferner Harris, Sippar 116 ff.

Hisarlık und das Troia Homers – Ein Beispiel zur kontroversen Einschätzung der Möglichkeiten der Archäologie

Manfred Korfmann, Tübingen

Wolfgang Röllig hat bekanntlich in seinem Berufsleben nicht nur altorientalische Texte, sondern auch Funde und Befunde aus Ausgrabungen stark beachtet. Unter anderem verfolgte, begleitete und unterstützte er meine Arbeiten an drei bronzezeitlichen Grabungsplätzen in Kleinasien: Demircihüyük, Beşik-Tepe und Troia. Ihm ist dieser Beitrag gewidmet. Er berührt nicht nur die Klassische Philologie und die Ur- und Frühgeschichtliche Archäologie, sondern auch die Altorientalistik.

Im Sommer 1996 wird die 25. Grabungskampagne offizieller Zählung in Troia durchgeführt und zugleich auch das 125. Jahr des offiziellen Grabungsbeginns in Troia gefeiert. In Troia? Oder in Hisarlık? Wenngleich der Platz so gut erforscht zu sein scheint wie kaum ein anderer und einen enormen wissenschaftlichen Zugewinn erbracht hat, beschäftigen die Ausgangsfragen viele noch genauso wie am Anfang.

Forschungsgeschichtlich sind die Ausgrabungen Heinrich Schliemanns in Troia allein schon deshalb interessant, weil dort einer der ersten Plätze war, an denen versucht wurde, mit archäologischen Mitteln historischen Fragestellungen nachzugehen. Auf dem Wege der (damals noch ungewöhnlichen) systematischen und methodischen Ausgrabung wurden Lösungen erhofft. Die beiden Hauptfragen lauteten in dieser Zeit:

„Wo lag Troia genau, in Pınarbaşı oder aber in Hisarlık?“

und

„Gab es den Troianischen Krieg?“.

Eine Archäologie, die ihre Aufgabe bis dahin ganz überwiegend darin sah, Kunstwerke und Altertümer dem Boden zu entreißen, war auf dem Wege, sich zunehmend als Teil der Geschichtswissenschaft zu verstehen. Heinrich Schliemann war bei diesem forschungsgeschichtlichen Prozeß einer der bedeutendsten Pioniere. So gesehen, ist es relativ unwichtig, ob die Fragestellungen als solche überhaupt legitim waren und ob, wie dann geschehen, „Lösungen“ teilweise herbeibeschworen oder herbeigeschrieben wurden.

Die Ur- und Frühgeschichtliche Archäologie entstand seit den 50er Jahren des 19. Jhs. innerhalb einer ca. fünf Jahrzehnte dauernden Spanne im Umfeld vornehmlich der Ethnologie und einer insbesondere am kunstgeschichtlichen Objekt orientierten Archäologie, der (mittlerweile so genannten) Klassischen Archäologie. In dieser Übergangsphase zur „Ausgrabungswissenschaft" nahmen die Troia-Grabungen zweifellos eine zentrale Stellung ein. Darüber hinaus haben Schliemanns (und Wilhelm Dörpfelds) Grabungsmethoden, die sich in Troia von Jahr zu Jahr verbesserten, nach außen gewirkt. Schliemann hat in seiner Zeit (aber auch mittelbar im Verlauf der Rezeption seiner Arbeiten) außerordentlich viel zur Reputation der Ausgrabungswissenschaft in der Öffentlichkeit beigetragen. Davon profitiert selbst heute noch die Archäologie in aller Welt. Die positiven Aspekte der Schliemann'schen Arbeit muß man gerade als Ausgräber nach wie vor betonen.

Naturgemäß haben sich die Grundlagen für archäologische Tätigkeit im Verlauf eines guten Jahrhunderts gewandelt, ebenso wie das Schliemann-Bild heute einer Einschätzung unterliegt, die auch die negativen Züge dieses ungewöhnlichen und insbesondere hinsichtlich seines Charakters problematischen Menschen nicht verschweigt. Daß er eine typische Figur seiner Zeit war, sei zu seinen Gunsten gesagt, auch wenn sie aus heutiger Sicht das ausgehende 19. Jahrhundert in Deutschland geradezu karikiert. Die Schliemann-Bewertung hat naturgemäß in den Fachpublikationen ihren Platz. Was dazu zu sagen war, ist weitgehend geschehen.[1] Interessant ist jedoch, daß die stärksten Angriffe auf die archäologische Komponente seiner Arbeit stets von Nicht-Archäologen kommen, d.h. von denen, die keinen oder kaum Einblick in die Fundmaterie und die Forschungsgeschichte haben. Darüber hinaus gibt es jede Menge Veröffentlichungen, die sich mit dem „Menschen Schliemann" beschäftigen. Dies geschieht jedoch seit etwa fünfzehn Jahren in einer ansonsten nicht gerade üblichen Verbindung des Charakterbildes mit der wissenschaftlichen Leistung bzw. umgekehrt. Wie sehr diese Mixtur die Öffentlichkeit fasziniert, zeigt beispielsweise, daß Rudolf Augstein das Thema zur Titelgeschichte in einer Osterausgabe des SPIEGEL machte[2]. Dabei wird ein besonders starkes Negativbild nicht nur des Menschen Schliemann gezeichnet, sondern auch seiner Arbeitsweise, gar seines Anliegens überhaupt. Es wird als sinnlos dargestellt. Letzteres läge ganz auf der Linie derjenigen Wissenschaftlerinnen und Wissenschaftler, die nicht an die Historizität des „Troianischen Krieges" glauben und ihn in die Bereiche der dichterischen Fiktion verbannen. Aber: dieser Streit ist alt und führt, wie immer wieder betont wird, offenbar nicht weiter. Er wird zunehmend mehr zu einer „Glaubensfrage" als zu einer Frage an die Wissenschaft. B e w e i s e für diese oder jene Überzeugung gibt es derzeit nicht, eine Beweisführung unter Nutzung von Schliemanns Psychogramm ist auf jeden Fall zu einseitig.

Tatsache ist, daß mit dem Beginn der Ausgrabungen in Troia sich die noch gar nicht etablierte „Ausgrabungswissenschaft" an dem Streit der Klassischen Philologen und Althistoriker um die „Historizität des Troiani-

---

[1] Korfmann 1990 und dortige Literatur.

[2] Augstein 1995.

schen Krieges“ zu beteiligen begann, und dies mit Nachdruck. Schon bald nahm die ganze gebildete Welt daran teil.

Die Troia-Ausgräber Schliemann und Dörpfeld (und in den 30er Jahren auch Carl William Blegen) waren bekanntlich in eindeutiger Weise *„pro“*. Sie glaubten an die Identifizierung sowohl des Ortes wie auch an einen „Troianischen Krieg“. In beiden Punkten folgten sie den Vorstellungen des Altertums. Diese Überzeugung bot in jedem Fall schon im 19. Jahrhundert einen produktiven Ansatz für Fragestellungen, die an keinem anderen Ort zu derart vielfältigen und wichtigen Ergebnissen geführt hätten.

Die Vertreter und Gegner einer „Historizität“ weisen beachtliche Namen auf – und dies seit Jahrzehnten und bis in die Gegenwart. Der Althistoriker Franz Hampl hat sie 1975 in einem Appendix zu seinem Beitrag „Die Ilias ist kein Geschichtsbuch“ aufgelistet und kommentiert, von A bis Z[3]. Es ist nicht das Ziel dieser Ehrung für Wolfgang Röllig, auf die Argumente *pro* oder *contra* einzugehen. In der angelsächsischen Fachwelt überwögen, so Hampl, bei weitem die Befürworter einer Historizität, wenn man von Ausnahmen wie Moses I. Finley absähe. Die französische und italienische neuere Wissenschaft sei wohl eher für die Historizität, die deutsche habe sich durch die Entdeckung und Ausgrabung der Ruinen Griechenlands und Troias immer schon durch eine zu hohe Bewertung der Realien beeinflussen lassen, „da die Steine Trojas eine deutliche Sprache reden, ebenso deutlich wie die Burgen von Mykene, Tiryns und Orchomenos“[4].

Zu diesen „Beeinflußten“ zählen Homerforscher und Klassische Philologen wie Wolfgang Schadewaldt, Joachim Latacz und Egert Pöhlmann, Klassische Archäologen wie Roland Hampe und Hartmut Döhl, Althistoriker wie Fritz Schachermeyr und Eduard Meyer und Prähistoriker wie Carl Blegen und Kurt Bittel.

Die Liste der Namen und Argumente der „Ungläubigen“ ist hingegen durchaus nicht kurz. Die Argumente gipfeln in teilweise vernichtenden Urteilen, wie das von Finley: „Archaeology has settled the question, Was there a Trojan War?“[5] ... „Homer's Trojan War, we suggest, must be evicted from the history of the Greek Bronze Age“[6].

Entgegen Hampl möchte ich weniger eine nationale Schwerpunktbildung betonen, sondern auf ein zeitgebundenes, wellenförmiges „Auf und Ab“ in der Zahl der wirklich kompetenten *Pro*- und *Contra*-Vertreter hinweisen. Das ist auf vielen strittigen Gebieten der Wissenschaft so, und nicht nur dort. Wann immer sich genügend gefunden haben, die mehrheitlich einer Meinung sind, kommt ein starker, befähigter Nachwuchs, um vieles oder gar

---

[3] Hampl 1975, 86-99.

[4] F. Taeger, nach Hampl 1975, 91.

[5] Finley 1964, 3.

[6] Finley 1974, 22.

alles in Frage zu stellen. Das pflegt für den Erkenntnisfortschritt meist fruchtbar zu sein. Die Zeit der Arbeiten Schliemanns und Dörpfelds in Troia bot den geistesgeschichtlichen Hintergrund für *Pro*-Argumente. Die jetzt etwa 45-60jährigen halten offenbar wieder mehrheitlich ein *Pro* für diskutabel – zumindest in Teilen (Latacz, Luce, Pöhlmann etc.). Diejenigen, die vehemente Vertreter des *Contra* sind/waren, gehör(t)en meist zur davorliegenden Forschergeneration. Einige sprechen auch *heute noch* aus, was vor 30 Jahren *opinio communis* war. Für letztere ist ein Aufsatz von Rolf Hachmann, der nachfolgend im Zentrum unseres Beitrags stehen soll, ein Beleg (s.u.). Es bleibt abzuwarten, wann sich erneut eine starke Gruppe Jüngerer durchsetzt, um ihr *Contra* gegen die Meinung des gegenwärtigen *Pro*-"Establishments" zu formulieren.

Wir selbst haben in unseren bisher acht Grabungsjahren (1988-1995) den „Troianischen Krieg" nicht zu finden auch nur versucht und werden dies auch weiterhin nicht tun. Nur: in dieser Zeit hat sich das Bild von Troia, auch was das zweite Jahrtausend betrifft, ganz und gar verändert.[7] Was die vorrangig davon betroffene Klassische Philologie, sofern sie meint, von Troia und unserer Arbeit in Hisarlık tangiert zu sein, damit macht oder auch nicht, ist andererseits nicht unbedingt das Problem des Archäologen.

Das Problem berührt jedoch mich als den derzeit in Troia verantwortlichen Ausgräber dann, wenn immer noch die *konkreten Ergebnisse der Ausgrabungen in Troia* (bzw. Hisarlık!) als wichtige Grundlage der Argumentation *gegen* jegliche Historizität, *gegen* einen historischen Kern in der Ilias zitiert werden. Viele Klassische Philologen, Archäologen und Historiker verfolgen bis zum heutigen Tag diese archäologische Spur oder setzen sie argumentativ mit ein. Finley ist keine Ausnahme. Wenn aber die „Historizität der Ilias" auf dieser Grundlage abgelehnt wird, so muß man allen, die dies taten oder tun, mitteilen, daß die hierzu immer wieder vorgebrachten Standard-Argumente heute alle nicht mehr stimmen. Sie sind seit den letzten Jahren aufgrund unserer und anderer Arbeiten vom Tisch. Darauf zum jetzigen Zeitpunkt aufmerksam zu machen, betrachte ich als meine Pflicht.

So ist der böse Satz des Jahres 1906, geschrieben vom Gräzisten Ulrich von Wilamowitz-Moellendorff, daß man die Leute nicht ernst zu nehmen hat, die, unbeirrt vom Höhenprofil des Geländes, sich den Todeslauf Hektors in Hisarlık vorstellen und dies auf einer Karte einzeichneten,[8] heute ganz anders zu verstehen. Das Bild, das man sich zum Gelände um die Stadt Troia macht, hat sich jedenfalls mit der archäologischen Entwicklung der letzten Jahre erheblich verändert.

---

[7] Siehe die Berichte in den Studia Troica 1, 1991 ff.

[8] Wilamowitz-Moellendorff 1906, 60.

Der erwähnte Aufsatz des Jahres 1964, verfaßt vom damaligen Inhaber des Lehrstuhls für Vor- und Frühgeschichte der Universität Saarbrücken, Rolf Hachmann, hat (insbesondere in Deutschland) Maßstäbe gesetzt:

Hissarlık und das Troja Homers[9].

Der Beitrag war hauptsächlich gegen den amerikanischen Troia-Ausgräber Carl Blegen bzw. dessen erst Ende der 50er Jahre publizierte Schlußfolgerungen zum „Troianischen Krieg“ gerichtet. Dieser glaubte, den „Troianischen Krieg“ in der Katastrophenschicht am Ende der Phase Troia VIIa gefaßt zu haben.[10] Hachmanns Ausführungen wurden und werden in dem Gesamtzusammenhang „Troianischer Krieg“ als Zeugnis solider archäologischer Kenntnis und Argumentation immer wieder herangezogen, bis heute – selbst in den sekundären Darstellungen, wie in Augsteins erwähntem SPIEGEL-Beitrag.

Seine Argumente wurden in einer Festschrift für Anton Moortgat, den Nestor der Vorderasiatischen Archäologie, veröffentlicht. Da diese Publikation u.a. von dem bekannten Prähistoriker und Kleinasien- und auch Troiaforscher Kurt Bittel mit herausgegeben wurde, konnte der Eindruck entstehen, daß jener (zusammen mit den anderen Herausgebern) hinter den dort scharf formulierten und in der Folge viel beachteten Aussagen stünde. Deshalb ist hier die Mitteilung wohl angebracht, daß mir Kurt Bittel im Jahre 1988 sehr klar und deutlich sagte, daß er immer an eine Historizität des „Troianischen Krieges“ geglaubt habe, an einen „historischen Kern“ der Ilias: „So etwas kann man nicht erfinden“. Ähnlich hat er sich auch gegenüber dem Essener Althistoriker Justus Cobet geäußert, wie dieser mir im Oktober 1995 mündlich mitteilte.

Im folgenden listen wir die *archäologischen Argumente Hachmanns* gegen Blegens und anderer Schlußfolgerungen aus den Ausgrabungsergebnissen in Troia in zusammenfassender Weise auf. Vollständigkeit wird dabei angestrebt. Gleichzeitig stellen wir diesen die Fakten und deren Interpretationen nach dem heutigem Kenntnisstand gegenüber (inklusive Ausgrabung Troia 1995).

---

[9] Hachmann 1964.

[10] Z.B. Blegen 1958, 10-13; ders. 1964, 161-164.

Archäologische Argumente zur „Troia-Frage“:

Contra Hisarlık = Troia/Ilios: Rolf Hachmann (1964):	*Jetziger Kenntnisstand in Hisarlık durch Grabungsbefunde (inkl. 1995):*
1. In VIIa gab es zwar Krieg, was nichts beweise. Kriege gebe es immer wieder.[11]	Ein verlorener Krieg wird bestätigt[12]. In der Tat kein Beweis für *den* Krieg.
2. Zahlreiche Vorratsgefäße und viele kleine Häuser in der Burg von Troia VII seien kein überzeugender Hinweis auf Überpopulation.[13])	Nachdem ein Grabensystem und insbesondere die Umfassungsmauer der Unterstadt jetzt als Besiedlungsgrenze bekannt sind,[14] wird nachvollziehbar, daß dort für eine Überpopulation keine Möglichkeit zur Ausdehnung war[15]; weitere Wohnmöglichkeiten gab es lediglich innerhalb der bis dato großzügig angelegten Bebauung des Burggeländes.[16]
3. Eine mykenisch anmutende Pfeilspitze besage nichts bezüglich der Herkunft der Angreifer.[17]	Mittlerweile kennen wir bedeutend mehr Waffen- und insbesondere Fernwaffenfunde[18]. Die Möglichkeit auf die Identifizierung der Angreifer besteht bei einer noch höheren Anzahl von Funden.
4. Wer sage denn, daß Hisarlık zur fraglichen Zeit Hauptort der Troas war?[19]	Daran bestand weder für die guten Landeskenner in der griechisch-römischen Antike, noch für Frank Calvert, Schliemann, Rudolf Virchow,

[11] Hachmann 1964, 105.

[12] Korfmann 1996 (im Druck).

[13] Hachmann 1964, 105.

[14] Korfmann 1994, 34-37; ders. 1995, 26-29; Jablonka et al. 1994; Jablonka 1995.

[15] So schon als Hypothese Korfmann 1992a, 144.

[16] Korfmann 1992a, 144.

[17] Hachmann 1964, 105 f.

[18] Korfmann 1995, 24 und Korfmann 1996 (im Druck).

[19] Hachmann 1964, 106.

Dörpfeld, Blegen, John M. Cook[20] und uns der geringste Zweifel. Geländebegehungen gab es genug!

5. Hisarlık biete entschieden *nicht* das Bild eines befestigten Königssitzes, wie ihn das Epos schildert.[21]

Das Bild und die Einschätzung von Unterstadt und Burg (Pergamos) sehen mittlerweile *völlig* anders aus![22]

Besonders folgende Punkte gingen weit an den *Tatsachen im Epos* vorbei:

a. keine „große Stadt“, in der zahlreiche Hilfstruppen Raum finden konnten, mit „breiten Straßen“ und „wohl ummauert“[23];

Doch, insbesondere seitdem die Unterstadt definiert ist![24]

b. kein ausgedehnter Komplex herrschaftlicher Gebäude in einer stadtüberragenden Akropolis (Pergamos).[25]

Doch, insbesondere seitdem die Unterstadt definiert ist![26]

c. Fehlen von archäologischen Nachweisen eines freien Feldes außerhalb der Mauern der Stadt Troia; Fehlen der mit Brustwehren, Türmen und einem Haupttor (dem Skäischen) versehenen Festungsmauer, wobei offenbar das Schiffslager aufwendiger befestigt gewesen sei als Troia selbst.[27]

Die Festungsmauer der Unterstadt ist mittlerweile bekannt,[28] jedoch noch nicht in genügendem Maße. Somit kann zu einem Haupttor, das es sicherlich gab, nichts ausgesagt werden. Ansonsten sind in Hisarlık alle Elemente mittlerweile gut vertreten: vom freien Feld außerhalb der Grabenanlage bis zur aufwendigen Befestigung der Burg mit den erwähnten Details.[29]

---

[20] Cook 1973.

[21] Hachmann 1964, 106 f.

[22] Korfmann 1991, 26-28; ders. 1992a und dortige Lit.; ders. 1993, 14-28; ders. 1994, 19-37, ders. 1995; ders. 1995a und Korfmann 1996 (im Druck).

[23] Hachmann 1964, 23 107.

[24] S. Anm. 22.

[25] Hachmann 1964, 105.

[26] S. Anm. 22.

[27] Hachmann 1964, 107.

[28] Korfmann 1996 (im Druck).

[29] S. Anm. 22 und Blegen 1964, 111-164.

Es gebe keine Hinweise auf folgende, aus dem Schiffslager bekannte Planungsdetails:

d. Ummauerung aus Holz und Steinen,[30]	In Troia bekannt.[31]
e. Befestigungsgraben, gegen Streitwagen,[32]	In Troia bekannt.[33]
f. mit hölzerner Palisade[34]	In Troia bekannt.[35]
g. und mit Dämmen, die den Graben vor den Toren unterbrachen.[36]	In Troia bekannt.[37]

Fazit:

Die Vorstellung des Dichters eigne sich also kaum für einen Vergleich. „Fast alles ist anders"; Homers Bilder seien manchmal „ganz irreal".[38] Der Grabungsbefund böte wenig Ähnlichkeit mit der Beschreibung der Stadt durch den Dichter.[39] Ihm seien „weder Überlieferungen des alten Zustandes noch Einzelheiten der Topographie im Vorfeld der Mauer bekannt" gewesen.[40] „Sicher ist es, daß

[30] Hachmann 1964, 107.

[31] Eine Art „Bollwerk" aus Holz: Korfmann 1994, 28-31; Festungsmauer aus Stein und Lehmziegeln: Korfmann 1996 (im Druck); Haus- und Festungsmauern aus Stein, Holz und Lehmziegeln z.B.: Dörpfeld 1902, 109-112.

[32] Hachmann 1964, 107.

[33] Korfmann 1994, 34-37; ders. 1995, 26-29; ders. 1996 (im Druck); Jablonka et al. 1994; Jablonka 1995; ders. 1996 (im Druck).

[34] Hachmann 1964, 107.

[35] Korfmann 1996 (im Druck); Jablonka 1996 (im Druck).

[36] Hachmann 1964, 107.

[37] Korfmann 1996 (im Druck); Jablonka 1996 (im Druck).

[38] Hachmann 1964, 108.

[39] Hachmann 1964, 108.

[40] Hachmann 1964, 109.

weder Troja VIIa noch VI noch VIIb der Vorstellung des Dichters entsprechen“[41].

Troia sei erst nach 400 Jahren wieder besiedelt worden. Der Abstand zwischen Troia VIIa und Homer sei zu groß für Traditionen/Überlieferungen.[42]

Starker Widerspruch – Hisarlık ist im Grabungsbefund überraschend ähnlich.

Einen Bruch in der *nennenswerten* Besiedlung gibt es nur für 200-250 Jahre.[43] Auch in dieser Zeit gab es aber immer einige Menschen am Ort[44]. Weiterhin kann man auf Grund der archäologischen Befunde relativ gut sagen, wie ein Besucher 730 v.u.Z. die Ruinen von Unterstadt und Burg vor Augen hatte.[45] Und schließlich gibt es jetzt *Schrift* aus dem „Dunklen Zeitalter“, datiert ca. 1130 v.u.Z.[46] Neben mündlicher Überlieferung ist die schriftliche nicht grundsätzlich auszuschließen.

Hachmann folgert: „Wenn sich aus dem Epos selbst oder aus anderen Quellen keine Anhaltspunkte ergeben, daß Troja mit einer der Siedlungen im Hügel Hissarlık identisch sein muß, dann sind überhaupt keine Beweismöglichkeiten gegeben, denn die Archäologie besitzt dafür erst recht keine Indizien. Mehr noch: Wenn sich aus dem Epos selbst oder auf Grund anderer Nachweise die Historizität der Stadt Troja und des trojanischen Krieges nicht bestätigen läßt, dann ist die Frage nach der Geschichtlichkeit der Stadt und des Krieges falsch, denn aus dem archäologischen Befund heraus ist ein solcher Beweis erst recht nicht möglich. Die Archäologie muß deswegen die homerische Frage an die Klassische Philologie bzw. die Alte Geschichte zur Beantwortung zurückverweisen“.[47]

„Die Grabungen auf dem Hügel Hissarlık haben keine Anhaltspunkte für die Historizität des Epos ergeben. Der Archäologe hat in dieser Frage deswegen so lange zu schweigen, wie ihm der Klassische Philologe bzw. der Althistoriker kein wirklich verläßliches Material in die Hand gibt.“[48]

---

[41] Hachmann 1964, 109.

[42] Hachmann 1964, 109.

[43] Korfmann 1996 (im Druck); vgl. auch Korfmann 1994, 37.

[44] Korfmann 1996 (im Druck).

[45] Korfmann 1994, 19 und dortige Lit., 37.

[46] Korfmann 1996 (im Druck), Hawkins und Easton 1996 (im Druck).

[47] Hachmann 1964, 109 f.

[48] Hachmann 1964, 112.

Aber Hachmann läßt dann schließlich auch eine Tür offen:

„Wenn überhaupt irgend etwas über die Geschichtlichkeit des trojanischen Krieges zu gewinnen ist, dann kann das folglich im wesentlichen nur aus dem Epos, bzw. aus dem Epencyklus bezogen werden. Es ist nicht gänzlich auszuschließen, daß in diesem Zusammenhang archäologische Fakten wieder an Bedeutung gewinnen können, sobald das Verständnis des Epos echte Fortschritte macht“.[49]

Beide Fächer, so scheint mir, die Klassische Philologie und – man möge mir diese Betonung verzeihen – insbesondere die Prähistorische Archäologie haben hinsichtlich des Verständnisses des Epos' mittlerweile Fortschritte gemacht. Bei der philologischen Disziplin waren die Fortschritte naturgemäß fachlich bedingt, wir Prähistorischen Archäologen jedoch machten „so nebenbei“ in der Sache Fortschritte, nämlich in der Fülle des zu interpretierenden Fundgutes. Daß es Fortschritte sind, erfahren wir jedenfalls von einigen der interessierten Klassischen Philologen.

Andererseits stellen wir fest, daß das klassisch-philologische Material auch für den Archäologen hochinteressant ist! Z.B. kann ein kleiner, in den Felsen geschlagener Graben sinnvoll erläutert werden. Während der Ausgräber zu erkennen in der Lage ist, daß wir es mit einem Verteidigungsgraben zu tun haben, erläutert die Klassische Philologie überzeugend, und dies fußend auf der Ilias, daß es sich um einen Graben besonderer Art gegen Streitwagen handelt.[50]

Ich bin der Ansicht, daß ich das Thema bezüglich der angeblichen archäologischen *Contra*-Argumente habe aufgreifen m ü s s e n. Der Damm im Verteidigungsgraben, die Identifizierung der Festungsmauer der Unterstadt, die Bestätigung eines Krieges, der Fund von Schrift, die Verkürzung des „Dunklen Zeitalters“ in Troia (das wohl nie ganz ein solches war) – lauter Erkenntnisse aus den Grabungen des Jahres 1995 – waren der Auslöser für meinen Vorstoß. Keines der bisher zitierten angeblichen *Gegenargumente* der Archäologie hat gegenwärtig mehr Bestand. Man könnte sogar über die oben genannten Argumente hinaus durchaus weitere nennen, welche nicht im Widerspruch zu der Ilias stehen. Das würde aber den hier angestrebten Rahmen überschreiten.

Unser Ergebnis im Rahmen der Analyse der Hachmann-Argumente ist jedenfalls, daß die Übereinstimmungen zwischen den Grabungsbefunden in Troia und einigen Beschreibungen in der Ilias überraschend sind. „Homer“ (oder seine Informanten) hatte offenbar eine oder mehrere bronzezeitliche Stadtanlagen à la Hisarlık vor Augen. Die Ilias paßt aber nicht allein zu wichtigen Elementen der Ruinen von Hisarlık des 15.-12. Jahrhunderts v.u.Z., wie sie archäologisch freigelegt worden sind. E. Susan Sherratt

---

[49] Hachmann 1964, 111.

[50] Mannsperger 1995.

glaubte, das Thema „Archaeology and the Homeric Question“[51] so lösen zu können, daß sie im Ilias-Text erwähnte Elemente und Objekte aussortierte, sofern sie archäologisch nachweisbar sind und der vorhomerischen Zeit, das heißt dem 16. bis beginnenden 8. Jahrhundert angehörten. Auf diesem Wege, von den archäologisch datierten Realien aus, wurde versucht, den Hintergrund des Epos' bzw. dessen eventuelle „stratigraphy of its texts“[52] zu datieren. Im Prinzip ist das Vorgehen legitim, jedoch angesichts der immer noch recht dünnen Informations- bzw. Materialbasis aus dem Bereich der Archäologie durchaus riskant. Immerhin glaubte Frau Sherratt, einige Dinge und Argumente aufführen zu können, die auf eine Entstehung der Ilias in einer weit vor 1200 zurückreichenden Zeit hinweisen, mehrere andere, welche eindeutig Jahrhunderte vor derjenigen Homers liegen. Dieser Rückschluß von der Ilias auf Antiquaria, mit dem Ziel, das Werk in seinen Anfängen bzw. nach seinem Kern (oder seinen Kernen und Textschichten) zu datieren, klammerte die Gegebenheiten in Troia selbst weitgehend aus. Sie hält es für wahrscheinlich, daß „remnants of actual events will have survived, along with remnants of earlier material culture and vocabulary, in the transmission of textual elements over a long period“[53]. Wie auch immer, auch aus dieser Sicht passen viele Informationen in der Ilias zu den Realien in der damaligen Welt des Ostmittelmeerraumes des 15.-12. Jahrhunderts v.u.Z.

Man wird nach diesen Untersuchungen verstehen, daß wir der Ansicht sind, daß mit der 25. Ausgrabungskampagne in Troia Hachmanns Aufreihung archäologischer Gesichtspunkte, die angeblich ganz und gar nichts mit der Ilias zu tun haben, nicht nur generell, sondern auch in vielen Details überholt ist. Statt dessen muß man jetzt in jedem der Fälle für das Gegenteil plädieren. Deshalb sollte diese angebliche Beweisführung gegen eine Historizität der Ilias (oder eines historischen Kerns) der Forschungsgeschichte zugeordnet werden. Damit ist aber nicht gesagt, daß nicht neue Argumente vorgebracht werden können und sollten. Sie wären im Sinne einer konstruktiven Auseinandersetzung auch den gegenwärtigen Ausgräbern von Hisarlık durchaus willkommen.

Freilich haben wir mit diesem Ergebnis *den Troianischen Krieg keineswegs nachgewiesen* – auch nicht angesichts vieler Übereinstimmungen in der Beschreibung der „Szenerie“. Hier argumentativ tätig zu werden, ist nicht die Aufgabe des Archäologen, sondern primär des Klassischen Philologen. Gerne arbeiten wir auch weiterhin zusammen. Eines ist jedoch sicher, daß wir Priamos, Hektor und Paris nie werden finden können, und wir suchen sie deswegen auch nicht. Homers wunderbares Werk braucht nicht *den*

---

[51] Sherratt 1990.

[52] Sherratt 1990, 807.

[53] Sherratt 1990, 815.

Nachweis. Es steht für sich, als Juwel an der Spitze der europäischen, ja der Weltliteratur.

Der Ausgangspunkt für diesen Aufsatz läßt den im ersten Abschnitt formulierten forschungsgeschichtlichen Zyklus des Generationenwechsels durchaus erkennen. Etwa 30 Jahre nach der Festschrift zum 65. Geburtstag des Altorientalisten Anton Moortgat nutzt ein anderer Prähistoriker den gleichen Anlaß zu Ehren Wolfgang Rölligs, um eine erneute Zusammenfassung der archäologischen Argumente im Streit „Hisarlık oder Troia" zu formulieren. An anderem Ort jedoch wird herauszustellen sein, daß die Forschungen in Hisarlık zunehmend Indizien dafür liefern, daß diese Stadt stärker als bisher gedacht mit der Welt des Alten Orients verbunden war. Ob man in der nächsten Generation die Frage: „Gab es den Troianischen Krieg?" in den Hintergrund stellen und sich statt dessen eher der Historiographie des 2. Jahrtausends v.u.Z. in Kleinasien und der Rolle, die dabei Troia/Ilios (Truisa/Wiluša?) spielte, zuwenden wird?

Literatur:

Augstein, Rudolf
1995 „Schatz des Herrn Schulze". Rudolf Augstein über den Troja-Forscher Heinrich Schliemann, in: DER SPIEGEL 15 (8.4.96) 178-192. Der Umschlag-Aufmacher des Heftes lautet: „Der Troja-Schwindel. Rudolf Augstein über den Schatzsucher und Phantasten Heinrich Schliemann".

Blegen, Carl W., Cedric G. Boulter, John L. Caskey und Marion Rawson
1958 Troy IV. Settlements VIIa, VIIb and VIII. Princeton.

Blegen, Carl W.
1963 Troy and the Trojans. New York.

Cook, John M.
1973 The Troad. An Archaeological and Topographical Study. Oxford.

Dörpfeld, Wilhelm
1902 Troja und Ilion. Ergebnisse der Ausgrabungen in den vorhistorischen und historischen Schichten von Ilion, 1870-1894. Athen.

Finley, Moses I.
1964 The Trojan War, In: The Journal of Hellenic Studies 84, 1-9.

Finley, Moses I.
1974 Schliemann's Troy – One Hundred Years After. Oxford.

Hachmann, Rolf
1964 Hissarlık und das Troja Homers, in: Bittel, K., Heinrich, E., Hrouda, B. und W. Nagel, Vorderasiatische Archäologie. Studien

und Aufsätze. Anton Moortgat zum fünfundsechzigsten Geburtstag gewidmet von Kollegen, Freunden und Schülern. 95-112.

Hampl, Franz
1975 Die „Ilias" ist kein Geschichtsbuch, in: ders. (Hrsg.), Geschichte als kritische Wissenschaft. Darmstadt.

Hawkins, David und Donald Easton
1996 A Hieroglyphic Seal from Troy. *Studia Troica 6:* (im Druck)

Jablonka, Peter, Heike König und Simone Riehl
1994 Ein Verteidigungsgraben in der Unterstadt von Troia VI. Grabungsbericht. *Studia Troica 4:* 51-73.

Jablonka, Peter
1995 Ausgrabungen südlich der Unterstadt von Troia im Bereich des Troia VI-Verteidigungsgrabens. Grabungsbericht 1994. *Studia Troica 5:* 39-80.

Jablonka, Peter
1996 Ausgrabungen im Süden der Unterstadt von Troia. Grabungsbericht 1995. *Studia Troica 6:* (im Druck)

Korfmann, Manfred
1990 Vorwort, in: Schliemann, Heinrich, Bericht über die Ausgrabungen in Troja in den Jahren 1871 bis 1873, VII-XXIX . München – Zürich.

Korfmann, Manfred
1991 Troia – Reinigungs- und Dokumentationsarbeiten 1987, Ausgrabungen 1988 und 1989. *Studia Troica 1*: 1-34.

Korfmann, Manfred
1992 Troia – Ausgrabungen 1990 und 1991. *Studia Troica 2*: 1-41.

Korfmann, Manfred
1992a Die prähistorische Besiedlung südlich der Burg Troia VI/VII. *Studia Troica 2:* 123-146.

Korfmann, Manfred
1993 Troia – Ausgrabungen 1992. *Studia Troica 3*: 1-37.

Korfmann, Manfred und Bernd Kromer
1993a Demircihüyük, Beşik-Tepe, Troia – Eine Zwischenbilanz zur Chronologie dreier Orte in Westanatolien. *Studia Troica 3*: 135-171.

Korfmann, Manfred
1993b Die Forschungsplanung von Heinrich Schliemann in Hisarlık-Troia und die Rolle Wilhelm Dörpfelds, *Studia Troica 3*: 247-264).

Korfmann, Manfred
1993c Ein Hinweis auf kriegerische Zeiten in dem späten Abschnitt der Epoche von Troia VI, in: Mellink, M.J. u.a. (Hg.), *Nimet Özgüç'e Armağan – Aspects of Art and Iconography: Anatolia and its Neighbors*. 361-370. Ankara.

Korfmann, Manfred
1994 Troia – Ausgrabungen 1993. *Studia Troica 4*: 1-50.

Korfmann, Manfred
1995 Troia – Ausgrabungen 1994. *Studia Troica 5:* 1 -38.

Korfmann, Manfred
1996 Troia – Ausgrabungen 1995. *Studia Troica 6*: (im Druck).

Korfmann, Manfred
1995a Troia: A Residential and Trading City at the Dardanelles, in: Laffineur, Robert und Wolf-Dietrich Niemeier (Hg.). *Politeia, Society and State in the Aegean Bronze Age* (Proceedings of the 5th International Aegean Conference, Heidelberg 10-13 April 1994 = *Aegaeum 12*). 173-183. Eupen.

Mannsperger, Brigitte
1995 Die Funktion des Grabens am Schiffslager der Achäer. *Studia Troica 5:* 343-356.

Sherratt, E. S.
1990 „Reading the Texts“: Archaeology and the Homeric Question, in: Antiquity 64, 807-824.

von Wilamowitz-Moellendorff, Ulrich
1906 Über die ionische Wanderung, in: Sitzungsberichte der Königlich Preußischen Akademie der Wissenschaften zu Berlin, 59-79.

Zur Interpretation von ARET 5, 24-26

Manfred Krebernik, München

1.1. 1980 veröffentlichte G. Pettinato[1] eine kurze sumerische Komposition, die durch drei sich duplizierende Tafeln aus Ebla dokumentiert ist. Eine Tafel (A) enthält auf der Vorderseite den ersten Teil der Komposition normalorthographisch in der linken und syllabisch in der rechten Kolumne; die beiden Kolumnen sind nicht in Zeilen eingeteilt. Die Rückseite enthält den zweiten Teil der Komposition in syllabischer Orthographie; die anderthalb Kolumnen sind in Zeilen eingeteilt. Die beiden anderen Textzeugen (B und C) sind in Normalorthographie geschrieben. Sie enthalten den ersten Teil der Komposition in der linken Kolumne der Vorderseite ebenfalls ohne Zeileneinteilung. In B folgte in der rechten Kolumne und auf der Rückseite der zweite, in Zeilen gegliederte Teil. In dem Textzeugen C fehlt, soweit erkenntlich, der zweite Textabschnitt. Pettinato analysierte und interpretierte den Text folgendermaßen:

A = TM.75.G.1283 = ARET 5, 24 (A_1 = A I; A_2 = A II)
B = TM.75.G.2196 = ARET 5, 25
C = TM.75.G.2500 = ARET 5, 26

A_1	lugal-an-ki	„Signore del cielo e della terra
B	lugal-an-ki	
C	lugal-an-ki	
A_2	nu-gal-a-kí	
A_1	nu-gub$_x$ ki gin$_7$	non avevi fatto esistere la terra, (l')ai creata,
B	nu-gub$_x$ ki gin$_7$	
C	nu-šu-túk-ke ki gin$_7$	
A_2	nu-gub-bù kí gin$_7$	
A_1	nu-síg u$_4$-ìa gin$_7$	non avevi fondato la luce solare, (l')ai creata,
B	nu-síg u$_4$-ìa gin$_7$	
C	nu-síg a-a gin$_7$	
A_2	nu-si-ge ì-ì-ʾà gi-in	
A_1	*zu-ur$_5$-ra* nu-tuku$_x$	non avevi (ancora) fatto esistere la luce mattutina,
B	*zu-ur$_5$-ra* nu-tuku$_x$	
C	*zi-ur$_5$-ra* nu-tuku$_x$	
A_2	*zu-u$_9$-ra* nu-tù-gú-wi-in	

[1] Pettinato, 1980, 61-67.

B	lugal inim-kal	Signore: parola efficace,
A	nu-gal en-nam gal-ga	
B	lugal ḫé-gál	Signore: parola prosperità
A	nu-gal ḫi-gal	
B	lugal nam-nir	Signore: eroicità
A	nu-gal nam-rí	
B	lugal nam-⸢x⸣	Signore: ...
A	nu-gal nam-rí-šu-ma	
B	lugal lugal mu-da-kúš	Signore: „indipendente"
A	nu-gal me:da:ga-⸢x⸣	
B	lugal me-am	Signore: divinità,
A	nu-gal me-é-ma	
B	lugal pà	Signore che salva,
A	nu-gal pá-da	
B	lugal ḪI-zi	Signore: *dolce* vita"
A	nu-gal ḪI-zi	

Pettinato faßte also den Text als einen Hymnus auf den Schöpfer von Himmel und Erde auf und stellte Vergleiche mit dem biblischen Schöpfungsbericht an.

1.2. Pettinatos Auffassung folgte F. d'Agostino, der in zu-ur$_5$-ra zu Recht ein sumerisches Wort annahm und dieses aufgrund einer lexikalischen Gleichung aus Ebla als „rabbia, scontro – e per traslato – caos" deutete (s.u. 3.5.). Er übersetzte Pettinatos Z. 4: „Tu ai posto in non essere lo scontro, ossia: hai abolito il caos."

2. Die drei Tafeln wurden 1984 von D.O. Edzard als ARET 5, 24-26 neu publiziert. Im Kommentar wird festgestellt, daß es sich um eine Schulübung handle, die in zwei Teile zerfalle. Der zweite Teil sei zwar mit dem ersten durch lugal „König" assoziativ verknüpft, er bestehe aber aus acht sumerische Personennamen und sei somit „rein didaktischer Natur". Edzard gliederte den ersten Teil wie folgt:

A I a-b	lugal / an-ki nu-GEŠTIN
B I a-b	lugal / an-ki nu-GEŠTIN
C I a-d	lugal / an-ki nu- / šu-TÚG(-) / KI
A II a-b	nu-gal a-gi / nu-du-bù
A I c-e	ki-gin$_7$ / nu-siki UD-ʾa$_x$(NI)- / gin$_7$
B I c-e	ki-gin$_7$ / nu-siki UD-ʾa$_x$(NI)- / gin$_7$
C I d-f	ki-gin$_7$ / nu-siki a-a- / gin$_7$
A II c-f	gi-gi-in / nu-si-gi ʾa$_x$(NI)- / ʾa$_x$-ʾa$_x$-gi- / in

A I f-g	zu-ur$_5$-ra / nu-tuku$_x$(ḪÚB)
B I f-g	zu-ur$_5$-ra / nu-tuku$_x$
C I g-h	zi-ur$_5$-ra / nu-tuku$_x$
A II g-i	zu-u$_9$-ra / nu-du-gú- / wi-in

Sein „unter größten Vorbehalten" gegebener Übersetzungsvorschlag lautet:

> „Herr, Himmel (und) Erde ...st du nicht (oder: Himmel (und) Erde ..en dich nicht). Wie auf der Erde(?) läßt du wie ein Vater die Waise ein Leben in Zins(schuld) nicht haben."

Der zweite Teil besteht nach Edzards Lesung und Interpretation aus folgenden Personennamen:

A III 1 B II 1	nu-gal-en-nam-gal-ga lugal-inim-kal	„der König hat einen mächtigen Ausspruch"
A III 2 B II 2	nu-gal-ḫe-gal lugal-ḫé-gál	„der König ist/hat Überfluß"
A III 3 B II 3	nu-gal-nam-rí lugal-nam-nir	(Kurzform des folgenden Namens)
A III 4 B II 4	nu-gal-nam-rí-šu-ma lugal-nam-nir-sum	„König, welchen 'das Ansehen' (= Enlil?) gegeben hat"
A III 5 B III 1	nu-gal-me-ga-šu-ù lugal-mu-da-kúš	„der König kümmert sich darum"
A IV 1 B III 2	nu-gal-me-ʾà-ma lugal-me-am	„der König (hat) die göttlich bestimmte Eigenschaft (me) eines Wildstiers"
A IV 2 B III 3	nu-gal-ba-da lugal-pà	„König, den (Gottheit NN) berufen hat"
A IV 3 B III 4	nu-gal-ḫi-zi lugal-ḫi-zi	...

3. Ich möchte nun versuchen, die zitierten Interpretationsversuche noch etwas weiterzuführen.

3.1. Zu der syllabischen Schreibung nu-gal für lugal vgl. ARET 5, 20 i 5: an nu-gal uru-ga-kam$_4$ „An ist der König von Uruk". Das Element nu-gal- kommt auch in Personennamen vor, s.u., Kommentar zum Abschnitt der Personennamen.

3.2. In an-ki nu-GEŠTIN ki-gin$_7$ nu-siki dürfte die auch sonst bekannte Wendung an - dúb, ki - sìg/sàg „den Himmel stoßen, die Erde schlagen" – beides im Sinne von „erschüttern" – vorliegen, was bereits

J. Krecher erkannte[2], der auf den frühen Beleg IAS 282 VII 4'f. hinwies[3]. Das Zeichen GEŠTIN ist hier also eine – wohl fehlerhafte – Variante von DÚB, das in dieser Zeit etwa wie GEŠTIN+DUL aussieht.

In nu-ŠU.TÚG.KI vermutete Krecher eine Wortvariante von dúb. Möglicherweise ist dieses Lemma mit šu-TUKU$_4$ in Šulgi E, Z. 28[4] zu verbinden: Dort sagt Šulgi im Zusammenhang mit seinen Fähigkeiten als Läufer, daß auch šu-TUKU$_4$-a ki-g̃ìri-g̃en-na-g̃á in Liedern gepriesen werde, womit vielleicht gemeint ist, „(die Tatsache,) daß der Ort, wo ich gehe, erzittert".

3.3. Nimmt man weiter an, daß an-ki // a-gi (teil-)syllabisch für an-gin$_7$ stehen, so erhält man zwei parallele Sätze mit den Verbalformen nu-dúb$^!$ // nu-du-bù und nu-siki // nu-si-gi-ni. Als nächste Verbalform folgt eine 2. Person nu-tuku // nu-du-gú-wi-in „du hast nicht". Ich schließe daraus, daß auch die ersten beiden Verben in der 2. Person stehen, und interpretiere nu-dú-bu als defektive Schreibung für /nu-dubun/ bzw. nu-si-gi-ni als pleonastische (oder Sandhi-)Schreibung für /nu-sigin/.

3.4. Hinter den Schreibungen UD.NI // ì-ʾà // a-a vermute ich das sum. Wort für „Stein": UD.NI steht dann anagraphisch für NI.UD = NA$_4$[5], und ì-ʾà bzw. a-a sind syllabische Wiedergaben der Lesung ía.

3.5. Wie schon d'Agostino richtig gesehen hatte, ist für zu-ur$_5$/u$_9$-ra die Gleichung MEE 4, VE 208 heranzuziehen, allerdings in einer etwas anderen als der von ihm vorgeschlagenen Interpretation; auch ist MEE 4, VE 208 mit einzubeziehen:

208	KA.ḪAR.DU = *ša-ba-um*
(0152)	KA.ḪAR.DU zu-ʾà-ar-ša = *dal-da-bi-lu-um*
209	KA.ḪAR zu-u$_9$-ur = *si-na-tum ʾà-la-um; si-na-ti ʾà-la-mu*
(0151)	KA.ḪAR = *ʾà-ša-gú-um*

D'Agostino hatte *si-na-tum/ti ʾà-la-um/mu* wohl mit Recht zu hebr. (und ug.) *hlm* „zerschlagen" gestellt, daraus aber eine Bedeutung „Wut, Chaos" für unsere Stelle konstruiert.

M. Civil verband nun *ša-ba-um* und *dal-da-bi-lu-um* mit akk. *šebēru* „to cut into pieces" (*ṯ-b-r*) und *ʾà-ša-gú-um* mit akk. *esēqu* „to incise, to cut" und definierte als Bedeutung von zú-ur$_5$(-ša$_4$) „to tear or grind with the

---

[2] Krecher, 1981, 135 Anm. 5.

[3] ^{d}nin-ur$_4$ an mu-dúb-dúb ki mu-sá-sá.

[4] Zitiert nach J. Klein apud M.Ch. Ludwig, 1990, 35.

[5] Zu UD.NI für NA$_4$ vgl. auch den von Civil, 1987a, 148 zitierten Beleg IAS 278 iv' 2' // ARET 5, 20 ix 8 // 21 x 5.

teeth“[6]. Wenngleich beide eblaitisch-akkadischen Entsprechungen lautlich bzw. orthographisch nicht unproblematisch sind[7], darf doch die Bedeutung von zú-ur_5(-$ša_4$) – nicht zuletzt auch aufgrund der von Civil angeführten literarischen Belege – als sicher gelten.

Zur Varianz von zu und zi in zu/zi-ur_5-ra vgl. auch ^{d}EN.ZI neben ^{d}EN.ZU in MEE 4, VE 799a-b.

3.6. Somit ergibt sich für den ersten Teil folgender Interpretationsvorschlag:

A I a-b	lugal an-ki nu-dúb$^!$(GEŠTIN)
A II a	nu-gal a-gi nu-du-bù
B I a-c	lugal an-ki nu-dúb$^!$(GEŠTIN)
C I a-c	lugal an-ki nu-šu-túk-ki
A I c-d	ki-gin_7 nu-siki
A II c-d	gi-gi-in nu-si-gi-ni
B I c-d	ki-gin_7 nu-siki
C I d-e	ki-gin_7 nu-siki
A I d-g	$NA_4^!$(UD.NI)-gin_7 zu-ur_5-ra nu-$tuku_x$(ḪÚB)
A II e-i	ì-ʾà-gi-in zu-u_9-ra nu-du-gú-wi-in
B I d-g	$NA_4^!$(UD.NI)-gin_7 zu-ur_5-ra nu-$tuku_x$(ḪÚB)
C I e-h	a-a-gin_7 zi-ur_5-ra nu-$tuku_x$(ḪÚB)

„König, wie der Himmel wankst du nicht,
wie die Erde bist du nicht zu erschüttern,
wie der Stein kennst du kein Zerbissenwerden.“

3.7. In der Fortsetzung des Textes sehe ich mit Edzard eine Liste mit lugal- gebildeter Personennamen. Eine ähnliche Liste, allerdings ohne Überschneidungen mit der vorliegenden, bietet TM.75.G.1565 (= MEE 3,

---

[6] Civil, 1984, 295f.

[7] Die Zurückführung von *ša-ba-um* und *dal-da-bi-lu-um* auf *ṯ-b-r* setzt „r-Reduktion“ voraus. Im allgemeinen ist *r* in Ebla jedoch stabil. Im Gegensatz zur häufigen „l-Reduktion“ lassen sich für eine „r-Reduktion“ außer dem vorliegenden nur wenige mögliche Beispiele finden. Civil, 1987b, 233-236, behandelt MEE 4, VE 69: NÌ.DÙ = *ša-gú-u_9*, das zu akk. *śerg/kûm* (AHw.), *šerkum* gehört. Civil setzt *šarku* „string for dried fruit“ an, doch die Schreibung *-u_9* reflektiert wie äthiopisch *tasargawa* einen Stamm ultimae infirmae); er verweist noch auf VE 379: ^{giš}ŠU.ME = *šè-ri-mi-nu*, *ša-mi-nu* (akk. *šurmēnum* „Zypresse“) und VE 424f: ^{giš}MA/ḪAŠḪUR.UD = *àr-zu-um*, *ʾà-zu-um*. Ein weiteres mögliches Beispiel ist VE 101: NÍG.GIG = *ʾà-mu* „Tabu“, was wohl zu *ḥ-r-m* gehört. In all diesen Fällen steht *r* jedoch im Silbenauslaut und nicht, wie bei *ṯabārum*, im Silbenanlaut. Bei der Identifikation von *ʾà-ša-gú-um* mit akk. *esēqu* bereitet, wie Civil selbst anmerkt, die eblaitische Schreibung *ša* Schwierigkeiten, da diese *ṯ* oder *ḏ* wiedergibt, wofür im Akk. *š* bzw. *z* erscheinen müßte.

67): die Tafel enthält auf einer Seite 6 mit nì- gebildete Ausdrücke, auf der anderen ebensoviele mit lugal- gebildete Personennamen.

3.8. Von den 8 Namen der vorliegenden Liste ist die Hälfte auch sonst bezeugt: lugal-inim-kalag[8]; lugal-ḫé-gál[9], lugal-mu-da-kúš[10], lugal-me/mi-am[11]. Mit lugal-pà läßt sich immerhin lú-pà(-da) vergleichen[12].

3.9. Von besonderem Interesse ist, daß das Element nu-gal- auch in einigen Personennamen vorkommt, und zwar ausschließlich in den Namen von vier Musikern aus Mari, die in den Ebla-Texten erwähnt werden: nu-gal-áš-da, nu-gal-ì-zi, nu-gal-mu-da-kas und nu-gal-zi-ga[13]. nu-gal-mu-da-kas dürfte mit lugal-mu-da-kúš // nu-gal-me-ga-su-ù in unserem Text identisch sein, und möglicherweise entspricht nu-gal-ì-zi unserem lugal-ḫi-zi // nu-gal-ḫi-zi.

3.10. Edzards Feststellungen, daß die drei Tafeln aus der Schulpraxis stammen und daß der Text in zwei Teile zerfällt, sind nicht zu bezweifeln. Teil I umfaßt drei parallel gebaute Sätze poetischer Struktur und Diktion. Bis dahin könnte der Text also eine „Schülerabschrift des Beginns einer sumerischen Hymne“ sein[14]. Aus der Tatsache, daß Textzeuge C nur den ersten Teil des Textes enthält, wird man noch nicht auf die Unabhängigkeit bzw. auf eine zufällige Aneinanderreihung beider Teile schließen dürfen. Deren augenfälligste Verbindung besteht in dem Wort lugal „König“, womit der erste Teil beginnt, und der gemeinsames Element der Personennamen im zweiten Teil ist. Der letzte Name, lugal-ḫi-zi, und somit das Textende, stellt wohl einen Satz dar[15]. Darin könnte man eine Klammer sehen, die Teil I mit Teil II verbindet. Der Text verknüpft also die Struktur eines literarischen Textes assoziativ mit derjenigen einer lexikalischen Liste. Alle Namen erscheinen in diesem Kontext nicht mehr bloß als solche,

---

[8] Pomponio, 1987, 157. Ein analog gebildeter Name ist lugal-inim-gi-na: Limet, 1968, 465.

[9] Der Name ist ziemlich häufig: Pomponio, 1987, 157; Limet, 1968, 464.

[10] Foxvog, 1980, 72: UCLM 9-1798 viii 5.

[11] Archi, 1981, 189 iv 7: lugal-mi-am // 282: lugal-me-am („Names and Professions List“).

[12] Pomponio, 1987, 151; lú-pà-da: Limet, 1968, 486.

[13] ARET 1, Index; Archi, 1985, 57. Gegen Krebernik, 1988, 103, sind die Namen sumerisch zu interpretieren.

[14] Krecher, 1981, 136 Anm. 5.

[15] Falls mit nu-gal-ì-zi zu identifizieren, vielleicht „der König hat sich erhoben“. Ansonsten könnte ein mit ḫi- gebildeter Prekativ vorliegen, allerdings nicht von zi(-g) „sich erheben etc.“, da dessen *marû*-Basis zi-zi erforderlich wäre.

sondern auch in ihrer Eigenbedeutung als rühmende Epitheta des Königs. Diese Doppelsinnigkeit dürfte ein beabsichtigter, pädagogischer Effekt gewesen sein.

Die drei Aussagen des „literarischen" ersten Teils sind in Bezug auf einen König ungewöhnlich; insbesondere angesichts der dritten könnte man sich fragen, ob hier nicht ein humoristischer bzw. parodistischer Ton angeschlagen wird.

Wenn Teil I ein Zitat aus einem literarischen Text – etwa aus einem Königshymnus – ist, so fällt auf, daß sich in den Ebla-Archiven zwar drei Schülertafeln mit dem Exzerpt erhalten haben, aber keine Spur des literarischen Originals. Nicht ganz von der Hand zu weisen scheint daher die Annahme, daß es sich bei Teil I lediglich um ad hoc gebildete – vielleicht parodistische – Beispielsätze des Schulmeisters zum Thema lugal handelt. So hätte denn der Verfasser gleich zu Beginn der intendierten Namenliste einen Exkurs eingeschoben, um lugal, das Thema der Namensliste, in literarischem Kontext zu illustrieren.

Die Tradition des Textes geht auf Mari zurück, da nu-gal als Element von Personennamen ausschließlich in solchen aus Mari belegt ist.

Bibliographie:

Archi, Alfonso

1981 La „Lista di nomi e professioni" ad Ebla. StEb. 4, 177-204.

1985 Les noms de personnes mariotes à Ebla. M.A.R.I. 4, 53-58.

Civil, Miguel

1984 Notes on the „Instructions of Šuruppak". JNES 43, 281-298.

1987a The Early History of HAR-ra: The Ebla Link. In: (ed.) L. Cagni, Ebla 1975-1985 (Napoli), 132-158.

1987b Studies on Early Dynastic Lexicography III. Or.NS 56, 233-244.

D'Agostino, Francesco

1982 L'inno al „Signore del cielo e della terra": La quarta linea della composizione. OrAnt. 21, 27-30.

Foxvog, Daniel

1980 Funerary Furnishings in an Early Sumerian Text from Adab. Mesopotamia 8, 67-75.

Krebernik, Manfred

1988 Die Personennamen der Ebla-Texte (= BBVO 7). Berlin.

Krecher, Joachim

1981 Sumerogramme und syllabische Orthographie in den Texten aus Ebla. In: (ed.) L. Cagni, La Lingua di Ebla (Napoli), 135-154.

Limet, Henri
1968 L'anthroponymie sumérienne dans les documents de la 3e dynastie d'Ur. Paris.

Ludwig, Marie-Christine
1990 Untersuchungen zu den Hymnen des Išme-Dagan von Isin (= SANTAG 2)., Wiesbaden.

Pettinato, Giovanni
1980 Ebla e la Bibbia. OrAnt. 19, 49-72 + Tav. III-IV.

Pomponio, Francesco
1987 La prosopografia dei testi presargonici di Fara (= St.Sem. N.S. 3). Roma.

Stempel- oder Siegelringe des Tukulti-Ninurta I.*

Hartmut Kühne, Berlin

Die Frage, ob in mittelassyrischer Zeit Stempelsiegel benutzt worden sind, ist zuletzt von Buchanan und Moorey (1988, 55-56) diskutiert und verneint worden. Sie folgten darin einer bis heute gültigen Schulmeinung, die – wie auch S. Herbordt (1992, 9 Anm. 68. 151; 1996, 414) schreibt[1] – darin besteht, daß die Renaissance des Stempelsiegels in Assyrien und Babylonien seit dem 8. Jahrh. v.Chr. unerklärlich plötzlich und nach einer zweitausend Jahre währenden Abstinenz erfolgte.

Eins der wichtigen Ergebnisse der Ausgrabung in Tall Šēḫ Ḥamad / Dūr-Katlimmu ist der Nachweis, daß der assyrische König Tukulti-Ninurta I. ein oder mehrere Stempelsiegel verwendet hat. Die Stempelglyptik war folglich nicht völlig ausgestorben, wenngleich der bevorzugte Siegeltyp das Rollsiegel blieb. Dennoch wirft dieser Befund die Frage nach der Herkunft und der Kontinuität der mittelassyrischen Stempelsiegelpraxis auf. Es ist mir eine besondere Freude, diese Zeilen meinem langjährigen Förderer, Freund, Kollegen und Weggefährten Wolfgang Röllig widmen zu können. Ferner wird damit ein weiterer Teil einer sehr angenehmen Verpflichtung eingelöst, die in dem Werk von E. Cancik-Kirschbaum (1996, 204 Anm. 184) erwähnt ist[2].

Siegel Nr. 1 (Abb. 1-4. 36) besteht aus einem ovalen Bildfeld, in das ein majestätisch nach rechts schreitender Stier mit nach vorn gebogenem Horn und nach oben geschwungenem Schwanz eingraviert ist. Der Tierkörper ist sehr plastisch gearbeitet, wie an der Muskulatur zu erkennen ist; das Siegel gehört damit zweifellos der modellierenden Stilgruppe der mittelassyrischen Glyptik an (Kühne 1995, 279). Die Komposition oder Syntax des Motivs bedient sich einer leichten Überlängung des Tierkörpers, ausgreifender

---

* Die Zeichnungen Abb. 1-6 sind von Konstanze Kitt, Michael Leicht und Gabriele Elsen-Novak angefertigt worden, die photographischen Vorlagen Abb. 36-41 von Ulrich Runge, alle Berlin. Der Nachweis der anderen Abbildungen erfolgt im Text.

[1] S. Herbordt verweist auf die Benutzung des neuassyrischen dynastischen Stempelsiegels bereits zur Zeit Salmanassar III. Die mögliche Existenz einer mittelassyrischen Stempelglyptik wird von D. Stein 1994 oder von D.M. Matthews 1990 gar nicht angeschnitten. F.A.M. Wiggermann hat mich freundlicherweise auf ein mittelassyrisches Stempelsiegel in Form eines Frosches aufmerksam gemacht, das sich in einer Privatsammlung in New York befindet, vgl. U. Winter 1986, 70 Abb. 12.

[2] Vgl. auch Kühne 1995; die Publikation der mittelassyrischen Glyptik ist für den Band 8 der Reihe „Berichte der Ausgrabung Tall Šēḫ Ḥamad / Dūr-Katlimmu" (BATSH) vorgesehen (vgl. auch Anm. 6).

Beine und des hoch gebogenen Schwanzes, um den vorhandenen Raum elegant und ohne 'horror vacui' auszufüllen.

Die besten Abdrücke des Siegels sind auf der Tontafelhülle Nr. 33 (Cancik-Kirschbaum 1996, 25. 204) erhalten (Abb. 36). Bei dieser Hülle handelt es sich um einen Brief des Königs, *ṭup-pí* LUGAL, der, falls er in Verbindung mit Cancik-Kirschbaum Nr. 34 zu sehen ist, an den Großwesir Aššur-iddin gerichtet war. Der Nachweis, daß es sich um das Siegel des Königs Tukulti-Ninurta I. handelt, gelingt über die Tontafelhülle Cancik-Kirschbaum Nr. 32[3], die an den Brief Nr. 9 anpaßt, der ein Brief des Königs an seinen Großwesir ist (Cancik-Kirschbaum 1996, 24-25). Die Hülle Nr. 32 ist am Rand mit dem gleichen Siegel gesiegelt, wie die leider recht undeutlichen Spuren dennoch eindeutig erkennen lassen (Abb. 2. 37)[4]. Auch die Hüllenfragmente Cancik-Kirschbaum Nr. 39, 41 (Abb. 3)[5] und 43 (Abb. 38) sind mit diesem Siegel gesiegelt[6]. Es muß folglich erwogen werden, ob es sich bei diesen Fragmenten nicht um Teile der Hülle Nr. 33 handelt, da sie sich in der Materialfarbe sehr ähnlich sind; dies hätte allerdings zur Folge, daß die Zusammengehörigkeit mit der Hülle Nr. 34 eher unwahrscheinlich würde. Auf einem weiteren Hüllen(?)fragment (Abb. 4) mit der Grabungs-Inventar-Nr. SH 80/1527 I/369 ist ein weiterer fragmentarischer Abdruck dieses Siegels bezeugt.

Das zweite Stempelsiegel (Abb. 5) ist auf zwei Hüllenfragmenten belegt, und zwar auf den Stücken Cancik-Kirschbaum Nr. 40 (Abb. 39-40) und 42[7]. Auf der ovalen Bildfläche, die etwas schmaler ist als die des Siegels Nr. 1, ist ein majestätisch nach links schreitender Löwe dargestellt. Sein Körper ist wieder kräftig durchmodelliert, und auch hier nützt die Syntax des Löwen

---

[3] Das Stück besteht aus drei Fragmenten, die sich anpassen ließen. Zu den von Cancik-Kirschbaum gegebenen Grabungs-Inventar-Nr. muß noch die des dritten Fragmentes hinzugefügt werden; sie lautet: SH 80/1527 I/134. Alle drei vereinten Bruchstücke zusammen haben die Museums-Inventar-Nr. DeZ 3090 erhalten.

[4] Für eine Abbildung der Tafel mit Hülle vgl. W. Sperlich, Wie Gott in Assyrien, bild der wissenschaft 3, 1996, 79.

[5] Die Grabungs-Inventar-Nr. von Cancik-Kirschbaum Nr. 41 lautet richtig: SH 82/1527 I/218 = DeZ 3850/6. Die Grabungs-Inventar-Nr. von Cancik-Kirschbaum Nr. 38 lautet richtig: SH 82/1527 I/15; auf der Karteikarte dieses Stückes befindet sich kein Vermerk von einem Siegelabdruck; das Stück wurde allerdings im Zuge der Kollationierungsarbeit (vgl. Anm. 6) noch nicht überprüft.

[6] Ich habe in den Jahren 1992, 1994 und 1995 im Museum Deir az-Zor Kollationierungsarbeiten mit dem Ziel durchgeführt, das gesamte Siegelkorpus als Vorbereitung für die Publikation (s. Anm. 2) zu überprüfen; dabei wurden falls nötig die Zeichnungen verbessert, ergänzt oder neu angelegt. Erst 1995 wurde zur Gewißheit, daß der Abdruck auf den Fragmenten Cancik-Kirschbaum Nr. 32, 33, 39, 41 und 43 das gleiche Stiersiegel wiedergab. Für die Drucklegung des Werkes von E. Cancik-Kirschbaum kam diese Erkenntnis zu spät.

[7] Eine Zugehörigkeit von Cancik-Kirschbaum Nr. 42 zu Nr. 36 ist auszuschließen.

die Bildfläche geschickt und ohne 'horror vacui' aus. Stilistisch ist das Bild daher eng an das Siegel Nr. 1 anzuschließen. Ob es sich um ein Siegel des Königs handelt, ist nicht zweifelsfrei zu erweisen. Wer aber außer dem König sollte schon das Bild des Königs der Tiere im Siegel führen dürfen ?

Das dritte Siegel (Abb. 6. 41) ist das Glanzstück dieser kleinen Gruppe. Es gibt in unglaublicher Fragilität und Eleganz zwei überkreuzt angeordnete hoch auf den Hinterbeinen aufgerichtete Stiere wieder. Die Fell- und Bauchlöckchen sind ein typisches Stilmerkmal der mittelassyrischen Glyptik des 13. Jahrh.; die Syntax hingegen ist ungewöhnlich, weil sie im 13. Jahrh. bisher nicht zu belegen war (s.u.). Abdrücke dieses Siegels sind auf drei Tontafelhüllen bezeugt, die E. Cancik-Kirschbaum nicht als Briefhüllen identifizieren konnte und deshalb nicht aufgenommen hat. Es sind dies die Inventar-Nr. SH 81/1527 I/420 (ohne Museums-Inv.-Nr.), SH 82/1527 I/249 = DeZ 3850/1 (Abb. 41) und SH 80/1527 I/84a (ohne Museums-Inv.-Nr.). Ob Brief oder nicht, es ist kaum vorstellbar, daß ein anderer als der König selbst dieses Siegel führen dürfte.

Das Motiv des schreitenden Stieres ist in der mittelassyrischen Rollsiegelkunst seit dem 14. Jahrh. bekannt (Abb. 7 = Beran 1957, 162 f. Abb. 33; Abb. 8-9 = Matthews 1990 no. 300, 337). Hier wie auch in der Rollsiegelkunst des 13. Jahrh., in der auch Tiere wie der Damhirsch, das Pferd, die Ziege oder Rotwild zur Darstellung gelangen, bleiben diese jedoch nicht unverbunden stehen, sondern werden mit einem Baum zu einem Thema verknüpft (Moortgat 1942, 70-73 Abb. 38-46 „Schreitendes Tier und Baum"). Darüber hinaus besteht ein weiterer Unterschied in der Körperhaltung: Das weit ausgreifende Vorderbein des Stieres und der hoch gebogene Schwanz auf dem Siegel aus Tall Šēḫ Ḥamad / Dūr-Katlimmu (Abb. 1) sind auf diesen Vergleichsbeispielen so nicht wiederzufinden.

Eine Variante bietet das eine der vier Siegel des Babu-aḫa-iddina (Abb. 10 = Freydank 1975, 7-8 Tf. 1:4). Hier wie auch auf einem Siegel der Marcopoli-Sammlung (Abb. 11 = Matthews no. 340) ist der Stier galoppierend mit geschlossenen Vorder- und Hinterläufen dargestellt. Obwohl die Haltung nicht vergleichbar ist, erreichen diese Siegel die größte Ähnlichkeit zu dem Stück aus Tall Šēḫ Ḥamad / Dūr-Katlimmu, weil der Stier das alleinige Motiv ist und die Tiere in beiden Fällen einen hoch gebogenen Schwanz haben, der im Falle des Babu-aḫa-iddina-Siegels eine besonders gute Entsprechung bietet.

Der Löwe (Abb. 5. 39-40) ist in dieser Haltung als schreitendes, gebändigte Wildheit und gleichzeitig Majestät ausstrahlendes, die Bildfläche allein ausfüllendes Motiv meines Wissens in der mittelassyrischen Glyptik bislang nicht bezeugt. Als Monster mit Löwenkopf steht ein einzelnes Wesen auf einem Rollsiegel des 14. Jahrh. (Abb. 12 = Beran 1957, 163 Abb. 35). Darüber hinaus ist der Löwe nur in Kampfsituationen dargestellt (Abb. 13-14 = Matthews 1990 no. 349; Moortgat 1942 Abb. 11), in denen er sich mehr oder weniger steil aufrichtet oder eine springende Haltung einnimmt. Er wird immer in seiner die Menschheit bedrohenden Bedeutung wiedergegeben, die es zu bekämpfen gilt. Stilistische Vergleiche mit diesen Darstellungen sind allerdings möglich; sie erstrecken sich auf die Stilisierung der Mähne und die Durchmodellierung der Körper, so daß an einer stilistischen und zeitgleichen Zuweisung dieses Siegels aus Tall Šēḫ Ḥamad / Dūr-Katlimmu zur mittelassyrischen Glyptik des 13. Jahrh. kein Zweifel bestehen kann.

Die überkreuzt aufgerichteten Stiere des Siegels Abb. 6 und 41, sind nicht nur als Motiv oder Thema in der mittelassyrischen Glyptik einmalig, sondern vor allem in ihrer Syntax. Diese erinnert an das Figurenband des 3. Jahrt. und an ähnliche Schemata der mittelassyrischen Rollsiegelkunst des 14. Jahrh. (Abb. 15-16 = Beran 1957, Abb. 8; Matthews 1990 no. 302), die Beran herausgearbeitet hat (Beran 1957, 142-151), wenngleich auch in ihnen die Überkreuzung selten ist (vgl. Matthews 1990, passim aber mit Überkreuzung nur no. 284, 302 = Abb. 15-16). Im 13. Jahrh. ist das Figurenbandschema nur mehr in Rudimenten bezeugt (Mayer-Opificius 1986, 162). Die Fellstilisierung mit Löckchen ist möglicherweise ein stilistisches Merkmal der Tukulti-Ninurta-Stufe[8] (vgl. Matthews 1990 no. 411).

Der stilistisch und syntaktisch beste Vergleich ergibt sich jedoch zu einem normalerweise neuassyrisch (8.-7. Jahrh.) datierten Rollsiegel des Britischen Museums (Abb. 17 = Frankfort 1939 Pl. XXXV a). Dieses Siegel ist in einem stark modellierenden Stil ausgeführt, der für das Stempelsiegel aus Tall Šēḫ Ḥamad / Dūr-Katlimmu auch zutrifft. Aber nicht nur deshalb, sondern vor allem wegen der Stilisierung des Baumes (man vergleiche den Baum des mittelassyrischen Siegels Abb. 16 mit dem des „neuassyrischen" Siegels!) und der Fellstilisierung der Ziegen, ihrer Muskulatur und ihrer ausgeglichenen Komposition erinnert das Stück an den mittelassyrischen modellierenden Stil[9].

---

[8] Dies wird sich erst nach einer Analyse des gesamten mittelassyrischen Glyptik-Materials aus Dūr-Katlimmu genauer fassen lassen, vgl. Anm. 2.

[9] Noch auf einem zweiten Siegel (Porada 1948 no. 703 E) läßt sich das Motiv der überkreuzten Ziegen belegen; Porada ordnet es ihrem „Early Drilled Style" zu, den sie ins 9. oder frühe 8. Jahrh. datiert. Das hier behandelte Siegel Abb. 17 wird von Collon 1988, 76 ins 8.-7. Jahrh. verwiesen; motivgeschichtlich müssen m.E. die überkreuzten Tiere von den verschlungenen Tieren getrennt werden, weil letztere ein jüngeres Element darstellen. Auf den ersten Blick wollen die sonstige Thematik des Siegels sowie weitere stilistische Einzelheiten überhaupt nicht zu dem Gedanken passen, daß das Siegel älter als die von Collon 1988, 76 vorgeschlagene Datierung sein könnte. Unwillkürlich und durch das Motiv der Göttin Ištar (?) auf ihrem Löwen wird man jedoch an die Auseinandersetzung um die Siegelabrollung C auf den Vasallenverträgen des Asarhaddon erinnert, die einem Siegel des Königs Tukulti-Ninurta zugeschrieben wird, was zuletzt Moortgat-Correns 1995 vehement abgelehnt hat. Sollte sich jedoch eine Datierung des Siegels Abb. 17 in die mittelassyrische Zeit als gerechtfertigt herausstellen, dann würden einer Datierung der Siegelabrollung C in die mittelassyrische Zeit aus ikonographischen und thematischen Gründen weniger Argumente entgegenstehen.

Alles in allem hat diese kurze vergleichende Betrachtung deutlich gemacht, daß die drei Stempelsiegel aus Tall Šēḫ Ḥamad / Dūr-Katlimmu in ihrer Ausdrucksform zwar einwandfrei der modellierenden Stilgruppe der mittelassyrischen Glyptik des 13. Jahrh. zuzuweisen sind, daß sie aber motivisch wie auch syntaktisch selten bis einmalig sind. Da auch aus der kassitischen Glyptik keine zutreffenden Vergleiche angeführt werden können, muß gegenwärtig angenommen werden, daß es sich um genuine Schöpfungen mittelassyrischer Künstler unter Tukulti-Ninurta I. handelt. Ein persönliches Siegel dieses Königs ist bisher nicht bekannt, wenn man von der Diskussion um den Siegelabdruck C auf den Vasallenverträgen Asarhaddons absieht (dazu zuletzt Moortgat-Correns 1995). Bei den persönlichen Prunksiegeln seiner Vorfahren, die bisher als solche identifiziert werden konnten, handelt es sich immer um Rollsiegel. Es sind dies die Siegel Eriba-Adads, Assur-Uballiṭ I., Salmanassar I. und seines Nachfahren Ninurta-Tukulti-Assur (Millard 1980, 139; Herbordt 1992, 134 f.; Kühne / Röllig 1989; Opitz 1935-36; Moortgat-Correns 1986).

Die Spuren der Abdrücke lassen kaum Zweifel darüber zu, daß es sich bei diesen Siegeln nicht um ordinäre Stempel, sondern eher um Stempel- oder Siegelringe handelte[10]. Spuren der Fassungen waren in ein bis zwei Fällen auf den Abdrücken erkennbar. Die bei allen drei Stücken ähnlichen Maße entsprechen durchaus einer in einem Ring gefaßten ovalen Gemme, die am Finger hätte getragen werden können. Die wenigen überlieferten Darstellungen mittelassyrischer Könige lassen allerdings nicht erkennen, daß diese Siegelringe oder überhaupt Ringe an den Fingern getragen hätten. Dasselbe trifft auf die häufigeren neuassyrischen Königsdarstellungen zu. In welcher Art und Weise diese Stempel- oder Siegelringe verwahrt wurden, muß daher vorerst offen bleiben[11]. Man wird deshalb nicht an persönliche Stempel- oder Siegelringe des Königs denken dürfen, sondern eher an königliche Amts- oder Dienstsiegel.

Sicher ist dagegen, daß insbesondere aus der Zeit des ausgehenden 13. und des beginnenden 12. Jahrh. bildlich verzierte Ringe realiter und in Form von Abdrücken im groß-mesopotamischen Raum belegt sind. Diese sind von D. Beyer 1982 zusammengestellt worden. Er verweist auf bildlich verzierte Ringe aus mittel-"assyrischen" Gräbern von Mari (Abb. 18-19 = Beyer 1982, 170 Fig. 4-5), die aus Muschel bestehen. Er fügt Abdrücke von „Stempel"-ringen auf Tafeln aus Meskene hinzu (Abb. 20-21 = Beyer 1982,

---

[10] Die Darstellung auf dem Rollsiegel aus Tall Šēḫ Ḥamad / Dūr-Katlimmu = Kühne 1980, Nr. 51 = Matthews 1990 no. 411, die aus einem geflügelten Stier mit typisch mittelassyrisch eingeknickten Vorderläufen besteht, ist in ein ovales Girlandenband eingefaßt, das die Illusion eines Stempelsiegels hervorruft. Obgleich es sich ganz sicher um ein Rollsiegel handelt, ist es thematisch-motivisch und syntaktisch in engem Zusammenhang mit den hier behandelten Stempelabdrücken zu sehen.

[11] Es wäre denkbar, daß sie gar nicht am Körper getragen sondern wie Rollsiegel auch in Kästchen verwahrt wurden, vgl. Röllig 1980.

179 Fig. 19-20), die in die ersten zwanzig Jahre des 12. Jahrh. datiert sind. Schon bekannte Abdrücke auf Tafeln aus Ur sind anzuschließen (Abb. 22-23 = Gurney 1974 Pl. LXXIX no. 26. 69). Ergänzt wird dieser Befund jetzt durch Abdrücke aus Nippur (Matthews 1992, 128 f. nos. 182-186 = Abb. 24-26). Gleichzeitig mit D. Beyer hat R.M. Boehmer 1982 erstmalig auf Ringe aus kassitischen Gräbern aus Tell Zubeidi aufmerksam gemacht (vgl. auch Boehmer 1985). Die bisher genannten Ringe lassen sich aus stilistischen Gründen oder aus den Fundzusammenhängen heraus mit großer Sicherheit als „kassitisch“ klassifizieren und wie oben erwähnt datieren. Die bildlichen Darstellungen sind mit den Abdrücken aus Tall Šēḫ Ḥamad / Dūr-Katlimmu nicht vergleichbar. Darüber hinaus verweist Beyer 1982, 182 ff. auf vergleichbare Ringe aus Luristan und Boehmer 1982, 40 auf solche aus Elam. Bei allen Ringen handelt es sich nicht um solche mit einer gefaßten Gemme, sondern die Darstellung ist in das Trägermaterial (Bronze, Muschel, Gold) eingraviert. Daß jedoch Ringe mit Gemmen existiert haben müssen, geht m.E. eindeutig aus der Halterung der Fassung hervor, die im Abdruck des Siegels aus Meskene Abb. 20 erkennbar ist und die ähnlich auch in Tall Šēḫ Ḥamad / Dūr-Katlimmu zu beobachten ist. Darüber hinaus scheint die Form der Ringe aus Bronze oder Muschel diese Halterungen in den vier seitlich des ovalen Bildfeldes angebrachten Verdickungen nachzuahmen, vgl. Abb. 18-19.

Boehmer 1982 (40 Abb. 10-13) diskutiert auch die großreichszeitlichen hethitischen Stempelsiegel und Ringe, die in das 14./13. Jahrh. zu datieren sind, und verweist auf die ältere Tradition dieser Stempelglyptik in althethitischer Zeit (vgl. auch Beyer 1982, 182; Beyer 1985; Börker-Klähn 1993). Ältere Siegelringe (14./13. Jahrh.) sind auch in Syrien, in Ugarit, belegt (Boehmer 1982, 41 Abb. 9, herausgegriffen daraus hier Abb. 28), die letztlich auf ägyptische Vorbilder zurückgehen könnten. Angesichts der bekannten intensiven Beziehungen der kassitischen Könige zu den ägyptischen Pharaonen könnten die kassitischen Ringe auch auf eine direkte ägyptische Entlehnung zurückzuführen sein. Während aber die bildlich verzierten Ringe ikonographisch rein 'kassitisch' sind, sind die ägyptisierenden Elemente in den syrischen Ringen aus Ugarit nicht zu übersehen.

Fundorte in Assyrien, die einen Gebrauch von Siegelringen oder Ringe als solche nachgewiesen hätten, fehlten bisher gänzlich. Schon Beyer 1982, 175 merkt skeptisch an, daß in Assur keine vergleichbaren Stücke belegt sind. Jetzt belegen die Abdrücke aus Tall Šēḫ Ḥamad / Dūr-Katlimmu dieses Medium auch in Assyrien, und die bildlichen Darstellungen sind ikonographisch rein assyrisch. Der Abdruck eines Siegelringes auf einer mittelassyrischen Tontafel (Abb. 27) ist jetzt aus Tell Sabi Abyad bezeugt[12]. Der mit Keilschrift verzierte Ring ist vermutlich kein assyrisches, sondern ein westliches Produkt; diese These wird von Rollsiegeln des flüchtigen linea-

[12] Für die Erlaubnis, die Zeichnung Abb. 27 veröffentlichen zu dürfen, danke ich F.A.M. Wiggermann und P.M.M.G. Akkermans.

ren syrischen Stils unterstützt, die in mittelassyrischen Schichten von Tell Sabi Abyad gefunden wurden.

Die eingangs erwähnte Schulmeinung muß auf Grund dieses Befundes offenbar dahingehend verändert werden, daß Stempelsiegel in Form von Stempel- oder Siegelringen im kassitischen Babylonien und in Assyrien im ausgehenden 13. Jahrh. wahrscheinlich unter syrischer Vermittlung und möglicherweise letztlich auf ägyptische Wurzeln zurückgehend wieder in Gebrauch kommen und mit einer rein kassitisch-babylonischen beziehungsweise assyrischen Ikonographie ausgestattet werden. Unabhängig davon verläuft der Strang der Entwicklung in der hethitischen Stempelglyptik.

Unter diesen Umständen wird man sich fragen müssen, ob sich die neuassyrischen Königssiegel (Abb. 30-31 = Boehmer 1975, Fig. 106 a-b) nicht doch aus einer Tradition herleiten lassen, die in mittelassyrischer Zeit ihren Anfang nahm, ähnlich wie der assyrische 'cut-style' (Kühne 1995). 'Auszuschließen' (Herbordt 1992, 134) ist das jedenfalls nicht mehr, und funktionale „Vorläufer" (Herbordt 1996, 414) sind mit den Stücken aus Tall Šēḫ Ḥamad / Dūr-Katlimmu jetzt bekannt. Beklagenswerterweise fehlen uns wieder die Bindeglieder, und selbstverständlich ist in neuassyrischer Zeit eine eigene Ikonographie entwickelt worden. Aber diese kann nicht losgelöst von der mittelassyrischen Tradition betrachtet werden. Wir verstellen uns selbst den Blick für die Zusammenhänge zwischen der mittel- und neuassyrischen Bildkunst, indem wir immer nur wie gebannt auf das sogenannte „Dunkele Zeitalter" starren, die Glyptik der einen und der anderen Epoche getrennt behandeln und nie das Augenmerk auf Verbindendes richten. Das „Dunkele Zeitalter" hat sicher nicht aus Kulturlosigkeit, Siedlungsdiskontinuität und verbrannter Erde bestanden. Es ist nicht anzunehmen, daß in Assyrien im 12. bis 10. Jahrh. überhaupt nicht mehr oder nur sehr eingeschränkt gesiegelt wurde. Verwaltung und Gesellschaft bestanden weiter, und Siegel waren für beide ein unverzichtbares Instrumentarium. Der Forschungsstand aber ist absolut unbefriedigend. Die einzige bestehende Analyse der mittelassyrischen Glyptik des 12. Jahrh. ist nach wie vor Moortgat 1944. Gesicherte Daten und Analysen über den Beginn der neuassyrischen Glyptik des 10. und 9. Jahrh. liegen nicht vor (Herbordt 1992, 2-8). Für das 11. Jahrh. existieren nur unverbindliche Vorschläge.

Mittlerweile liegen drei Siegeltypen vor, die als königliche neuassyrische Amts- oder Dienstsiegel gedient haben müssen (Abb. 30-31= Boehmer 1975 Fig. 106 a-b; Abb. 33-34= Klengel-Brandt 1994, 118-119 Abb. 2,4). Die Verwendung des Siegels Abb. 30 ist auf den König Adad-Nirari III. festgelegt. Als das eigentliche dynastische Dienstsiegel muß man gegenwärtig das Siegel Abb. 31 ansehen, dessen Verwendung in Varianten von der Regierungszeit Salmanassar III. bis in die postkanonische Zeit der Regierung Aššur-etel-ilānis belegt ist (Herbordt 1992, 134; 1996, 414). Der erst kürzlich durch E. Klengel-Brandt 1994 bekannt gewordene dritte Siegeltyp (Abb. 33-34) ist in seiner Datierung nicht gesichert, weil die Träger undatiert und deshalb kunstgeschichtlich noch umstritten sind (Herbordt 1996).

In allen drei Siegeltypen beherrscht der Löwe in jeweils unterschiedlichen Haltungen das Bildfeld, allein (Abb. 30) oder in direkter Konfrontation mit dem König, der im Begriff ist, ihn zu erlegen und damit siegreich zu bleiben. Das Motiv des Löwen als königliches Emblem ist jetzt erstmalig aus dem Umfeld Tukulti-Ninurta I. zu belegen (Abb. 5). In der bisher bekannten mittelassyrischen Glyptik ließ es sich nicht als solches isolieren, deshalb ist dieser Beleg aus Tall Šēḫ Ḥamad / Dūr-Katlimmu vielleicht als Beginn dieser Tabuisierung zu werten, die dann in neuassyrischer Zeit absolute Gültigkeit erlangte. Zumindest aber ist damit ein Bezug zwischen der mittel- und neuassyrischen Glyptik hergestellt, der sich auch noch auf die syntaktische Beobachtung erweitern ließe, daß der Löwe allein das Bildfeld des Adad-Nirari III-Siegels (Abb. 30) beherrscht, genauso wie auf dem Siegel des Tukulti-Ninurta I. (Abb. 5). Dieser Vergleich stellt sich jedoch bei näherem Hinsehen als Schritt in die falsche Richtung heraus. Der Löwe auf dem Adad-Nirari III-Siegel Abb. 30 ist nämlich als Abkürzung einer Szene zu werten, die wesentlich vielsagender ist. Der Nachweis dafür gelingt über die unnatürliche und ungewöhnliche Haltung des neuassyrischen Löwen mit der gerade vorgestreckten vorderen Pranke (Abb. 30). Diese Haltung läßt sich mit dem Siegelring des ugaritischen Herrschers Niqmadu II. aus dem 14. Jahrh. (Abb. 28 = Boehmer 1982, Abb. 9:31) vergleichen (s. schon Herbordt 1992, 136; 1996, 415). Auf diesem Siegel ist das Bildthema, der Kampf zwischen Mensch (Herrscher) und Löwe, vollständig wiedergegeben. Dieses Thema, das heißt die direkte Konfrontation des Herrschers mit dem Löwen, ist in der gleichzeitigen mittelassyrischen Glyptik nicht zu belegen. Anstelle des nicht identifizierbaren Königs tritt immer ein Held als Beschützer oder Verteidiger der restlichen Tierwelt gegenüber dem Löwen auf, wie auf Abb. 13. Erst im 9. Jahrh., auf der Gewandverzierung des Königs Assurnasirpal II. (Abb. 29 = Vorys Canby 1971, 34 Fig. 2), also fast 500 Jahre später, läßt es sich in erstaunlich ähnlicher Wiedergabe und Vollständigkeit wieder belegen. Das Siegel des Königs Adad-Nirari III. (Abb. 30) ist daher sicher nur eine Verkürzung dieses Themas. Der Bezug zwischen einer Thematik aus der mittelsyrischen Zeit des 14. Jahrh. und der neuassyrischen des 9. Jahrh. könnte nicht besser die traditionellen Zusammenhänge charakterisieren, die oben für die Beziehungen zwischen der mittel- und neuassyrischen Glyptik postuliert wurden. Er demonstriert übrigens, wie stark die mittelassyrische Bildkunst offenbar aus dem syrischen Kulturraum schöpfte, was im mittelassyrischen 'cut style' nur andeutungsweise erkennbar wurde (Kühne 1995, 296-297). – Ein syntaktischer Vergleich ist zwischen dem Siegel aus Tall Šēḫ Ḥamad / Dūr-Katlimmu (Abb. 5) und der Glasflasche des Königs Sargon II. möglich, auf der der Inschrift das königliche Emblem des Löwen vorangestellt ist (Abb. 35 = Barag 1985, 60 Fig. 2:26).

Die direkte Konfrontation des Königs mit dem Löwen beherrscht auch den Siegeltyp 2, der als das eigentliche dynastische Amtssiegel bezeichnet werden kann. Es gibt den König wieder, wie er den aufrecht auf den Hinterbeinen stehenden Löwen ersticht (Abb. 31). Die viel diskutierte Haltung des Löwen mit der herausgedrehten und zum Reißen aufgerichteten Pranke läßt sich ähnlich schon auf einem mittelassyrischen Siegel belegen (Abb. 32 = Matthews 1990, no. 415 nach Amiet/Dossin 1968). Damit aber ist für diesen Siegeltyp zumindest ein ikonographischer Bezug zur mittelassyrischen Zeit hergestellt. Aus den oben genannten Gründen kann auch nicht mehr erwartet werden. – Wenngleich die Konfrontation zwischen König und Löwe auf diesem Siegeltyp noch viel direkter ist, ist die thematische Verwandtschaft zum Siegeltyp 1 nicht zu übersehen.

Auch der Siegeltyp 3 ist von dem gleichen Thema geprägt. Der König ist hier in bewegter und daher nicht sehr majestätisch wirkender Stellung wiedergegeben, der Löwe läuft in das offene Messer. Die Haltung des Löwen ist durch die rechte, über den Kopf erhobene Pranke gekennzeichnet. Diese Haltung ist ein besonderes Kennzeichen der Löwendarstellungen in der Reliefkunst Assurbanipals, was zu der Datierung durch die Fundstellen zeitlich gut passen würde (Klengel-Brandt 1994). Andererseits ist nicht zu verkennen, daß das Siegel durch den ikonographischen und syntaktischen Vergleich zu dem Siegel aus Ugarit (Abb. 28), dem mittelassyrischen Stück Abb. 32 und zu der Gewandverzierung des 9. Jahrh. (Abb. 29) zwischen den Siegeltypen 1 und 2 angesiedelt werden und daher auch gut in das 9. Jahrh. datiert werden könnte, wie Herbordt 1996 vorschlägt. Sicherheit ist hier vorläufig nicht zu gewinnen.

Dieses Thema, der Kampf des Königs mit dem Löwen, ist kürzlich von S. Maul (1995, 397-400) in seiner Bedeutung für das assyrischer Herrscherverständnis sehr treffend analysiert worden. Die ambivalente Bedeutung des Löwen im alt-mesopotamischen Verständnis besteht einmal aus der von ihm ausgehenden Bedrohung für die menschliche Existenz, zum anderen aber zeigt sich der Mensch immer von der Kraft und Wildheit des Tieres beeindruckt. Die neuassyrischen Könige haben nach Maul (1995, 399) in der Bezwingung und Tötung des Löwen die Bewahrung und Erneuerung der Weltordnung vor der ins Mythische übertragenen zerstörerischen und Chaos verbreitenden Gewalt dieses Tieres verstanden.

Es ist sicher kein Zufall, daß die Siegelabdrücke aus Tall Šēḫ Ḥamad / Dūr-Katlimmu neben dem Motiv des Löwen das des Stieres und das der überkreuzten Stiere (Abb. 1,5-6) als königlich ausweisen. Da eine direkte Konfrontation des Königs mit dem Löwen in der mittelassyrischen Glyptik nicht belegt ist, war dieses Rollenverständnis dem mittelassyrischen König offenbar noch fremd, wenngleich die Wahl der Motive zweifellos das traditionelle Verständnis erkennen läßt, daß Löwe und Stier als „Inbegriff der Kraft“ (Maul 1995, 397) galten. Die Art der bildlichen Wiedergabe der Tiere sowie ihre Syntax sind so unterschiedlich im Ausdruck und in der Thematik zu den neuassyrischen Königssiegeln, daß sich in ihnen meines

Erachtens ein abweichendes Herrschaftsverständnis in mittelassyrischer Zeit ausdrückt. Stier und Löwe sind hier gebändigte Kraft, sie ruhen in sich selbst, sie sind Majestät. Ein Auftrag für den König, die Weltordnung zu erneuern und das Chaos zu verhindern, ist nicht zu erkennen. Tukulti-Ninurta I. war die Inkarnation der Macht, der Beherrscher der Weltordnung und der Bezwinger des Chaos, er bändigte die Kraft des Bösen mit und in seiner Person. Dies scheint die Bildsprache auszudrücken. Die Botschaft, die von diesen Kommunikationsmedien ausging, war deshalb nicht weniger eindrucksvoll als die der neuassyrischen Königssiegel. Sie besaß aber offenbar noch nicht den späteren Auftrag und den damit verbundenen ideologisch-programmatischen Unterbau in dieser Form, wenngleich spürbar wird, daß der Ansatz dafür gegeben ist. Es bedurfte wohl einer Gestalt wie Assurnasirpal II., um diese Ideologie zu kreieren und ihr in seinem Nordwest-Palast in Nimrud bildlichen Ausdruck zu verleihen (Winter 1983).

Dem entspricht auch, daß der neuassyrische König als Persönlichkeit hinter dem System der Herrschaft zurücktrat (Maul 1995, 396) und daher kein persönliches Prunksiegel führte, sondern nur das entpersonalisierte dynastische Siegel (Abb. 27). In mittelassyrischer Zeit war dies – wie oben gezeigt werden konnte – noch nicht so, die mittelassyrischen Könige besaßen ihre persönlichen Prunksiegel. Die hier vorgelegten Siegelabdrücke von Stempel- oder Siegelringen aus der Zeit Tukulti-Ninurta I. sind im Vergleich zu den entpersonalisierten neuassyrischen dynastischen Stempelsiegel und den mittelassyrischen persönlichen Prunksiegeln eher als „dynastische“ Siegel zu werten und weniger als die persönlichen Siegel des Königs. Darin könnten sie Ausdruck einer Veränderung des Selbstverständnisses der Königsherrschaft sein in Richtung auf die im 9. Jahrh. dann ausgeprägte Programmatik. In diesem Sinne wäre zu erwarten, daß Abdrücke dieser Siegel auf Dokumenten der Nachfolger Tukulti-Ninurta I. anzutreffen wären und nicht auf denen seiner Vorgänger.

Bibliographie

Pierre Amiet / George Dossin
1968 Un Sceau-Cylindre Assyrien. RA 62, 27-30

Dan Barag
1985 Catalogue of Western Asiatic Glass in the British Museum Vol. I

Thomas Beran
1957 Assyrische Glyptik des 14. Jahrhunderts. ZA 52, 141-215

Dominique Beyer
1982 Du Moyen-Euphrate au Luristan: Bagues-Cachets de la Fin du Deuxième Millénaire. M.A.R.I. 1, 169-189

1985 La Glyptique dans le Monde Hittite. Grand Atlas de l'Archéologie 190-191

Rainer M. Boehmer
1975 Glyptik von der alt- bis zur spätbabylonischen Zeit. W. Orthmann (Hg.), Der Alte Orient. Propyläen Kunstgeschichte Bd. 14
1982 Ringe aus kassitischen Gräbern. BaM 13, 31-49

Rainer M. Boehmer / H.-W. Dämmer
1985 Tell Imlihiye, Tell Zubeidi, Tell Abbas, BaF 7

Jutta Börker-Klähn
1993 Vivat Rex! Syria LXX, 99-108

Briggs Buchanan / P.R.S. Moorey
1988 The Iron Age Stamp Seals, Catalogue of Ancient Near Eastern Seals in the Ashmolean Museum Vol. III, Oxford

Eva Cancik-Kirschbaum
1996 Die Mittelassyrischen Briefe aus Tall Šēḫ Ḥamad / Dūr-Katlimmu, Berichte der Ausgrabung Tall Šēḫ Ḥamad / Dūr-Katlimmu Band 4 (Texte 1), Berlin

Dominique Collon
1988 Some Cylinder Seals from Tell Mohammad Arab. Iraq 50, 59-77

Helmut Freydank
1975 Zu den Siegeln des Bābu-Aḫa-Iddina. Forschungen und Berichte 16, 7-8

O.R. Gurney
1974 Middle Babylonian legal documents and other texts. Ur Excavations VII, London

Suzanne Herbordt
1992 Neuassyrische Glyptik des 8.-7. Jh. v.Chr., State Archives of Assyria Studies Vol. I, Helsinki
1996 Ein Königssiegel Assurnasirpals II. (?) aus Assur. BaM 27, 411-417

Evelyn Klengel-Brandt
1994 Einige Siegelabdrücke wohl nachassyrischer Zeit aus Assur. Beschreiben und Deuten, Festschrift für Ruth Opificius, Münster, 111-119

Hartmut Kühne
1980 Das Rollsiegel in Syrien. Tübingen
1995 Der mittelassyrische 'cut style'. ZA 85, 277-301

Hartmut Kühne / W. Röllig
1989 Das Siegel des Königs Salmanassar I. von Assyrien. Anatolia and the Ancient Near East, Studies in Honor of Tahsin Özgüc, 295-299

Donald M. Matthews
1990 Principles of Composition in Near Eastern Glyptic of the Later Second Millennium B.C., Göttingen
1992 The Kassite Glyptic of Nippur. Göttingen

Stefan M. Maul
1995 Das „dreifache Königtum" – Überlegungen zu einer Sonderform des neuassyrischen Königssiegels. Beiträge zur Kulturgeschichte Vorderasiens. Festschrift für R.M. Boehmer, Mainz, 395-402

Ruth Mayer-Opificius
1986 Bemerkungen zur Mittelassyrischen Glyptik. M. Kelly-Buccellati, Insight through Images, 161-169, Malibu

Alan Millard
1980 Königssiegel. RLA Bd. 6, 135-140

Anton Moortgat
1942 Assyrische Glyptik des 13. Jahrhunderts. ZA 47, 50-88
1944 Assyrische Glyptik des 12. Jahrhunderts. ZA 48, 23-44

Ursula Moortgat-Correns
1995 Zur Abrollung C auf den Vasallenverträgen Asarhaddons aus dem Jahre 672 zu Nimrud. Studi Micenei ed Egeo-Anatolici XXXV, 151-171
1986 Zum Siegel der Assyrischen Königin Rimeni. Anadolu Araştirmalari X, 253-270

Dietrich Opitz
1935-36 Die Siegel Ninurta-tukul-Aššurs und seiner Frau Rîmeni. Archiv für Orientforschung Bd. 10, 48-52

Edith Porada
1948 Corpus of Ancient Near Eastern Seals Vol. I: The Collection of the Pierpont Morgan Library, Washington D.C.

Wolfgang Röllig
1980 Notizen zur Praxis der Siegelung in mittelassyrischer Zeit. Die Welt des Orients 10, 111-116

Diana Stein
1994 Mittelassyrische Kunstperiode. RLA Bd. 8, 307-308

Jeanny Vorys Canby
1971 Decorated Garments in Ashurnasirpal's Sculpture. Iraq 33, 31-53

Irene Winter
1983 The Program of the Throneroom of Assurnasirpal II. In: P.O. Harper, H. Pittman (Ed.), Essays on Near Eastern Art and Archaeology in Honor of Charles Kyrle Wilkinson, New York

Urs Winter
1986 Der „Lebensbaum" in der altorientalischen Bildsymbolik. In: H. Schweizer (Hg.) „... Bäume braucht man doch!"

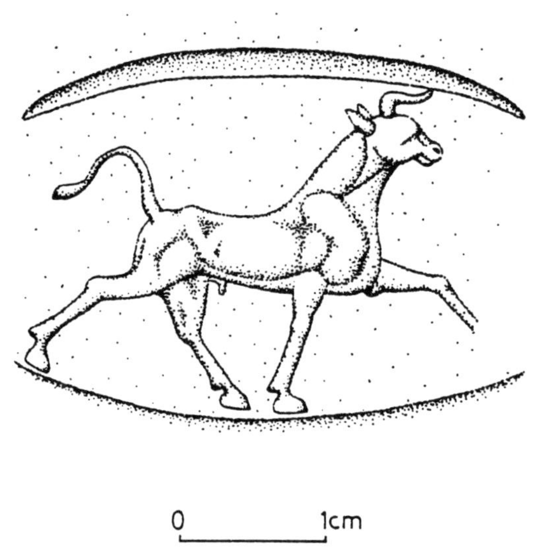

Abb. 1: SH 81/1527 I/311

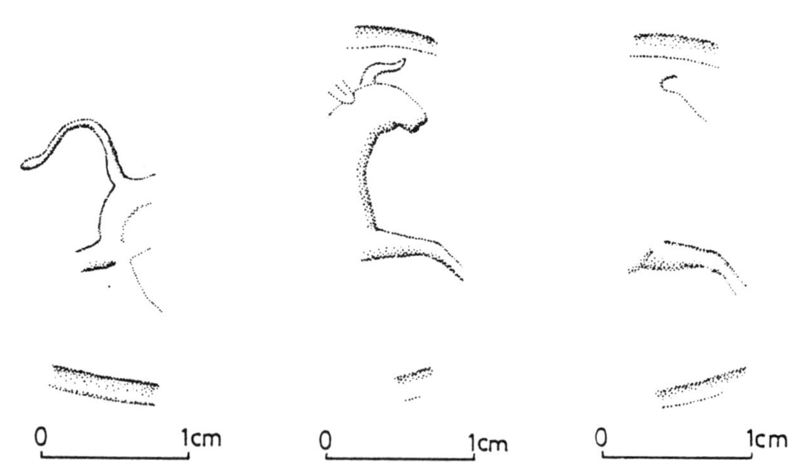

Abb. 2: SH 80/1527 I/134, SH 80/1527 I/36 und SH 78/1527 I/209

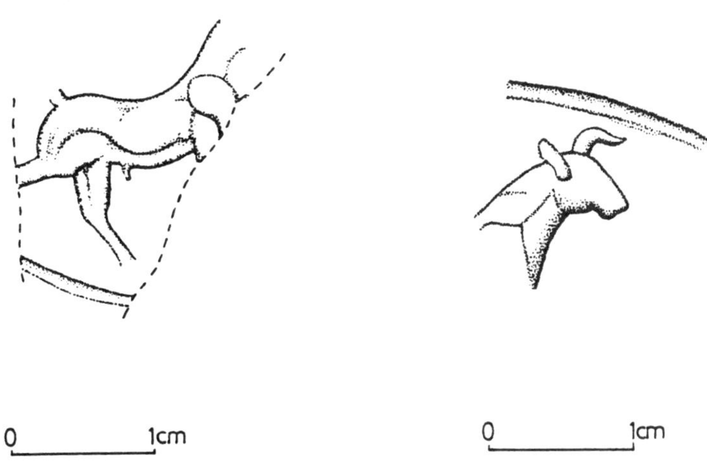

Abb. 3: SH 82/1527 I/218

Abb. 4: SH 80/1527 I/369

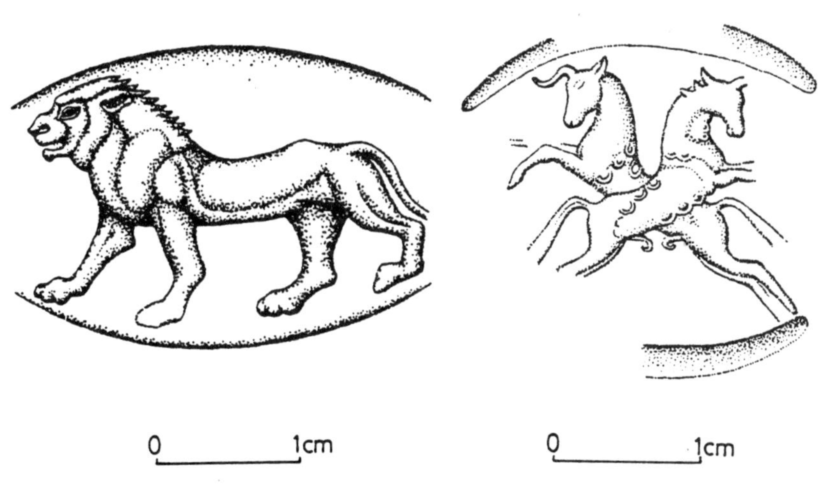

Abb. 5: SH 82/1527 I/124

Abb. 6: SH 80/1527 I/84a,
SH 81/1527 I/420,
SH 82/1527 I/249

Abb. 7

Abb. 8

Abb. 9

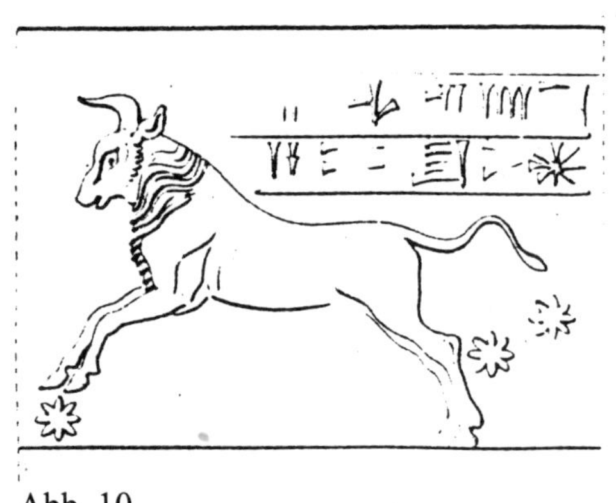
Abb. 10

Abb. 11

Abb. 12

Abb. 13

Abb. 14

Abb. 15

Abb. 16

Abb. 17

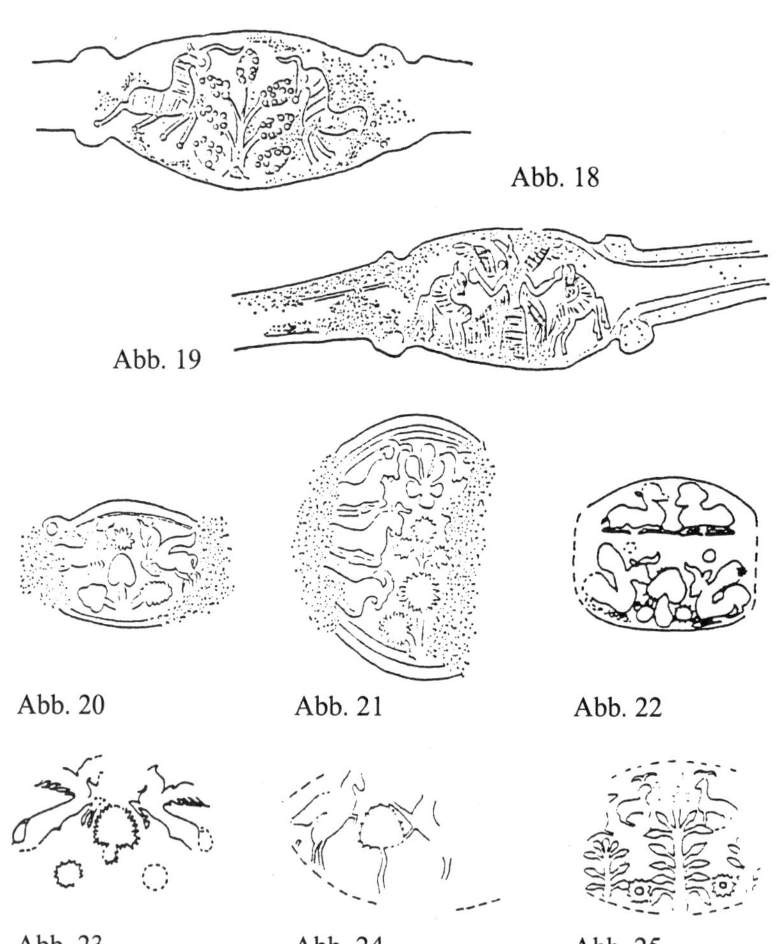

Abb. 18

Abb. 19

Abb. 20 Abb. 21 Abb. 22

Abb. 23 Abb. 24 Abb. 25

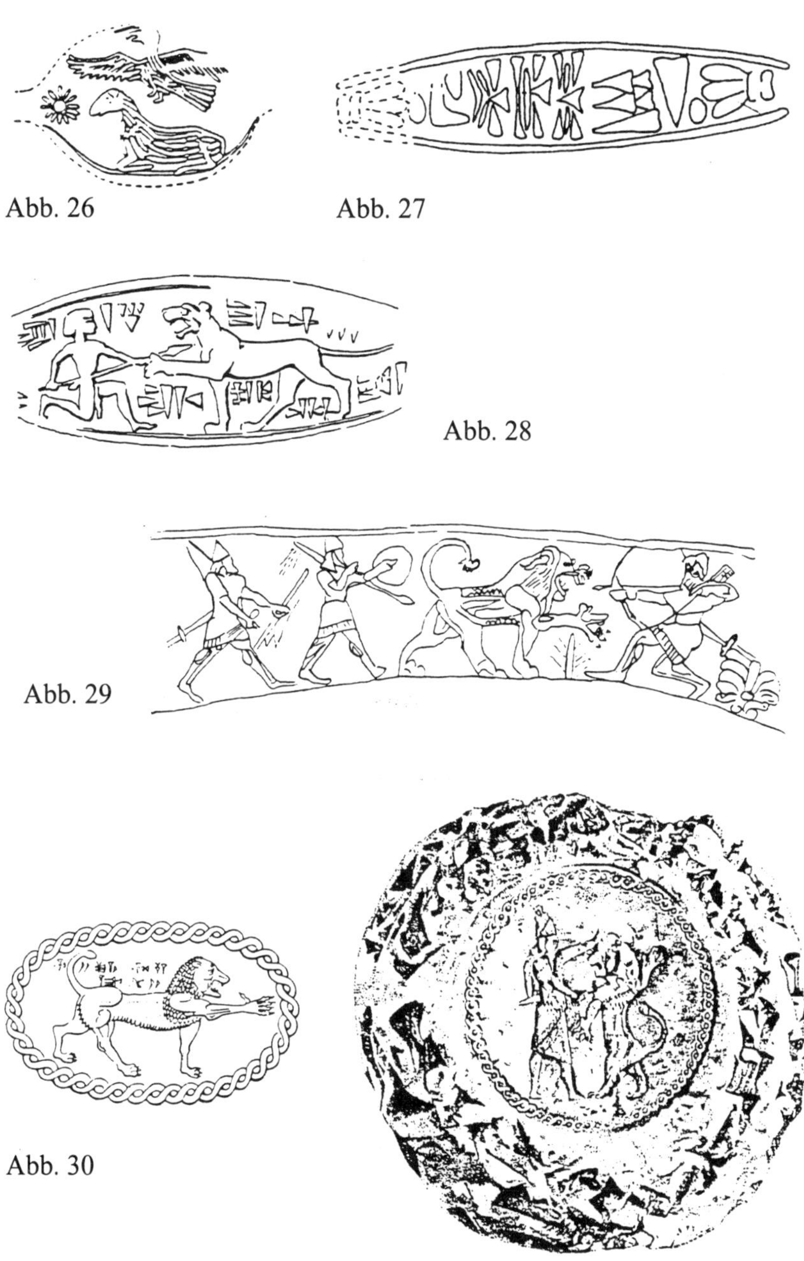

Abb. 26

Abb. 27

Abb. 28

Abb. 29

Abb. 30

Abb. 31

Abb. 32

Abb. 33 Abb. 34

Abb. 35

Abb. 36

Abb. 37

Abb. 38

Abb. 39

Abb. 40

Abb. 41

Lower Mesopotamian Fields: South vs. North

Mario Liverani, Rome

In a recent paper, providing a general sketch of the agrarian landscapes of ancient Mesopotamia, I pointed out a basic difference in field shape between the northern and southern parts of Lower Mesopotamia[1]. In the south (from the deep south around Lagash and Uruk, upwards to the Nippur area) narrow elongated strips prevail, while in the north (the Kish and Diyala areas) „square" and irregular fields are more frequently attested. This basic difference appears in „cadastral" and other administrative texts, recording the measurements (length and width) of the fields; and is also evident in terminology, with the southern fields delimited by an upper and a lower „front" (**sag.an** and **sag.ki**) and two „sides" (**ús**), and the northern fields with four sides named after the compass points (**mir**, **u**$_5$, **kur**, **mar.tu**).

The „southern" type of field is clearly functional to the needs of irrigation (and of plowing with the huge, animal-drawn apin-plow)[2]: the upper front is mostly described as adjacent to a river or canal, wherefrom the water is derived, in order to irrigate the entire field by means of minor canals or the very furrows. The slight sloping of the field from upper to lower front is necessary in order to irrigate the entire strip (whose length can reach hundreds of meters and even a few kilometers) by gravity flow alone. So we can easily imagine entire blocks of similar strips running perpendicular to the irrigation canals, and gently sloping from the raised levees down to marshy areas or to lower draining canals[3].

---

[1] M. Liverani, *Reconstructing the Rural Landscape of the Ancient Near East:* JESHO 39 (1996), pp. 1-49. For a more detailed definition of the southern type cf. already M. Liverani, *The Shape of the Neo-Sumerian Fields:* BSA 5 (1990), pp. 147-186.

[2] It is just to be remembered that the apin (seeder-)plow was drawn by two or three pairs of animals; cf. B. Hruška, *Überlegungen zum Pflug und Ackerbau in der altsumerischen Zeit:* ArOr 56 (1988), pp. 136-171.

[3] The mention of basins or flooded areas at the lower front of the long fields is worthy of special note, cf. e.g. the *appāru* in BBSt 3 or the *makallû* in G. van Driel, *Neo-Babylonian Agriculture:* BSA 4 (1988), pp. 131 and 139. These marshy depressions were in any case necessary as discharge areas on the occasion of floods, cf. R.C. Hunt, *Hydraulic Management in Southern Mesopotamia in Sumerian Times:* BSA 4 (1988), pp. 192-194.

The „northern" type, on the contrary, has no fixed perspective and no fixed relationships to the direction of furrows and of irrigation canals[4]. A rectangular shape is often recurring, especially in the (somewhat simplified?) mention of four adjacent fields, so often recorded in property transfers and other legal documents. The ideal overall model of the northern landscape is a chess-board, while that of the southern landscape is a fishbone.

In the above-mentioned paper I did not analyze in detail (apart from a short statement) the conditions generating the two different field shapes. This is a real problem, however, the solution of which is not immediately evident and requires a few comments here.

A first and apparently obvious solution could be suggested, namely that the southern type is well fitting to irrigation agriculture, while the northern type is well fitting to pluvial agriculture. But, in fact, both areas here considered receive similar amounts of rain, both fall well below the minimum requested for pluvial agriculture, both clearly have to rely on irrigation[5]. It is true that some minor difference does exist between the north (as indicated by modern rainfall measurements at Baghdad, ca. 150 mm.) and the south (measurements at Nasiriya and Diwaniya, ca. 125 mm.), not because of their respective position on the river valley, but because of a slightly closer position of Baghdad to the Zagros range. But, in any case, the role of rainfall, which is also quite irregular in successive years, is limited and subsidiary[6], and cannot influence the shape of fields, which is dependent on the basic problem of irrigation.

Scholars of past generations would have presumably suggested an „ethnic" explanation, by ascribing the southern type to the Sumerians and the northern one to the Akkadians. While the southern type is structurally functional to the specific needs of irrigation in the land of Sumer, the northern type could have been introduced into Lower Mesopotamia by the Akkadian Semites coming from (and accustomed to) the lands of Upper Mesopotamia and Syria where pluvial agriculture was practiced[7]. In my

---

[4] The „Sumerian Georgica" (cf. M. Civil, *The Farmer's Instructions*, Barcelone 1994, pp. 28-31), presumably from the Nippur area, prescribes a flooding of the basin-like field (ll. 3-4) and plowing in alternate directions (ll. 55-56), which is wise indeed for flat and square fields, impossible for narrow strips.

[5] E. Wirth, *Agrargeographie des Irak*, Hamburg 1962, still remains the best introduction and reference book on the physical conditions of Lower Mesopotamia.

[6] On the role of rainfall cf. M.P. Charles, *Irrigation in Lowland Mesopotamia:* BSA 4 (1988), pp. 1-4.

[7] Cf. recently H. Weiss, *The Origins of Tell Leilan and the Conquest of Space in Third Millennium Mesopotamia,* in id. (ed.), *The Origins of Cities in Dry-Farming Syria and Mesopotamia,* Guilford 1986, pp. 71-108.

opinion, such an ethnic explanation is to be rejected: the technical problems are so strictly dependent on the ecological conditions that the spatial distribution of the features in the „material culture“ has generally no relation at all with ethnical boundaries[8]. By the way, the very same terms used for compass points indicate the specific locale of Lower Mesopotamia, and could not have been „imported“ from outside.

Another possible explanation belongs to the realm of socio-political relations. It can easily be noticed in fact that most of the elongated strips so characteristic of the southern landscape belong to „public“ (temple) properties, at least in the early periods; while the northern type is rather characteristic of family properties. This is certainly true, but does not imply a direct link between property relations and field shapes. In any case, it does not necessarily imply an influence of property relations on field shapes: the reverse could make better sense. In fact the arrangement of a „southern“ landscape, with its blocks of elongated strips, perpendicular to the irrigation canals, requires a notable degree of coordination, and is best suitable for the planned colonization of an entire area by a large agency (temple or palace). The northern landscape, on the contrary, can be arranged also by means of repeated individual decisions. So the prevalence of elongated strips in the south goes along with the prevalence of temple properties in the same area, versus the prevalence of family properties in the north: we could even say that the two features represent one and the same phenomenon, in the first case viewed in its physical (landscape) aspects, and in the second case viewed in its administrative and legal aspects. The connection is clear, but it remains in need of an explanation.

At this point, we cannot delay considering the properly ecological aspects, which in dealing with agricultural landscape should be evaluated as foremost. In particular we should consider here the geo-morphological and hydrological differences between „south“ and „north“ (as defined above) in Lower Mesopotamia. It is immediately evident that our southern and northern landscapes correspond closely to the so-called „delta“ and „valley“ in the current morphological partition of Lower Mesopotamia[9]. In the „delta“, where the general slope is minimum and the water-courses flow meandering at a very slow speed, a substantial silting process has raised the main rivers and canals well above the plain[10], so that a gentle slope from the

---

[8] Moreover, the old theory that Akkadians were recent immigrants in Lower Mesopotamia has been generally abandoned in recent scholarship.

[9] Cf. recently P. Sanlaville, *Considérations sur l'évolution de la basse Mésopotamie au cours des derniers millénaires:* Paléorient 15/2 (1989), pp. 5-27.

[10] Cf. the morphological model provided by E. de Vaumas, *L'Écoulement des eaux en Mésopotamie et la provenance des eaux de Tello:* Iraq 27 (1965), pp. 81-99 (cf. the figure opposite p. 88).

levees to the marshy depressions is easily available in order to arrange at least a part of the agricultural landscape into blocks of elongated strips. In the „valley" the main water-courses flow at the same level (roughly speaking) of the surrounding plain, and such an arrangement is more difficult, if not impossible[11].

The specific characteristics of the two morphological areas in a sense „generate" two different irrigation systems, and consequently two different field shapes. The two irrigation systems are well known, as „furrow irrigation" and „basin irrigation" respectively[12]. The furrow (or small channel) irrigation, if applied to a large stretch of land, and if based on gravity flow only, cannot do without an appropriate sloping from levees to marshy depressions. On the contrary, the basin irrigation cannot be applied but to relatively small fields, that must be absolutely flat and enclosed within retaining banks. Of course the basin irrigation, that works perfectly with the square (or rectangular, trapezoidal, etc.) fields of limited extent in the northern area, in no case could be applied to strips of e.g. 20 by 900 meters. It would be foolish to enclose such strips within retaining dikes, or to level them so evenly (for hundreds of meters) to flood them with a uniform layer of a few inches of water.

It seems evident that the elongated strips received „furrow irrigation", while the square fields received „basin irrigation"; that the former system prevailed in the delta and the latter in the valley; that the southern landscape required major public coordination, while the northern could be more easily managed by small communities or individual families[13].

It is also probable that the situation changed through time, because of silting processes, marsh formation, displacement of the major rivers, excavation of new canals and collapse of older networks, and so on[14]. Not only the present morphology of Lower Mesopotamia can be compared to that of early times only in its main features but not in the details; but also inside the time span here considered (ca. 3000 to 300 B.C.) natural trends and human

---

[11] An additional factor is that the plain is mostly irrigated by the Tigris and Diyala, while the delta is mostly irrigated by the Euphrates – and the different availability of the two main rivers for capture and canalization is well known.

[12] Cf. R. van Laere, *Techniques hydrauliques en Mésopotamie ancienne:* OLP 11 (1980), pp. 24-27; Charles: BSA 4 (1988), pp. 16-18.

[13] I cannot discuss here the question of „hydraulic societies" (in the sense made famous by K.A. Wittfogel), but the present notations seem pertinent to this question as well, and would lead to a more nuanced solution (which is already current in Mesopotamian studies since R.McC. Adams' interventions in *City Invincible,* Chicago 1960, passim).

[14] Cf. e.g. S. Cole, *Marsh Formation in the Borsippa Region and the Course of the Lower Euphrates:* JNES 53 (1994), pp. 81-109.

interventions can have changed the very boundaries of southern and northern landscapes. In particular the process of re-arranging the agricultural landscape that started in the Neo-Babylonian period[15] seems to have introduced in the north (Babylon and even Sippar[16]) the elongated strips of southern origin - either because the levees and their outer slopes had also grown high enough in the valley like in the delta, or else because some efficient mechanism for the artificial rising of water had been introduced in the meantime[17].

Many aspects in the realms of technology and palaeo-ecology still remain to be clarified in order to reasonably sketch a historical reconstruction of the ancient Mesopotamian landscapes. Such a reconstruction, however, is so important for a well-balanced evaluation of ancient Near Eastern civilizations, that historians should not restrain from asking the relevant questions, suggesting tentative solutions, stimulating the necessary collection of „hard" data.

---

[15] As is well known, the extensive surveys by R.McC. Adams, *Heartland of Cities,* Chicago 1981 have defined two long cycles in the early history of agricultural exploitation of Lower Mesopotamia: the first started in the Uruk period, culminated in the Ur III and Isin-Larsa periods, and collapsed after the Old Babylonian period; the second started in the Neo-Babylonian and Achaemenid period, culminated in the Sassanian and Early Islamic periods, and collapsed in Medieval times.

[16] See the relevant data in JESHO 39 (1996), pp. 35-40; cf. already van Driel: BSA 4 (1988), pp. 130-131.

[17] The problem has been treated by J. Laessøe, *Reflections on Modern and Ancient Oriental Water Works:* JCS 7 (1953), pp. 5-26, and more recently summarized by van Laere: OLP 11 (1980), pp. 30-40. Hand-operated devices of the *šādūf* type (attested in Mesopotamia since Old Akkadian times) could not be applied to large extents of land; the evidence for animal-operated devices (like the Iraqi *čerd* or *bakra*) is quite elusive (the Egyptian *sāqia* is clearly introduced in Hellenistic times), and this is even more true for mechanical installations (*nāʿūra*, noria).

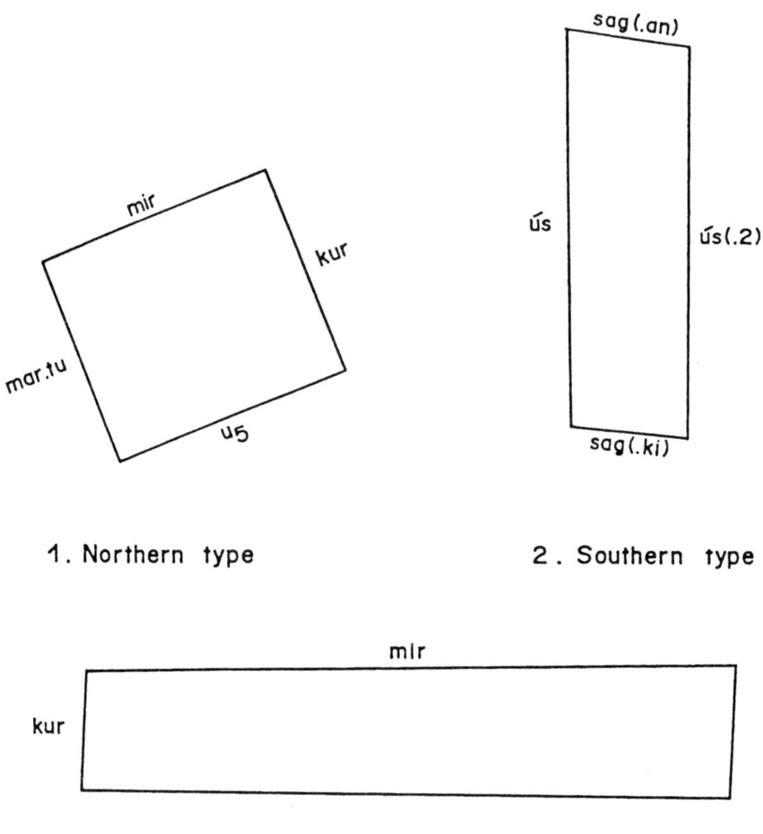

Fig. 1: „Northern“ and „southern“ field types in Lower Mesopotamia, and their terminology (from JESHO 39 (1996), fig. 11).

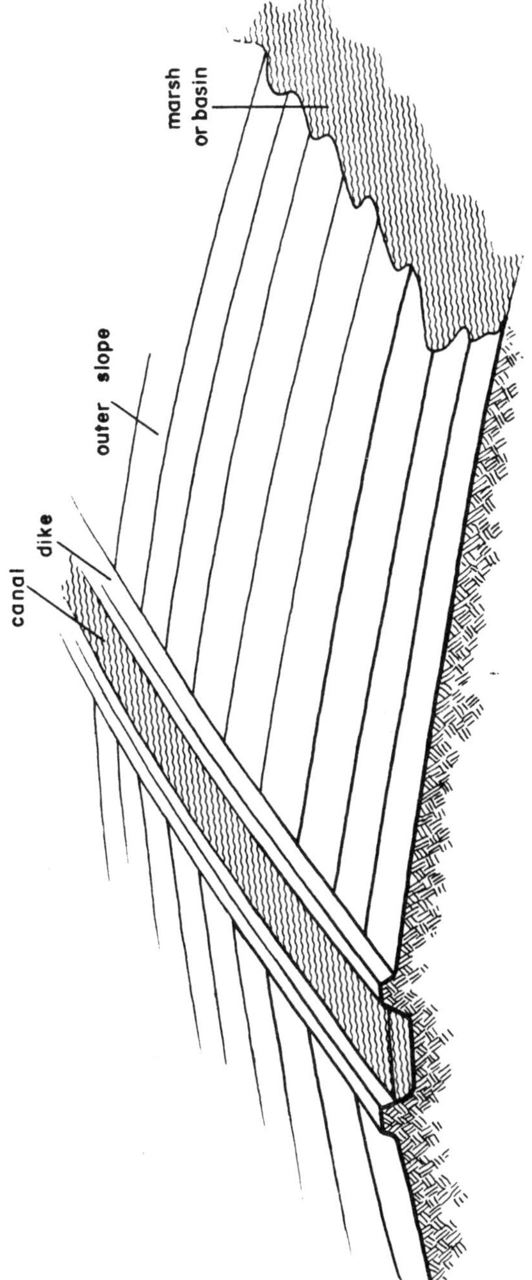

Fig. 2: A block of elongated strips, in relation to the main irrigation features (height exaggerated).

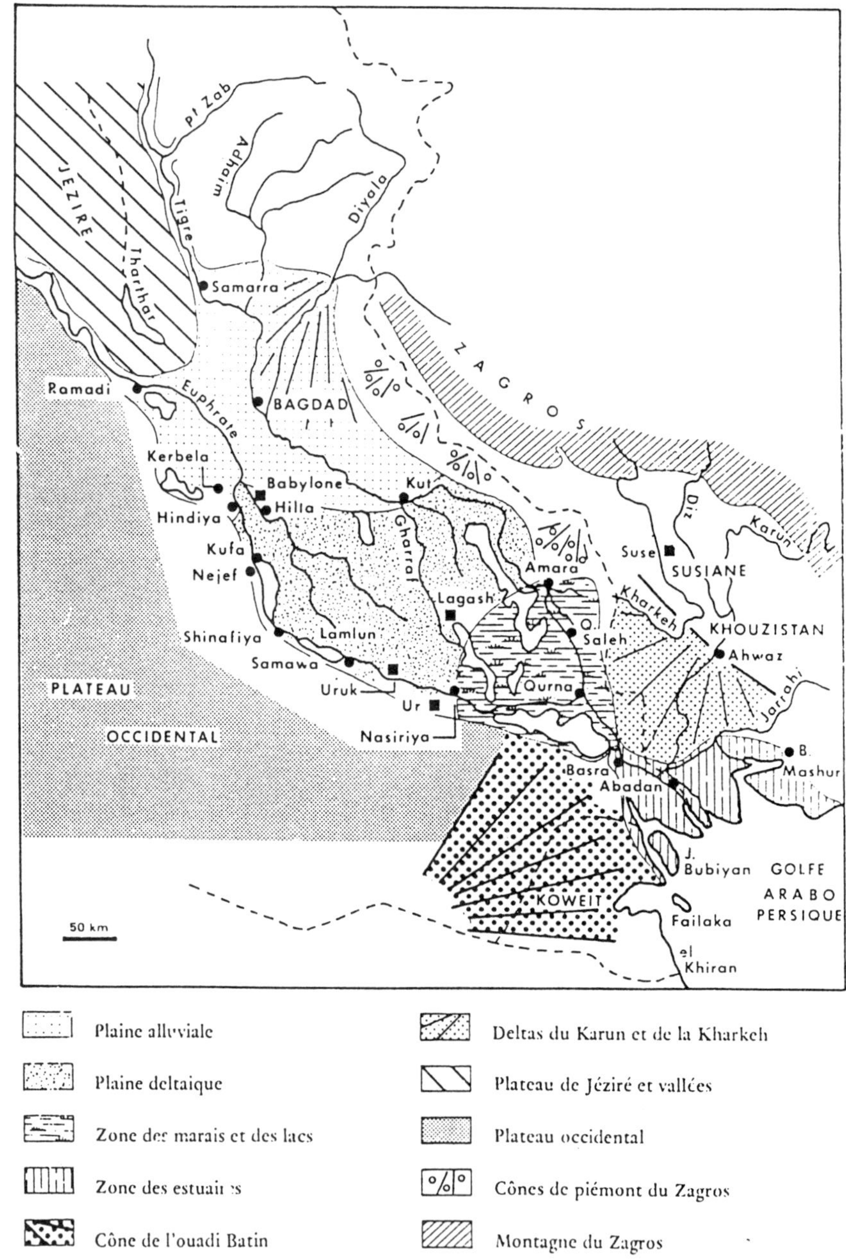

Fig. 3: The morphological zones in Lower Mesopotamia (from P. Sanlaville: Paléorient 15/2 (1989), fig. 2 on p. 7).

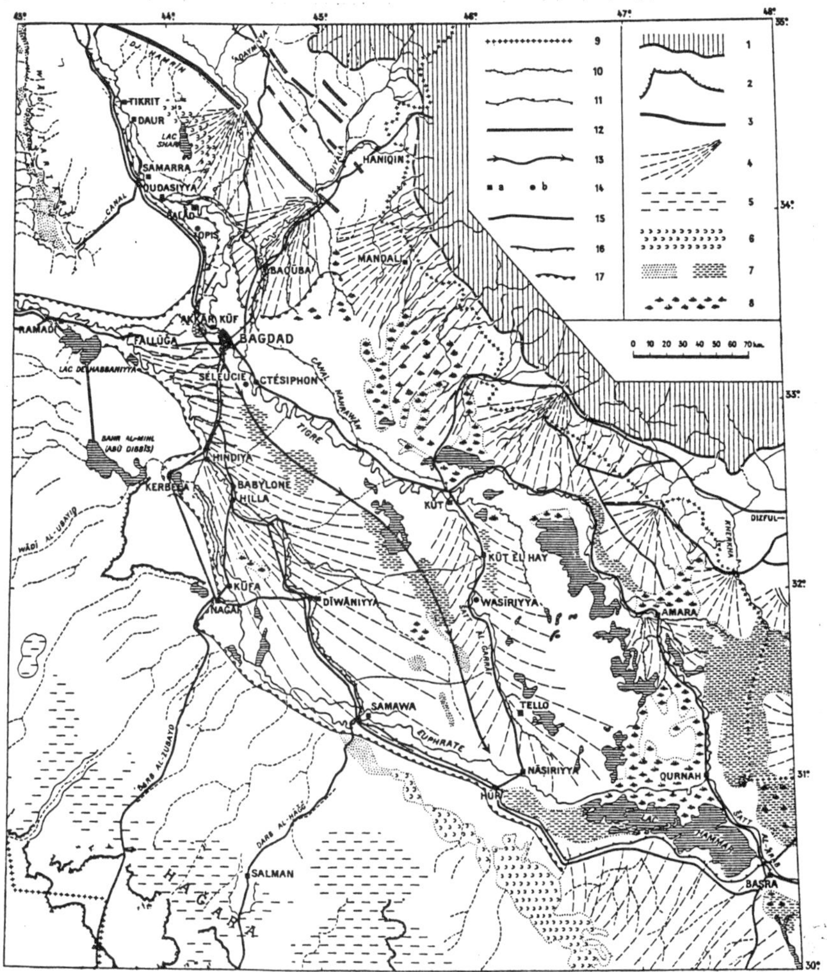

Fig. 4: Silting and sloping in Lower Mesopotamian hydro-morphology (from E. de Vaumas: Iraq 27 (1965), fig. opposite p. 88).

Syllabische und alphabetische Keilschrifttexte zu Psalm 127

Oswald Loretz, Münster

In der Auslegung des kurzen Psalms 127, der die Mitte der Wallfahrtspsalmen einnimmt und als Zwillingsgedicht zu Ps 128 gilt[1], nehmen nicht nur mesopotamische und ugaritische Textstellen, sondern auch Passagen aus den El Amarna-Briefen eine beachtenswerte Position ein. Sie werden vor allem beim Versuch, eine ursprüngliche Texteinheit und deren Frühdatierung zu begründen, herangezogen oder sollen dazu dienen, eine neue Wiedergabe von *šnʾ* in V. 2, das zumeist mit „Schlaf" oder „im Schlaf" übersetzt wird, mit „high estate, honour"[2] oder „Erfolg"[3] zu rechtfertigen.

Bei den Interpreten von Ps 127 herrscht die Tendenz vor, die dunklen Stellen des Textes von einer einheitlichen Sicht des Liedes her zu übersetzen und philologische sowie poetologische Momente erst ins Spiel zu bringen, wenn sie das im vorhinein bevorzugte Gesamtverständnis des Textes zu bestätigen scheinen. In diesem Zusammenhang werden nicht nur aus der mesopotamischen Literatur das Wortpaar „Haus, Tempel" ‖ „Stadt"[4] und Belege über allwirksame Tätigkeit von Göttern[5], sondern auch die Amarna-Briefstellen EA 76:38-41; 138:68-70; 279:20-23[6], die ugaritischen Wirtschaftstexte KTU 4.204:1-4; 4.339:25-26 und die Keret-Stelle KTU 1.16 VI 58[7] angeführt. Diese Zeugnisse aus der Umwelt der Bibel werden sowohl für eine vorexilische Datierung von Ps 127 herangezogen, als auch in Zusammenhang damit für eine militärisch orientierte Auslegung des zweiten Psalmteiles sowie für eine davon abhängige Gesamtdeutung des Liedes auf den Jerusalemer Tempel und die heilige Stadt verwendet. Im folgenden wird dagegen der Vorschlag unterbreitet, bei der Auslegung von Ps 127 kolometrische Gesichtspunkte vor inhaltlichen zu beachten, philologische Fragen gleichfalls in Verbindung mit kolometrischen abzuklären, und erst von dieser Basis her den weiteren Schritt

---

[1] Siehe z.B. Miller 1982, 128-130; Millard 1994, 20.

[2] Emerton 1974, 25-30.

[3] Seybold 1978, 30, 91.

[4] Fleming 1986, 690-692; id. 1995, 436-438.

[5] Gunkel 1926, 553. Verweis auf neubabylonische Königsinschriften; Kraus II 1978, 1039, sieht ein sumerisches Götterlied auf Nisaba als Parallele zu Ps 127 an.

[6] Siehe z.B. Ravasi III 1984, 598; Fleming 1995, 442.

[7] Emerton 1974, 29-31.

zu wagen, auch außerbiblisches Material in die Interpretation von Ps 127 einzubeziehen.

In der Forschungsgeschichte von Ps 127 lassen sich zwei gegensätzliche Positionen unterscheiden. Vertretern der Texteinheit[8] stehen jene gegenüber, die das Lied in die Teile A (V. 1-2) und B (V. 3-5) aufspalten[9]. Einen Mittelweg gehen jene, die Ps 127 als eine kompositionelle Einheit[10] oder als einen kommentierten Text[11] interpretieren. Es wird auch versucht, die Frage der Texteinheit offen zu halten bzw. zu umgehen und den Blick vom Formalen betont auf das Inhaltliche zu lenken[12].

Die jeweilige Bevorzugung des ersten oder zweiten Psalmteils bei der Gesamtbeurteilung des Liedes erweist sich bei näherem Zusehen als eine offene oder verdeckte Auslegung des Wortpaares *byt* ‖ *ʿyr* „Haus" ‖ „Stadt" im ersten Bikolon des Liedes, für das wir drei Auslegungstraditionen vorfinden: *byt* „Haus" wird entweder auf den Tempel[13], den Palast[14] oder auf ein Privathaus[15] bzw. die damit verbundene Familien-[16] oder Dynastiegründung bezogen. Dementsprechend wird als Bauherr ein König[17] oder ein Privatmann[18] angenommen.

Eine Vorentscheidung über die Einheit oder die Aufteilung des Textes in zwei getrennte Sprüche beeinflußt auch die Datierung des Liedes. Während

---

[8] So z.B. Hitzig II 1865, 380; Bussby 1934, 306-307; Herkenne 1936, 408-409; Dahood III 1970, 222-223; Anderson II 1972, 866, „...there is no real reason to doubt the unity of our Psalm"; Ravasi III 1984, 589-590; Allen 1983, 180; Estes 1990, 305, 311.

[9] So u.a. Briggs/Briggs II 1907, 457, mit Bickell, Peters, Baethgen, Duhm, Keyne und Davies; Gunkel 1926, 553-555.

[10] Seybold 1978, 30; Irsigler 1987, 52, 66.

[11] Loretz 1974, 176-177.

[12] Kraus II 1978, 1037, spricht von zwei Sprüchen, die durch einen tieferen Zusammenhang miteinander verbunden seien. Entgegen H. Schmidt will er das Lied nicht vom zweiten Teil (V. 3-5) her als Grußlied zur Geburt eines Sohnes deuten, sondern vom ersten Spruch (V. 1-2) her auf die Gründung einer Familie mit Beschreibung der Leiden und Freuden, die dem Hausvater bevorstehen; ähnlich dürfte auch Fleming 1995, 435-444, zu verstehen sein, der jedoch den zweiten Psalmteil V. 3-5 stärker in den Vordergrund rückt.

[13] Fleming 1995, 436-438.

[14] Dahood III 1970, 222.

[15] Gunkel 1926, 553.

[16] Anderson II 1972, 867; Kraus II 1978, 1037, Aufbau einer Familie, veranschaulicht an der Errichtung eines Hauses.

[17] Dahood III 1970, 222-223.

[18] Briggs/Briggs II 1907, 458; Kraus II 1978, 1037.

die Vertreter der letzteren Richtung allgemein mit einer späten Entstehung des Liedes rechnen, sind die Befürworter der Texteinheit entweder für eine vor- oder eine nachexilische Entstehungszeit des Textes.

Der poetische Aufbau des Liedes wird mit unterschiedlicher Gewichtung in die Deutung einbezogen. Während sowohl V. 1 und 3-5 zu Recht in Bikola eingeteilt werden, stößt dies bei V. 2 auf Hindernisse. Allgemein wird zwar die These vertreten, daß V. 2 den Abschluß des ersten Teils oder des ersten Spruches bilde und in den poetischen Aufbau des Liedes als ursprünglicher Teil desselben voll integriert werden könne, aber die Autoren suchen diese These mit widersprüchlichen Argumenten zu beweisen. Angesichts der mit V. 2 gestellten kolometrischen Probleme wird im folgenden zu untersuchen sein, welche Folgerungen sich von der besonderen Gestalt dieses Liedteils her für die Rekonstruktion der Entstehung von Ps 127 ergeben.

1. Kolometrie und Übersetzung von Ps 127

127.1.1 [*šyr h mʿlwt l šlmh*]

127.1.2 *ʾm YHWH lʾ ybnh byt* 15
127.1.3 *šwʾ ʿmlw bwnyw bw* 14

127.1.4 *ʾm YHWH lʾ yšmr ʿyr* 15
127.1.5 *šwʾ šqd šwmr* 10

...

127.2.1 [*šwʾ lkm* [6]
127.2.2 *mškymy qwm* [9]
127.2.3 *mʾḥry šbt* [8]
127.2.4 *ʾkly lḥm h ʿṣbym* [13]

127.2.5 *kn ytn l ydydw šnʾ*] [14]

127.3.1 *hnh nḥlt [YHWH] bnym* 11 [15]
127.3.2 *śkr pry h bṭn* 10

127.4.1 *k ḥṣym b yd gbwr* 12
127.4.2 *kn bny h nʿwrym* 12

…

127.5.1 *ʾšry h gbr ʾšr mlʾ* 14
127.5.2 *ʾt ʾšptw m hm* 10

127.5.3 *lʾ ybš[w] ky ydbr[w]* 11 [13]
127.5.4 *ʾt ʾwybym b šʿr* 12

…

127.1.1 [Ein Wallfahrtslied. Von Salomo.]

127.1.2 Wenn Jahwe das Haus nicht baut,
127.1.3 mühen sich umsonst 'die Bauleute'!

127.1.4 Wenn Jahwe nicht die Stadt behütet,
127.1.5 wacht der Hüter umsonst!

…

127.2.1 [*Umsonst ist es für euch,*
127.2.2 *Frühaufsteher,*

127.2.3 *Nachthocker*[19],

127.2.4 *Esser von Brot der Mühsal zu sein!*

127.2.5 *Ganz richtig gibt er seinem Geliebten Schlaf!*]

127.3.1 Siehe, ein Erbteil [*von Jahwe*] sind Söhne,

127.3.2 Lohn ist des Leibes Frucht.

127.4.1 Wie Pfeile in der Hand des Helden,

127.4.2 so sind die Söhne der Jugend.

...

127.5.1 Glücklich der Mann, der gefüllt

127.5.2 mit ihnen seinen Köcher.
Söhnen

127.5.3 'Er wird nicht zu Schanden', wenn 'er redet'

127.5.4 mit Feinden im Tor.

...

2. Anmerkungen zu Philologie und Kolometrie

127.1.1 – *šyr* „Lied, Kultlied"; *šyr h mᶜlwt* „Wallfahrtslied"; zu den verschiedenen Übersetzungen des Wortes *mᶜlwt* mit „Stufen", „Hinaufzüge", „Stufenrhythmus", „Erhebungen, Preis(lied)" und „Wallfahrt" siehe u.a. HAL, S. 580: *mᶜlh*; Seybold 1978, 14-16.

l šlmh „von Salomo", wohl ein späterer Zusatz, der in Zusammenhang mit der Glosse *127.2.5* stehen oder durch diese veranlaßt sein könnte; siehe

---

[19] Wörtl. „Späthocker".

ferner Ps 72,1. Die Autorenangabe „von Salomo" führte auch zur Deutung von *byt* „Haus" in *127.1.2* als Hinweis auf den von Salomo erbauten Tempel in der jüdischen Tradition[20] und bei Theodoret[21]; siehe zu *byt* „Haus, Tempel" ferner die Ausführungen zum folgenden Kolon *127.1.2 - 127.1.3*.

127.1.2 - 127.1.5 – Die erste Strophe setzt sich aus zwei symmetrisch aufgebauten Bikola zusammen, die zugleich eine thematische Einheit bilden. Diese Strophe dürfte einem längeren Text entnommen sein und stellt kaum einen in sich geschlossenen Weisheitsspruch dar, sondern wohl nur einen Abschnitt innerhalb einer ausführlicheren Auflistung von Fällen, in denen der Mensch ohne Jahwes Wohlwollen zum Scheitern (*šwʾ*[22]) verurteilt ist.

127.1.2 - 127.1.3 – byt ‖ *ʿyr* „Haus/Palast/Tempel" ‖ „Stadt" – Theodoret und mittelalterliche jüdische Kommentatoren beziehen *byt* auf den salomonischen Tempel; siehe F. Delitzsch 1894, 751; Baker/Nicholson 1973, 24-27, zu Rashi und Kimḥi. Dahood III 1970, 222, versteht dagegen *byt* als Bezeichnung des königlichen Palastes von Jerusalem. Unter den neueren Kommentatoren wird nur vereinzelt *byt* auf den Tempel gedeutet (Fleming 1995, 436 Anm. 4, verweist auf P.D. Miller; Millard 1994, 20 Anm. 95) oder als Anspielung auf den Tempel (Ravasi III 1984, 594; Millard 1994, 20 Anm. 95) bzw. die Gründung einer Dynastie[23] verstanden. Mehrheitlich wird *byt* auf den Bau eines Hauses und die Gründung einer Familie bezogen (Keel 1991, 159). Fleming 1986, 690-692; id. 1995, 436-438, argumentiert von keilschriftlichen mesopotamischen Quellen, den biblischen Prosastellen Jer 26,6.9.12; 1 Kön 8,44.48 (= 2 Chron 6,34.38) und 2 Kön 23,27 her, daß das Wortpaar mit „Tempel" ‖ „Stadt" zu übersetzen sei. Dieses Verständnis von V. 1 sucht er durch eine 'militärische' Interpretation von V. 5 abzusichern. Während an den von D.E. Fleming namhaft gemachten Bibelstellen vom Kontext her klar ist, daß das Wortpaar *byt* ‖ *ʿyr* „Haus (Jahwes)" ‖ „Stadt (Jerusalem)"

---

[20] Nach Graetz II 1883, 646, wurde *l šlmh* hinzugefügt, weil vom Bauen die Rede sei und dieses auf den Bau des Tempels bezogen wurde.

[21] F. Delitzsch 1894, 751; Baethgen 1904, 383; vgl. dagegen Duhm 1922, 438, der *l šlmh* „nach Salomo" als Hinweis auf die „Sprüche Salomos" bezieht; Hitzig II 1865, 382, erklärt *l šlmh* von V. 2 her veranlaßt; F. Delitzsch 1894, 751, sieht *l šlmh* von V. 2 her verursacht, weil man in diesem Vers nicht nur eine Anspielung auf den Namen *ydydyh*, den Salomo von Nathan empfing (2 Sam 12,25), sondern auch auf seine Ausstattung mit Weisheit und Reichtum im Traum zu Gibeon (1 Kön 3,5 ff.) vorfinde. Außerdem erinnere auch die Spruchform des Psalms und die vielen Hinweise auf das Spruchbuch an Salomo.

[22] HAL, S. 1325: *šwʾ* 4a) „wertlos = vergeblich, umsonst".

[23] Millard 1994, 20 Anm. 95, vermutet ein Wortspiel mit 2 Sam 7.

vorliegt, ist dies für *127.1.2 - 127.1.3* vom Kontext her nicht unmittelbar ersichtlich. Es ist folglich nicht auszuschließen, daß *byt* ‖ *ʿyr* in diesem Rahmen als demokratisierter Ausdruck mit „Haus“ ‖ „Stadt“ zu übersetzen ist.

bnyw bw – Cheyne II 1904, 191, „*bw*, a fragment of dittographed *bwnyw*“; Briggs/Briggs II 1907, 459; Schlögl 1915, 127, *29; Fr. Delitzsch 1920, par. 132e und 132e*, Verschreibung *yw* für *m*, *bw* als Glosse zu *ʿmlw*; Duhm 1922, 438, lesen mit **G** wohl zu Recht *bwnym* „Bauleute, Bauende“.

127.2.1 - 127.2.5 – Es wird allgemein vorausgesetzt, daß V. 2 eine poetische Einheit bilde und die erste Strophe *127.1.2 - 127.1.5* fortsetze. Über die kolometrische Gliederung von V. 2 bestehen jedoch erhebliche Differenzen, wie folgende Liste zeigt:

1. Zwei Bikola: Schlögl 1915, 127; Duhm 1922, 438; Gunkel 1926, 553; Kittel 1929, 397; Bussby 1934, 307;
2. Bikolon + Monokolon: Wellhausen 1898, 143; Seybold 1978, 91;
3. Trikolon: Hitzig II 1865, 381;
4. Trikolon + Monokolon: Dahood III 1970, 222;
5. Trikolon + Bikolon: Baethgen 1904, 383; Herkenne 1936, 409; Kraus II 1978, 1036; Allen 1983, 175;
6. Pentakolon: Irsigler 1987, 49-50; Fleming 1995, 435.

Im folgenden wird vorausgesetzt, daß *127.2.1 - 127.2.5* zwei prosaisch strukturierte Kommentierungen bzw. Glossen umfaßt (Loretz 1979, 266).

127.2.1 - 127.2.4 – Da im Gegensatz zu *127.1.2 - 127.1.5* das *šwʾ* „umsonst“ in *127.2.1* eine andere syntaktische Position aufweist, kann V. 2 kaum als eine Fortsetzung der ersten Strophe verstanden werden. Es liegt in *127.2.1 - 127.2.4* vielmehr eine Glosse zu *šwʾ* im vorangehenden Abschnitt vor. Die folgenden Aussagen über Frühaufsteher, Nachtschwärmer und Überarbeitete ergänzen sich gegenseitig und sind als eine thematische Einheit gedacht, der jedoch die Kennzeichen eines parallel aufgebauten Trikolons fehlen.

ʿṣbym „Mühen“ – Es liegt kein Grund vor, an ein *ʿṣbym* „*idola*, Götzenbilder“ zu denken; vgl. dagegen Dahood III 1970, 223, der *lḥm ʿṣbym* mit „the bread of idols“ übersetzt.

127.2.5 – Ein weiterer Zusatz, der in seiner jetzigen Form die vorangehende Glosse *127.2.1 - 127.2.4* mit *šlmh* „Salomo“ in *127.1.1* verbindet und zugleich auf jeden Frommen ausweitet. Die Übersetzung dieses Kolons ist strittig. Wellhausen 1898, 143, 212, übernimmt zwar mit „Even so He gives to His beloved in sleep“ eine der eingebürgerten Übersetzungen, vermerkt aber hierzu einschränkend, daß die hebräischen Wörter unverständlich seien.

kn „ganz richtig, so" – Hamp 1972, 71-74, 76; vgl. dagegen Dahood III 1979, 222-223, „the Reliable"; Viganò 1976, 174-175, *kn* „il Fedele".

ydydw „sein Geliebter" – Wahrscheinlich wurde ein ursprüngliches *ydydyw* „seinen Geliebten" (BHSd) nachträglich an *l šlmh* (*127.1.1*) angeglichen. Ges.[18], S. 440-441: *ydyd*, wird *ydyd* als Kollektivum gedeutet: „so gibt er (es) seinen Freunden i. Schlaf".

šnʾ „Schlaf" – *šnʾ*, aramaisierende Schreibweise für *š(y)nh*[24]; *šnʾ* wird zumeist mit „Schlaf" (Hamp 1972, 74-76) oder „im Schlaf" (Gunkel 1926, 553; Ges.[18], S. 441: *ydyd* 2.) übersetzt; zur Debatte siehe u.a. Fr. Delitzsch 1920, par. 47 und 150*; HAL, S. 1474: *šnʾ*; vgl. dagegen zu *šnʾ* als Euphemismus für *concubitus* Hitzig II 1865, 381, mit Verweis auf Weish 7,2; Bussby 1934, 306; Thomas 1968, 268; wiederum eine andere Übersetzung gewinnt Emerton 1974, 25-30, der von *šanah* „to be, or become, high", „exalted in rank", „to shine" ausgeht. Seine Übersetzung (S. 30) von *127.2.5* lautet: „Surely [or, if *kī* is read, For] he [i.e. God] gives high estate, or honour, to him whom he loves."; Dahood 1973, 361-362; id. 1975, 103-105, „prosperity"; Seybold 1978, 30, 91, „Erfolg"; Strauß 1987, 390, „Erfolg"; siehe ferner unten Abschnitt 3.1.

127.3.1 - 127.4.2 – Die beiden Bikola *127.3.1 - 127.3.2* und *127.4.1 - 127.4.2* dürften formal und thematisch eine Strophe bilden und als ein Zitat anzusehen sein, das einem anderen Kontext entnommen ist als die erste Strophe *127.1.2 - 127.1.5.*

127.3.1 - 127.3.2 – Das Bikolon enthält in symmetrischer Anordnung die Wortpaare *nḥlt* ‖ *śkr* „(das) Erbe, unveräußerlicher Erbbesitz" ‖ „(Arbeits-) Lohn" und *bnym* ‖ *pry h bṭn* „Söhne" ‖ „Leibesfrucht". Das im ersten Kolon redaktionell eingefügte Tetragramm[25] verbindet V. 3-5 mit der ersten Strophe (V. 1). Es erübrigt sich folglich, *śkr* durch *śkrw* „sein Lohn" (Gunkel 1926, 555) zu ersetzen. Zugleich erhalten wir auf diese Weise eine Erklärung für die überraschende Entstehung der Formulierung *nḥlt YHWH*, die hier von Söhnen, nicht aber, wie sonst immer, von Israel oder seinem Land ausgesagt wird; vgl. Loewenstamm 1992, 322 mit Anm. 2

---

[24] HAL, S. 1474: *šnʾ*; Praetorius 1917, 395, *šnʾ* aus *šwʾ* entstanden; Budde 1921, 42, sieht *šnʾ* als eine versprengte Dittographie des dreimal vorhergehenden Stichwortes *šwʾ* an; Duhm 1922, 438, bewertet *šnʾ* entweder als eine Glosse oder eine Variante zu *šbt* (*127.2.3*); Kittel 1929, 397, streicht *šnʾ* als Glosse zu *šwʾ*.

[25] Vgl. dagegen Briggs/Briggs II 1907, 459, der *bnym* mit der Begründung als Glosse streicht, daß es das Kolon zu viel verlängere.

127.4.1 - 127.4.2 – Siehe zum Vergleich *ḥṣym* „Pfeile"[26] – *bny h nʿwrym* „Söhne der Jugend"[27] unten Abschnitt 3.1.
gbwr „Held" – Vgl. dagegen in der folgenden Strophe *gbr*, wohl ein Hinweis auf die unterschiedliche Herkunft der zweiten und dritten Strophe.

127.5.1 - 127.5.4 – Die aus zwei Bikola bestehende Strophe im Qinah-Metrum dürfte einmal den Anfang eines selbständigen und längeren Makarismus gebildet haben; siehe z.B. den Anfang des Zwillingspsalms 128,1. Sie wurde wahrscheinlich durch Eingriffe in den Text – siehe unten zu *127.5.2 - 127.5.3* – an die vorhergehende Strophe *127.3.1 - 127.4.2* angeglichen.

127.5.1 – *gbr*; siehe zu *gbwr* in *127.4.1.*

127.5.2 – *m hm* dürfte ein *bnym* „Söhne" ersetzen und folglich eine enge Verbindung mit *bnym* (*127.3.1*) und *bny h nʿwrym* (*127.5.2*) in der vorhergehenden Strophe herstellen.

127.5.3 – Die finiten Verbformen im Plural sind als eine weitere Angleichung an *bnym* und *bny h nʿwrym* in der Strophe *127.3.1 - 127.4.2* zu bewerten.
dbr – Siehe unten zu Abschnitt 3.2.

3. Parallelisierung von Ps 127 mit ugaritischen und mesopotamischen Texten

Vergleiche von einzelnen Stellen und Wörtern in Ps 127 mit Texten aus der altorientalischen semitischen Umwelt dienten bisher vor allem dem Zweck, die These von einer Datierung des Liedes in die vorexilische Zeit zu sichern.

3.1. Ugaritische Texte

Aus der Abfolge von *ḥṣym* „Pfeile" (*127.4.1*) und *ʾšph* „Köcher" (*127.5.2*)[28] und *uṯpt ḥẓm* „Köcher für Pfeile" in KTU 4.204:1.2.4 wurde nicht nur auf das Fortleben einer alten literarischen Tradition in Ps 127 geschlossen[29], sondern auch gefolgert, daß bereits in der Strophe *127.3.1 - 127.4.2* eine

---

[26] Hitzig II 1865, 382, vermerkt, daß bei Euripides (Iphig. in Taur. V. 57) die Söhne „Säulen" und bei den Arabern „Lanzenspitzen" und „Pfeile" genannt werden; siehe ferner Gunkel 1928, 555.

[27] Zu den im Jugendalter gezeugten Söhnen (Gen 21,7; 37,3) vgl. *ʾšt nʿwrym* „eine im Jugendalter verheiratete Frau, Jugendgemahlin" (Jes 54,6; Prov 5,18).

[28] Siehe ferner Thren 3,12-13.

[29] Dahood III 1970, 224.

militärische Bildwelt vorliege, die den gesamten zweiten Teil des Liedes beherrsche[30].

In dieser Argumentation bleibt ausgespart, daß von Pfeil und Köcher in getrennten poetischen Einheiten und Strophen die Rede ist. Während im ersten Fall (*127.3.1 - 127.4.2*) die Söhne aus der Jugendzeit Pfeile genannt werden, setzt die Dichtung im zweiten (*127.5.1 - 127.5.4*) voraus, daß die Söhne beim Rechtsstreit mit Feinden wie Pfeile im Köcher sind[31]. Beiden Strophen ist jedoch die altorientalische Anschauung über Bogen und Pfeile als Symbole für Mannesstärke und sexuelle Kraft gemeinsam[32].

Wenig gewinnen wir auch aus der Beobachtung, daß im Wirtschaftstext KTU 4.339:25-26 sowohl drei Burschen (*ṯlṯ nʿrh*) als auch zwei Söhne (*ṯn bnh*) nacheinander aufgeführt werden[33]. Für das Verständnis von *bny h nʿwrym* (*127.4.2*) sind aus diesen Wirtschaftstexten keine Folgerungen zu ziehen.

J.A. Emerton begründet seine Übersetzung „high estate, honour" von *šnʾ* in V. 2 u.a. mit dem vermeintlichen ugaritischen *šnt* „high estate"[34] (KTU 1.16 VI 58)[35].

Da am Schluß des Keret-Epos das Wortpaar *gbl šnt* ‖ *ḥpn* „Gebiet der Jahre" ‖ „Grenze, Endpunkt" anzusetzen ist[36], erhalten wir von dieser Seite her zwar einen weiteren Beleg für ugaritisch *šnt* „Jahr", aber keine Stütze für ein hebräisches *šnʾ* „high estate, honour".

Die Wertschätzung der in der Jugendzeit gezeugten Söhne (*bny h nʿwrym*) in *127.4.2* kommt auch darin zum Ausdruck, daß biblische Texte auch vom *bn-zqnym* „dem im Alter gezeugten Sohn" (Gen 37,3) sprechen. Diese Formulierungen spiegeln ältere altorientalische Traditionen wider. So wird in einem auch in Ugarit gefundenen akkadischen Weisheitstext vermerkt, daß „ein verspäteter Erbsohn ein (Geld)verlust für [sein] Haus"[37] ist.

---

[30] Fleming 1995, 442. Vor D.E. Fleming haben u.a. bereits Baethgen 1904, 384, mit Verweis auf Rosenmüller; Briggs/Briggs II 1907, 459, eine 'militärische' Deutung favorisiert.

[31] Vgl. *bny ʾšptw* „Söhne seines Köchers" = Pfeile (Thren 3,13).

[32] Hoffner 1966, 329 mit Anm. 19; Estes 1990, 304-311; siehe ferner Margalit 1989, 290 f.; Parker 1989, 107-112, zum Thema „Bogen" im Aqhat-Epos.

[33] Dahood III 1970, 224.

[34] Siehe HAL, S. 1477: *šnh* III.

[35] Emerton 1974, 23-31; Seybold 1978, 30, *šnʾ* „mit Erfolg"; id. 1979, 255 Anm. 39; siehe zur Diskussion ferner HAL, S. 1474: *šnʾ*.

[36] Renfroe 1992, 49-51, übersetzt KTU 1.16 VI 57b-58 folgendermaßen: „May you fall within the bounds of your years, ‖ Within your *limit/term* may you be brought down."; siehe auch Dahood 1975, 104, der gleichfalls entgegen J.A. Emerton in KTU 1.16 VI 57b-58 an *šnt* „year(s)" festhält.

[37] Dietrich 1991, 45, zu RS 22.439, Spruch II.i; Dahood III 1970, 224.

W.G.E. Watson sieht in KTU 1.119:35-36 eine Bestätigung der These M. Dahoods, daß in Ps 127,5 *dbr* nicht mit „reden“, sondern nach den Amarna-Texten (siehe unten Abschnitt 3.2.) mit „vertreiben“ zu übersetzen sei. Er bietet für das letzte Bikolon in Ps 127 folgende Übersetzung:

> Rather than being humiliated
> he'll drive the enemy from the GATE.[38]

Da jedoch in KTU 1.119:28.35 das Verbum *ydy* „vertreiben“[39] gebraucht wird, läßt sich von dieser Seite her wohl kaum ein Beweis für ein hebräisches *dbr* „vertreiben“ führen.

3.2. El Amarna-Briefe

M. Dahood und D.E. Fleming folgern für *dbr* in *127.5.3* von *d/ṭuppuru*[40] in EA 76,38-41; 138:68-70; 279:20-23 her die Übersetzung „to drive back“[41] oder „to drive from“[42]. Diese Übersetzung hat auch in die Lexikographie Eingang gefunden[43]. Auf diese Weise wird versucht, die traditionelle forensische Deutung des Bikolons *127.5.3 - 127.5.4* zu verabschieden und die Ungereimtheiten zu bereinigen, mit denen frühere militärische Deutungen des letzten Bikolons von Ps 127 zu kämpfen hatten[44].

Gegen eine juristisch-forensische Auslegung des Bikolons *127.5.3 - 127.5.4* wird angeführt, daß man mit *ʾwybym* „Feinden“ nicht „rede“ (*dbr*), sondern sie „vertreibe“ (*dbr*)[45].

Für eine militärische Deutung von *dbr* und von *ʾwybym* im letzten Bikolon des Liedes lassen sich entgegen D.E. Fleming weder die Prosa-Stellen Gen

---

38 Watson 1984, 286.

39 Verreet 1988, 55.

40 AHw, S. 1380: *ṭapāru*.

41 Dahood III 1970, 222, 225; siehe ferner Lipiński 1968, 351 mit Anm. 131; Ravasi III 1984, 598.

42 Fleming 1995, 435, 442.

43 HAL, S. 201: *dbr* I pi 2) wegtreiben; DCH II, S. 396: **dbr IV* „drive out, pursue“ pi; auch Schmuttermayr 1971, 196, rechnet *dbr* in Ps 127,5 neben Ps 47,4; Hi 19,18; Hld 5,6 und 2 Chron 22,10 zu den Stellen, die für eine Abhebung von *dbr* „reden“ mit Sicherheit in Frage kämen.

44 Baethgen 1904, 384, macht gegen Rosenmüller geltend, daß *dbr* nie die Bedeutung *perimere* (*sed periment hostes in porta*) habe. Er selbst behilft sich mit einer reichlich allegorischen Erklärung: „ ... wohl aber kann und wird mit *ydbrw* die deutliche Sprache der Kriegswaffen gemeint sein; vgl. Gen 22,17; 24,60.“; Briggs/Briggs II 1907, 459, erklärt seine Übersetzung „*when they speak with enemies*“ folgendermaßen: „meet them face by face and indulge in sharp words preliminary to battle“.

45 Fleming 1995, 443.

22,17; Dtn 28,55.57; 1 Kön 8,37, noch das Wort *ʾwybym* „Feinde" anführen. Denn erstere Stellen kennen kein Verbum *dbr*, und ein *ʾwyb* „Feind" muß nicht ein militärischer Gegner sein. Nach Ausweis der Lexika wird mit *ʾwyb* „Feind" auch ein Widersacher im privaten Bereich bezeichnet[46].

Der Rechtsstreit eines mit zahlreichen Söhnen gesegneten Mannes im Stadttor[47] endet mit Erfolg, da er seinen Worten durch die anwesenden Söhne Nachdruck verschafft[48]. Die Macht eines Mannes steigt vor allem, wenn er sich mit besonders kraftvollen Söhnen aus seiner Jugendzeit umgibt (V. 3-4). Wer im Tor, am Ort des Prozesses, genügend Helfer und/oder Geld hatte, konnte ungestraft auch Unschuldige körperlich mißhandeln[49].

Es erübrigt sich folglich, *dbr* in Ps 127,5 als eine archaische Ausdrucksweise[50] einzustufen, bis auf die Amarna-Briefe zurückzuführen, und *ʾwyb* „Feind" allein auf militärische Feinde zu beziehen. Eine juristisch-forensische Auslegung wird nicht nur dem Text V. 5, sondern insgesamt dem Zusammenhang von V. 3-5 am besten gerecht.

---

[46] HAL, S. 37: *ʾ(w)yb*; Gunkel 1926, 555, betont, daß auch die Gegner vor Gericht „Feinde" sind und auch im Tor oft genug die Macht entscheide (Prov 22,22; Hi 5,4) und der Sohn des Vaters Rächer (Sir 30,6; Skehan/Di Lella 1987, 376, verweisen auf Ps 127,5) ist.

[47] Zum Stadttor (*šʿr*) als Sitz von Ältesten, Richtern und Königen, die dort Streitigkeiten regeln und zu Gericht sitzen, siehe Dtn 21,19; 22,15; 2 Sam 18,24; 19,9; 1 Kön 22,10; Jes 29,21; Am 5,12.15; Hi 5,4; 31,21; Prov 24,7; 31,23.31; Ru 4,1.11.
Siehe zu dieser altorientalischen Tradition u.a. KTU 1.17 V 6-8, wo beschrieben wird, wie König Aqhat vor dem Tor zusammen mit den Mächtigen das Urteil für Witwen und Waisen fällt; A. Schoors, RSP I (1972), S. 59-62, Nr. 46 f.; Wildberger 1980, 47 f., zu Jes 1,16 f.

[48] Wer im Stadttor oder bei Gericht in schwacher Position erscheint – wie z.B. Witwen und Waisen – verliert beim Prozeß, wogegen der Starke – ein Mensch mit großer Familie und Sippe – gewinnt (Prov 22,22; Hi 5,4; Sir 30,6; Klein 1881, 62 f., noch im Palästina des 19. Jh.s erhöhen Söhne Ehre und Macht eines Mannes und der Familie; eine zahlreiche Familie hat Macht und kann etwas durchsetzen; Dalman 1901, 299, Zitat aus einem Lied: „die Stärke des Mannes besteht in seinen Männern", d.h. in den Männern seiner Verwandtschaft, die für ihn eintreten; Staerk 1920, 257 f.; Duhm 1922, 439; Gunkel 1926, 555; Keel 1991, 162). Zur Frage, inwieweit beim Gericht im Tor die Ältesten durch korrupte königliche Beamte ersetzt oder verdrängt wurden, siehe u.a. Niehr 1987, 82-84, zu Jes 1,23; 10,1-2.
Zur Stellung der Armen (*ʾbywn* „arm, bedürftig, wirtschaftlich schwach", *dl* „schwach, gering, arm", *mskn* „Armer", *rš* „politisch und ökonomisch inferior", *ʿny* „ökonomisch arm, unterdrückt, ausgebeutet, leidend Mensch") und deren Behandlung in der Rechtsprechung siehe u.a. Pleins 1992, 402-414.

[49] Crüsemann 1992, 191 f., zu Hi 31,21 (BHSa-a, *ʿly-tm*) und verwandten Texten aus der Weisheit und den Propheten.

[50] So Fleming 1995, 443.

3.3. Mesopotamische Texte

H. Gunkel führt in seiner Auslegung von Ps 127,1 Inschriften Nabonids an[51], in denen von Marduk und Sîn gesagt wird, daß in Stadt und Land nichts ohne die Gottheit gegründet und gebaut werden kann[52]. Er betont zugleich, daß dieser Gedanke neben Ps 127,1 auch in Prov 21,31; Ps 33,16-20; 147,10 zum Ausdruck gebracht werde.

Als eine bemerkenswerte altorientalische Parallele zu Ps 127 sieht H.-J. Kraus mit anderen[53] das folgende Lob der Göttin Nisaba an:

> Nisaba, wo du es nicht festsetzt,
> baut der Mensch kein [Haus], baut er keine Stadt,
> baut er keinen Palast, bestellt er keinen König,
> besorgt er nicht die Reinigungskulte der Götter.
> ...
> Die Herrin, die Herzensfreude *schenkt*, bist du,
> guten Samen legst du in den Mutterleib,
> läßt die Frucht im Mutterleib groß werden,
> schenkst der Mutter die Liebe zum Kind.[54]

Der Lobpreis der besonderen bzw. ausschließlichen Macht einer Gottheit ist dem Bereich der Unvergleichlichkeitsaussagen im Alten Orient zuzuordnen[55]. Israel schränkt die Unvergleichlichkeit der Gottheit auf Jahwe ein. Nur er kann letztlich Bauherr eines Hauses und Beschützer einer Stadt sein.

4. Aufbau, Sitz im Leben und Datierung von Ps 127

Nach der vorgetragenen philologischen und kolometrischen Interpretation setzt sich Ps 127 aus den drei Strophen V. 1, 3-4[56] und 5 zusammen. Die zweifache prosaische Kommentierung in V. 2 durchbricht die poetische Grundstruktur des Liedes und lockert diese auf.

---

[51] Gunkel 1926, 553.

[52] Langdon 1912, 239, „O Herr, oberster der Götter, du Fürst Marduk, ohne dich wird keiner Wohnung Grund gelegt, noch ihr Grundriß gebildet, ohne dich, wer kann irgend etwas tun? O Herr, auf dein erhabenes Geheiß was dir wohlgefällt, laß mich tun."

[53] Lipiński 1968, 351; Miller 1982, 121, 130-130; Ravasi III 1984, 589, verwendet die Aussagen des Liedes auf Nisaba als Argument für seine These von der Einheit des Textes von Ps 127.

[54] Falkenstein 1953, 66-67; Kraus II 1978, 1039.

[55] Labuschagne 1966, 31-63, zu Texten über die Unvergleichlichkeit eines Gottes in Mesopotamien, Ägypten und Ugarit.

[56] Vgl. dagegen Seybold 1978, 31 mit Anm. 19, der vermutet, daß V. 3 ein redaktioneller Zusatz sei, der den Anschluß von V. 4-5 an V. 1-2 vollziehe.

Die drei Strophen sind durch unterschiedliche poetische Strukturen charakterisiert. Die erste Strophe hat einen streng parallelen Aufbau, die zweite enthält einen Vergleich, und die dritte besteht aus zwei Enjambements. Alle drei Strophen wurden wahrscheinlich verschiedenen Dichtungen entnommen.

Von dieser Entstehungsgeschichte her besteht keine Möglichkeit, Ps 127 entweder in die zwei selbständigen Einheiten V. 1-2 und 3-5 zu zerteilen oder als eine ursprüngliche organische Einheit auszulegen. Wir haben vielmehr ein redaktionelles Kompositum aus drei poetisch aufgebauten Strophen vor uns, das nachträglich durch die beiden Glossen in V. 2[57] und den Zusatz *l šlmh* in der Überschrift kommentiert wurde[58]. Ps 127 ist folglich ein Produkt nachexilischer Schriftgelehrsamkeit[59].

Die ursprünglich wohl verschiedenen Strophen V. 1, 3-4 und 5 wurden redaktionell folgendermaßen miteinander verbunden:

1. Das nachträglich in *127.3.1* eingesetzte Tetragramm schließt die zweite Strophe (*127.3.1 - 127.4.2*) an die erste (*127.1.2 - 127.1.5*) mit dem zweimaligen YHWH an.
2. Das *m hm* in *127.5.2*, das ein *bnym* „Söhne" ersetzen dürfte, verkettet diese letzte Strophe (*127.5.1 - 127.5.4*) mit der vorhergehenden zweiten (*127.3.1 - 127.4.2*), in der die in der Jugend gezeugten Söhne im Mittelpunkt stehen.
3. Eine nachträgliche Verstärkung erhält der Zusammenhalt der Strophen durch die Kommentierungen in V. 2. Denn es wird sowohl das zweimalige *šwʾ* „umsonst" in der ersten Strophe hervorgehoben als auch nochmals der Gedanke betont, daß alles von Jahwe kommt, ohne daß der Mensch bewegend oder hindernd in das Geschehen eingreifen könnte.

Ps 127 lobt die Ausschließlichkeit und Unvergleichlichkeit Jahwes, der den Seinen letztlich den Erfolg schenkt. Bleibendes Wirken und Familienglück stammen von ihm.

Der kompositorische, gelehrte Charakter des Liedes und die dreifache Auswertung schriftlicher Überlieferung zeigen eine nachexilische Entstehung des Textes (in der persischen Zeit) an[60]. Ein Zusammenhang mit dem nach-

[57] Entgegen Seybold 1978, 30, wird davon abzusehen sein, V. 2 und darin wiederum das strittige *šnʾ* zum Ausgangspunkt der Interpretation des Psalms zu erklären.

[58] Irsigler 1987, 61, 66, unterscheidet wenigstens drei Stadien der Textgeschichte, wobei er grundsätzlich an der traditionellen Einteilung des Liedes in A (V. 1-2) und B (V. 3-5) festhält.

[59] Mowinckel II 1967, 114, 205, zu Ps 127 als Werk der Schreiber und Gelehrten; vgl. dagegen Allen 1983, 178, der von einer Poesie der Volksweisheit („popular, didactic religious wisdom poetry") spricht.

[60] Die Datierung in die persische Zeit findet sich nicht nur in älteren und neueren Kommentaren, sondern auch in rezenten Arbeiten (Irsigler 1987, 64). Teilweise wurde sogar an die griechische Zeit gedacht; Briggs/Briggs II 1907, 458. Vgl. dage-

exilischen Tempelbau wurde zwar mehrfach angenommen[61], aber auch in Abrede gestellt[62].

Weiterhin bleibt in der Forschung strittig, inwieweit und wie in den Wallfahrtspsalmen das Thema Segen mit der Wallfahrt zum Jerusalemer Tempel und anderen kultischen Begehungen letztlich zu verbinden ist[63].

Ps 127 beweist auf erfrischende Weise, daß auch kommentierende Glossen einem Text dauernde Aktualität verleihen. Denn die Bemerkung, daß der Herr seinem Liebling Schlaf gibt (V. 2), ist seit ihrer Eintragung zu einem beständigen Anziehungspunkt für Leser und Interpreten geworden.

---

gen für eine vorexilische Datierung z.B. Dahood III 1970, 222-223; Fleming 1995, 443, begründet sein Plädoyer für eine Frühdatierung folgendermaßen: „Psalm 127 combines the pithy sayings of a folk wisdom with ideology rooted in the Jerusalem-centered world of both the temple cult and the Deuteronomistic theology... The confidence of security and victory in v. 2 and 5, in context of the specific referents originally inherent in 'house' and 'city' of v. 1, suggest that Jerusalem and the temple still stand as signs of God's care." Fleming 1995, 440, 444, sucht ferner, Ps 127 eng an das Deuteronomium anzubinden. Dagegen dürfte doch jenen Autoren zuzustimmen sein, die alle Vorlagen für Ps 127 – auch V. 1 – auf weisheitliche Traditionen zurückführen und die zwischen Ps 127 und dem Buch Deuteronomium keine unmittelbare Verbindung festzustellen vermögen. Das von Fleming 1995, 438 mit Anm. 13, konstruierte Problem einer Übereinstimmung von sumerischer und biblischer Tradition ohne Mittelglied besteht nur, wenn man mit ihm geneigt ist, das Lied von V. 5 her „militärisch" zu deuten und von dieser Perspektive her V. 1 auf den Tempel zu beziehen.

[61] Ravasi III 1984, 590, sieht darin eine Aktualisierung des Textes. Das *byt* „Haus" (V. 1) sei im Rahmen des Psalms das Geschenk Gottes an das Volk (Neh 4,7-23; Ps 121,4-5) und das Zeichen seiner Gegenwart (Jes 29,5-8; 30,18-19; 31,3-6; Jer 24,6; 31,4.28).

[62] Baethgen 1904, 383, sieht einen Bezug auf den Tempelneubau gegen Theodoret von Mopsuestia als zu speziell an.

[63] Siehe zur Diskussion über die Gruppe der Wallfahrtspsalmen und deren Sitz im Leben u.a. Millard 1994, 35-41, 222; Viviers 1994, 798-811.

Literatur:

Allen, L.C.,
1983 Psalms 101-150. Word Biblical Commentary. Waco, Texas.

Alonso Schökel, L./Cecilia Carniti,
1993 Salmos II. Estella (Navarra).

Anderson, A.A.,
1972 The Book of Psalms II. London.

Baethgen, Fr.,
1904 Die Psalmen. Göttingen[3].

Baker, J./E.W. Nicholson,
1973 The Commentary of Rabbi David Kimḥi on Psalms CXX-CL.

Briggs, C.A./Emilie Grace Briggs
1907 The Book of Psalms II. Edinburgh.

Budde, K.
1921 Nachträge und Verbesserungen zu Zeitschr. f. d. Alttest. Wiss. 1915 S. 175 ff., JBL 40, 42.

Bussby, F.,
1934 A Note on *šnʾ* in Ps. CXXVII 2, JTS 35, 306-307.

Cheyne, T.K.,
1904 The Book of Psalms II. London.

Crüsemann, F.,
1992 Die Tora. Theologie und Sozialgeschichte des alttestamentlichen Gesetzes. München.

Dahood, M.,
1973 Hebrew-Ugaritic Lexicography XI, Bib 54, 351-366.
1970 Psalms III. AB 17A.
1975 The *aleph* in Ps CXXVII 2 *šēnāʾ*, Or 44, 103-105.

Daiches, S.,
1933 Psalm 127:2. A New Interpretation, ExpTim 45, 24-26.

Dalman, G.H.,
1901 Palästinischer Diwan. Leipzig.

Delitzsch, F[ranz],
1894 Die Psalmen. Leipzig[5]. Nachdruck: Basel 1984.

Delitzsch, Fr[iedrich],
1920 Die Lese- und Schreibfehler im Alten Testament. Berlin/Leipzig.

Dietrich, M.,
1991 Der Dialog zwischen *Šūpē-amēli* und seinem 'Vater'. Die Tradition babylonischer Weisheitssprüche im Westen, UF 23, 33-68.

Duhm, B.,
1922 Die Psalmen. Tübingen[2].

Edwards, E.,
1942/43 Ps 127,2b, ExpTim 54, 25-26.

Emerton, J.A.,
1974 The Meaning of *šēnāʾ* in Psalm CXXVII 2, VT 24, 15-31.

Estes, D.J.,
1990 Like Arrows in the Hand of a Warrior (Psalm CXXVII), VT 41, 304-311.

Falkenstein, A.,
1953 Siehe: Falkenstein, A./W. von Soden.

Falkenstein, A./W. von Soden,
1953 Sumerische und akkadische Hymnen und Gebete. Zürich/Stuttgart.

Fischer, Irmtraud,
1994 Selig, wer auf die Tora mit Lobliedern antwortet! Seligpreisungen in den Psalmen, TPQ 142, 192-196.

Fleming, D.E.,
1986 „House"/"City": An Unrecognized Parallel Word Pair, JBL 105, 689-693.
1995 Psalm 127: Sleep for the Fearful, and Security in Sons, ZAW 107, 435-444.

Graetz, H.,
1883 Kritischer Commentar zu den Psalmen II. Breslau.

Gunkel, H.,
1926 Die Psalmen. Göttingen.

Hamp, V.,
1972 „Der Herr gibt es den Seinen im Schlaf", in: J. Schreiner, ed., FS Ziegler. FzB 1.1972, 71-79.

Herkenne, H.,
1936 Das Buch der Psalmen. Bonn.

Higgins, A.G.,
1965 A Metrical Version of Psalm 127, Church Quarterly Review 166, 425.

Hitzig, F.,
1865 Die Psalmen II. Leipzig/Heidelberg.

Hoffner, H.A.,
1966 Symbols for Masculinity and Femininity. Their Use in Ancient Near Eastern Sympathetic Magic Rituals, JBL 85, 326-334.

Huyck, M.C.,
1966 Psalm-city: A Study of Ps 127, Worship 40, 510-519.

Irsigler, H.,
1987 „Umsonst ist es, daß ihr früh aufsteht...“. Ps 127 und die Kritik der Arbeit in Israels Weisheitsliteratur, BN 37, 48-72.

Joüon, P.,
1930 Notes philologiques sur le texte hébreu de Psaume 5,4; 44,26; 104,20; 120,7; 123,4; 127,2b.5b; 132,15; 144,2, Bib 11, 81-85.

Käser, W.,
1970 Beobachtungen zum alttestamentlichen Makarismus, ZAW 82, 225-250.

Keel, O.,
1991 Psalm 127: Ein Lobpreis auf Den, der Schlaf und Kinder gibt, in: F.V. Reiterer, ed., Ein Gott, eine Offenbarung. Beiträge zur biblischen Exegese, Theologie und Spiritualität. Festschrift für Notker Füglister OSB zum 60. Geburtstag. Würzburg, 155-163.

Kittel, R.,
1929 Die Psalmen. Leipzig$^{5-6}$.

Klein, F.A.,
1881 Mittheilungen über Leben, Sitten und Gebräuche der Fellachen in Palästina (II), ZDPV 4, 57-84.

Kraus, H.-J.,
1978 Psalmen. BK XV/2^{5}.

Kuntz, J.K.,
1977 The Retribution Motif in Psalmic Wisdom, ZAW 89, 223-233.

Labuschagne, C.J.,
1966 The Incomparability of Yahweh in the Old Testament. POS 5.

Lack, R.,
1978 Sal 127, in: id., Letture strutturaliste dell' Antico Testamento. Roma, 160-161.

Langdon, S.,
1912 Die neubabylonischen Königsinschriften. VAB IV.

Lipiński, E.
1968 Macarismes et psaumes de congratulation, RB 75, 321-367. (S. 350-353: Le psaume CXXVII).

Loewenstamm, S.E.,
1992 Naḥ^alat YHWH, in: id., From Babylon to Canaan. Studies in the Bible and its Oriental Background. Jerusalem, 322-360.

Loretz, O.,
1974 Psalmenstudien III, UF 6, 175-210.
1979 Die Psalmen. Teil II. AOAT 207/2.

Margalit, B.,
1989 The Ugaritic Poem of AQHT. BZAW 182.

McAlpine, T.H.,
1987 Sleep, Divine & Human, in the Old Testament. JSOTSS 38.

Millard, M.,
1994 Die Komposition des Psalters. FAT 9.

Miller, P.D., Jr.,
1982 Psalm 127 – The House that Yahwe Builds, JSOT 22, 119-132.

Mowinckel, S.,
1967 The Psalms in Israel's Worship II. Oxford.

Niehr, H.,
1987 Rechtsprechung in Israel. Untersuchungen zur Geschichte der Gerichtsorganisation im Alten Testament. SBS 130.

Parker, S.B.,
1989 The Pre-Biblical Narrative Tradition. RBS 24.

Pleins, J.D.,
1992 Poor, Poverty, ABD 5, 402-414.

Praetorius, F.,
1917 Bemerkungen zu den *Šīr hammaʿălōt*, ZDMG 71, 389-400. (S. 394-395: Ps 127).

Ravasi, G.,
1984 Il libro dei Salmi III. Bologna.

Renfroe, F.,
1992 Arabic-Ugaritic Lexical Studies. ALASP 5.

Rickenbacher, O.,
1973 Einige Beispiele stilistischer Analyse alttestamentlicher Texte, in: W. Bühlmann/K. Scherer, Stilfiguren der Bibel. BibB 10, 95-102. (S. 100-102: Ps 127).

Schlögl, N.,
1915 Psalmen. Wien/Leipzig.

Schmuttermayr, G.,
1971 Psalm 18 und 2 Samuel 22. Studien zu einem Doppeltext. SANT 25.

Schoors, A.
1972 Literary Phrases, in: RSP I, 1-70.

Seybold, K.,
1978 Die Wallfahrtspsalmen. Studien zur Entstehungsgeschichte von Psalm 120-134. BThSt 3.
1979 Die Redaktion der Wallfahrtspsalmen, ZAW 91, 247-268.

Skehan, P./A.A. Di Lella,
1987 The Wisdom of Ben Sira. AB 39.

Staerk, W.,
1920 Lyrik. Die Schriften des Alten Testaments 3,1. Göttingen[2].

Strauß, H.,
1987 „Siehe, Jahwes Erbbesitz sind Söhne." Psalm 127 als ein Lied der Ermutigung in nachexilischer Zeit, in: M. Oeming/A. Graupner, eds., Altes Testament und christliche Verkündigung. Festschrift für Antonius H.J. Gunneweg zum 65. Geburtstag. Stuttgart u.a., 390-398.

Thomas, D. Winton,
1968 A Note on *šnh yhyw zrmtm* in Psalm XC 5, VT 18, 267-268.

Verreet, E.,
1988 Modi ugaritici. OLA 27.

Viganò, L.,
1976 Nomi e titoli di YHWH alla luce del semitico del Nord-ovest. BibOr 31.

Viviers, H.,
1994 When was the *maᶜalôt* Collection Written?, HTS 50, 798-811.

Watson, W.G.E.,
1984 Classical Hebrew Poetry. A Guide to its Techniques. JSOTSS 26.

Wellhausen, J.,
1898 The Book of Psalms. Stuttgart.

Wildberger, H.,
1980 Jesaja. 1. Teilband Jesaja 1-12. BK X/1[2].

Abkürzungen:

AB	Anchor Bible, New York.
AHw	Akkadisches Handwörterbuch, Wiesbaden.
ALASP(M)	Abhandlungen zur Literatur Alt-Syrien-Palästinas und Mesopotamiens, Münster.
AnOr	Analecta Orientalia, Roma.
AOAT	Alter Orient und Altes Testament, Kevelaer – Neukirchen-Vluyn.
BHS	Biblia hebraica stuttgartensia, Stuttgart.
Bib	Biblica, Roma.
BibB	Biblische Beiträge, Fribourg.
BibOr	Biblica et orientalia, Roma.
BK	Biblischer Kommentar, Altes Testament, Neukirchen-Vluyn.
BN	Biblische Notizen, Bamberg usw.
BThSt	Biblisch-Theologische Studien, Neukirchen-Vluyn.
BZAW	Beihefte zur Zeitschrift für die alttestamentliche Wissenschaft, Berlin.
DCH	D.A. Clines, ed., The Dictionary of Classical Hebrew II. Sheffield 1995.
EA	Jensen, Die Tontafeln aus El Amarna.
ExpTim	The Expository Times,
FAT	Forschungen zum Alten Testament, Tübingen.
FzB	Forschungen zur Bibel, Würzburg.
Ges.	Gesenius, 18. Auflage.
HAL	L. Koehler/W. Baumgartner, Hebräisches und Aramäisches Lexikon zum Alten Testament. Leiden ^{3}1967/90.
HTS	Harvard Theological Studies,
JBL	Journal of Biblical Literature,
JSOT(SS)	Journal for the Study of the Old Testament (Supplement Series), Sheffield.
JTS	The Journal of Theological Studies, Oxford.

KTU	M. Dietrich/O. Loretz/J. Sanmartín, The Cuneiform Alphabetic Texts from Ugarit, Ras Ibn Hani and Other Places (KTU: second, enlarged edition). ALASPM 8.1995.
OLA	Orientalia lovaniensia analecta, Leuven.
Or	Orientalia, Roma.
POS	Pretoria Oriental Series, Leiden.
RBS	Resources for Biblical Study. Society for Biblical Literature, Atlanta, Georgia.
RSP	L.R. Fisher, ed., Ras Shamra Parallels I. AnOr 49, 1972.
SANT	Studien zum Alten und Neuen Testament, München.
SBS	Stuttgarter Bibel-Studien, Stuttgart.
TPQ	Theologisch-praktische Quartalschrift, Linz.
UF	Ugarit-Forschungen, Kevelaer/Neukirchen-Vluyn.
VAB	Vorderasiatische Bibliothek, Leipzig.
VT	Vetus Testamentum, Leiden.
ZAW	Siehe BZAW
ZDMG	Zeitschrift der Deutschen Morgenländischen Gesellschaft, Wiesbaden.

Biblische Bücher:

Am	Amos
2 Chron	Chronikum
Dtn	Deuteronomium
Gen	Genesis
Hi	Hiob
Hld	Hohes Lied
Jer	Jeremia
Jes	Jesaja
1/2 Kön	Könige
Neh	Nehemia
Prov	Proverbia
Ps	Psalmen

Ru	Ruth
2 Sam	Samuel
Sir	Jesus Sirach
Thren	Threni

Küchensumerisch oder hohe Kunst der Exegese?

Überlegungen zur Bewertung akkadischer Interlinearübersetzungen von Emesal-Texten

Stefan M. Maul, Heidelberg

Wolfgang Röllig herzlich zugeeignet

Obwohl das Sumerische gegen Ende des 3. Jt. oder zu Beginn des 2. Jt. v.Chr. seine Bedeutung als gesprochene Sprache verlor und ausstarb[1], blieb die sumerische Sprache bis zum Erlöschen der Keilschriftkultur um die Zeitenwende[2] ein wesentlicher Gegenstand der Ausbildung gelehrter Schreiber. Sie hatte sich zu einem so bedeutsamen Merkmal der altmesopotamischen Kultur entwickelt, daß babylonische und assyrische Könige bis in die Zeit des 1. Jt. v.Chr. ihre Inschriften zuweilen in dieser Sprache verfassen ließen. Sumerische Texte nahmen im Götter-, Staats- und Königskult, im magisch-religiösen und im medizinischen Bereich auch noch im 1. Jt. v.Chr. eine wichtige Stellung ein. Gebete und Lieder im sumerischen Emesal-Dialekt[3], von denen manche bereits im ausgehenden 3. Jt. v.Chr. entstanden, wurden bis in die Partherzeit überliefert und in den Tempeln vor den Götterbildern gesungen. Exorzisten und Heiler kopierten und rezitierten auch noch in hellenistischer Zeit eine kaum übersehbare Zahl von Beschwörungen in der altehrwürdigen sumerischen Sprache, und einige sumerische

---

[1] Siehe J.S. Cooper, „Sumerian and Akkadian in Sumer and Akkad", *OrNS* 42 (1973), S. 239-246; vgl. auch die weiterführenden Literaturangaben zusammengestellt von J.S. Cooper in: E. Leichty, M. deJ. Ellis, P. Gerardi (Hrsg.), *A Scientific Humanist. Studies in Memory of Abraham Sachs*, Philadelphia 1988, S. 83 Anm. 1; sowie die Literaturangaben bei E.E. Knudsen, in: E. Keck u.a. (Hrsg.), *Living Waters* (Fs. F. Lokkegaard), Copenhagen 1990, S. 151, Anm. 19. Siehe auch D.O. Edzard, *RlA* 7 (1987-1990), S. 37b s.v. „Literatur"; W.H.Ph. Römer, *Die Sumerologie*, AOAT 238, Kevelaer/Neukirchen-Vluyn 1994, S. 39 Anm. 18 und M.-L. Thomsen, *The Sumerian Language*, Copenhagen 1984, S. 19 f.

[2] Nimmt man an, daß Keilschrifttexte in der Gestalt von sog. „Graeco-Babyloniaca" auf Papyri weiter überliefert wurden, als im 1. Jh. n.Chr. Tontafeln außer Gebrauch kamen, mögen babylonische und auch sumerische Texte noch bis in die Spätantike tradiert worden sein (hierzu vgl. S.M. Maul, „La fin de la tradition cunéiforme et les »Graeco-Babyloniaca«", *Cahiers du Centre G. Glotz* VI [1995], S. 3-17).

[3] Vgl. J.A. Black, „Eme-sal Cult Songs and Prayers", *AuOr* 9 (1991), 23-36.

Texte wurden sogar noch im 1. Jh. n.Chr. von Schreiberschülern in griechischer Schrift notiert.[4]

Neu komponierte sumerische Texte, wie z.B. die sumerische Fassung der bilinguen Königsinschrift des Šamaš-šum-ukīn[5] (667-648 v.Chr.), erscheinen jedoch gemessen an der Sprache der sumerischen Königsinschriften des 3. und frühen 2. Jt. v.Chr. als „fehlerhaft" und sind, wie A. Falkenstein schreibt, „mit Recht als ein Machwerk bezeichnet worden, das von Semitismen und künstlichen Wortspielen strotzt"[6]. Zahlreiche Götterhymnen und Klagelieder im Emesal-Dialekt wurden im 1. vorchristlichen Jt. in zweisprachigen Versionen überliefert. A. Falkenstein hat in *MDOG* 85 aufgezeigt, daß manche dieser Emesal-Texte sich zwar an alten Vorbildern orientieren, aber erst lange nach dem Aussterben des Sumerischen als gesprochener Sprache entstanden sein können. Denn sie weisen eine „aller sumerischer Syntax zuwiderlaufende Anordnung der Satzglieder" auf, „die deutlich akkadischem Vorbild folgt"[7]. Vor allem unter den „Herzberuhigungsklagen (ér-šà-ḫun-gá)" lassen sich viele Texte ausfindig machen, die den Anschein erwecken, als habe eine ursprünglich akkadische Fassung für die sumerischsprachige Neuschöpfung Pate gestanden.[8] Ähnliches gilt auch für die sumerischen Gebete des Rituales *bīt rimki*.

Die Unsicherheit im Umgang mit der sumerischen Sprache, die sich in der Grammatik der späten sumerischen Textkompositionen zeigt, scheint sich auch in sumerisch-akkadischen Bilinguen des 1. Jt. v.Chr. widerzuspiegeln. Die akkadischen Übersetzungen von Emesal-Texten, die babylonische und assyrische Gelehrte des 1. Jt. v.Chr. anfertigten, zeigen bisweilen nicht unerhebliche Abweichungen von der („korrekten") sumerischen Vorlage. Ein schönes Beispiel liefert die „Herzberuhigungsklage" *SBH* n30, Vs.[9]:

42 [mu]-[LU⌋ ér mar-ra-mèn(DU) gú-zu <gur?->mu-un-ši-íb
43 [*šá*] [*taq⌉-rib-tum šá-kin-tum ub-lak-ku ki-šad-ka su-uḫ-ḫi-ir-šú*

42 [De]r, der einen Fürbittritus durchführt, bin ich! Deinen Nacken <wende> ihm zu!
43 Dem, [der] dir einen durchgeführten [Für]bittritus darbrachte, wende deinen Nacken zu!

---

[4] Vgl. S.M. Maul, „Neues zu den 'Graeco-Babyloniaca'" *ZA* 81 (1991), S. 87-107 mit weiterführender Literatur.

[5] Siehe G. Frame, RIMB 2, Toronto/Buffalo/London 1995, S. 249-251.

[6] A. Falkenstein, *MDOG* 85 (1953), S. 4 f. mit Verweis auf M. Streck, *Assurbanipal*, VAB 7/1, S. CCLXI.

[7] A. Falkenstein, *MDOG* 85 (1953), S. 5.

[8] Hierzu vgl. S.M. Maul, '*Herzberuhigungsklagen*', Wiesbaden 1988, S. 4-8.

[9] Siehe ebd., S. 208 und S. 212.

Aufgrund von Parallelstellen ist die Lesung des Zeichens DU als -mèn in der Bedeutung von „ich bin“ gesichert.[10] Der Übersetzer des Textes hat jedoch gegen jede grammatische Regel das Zeichen DU als de_6/túm = (*w*)*abālu*, „bringen“ gedeutet und entsprechend übersetzt.

Da „Fehler“ wie der hier vorgestellte nicht selten vorkommen[11], werden die späten Bilinguen von modernen Lexikographen des Sumerischen nicht ganz zu Unrecht als eine eher unzuverlässige Quelle betrachtet.[12] Mit dem vor allem in den letzten Jahrzehnten sehr stark gewachsenen Verständnis der sumerischen Sprache hat sich mehr und mehr die Überzeugung verbreitet, daß die babylonischen und assyrischen Schreiber, Priester und Gelehrten des 1. Jt. v.Chr. eine nur begrenzte Kenntnis des Sumerischen besaßen, die sich im wesentlichen auf die zweisprachige lexikalische Listenliteratur stützte. Die „fehlerhaften“ akkadischen Übersetzungen gelten daher als Beweis dafür, daß die späten Schreiber (trotz ihrer enormen lexikalischen Kenntnisse) kaum noch in der Lage waren, den Sinn eines alten sumerischen Textes korrekt zu erfassen.

Betrachtet man das oben gegebene Beispiel für eine „fehlerhafte“ Übersetzung eines sumerischen Textes, scheint allerdings die Frage berechtigt, ob es wahrscheinlich ist, daß ein als *kalû* ausgebildeter Schreiber[13] simpelste sumerische Formen wie die enklitische Emesal-Kopula -mèn nicht erkannte. Die Emesalform -mèn (für Hauptdialekt -me-en) mit den akkadischen Entsprechungen *anāku* oder *attā/attī* findet sich schließlich so häufig in der Emesal-Literatur, daß sie jedem, der auch nur wenige Emesal-Texte gelesen hat, auf das beste vertraut ist.

Im folgenden soll aufgezeigt werden, daß durchaus die Möglichkeit besteht, daß die Schreiber eine „fehlerhafte“ Übersetzung eines sumerischen Textes wider besseres Wissen anfertigten oder von einer Vorlage übernahmen. Anhand von Beispielen werden vier Arten der Abweichung akkadischer Übersetzungen von der jeweiligen sumerischen Fassung des Textes vorgestellt. Dabei soll gezeigt werden, daß nicht immer eine mangelhafte Kenntnis der sumerischen Sprache zu den „falschen“ akkadischen Über-

---

[10] Siehe ebd., S. 192 f.

[11] Es sei jedoch hervorgehoben, daß ein großer Teil der akkadischen „Interlinearübersetzungen“ aus dem 1. Jt. die sumerische Fassung des Textes in korrekter Weise wiedergeben.

[12] Gleichwohl haben gerade diese Texte, namentlich die bereits im Jahre 1896 von G. Reisner veröffentlichten *Sumerisch-babylonischen Hymnen nach Thontafeln griechischer Zeit* (*SBH*), bei der Erschließung des sumerischen Wortschatzes eine bedeutende Rolle gespielt.

[13] Viele der Reisnerschen *SBH*-Texte sind von „Klagepriesterschülern (*galaturru*)“ im Auftrage ihrer Lehrer „zum Singen (*ana zamāri*)“ niedergeschrieben worden (vgl. H. Hunger, *Babylonische und assyrische Kolophone*, Kevelaer/Neukirchen-Vluyn 1968, S. 57 n147 und S. 58 n149).

setzungen der Schreiber und Gelehrten führte. Die ausgewählten Beispiele lassen erkennen, daß in den bilinguen Emesal-Texten die Übertragungen in die akkadische Sprache oft nicht in erster Linie von der Absicht getragen waren, eine wörtliche Übersetzung der sumerischen Textvorlage zu liefern. Mit den akkadischen Textfassungen sollte vielmehr dem *kalû*, der das Balag, Eršemma, Šuila oder Eršaḫunga an die Gottheit richtete, ein Instrument in die Hand gegeben werden, das ihm half, den Sinn des kanonischen sumerischen Textes auf verschiedenen Ebenen zu erfassen.

1. Lexikalische und inhaltliche Erschließung sowie Aufbrechen der komplexen syntaktischen Struktur der Textvorlage: IV R^2 11, Vs. 17-24 und Duplikate[14]

14	A	17	úru umun-e	èn li-bí-in-tar-ra-bé
	B	18	[ú]ru umun-bi : úru Mu-ul-líl-lá ^{A}	èn li$_9$-bi-tar-ra-b[é]
	C	11'	úru umun-e bi	li-bí-in- : èn li-bí-in-tar(-)[ ]
	D	10	úru ù-mu-un(„E“)	en l[i-]
	A	18	[*ālu*] *šá be-el-šú*	*ar-kàt-su la ip-ru-us*
	B	19	[ ] (leer) *ālu*(URU) *šá* ^{d}MIN	(leer)
		20	[*ša*? *āli*(URU) *b*]*e-el-šú*	*ár-kát-su la ip-ru-us*
15	A	19	[umun] ^{d}Mu-ul-líl-le	líl-lá-aš ku$_4$-ra-b[é]
	B	21	[umun ^{d}Mu-ul-líl-le	líl]-[⸢lá⸣-aš ku$_4$-ra-b[é]
	C	12'	umun ^{d}Mu-ul-líl-le	líl-lá-aš ku$_4$-ra-b[é]
	D	11	ù-mu-un-e ^{d}[(abgebr.)	]
	A	20	[*bēlu*(*m*)] ^{d}MIN	*ana za-qí-qí* [ ]
	B	22	[*bēlu*(*m*) ^{d}MIN (abgebr.)	*ana za-qí*]-⸢*qí*⸣ [ ]
16	A	21	mu-LU ér-ra-ke$_4$	ér mu-un-še$_8$-še$_8$
	C	13'	mu-LU ér-ra-ke$_4$	ér mu-ni-íb-b[é]
	A	22	[*š*]*a bi-ki-ti*	*i-bak-ki*
17	A	23	mu-LU ad-ša$_4$-ke$_4$	ad-ša$_4$ mu-ni-íb-bé
	C	14'	mu-LU ad-ša$_4$-ke$_4$	ad-ša$_4$ mu-ni-íb-b[é]
	A	24	[*ša*] *ni-is-sa-ti*	*ina-a*[*s*]-*su-u*[*s*]

[14] Zeilen 14-17 des *nisḫu*: dam-gàr-ra ba-da-kúr aus dem Balag: ^{d}utu-gin$_7$ è-ta (vgl. M.E. Cohen, *The Canonical Lamentations of Ancient Mesopotamia*, Potomac, Maryland 1988 [*CLAM*], S. 102 ff.). Text A = IV R^2 11 (K 4613); B = MMA 86.11.182 (unpubliziert [demnächst Verf. in: I. Spar (Hrsg.), *CTMMA* 2]; spätbabylonisch); C = K 7083 (vgl. IV R^2, Additions S. 2 zu Plate 11); D = PBS X n12, Vs. II (altbabylonisch).

Übersetzung der sumerischen Fassung	Übersetzung der akkadischen Fassung
14 Diese Stadt, um (deren) Angelegenheit der Herr sich nicht (mehr) kümmerte,[15]	14 Der Herr [der Stadt] kümmerte sich nicht (mehr) um deren Angelegenheit.[16]
15 diese (Stadt), die der Herr Mullil zu einem Phantomort werden ließ,	15 [Der Herr] Mullil/Enlil [ließ sie] zu einem Phantomort [werden].
16 beweint „der des Weinens“,	16 „Der des Weinens“ weint.
17 und eine Klage über sie spricht „der der Klage“.	17 „[Der] der Klage“ klagt.

In der akkadischen Übersetzung der sumerischen Zeilen wurde nicht versucht, die komplexe sumerische Satzstruktur wiederzugeben. Der sich über mehrere Zeilen erstreckende sumerische Satz wurde in kleine Sätze zerlegt, die jeweils einer Zeile entsprechen. Dieses Phänomen ist in nahezu jedem längeren bilinguen Emesal-Text zu beobachten.[17]

Haben die babylonischen Schreiber des 1. Jt. v.Chr. die sumerische Satzstruktur nicht mehr erkannt, oder zerlegten sie sumerische Satzgefüge mit Absicht in kleinere Einheiten? Diese Frage wird wohl nicht mit endgültiger Sicherheit beantwortet werden können.[18] In jedem Falle gestattete die vorliegende Form der Übersetzung einem angehenden *kalû*, den sumerischen Text *Zeile für Zeile* zu lernen und zu verstehen, ohne jeweils längere Textpassagen betrachten zu müssen. Man kann sich daher des Eindrucks nicht erwehren, daß in dem hier vorgestellten Typ der Interlinearüber-

---

[15] B: „Diese Stadt, um deren Angelegenheit sich deren Herr nicht (mehr) kümmerte; Diese Stadt, um deren Angelegenheit Mullil sich nicht (mehr) kümmerte“.

[16] So wohl B, Z. 20. A, Z. 18 und B, Z. 19 geben die Satzstruktur der sumerischen Fassung genauer wieder: „[Die Stadt], um deren Angelegenheit sich deren Herr (Variante: um deren Angelegenheit sich Mullil/Enlil) nicht (mehr) kümmerte.“

[17] Vgl. S.M. Maul, ‘*Herzberuhigungsklagen*’, S. 7 f. und M.E. Cohen, *CLAM* passim.

[18] In den späten Abschriften von Emesal-Liedern, die Anweisungen zur Umstimmung der Harfe enthalten, ist jedoch zu beobachten, daß Umstimmungen des Instrumentes dann vorgenommen wurden, wenn eine längere sumerische syntaktische Einheit abgeschlossen ist und eine neue beginnt. Im Lied bilden die Syntax des gesungenen Textes und die musikalische Gestaltung des Liedes eine untrennbare Einheit. Da man wohl annehmen darf, daß die musikalische Gestaltung der Emesal-Lieder (Balag, Eršemma, Šuila) im Laufe der Jahrhunderte nur wenigen Veränderungen ausgesetzt war, dürfte sich bei den Klagesängern auch ein Gespür für die syntaktische Struktur der Liedertexte erhalten haben.

setzung aus didaktischen und pragmatischen Gründen mit voller Absicht ein kommentarartiger Übersetzungstyp geschaffen wurde, den man als Zeilenparaphrase kennzeichnen kann.

2. Inhaltliche Erschließung und Deutung eines Textes unter Vernachlässigung exakter sumerisch-akkadischer Wortentsprechungen: SBH n18, Vs. 1 f. und SBH nI, Vs. 53

SBH n18, Vs. 1 f.[19]:

gu$_4$-ud nim kur-ra mu-LU ta-zu [mu-un-zu]
qar-ra-du šá-qu-u šá ma-a-tu gat-tuk man-nu i-l[am-mad]

Sum.: Hoher Stier des Landes, was [kann] ein Mensch über dich [wissen]?
Akk.: Hoher Held des Landes, wer ke[nnt] deine Gestalt?

Wollte man die vorliegende Textstelle lexikalisch auswerten, wäre der Schluß, daß gu$_4$(-ud) „Held (*qarrādu*)" bedeutet, ebenso verkehrt wie die Annahme, sum. mu-LU könne als „wer? (*mannu*)" oder ta als „Gestalt (*gattu*)" übersetzt werden. Freilich wurden in Übersetzungen des Sumerischen in das Akkadische die Götterepitheta, die aus dem Bereich der Tierwelt genommen waren (gu$_4$(-ud); alim/e-lum; máš-sag etc.[20]), – wohl bedingt durch veränderte religiöse Vorstellungen – fast regelmäßig mit neutraleren Begriffen wiedergegeben (*qarrādu*; *kabtu*; *ašarēdu*). Die Wortgleichung gu$_4$(-ud) = *qarrādu* dürfte daher kaum noch als falsch empfunden worden sein. In jedem Falle gilt es zu betonen, daß Sinn und Inhalt der sumerischen Zeile in der akkadischen Übersetzung recht gut erfaßt sind. Während es bei dem hier gegebenen Beispiel schwer fällt zu widerlegen, daß ein *kalû* nicht doch daran geglaubt haben könnte, daß sumerisches ta tatsächlich „Gestalt" bedeutet hat, zeigt die folgende Textstelle, daß die Übersetzer in manchen Fällen nicht die geringste Absicht hatten, eine wörtliche Übersetzung des sumerischen Textes zu liefern:

SBH nI, Vs. 53[21]:

e-lum-e múštug-zu úr-ra mi-ni-íb-ús-sa èn-šè (nu-kúš-ù)
kab-tú šá ú-ba-na-ti-ka ina uz-ni-ka taš-ku-nu

Sum.: O 'Wisent', dein Ohr, das sich in deinem Schoß vergrub (wörtlich: anlehnte), wie lange noch (wird es nicht beruhigt sein)?
Akk.: O Gewichtiger, der du deine Finger in deine Ohren stecktest,

---

[19] 1. *nisḫu* des Balags gu$_4$-ud nim kur-ra (vgl. M.E. Cohen, *CLAM* S. 441, Z. 1).

[20] Hierher gehörig wohl auch: ur-sag = *qarrādu*.

[21] 1. *nisḫu* des Balags am-e amaš-a-na (vgl. M.E. Cohen, *CLAM* S. 155, Z. 29).

Niemand wird ernsthaft behaupten wollen, daß der Übersetzer dieser Zeile gemeint haben könnte, úr („Schoß [*sūnu*, *utlu*; auch *pēmu*]“[22]) könne auch die Bedeutung „Finger“ haben. In der Übersetzung wurde dem Bild des Gottes, der im Gram den Kopf im Schoß vergrub und so die flehentlichen Rufe der Menschen nicht mehr hörte, ein neuer Aspekt verliehen: In der Vorstellung des Übersetzers, der hier wohl mit Fug und Recht auch Kommentator genannt werden darf, wurde aus dem gramgebeugten Gott ein Gott, der sich bewußt und in voller Absicht die Ohren zuhielt, um die Menschen nicht mehr hören zu müssen. Das Interesse des „Übersetzers“ liegt ganz offensichtlich nicht darin, eine wörtliche Übersetzung zu liefern. Ihm kommt es darauf an, mit einem anschaulichen Bild den Inhalt der sumerischen Zeile zu erschließen *und gleichzeitig* zu verdeutlichen. Dies ist ihm in ausgezeichneter Weise gelungen, auch wenn in seiner Übersetzung eine leichte inhaltliche Akzentverschiebung liegt, die möglicherweise den Gottesvorstellungen seiner Zeit Rechnung trägt.

3. Erschließung theologischer und mystischer Sinnebenen mit Hilfe von „kabbalistischer“ Etymologie unter Vernachlässigung des ursprünglich intendierten Sinns: SBH n55 (VAT 294+586+2174 + Fragment [SBH S. 155]), Vs.! 1-19 und Duplikat[23]

Angesichts des folgenden Beispiels muß man wohl endgültig von der Ansicht abrücken, daß „Interlinearübersetzungen“ stets das genaue Übertragen eines Textes aus dem Sumerischen in das Akkadische zum Ziel hatten. In der sumerischen Götterhymne, die wir durch seleukidenzeitliche Abschriften aus Babylon und Uruk kennen, wird die Göttin Innin/Ištar in einer Litanei angerufen. Der zweigliedrige sumerische Refrain der Litanei, der sich in dem Text 5mal wiederholt, wurde von dem Schreiber auf 6 verschiedene Weisen übersetzt. Zunächst ungefähr so, wie auch wir den sumerischen Refrain übertragen würden. Dann jedoch versuchte der Schreiber, unter Ausnutzung der im Sumerischen häufig auftretenden Homophone weitere „Übersetzungen“ zu finden, die mit dem eigentlichen Sinn des Refrains nichts mehr zu tun haben. Aus den zweisprachigen lexikalischen Listen suchte er gleichklingende sumerische Wörter mit anderer Bedeutung und brachte diese in einen neuen Sinnzusammenhang. Niemand wird hierbei annehmen wollen, daß der babylonische Schreiber so dumm war, daß er nicht erkannt hätte, daß in dem sumerischen Text ein und derselbe Refrain mehrfach wiederholt wurde. Ihm ging es bei der Anfertigung der sogenannten Übersetzung um etwas anderes. Hinter dem eigentlichen Sinn des Textes wollte er weitere mystische Sinnebenen erschließen. Die mythischen An-

---

22 úr als Verb ist mit *reḫû*, „begatten“ geglichen (CT 16, 27, 18).

23 5. *nisḫu* des Balags úru-ḫul-a-ke$_4$ *šá* ^{d}*Ištar* (vgl. M.E. Cohen, *CLAM* S. 653ff). Text A = SBH n55 + Fragment; B = J. van Dijk, W.R. Mayer, *Texte aus dem Rēš-Heiligtum in Uruk-Warka*, BaM Bh. 2, Berlin 1980, n56.

spielungen und esoterischen Erkenntnisse, die durch etymologische Theologie gewonnen wurden, entgehen uns leider nahezu vollständig. Der Umstand, daß der hier besprochene Text nicht nur durch einen, sondern durch zwei Textvertreter bekannt ist, beweist aber, daß die esoterischen akkadischen Ausdeutungen des sumerischen Götterliedes für wichtig erachtet wurden.

o.R. *ina a-mat* $^{d+}$*bēli*(EN) *u* ^{d}*bēltī*(GAŠAN)-⌈*ía*⌉ *liš*-⌈*lim*⌉

1	A	1	mu-gi$_{17}$-ib pa-è-a	nu-me-a[24]
		2	*iš-ta-ri-tum šu-pu-tu* : NU BU *tu* UG *tu ú*	
2	A	3	ga-ša-an-an-na	⌊ta⌋-⌊a⌋ [g]ù mu-un-da-ab-tuk-àm
		4	(leer) [ ]	⌈:⌉ *mi-nu i-ḫa-bu-ub*
		5	(leer) [ ]	: *mi-n*[*u*] *i-qab-bu-šú*
3	A	6	é[gi gašan-an-n]a	a è-⌈a⌉ nu-me-a
		7	[ ]	*a-ḫu-lap* ⌈ú⌉]NÚMUN-*tim* : *la lu-ʾu-*⌊*mu*⌋
4	A	8	[ ]-an-na	ta-a gù mu-un-da-ab-tuk-àm
		9	[(leer)]	*mi-nu iq-qa-bi-ki*
5	A	10	[égi g]ašan é-an-na	a è-a nu-me-a
		11	[ ] (leer)	*ina ni-ši ma-la i-ba-* «⌊*áš*⌋» *áš-ši-a i-maḫ-ḫi*
	B	1'	[	]-x-*áš-ši-*[ ]
6	A	12	égi gašan ki-Unug^{ki}-ga	ta-a gú mu-un-da-ab-tuk$_4$-a
	B	2'	[	] mu-un-da-a[b-]
	A	13	(leer)	*mi-nu ma-tum i-n*[*u*]-⌊*uš*⌋-*šá-aš*!-*ši*!
	B	3'	[	*mi*]-*n*[*u*] ⌈*ma*⌉?-*tum i-nu-uš-*[*šá-aš-ši*]
7	A	14	égi gašan ki-Zabalam^{ki}	a è-a nu-me-a
	B	4'	[ ]	⌈a⌉ è-a nu-m[e-a]
	A	15	(leer)	*be-el-es-sà ina bi-ti*[*m*] *š*[*up*]-⌊*ši*⌋-*ḫi*
	B	5'	[	*be-le-e*]*s-sú ina* É *šu*[*p-*]
8	A	16	égi gašan Ḫur-sag-kalam-ma	ta-a gù mu-un-da-ab-[tuk]-àm
	B	6'	[	g]ù mu-un-da-ab-[ ]
	A	17	(leer)	*ma-la ta-qab-bi-i i-*⌊*še*⌋-[*e*]*m-me-ki*

[24] Die zweite Zeilenhälfte steht über einer Rasur (ursprünglich stand in der ersten Zeile des Textes wohl: mu-gi$_{17}$-ib pa-è-a è-a nu-me-a).

	B	7'	[	*ma-la ta*]-*qab-bi-i i-še-*⸢*em*⸣?-*m*[*e-ki*]
9	A	18	égi gašan É-tùr-kalam-ma	a è-a nu-m[e]-a
	B	8'	[	a] è-a nu-m[e-a]
10	A	19	égi gašan Tin-tir^{ki}-ra	ta-a gù mu-un-da-ab-⸢tuk⸣-àm
	B	9'	[	g]ù mu-un-da-[ ]
11	A	20	ud-dù-a-ra	šà-me-er-a-ta
	B	10'	[	šà-m]e?-⌞er⌟??-[a-ta]
	A	21	*ka-la u$_4$-me*	*ina lìb-bi ag-gi* : *ina nu-ug-ga-*[*at*] *lìb-bi*
12	A	22	gù gi$_6$-⸢ga	ambar-ra sa$_5$-ta
	A	23	*ina ri-gi-im mu-ši*	*šá ap-pa-ri ma-lu-ú*
13	A	24	an al-dúb-ba-ta	ki sìg-ga-ta
	A	25	*šá-me-e ina ru-ú-bi* etc.	*er-ṣe-tim ina nu-ur-ru-ṭi*

Übersetzung

1 (Nun, da) die (Himmels)hierodule, die strahlend Aufgegangene, nicht mehr da ist,
Die (Himmels)hierodule, die strahlend Aufgegangene : ....

2 was kann man da zu der „Himmelsherrin“ rufen?
: *warum flüstert sie?*
: *was sagt man ihr?*

3 (Nun, da) die F[ürstin, die „Himmelsherrin“], ach, in (ihrem) Aufgehen nicht mehr da ist,
das „Es ist genug!“ für das/wegen des elpetu-*Grases : sie sind unbehaart (??)*

4 was kann man da zu der Himmels[ ] rufen?
was wird dir gesagt?

5 (Nun, da) die [Fürstin, die H]errin des Eanna, ach, in (ihrem) Aufgehen nicht mehr da ist,
unter den Leuten, soviel als es gibt, rast sie

6 was kann man da zu der Fürstin, der Herrin des Ortes Unug, rufen?
warum gerät das Land gegen sie ins Beben?

7 (Nun, da) die Fürstin, die Herrin des Ortes Zabalam, ach, in (ihrem) Aufgehen nicht mehr da ist,
seine/ihre Herrin beruhige (Imp. fem.) im Hause

8 was kann man da zu der Fürstin, der Herrin von Ḫursagkalamma, rufen?

was auch immer du (fem.) sprichst, sie (d.h. die Herrin?!) wird auf dich hören

9 (Nun, da) die Fürsten, die Herrin des Eturkalamma, ach, in (ihrem) Aufgehen nicht mehr da ist,

10 was kann man da zu der Fürstin, der Herrin von Tintir (Babylon), rufen?

Kommentar

1 Die zweite Hälfte der akkadischen Zeile bleibt bedauerlicherweise unklar. Die Kollation des Originals hat ergeben, daß nicht *up-pu-tu* etc. (so M.E. Cohen, *CLAM* S. 586, c+518 und S. 653, d+68) zu lesen ist. Ob – wie in der sehr ähnlichen Stichzeile von *SBH* n56+ – auch hier das Wort *butuqtu* anzusetzen ist, bleibt unsicher.[25]

2 gù -tuk steht hier und in den Zeilen 4, 8 und 10 für gù -dug$_4$. Die Lesung gù -tuk für KA -TUKU ist gesichert durch die Variante gú -tuk$_4$ in Z. 6. Da gù -dug$_4$ ein Verb der Lautäußerung (*šasû*) ist, ist die Übersetzung von gù -tuk mit *qabû*, „sprechen" (Z. 2, 4; vgl. Z. 8) wohl korrekt (für TUK = *qabû* siehe S.M. Maul, '*Herzberuhigungsklagen*', S. 451). Die Gleichung gù -dug$_4$ = *ḫabābu* ist bekannt aus *SBH* n69, Vs. 19 f.

3 Die Lesung ^ú^NÚMUN-*tim* (= *elpetim*) ist durch Kollation gesichert (sicher nicht: *-un šar-tì*; so M.E. Cohen, *CLAM* SS. 653, d+70; anders S. 586, c+520). Es ist offensichtlich, daß der Schreiber a als Entsprechung zu *aḫulap* auffaßte. Ob er jedoch in nu-me-a einen Anklang an ^ú^NÚMUN sah, bleibt fraglich. *luʾʾumū* steht vielleicht für *luḫḫumū*. Das *tertium comparationis* zwischen dem *elpetu*-Gras und *luḫḫumu* liefert möglicherweise Lugale, Z. 564 f. (akk. Version: „Wie *šuppatu*-Gras wurdet ihr ausgerissen / wie *elpetu*-Gras wurdet ihr gerupft"). Inhaltlich bleibt die akkadische Zeile Text A, Vs. 7 dennoch völlig unklar.

5 In Proto-Aa ist eine Gleichung NU = *nišū* bezeugt (MSL 14, S. 126, 725). Da jedoch nu-me-a mit einiger Wahrscheinlichkeit mit *mala ibaššiā* und è(-a) mit *maḫû* wiedergegeben wurde, ist nicht auszuschließen, daß der Schreiber in a eine Entsprechung zu *nišū* gesehen hat. Die Bedeutungen von a: „Same", „Sperma"; dann auch „Sohn" mögen ihn dazu bewogen haben. Zu der Entsprechung nu-me-a = *mala ibaššiā* vgl. neben níg-na-me = *mimma šumšu* und na-me = *mamma* vor allem das Emesal-Vokabular III, 37: ág-na-me-a-a-ta-me-a-bi = níg-na-me-a-na-a-me-a-bi = *mimma «bašû» mala bašû*

[25] Die Gleichung a = *butuqtu* ist z.B. in *SBH* n83, Rs. 19 f. belegt.

(MSL 4, S. 30). Freilich ist in *SBH* n55, Vs.$^{!}$ 10: -a nu-me-a kein „error for a.na.me.a" (so *CAD* B 144a).

6 Ohne Frage ist gú tuk$_4$ (statt gù -tuk/dug$_4$) sicher ursprünglich nicht intendiert. Die „kabbalistische" Etymologisierung hat hier sogar auf die sumerische Version des Textes übergegriffen (offenbar gilt dies auch für das Duplikat aus dem Rēš-Heiligtum). gú = *mātu*, „Land" ist auch in IV R^2 14 n2, 26 bezeugt. Die Entsprechung tuk$_4$ = *nâšu*, „in (unruhige) Bewegung geraten" ist gut belegt.

7 è-a dürfte hier als é-a, *ina bītim* gedeutet worden sein. Auch für *pašāḫu* ist die sumerische Entsprechung è belegt (siehe S.M. Maul, '*Herzberuhigungsklagen*', S. 406). Es bleibt im Dunkeln, worin der Übersetzer die Rechtfertigung für akkadisches *bēlessa* sah.

8 Hier ist der Gedankengang des Übersetzers erfreulich klar: gù = KA = dug$_4$ = *qabû*; tuk deutete er als (giš) -tuku bzw. (mu-uš) -tuku = *šemû*.

11 Die Zeilen 11-13 sind der Umschrift beigefügt, um zu zeigen, daß auf das Feuerwerk geheimwissenschaftlicher Etymologie konventionelle Interlinearübersetzungen folgen.

4. Erschließung theologischer und mystischer Sinnebenen mit Hilfe von „kabbalistischer" Etymologie unter gleichzeitiger Berücksichtigung des ursprünglich intendierten Sinns: MMA 86.11.350, Z. 5' f. und Duplikat[26]

In diesem sumerischen Balag, in dem die Zerstörung eines Tempels beklagt wird, lautet ein Refrain /elalu/ (unten Z. 3'-4'). Die Schreibung e-lá-lù ist als orthographische Variante zu e-la-lu (= *lallarātu*, „Wehklage") zu verstehen. Das Wort /elalu/ hat der Schreiber in Z. 4' gleich zweimal ins Akkadische übertragen. Das erste Mal (Text A, Z. 5') ist es sinngemäß richtig mit dem Klageruf *ai* bzw. *ajja/ajji* – dem deutsches aua! entspricht – wiedergegeben. Die Deutung in der folgenden Zeile (Text A, Z. 6'), die eher eine gelehrte Auslegung als eine Übersetzung des Sumerischen ist, wurde bereits durch die merkwürdige Orthographie e-lá-lù (statt e-la-lu) vorbereitet. Der Schreiber löste das Wort e-lá-lù in seine Silben auf und übersetzte diese als eigenständige Wörter in der Weise, wie in der letzten Tafel des Weltschöpfungsmythos *Enūma eliš* die Namen Marduks erklärt werden:

e (unter Berücksichtigung des Gleichklanges mit é): = *bītu*, „Haus"

lá = *lapātu* (vgl. MSL 16, S. 284, 11'' [*Nabnītu* G$_1$]: ⸢šu⸣-lá-lá = [*lupputu*]), „berühren"

lù = *dalāḫu*, „aufwühlen", „trüben"

[26] Vermutlich zu dem Balag im-ma-al(-la) gù dé-dé gehörig (vgl. M.E. Cohen, *CLAM* S. 604 ff.). Text A = MMA 86.11.350 (unpubliziert [demnächst Verf. in: I. Spar (Hrsg.), *CTMMA* 2]; spätbabylonisch); B = TIM 9 n31 (altbabylonisch; aus Tell Harmal).

e-la-lu (bzw. e-lá-lù) gab er demzufolge wieder als: *bītu ša dalḫiš laptu*, „Tempel, der in aufgewühlter (also: chaotischer) Weise angerührt ist". In dem Klageruf e-la-lu/e-lá-lù verborgen, erkannte er den eigentlichen Grund der Klage, nämlich die Zerstörung des beweinten Tempels, wieder. Der Inhalt des gesamten, aus mehreren Tafeln bestehenden Liedes mit insgesamt einigen Hundert Zeilen war – wie der Schreiber kunstvoll aufzeigte – in dem schlichten Klageruf e-la-lu versteckt...[27]

2'	A	2'	[égi-re] ù di-di	ù ga-nam m[u-un-zal]
	B	1	e-gi-⸢re⸣ ù-di	ga-na-am [m]u-un-ba
	A	3'	[*rubātu ina*] ⸢*ù*⸣-⸢*u*$_8$⸣-[*a*⸥ *ul*-⸤*tú*⸥ ⸤*ṣa-ti*	*mar-ṣi-iš ṣur-ru-*[*pat*]
3'	A	4'	[(x) ù-u]$_8$ (?) ⸤e⸥-lá-lù	mu-LU-bi ⸢al⸣-di-[di]
	B	1	(leer) ù-x-am-ma e-la-lu	l[ú$^?$-b]i$^?$ al-di⸥-x
4'	A	5'	[ ] °ù⸣-u$_8$ (?) e-lá-lù	*ina ú-a u a-a* a[l-di-di]
	B		caret	
	A	6'	[*ina bi-k*]*i-t*[*i*] (?) [*ù*⸣$^?$-⸢*u*$_8$]$^?$-*i šá gi-iḫ-le-e ina bīti*(É) *šá dal-ḫiš laptu*(TAG-*t*[*u*])	

Exegetische Verfahren, wie sie hier in den Beispielen 3 und 4 vorgestellt wurden, kennen wir vor allem aus anderen Textgattungen. Von der neuassyrischen Zeit an verfaßten gelehrte Schreiber zu nicht wenigen literarischen und medizinischen Texten sowie zu Omensammlungen Kommentare, in denen schwer verständliche Passagen, veraltete Wörter, aber auch Sinnzusammenhänge erläutert wurden. Hierbei spielten orthographisch-etymologische Assoziationen eine bedeutende Rolle. Stellvertretend für die Gattung der Textkommentare wird hier ein eindrucksvolles Beispiel aus einem Kommentar zu medizinischen Anweisungen in sumerischer Sprache vorgestellt. Das Beispiel illustriert sehr anschaulich, welch große Autorität die babylonischen Schreiber den durch etymologisierende Assoziationen gewonnenen Erkenntnissen beimaßen.

Der kommentierte Text beschreibt, was zu tun ist, wenn die Geburtswehen einer Frau bereits eingesetzt haben, die Frau jedoch das Kind nicht zur Welt bringen kann. Der Arzt soll ein mit Öl eingeriebenes Rohr nehmen und es „von oben nach unten" über den Bauch der Frau rollen, um so den Geburtsvorgang einzuleiten.[28] Eine der Anweisungen an den Arzt lautet (in sumerischer Sprache):

---

[27] Ob *giḫlû* in der sumerischen Zeile 4' eine Entsprechung hatte, bleibt ungewiß (gi-ḫul-a?). *ù-u*$_8$*-i* in akkadischem Kontext ist auch in F. Thureau-Dangin, *Rituels accadiens*, S. 46, Z. 18 belegt.

[28] Hierzu vgl. *BAM* n248 III, 48 ff.

gi èn-bar bàn-da šu u-me-ti[29]

nimm (šu u-me-ti) ein kleines (bàn-da) Rohr (gi) aus dem Röhricht (èn-bar)

Drei Wörter bzw. Silben aus dieser Anweisung wurden folgendermaßen kommentiert:

gi (kann im Sumerischen auch) „Frau" (bedeuten).

bar (kann im Sumerischen auch) „herauskommen" (bedeuten).

bàn-da (kann im Sumerischen auch) „Baby", „Kleines" (bedeuten).[30]

Alle drei Wortgleichungen des Kommentars lassen sich in zweisprachigen Wortlisten wiederfinden, die den Schreibern ganz sicher als Nachschlagewerke zur Verfügung standen. Der Kommentator hat hier die Silbe bar aus dem sumerischen Wort èn-bar, „Röhricht" herausgelöst und neu als eigenständiges Wort gedeutet. Das Ergebnis seines Kommentars ist frappierend: aus dem simplen Satz, der nichts weiter besagt, als daß der Arzt ein Rohr nehmen möge, filtert er die Wörter „Frau", „herauskommen" und „Baby" heraus. Auf einer zweiten (ursprünglich sicher nicht intendierten) Sinnebene läßt er so die Aussage erstehen: „Das Baby wird aus der Frau herauskommen." und damit beweist der Kommentator letztendlich die Wirksamkeit des gesamten Rituals. Aus dieser Deutung spricht der tiefe Glaube, daß kein Wort des Textes zufällig sei und daß selbst in einer einfachen Aussage ein tiefer Sinn verborgen ist, den es zu ergründen gilt. Hierbei ist sicherlich von Bedeutung, daß Texte wie die hier besprochenen medizinischen Anweisungen als Worte galten, die den Menschen durch die Götter offenbart worden waren.

In den hier vorgestellten Übersetzungen und Kommentaren versuchten die gelehrten Schreiber, hinter der offensichtlichen Bedeutung eines Wortes oder eines Textes eine weitere Verständnisebene zu erschließen, die tieferen Zugang zu dem Wesen des Gesagten erlaubte. Die Babylonier glaubten, daß jegliches Geschehen und jegliches Sein letzten Endes auf den Willen der Götter zurückzuführen sei. Demzufolge hatte die Vorstellung, daß es einen Zufall gebe, in ihrem Weltbild keinen Platz. Die Überzeugung, die gesamte Schöpfung sei von dem Willen der Götter durchdrungen, führte fast automatisch zu der Vorstellung, daß es möglich sei, tiefere Erkenntnisse, beispielsweise über die Zukunft, aus allen Naturerscheinungen – so wenig spektakulär sie auch sein mochten – zu gewinnen. Dementsprechend sind in Mesopotamien zahlreiche Divinationstechniken entwickelt worden und als ein wesentliches und sehr prägendes Merkmal der babylonischen Kultur zu

---

[29] M. Civil, *JNES* 33 (1974), S. 332, 8 (dazu vgl. auch A. Cavigneaux, *AuOr* 5 [1987], S. 253, 8).

[30] gi èn-bar bàn-da šu u-me-ti : gi : *sin-niš-tim* : bar : *a-ṣu-u* : bàn-da / *še-er-ri* : *ṣa-aḫ-ri*.

werten. Vor diesem Hintergrund wird verständlich, warum sich den Babyloniern die von Platon diskutierte Frage[31], ob die Bezeichnung der Dinge Auskunft über deren Natur gebe oder bloße Übereinkunft sei, erst gar nicht stellte[32]. Die babylonischen Gelehrten waren tief überzeugt, daß das „assoziativ-betrachtende Umkreisen"[33] eines Wortes oder Textes ihnen eine neue Emanation der Wahrheit eröffnete, die einem Wort oder Text von Anbeginn eignete. Der Reichtum ihrer etymologisierenden Spekulationen wurde freilich erst ermöglicht durch die in dem Schriftsystem angelegte Mehrdeutigkeit der Keilschriftzeichen, durch die Zweisprachigkeit der gelehrten Schreiber und nicht zuletzt durch gewisse Eigenheiten der sumerischen Sprache. Denn der Umstand, daß ein großer Teil der sumerischen Wörter einsilbig ist und das Sumerische über zahlreiche, zumindest in den Ohren der Babylonier gleichklingende Wörter verfügte, erlaubte den Schreibern, in nahezu jedem Wort einen tieferen Sinn finden zu können.

Aus einem Text aus dem 1. vorchr. Jahrtausend in sumerischer Sprache kennen wir den Lehrplan für die Ausbildung eines gelehrten Schreibers recht genau, da in diesem Text die Fragen zusammengestellt sind, die der Lehrer einem Schüler am Ende seiner Ausbildung zum Examen vorlegte. Eine dieser Fragen lautet: „Weißt du von allem, was du im Sumerischen gelernt hast, (auch) das „Verdeckte" in der gleichen Weise auszubreiten?"[34] Mir scheint, daß sich hinter dem bisher nicht verstandenen Begriff „Verdecktes ausbreiten" die Kunst verbirgt, mit den sprachlichen Mitteln, die hier vorgestellt wurden, den verdeckten Sinn eines Wortes oder Satzes aufzuspüren. Ist diese Deutung richtig, zeigt der Beleg aus dem Examenstext, daß die Kunst der hier vorgestellten Textexegese als eine der am meisten geachteten Fähigkeiten eines babylonischen Schreibers galt.

Auch wenn in manchen Fällen von den späten Schreibern und Gelehrten das Sumerische tatsächlich mißverstanden wurde, sind scheinbare Ungereimtheiten zwischen der sumerischen Fassung eines Textes und der jeweiligen akkadischen Übersetzung oft nicht auf die Unkenntnis der Schreiber, die die Übersetzung anfertigten, zurückzuführen. Sie können vielmehr ein ganz bewußter Versuch des Übersetzers (bzw. des Kommentators) sein, eine neue Aussageebene des Textes zu erschließen. Abweichungen von Textvorlage und „Übersetzung" dürfen daher nicht als Hinweis darauf

---

[31] Platon, *Kratylos*.

[32] Beachte, daß inim/*amātu* sowohl „Wort" als auch „Sache", „Angelegenheit" bedeutet (vgl. A. Cavigneaux, AuOr 5 [1987], S. 245 Anm. 14).

[33] Vgl. A. Brückner in: K. Ranke (Hrsg.), Enzyklopädie des Märchens 4, Berlin/New York 1984, S. 521 s.v. „Etymologie".

[34] Å.W. Sjöberg, „Der Examenstext A", ZA 64 (1975), S. 140, Z. 13:

eme gi$_7$ a-na ì-zu nì-dul-bi ur$_5$-ra bur-ra i-zu-u

ina šu-me-ri ma-la ta-ḫu-zu ka-tim-ta-šú ki-a-am še-ṭ[*a-a*] *ti-de-e.*

gewertet werden, daß die Übersetzer des 1. Jt. nicht mehr in der Lage gewesen seien, den Sinn eines alten sumerischen Textes korrekt zu erfassen.

Sakraler Wein und die Flüssigmaße Hin und Log

Siegfried Mittmann, Tübingen

Dies diem docet! Das „Handbuch der althebräischen Epigraphik" von Johannes Renz und Wolfgang Röllig war mit seinen vom erstgenannten Autor verfaßten Bänden über „Die althebräischen Inschriften" erst im Erscheinen begriffen bzw. gerade erschienen (1995), als sich W. Rölligs einleitende Feststellung, „daß sich in diesem Bereich das verfügbare Material überdurchschnittlich rasch vermehrte"[1], bereits erneut und wiederholt bestätigte; denn etwa zur gleichen Zeit publizierten R. Deutsch und M. Heltzer in den beiden kurz aufeinanderfolgenden Bändchen „Forty New Ancient West Semitic Inscriptions" (1994) und „New Epigraphic Evidence from the Biblical Period" (1995) nicht weniger als 79 überwiegend althebräische Inschriften, die sie vor allem aus Privatsammlungen zusammengetragen hatten. Die kleinen Korpora präsentieren Materialien ganz unterschiedlicher Art und Herkunft, darunter jeweils eine beschriftete Henkelflasche vom Typ des „decanter" (Nr. 6 und 49)[2]. Zwar gehört die sackbauchige Henkelflasche zu den gängigen Formen der späteren Eisenzeit II, aber Exemplare mit Inschriften sind relativ selten und verdienen schon deshalb besondere Beachtung, weit mehr noch allerdings wegen des in einigen Fällen höchst eigentümlichen Inhalts der In- bzw. Aufschriften.

Der Bestand umfaßte bis zur Publikation der beiden neuen Flaschen die folgenden acht Exemplare (in Anlehnung an Renz – Röllig[3]):

---

[1] Renz – Röllig I 1995, XI.

[2] Deutsch – Heltzer 1994, 23-26 und 1995, 39 f.

[3] Auf dieses Werk geht in der anschließenden Aufstellung die der Fundortangabe folgende Bezifferung – (8):93 etc. – zurück und bezieht sich die dahinter in Klammern beigefügte Seitenangabe. Nicht aufgenommen ist die Flasche *Ḫirbet el-Kōm* (8):7, deren Inschrift ich für eine plumpe Fälschung halte, trotz der Bemühungen von Lemaire (1976) und Renz (1995, 213 f.), den primitiven und unbeholfen in die Gefäßschulter eingravierten Phantasiezeichen einen Sinn abzugewinnen. Da Renz eines der Zeichen gegen meine Deutung des sog. *ṭēt*-Symbols (Mittmann 1991, 68-72) ins Feld führt, muß ich mich an anderer Stelle mit dieser Inschrift befassen. Nicht berücksichtigt sind auch die namentlich gekennzeichneten Gefäße mit einem Henkel, rundem Bauch (ohne Knickschulter) und breitem Hals, die aufgrund des letzteren Merkmals als Kannen anzusprechen sind. Auch ihre Zahl ist gering: Arad (8):98 (118 f.); *Tell el-ʿOrēme* (8):1 (132 f.); *Tell es-Sebaʿ* (8):5 (236), mit zwei Namenseinritzungen von verschiedenen Händen; Jerusalem (7):14 (268 f.).

1.	Arad	(8):93 (118)	*lṣdq*	Für/des[4] *Ṣādōq*
2.	*Ḫirbet el-Kōm*	(8):5 (211 f.)	*lyḥml*	Für/des *Yaḥmōl*
3.	"	(8):6 (212 f.)	*lyḥzyhw yyn kḥl* E	Für/des *Yaḥzēyāhū.* Wein ...
4.	"	(8):10 (216)	*lqny*	Für/des *Qānay*
5.	"	(8):11 (216 f.)	*lʿm*	Für/des *ʿAm*
6.	"	(8):12 (217)	*lgmlyhw*	Für/des *Gəmalyāhū*
7.	Lachis	(7):25 (280 f).	*mz : ṣmqm : šḥrt*	Extrakt[5] von schwarzen Rosinen
8.	"	(7/6):20 (312 f.)	*yyn : ʿšn*	Fermentierter (?) Wein

Aus diesem Ensemble heben sich als Sondergruppe nur die Lachis-Flaschen (Nr. 8 und 9) heraus. Dies schon durch ihre Zeitstellung; denn sie stammen aus dem 7. Jh. v.Chr. (Stratum II, 7./6. Jh. v.Chr.) und sind somit um Jahrzehnte, wenn nicht bis zu mehr als einem Jahrhundert jünger als die übrigen Exemplare, die aus der zweiten Hälfte des 8. Jh.s v.Chr. datieren. Bei den älteren Flaschen wurde die Inschrift nach dem Brande eingemeißelt (Nr. 1.3-7) oder eingeritzt (Nr. 2)[6], während die jüngeren Inschriften beide mit Tinte aufgetragen sind. Vor allem aber unterscheiden sich die Tintenvermerke durch ihre Aussage von den eingravierten Inschriften. Sie sind gewissermaßen Etiketten, die den Inhalt der Gefäße, eine jeweils besondere Art von Wein, kennzeichnen und vom gewöhnlichen Wein augenfällig separieren. Die älteren Inschriften dagegen tragen einen mit der Präposition *l* eingeführten Personennamen, dem nur im Falle von Nr. 3 noch weitere Angaben folgen. Diese stellten bislang ein ungelöstes Problem dar, für das nun aber die Flasche bzw. Inschrift Deutsch – Heltzer Nr. 6 eine neue Lösung aufzeigt.

Es handelt sich um eine Henkelflasche (Abb. 1), die bei einer Gesamthöhe von 19,7 cm und einer maximalen Breite von 13 cm bis zum Ansatz des Halses 1,27 Liter faßt. Um den oberen Teil des sackförmigen Gefäßbauches läuft die besagte Inschrift, deren 1,5 - 4,35 cm hohe Buchstaben nach dem Brand eingraviert wurden und paläographisch „no later, than the begining (sic!) of the VII cent. B.C.E." sind[7]. Der Text, durch punktförmige Worttrenner gegliedert, lautet: *lmtnyhw : yyn : nsk : rbyt :* „Für/des *Mattanyāhū.* Wein (als) Trankopfer, (und zwar) ein Viertel".

---

[4] Im Sinne von „(Eigentum) des".

[5] Oder „süßer Wein"; vgl. Dijkstra 1995, 298 f.

[6] Zu diesen Techniken vgl. Prignaud 1978.

[7] Deutsch – Heltzer 1994, 23.

Schon R. Deutsch und M. Heltzer haben auf entsprechende Formulierungen im Pentateuch, speziell in Ex 29,40 und Lev 23,13, hingewiesen, ohne allerdings die Deutungshilfen dieser Parallelen voll in Anspruch zu nehmen. Lev 23,13 ist ein Teil des Abschnitts, der die vom Priester wahrzunehmenden Riten bei der Darbringung der Erstlingsgarbe zu Beginn der Ernte regelt (V. 9-14). Neben dem Scheinopfer des Schwingens der Garbe „vor Jahwe“, d.h. „in Richtung auf den Altar“[8], ist das Brandopfer eines einjährigen Schafes darzubringen, mitsamt dem dazugehörigen Speisopfer von „zwei Zehntel mit Öl vermengten Grießes“ (V. 13a) und der Beigabe eines Trankopfers von einem Viertel Hin Wein („und als dazugehöriges Trankopfer Wein, und zwar ein Viertel Hin“ *wəniskō yayin rəbīʿīt hahīn*). Ex 29,38-42a sieht dieselbe Opfermaterie für das tägliche Morgen- und Abendopfer (Tamid) vor, nämlich wiederum je ein einjähriges Schaf, „dazu ein Zehntel [Epha] Grieß, vermengt mit einem Viertel Hin gestoßenen Öls, und als Trankopfer ein Viertel Hin Wein (*...wənẹsek rəbīʿīt hahīn yayin*)“. Die entsprechende Bestimmung Num 28,3-8 formuliert in V. 7a verkürzt: „und als dazugehöriges Trankopfer ein Viertel Hin für jedes einzelne Schaf“ *wəniskō rəbīʿīt hahīn lakkēbeś hāʾeḥād*. Bei den Opfern am Neumondstag differenziert Num 28,11-15 das Maß der Trankopfer in V. 14 nach der Größe der Opfertiere: „Die dazugehörigen Trankopfer sollen bestehen in einem halben Hin pro Stier und einem Drittel Hin pro Widder und einem Viertel Hin pro Schaf, und zwar in Wein (*...ūrəbīʿīt hahīn lakkēbeś yayin*). Num 15,1-14 bestimmt generalisierend für jede Darbringung dieser Opfertiere eine Weinbeigabe in der jeweils benannten Quantität; für das Schaf gilt also nach V. 5: „Und an Wein sollst du für das Trankopfer ein Viertel Hin herrichten...“ *wəyayin lannēsek rəbīʿīt hahīn taʿăśē*... Diese Stellen konkretisieren die *nēsek*-Belege, die sich sonst noch im priesterschriftlichen Korpus finden, konzentriert im Opferkalender Num 28 f., wo – abgesehen von den zitierten Versen – die *nēsek*-Spenden nur noch durch die pauschale Formulierung „und ihr/e Trankopfer“ als Begleitopfer registriert werden (vgl. auch 1Chr 29,21; 2Chr 29,35).

Natürlich besagt die Übereinstimmung zwischen der Inschrift und ihren alttestamentlichen Parallelen nicht ohne weiteres, daß hier und dort derselbe Sachverhalt zugrunde liegt. Daß dies jedoch der Fall sein könnte, ist ebensowenig zu bestreiten und sogar wahrscheinlicher. Opferriten werden sowenig wie andere Sakralordnungen beliebig erfunden, sondern haben in der Regel – ungeachtet möglicher Entwicklungen – ihre kanonische Tradition. So gesehen, könnte unsere Inschrift ein Indiz für das hohe Alter und die Konstanz der in der priesterschriftlichen Literatur überlieferten Libationspraxis sein, soweit es wenigstens die generelle Zuordnung von Tier- und Trankopfer betrifft. Diesen Zusammenhang scheinen für die vorexilische Zeit auch Hos 9,5 (Weinspende „für Jahwe“ im Parallelismus neben den Schlachtopfern „für ihn“) und 2Kön 16,13(.15) (Trankopfer zu-

[8] Elliger 1966, 314.

sammen mit Brand- und Speisopfer auf dem neuen Altar des Königs Ahas)[9] anzudeuten.

Die Übereinstimmung bei der Mengenangabe „ein Viertel" läßt darüber hinaus auch einen quantitativen Zusammenhang vermuten. Ziemlich sicher aber ist zumindest dies dem formelhaften Einklang zu entnehmen, daß der unspezifizierten Mengenangabe der Inschrift das Flüssigmaß Hin als Berechnungseinheit zugrunde liegt. Über das Volumen der Flasche läßt sich damit erstmals das Hin einer vorexilischen Zeitstufe authentisch[10], wenn auch vorerst nur annähernd, bestimmen. Es würde ca. 5 l betragen, wenn die bis zum Hals gefüllte Flasche (1,27 l) dem Eichmaß genau entsprechen würde, was aber hier wohl sowenig zutrifft oder gefordert war wie bei den Batkrügen, die nur die Mindestkapazität des betreffenden Maßes aufweisen mußten und in der Regel – z.T. beträchtlich – darüber hinausgingen[11]. Da die aktuelle Obergrenze von ca. 5 l nicht beliebig weit unterschritten werden darf, liegt der ideale Wert des Hin wohl irgendwo zwischen 4 und 5 l, bei der begrenzten Größe des Gefäßes wohl näher zu 5 l.

Was diese Inschrift uns verrät, erschließt zugleich die Rätsel einer anderen, verwandten Flascheninschrift, die N. Avigad bereits 1972 publizierte (Abb. 2)[12]. Die Schriftzeile ziert im Halbkreis die vordere Schulterhälfte des „decanter", der, 22,6 cm hoch und bis zu 18,0 cm breit, ca. 2,5 l faßt. Die Inschrift lautet *lyḥzyhw yyn kḥl* E „Für/des *Yaḥzēyāhū.* Wein *KḤL* (Zeichen)", und rätselhaft ist neben dem abschließenden Symbol, das einem E ähnelt, vor allem der Ausdruck *kḥl*. *kḥl* deutet man entweder als sonst nicht belegten, über einen mittelhebräischen und zwei arabische Toponyme erschlossenen Ortsnamen oder als Sorten- und Qualitätsbezeichnung „dunkel", wobei man in beiden Fällen von *kḥl* „Augenfarbe, Schminke, Antimonpaste" ausgeht, das im klassischen Hebräisch allerdings aus dem denominierten Verbum *kḥl* „(die Augen) schminken" eruiert werden muß[13]. Daß dies Verlegenheitskonstruktionen sind, liegt auf der Hand. So stellt sich die Frage, ob nicht auch hier der kultische Kontext der soeben behandelten Inschrift vorauszusetzen ist; und in der Tat bietet er mit dem Worte *ḥōl* einen kultischen Terminus technicus, der in der Inschrift einen guten Sinn ergibt, auch in Verbindung mit dem vorausgehenden *k*, das als Präposition *kə* „wie" aufzufassen wäre. *ḥōl* ist der genaue Gegenbegriff zu *qōdeš* „Heiliges", heißt also „Profanes". Diese Opposition tritt in allen Belegen hervor, in formelhafter Kürze und Klarheit dort, wo es darum geht, „zu

---

[9] Zu diesen Stellen und ihrem Kontext sowie zum sekundären Charakter von V. 15 vgl. Zwickel 1990, 199-206.316 f.

[10] Zum bisherigen Stand der Diskussion vgl. Renz – Röllig II/1 1995, 36.

[11] Mittmann 1991, 66.73.

[12] Avigad 1972, 1-5, Pl. 1-2.

[13] Renz – Röllig I 1995, 213 Anm. 3.

unterscheiden zwischen dem Heiligen und dem Profanen" (*ləhabdīl bēn haqqōdeš ûbēn haḥḥōl* Lev 10,10; ähnlich Ez 22,26; 42,20; 44,23). Ez 48,15 scheidet das „profane" Wohn- und Weidegebiet Jerusalems vom Tempelbereich, der „hochheilig" (V. 12) bzw. „heilig für Jahwe" (V. 14) ist. Besonders aufschlußreich im Blick auf unsere Inschrift ist 1Sam 21,2-7 (*ḥōl* V. 5 und 6). Auf der Flucht vor Saul erbittet David in Nob von dem dort amtierenden Priester Verpflegung für sich und seine Leute, so etwa „fünf Brote" (V. 4). Das bringt den Priester in Verlegenheit, denn „profanes Brot" (*lēḥem ḥōl*) steht nicht zur Verfügung, sondern lediglich „heiliges Brot" (*lēḥem qōdeš*), das nur im Stande ritueller, speziell durch sexuelle Enthaltsamkeit erworbener Reinheit genossen werden darf. David kann die Bedenken zerstreuen, auch mit dem Hinweis darauf, daß die Waffen oder Kleider der Leute bei seinem „Auszug" „geheiligt worden waren" und daß durch sie das an sich „profane Unternehmen" (*dērek ḥōl*), zu dem man unterwegs sei, „heute geheiligt" werde. „Darauf gab ihm der Priester Heiliges, denn es war dort kein Brot, außer dem Brot des Angesichts, das von (dem Tisch) vor Jahwes Angesicht abgeräumt wird, um frisches Brot aufzulegen am Tag, da es fortgenommen wird" (V. 7). Da also „profanes Brot" nicht vorhanden ist, erhält David „heiliges (Brot)", das er, mit unserer Inschrift zu sprechen, „wie Profanes" verzehren darf. Das Besondere dieses Falles liegt offenbar nicht darin, daß die „Schaubrote", nachdem sie ihre Funktion als Scheinopfer erfüllt hatten, verzehrt wurden, sondern, daß ein „Laie", allerdings unter der Mindestbedingung kultischer Reinheit, tun durfte, was sonst nur dem dafür legitimierten und qualifizierten Priester zustand[14]. Noch näher heran an den in unserer Inschrift gemeinten Sachverhalt führt uns Num 18 im Abschnitt über die Priestereinkünfte (V. 8-18). Hier wird unterschieden zwischen den Anteilen „an den eigentlichen Opfern, die den Priestern im engeren Sinne, d.h. den (erwachsenen) männlichen Mitgliedern der Aaronidenfamilie, gehören sollen und von diesen im heiligen Bezirk verzehrt werden müssen" (V. 8-10), und den allgemeinen Naturalabgaben (V. 11-18), „die wieder den Priestern zugewiesen werden, und zwar in diesem Falle zu beliebigem Gebrauch innerhalb ihrer Familien, sofern deren Mitglieder nur kultisch rein waren, ohne Bindung an den heiligen Bezirk"[15]. Zur letzteren Kategorie rechnen auch die durch das Scheinopfer des „Schwingens" (V. 11) „für Jahwe" (V. 13) dargebrachten Erstlingsabgaben an Öl, Wein und Korn (V. 11-13). Diese Abgaben sind zwar heilig (vgl. Lev 22,12) kraft des Ritus der symbolischen Darbringung, dienen aber, wenn auch unter dem hier selbstverständlichen Vorbehalt der kultischen Reinheit, dem gewöhnlichen Verzehr, also einem profanen Zweck als quasiprofanes Mittel – mit einem Wort: *kaḥōl*. Dagegen war Jahwes ureigener Anteil zumindest bei der Darbringung der Erstlingsgarbe, wie wir sahen, das

---

[14] Im einzelnen zu dieser Perikope Stoebe 1973, 391-397.

[15] Noth 1966, 120.

Brandopfer eines Schafes, verbunden mit einem Speisopfer und einer Weinlibation (*nēsek*), also ein dem menschlichen Zugriff entzogenes Ganzopfer (Lev 23,13).

Die Zwanglosigkeit, mit der sich der Ausdruck *kaḥōl* allein sowie im Zusammenspiel mit dem Begriff *nēsek* in den Zusammenhang des kultischen Abgabe- und Opferwesens mit seiner zweifellos althergebrachten Unterscheidung von exklusivem Gottesanteil und allgemeiner Priestereinkunft einfügt, zeigt, daß wir mit unserer Deutung des *kḥl* auf dem richtigen Wege sind, zumal auch das zunächst auffällige *k* in diesem Kontext seine sachliche Erklärung findet. Im übrigen steht diese präpositionale Verbindung darin auch sprachlich nicht allein. Sie hat eine Parallele in der Formulierung, mit der Dtn 12,15.22 die Freigabe der profanen Schlachtung verdeutlichen: Opferbare Haustiere wie Schaf und Rind darf man außerhalb des zentralen Kultorts schlachten und essen „wie Gazelle und Reh", eßbares Wild, dessen Tötung und Verzehr keinen sakralen Regeln und Rücksichten unterliegt; man kann sie nun essen wie Profanes, also *kaḥōl*.

Auch das Rätsel des abschließenden Zeichens findet in diesem Rahmen eine hinreichend begründete Lösung. Daß es sich, wie immer schon behauptet, um eine Maßzahl handelt, steht nun wohl vollends außer Zweifel; fraglich ist nur der Zahlenwert. Wenn es auch in diesem Fall um eine kultische Gabe oder Abgabe geht, kommt bei der Größenordnung eines „decanter" am ehesten wieder das Hin in Betracht. Jedenfalls gilt dies mit zwingender Logik, wenn die *nsk*-Flasche das „Viertel" eines Hin enthielt; denn die *kḥl*-Flasche faßt ziemlich genau das Doppelte, entspräche mit ihrem Volumen von ca. 2,5 l also der Hälfte eines Hin. Auch die Form des Zeichens fände dann ihre Erklärung. Für J. Renz handelt es sich um die „Bruchzahl $^1/_3$, wobei die Vertikale den Zähler, die Horizontalen den Nenner des Bruches bezeichnen"[16]. Er muß aber eingestehen, daß sich mit der Gesamtmenge von ca. (3 × 2,5 =) 7,5 l „die Bestimmung der dahinterstehenden Maßeinheit" schwierig gestaltet. Eine auch methodisch bessere Lösung bietet das Repertoire der epigraphisch belegten Zahlzeichen. Zwei Arad-Ostraka (25,3; 112,1-2) notieren eine Ziffer, die einem kleinen Epsilon (ε) gleicht; und es wäre durchaus denkbar, daß unser E die lapidare Stilisierung dieses Zeichens ist, seine Umsetzung aus der Tintenkursive in den Duktus der Meißelgravur. Y. Aharoni hat, gefolgt von anderen, diese Ziffer als hieratisches Symbol für 6 gedeutet, mit guten Gründen[17]. Die Zahl 6 ergäbe den passenden Sinn, wenn man die targumisch-talmudische Gleichung 1 Hin = 12 Log[18] schon für die alttestamentlichen Verhältnisse, auch die der vorexilischen Zeit, voraussetzen dürfte. Immerhin bezeugt eine alt-

---

[16] Renz – Röllig I 1995, 213 Anm. 4. Renz beruft sich dabei auch auf ein Zeichen der gefälschten „Inschrift" *Ḫirbet el-Kōm* (8):7 (s.o. Anm. 3).

[17] Aharoni 1975, 52 f.; 1981, 50 f.; Görg 1978, 10 f.

[18] Vgl. Krauss 1911, 396 f.

hebräische Inschrift auf dem Lippenfragment einer Alabasterflasche aus Susa für das 8. Jh. v.Chr. eine Unterteilung des Hin in Log: *hn* 1 *wḥṣy : hlg wrbʿt : hlg :* „Ein Hin und ein halbes Log und ein Viertel Log"[19]. Und die oben zitierten Belege für die Hin-Bruchwerte $^1/_4$, $^1/_3$ und $^1/_2$ könnten eine duodezimale Teilung dieses Maßes anzeigen[20]. Sechs Log wären dann $^1/_2$ Hin, und damit würden Zeichen und Volumen unserer Flasche glücklich übereinstimmen. Ein Log läge somit bei maximal 0,416 l.

Zu klären bleibt schließlich noch das Problem der Personennamen und ihrer präpositionalen Einführung – *ləmattanyāhū* bzw. *ləyaḥzēyāhū*. Die beiden Möglichkeiten des Verständnisses zeigt J. Renz auf, indem er *lyḥzyhw* mit „*Yaḥzēyāhū* zugehörig" übersetzt, zugleich aber anmerkt: „Im Falle eines Lieferscheins auch als Empfängerangabe ... zu interpretieren."[21] Die Verbannung der Alternative in die Anmerkung deutet eine Degradierung an, die nicht von vornherein einleuchtet. Die beiden Inschriften geben als Liefervermerke in allen Teilen Sinn, auch mit der kombinierten Angabe von Inhalt und Verwendungszweck, die sich im kultischen Bereich, wo die interne Unterscheidung wie äußere Abgrenzung der sakralen Sphären eine essentielle Rolle spielt, von selbst versteht. Zu vermissen wäre allenfalls der Name des Absenders, der aber auf einer Verschlußbulle gestanden haben könnte[22]. Grundsätzlich verhielte es sich dann hier nicht anders als in den Samaria-Ostraka, wo die namentlich genannten Empfänger von Wein- und Öllieferungen mit *l* eingeführt werden, oder bei den zahlreichen Lieferkrügen unterschiedlicher Zeit und Herkunft, die mit dem Schreib- oder Stempelvermerk *lmlk* „für den König" versehen sind und gewissermaßen das staatliche Pendant des kultischen Abgabewesens repräsentieren. In unserem Falle wären die genannten Personen dementsprechend kultische Funktionsträger, im ersten Falle, wie der Zweckangabe *nsk* zu entnehmen, ein Priester, im zweiten ein Priester oder der Vertreter einer anderen versorgungsberechtigten Klasse des kultischen Dienstes. Freilich kann die Präposition auch hier den Besitz anzeigen. An der beruflichen Stellung der namentlich genannten Besitzer würde sich dabei nicht einmal etwas ändern, weil sie durch die Zweckbestimmungen *nsk* bzw. *kḥl* festgelegt bliebe, wohl aber am funktionellen Charakter der Gefäße. Sie wären dann Gebrauchsgegenstände des persönlichen Dienstes bzw. Haushalts, im einen Falle das Instrument der von *Mattanyāhū* auszuführenden Weinlibationen, im andern etwa der Behälter, in dem *Yaḥzēyāhū* die ihm (täglich?) zustehende Weinration entgegennahm und nach Hause trug.

---

19 Renz – Röllig I 1995, 240 f.

20 Vgl. Powell 1992, 904.

21 Renz – Röllig I 1995, 213 Anm. 1; vgl. auch die zusammenfassenden Bemerkungen zur „Zugehörigkeitsformel (*lə* + PN)" in II/1 1995, 4.

22 Zur Versiegelung von sackbauchigen Weinflaschen vgl. Mittmann 1995, 408-412.

Führt bei der Frage „Empfänger oder Besitzer“ der sprachliche Befund zu keiner eindeutigen Entscheidung, so helfen vielleicht die – wenngleich spärlichen – Fund- und Herkunftsindizien ein wenig weiter. Der vorzügliche Erhaltungszustand beider Flaschen läßt kaum einen Zweifel daran, daß sie aus Gräbern stammen. Auch wenn bei *Ḫirbet el-Kōm* (8):6 der genannte Ort als Fundstätte nicht gesichert ist, steht es doch wohl außer Frage, daß die betreffende Flasche zum Beutegut der Raubgrabungen gehört, die gegen Ende der sechziger Jahre die Gräber südjudäischer Siedlungen heimsuchten. Das Stück repräsentiert denn auch den südlichen Typ des „decanter“. Dagegen zeigt Deutsch – Heltzer Nr. 6 die charakteristischen Merkmale des nördlichen Typs, nämlich eine breit ausladende Mündung mit tiefer seitlicher Randrille und konzentrisch eingeritzte Rillen auf der Schulter[23]. Das läßt auf eine nördliche Lage auch des Fundorts schließen, sofern es sich nicht um ein in den Süden versprengtes oder importiertes Stück handelt, was aber weniger wahrscheinlich ist, zumal nun mit der Flasche Deutsch – Heltzer Nr. 49, die einem *Nātanbaᶜal* gehörte (*lntnbᶜl*), ein Stück aus dem phönizischen Norden aufgetaucht ist, der damals auch die nordpalästinische Küstenebene einschloß[24]. Die Deponierung in einem Grab spricht nicht eo ipso für eine primäre Funktion im Rahmen des Totenrituals. Die Unterscheidung von „profan“ und „heilig“, wie sie das *kḥl* der Inschrift *Ḫirbet el-Kōm* (8):6 impliziert, paßt nicht zur kultisch prinzipiell unreinen Sphäre von Grab und Tod; und eine Totenlibation, dazu noch mit penibler Mengenregelung, hat sonst im palästinisch-syrischen Raum kaum einen Anhalt[25]. Viel näher liegt deshalb die Annahme, daß die beiden Flaschen zum Grabinventar priesterlicher Personen gehörten, denen sie als persönlichster Besitz, Standeszeichen und vielleicht auch Namensdenkmal mitgegeben wurden. Die Verbindung *l* + Personennamen wäre unter diesen Umständen am ehesten ein Eigentumsvermerk.

---

[23] Zu den beiden Typen vgl. Amiran 1970, 259-265.

[24] Deutsch – Heltzer 1995, 39 f. Die Flasche könnte aus einem Grab der eisenzeitlichen Friedhöfe von Achzib (*ez-Zīb*) stammen (s. dazu die folgende Anm.).

[25] Im palästinischen Bereich weist nur die phönizische Südnekropole von Achsib (*ez-Zīb*) über oder bei Gräbern des 10.-8. Jh.s v.Chr. Installationen mit eindeutig kultischer Funktion auf (vgl. Prausnitz 1982); und hier wären auch Libationen denkbar. Dagegen hat die Aufarbeitung von etwa 1500 eisenzeitlichen Gräbern in Jerusalem und Juda durch Robert Wenning (1994) in dieser Hinsicht keinen eindeutig positiven Befund erbracht, wenn man nicht mit dem Autor gewisse Sonderformen von Gefäßbeigaben, vor allem therio- oder anthropomorph gestaltete, in diesem Sinne deuten will, wobei allerdings die Einschränkung zu gelten habe: „Das Libieren war ein Segensritual für den/die Tote(n) nach erfolgter Bestattung, kein Totenkult“ (briefliche Mitteilung vom 22. April 1996). Auch die sogenannten „Libationsinstallationen“ der Gräber von Ugarit rechtfertigen diese Bezeichnung nicht, wie Pitard (1994) gezeigt hat.

Auch die Fälle, wo der mit *l* eingeführte Name allein die Wandung ziert, sind dann gewiß im Sinne der Besitzanzeige zu interpretieren, schon deshalb, weil die betreffenden Flaschen höchstwahrscheinlich auch aus Gräbern stammen – mit der einen Ausnahme Arad (8):93, einem Flaschenfragment, das im Südwestviertel der Festung, jedoch in keinem näher bestimmbaren Raumkontext, auftauchte (Locus 841) und einem gewissen Zadok gehörte. Sollte es ein bloßer Zufall sein, daß sich in Arad im Nordwestwinkel des Mauerkarrees und damit auf der Seite des Fundorts ein Tempel (Schicht IX) befand? Auch wenn man diesem Umstand nicht allzuviel Gewicht beimessen darf, ist doch die Möglichkeit, daß auch diese Flasche und ihr Besitzer kultische Funktionen hatten, nicht einfach von der Hand zu weisen. Freilich ist bei den Flaschen, die nur ein namentlicher Eigentumsvermerk ziert, eine „profane" Herkunft aus privatem oder offiziellem Besitz ebensogut denkbar. In jedem Falle aber läßt die relative Seltenheit der namentlichen Kennzeichnung, nicht nur bei den Weinflaschen, vermuten, daß die Markierung in der Regel einen besonderen Grund hatte, den uns die beredteren Inschriften des *Mattanyāhū* und des *Yaḥzēyāhū* ausnahmsweise einmal verraten.

Bibliographie

Aharoni, Yohanan
1975 Arad Inscriptions, Jerusalem (hebr.).
1981 Arad Inscriptions, Jerusalem.

Amiran, Ruth
1970 Ancient Pottery of the Holy Land, New Brunswick, NJ.

Avigad, Nahman
1972 Two Hebrew Inscriptions on Wine-Jars, Israel Exploration Journal 22, 1-9, Pl. 1-3.

Deutsch, Robert – Heltzer, Michael
1994 Forty New Ancient West-Semitic Inscriptions. Tel Aviv-Jaffa.
1995 New Epigraphic Evidence from the Biblical Period, Tel Aviv-Jaffa.

Dijkstra, Meindert
1995 He Pours the Sweet Wine off, only the Dregs Are for the Wicked. An Epigraphical Note on *mizzœh* in Psalm 75,9, Zeitschrift für die alttestamentliche Wissenschaft 107, 296-300.

Elliger, Karl
1966 Leviticus, Handbuch zum Alten Testament I4, Tübingen.

Görg, Manfred
1978 *qmḥ* und *qm* in den Arad-Ostraka, Biblische Notizen 6, 7-11.

Krauss, Samuel
1911 Talmudische Archäologie, II, Leipzig (Nachdruck Hildesheim 1966).

Lemaire, André
1976 Une nouvelle inscription paléo-hébraique sur carafe, Revue Biblique 83, 55-58.

Mittmann, Siegfried
1991 „Königliches *bat*“ und „*ṭẹ̄t*-Symbol“. Mit einem Beitrag zu Micha 1,14b und 1Chronik 4,21-23, Zeitschrift des Deutschen Palästina-Vereins 107, 59-76.
1995 Versiegeltes Öl in den Ostraka von Arad, in: U. Finkbeiner/ R. Dittmann/H. Hauptmann (Hrsg.), Beiträge zur Kulturgeschichte Vorderasiens. Festschrift für Rainer Michael Boehmer, Mainz, 403-412.

Noth, Martin
1966 Das vierte Buch Mose. Numeri, Das Alte Testament Deutsch 7, Göttingen.

Pitard, Wayne T.
1994 The „Libation Installations“ of the Tombs at Ugarit, Biblical Archaeologist 57, 20-37.

Powell, Marvin A.
1992 Weights and Measures, in D.N. Freedman (ed.), The Anchor Bible Dictionary, Vol. 6, New York, 897-908.

Prausnitz, Max W.
1982 Die Nekropolen von Akhziv und die Entwicklung der Keramik vom 10. bis zum 7. Jahrhundert v.Chr in Akhziv, Samaria und Ashdod, in: H.G. Niemeyer (Hrsg.), Phönizier im Westen, Madrider Beiträge 8, Mainz, 31-44.

Prignaud, Jean
1978 Scribes et graveurs à Jérusalem vers 700 av. J.-C., in: R. Moorey/P. Parr (ed.), Archaeology in the Levant. Essays for Kathleen Kenyon, Warminster, Engl., 136-148.

Renz, Johannes – Röllig, Wolfgang
1995 Handbuch der althebräischen Epigraphik, Band I.II/1 (J. Renz, Die althebräischen Inschriften, Teil 1- 2).III (J. Renz, Texte und Tafeln), Darmstadt.

Stoebe, Hans Joachim
1973 Das erste Buch Samuelis, Kommentar zum Alten Testament VIII 1, Gütersloh.

Wenning, Robert
1994 Eisenzeitliche Gräber in Jerusalem und Juda. Dokumentation des lokalen Bestattungswesens, Habilitationsschrift Eichstätt.

Zwickel, Wolfgang
1990 Räucherkult und Räuchergeräte. Exegetische und archäologische Studien zum Räucheropfer im Alten Testament, Orbis Biblicus et Orientalis 97, Fribourg/Göttingen.

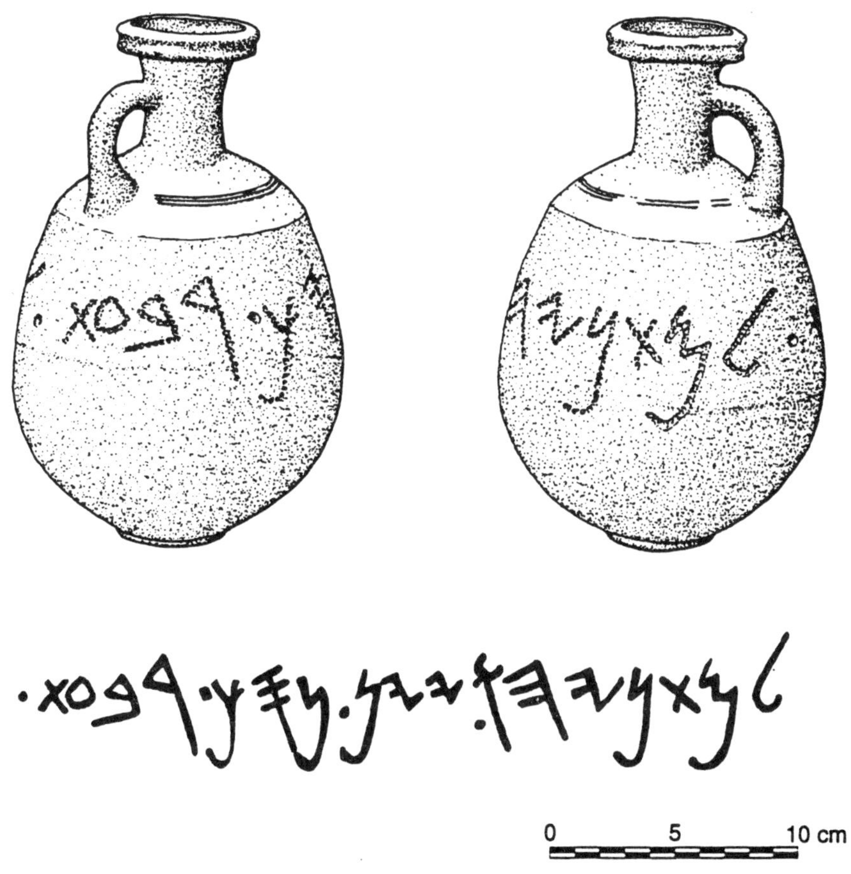

Abb. 1: Weinflasche des *Mattanyāhū.* Nach Deutsch – Heltzer 1994, Fig. 6. Zeichnung J. Englert.

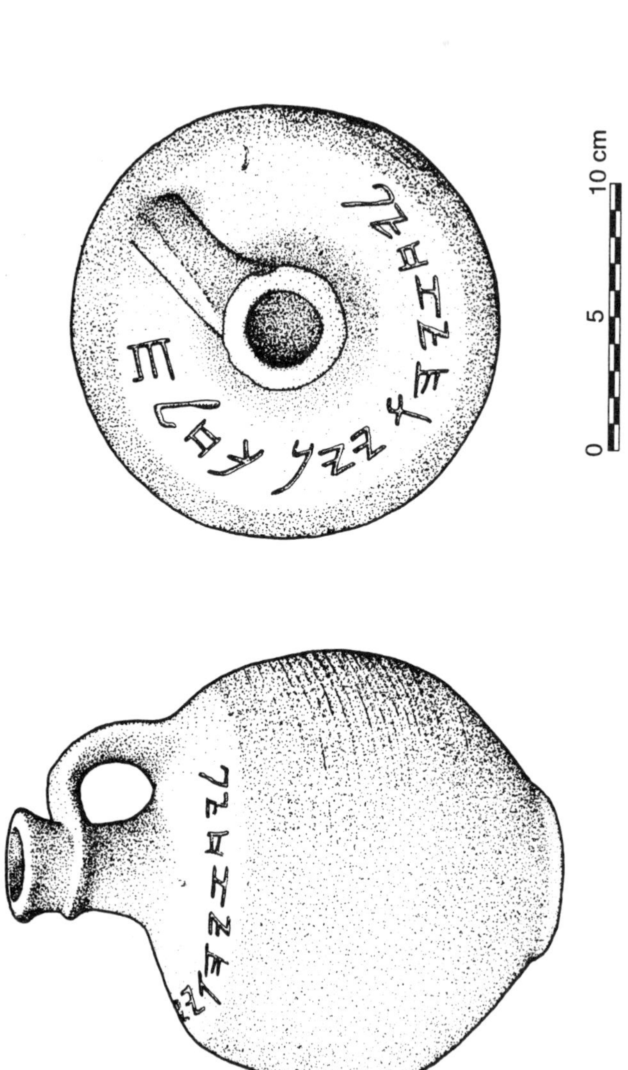

Abb. 2: Weinflasche des Yaḥzēyāhū, Ḫirbet el-Kōm (8):6. Nach Avigad 1972, Pl. 1. Zeichnung J. Englert.

Gläubiger oder Schuldner ?

Anmerkungen zu einem neuassyrischen Privatbrief

Hans Neumann, Berlin

Im Jahre 1983 veröffentlichte F.M. Fales den neuassyrischen Privatbrief BM 103390 in Kopie, Umschrift und Übersetzung und unter Beigabe eines Photos.[1] Der Text wurde dann drei Jahre später von K. Deller erneut bearbeitet, und zwar vor allem unter dem Gesichtspunkt seines juristischen Inhalts, der schuldrechtlicher Natur ist.[2] Im Anschluß an diese Bearbeitung sei es mir gestattet, zum schuldrechtlichen Hintergrund des Briefes BM 103390 einige Anmerkungen zu machen, die dem Jubilar anläßlich seines Ehrentages als bescheidener Ausdruck meiner Wertschätzung gewidmet seien.

In den nachfolgenden Ausführungen geht es mir um die Rechtsposition der im Brief genannten Personen, die zum Teil anders beurteilt werden muß, als man bislang angenommen hat. Zur Verdeutlichung der entsprechenden Argumentation sei zunächst noch einmal die Umschrift des Textes sowie die von K. Deller vorgelegte Übersetzung geboten.

1 *a-na* ^{MÍ}*Kal-li-ti*

2 *a-na* ^{I}*Qar-ru-ri*

3 IM ^{Id}PA-TI-*su*

4 *lu šùl-mu a-na* AMA-*ia*

5 ^{I}*Qar-ru-ru a-na* ŠÀ.URU

6 *it-tal-ka* KASKAL^{II} SIG_5

7 *ina* GÌR^{II} *ša* ^{I}*Aš+šur*-KUR-LÁ

8 *i-sa-kan a-ke-e de-iq*

9 ^{I}*Qar-ru-ru* ^{I}*Aš+*⌜*šur*-PAP⌝.MEŠ-SU

10 *li-zi-zu* GIŠ.É *gaṣ-ṣe-te*

11 *lip-ti-ú e-gér-tú*

12 *ša* 8 MA.NA KÙ.BABBAR

---

[1] Fales, 1983, 246-249 Nr. 13; 253 (Kopie) und Tf. zwischen 254 und 255 (Photo).

[2] Deller, 1986, 21-27.

13 *ša* ^{I}*Aš+šur*-KUR-LÁ

14 [*l*]*i-in-taḫ-u-né*

15 IGI ^{I}ITU.KIN-*a-a*

16 ^{I}*Aš+šur*-KUR-LÁ

17 *li-im-ru-qu*

18 KASKAL^{II} SIG$_5$ *ša* PAP.MEŠ-*ia*

19 *ina* GÌR^{II}-*ia iš-kun-u-ni*

20 ^{d}AG *lid-gul*

21 ^{I}*Ki-ṣir*-^{d}PA ANŠE.NÍTA.MEŠ

22 *ḫa-an-nu-ti lid-din*

23 KÙ.BABBAR *liš-ši-a*

24 *ḫa-bul-le-ia lu-šal-lim*

25 *re-eḫ-ti* KÙ.BABBAR

26 *a-na* NINA^{KI} *lu-bi-la*

„An Kallutu (und) Qarruru. Tafel des Nabû-uballissu. Meiner Mutter möge es wohlergehen!
Qarruru ist (also) nach Libbi-Āli gekommen (und) hat dem Aššur-mātu-taqqin aus der Klemme geholfen. Wie gut! Qarruru (und) Aššur-aḫḫē-erība sollen (nun) hintreten (und) das Brennholz-Haus öffnen. Die auf Aššur-mātu-taqqin lautende Schuldurkunde über 8 Minen Silber sollen sie hervorholen. (Dann) sollen sie sie vor Ulūlāju (und) Aššur-mātu-taqqin zermalmen.
Daß meine Brüder mir aus der Klemme geholfen haben, möge Nabû (wohlgefällig) betrachten. Kiṣir-Nabû soll (nun) diese Esel verkaufen, das Silber an sich nehmen, um (damit) meine Schulden zu begleichen. Den Rest des Silbers möge er mir nach Ninuʾa bringen!“.[3]

Aus der Übersetzung geht hervor, daß nach K. Deller der Briefabsender Nabû-ballissu[4] „unter privatrechtlichen Gesichtspunkten ... einerseits Gläubiger des Aššur-mātu-taqqin, andererseits Schuldner eines oder mehrerer Gläubiger“ ist.[5] Festgemacht wird diese Interpretation an dem den Zeilen 6-8 und 18 f. zugrunde liegenden idiomatischen Ausdruck *ḫarrānu/ḫūlu*

---

[3] Deller, 1986, 23.

[4] Zu den möglichen Lesungen des PN vgl. Deller, 1986, 24 zu Z. 3.

[5] Deller, 1986, 22.

(*danqu*)[6] *ina*[7] *šēpē ša* PN *šakānu* „eine (gute) Straße an/unter die Füße von PN legen". Mit Verweis auf bereits vorliegende Interpretationsvorschläge[8] und unter Bezug darauf, daß „GÌR.2 im nA neben der Grundbedeutung 'Füße' nicht selten, und zwar in Verbindung mit KASKAL(.2), auch die Bed. 'Räder (des Streit-/Reisewagens)' impliziert", erwägt K. Deller, „ob nicht gerade das Bild des auf der Strecke gebliebenen, steckengebliebenen Wagens sich mehr und mehr in den Vordergrund schiebt", so daß, „besonders umgangssprachlich, Übersetzungen wie 'jemanden (wieder) flottmachen', 'jemandem aus der Klemme helfen', 'jemandem aus der Patsche helfen', 'für jemanden den Karren aus dem Dreck ziehen' sinnvoll sein" könnten.[9]

Abgesehen davon, daß die vorgeschlagene Deutung „jemandem aus der Klemme helfen" – selbst unter Verweis auf die Möglichkeit der Übersetzung von GÌR^{II} als „(Wagen-)Räder" – umgangssprachlich doch ziemlich modern anmutet, ergeben sich aus dieser Auffassung auch inhaltliche Schwierigkeiten bezüglich der Interpretation des Briefes. So ist zumindest auffällig, daß an keiner Stelle der von Qarruru befriedigte Gläubiger des illiquiden Aššur-mātu-taqqin namentlich genannt sein soll, und das selbst dann nicht, wenn seine Anwesenheit erforderlich gewesen wäre, nämlich beim Zerbrechen der sich in seinem Besitz befindenden Schuldurkunde durch den Schuldner. Aber – dies verwundert auch – letzterer ist nach vorliegender Auffassung bei dem genannten Vorgang nur Zeuge, denn „falls IGI richtig gedeutet ist, wird der Schuldschein nicht (wie sonst üblich) durch den Schuldner vernichtet, sondern durch die beiden Z. 9 genannten Personen".[10] Hinzu kommen terminologische Probleme, etwa wenn es heißt, daß „entgegen dem Sprachgebrauch der 'contracts', in denen *ša* zur Bezeichnung des Gläubigers dient, ... sich *ša* hier auf den Schuldner" bezieht.[11] Die von K. Deller angenommene Illiquidität des Nabû-ballissu im zweiten Teil des Briefes ist natürlich sachlich möglich, würde aber bedeuten, daß, nachdem in seinem Auftrag einem Dritten geholfen worden wäre, er selbst die Hilfe anderer in Anspruch nehmen muß, um eigene Schulden zu bezahlen.

M.E. wird man den hier vorliegenden idiomatischen Ausdruck *ḫarrānu/ḫūlu* (*danqu*) *ina šēpē ša* PN *šakānu* mit der in neu/spät-

---

[6] Zur Problematik der Lesung von KASKAL^{II} (SIG$_5$) vgl. Deller, 1986, 24 zu Z. 6.

[7] Babylonisch *ana*.

[8] Hinzuzufügen jetzt auch CAD Š$_1$ 138a zu *ḫarrāna/ḫūlu ana/ina šēpē* (*šakānu*) c): „(with qualifications) to smooth the way" (mit vorliegender Belegstelle).

[9] Deller, 1986, 24.

[10] Deller, 1986, 26 zu Z. 17.

[11] Deller, 1986, 26 zu Z. 13.

babylonischen Urkunden und Briefen belegten Wendung *ḫarrāna ana šēpē ša* PN *šakānu* (u.ä.) verbinden müssen.[12] Bereits P. Koschaker hatte seinerzeit darauf hingewiesen, daß diese Formel ursprünglich eine sich aus der Schuldverpflichtung ergebende Rechtsfolge kennzeichnet, und zwar im Sinne der Realisierung der persönlichen Haftung des Schuldners.[13] Zugleich betonte P. Koschaker, daß die ursprüngliche, „die persönliche (leibliche) Haftung" zum Ausdruck bringende Bedeutung von *ḫarrāna ana šēpē ša* PN *šakānu* in neu/spätbabylonischer Zeit verblaßt war, und „die Phrase die ziemlich farblose Bedeutung 'eine Angelegenheit zu jemandes gunsten erledigen' angenommen" hatte.[14] Damit ergibt sich für die in Rede stehenden Fälle eine Übersetzung „jemanden befriedigen",[15] d.h. beim Vorliegen eines Schuldverhältnisses dieses durch Schuldtilgung zum Erlöschen bringen.

Die von P. Koschaker für die neu/spätbabylonische Zeit herausgearbeitete Bedeutung der babylonischen Formel kann gewiß auch für die in BM 103390 bezeugte parallele assyrische Formulierung angenommen werden, was m.E. die oben angemerkten Schwierigkeiten in der bisherigen Interpretation beheben würde. Das qualifizierende SIG_5 = *danqu* wird man hier im Sinne von „vollständig", „in jeder Hinsicht" zu verstehen haben.[16] Damit ist der Brief in Anlehnung an K. Deller also folgendermaßen zu übersetzen:

> „An Kallutu (und) Qarruru. Tafel des Nabû-ballissu. Meiner Mutter möge es wohlergehen!
>
> Qarruru ist (also) nach Libbi-Āli gekommen (und) hat den Aššur-mātu-taqqin vollständig befriedigt. Wie gut! Qarruru (und) Aššur-aḫḫē-erība sollen (nun) hintreten (und) das Brennholz-Haus öffnen. Die Urkunde über 8 Minen Silber, gehörig[17] dem Aššur-mātu-taqqin, sollen sie her-

---

[12] Zu den Belegen vgl. CAD $Š_1$ 137.

[13] Koschaker, 1911, 137-142. Zum Zusammenhang zwischen Schuld und Haftung in neu/spätbabylonischer Zeit vgl. auch Petschow, 1956, 25-50.

[14] Koschaker, 1911, 141.

[15] Vgl. auch CAD $Š_1$ 137a „to satisfy someone". Einzig im Zusammenhang mit dem neubabylonischen Brief CT XXII 248 (vgl. Ebeling, 1949, 133f. Nr. 246; zur Datierung vgl. Brinkman, 1969, 241 Anm. 36) sah Koschaker, 1911, 140 Anm. 12 eine Bedeutungsentwicklung zu „jemandem helfen" (Z. 22).

[16] Vgl. – in etwas anderem Sinnzusammenhang – auch Fales, 1983, 248, für den der entsprechende Ausdruck „represented nothing but the 'superlative' of KASKAL *ina* GÌR^2 PN *šakānu*, or at least of one of the acceptations of the latter"; vgl. auch unten zu den anderen, gleichfalls um SIG_5 erweiterten neuassyrischen Belegen.

[17] Vgl. Postgate, 1976, 36.

vorholen. (Dann) sollen sie sie vor Ulūlāju (und) Aššur-mātu-taqqin zermalmen.

Daß meine Brüder mich vollständig befriedigt haben, möge Nabû (wohlgefällig) betrachten. Kiṣir-Nabû soll (nun) diese Esel verkaufen, das Silber an sich nehmen und (damit) meine Schulden begleichen. Den Rest des Silbers möge er mir nach Ninuʾa bringen!".

Bei dem Brief handelt es sich also um zwei Anweisungen des sich in Ninive aufhaltenden Nabû-ballissu, gerichtet an seine Mutter Kallutu und (seinen Beauftragten) Qarruru in Assur.[18] Beide Anweisungen resultieren unmittelbar aus der Feststellung, daß Schulden (vollständig) getilgt worden waren. Im ersten Fall hatte Qarruru (im Auftrage des Absenders) den Gläubiger Aššur-mātu-taqqin[19] ausgezahlt, was als gegeben von Nabû-ballissu mit den Worten *akê deʾiq* „Wie gut!"[20] quittiert wurde. Die folgende Anweisung enthält die Aufforderung, daß Qarruru zusammen mit einem gewissen Aššur-aḫḫē-erība das „Brennholz-Haus"[21] öffnen, die Schuldurkunde über die doch beträchtliche Summe von 8 Minen Silber hervorholen und in Gegenwart des Aššur-mātu-taqqin, also des Gläubigers, und eines gewissen Ulūlāju[22] vernichten solle. Damit ist klar, daß von Qarruru als demjenigen, der in Vertretung des Schuldners Nabû-ballissu handelte, zusammen mit einer Vertrauensperson die Schuldurkunde vernichtet wurde, und zwar in Anwesenheit des Gläubigers Aššur-mātu-taqqin, der seinerseits einen Zeugen, nämlich Ulūlāju, zur Seite hatte. Ziel der Anweisung des Nabû-ballissu war der Ausschluß weiterer, nach erfolgter Schuldentilgung unberechtigter Forderungen seitens des Gläubigers. Interessant ist dabei allerdings, daß sich die Schuldurkunde nicht im Besitz des Gläubigers befunden hat, was normal gewesen wäre, sondern offensichtlich an einem speziellen Ort aufbewahrt wurde, zu dem die Parteien wahrscheinlich nur gemeinsam und in Gegenwart von Zeugen Zutritt hatten.

Auch die zweite Anweisung geht zunächst von einer Feststellung aus, nämlich daß dem Absender Nabû-ballissu seinerseits (in Assur) Schulden

---

[18] Zu Assur als Fundort des Briefes vgl. Deller, 1986, 21 mit Anm. 6.

[19] Ob besagter Aššur-mātu-taqqin mit dem gleichnamigen postkanonischen Eponymen identisch ist, läßt sich nicht erweisen; vgl. Millard, 1994, 85. Ein Aššur-mātu-taqqin, Sohn des Ṣalmu-šarru-iqbi (zu dem gleichnamigen postkanonischen Eponymen vgl. Millard, 1994, 116 f.), findet sich auch in der Privaturkunde Fales – Jakob-Rost, 1991, 73-75 Nr. 33 Rs. 11.

[20] Zur Formulierung vgl. Fales, 1983, 248.

[21] Vgl. dazu die Bemerkungen von Deller, 1986, 25 zu Z. 10.

[22] Zu Ulūlāju vgl. etwa noch Fales – Jakob-Rost, 1991, 28f. Nr. 2, 3 und 10 (672 v.Chr. [?]); ebenda, 84-86 Nr. 38 Hülle, 1 f. (Vater eines gewissen Nergal-šarru-uṣur; 657 v.Chr.); Deller, 1984a, 247 (Scheil V), 4 (677 v.Chr.).

bezahlt worden waren, was Nabû wohlgefällig betrachten wolle (ᵈ*Nabû lidgul*). Die zurückgezahlte Schuld bestand offensichtlich aus Eseln,[23] die ein gewisser Kiṣir-Nabû[24] zu verkaufen hatte (*ēmarē ḫannûti liddin*). Vom Erlös der Tiere sollten dann wiederum anderweitige Schulden des Nabû-ballissu getilgt werden. Der verbleibende Rest des Verkaufserlöses ging an den Absender in Ninive zurück.

Bleibt zunächst also festzuhalten, daß in einem neuassyrischen Text eine Erklärung zur Befriedigung von Ansprüchen bzw. zur Erfüllung von Forderungen in einer Formulierung Anwendung fand, wie wir sie bislang nur aus neu/spätbabylonischen Urkunden und Briefen kannten.[25] Damit stellt sich zugleich die Frage, wie entsprechende Formulierungen in anderen neuassyrischen Texten zu interpretieren sind, zumal sie, „je nach Kontext, vielerlei Nuancen zu(lassen)"[26].

Für den Ausdruck *ḫarrāna/ḫarrānu* (bzw. *ḫūlu*) *ana/ina šēpē ša* PN *šakānu* gibt das CAD zusätzlich „to send someone on the way" als Übersetzung an.[27] Bei einigen der in diesem Zusammenhang notierten Belege aus assyrischen und babylonischen Briefen der neuassyrischen Zeit aus Ninive und Assur[28] dürfte die im CAD angesetzte Bedeutung gewiß auch zutreffen,

---

[23] Während Deller, 1986, 25 zu Z. 8 in der Erwähnung von „diesen Eseln" (Z. 21 f.) einen Hinweis auf die Möglichkeit sieht, „daß Qarruru diese zugunsten des Aššur-mātu-taqqin in Zahlung gegeben hat", die Formulierung also mit dem ersten Teil des Briefes in Zusammenhang bringt, möchte ich in *ēmarē ḫannûti* eher einen Bezug auf die dem Gläubiger Nabû-ballissu zurückgezahlte Schuld sehen. Der Verkauf besagter Esel durch Kiṣir-Nabû (im Auftrag des Nabû-ballissu) wurde möglich, da Nabû-ballissu die Verfügungsgewalt über sie bekam, und zwar als Folge einer Schuldentilgung. Vgl. in diesem Zusammenhang auch die als Realvertrag formulierten neuassyrischen Krediturkunden (zum Formular vgl. Petschow, 1956, 10 Anm. 22; Postgate, 1976, 36) mit Tieren als Gegenstand, wie etwa Kwasman – Parpola, 1991, 167 Nr. 206; 178 Nr. 222; 191 Nr. 241; 192 Nr. 243; 198 Nr. 198.

[24] Zu Kiṣir-Nabû vgl. etwa noch Deller, 1984a, 240f. (Scheil III), 5 (postkanonisch); vgl. auch ebenda, 246; Postgate, 1979, 102-104 und 107 (Kopie): MAH 16154 (Tafel und Hülle), 15 (postkanonisch; zur möglichen Herkunft aus Assur vgl. Deller, 1984a, 230 mit Anm. 24).

[25] Vgl. CAD $Š_1$ 137.

[26] Deller, 1986, 24.

[27] CAD $Š_1$ 137b-138a; vgl. auch AHw 327a „jmd. auf die Reise schicken"; CAD Ḫ 109b „sending someone on a journey"; Borger, 1956, 25 zu Ep. 37a, 27f. „jemand auf den Weg bringen".

[28] Vgl. zusätzlich CAD Ḫ 109b (auch zu anderen Textgattungen; nicht sicher, ob der ebenda notierte Beleg aus dem neuassyrischen Orakel [zur Textgruppe vgl. Weippert, 1981, 73-115] ABRT I 26f. [K 883], 13 hierhergehörig; vgl. Hecker, 1986, 62 f. [mit Literatur]).

wie etwa ABL 399 Vs. 9-Rs. 1[29], 511 Vs. 4-6, CT LIII 141 Rs. 4 f.[30] und KAV 112, 14 f.[31] zeigen.[32] Dagegen scheint aber ABL 221, Rs. 14 f.[33] eine andere Bedeutungsnuance zum Ausdruck zu bringen, worauf bereits K. Deller hingewiesen hat.[34] Allerdings würde ich auch in diesem Fall die Übersetzung „aus der Klemme helfen" vermeiden wollen, da selbst in dem von K. Deller vermuteten Sinnzusammenhang des Briefes ABL 221 die Wiedergabe von Rs. 14 f. (*ḫarrānu/ḫūlu ina šēpēšu*[35] *liškun*) durch „er möge ihn zufriedenstellen" bzw. „er möge ihm eine Gunst erweisen" m.E. ohne weiteres möglich ist,[36] womit sich der Rückgriff auf die Metapher des stekkengebliebenen und wieder flottzumachenden Wagens erübrigt. In ähnlicher Weise wie ABL 221 Rs. 14 f. sind wohl auch ABL 992 Vs. 18 f.[37] und 1361

---

29 Zum Text vgl. Pfeiffer, 1935, 78 Nr. 92; Vaan, 1995, 48. Zur Stelle vgl. Dietrich, 1969, 94; vgl. aber auch Figulla, 1912, 87, der besagte Passage mit „ich habe ihn abgefertigt" übersetzt.

30 Zum Text vgl. bereits Deller, 1969, 60 (in der Umschrift ist versehentlich *lu-bil-u-ni* am Anfang der Z. 4 ausgefallen); vgl. auch Fales, 1980, 151 f.

31 Zum Text (mit Hülle KAV 206) vgl. Ebeling, 1954, 28f.; Menzel, 1981/I, 252 f.; Fales – Jakob-Rost, 1991, 23 mit Anm. 84; Fales, 1992, 108-111 Nr. 35; Postgate, 1995, 405 f.

32 Vgl. auch ABL 698 Vs. 16 f.

33 Vgl. zum Text jetzt auch Fales, 1992, 66-69 Nr. 13.

34 Deller, 1986, 24 f.

35 Mit Fales, 1992, 68 wohl GÌR^{II}.M[EŠ-*šú*] zu lesen (vgl. auch Fales, 1983, 248), da die Annahme eines PN in der Lücke (vgl. Deller, 1986, 25) entsprechend den Parallelstellen ein vorhergehendes *ša* voraussetzt, wozu aber die Zeichenspuren in der Kopie nicht passen.

36 Deller, 1986, 25 nimmt im Zusammenhang mit einer Neuinterpretation von Rs. 10 (*amēlu lā ašer* „der Mann ist nicht 'gemustert'"; anders immer noch Fales, 1992, 66 f.) an, daß es bei ABL 221 um das Problem der Nichtregistrierung von abzuliefernden Schafen durch einen gewissen Abnî, den *rab ṣibte* der Provinz Arpad, geht, was „(nachträglich) offenbar nur durch den *rab nikkassē* aus der Welt geschafft werden (kann), der ihm ein entlastendes Dokument ausstellt", was in der Formulierung von Rs. 14 f. zum Ausdruck kommt. Hier würde also durchaus „er möge ihn zufriedenstellen" gut passen; zur betreffenden Passage vgl. bereits Klauber, 1910, 34.

37 Zum Text vgl. Pfeiffer, 1935, 104f. Nr. 137 (Brief des Issi-Šamaš-balāṭu; vgl. auch Fales, 1980, 152; Parpola, 1981, 122 mit Anm. 5). Vgl. Vs. 18-21: *ša a-na pa-ni-šú il-la-kan-ni* KASKAL^{II} *i-na* GÌR^{II}-*šú i-šak-kan ša a-na ka-a-ru ša* KUR *Aš+šur*^{KI} *il-la-ni i-du-ak* ^{GIŠ}MÁ-*šú ú-pa-ṣi* „den, der zu ihm kommt, stellt er zufrieden; den, der am Kai des Landes Assur anlegt, tötet er, sein Schiff zerstört er" (zu *pa''uṣu* „[Schiff] zerschlagen" im vorliegenden Zusammenhang vgl. AHw 807b; vielleicht sind aber die Überlegungen von Deller, 1987, 10 Anm. 22, wonach das Verbum im Sinne von „[einem anvertrautes lebendes Inventar wie Sklaven, Vieh]

Rs. 3 f.[38] zu interpretieren. Damit wäre in diesen Fällen die von P. Koschaker vorgeschlagene abgeschwächte Bedeutungsnuance der obigen Formulierung im Sinne der Erledigung einer Angelegenheit zu jemandes Gunsten anzunehmen.

Für die um SIG_5 = *danqu* erweiterte Wendung (*ḫarrānu* /*ḫūlu danqu ina šēpē ša* PN *šakānu*) wird im CAD die Übertragung mit „to smooth the way", und zwar „in every respect", vorgeschlagen.[39] Mit Blick auf die entsprechenden Belege (ohne den oben behandelten Privatbrief BM 103390), nämlich den sog. Thronfolgevertrag des Asarhaddon (Z. 54 und 235)[40] und den Brief CT LIII 31, 24 und 26 f. (Adad-šumu-uṣur an Asarhaddon)[41], scheint dieser Bedeutungsansatz gerechtfertigt, da man darin letztlich einen Ausdruck für „jemandem in jeder Hinsicht Gunst erweisen" o.ä. erblicken darf.[42] Damit ergibt sich eine ähnliche, um SIG_5 = *danqu* verstärkte Aussage, wie sie für ABL 221 und wohl auch für ABL 992 und 1361 anzunehmen ist.

Sowohl die um SIG_5 erweiterte Wendung als auch in einigen Fällen die Wendung selbst drücken also eine allgemeine Gunsterweisung aus, die insbesondere im Brief BM 103390 klar umrissen scheint, indem sie dort auf die (vollständige) Schuldentilgung bezogen ist. Daß die letztere, im Anschluß an P. Koschaker festgestellte Bedeutungsnuance im Kontext des neuassyrischen Schuldrechts keineswegs singulär ist, zeigt ein weiteres, ähnlich zu interpretierendes Beispiel aus Kalḫu. Es handelt sich dabei um einen ent-

---

seiner eigentlichen Bestimmung entziehen und anderweitig verwerten" auch auf die vorliegende Stelle anwendbar, nicht zuletzt unter dem Gesichtspunkt, daß „*p*. bereits den Tatbestand der Unterschlagung" implizieren könnte).

38 Vgl. Rs. 3-5:] KASKAL^{II} *i-na* GÌR^{II}-*šú-nu* [*ki-i*] *áš-ku-nu a-na pa-an* LUGAL [*al*]-*tap-raš-šú-nu-ti* „nachdem ich sie zufriedengestellt hatte, schickte ich sie vor den König".

39 Vgl. oben Anm. 8; vgl. auch die Zusammenstellung bei Deller, 1986, 24.

40 Zum Text vgl. zuletzt Parpola – Watanabe, 1988, 28-58 Nr. 6.

41 Zum Text vgl. zuletzt Parpola, 1993, 152 f. Nr. 185.

42 Vgl. auch Fales, 1983, 247 f. „to favour someone greatly"; etwas anders – in bezug auf die entsprechende Formulierung im Thronfolgevertrag – Watanabe, 1987, 178 zu Z. 54 „'Einen guten Weg für seine Füße bereiten' heißt wohl 'für seine gute (Lebens)laufbahn sorgen'"; (vgl. jetzt Parpola – Watanabe, 1988, 31 „ (to) smooth his way in every respect"); zu CT LIII 31, 24 und 26f. vgl. Parpola, 1993, 152 ([„to prepare a fine career for someone"; vgl. auch Deller, 1969, 57 („eine gute Laufbahn eröffnen")]; vgl. bereits Behrens, 1906, 105 Anm. 1 [„für jemanden (treulich) sorgen"]).

sprechenden Passus in der Urkunde ND 2335[43], von J.N. Postgate als „delivery contract for corn" charakterisiert.[44]

Gegenstand des als *ina pāni*-Kreditvertrag formulierten Rechtsgeschäftes sind 56 Minen Silber, die von einer Gläubigersozietät an zwei Schuldner ausgereicht wurden, die ihrerseits die Lieferung von Gerste in Ḫiptunu[45] zusagten. Für den Fall der Nichtlieferung wurde eine Strafsumme vereinbart, bestehend aus 10 Minen Silber und *maškuru*-Booten.[46] Hinzu kamen wahrscheinlich noch 5 Sūtu Gerste.[47] Nach dem Datum und den Zeugen folgt in Z. 23-25 der Tafelhülle der Passus ᴵIM.4-I KASKAL *i*-GÌR^{II}-*šú-nu i-šak-kan* „Amurru-naʾid[48] wird eine Straße an/unter ihre Füße setzen". Besagter Amurru-naʾid ist einer der beiden Schuldner, der sich gegenüber den Gläubigern erklärte, und zwar nicht – wie J. N. Postgate vermutet – unter dem Gesichtspunkt der Verantwortlichkeit des Amurru-naʾid „for organising the journey up to Hibtunu"[49], sondern hinsichtlich seiner (persönlichen) Haftung für die zugesagte Lieferung der Gerste. Hier trifft genau das zu, was seinerzeit P. Koschaker herausgearbeitet hatte, nämlich daß besagte Formel ursprünglich die Rechtsfolge aus der Schuldverpflichtung kennzeichnet. Amurru-naʾid ist derjenige der Schuldner, an den sich die Gläubiger halten können. Er steht für die Schuldnerseite für die korrekte Durchführung des Rechtsgeschäftes ein.[50] Man hat also die Passage ᴵ*Amurru-naʾid*

---

43 Veröffentlicht von Parker, 1954, 58 (pl. IX).

44 Postgate, 1976, 135-137 Nr. 29. Zum Text vgl. auch Deller, 1984a, 243 f.; Deller, 1984b, 121; Dalley – Postgate, 1984, 100; Roth, 1987, 356.

45 Zur Lage von Ḫiptunu vgl. Deller, 1984b, 121.

46 Vgl. im einzelnen Deller, 1984a, 243 f. Im Falle der Boote handelte es sich wohl darum, daß die Schuldner verpflichtet wurden, „to re-imburse the cost of the keleks prepared (presumably by some other contractor) for the journey" (Postgate, 1976, 137).

47 Mit Postgate, 1976, 137 sehe ich in dem Eintrag am rechten Rand der Hülle eine Fortsetzung von Z. 15 (also der Haftungserklärung): 5 BÁN ŠE.BAR *ina* UGU SUM-*nu* „5 Sūtu Gerste werden sie (= Schuldner) darüber hinaus geben"; zu dem „adverbiell zu verstehenden *ina muḫḫi* 'darüber hinaus'" vgl. Deller, 1961, 41.

48 Zur Lesung des PN vgl. Postgate, 1976, 137; anders Kwasman – Parpola, 1991, 77 Nr. 89, 3 (Amurrî) sowie Fales, 1977, 598 (Adad-šaʾi).

49 Postgate, 1976, 137; vgl. auch ebenda, 46, wonach besagte Formel bedeuten würde, „that the man in question has accepted the responsibility of organising the journey, and it probably has no bearing on the actual repayment of the capital as in other instances".

50 Vgl. Roth, 1987, 356: „one party accepts a sum of money and promises to deliver certain goods upon realization of a future occurence". Es handelt sich hier also um einen Lieferungs- oder Pränumerationskauf, der als *ina pāni*-Krediturkunde stilisiert ist; vgl. dazu Petschow, 1976-1980, 527b.

ḫarrānu iššēpēšunu išakkan folgendermaßen aufzufassen: „Amurru-naʾid (= Schuldner) wird sie (= Gläubiger) befriedigen", d.h., er wird die zugesagte Gerste liefern (bzw. für die bei Nichtlieferung strafweise zu erbringende Leistung einstehen). Dies erinnert an die Fälle von Selbstbürgschaft in den spätbabylonischen *ḫarrānu*-Verträgen sowie im Rahmen der sog. Erfüllungsübernahme, die gleichfalls spätbabylonisch bezeugt ist.[51] Ein sachlicher Zusammenhang zwischen dieser Art der Haftungsübernahme und der in ND 2335 vorliegenden Leistungszusage seitens des einen Schuldners darf gewiß vermutet werden.[52]

Insbesondere auch aus dem zuletzt Ausgeführten wird m.E. deutlich, daß die entsprechenden Formulierungen in dem Brief BM 103390 auf Grund des Kontextes kaum anders interpretiert werden können, als es hier vorgeschlagen wurde, nämlich im Sinne von „jemanden vollständig befriedigen". Die idiomatische Wendung dürfte in Babylonien wie in Assyrien auf dieselbe, von P. Koschaker beschriebene Grundidee zurückzuführen sein, wobei offen bleibt, wo und wann die vielleicht gemeinsamen Ursprünge gelegen haben könnten.

Bibliographie:

Behrens, Emil
1906 Assyrisch-babylonische Briefe kultischen Inhalts, Leipzig (LSS II/1)

Borger, Riekele
1956 Die Inschriften Asarhaddons, Königs von Assyrien, Graz (AfO Beiheft 9)

Brinkman, John A.
1969 The Names of the Last Eight Kings of the Kassite Dynasty, ZA 59, 231-246

---

[51] Vgl. Petschow, 1959, 243 Anm. 11 (mit Literatur); Lanz, 1976, 29-32; 59-61; 173 (zur Erfüllungsübernahme Nbk 387; dazu auch Koschaker, 1911, 106 f.; Lanz, 1976, 170 f. Anm. 1152; Wunsch, 1993/A, 27).

[52] Vgl. in diesem Zusammenhang auch Deller, 1984a, 243, der in ND 2335 eine Urkunde sieht, die „das Kalḫu-Formular jener Urkundengattung repräsentiert, die in Aššur durch die Überschrift NA_4.KIŠIB n EN.KASKAL.MEŠ gekennzeichnet ist", bei denen es „denkbar (erscheint), daß die vorgestreckten Silberbeträge der Vorfinanzierung eines von der Schuldnersozietät auszuführenden Handels- oder Transportunternehmens dienen, an denen der Geldgeber entweder selbst teilnimmt oder nicht"; vgl. auch Deller, 1987, 24; Ponchia, 1990, 53 mit Anm. 47; Postgate, 1995, 403 f.

Dalley, Stephanie – Postgate, John Nicholas
1984 The Tablets from Fort Shalmaneser, Oxford (CTN III)

Deller, Karlheinz
1961 Zur Terminologie neuassyrischer Urkunden, WZKM 57, 29-42
1969 Die Briefe des Adad-šumu-uṣur, in: W. Röllig (Hrsg.), *lišān mitḫurti*. Festschrift Wolfram Freiherr von Soden zum 19.VI.1968 gewidmet von Schülern und Mitarbeitern, Kevelaer – Neukirchen-Vluyn (AOAT 1), 45-64
1984a Drei wiederentdeckte neuassyrische Rechtsurkunden aus Aššur, BaM 15, 225-251
1984b Ausgewählte neuassyrische Briefe betreffend Urarṭu zur Zeit Sargons II., in: P.E. Pecorella – M. Salvini, Tra lo Zagros e l'Urmia. Ricerche storiche ed archeologiche nell'Azerbaigian iraniano, Rom, 97-122
1986 Ein Assyrer tilgt Schulden, OrAnt 25, 21-27
1987 Tamkāru-Kredite in neuassyrischer Zeit, JESHO 30, 1-29

Dietrich, Manfried
1969 Untersuchungen zur Grammatik des Neubabylonischen, in: W. Röllig (Hrsg.), *lišān mitḫurti*. Festschrift Wolfram Freiherr von Soden zum 19.VI.1968 gewidmet von Schülern und Mitarbeitern, Kevelaer – Neukirchen-Vluyn (AOAT 1), 65-99

Ebeling, Erich
1949 Neubabylonische Briefe, München
1954 Stiftungen und Vorschriften für assyrische Tempel, Berlin

Fales, Frederick Mario
1977 Rezension zu Postgate, 1976, BSOAS 40, 596-599
1980 New Assyrian Letters from the Kuyunjik Collection, AfO 27, 136-153
1983 Studies on Neo-Assyrian Texts II: „Deeds and Documents“ from the British Museum, ZA 73, 232-254
1992 Lettere dalla corte assira, Venedig

Fales, Frederick Mario – Jakob-Rost, Liane
1991 Neo-Assyrian Texts from Assur. Private Archives in the Vorderasiatisches Museum of Berlin, Part 1, SAAB 5, 3-157

Figulla, Hugo Heinrich
1912 Der Briefwechsel Bêlibni's. Historische Urkunden aus der Zeit Asurbânipals, Leipzig (MVAeG 17/1)

Hecker, Karl
1986 Zukunftsdeutungen in akkadischen Texten, TUAT II/1, 56-82

Klauber, Ernst
1910 Assyrisches Beamtentum nach Briefen aus der Sargonidenzeit, Leipzig (LSS V/3)

Koschaker, Paul
1911 Babylonisch-assyrisches Bürgschaftsrecht. Ein Beitrag zur Lehre von Schuld und Haftung, Leipzig

Kwasman, Theodore – Parpola, Simo
1991 Legal Transactions of the Royal Court of Nineveh, Part I: Tiglath-Pileser III through Esarhaddon, Helsinki (SAA VI)

Lanz, Hugo
1976 Die neubabylonischen *ḫarrânu*-Geschäftsunternehmen, Berlin

Menzel, Brigitte
1981 Assyrische Tempel, Rom (Studia Pohl: SM 10/I-II)

Millard, Alan
1994 The Eponyms of the Assyrian Empire 910-612 BC, Helsinki (SAAS II)

Parker, Barbara
1954 The Nimrud Tablets, 1952 – Business Documents, Iraq 16, 29-58

Parpola, Simo
1981 Assyrian Royal Inscriptions and Neo-Assyrian Letters, in: F.M. Fales (Hrsg.), Assyrian Royal Inscriptions: New Horizons in Literary, Ideological, and Historical Analysis, Rom, 117-142
1993 Letters from Assyrian and Babylonian Scholars, Helsinki (SAA X)

Parpola, Simo – Watanabe, Kazuko
1988 Neo-Assyrian Treaties and Loyalty Oaths, Helsinki (SAA II)

Petschow, Herbert
1956 Neubabylonisches Pfandrecht, Berlin
1959 Zum neubabylonischen Bürgschaftsrecht, ZA 53, 241-247
1976-80 Kauf. C.III.Neuassyrisch, RlA V, 520-528

Pfeiffer, Robert H.
1935 State Letters of Assyria. A Transliteration and Translation of 355 Official Assyrian Letters Dating from the Sargonid Period (722-625 B.C.), New Haven (AOS 6)

Ponchia, Simonetta
1990 Neo-Assyrian Corn-Loans: Preliminary Notes, SAAB 4, 39-60

Postgate, John Nicholas
1976 Fifty Neo-Assyrian Legal Documents, Warminster
1979 Assyrian Documents in the Musée d'Art et d'Histoire, Geneva, Assur 2/4, 93-107

1995 Some Latter-Day Merchants of Aššur, in: M. Dietrich – O. Loretz (Hrsg.), Vom Alten Orient Zum Alten Testament. Festschrift für Wolfram Freiherrn von Soden zum 85. Geburtstag am 19. Juni 1993, Kevelaer – Neukirchen-Vluyn (AOAT 240), 403-406

Roth, Martha T.
1987 Homicide in the Neo-Assyrian Period, in: F. Rochberg Halton (Hrsg.), Language, Literature, and History: Philological and Historical Studies Presented to Erica Reiner, New Haven (AOS 67), 351-365

Vaan, Joop M.C.T. de
1995 „Ich bin eine Schwertklinge des Königs". Die Sprache des Bēl-ibni, Kevelaer – Neukirchen-Vluyn (AOAT 242)

Watanabe, Kazuko
1987 Die *adê*-Vereidigung anläßlich der Thronfolgeregelung Asarhaddons, Berlin (BaM Beiheft 3)

Weippert, Manfred
1981 Assyrische Prophetien aus der Zeit Asarhaddons und Assurbanipals, in: F.M. Fales (Hrsg.), Assyrian Royal Inscriptions: New Horizons in Literary, Ideological, and Historical Analysis, Rom, 73-115

Wunsch, Cornelia
1993 Die Urkunden des babylonischen Geschäftsmannes Iddin-Marduk. Zum Handel mit Naturalien im 6. Jahrhundert v.Chr., Groningen (Cuneiform Monographs III A-B)

Zur Semantik von nordwestsemitisch *ʿlm* als ‘Unterwelt’ und ‘Grab’*

Herbert Niehr, Tübingen

Bei einer Durchsicht der Standardwerke zu nordwestsemitischen Texten und Inschriften gewinnt man den Eindruck, daß sich die Übersetzung des Substantivs *ʿlm* vielfach unreflektiert im Bann einer durch das Alte Testament vorgegebenen theologischen Auffassung von ‘Ewigkeit’ bewegt.[1] Es wird zu wenig nach einer möglichen konkreten Bedeutung von *ʿlm* als ‘Unterwelt’ und ‘Grab’ gefragt, die sich an einigen Stellen besser als ein stereotypes ‘Ewigkeit’ in den Kontext einfügen würde. Der Umfang dieses Artikels gestattet nur die exemplarische Auswahl einiger Belege für eine grundsätzlich auf breiterer Basis zu führende Diskussion.

1. Ugaritische Belege

Für *ʿlm* als ‘Unterwelt’ lassen sich Belege aus der Mythologie, der Ritualliteratur und den Briefen beibringen. Nach seiner Niederlage im Kampf gegen Mot liefert sich Baal ihm mit den Worten *ʿbdk. an. w dʿlmk* (KTU 1.5 II 12) aus. Eine Übersetzung von *ʿlm* als ‘Ewigkeit’ macht an dieser Stelle keinen Sinn. Zudem ist es philologisch nicht vertretbar, *dʿlmk* als „für immer/in Ewigkeit“ aufzufassen.[2] Es ist hingegen zu berücksichtigen, daß *ʿlm* durch das enklitische Personalpronomen auf den Gott Mot bezogen ist und *ʿbd* mittels des Pronomens *d* durch *ʿlm* näher bestimmt wird. Insofern kann mit *ʿlm* nur der Herrschaftsbereich des Gottes Mot, die Unterwelt,[3] gemeint sein. Daraus ergibt sich als Übersetzung von KTU 1.5 II 12: „Ich bin dein Diener und der deiner Unterwelt“. Ein derartiges Verständnis von *ʿlm* hat auch Auswirkungen auf den vieldiskutierten Titel *mlk ʿlm* des Gottes Rapiu, des höchsten der *rpʾm*,[4] in

---

* Erste Überlegungen zu diesem Thema gehen zurück auf eine Übung zur phönizischen Epigraphik bei W. Röllig im WS 1993/94. Für eine kritische Durchsicht des Manuskripts danke ich D. Schwemer.

[1] Vgl. paradigmatisch Hoftijzer/Jongeling, 1995, 859-862 s.v. *ʿlm*$_4$.

[2] So etwa Caquot/Sznycer/Herdner, 1974, 244; del Olmo Lete, 1981, 216; de Moor, 1987, 72.

[3] Vgl. neben den grundsätzlichen Überlegungen bei van Zijl, 1972, 169 f. bes. Cooper, 1987, 2.

[4] Vgl. zum Gott Rapiu Caquot, 1976; 1989, 111. 113 Anm. 346; Heider, 1985, 124-126; Pardee, 1988, 83-117; Dietrich/Loretz, 1989.

KTU 1.108. Der chthonische Kontext dieses Textes ist unbestritten. Rapiu als verstorbener Urahn des Königshauses von Ugarit hat in der Unterwelt seinen sozialen Rang behalten und wird als höchster der *rpʾm* deshalb als *mlk ʿlm*, „König der Unterwelt“[5] bezeichnet.

Die somit in der mythologischen Literatur zu belegende Verwendung von *ʿlm* zur Bezeichnung der Unterwelt läßt sich auch an einer Stelle in den Ritualtexten nachweisen. KTU 1.106,27-30 formuliert:

27 ... *w l ll* [[l]]*tʿ*r[k]

28 *ksu. ʿlm. tṣu. šlḥ*m[t]

29 *tšʿ . ṣin. w alp*[ ]

30 *w uz. i*[l]*m. ar*[ṣ][6]

In diesem Ausschnitt aus einem Ritual für chthonische Götter hat *ksu ʿlm* unterschiedliche Erklärungen gefunden.[7] Vorzuziehen ist ihnen gegenüber die mehrfach gesehene Möglichkeit, *ksu ʿlm* als Konstruktusverbindung zu verstehen,[8] deren näherer Sinn durch die Nennung der Unterweltsgötter in Z. 30 angegeben wird. Daher ist zu übersetzen:

27 ... in der Nacht wird bereitgestellt

28 ein Unterweltsthron. Die Opfertiere sollen hinausgehen[9]:

29 Neun (Stück) Kleinvieh und ein Ochse

30 und eine Gans für die Gö[tt]er der Unter[welt]

Die Nennung des Unterweltsthrons läßt an die Rolle des Thrones im königlichen Ritual KTU 1.161,13-17 denken. In KTU 1.106,27-30 handelt es sich um den Thron eines verstorbenen Königs, der als Vertreter der Unterweltsgötter hierauf thronend am Ritual teilnimmt.[10]

Der Gottesname *špš ʿlm* tritt im Brief KTU 2.42,6-9 auf. Bei dem Schreiben handelt es sich um die ugaritische Kopie des Briefes eines ägypti-

---

[5] Vgl. Gaál, 1974; Levine/de Tarragon, 1984, 656; Cooper, 1987,7; Pardee, 1988, 89-91.

[6] So die Lesung der letzten beiden Worte in der Erstauflage von KTU; in der zweiten Auflage findet sich die Lesung *išm. ar*[ ]; vgl. Dietrich/Loretz/Sanmartin, 1995, 122.

[7] Vgl. Xella, 1981, 83; del Olmo Lete, 1992, 156; de Tarragon, 1989, 187.

[8] Vgl. Xella, 1981, 85; del Olmo Lete, 1992, 154 Anm. 44.

[9] Vgl. dazu Xella, 1981, 83; Tropper, 1993b, 179.

[10] Vgl. del Olmo Lete, 1993, 64; zur Bedeutung des Thrones in KTU 1.161 vgl. Tsumura, 1993, 48-52.

schen Beamten an Amenophis III.,[11] in dem die Götter, denen der Pharao empfohlen wird, genannt werden. Es treten auf Baal Ṣapon, *špš ʿlm*, Astarte, Anat und alle Götter von Zypern. Da die chthonischen Züge der Sonnengottheit in Ugarit gut belegt sind,[12] kann *špš ʿlm* als „Sonnengott der Unterwelt" aufgefaßt werden. Es legt sich dann nahe, daß der *špš ʿlm* identisch, bzw. vergleichbar ist mit dem aus der ugaritischen Ritualliteratur bekannten Gott *špš pgr*,[13] d.h. mit dem „Sonnengott des Totenopfers".

Im selben Brief wird in Zeile 9 der ägyptische Pharao als *mlk ʿlm* angesprochen. Als Wiedergabe des ägyptischen *ḥkꜣ ḏ.t* qualifiziert dieses Epitheton den Pharao als osirisähnlich und bezeichnet ihn als „a god of eternity and of the netherworld."[14]

2. Phönizische Belege

Die an den Beginn des 10. vorchr. Jahrhunderts einzuordnende Inschrift auf dem Sarkophag des Königs Aḥirom von Byblos (KAI 1)[15] liegt hinsichtlich der Semantik von *ʿlm* auf der in den Ugarit-Texten erkennbaren Linie von 'Unterwelt' und 'Grab'. Die Inschrift formuliert in der für unsere Darlegungen relevanten ersten Zeile: *ʾrn. zpʿl.*[ʾ]*tbʿl. bn ʾḥrm. mlk gbl. lʾḥrm. ʾbh. kšth. bʿlm.*

Die Präpositionalverbindung *bʿlm* findet unterschiedliche Auslegungen als „in der Ewigkeit",[16] oder als „[in das] Haus der Ewigkeit (*bt ʿlm*)"[17]. Da letzteres als 'Grab' verstanden wird,[18] ist der Weg zur Übersetzung „dans la tombe"[19] schon vorgezeichnet. Allerdings muß man für diese Deutung von *ʿlm* in KAI 1,1 nicht den Umweg über *bʿlm* = *bt ʿlm* nehmen.[20] Auf dem Hintergrund der in Ugarit belegten Verwendung von *ʿlm* als 'Unterwelt' läßt sich für *ʿlm* in KAI 1,1 eine semantische Verengung von 'Unterwelt' auf 'Grab' annehmen, so daß der Text zu übersetzen ist: „Sarkophag, den

---

[11] Vgl. dazu Lipiński, 1977.

[12] Vgl. dazu Fauth, 1979, 238 f.260 f.; Xella, 1981, 79; Janowski, 1989, 105-112; del Olmo Lete, 1992, 145 Anm. 3; Tsumura, 1993, 52-55.

[13] KTU 1.39,12.17; 102,12.

[14] Gaál, 1974, 97 f; vgl. noch Radwan, 1973; Cooper, 1987, 2 f.

[15] Vgl. zur Datierung Röllig, 1982.

[16] Vgl. KAI II, 2.

[17] Vgl. Tawil, 1970, 35 f.; TSSI III, 14 f.

[18] Vgl. Tawil, 1970, 35 f.

[19] Vgl. Teixidor, 1987, 140; vgl. noch Friedrich, 1939, 43, der übersetzte: „als er ihn in der Ewigkeit (d.h. im Grabe) niederlegte"; Sznycer, 1973/74, 144 f.; Tomback, 1978, 245.

[20] Vgl. dazu die in Anm. 17 genannten Arbeiten.

machte Ittobaal, der Sohn des Aḥirom, König von Byblos, für Aḥirom, seinen Vater, als er ihn legte in das Grab".

Auf einer punischen Inschrift des 4./3. Jh. v.Chr. aus Malta (CIS I, 124,1) ist folgende Formulierung belegt: *ḥdr bt ʿlm qbr*. Es wird hierin unterschieden zwischen einer einzelnen Kammer (*ḥdr*), die Bestandteil einer Grabanlage (*bt ʿlm*) ist, und dem dort (in dieser Kammer?) befindlichen Grab (*qbr*).[21]

Dazu ist noch punisch *mšbʾ* [*b*]*ʿlm* „his dwelling place(?) [in] the tomb"[22] zu stellen, bzw. lateinisch *domus aeterna*/*aeternitatis* aus römischer Zeit.[23]

Neben diese drei Belege für die phönizisch-punische Verwendung von (*bt*) *ʿlm* als 'Grab' treten noch zwei mögliche phönizische Belege für *ʿlm* als 'Unterwelt'.

In den phönizischen Inschriften vom Karatepe begegnet die Gottheit *špš ʿlm* (KAI 26 A III 19). Aufgrund der in diesem Kontext begegnenden abstufenden Nennung des Himmelsgottes Baalšamem und des Erdenschöpfers Elqonareṣ läßt sich der an dritter Stelle auftretende *špš ʿlm* als „Sonnengott der Unterwelt" verstehen.[24] Der hieroglyphenluwische Text führt als Pendant zum phönizischen *špš ʿlm* einen Sonnengott des Himmels an,[25] was mit der jeweiligen Eigenständigkeit der phönizischen und der hieroglyphenluwischen Götteraufzählung zu erklären ist.

Einen weiteren Beleg liefern vielleicht die Amulette von Arslan Taş. Aus dem Text der ersten Beschwörung läßt sich eine Aufreihung der Bereiche Himmel (*šmn*), Erde (*ʾrṣ*) und Unterwelt (*ʿlm*) zur Bezeichnung des gesamten Kosmos erkennen.[26]

3. Aramäische Belege

Der älteste Beleg für die Verwendung von *ʿlm* als 'Grab' kommt aus der zweiten Hälfte des 8. Jahrhunderts aus Samʾal. Die Inschrift König Panamuwas I. auf der an der Stätte seines zukünftigen Totenkultes errichteten Statue des Gottes Hadad berichtet: *ʾnk pnmw.br.qrl.mlk.yʾdy.zy.hqmt.nṣb.zn.lhdd.bʿlmy* (KAI 214,1).

---

[21] Vgl. zu Text und Übersetzung noch Amadasi Guzzo, 1967, Nr. 2; Tomback, 1978, 245; Jean/Hoftijzer, 1965, 35; Sznycer, 1973/74, 141-148.

[22] Vgl. Tomback, 1978, 245.

[23] CIL 1/2 Nr. 1319 und vgl. dazu Sznycer, 1973/74, 145.

[24] So der Vorschlag von Pardee, 1988, 90 Anm. 49.

[25] Vgl. dazu Meriggi, 1967, 89; Weippert, 1969, 198; Hawkins/Morpurgo-Davies, 1978, 118.

[26] Zur Problematik der Ergänzung vor *ʿlm* vgl. Röllig, 1974, 18.23. Vielleicht ist ein 'w' zu ergänzen.

Die Diskussion um das Verständnis von *bʿlmy* bewegt sich zumeist zwischen zwei Alternativen: So soll *bʿlmy* heißen „für meine Ewigkeit“[27] oder aber man zieht es zur zweiten Zeile und übersetzt „in meiner Jugend“.[28] Gegen beide Auffassungen wurden jedoch schwerwiegende Bedenken vorgebracht.[29] Insofern ist es sachgemäßer *ʿlm* als ‘Grab’ zu verstehen[30] und zu übersetzen: „Ich, Panamuwa, Sohn des Qrl, König von Yʾdy, der ich errichtet habe diese Statue für Hadad an meiner Grabstätte...“. Bei dieser Auffassung harmoniert KAI 214,1 mit dem im weiteren Kontext der Stele angesprochenen königlichen Totenkult von Samʾal, der sich an der Statue des Gottes Hadad vollzieht.[31]

Weitere aramäische Belege umfassen zunächst ein aufgrund des fehlenden Kontextes nicht ganz verständliches *byt ʿlmn* in der Inschrift vom Tell Deir ʿAlla (II.6).[32] Dann ist zu nennen palmyrenisches *b(y)t ʿlmʾ* als Oberbegriff für ‘Grabstätte’, welches grundsätzlich wie *mʿrtʾ* für ein Hypogäum und wie *qbrʾ* für einen Grabturm gebraucht werden kann.[33] Bemerkenswert sind einige palmyrenisch-griechische Bilinguen, die *b(y)t ʿwlm* mit (μνημειον) αιωνιον oder mit αιωνιος τειμη übersetzen und somit den Aspekt der ‘Ewigkeit’ ins Spiel bringen.[34] Hinzuzufügen ist der bislang einzige nabatäische Beleg für *byt ʿlmʾ* auf einer Inschrift aus dem Negev.[35]

Zeitlich über die palmyrenischen und nabatäischen Belege von *b(y)t ʿlmʾ* hinaus führt die Verwendung von *byt ʿlmʾ* in syrischen Texten und Inschriften, welches auch die Bedeutung ‘Friedhof’ haben kann.[36]

---

[27] Vgl. KAI II, 214.217.

[28] Vgl. Poebel, 1932, 43; Tawil, 1970/71; TSSI II, 65.70; Healey, 1981, 17 f.; Sader, 1987, 163; Hoftijzer/Jongeling, 1995, 852 s.v. *ʿlm*$_6$.

[29] Vgl. im Detail Tropper, 1993a, 60 f.

[30] So F.M. Cross apud Healey, 1981, 17 Anm. 17; Tropper, 1993a, 60 f.

[31] Vgl. dazu Niehr, 1994.

[32] Vgl. Hoftijzer/van der Kooij, 1976, 174.224 mit Anm. 113; Hoftijzer/Jongeling, 1995, 160.

[33] Vgl. Cantineau, 1930-36, Inv IV 3,3; 5,2; 6b,1; 9a,1; 9b,1; 13,1; 14,1; 21,1; 22,1; VII 4,1; 5,1; VIII 58,1; 74,1 (erg.); 89 (erg.); zu *b(y)t ʿlm* in Palmyra vgl. Joüon, 1938, 99 f.; Gawlikowski, 1972, 13; Sznycer, 1973/74, 144; Hoftijzer/Jongeling, 1995, 160.

[34] Vgl. Cantineau, 1930-36, Inv. IV 6b,1; 22,1.

[35] Vgl. Negev, 1971.

[36] Vgl. Payne-Smith, 1879-1901, 493.2899; Drijvers, 1972, 107 s.v. *ʿlmʾ*.

5. Hebräische Belege

In der althebräischen Epigraphik ist *ʿlm* bislang nur einmal, und zwar auf einer der in einem Grab in Ketef Hinnom in Jerusalem gefundenen Silberlamellen belegt.[37] Aufgrund seines fragmentarischen Zustandes ist der Text an dieser Stelle nicht verständlich, so daß der Kontext bei der semantischen Entscheidung nicht weiterhilft.

Das Alte Testament bietet dagegen mehrere Belege für *ʿlm* als 'Unterwelt' und einen für *bt ʿlm* als 'Grab'.

In Ez 26,20 lautet das Urteil über die Stadt Tyros: *whwrdtyk ʾt ywrdy bwr ʾl ʿm ʿwlm whwšbtyk bʾrṣ tḥtywt* („Ich lasse dich herabsteigen mit denen, die in die Grube herabsteigen zum Volk der Unterwelt[38] und dich siedeln in der tiefen Erde").

Auch in Klgl 3,6 ist bei der Nennung der *mty ʿwlm* der chthonische Charakter von *ʿwlm* unverkennbar, so daß der Text zu verstehen ist als: „In Finsternis ließ er mich wohnen, wie die Toten der Unterwelt."[39] Als Glosse wurde *mty ʿwlm* von hier aus auch nach Ps 143,3 übernommen.

In Ps 29,10 wird von JHWH ausgesagt: YHWH *lmbwl yšb wyšb* YHWH *mlk lʿwlm*. Zumeist wird der Parallelismus beider Vershälften zu wenig beachtet, da man *ʿwlm* als Zeitbestimmung auffaßt. Aber da die Formulierung *yšb lmbwl* in v 10a lokal verstanden wird, ist ein solches Verständnis auch für *yšb lʿwlm* zu erwägen. Ist der *mbwl* als Himmelsozean zu verstehen,[40] so paßt dazu ein Verständnis von *ʿwlm* als 'Unterwelt'.[41] Daraus ergibt sich für Ps 29,10 ein Merismus, der den gesamten Kosmos meint: „JHWH hat sich niedergelassen über dem Himmelsozean, JHWH thront[42] als König über der Unterwelt."

Des weiteren läßt sich Jer 10,10 mit seiner Qualifikation JHWHs als *hwʾ ʾlhym ḥyym wmlk ʿwlm* anführen. Faßt man hierin *ḥyym* und *ʿwlm* als Opposita und nicht als Synonyma auf, so ergibt sich als Merismus: „Er ist der lebende Gott und der König der Unterwelt".[43] Deutlich ist hierin die Reminiszenz an die ugaritische Vorstellung vom Unterweltsgott *mlk*.

In Koh 12,5 wird ausgesagt: *hlk ʾdm ʾl byt ʿwlmw*. Der chthonische Charakter von *byt ʿwlm* als 'Grab' ist aufgrund des älteren sowie des zeitgenös-

---

[37] Vgl. Renz/Röllig, 1995, 453.

[38] Vgl. Sapin, 1983, 177 Anm. 86.

[39] Vgl. dazu Sapin, 1983, 177 Anm. 86.

[40] Vgl. dazu Stenmans, 1982-84, 635-637.

[41] Vgl. Pardee, 1988, 90.

[42] Vgl. zum sedativen und mansiven Aspekt von *yšb* Görg, 1977-82, 1016-1025.1031.

[43] Vgl. Cooper, 1987, 7 Anm. 77; Pardee, 1988, 90.

sischen aramäischen Sprachgebrauchs unübersehbar.[44] Ein Wortspiel mit dem Terminus technicus *byt ʿwlm* findet sich in dem jungen Ps 49,12: *qrbm btymw lʿwlm mškntm ldr wdr* („Gräber sind ihre Häuser in Ewigkeit, ihre Wohnungen von Geschlecht zu Geschlecht").[45] Hierdurch wird *bt ʿwlm* als 'Haus der Ewigkeit' verstanden, ein Aspekt der sich mit *domus aeterna/aeternitatis* in punisch-lateinischen Bilinguen und (μνημειον) αιωνιον bzw. αιωνιος τειμη in palmyrenisch-griechischen Bilinguen ebenfalls zeigte.

In der Forschung zu *ʿlm* als 'Unterwelt' und 'Grab' werden noch weitere Belege aus dem Alten Testament und aus der Qumranliteratur beigebracht,[46] allerdings müßten diese noch weiter diskutiert werden.

5. Ergebnis

Bei einer Durchsicht der Verwendung des Substantivs *ʿlm* in nordwestsemitischen Inschriften und Texten zeigt sich, daß *ʿlm* an mehreren Stellen als 'Unterwelt'. bzw. als 'Grab' zu verstehen ist. Zur Erklärung hierfür hat man auf ägyptische und akkadische Analogien verwiesen,[47] wodurch aber die semantische Entwicklung von *ʿlm* in den nordwestsemitischen Sprachen nicht deutlich wird.

Man kann davon ausgehen, daß *ʿlm* ein Extrembegriff ist, der die fernste Zeit im Hinblick auf die Vergangenheit oder die Zukunft, bzw. auch beides meint.[48] Auf dieser Basis ist eine Transposition dieses zeitlichen Extrembegriffes auf den lokalen Bereich anzunehmen. Als Analogon läßt sich auf das Lexem *qdm* hinweisen. Auch in diesem Falle erfährt ein zeitlicher Extrembegriff 'Vorzeit' eine Transposition zu einem lokalen Begriff 'Osten'.[49] Was das Lexem *ʿlm* in seiner lokalen Verwendung angeht, so ist das mit ihm gemeinte Extrem der äußerste Bereich der bewohnten Welt, d.h. die Unterwelt. Eingeschränkt auf den Ruheort der Toten kann hiermit auch das Grab gemeint sein. Daß bei *ʿlm* als 'Ewigkeit' und *ʿlm* als 'Unterwelt' und 'Grab' nicht zwei verschiedene Lemmata vorliegen, ist vor allem ersichtlich anhand der lateinischen und griechischen Wiedergaben von *bt ʿlm* in einigen Bilinguen.

---

[44] Vgl. dazu Hurvitz, 1992, 64-66.

[45] Zu Textkritik und Auslegung der Stelle vgl. Casetti, 1982, 63-70.

[46] So aus dem AT Ex 15,18; Ps 10,16; 45,7; 145,13; 146,10 (vgl. dazu Pardee, 1988, 90 mit Anm. 51); Ps 24,7.9 (vgl. dazu Cooper, 1983, 40-50), vielleicht auch noch Ijob 22,15, und aus Qumran 1QH 3,17 f.; 6,31 (vgl. dazu Cooper, 1987, 43 Anm. 34).

[47] Vgl. Gaál, 1974, 97; Cooper, 1983, 42; 1987, 2-7; Tawil, 1970/71, 36.

[48] Vgl. dazu Jenni, 1976, 230.

[49] Vgl. dazu Kronholm, 1987-89.

Bibliographie:

Amadasi Guzzo, M.G.
1967 Le iscrizioni fenicie e puniche delle colonie in occidente, SS 28.

Cantineau, J.
1930-36 Inventaire des inscriptions de Palmyre I-VIII.

Caquot, A.
1976 La tablette RS 24.252 et la question des Rephaïm Ougaritiques, Syr 53, 295-304.
1989 Textes Religieux, in: Textes Ougaritiques II, 7-123, LAPO 14.

Caquot, A./Sznycer, M./Herdner, A.
1974 Textes Ougaritiques I, LAPO 7.

Casetti, P.
1982 Gibt es ein Leben vor dem Tod?, OBO 44.

Cooper, A.
1983 Ps 24:7-10: Mythology and Exegesis, JBL 102, 37-60.
1987 *MLK ʿLM*: „Eternal King“ or „King of Eternity“?, in: J.H. Marks/ R.M. Good (Hrsg.), Love & Death in the Ancient Near East, FS M.H. Pope, 1-7.

Dietrich, M./Loretz, O.
1989 Rāpiʾu und Milku aus Ugarit, UF 21, 123-131.

Dietrich, M./Loretz, O./Sanmartin, J.
1995 The Cuneiform Alphabetic Texts from Ugarit, Ras Ibn Hani and Other Places, ALASP 8.

Drijvers, H.J.W.
1972 Old Syrian (Edessean) Inscriptions.

Fauth, W.
1979 Sonnengottheit (^{D}UTU) und ‘Königliche Sonne’ (^{D}UTU^{ŠI}) bei den Hethitern, UF 11, 227-263.

Friedrich, J.
1939 Zur Einleitungsformel der ältesten phönizischen Inschriften aus Byblos, in: Mélanges Syriens offerts à M. René Dussaud 1, BAH 30, 39-47.

Gaál, E.
1974 Osiris-Amenophis III in Ugarit (Nmry.mlk.ʿlm), in: L. Kákosy/ E. Gaál (Hrsg.), Studia Aegyptiaca, FS V. Wessetzky, 97-99.

Gawlikowski, M.
1972 La notion de tombeau en Syrie romaine, Ber 21, 5-15.

Görg, M.
1977-82 *jāšab*, in: ThWAT 3, 1012-1032.

Hawkins, J.D. /Morpurgo-Davies, A.
1978 On the Problems of Karatepe:The Hieroglyphic Text, AnSt 28, 103-119.

Healey, J.P.
1981 The Archaic Aramaic Inscriptions from Zinjirli. Diss. Harvard.

Heider, G.C.
1985 The Cult of Molek, JSOTS 43.

Hoftijzer, J./Jongeling, K.
1995 Dictionary of the North-West Semitic Inscriptions, HdO I/21.

Hoftijzer, J./Kooij, G. van der
1976 Aramaic Texts from Deir ʿAlla, DMOA 19.

Hurwitz, A.
1992 בית־קברות and בית־עולם: Two Funerary Terms in Biblical Literature and their Linguistic Background, Maarav 8, 59-68.

Janowski, B.
1989 Rettungsgewißheit und Epiphanie des Heils 1, WMANT 59.

Jean, C.-F./ Hoftijzer, J.
1965 Dictionnaire des Inscriptions Sémitiques de l'Ouest.

Jenni, E.
1976 *ʿōlām*, in: THAT 2, 228-243.

Joüon, P.
1938 Glanes palmyréniennes, Syr 19, 99-102.

Kronholm, T.
1987-89 *qaedaem*, in: ThWAT 6, 1163-1169.

Levine, B./de Tarragon, J.-M.
1984 Dead Kings and Rephaim:The Patrons of the Ugaritic Dynasty, JAOS 104, 649-659.

Lipiński, E.
1977 An Ugaritic Letter to Amenophis III Concerning Trade with Alašiya, Iraq 39, 213-217.

Meriggi, P.
1967 Manuale di Eteo Geroglifico 2, Incunabula Graeca XIV.

Moor, J.C. de,
1987 An Anthology of Religious Texts from Ugarit.

Negev, A.
1971 A Nabatean Epitaph from Trans-Jordan, IEJ 21, 50-52.

Niehr, H.
1994 Zum Totenkult der Könige von Samʾal im 9. und 8. Jh. v.Chr., SEL 11, 57-73.

Olmo Lete, G. del
1981 Mitos y leyendas de Canaan.
1992 La religión cananea según la liturgia de Ugarit, AuOrS 3.
1993 Royal Aspects of the Ugaritic Cult, in: J. Quaegebeur (Hrsg.), Ritual and Sacrifice in the Ancient Near East, OLA 55, 51-66.

Pardee, D.
1988 Les textes para-mythologiques, RSOu 4.

Payne-Smith, R.
1879-1901 Thesaurus Syriacus I-II.

Poebel, A.
1932 Das appositionell bestimmte Pronomen der 1. Pers. Sing. in den westsemitischen Inschriften und im Alten Testament.

Radwan, A.
1973 Amenophis III., dargestellt und angerufen als Osiris (*wnn-nfrw*), MDAIK 29, 71-76.

Renz, J./Röllig, W.
1995 Handbuch der althebräischen Epigraphik I.

Röllig, W.
1974 Die Amulette von Arslan Taş, NESE 2, 17-36.
1982 Die Aḥirōm-Inschrift, in: B. von Freytag gen. Löringhoff e.a. (Hrsg.), Praestant Interna. FS U. Hausmann, 367-373.

Sader, H.
1987 Les États araméens de Syrie, BTS 36.

Sapin, J.
1983 Quelques systèmes socio-politiques en Syrie au 2e millénaire avant J.-C. et leur évolution historique d'après des documents religieux (légendes, rituels, sanctuaires), UF 15, 157-190.

Stenmans, P.
1982-84 *mabbûl*, in: ThWAT 4, 633-638.

Sznycer, M.
1973/74 Antiquités et épigraphie nord-sémitiques, AEPHE IVème section: Sciences historiques et philologiques 106, 131-153.

Tarragon, J.-M. de
1989 Les rituels, in: Textes Ougaritiques II, 125-238, LAPO 14.

Tawil, H.
1970/71 A Note on the Aḥiram-Inscription, JANES 3, 32-36.

Teixidor, J.
1987 L'inscription d'Aḥiram à nouveau, Syr 64, 137-140.

Tomback, R.S.
1978 A Comparative Semitic Lexicon of the Phoenician and Punic Languages, SBL Diss. Ser. 32.

Tropper, J.
1993a Die Inschriften von Zincirli, ALASP 6.
1993b Rezension zu Caquot 1989/de Tarragon 1989, WO 24, 177-182.

Tsumura, D.T.
1993 The Interpretation of the Ugaritic Funerary Text KTU 1.161, in: E. Matsushima (Hrsg.), Official Cult and Popular Religion in the Ancient Near East, 40-55.

Weippert, M.
1969 Elemente phönikischer und kilikischer Religion in den Inschriften vom Karatepe, ZDMG Suppl. I/1, 191-217.

Xella, P.
1981 I testi rituali di Ugarit I.

Zijl, P.J. van
1972 Baal. A Study of Texts in Connexion with Baal in the Ugaritic Epics, AOAT 10.

Neu/spätbabylonische und aramäische Kaufverträge

Joachim Oelsner, Jena

Unlängst hat Wolfgang Röllig die aramäischen Beischriften von zwei in Tall Šēḫ Ḥamad (= Dūr-Katlimmu) gefundenen Tontafeln veröffentlicht.[1] Sie gehören zu einer Gruppe von vier Rechtsurkunden, genauer Feldkaufverträgen, deren Besonderheit darin besteht, daß sie zwar hinsichtlich Schrift, Sprache und Formular assyrisch sind, ihre Datierungen nach Nebukadnezar II. Jahr 2 bzw. 5 (= 603/2 bzw. 600/599 v.Chr.) jedoch eine Veränderung der politischen Situation bezeugen. Da in der umfangreichen Textveröffentlichung[2] die dadurch aufgeworfenen Probleme eingehend erörtert wurden, ist es nicht erforderlich, darauf erneut einzugehen. Keilschriftliche neuassyrische und neu/spätbabylonische Rechtsurkunden sind öfter mit aramäischen Beischriften versehen worden,[3] so daß sich die Tontafeln in dieser Hinsicht völlig in das bekannte Bild einfügen. Daß daneben auch in Mesopotamien Rechtsurkunden in aramäischer Sprache existiert haben müssen, darf vorausgesetzt werden, Beispiele dafür fehlen jedoch bis jetzt – bedingt durch das dafür verwendete Schreibmaterial (im Zweistromland in der Regel wohl Leder, seltener – da zu importieren – auch Papyrus).

Inzwischen sind jedoch wenigstens aus Palästina einige entsprechende Texte bekannt. Sie ergänzen die in Ägypten gefundenen Papyri[4] in erfreulicher Weise. Es handelt sich um eine Anzahl durchweg fragmentarischer Rechtsurkunden des 4. Jh. v.Chr., ursprünglich aus Samaria stammend, gefunden aber im Wādī ed-Dālijeh nördlich von Jericho. Obwohl schon seit 1960 bekannt, liegt noch keine umfassende Publikation und Bearbeitung

---

[1] SAAB 7/2 (1993), 125-128.

[2] = SAAB 7/2 mit Beiträgen von H. Kühne, J.N. Postgate, W. Röllig, J.A. Brinkman, F.M. Fales.

[3] Zum assyrischen Bereich vgl. jetzt die Bearbeitungen durch F.M. Fales, Aramaic Epigraphs on Clay Tablets of the Neo-Assyrian Period, Rom 1986 (StudSemNS 2), zum babylonischen die Zusammenstellung bei J. Oelsner, Aramäisches aus Babylonien – Notizen am Rande, in: Humboldt-Universität zu Berlin, Berichte 1987 H. 10 (Festgabe Heinrich Simon), 38 ff. und Ergänzungen in OLZ 87 (1992), 547-552. Inzwischen wurden weitere Beispiele bekannt bzw. identifiziert.

[4] Jetzt leicht zugänglich durch die Neubearbeitung von B. Porten – A. Yardeni, Textbook of Aramaic Documents from Ancient Egypt, Jerusalem 1986 ff. [= TAD] (drei der vier geplanten Teile sind bereits erschienen).

vor.[5] Leicht zugänglich sind bis jetzt nur zwei Beispiele.[6] Allerdings hat D.M. Gropp in einer unveröffentlichten Dissertation an der Harvard University 1986 neun Sklavenkaufurkunden bearbeitet.[7] Da sich die Texte gegenseitig ergänzen, läßt sich das verwendete Formular vollständig rekonstruieren.[8] Als Elemente enthält es:

1. den Vertragsabschluß im engeren Sinne (Verkaufserklärung, Kaufpreisquittung sowie Eigentumsübertragung),
2. umfangreiche Schlußklauseln zur Vertragssicherung.

Dazu kommen Zeugen sowie Datum mit Ausfertigungsort und – teilweise – ein Inhaltsvermerk (englisch: docket).[9]

Schon bei einem ersten Blick auf die Texte fallen sowohl Übereinstimmungen mit wie auch Unterschiede zu den für Sklaven verwendeten neu/spätbabylonischen Mobiliarkaufformularen auf. Erstere sind besonders deutlich bei der Verkaufserklärung:[10]

> *l*KG V *zbn l*K *bksp* KP *šḥrṣ dmyn gmyrn* (Varianten: Text 3 ist *dmyn gmyrn* wohl nicht unterzubringen, in Text 7 ist vor *šḥrṣ* noch eingefügt: [*dmy*?]+KG)

---

[5] Vgl. die Bibliographie bei J.A. Fitzmyer – St.A. Kaufman, An Aramaic Bibliography, Pt. I, Baltimore-London 1992, 30 sub B.1.39. – Es handelt sich offenbar um ein Familienarchiv.

[6] Nach den Erstpublikationen von F.M. Cross, Eretz-Israel 18 (1985), *7-*17 (Text 1), und ders., VTS 40 (1988) 17-26 (Text 2, mit Faksimile beider Texte), erneut in Umschrift und Übersetzung vorgelegt von E. Eshel – A. Lange – K.F.D. Römheld, ZAH 7 (1994), 268-271.

[7] D.M. Gropp, The Samaria Papyri from Wâdī Dâliyeh. The Slave Sales, Cambridge/Mass. May 1986. – P. Steinkeller gebührt Dank, daß er dem Verf. eine Kopie der Arbeit zugänglich gemacht hat.

[8] Zusammenfassend Gropp, S. 130-139 (auf die Elemente des Formulars wird im folgenden mit der dort vorgenommenen Zählung der Abschnitte verwiesen). Nach ebd. S. VII mit Anm. 6 betreffen auch einige der nicht bearbeiteten Stücke Sklaven, vgl. auch (zu Text 10 und 11) Cross, VTS 40, 18. – Zugrundegelegt werden im folgenden Gropps Lesungen und Ergänzungen (letztere ohne Kennzeichnung), auch wenn sie gelegentlich als unsicher zu betrachten oder zu modifizieren sind.

[9] Fragmentarisch in Text 3 und 4 erhalten (vgl. auch Text 10 nach Gropp, S. 40), zu ergänzen vielleicht in Text 2 (ebd. S. 38, 40) und 7 (ebd. S. 105, 109). Im Unterschied zu Elephantine, wo dieser Vermerk meist auf der nicht beschriebenen Außenseite des (gesiegelten) Dokuments angebracht ist, steht er hier unmittelbar vor dem eigentlichen Urkundentext gewissermaßen als Überschrift, wie es auch in bestimmten neu/spätbabylonischen Verträgen bezeugt ist (vor allem bei Tausch, Schenkung, Vermögensteilung).

[10] Im folgenden werden als Abkürzungen verwendet: V = Verkäufer; K = Käufer; KG = Kaufgegenstand; KP = Kaufpreis.

Im babylonischen Bereich lautet die Verkaufserklärung in der Regel:[11]

> V *ina ḫūd libbišu* KG *ana x kaspi ana šīmī gamrūti/ana šīmi ḫariṣ ana* K *iddin* „Der Verkäufer hat freiwillig den Kaufgegenstand zum vollen/ 'festgesetzten' Kaufpreis dem Käufer gegeben".

In einigen Urkunden[12] begegnet eine Variante ohne *ina ḫūd libbišu* mit veränderter Wortstellung:

> KG V *ana šīmī gamrūti/šīmi ḫariṣ ana* K *iddin*.

Man kann diese Formulierung, die vor allem in chaldäischer Zeit und überwiegend bei anderen Kaufgegenständen als Sklaven verwendet wird, als Typ B von dem zuerst genannten häufigeren Fall unterscheiden, und jenen als Typ A bezeichnen. Im Prinzip entspricht der Typ B der aramäischen Formulierung. Unterschiede bestehen einmal beim verwendeten Verbum: akkad. *nadānu* „geben", aram. *zbn* Pael „verkaufen" (die abweichende Wortstellung fällt nicht ins Gewicht). Letzteres Verbum ist in gleicher Verwendung jetzt aber auch in der aram. Beischrift der Kaufurkunde Nr. 3 aus Dūr-Katlimmu bezeugt.[13] Ein weiterer, ebenfalls unbedeutender Unterschied besteht darin, daß im babylonischen Formular *šīmū gamrūtu* und *šīmu ḫariṣ* wechseln, während letzteres im aram. Formular meist durch *dmyn gmryn* „vollständiges Äquivalent" ergänzt wird.

Parallelen zum babylonischen Formular sind ebenfalls bei der Quittungsklausel zu beobachten:

> *kaspa-aʾ* KP *šīm* KG V *ina qātē* K *maḫir eṭir* „Silber im Betrage von ..., Kaufpreis von ..., hat der Verkäufer aus den Händen des Käufers empfangen (und) beglichen bekommen (*eṭir* fehlt gelegentlich, die Verben auch umgestellt).

In den aram. Urkunden sind bei der Quittungsklausel zwei verschiedene Formulierungen zu beobachten:

> A) *kspʾ znh/wksp* KP *dmy/dmwhy zy* KG *ʾṭyr mkyr* in Text 3 und 7 steht
> B) *kspʾ* (*znh*) KP V *mqbl*(*n*) *mn* K in den anderen Texten gegenüber.

Abgesehen von der fehlenden Wiederholung der Vertragsparteien im ersten Fall und der Umstellung der Verben sind auch hier die Parallelen in den Formularen unverkennbar.[14]

---

[11] Vgl. H. Petschow, Die neubabylonischen Kaufformulare, Leipzig 1939, 45-53. – Auf babylonische Parallelen verweist bereits Gropp in seinem Kommentar.

[12] S. Petschow ebd. 45, 1. Abs.

[13] Vgl. W. Röllig, SAAB 7/2 (o. Anm. 1), 126-128, und zum akkad. Text J.N. Postgate, ebd. 116 f.

[14] Zur Entsprechung von akkad. *maḫir* und aram. *mkyr* vgl. Gropp (o. Anm. 7), 66-68. – S. auch u. bei und mit Anm. 31.

Häufiger ist jedoch eine zweite Formulierung mit Verwendung des Pael-Partizips des Verbums *qbl* „empfangen". Dies dürfte ebenso wie *zbn* „verkaufen" die spezifisch aramäische Ausdrucksweise darstellen. Als aram. Fremdwort ist die Wurzel *qbl* allerdings auch im babylonischen Bereich in einigen Urkunden der seleukidischen Zeit aus Uruk bezeugt.[15]

In den nach dem „seleukidisch-arsakidischen Formular"[16] abgefaßten Grundstücks- und Pfründenkaufverträgen aus dem hellenistischen Uruk endet der Vertragstext regelmäßig mit der sog. „Bestätigungsklausel":

KG *ša* K *ana ūmi ṣâti šū/šunu* „das Grundstück/die Pfründe gehört dem ... für künftige Zeiten".[17]

Inhaltlich entsprechende Klauseln finden sich auch in den aramäischen Kaufverträgen, wo sie allerdings wesentlich umfangreicher gestaltet sind.[18] Die ausführlichste Formulierung liegt in den Texten 4, 6 und 7 vor (in den anderen Beispielen fehlen einzelne Elemente; hier durch // gegliedert):

*w*K *l*KG *hḥsn qdmwhy/qdmyhm* // KG *lh* (und Nachkommen) *lʿlmʾ* // *šlyṭ* K *l*KG *lʿlmʾ* // *lʾ šlyṭ* V (und seine Nachkommen/Verwandten)

„Und der Käufer hat die Kaufsache vor ihm/ihnen (= Verkäufer) in Besitz genommen. // Die Kaufsache gehört ihm (und seinen Nachkommen) auf ewig. // Der Käufer verfügt über die Kaufsache auf ewig. // Der Verkäufer (...) verfügt nicht (mehr darüber)."

Die Verwendung der Wurzel *šlṭ* „verfügen" ist neu/spätbabylonisch in der sog. „Wehrformel" ebenfalls bekannt, bei Kauf – neben den üblichen Vertragssicherungsklauseln (s.u.) – allerdings nur vereinzelt bezeugt (BRM 2, 16; VS 15, 23).[19] Sie ist hier vielmehr für den Klageverzicht charakteristisch.[20]

Die „Schlußklauseln", die der Vertragssicherung dienen und Garantieleistungen fixieren, sind in den aramäischen Urkunden[21] wesentlich ausführlicher gehalten als im keilschriftlichen Bereich. Für letzteren ist daran

---

[15] Dazu W. von Soden, OrNS 37 (1968), 364; Belege CAD Q, 292 sub *qubbulu* A.

[16] Terminus nach Petschow (o. Anm. 11), 69 ff.; herausgearbeitet zuerst in der Berliner Dissertation von O. Krückmann, Babylonische Rechts- und Verwaltungsurkunden aus der Zeit Alexanders und der Diadochen, Weimar 1931, 24-38.

[17] Vgl. Krückmann ebd. 30 f. sub XXII-XXIII und S. 38.

[18] Dazu Gropp (o. Anm. 7), 132 f. sub Nr. 5-8 und S. 139 sub 3.3. Transfer/ Investiture Clauses.

[19] Krückmann (o. Anm. 15), 41-44.

[20] Vgl. Krückmann (o. Anm. 15), 48 f.; s. auch Oelsner, in: M. Geller – H. Maehler (eds.), Legal Documents of the Hellenistic World, London 1995, 118 Anm. 75.

[21] Dies gilt nicht nur für die Texte aus dem Wādī ed-Dālijeh, sondern ebenso für die aus Ägypten (s.u.).

zu erinnern, daß das bis etwa 275 v.Chr. bei Grundstücks- und Pfründenkauf bezeugte sog. Immobiliar-Formular[22] und das bisher betrachtete Mobiliarformular (neben Sklaven vor allem für Tiere und Schiffe), ebenfalls bis etwa 275 v.Chr. nachgewiesen,[23] ganz verschieden aufgebaut sind und sich auch hinsichtlich der Schlußklauseln beträchtlich unterscheiden. In Uruk wird dieses ältere Immobiliarformular dann durch ein neues Formular abgelöst,[24] in dem wesentliche Elemente des Mobiliarformulars aufgenommen sind. Für den Pfründenkauf ist dieses bereits seit der Zeit Alexanders d. Gr. gebräuchlich (TCL 13, 247, mit leichten Varianten gegenüber den späteren Fassungen). Bezeugt sind die Schlußklauseln des seleukidisch-arsakidischen Uruk-Kaufformulars außerdem bereits in einigen frühhellenistischen und frühseleukidischen Kaufpreisquittungen für Grundstücke (erstmals TCL 13, 234: Antigonos Jahr 6 = 312/11 v.Chr.; ebenfalls aus Uruk).[25] Ein wesentliches Element dieses neuen Formulars ist neben der Defensions- eine Solidarhaftungsklausel, in der die Verkäuferseite für das Bereinigen (akkad. *murruqu*) des Kaufgegenstandes bei auftretender Vindikation bürgt.

In vorliegendem Zusammenhang verdient zunächst Erwähnung, daß in Babylonien bis zur Zeit Darius' I. allein die Eviktionsgarantie üblich war. Seit dieser Zeit tritt dann die Defensionsklausel daneben.[26] Eine Erweiterung der Eviktionsfälle ist vom ausgehenden 5. Jh. v.Chr. an (z.B. VS 5, 128 = NRVU 96: Zeit Artaxerxes' I.) bis zum Ende der Überlieferung bezeugt.

Babylonisches und aramäisches Formular schlagen zwar bei den Schlußklauseln verschiedene Wege ein, sind aber nicht ohne Berührungspunkte. Charakteristisch ist, daß im Aramäischen eine Vielzahl von Fällen aufgezählt wird.[27] Einleitend wird diesem Vertragsteil eine Passage über den Vertragsabschluß vorausgeschickt (Gropp Nr. 9-10):

wrʿyw ḥd mn ḥd ʾsrʾ bynyhm (*ʿl ṭʿm ʿbdyʾ*, Zusatz Text 8)

wznh ʾsrʾ hqymw bynyhm/hqym V *ʿm* K (*bmlyʾ ʾlh*)

„Und sie waren gegenseitig zufriedengestellt mit dem Vertrag untereinander (über die Angelegenheit der Sklaven). Und diesen Vertrag schlossen

---

[22] Dazu Petschow, Kaufformulare (o. Anm. 11), 7-42. Belege aus Uruk.

[23] Aus dieser Zeit stammen die spätesten Sklavenkaufverträge, die aus der nachachämenidischen Periode bis jetzt nur aus Uruk bekannt sind.

[24] Dazu schon o. Anm. 16. – Außerhalb Uruks werden auch noch in seleukidischer Zeit andere Formulare verwendet, s. Oelsner, ZA 61 (1971), 159 ff. zu CT 49, 131, 137, 169.

[25] Noch nicht jedoch in der gleichartigen Urkunde MLC 2263 = M.W. Stolper, BaM 21 (1990), 577-579 Nr. 13 (wohl 366 v.Chr.), die mit der Quittungsklausel endet.

[26] Petschow, Kaufformulare (o. Anm. 11), 55 ff.

[27] Gropp (o. Anm. 7), S. 133-138 Nr. 9-25, S. 139 sub 4.

... untereinander/Verkäufer mit Käufer (mit diesen Worten)" (so mit Varianten Text 1, 2, 5, 8, 9; der eingeklammerte Zusatz nur in Text 2 und 8).

Es schließt sich eine von Text zu Text variierte, im Vordersatz von den keilschriftlichen Formen völlig abweichende Defensionsklausel an (Gropp Nr. 11-13). Sie ist meist in direkter Rede stilisiert, in Text 2 und 3 in der dritten Person. Der Aufbau ist (im einzelnen mit einer Anzahl von Varianten): „wenn (*zy hn* bzw. *hn*) der Verkäufer bzw. andere Personen mit (*ʿm)* dem Käufer bzw. seinen Leuten prozessiert (*dynn ʿbd*), dann wird der Verkäufer bereinigen (*mrq*) (und) dem Käufer geben (*ntn*).

Der folgende Abschnitt (Gropp Nr. 14-18) enthält Parallelen zur Anfechtungsklausel des neubabylonischen Immobiliarformulars,[28] an das Vorhergehende mit „oder" bzw. „und" angeschlossen: „oder/und (wenn) er (= der Verkäufer) den Vertrag, den er mit ... geschlossen hat, verletzt (V *šnh bʾsrʾ zy hqym ʿm* K)" oder den Verkauf bzw. den Erhalt des Kaufpreises leugnet (*wʾmr l*K „zum Käufer spricht"), dann meist in direkter Rede: „Ich/wir, der/die Verkäufer, haben den Kaufgegenstand dem Käufer nicht verkauft (*lʾ zbn l*K) und den Kaufpreis vom Käufer nicht erhalten (*wkspʾ*+KP *lʾ mqbl mn* K), dann ist der Kaufpreis, der dem/den Verkäufer(n) gegeben wurde (*ʾp kspʾ*+KP *zy yhb l*V), dem Käufer zurückzuzahlen (*htyb ntn l*K). Die Formulierung in Text 3 weicht etwas davon ab: die Kaufpreisrückzahlung fehlt, andererseits wird die „Anfechtungsklausel" mit dem Fall der Nicht-Defension eingeleitet (Gropp Nr. 14): *hn lʾ* [*ymrq*]. In Text 2 und 3 wird, wie schon im vorhergehenden Abschnitt, die 3. Person verwendet, sonst die 1. Person.

Eine Entlastungserklärung seitens des Verkäufers gegenüber dem Käufer (Verbum *šbq*, Gt-Stamm, + *qdmy*(*n*), „du/ihr seid frei vor mir/uns") scheint kein obligatorischer Vertragsbestandteil zu sein, da sie sich nur in den Texten 2, 6 und 9 nachweisen läßt (Gropp Nr. 19 = 4.4.1).

Mit dem Verbum *hyb* „schuldig sein", durchweg in der 1. Person, meist mit Namensnennung (dieses Stück nicht in Text 8), wird zur Verantwortlichkeit des Verkäufers zur Zahlung von Strafen bei Vertragsbruch übergeleitet (Gropp Nr. 20-23 = 4.4.2). Der Abschnitt ist wechselseitig formuliert (durchweg direkte Rede): der Verkäufer stellt den Käufer zufrieden (*šlm*) und zahlt (*ntn*) ihm eine vereinbarte Summe mit Bezug auf den Vertrag (*lqbl ʾsrʾ*), die der Käufer ohne Einschaltung eines Gerichts und irgendeine Verpflichtung annimmt (*hḥsn zy lʾ dynn wlʾ ḥwbn*). Das letzte Stück fehlt in Text 3, die gesamte Passage in Text 8. Die bei Verkauf mehrerer Sklaven pro Kopf (*lnpš lnpš,* Text 2, 5, 6, 7, 9) fällige – zusätzliche? – Strafe von regelmäßig 1 Mine liegt allerdings auch in Text 8 (in der Variante *lnpš 1*)

[28] Vgl. Petschow, Kaufformulare (o. Anm. 11), 28.

vor. Im übrigen bewegen sich die Strafandrohungen zwischen dem zehn- und dem zwanzigfachen des Kaufpreises.[29]

Abschließend (Gropp Nr. 24-25 = 4.5) wird nochmals der Übergang der Verfügungsgewalt über den Kaufgegenstand in direkter Rede des Verkäufers wechselseitig bekräftigt, umgekehrt als im Vertragsabschlußteil (s.o., Gropp Nr. 7-8 = 3.3.3) zunächst von der Seite des Verkäufers, dann von der des Käufers: *l*KG *lʾ šlyṭ* V *wšlyṭ* K (und Nachkommen) *lqbl ʾsrʾ znh lʿlmʾ* (mit Varianten, nur Text 1, 4, 6, 7, 9, in Text 2 nur die zweite Hälfte: *l*KG *šlyṭh* K [Fem., in 3. Person]).

Nach dem Vertragstext werden die Zeugen genannt, eingeleitet mit *qdm* „vor". An erster Stelle wird regelmäßig der *pḥt šmryn*, der Statthalter der Provinz Samaria, genannt, der *sgnʾ*, der Präfekt, bildet meist den Abschluß (in Text 6? und 7 scheinen sie die einzigen Zeugen zu sein). In Text 2 und 3 wird zwischen die Zeugennamen *whwdt dynʾ* „und ich habe die Entscheidung anerkannt" eingefügt. In Text 4 reicht der Platz zur Ergänzung von Namen nicht aus, aber es findet sich wie in Text 1, 5, 7 die Zufügung *šhdyʾ zy yḥtmwm hmw mhymnn/mhymnn hmw* „Die Zeugen, die ihre Siegel beifügen, sind vertrauenswürdig".

Datum und Ausfertigungsort stehen teils zu Beginn (Text 1, 4, 5, 6), teils am Ende des Textes (Nr. 2, 3, 7-9). Obwohl nur wenige Jahresdaten erhalten sind, ist aus inhaltlichen Erwägungen nachstehende zeitliche Abfolge wahrscheinlich: Text 7 (Art. III Jahr 4) - 2 (Art. III Jahr 7) - 3 - 9 - 8 - 5 - 6 - 4 - 1 (Arses Jahr 2). Die fünf zuerst genannten Papyri enthalten – wie in Babylonien und auch den aramäischen Texten aus Ägypten üblich – das Datum am Ende der Urkunden, die übrigen zu Beginn. Daraus läßt sich folgern – obwohl zeitliche Überschneidungen nicht auszuschließen sind –, daß erstere eine ältere, letztere eine jüngere Gruppe bilden.[30] Da Text 3 und 7 zur älteren Gruppe gehören, wird dort die verwendete Quittungsklausel ebenfalls eine ältere Formulierung darstellen.[31]

Als Ergebnis ist festzuhalten, daß das in Palästina bezeugte aramäische Formular einerseits babylonische Vorbilder aufnimmt, andererseits jedoch zahlreiche eigenständige Elemente aufweist. Dies gilt besonders im Blick auf die Garantieklauseln. Charakteristisch ist hierfür die häufige Verwendung der direkten Rede, die auch in den aramäischen Texten aus Ägypten

---

[29] In Babylonien handelt es sich beim Immobiliarkauf regelmäßig um das 12-fache (*adi 12-ta-a*$_4$), das Mobiliarkaufformular kennt keine entsprechende Klausel.

[30] Die Veröffentlichung der zu den ältesten Stücken des Fundes gehörigen Texte 16 und 22 (datiert ins 2. Viertel des 4. Jh. bzw. in den Zeitraum zwischen 375/365 v.Chr.) wird zeigen, ob sich dies bestätigt. – Im keilschriftlichen Bereich ist eine Datierung zu Beginn der Urkunde zwar bekannt, jedoch ungewöhnlich.

[31] So schon Gropp (o. Anm. 7), 66. Zu den Quittungsklauseln s. o. bei Anm. 14.

weit verbreitet ist.[32] Ein Vergleich der Texte aus dem Wādī ed-Dālijeh mit diesem Material stellt jedoch in eigenes Thema dar und muß an anderer Stelle erfolgen.

[32] S. jetzt Porten, TAD (o. Anm. 4), Vol 2: Contracts. Unter den erhaltenen Texten befinden sich leider keine Sklavenkaufurkunden, wohl aber eine Sklaventeilung (Text 2.11) sowie zwei Grundstückskaufverträge (Text 3.4 und 3.12) und andersartige Geschäfte. Die überwiegende Mehrzahl der aramäischen Rechtsurkunden aus Ägypten ist als Zwiegespräch formuliert, in einer Form, die zwar auch in Babylonien häufig bezeugt ist, dort aber vor allem für Fälle verwendet wird, die formularmäßig nicht normiert sind (für Kaufverträge nur selten bezeugt). Vgl. H. Petschow, JCS 19 (1965), 103-120; ders., in: Mittelbabylonische Rechts- und Wirtschaftsurkunden der Hilprecht-Sammlung Jena (Abh. der Sächs. AdW, Phil.-hist. Kl. 64/4), Berlin 1974, 38 f.

The Man Without a Scribe and the Question of Literacy in the Assyrian Empire*

Simo Parpola, Helsinki

K 652 (ABL 151) is a short but difficult Neo-Assyrian letter hitherto believed to refer to the making of a royal image and relief figures for Assyrian government officials. This interpretation derives from E. Klauber, who in his study *Assyrisches Beamtentum* (Leipzig, 1910), p. 103 f, rendered the words *la-a-ni* and *a-su-mu* occurring in the text as „Bild" and „Relief" respectively and compared them with the inscribed stelae of Assyrian kings and governors actually found at Assur and other Assyrian sites. At first glance, this interpretation makes sense and has, in fact, been generally accepted. Later translations of the letter (L. Waterman, *RCAE* [1930], no. 151; R. Pfeiffer, *SLA* [1935], no. 143; *Chicago Assyrian Dictionary*, B [1965] 273, A/2 [1968] 348 f, and L [1973] 79) differ from Klauber only in minor points:

> [**Waterman**] „To the king my lord, your servant Sinnaʾid. May it be well with the king my lord.
> „In regard to that which the king my lord has written me, he should summon (*i-še-si-a*) a scribe. Let him design an image (*la-a-ni*) of the king, a relief figure (*a-su-mu*) for the governor of the city of Arrapha, a relief figure for ..."

> [**Pfeiffer**] „To the king, my lord, your servant Sin-naid. Greetings to the king my lord.
> „The secretary is giving orders (*i-še-si-a*) concerning what the king my lord has written me, that they should make an image of the king, a bas-relief for the prefect of Arrapkha, a bas-relief for ..."

> [**CAD**] „As to what the king my lord has written me, (...) let them draw an image of the king, let them ... a relief figure for the governor of Arrapha, let them ... a relief figure for PN."

See also AHw. p. 77, s.v. *lānu* „Bild, Figur," and p. 534, s.v. *asūmu* „Bildstele(?)."

---

* It gives me great pleasure to dedicate this article to Wolfgang Röllig, a long-time member of the advisory committee of the Neo-Assyrian Text Corpus Project, whose work has always been a source of inspiration to me. Abbreviations are those of the *Chicago Assyrian Dictionary* and *Akkadisches Handwörterbuch,* with the following additions: KAI = H. Donner and W. Röllig, *Kanaanäische und aramäische Inschriften* (2nd ed., Wiesbaden, 1966); NL = H.W.F. Saggs, „The Nimrud Letters," Iraq 17 (1955) 21 ff, etc., cited by text numbers.

This consensus does not mean, however, that the letter has necessarily been correctly understood. Quite the contrary. All the published translations suffer from numerous flaws making them totally obsolete today.[1] In particular, the idea that the letter would refer to the making of a royal image and relief figures has to be abandoned. The word *lānu* did not mean „image" in Neo-Assyrian,[2] nor has the word *a-su-mu* (a hapax legomenon) any connection to „relief figures" except its assonance to Babylonian *asumittu* „stela."[3] Overall, the text contains many unusual and problematic features, some of which (like the form *i-še-si-a* in line 7) are anomalous enough to raise the suspicion that something is wrong with the cuneiform copy on which the translations have been based.

Collation of the original confirms this suspicion. Instead of *i-še-si-a,* the tablet actually reads *i-še-e*[!]*-a*. This word also occurs in rev. 3, and in general the reverse of the tablet, indicated as largely damaged in the copy, turns out to be completely readable.[4] The alleged *la-a-ni* in obv. 7 actually reads *la-a-si*[!].

---

[1] *ana bēt* (obv. 5) does not mean „in regard to" (Waterman), „concerning" (Pfeiffer) or „as to" (CAD), but „where(to)", rarely „when" (see the examples cited in n. 11 below); *išpurannīni* (obv. 6) does not mean „wrote me" but „sent me" (see n. 11, and note also SAA 10 316 s.2 and 318 s.1, „I have gone where the king, my lord, sent me"); *i-še-si-a* (obv. 7) can under no circumstances be taken as a form of *sasû* „to call, summon," cf. simply CAD Š/2 (1992) under *šasû; li-is-pu-ru* (obv. 9) cannot be read *līṣiru* „let them draw" (CAD) since the sign BU did not have the value /ṣir/ (see von Soden, *Akk. Syll.*, no. 213); reading *li-is-sír-ru* (Klauber, Waterman, Pfeiffer) is out of the question since neither *esēru* A „to collect" nor *esēru* B „to shut in" makes sense in the context and since neither verb is attested in Neo-Assyrian (cf. already S. Ylvisaker, LSS 5/6 [1912], p. 31). For *la-a-ni* and *a-su-mu* see presently.

[2] *lānu* is well attested in Neo-Assyrian, but only in the meanings „body, stature, figure, height"; see SAA 2 5 iv 16, 6:610; SAA 3 13:12.15, 23 r. 5, 38 r. 10, 39:10; SAA 5 156 r. 3; SAA 9 9:14.15; SAA 10 349:14; ABL 1078 r. 1; ADD 310:5 and 312:4; CTN 3 95 r. 11.17.22.26; ND 2082:4 (Iraq 16 34); Ass. 8476h r. 2 and 9687:4. The Neo-Assyrian term for „image" was *ṣalmu,* cf. e.g. [*ṣal-m*]*u ša* AMA–[LUGA]L „image of the queen mother," CT 53 921 r. 17, *ṣal-mu*–LUGAL „royal image," CT 53 41:14.16 and r. 2, and *2 ṣal*[!]-[*mu*–LUGA]L.MEŠ-*ni* „two royal images," ibid. 12; also, written NU–MAN.MEŠ-*ni*, CT 53 18:6; NU–MAN.MEŠ, ABL 1194:13, CT 53 516:2; [NU]–LUGAL.MEŠ-*ni,* ABL 1098:11; [N]U–LUGAL-*ni*, ABL 951:19; NU–MAN, SAA 7 62 i 14, ii 12, iii 10, r. i 10. The reading *la-a-ni* involves two particular difficulties rendering it suspect: the „overhanging" *-i*, which is incongruous with the rules of Neo-Assyrian phonology and morphology, and the separation from LUGAL in the next line, which would be inexplicable had „royal image" been meant by the writer.

[3] See below. The attested Neo-Assyrian forms of the word are NA_4.*uš-mit-tu*, SAA 3 29 r. 4; NA_4.*uš-me-ta*, Scheil Tn II 60; *uš-me-te*, ND 2774:5 (Iraq 23 pl. 26); and *ú-su-mit-tu,* SAA 10 227 r. 25.

[4] I collated the reverse of the tablet in November, 1966, the obverse (from photo) in the early eighties. All the new readings indicated with exclamation marks in the

On the other hand, the hapax legomenon *a-su-mu* in obv. 10 and 12 as well as the difficult *li-is-pu-ru* in obv. 9 and rev. 4 turn out to be correctly copied, and on the whole the copy proves reasonably accurate. Thus, collation does not eliminate the unusual character of the text but rather emphasizes it. Like the deleted *i-še-si-a* and *la-a-ni* (and the obscure *a-su-mu* and *li-is-pu-ru*), the new word forms *i-še-e-a* and *la-a-si* are not attested anywhere else.

The difficulties posed by these words quickly disappear, however, when it is realized that in spelling them the writer did not follow the standard Neo-Assyrian orthography, where graphic <s> stands for spoken [š] and vice versa,[5] but rather the Neo-Babylonian system, where <s> = [s] and <š> = [š]. Thus *i-še-e-a* corresponds to normal Neo-Assyrian <i-se-e-a> = [išše:a] „with me,“[6] *la-a-si* to <la-a-šu> = [la:su] „there is not,“[7] and *li-is-pu-ru* to <liš-pu-ru> = [lispu:ru] „let him send and.“[8] The alleged „relief

---

transliteration were checked against the original in July, 1992. I wish to thank the Trustees of the British Museum for the photographs reproduced and for the permission to publish them.

[5] See S. Parpola, „The alleged Middle/Neo-Assyrian irregular verb **naṣṣ* and the Assyrian sound change *š* > *s*, Assur 1/1 (1974), 1-5, especially n. 13 on p. 4.

[6] Cf. *i-se-e-a*, SAA 1 124:17; *is-se-e-a*, ibid. 205:14 and SAA 10 354:5.10.27; *i-si-ia* and *is-si-ia* passim; *i-se-e-ka* „with you,“ NL 27:10 (Iraq 18 pl. 9); *is-se-e-ka,* CT 53 908 r. 2; *i-se-ka* and *is-se-ka* passim*; i-*[*se-e*]*-šu* „with him,“ NL 1:9 (Iraq 17 pl. 4); *i-se-e-šú*, SAA 1 29:31, 35 r. 3, 124:22 and r. 12, SAA 10 369:12, ABL 557 r. 8; *is-se-e-šú*, SAA 1 4:13 and 13 r. 9, SAA 10 97 r. 8 and 353 r. 7, ABL 951 r. 4.6.8; *i-se-šú* and *is-se-šú* passim*; i-se-e-ni* „with us“, ABL 621+ r. 14; *i-se-ni* and *is-se-ni* passim; etc. The frequent spellings with *i-* imply that the geminate <ss> of *issi* (< *ište*) was reduced to [š] in suffixed forms, where the stress was shifted from the first to the second syllable.

[7] E.g., SAA 1 233:18.20.r. 11.16, SAA 6 152:3; ADD 280:9, 386:2; CTN 3 66:11; *la-a-šú* SAA 6 2:8, 3:7, 96:10, and passim; *la-áš-šu, la-šu,* etc. passim; note exceptionally *la-a-ši*, SAA 6 52 r. 1, and *la-áš-ši,* ADD 476:2, both = „there is not.“ These spellings suggest that the pronunciation [la:si], implied by the present letter, actually was much more common than the standard spellings (*la-áš-šu* etc.) would seem to indicate.

[8] Cf., e.g., *gab-ru-ú ša e-gír-te* LUGAL *be-lí liš-pu-ru* „let the king my lord send a reply to (this) letter and (give orders to the 'third men'),“ ABL 683 r. 9 ff; *e-gír-ti liš-pu-ru ... a-na* LÚ*.*šá*–UGU–URU *šúm-mu a-na* LÚ.*šak-nu liš-pu-ru ma-a* „let him send a letter to the city overseer or to the prefect, saying (...),“ SAA 5 213:9 ff; on the anaptyctic *-u* (corresponding to the Babylonian enclitic particle *-ma* „and“) see the commentary on LAS 18 r. 8 in LAS 2 (1983), p. 26.
As indicated by the above examples, precative forms of *šapāru* were usually spelled with the sign *liš* in Neo-Assyrian and spellings with *li-iš-* are rare; the only examples known to me are *li-iš-pur,* SAA 5 81 r. 5; *li-iš-pur-ra,* SAA 5 244 r. 8, *and li-iš-pur-u-ni*, GPA 197 r. 5. The present spelling (*li-is-pu-ru*) is to be considered in the light of the writer's reduced syllabary discussed in n. 17. CVC-signs were practical from the viewpoint of writing economy (*liš* has two wedges only vs. 15 of *li-iš* and 13 of

figure," *a-su-mu,* is in reality just a variant of <šum-mu> = [summu] „if."[9] Similar spellings occur in other NA letters as well, though much more sporadically.[10]

With this basic point established, we can now present a revised transliteration and translation of K 652:

	Transliteration	*Translation*
1	*a-na* LUGAL BE-*i*⌈*a*⌉	[1] To the king, my lord: your servant Sin-na'di. Good health to the king, my lord!
2	ARAD-*ka* ^{md}30–⌈I⌉	
3	(*lu*) DI-*mu a-na* LUGAL	
4	*be-lí-ia*	

li-is) and therefore much used by professional scribes, but using a CV-VC sign combination instead did the same trick and helped reduce the number of cuneiform graphemes to be mastered drastically.

[9] Cf., e.g., SAA 1 99 r. 17, *šúm-mu* LÚ.*qur-bu-te šúm-mu* LÚ.*ša*–EN.NUN [*lil-l*]*i-ka* „Let either a bodyguard or a guard come"; similarly ABL 556 r. 17. For further examples of disjunctive *šummu* ... *šummu* „either ... or" see SAA 1 41 r. 5 f, 48:13 f, 139:4 ff, 220:5f and r. 8 ff, SAA 5 213:9 ff (quoted in n. 8), SAA 10 152:7, 194 r. 14, 362:6, ABL 1056 r. 4 ff, etc. The prothetic *a*– attached to *su-mu* is certainly due to analogy with *kīma* „when, if," which is often found with this prothetic *a*– especially in letters from Der and Babylonia (e.g., ABL 800:9, 861 s. 1, 1063 r. 11, ABL 1296 r. 6, CT 53 77 s. 4, 716:5; note, in the meaning „if," ABL 211 r. 15 ff, *a–ki-ma ina* ŠÀ *a-bi-te an-ni-te qur-ba-ku* „if I am involved in this matter (let the king punish me)"; also ADD 102 r. 5). Note also *a–ki-i* beside *ki-i* „as, if, whether" (passim); *a*(*m*)–*mar* beside *mar* „as much as" (passim), etc. Occasional spellings of *šummu* with the MU sign in Assur (TCL 9 62B r. 1, FWA 107q r. 2, Ass. 9571t r. 2, 9634:7, 9644d :6, 9644e:7, 9661d:7, 9661k:7, 13846ad r. 2) imply a merger with *šumu* „name" and thus a variant pronunciation [su:mu] beside the normal [summu].

[10] Cf. *a-ra-si* and *uš-še-si-i*[*b*] for normal <a-ra-ši> = [ara:si] and <us-se-šib>, in letters from Babylonia (ABL 685:14 and 760:8); *e-pa-sa-an-ni, ep-sa-at, ú-na-me-sa* for normal <e-pa-ša-an-ni>, <ep-šat>, etc., in letters from Der (ABL 800 r. 6, CT 53 904:4.7, ABL 1348:10); and *sa-pal, e*[*p*]*-sa-tu-ni, e-pu-su-*(*su-*)*nu, ep-pa-su-nu, ni-is-pur-an-ni, as-pur-*⌈*an*⌉-[*ni*] for <šá-pal>, <ep-šá-tu-ni> (etc.), <ni-iš-pur-an-ni> and <áš-pur-an-ni>, in letters from Phoenicia (ABL 992:12.14, CT 53 148:18.r. 18.21.23, and CT 53 289:16.r. 16), all written by the same man with a Babylonian name and writing Assyrian with a heavy „Babylonian accent." Correspondingly, in letters from Babylonia, *la-áš-hur, iš-hu-ra-an-ni, pa-ri-iš-tu, ú-še-bi-la-áš-šú* for <la-as-hur>, <is-hu-ra-an-ni>, <pa-ri-is-tu> and <ú-se-bi-la-áš-šú> (ABL 1063:21, 1453+:11, 1436:5, CT 53 68 r. 12 and 364:1). Note also *ma-ši-i* for normal <ma-se-e> „to wash" in BM 103389:22 (AfO 32 38 f), a text from Assur. These parallels imply that the writer of our letter originated from the southern parts of Assyria subjected to Babylonian linguistic or orthographic influence. The spelling BE for *bēlu* „lord" in obv. 1 points in the same direction, for it is otherwise attested only in letters from Assur (ABL 419:6, SAA 8 140 r. 2), Der (ABL 537:1.3.6.14, 798:1.3.r. 7, CT 53 904:3.5.8), and Babylonia (CT 53 490:6, Iraq 34 22:20, ABL 85 r. 3?), and well as in two letters from the vassal rulers of Muṣaṣir and Šurda (ABL 768:3 f and 1081:2.4.r. 8).

5	*a-na bé-et*	[5] I have no scribe where the king sent me to.
6	LUGAL *iš-pu-ra-ni-ni*	
7	LÚ*.A.BA *i-še-e!-a*	
8	*la-a-si!*	
9	LUGAL *li-is-pu-ru*	[9] Let the king order either the governor of Arrapha or Aššur-belu-taqqin to send me one.
10	*a–su-mu a-na* LÚ*.EN.NAM	
11	*ša* URU.*arrap-ra-ap-ha*	
e.12	⸢*a*⸣–*su-mu*	
r. 1	⸢*a*⸣-*na* ^{m}*aš-šur!*–U–LAL!	
2	⸢1!-*en!* LÚ*!⸣.A.BA	
3	⸢*i!-še!-e!*⸣-*a*	
4	[*li*]-⸢*is!*⸣-*pu-ru*	

Thus the message of the letter actually turns out to be very simple: the sender simply informs the king that he didn't have a scribe and that he needed one. What is interesting is that this circumstance did not prevent him from putting his message into writing and drafting the present letter. Lines 5 f and 9 ff imply that the sender was on a mission in the Zagros mountains,[11] where people knowing Assyrian cuneiform certainly did not grow on trees.[12] Hence he must have either written the letter himself or had someone

---

[11] For lines 5 f cf. SAA 5 226:5 f, *ina* É LUGAL *be-lí ina* UGU LÚ.GAL.MEŠ *iš-pur-an-ni-ni* „when the king sent me to the magnates (in Media)"; CT 53 141:6 ff *bé-et* LUGAL [*be*]-*lí a-na* KUR GAL–KAŠ.LUL *iš-pur-an-ni-ni* „when the king my lord, sent me to the land of the chief cupbearer"; ABL 992:13, KUR *bé-et* LUGAL *be-lí iš-ku-ni-ni* „(the king, my lord, knows) the land where the king, my lord, stationed me" (referring to Phoenicia). Note further, referring to missions in the Zagros area: NL 41 r. 1 f (Iraq 20 pl. 38), *a-ki* LUGAL *be-lí ina* UGU LÚ.LUL.MEŠ *iš-pur-*[*an*]-*ni-ni* „when the king, my lord, sent me to (catch) the criminals, (I went there)"; SAA 5 227:21 f, *ki-i ú-ma-a i-li-kan-a-ni* É LUGAL *be-lí iš-pur-šu-u-ni* „as he now came, (going) to where the king, my lord, sent him"; and SAA 5 198 r. 3 ff, [*bé-et*] LUGAL *be-lí* [*i*]*š-pur-ra-ni-ni* ⸢*ú*⸣-*ta-me-š*[*i*] „I have set out [to where] the king, my lord, sent me."

The lack of a blessing formula in our letter dates it to the reign of Sargon II. Aššur-belu-taqqin (rev. 1) is known to have served at this time as a governor in or in the vicinity of the Transtigridian city of Meturna (Tell Haddad on the Diyala), 160 km SE of Arrapha (Kirkuk); see ABL 455 r. 5 and the other letters from or mentioning Aššur-belu-taqqin (ABL 212, 887, 1057, CT 53 64; ABL 438, 638, 1296, CT 53 6 and 244). The fact that the desired scribe was to be supplied either by the governor of Arrapha or by Aššur-belu-taqqin but not, e.g., the governor of Der (Tell Aqar), implies that the sender was located somewhere in the upper reaches of the Diyala river.

[12] Occasional letters from vassal rulers (see SAA 5 164-168) show that Assyrian cuneiform was used at least in some Zagros principalities under direct Assyrian influence. The level of scribal competence evidenced by these letters is low, indicating that the use of the script was limited to the vassal court only.

in his retinue write it.[13] Whichever the case, the writer evidently was an ordinary Assyrian administrator not generally thought to have been able to read or write.[14]

This explains the many unusual spellings, word forms and phrases occurring in the text. Not being a professional scribe, the writer simply was not able to adequately follow the standard spelling and phrasing conventions of the Neo-Assyrian royal correspondence. At the same time it is clear, however, that he was by no means a mere dilettante either but must have had considerable previous writing experience. The tablet, expertly moulded, has the typically Neo-Assyrian letter format,[15] the introductory formula agrees with contemporary conventions, and the signs are drawn and distributed over the lines with a skill that can be acquired only through long and repeated practice.

If an ordinary Assyrian government official possessed such writing skills, there is every reason to believe that literacy in the Assyrian empire was far more widespread than hitherto assumed.[16] After all, mastering the elements of cuneiform script (the basic syllabograms and the most important logograms) does not take longer than a semester today. This level of competence is sufficient for writing and reading simple texts, and it is the level

---

[13] The forms of the signs and several orthographic details agreeing with standard Assyrian conventions (in the first place the spelling of the city name Arrapha with the LÍMMU sign) betray the Assyrian origin of the writer. It could be objected that he might as well have been a local scribe trained in Assyria; but in that case the sender would (contrary to the wording of the letter) have had a scribe at his disposal!

[14] See, e.g., A.K. Grayson, *Cambridge Ancient History*, 2nd ed., III/2 (1991), p. 202: „There seems to have been no training programme for potential bureaucrats nor were the officials literate, since an army of scribes bolstered up the entire system."

[15] The tablet measures 1.7 x 3.1 x 6.2 cm and thus displays the standard 1:2:4 *egirtu* ratio between its thickness, width and length. See S. Parpola, JNES 42 (1983) 2 n. 5 and LAS 1 (1970) 331-341, and K. Radner, „The Relation Between Format and Content of Neo-Assyrian Texts," in R. Mattila, ed., *Nineveh 612 BC. The Glory and Fall of the Assyrian Empire* (Helsinki, 1995), 63-77, especially 71f.

[16] The current scholarly consensus seems to be that after relatively wide-spread literacy in the early second millennium BC (see n. 19) there was a „reversal" in the development of the cuneiform script, which eventually „led to literacy becoming the prerogative of a restricted class of highly trained specialists [in] the late second and early first millennia" (M.T. Larsen, „The Mesopotamian Lukewarm Mind: Reflections on Science, Divination and Literacy," in F. Rochberg-Halton, ed., *Language, Literature, and History: Philological Studies Presented to Erica Reiner* [New Haven, 1987], p. 220, with reference to earlier opinions); see also J.S. Cooper, *International Encyclopaedia of Communications* 1 (Oxford, 1989), 442, and J. Oates, *Babylon* (rev. ed., London, 1986), 163.

evidenced in our letter.[17] Naturally, full mastery of the cuneiform writing system takes a lifetime and can be attained only by a small number of professionals. But such a mastery was not necessary in everyday life. The level of literacy evidenced by the present letter was within the reach of every affluent Assyrian family, and there certainly was no prohibition against it.[18] The extent to which this potential was actually realized of course remains a matter of conjecture, but it would stand to reason that elementary literacy was mandatory at least for public and state offices, as later in Greece and Rome.[19] I submit that the alleged „drastic" second-millennium change in

---

[17] The letter contains a total of 40 different graphemes, of which 26 (= 65%) are phonetic and 14 ideographic. The phonetic signs (*a e i u; ba ha ia ka la na ra ša; bé še; li ni si; mu pu ru su; ap et is iš*) account for 70.5% of all sign occurrences. The ideograms include numbers, determinatives and logograms for common nouns, names, and name elements (A.BA „scribe," ARAD „servant," BE*(-lí)* „lord," DI „well-being," EN.NAM „governor," LUGAL „king"; 30, *aš-šur*, *arrap*, EN, LAL). Even though the sample is very limited, the total absence of CVC-type syllabograms on the one hand, and the presence of CV-VC type spellings (*bé-et, li-is, ra-ap*) on the other, indicates that it is representative (cf. n. 8 above). Supposing that the writer's complete syllabary included all the commonly used Neo-Assyrian CV and VC graphemes and a proportional number of additional logograms, it would have consisted of a total of 112 signs, 79 of them syllabograms and 33 ideograms. (In actual fact, the syllabary may well have been more reduced and still perfectly functional). This compares well with such syllabic systems as Japanese hiragana and Linear B. To put the matter in perspective, it may be noted that even the syllabary of such an expert scribe as Mar-Issar, attested in an extensive correspondence (SAA 10 347-370), does not include more than 225 graphemes (170 syllabograms + 55 ideograms).

[18] An anonymous letter to Esarhaddon (ABL 1245) denounces a goldsmith who „like the king and the crown prince has bought a Babylonian, settled him in his own house, and taught (*liginnu iqṭibi*) his son in exorcism; they have even explained to him extispicy omens, and he has even studied gleanings from Enuma Anu Enlil, and this right before the king, my lord!" (obv. 4-12). However, it is clear that the man was not accused for teaching his son to read and write but for acquiring knowledge in magic, extispicy and astrology – subjects potentially highly dangerous to the monarchy (see SAA 10 179 and my remarks in Iraq 34 [1972] 32) – without the king's permission. To judge from a contemporary letter, learning to read and write cuneiform was not considered a difficult task in this period – not at least by the writer, the princess Šerua-eṭirat, who degrades her sister-in-law by hinting she was involved in such childish exercises (ABL 308). A letter written by the above-mentioned goldsmith's son (ABL 847) has actually been preserved, and it displays very good writing competence.

[19] In his book *The Old Assyrian City State and Its Colonies* (Copenhagen, 1976), p. 305, M.T. Larsen writes: „There are indications that a great many Assyrians knew how to read and write so the need for privately employed scribes may not have been so great. The system of writing was highly simplified with only a limited number of syllabic signs and quite few logograms, and many of the outrageously hideous private documents constitute clear proof of the amateurishness of their writers. We know for certain that some of the sons of important merchants were taught the

Mesopotamian literacy (see n. 16) actually never took place, and that the level of literacy in first millennium Mesopotamia was at least as high (if not higher) as in earlier times.[20]

APPENDIX: Additional Philological Notes on K 652

2. The reading of the sender's name is based on the syllabic spellings ᵐ*aš-šur–na-a'-di* (ABL 941:9), ᵐA.10–*na-a'-di* (ADD 22:3), ᵐEN–*na-a'-di* (SAA 6 325 r. 23) and ᵐ*na-a'-di*–DINGIR (CT 53 38 r. 3 and CTN 3 102 ii 9).

3. The supplied *lu* is (with the exception of CTN 3 1:4) otherwise missing from the salutation only in letters from the Balih and Habur area (see SAA 1 214:3, 222:3, 223:3 and 224:3), where its omission is surely intentional and due to Aramaic influence (see KAI no. 233:1).

5. *a-na bé-et* is elsewhere regularly spelled with the *ina* sign. For *a-na* = <ina> see LAS 2 (1983), r. 47 f.

6. Note the standard spelling *iš-pu-ra-ni-ni* beside the non-standard *li-is-pu-ru* (obv. 9, rev. 4). Similar vacillation between standard and non-standard orthography also occurs in the other letters surveyed in n. 10 above, e.g. *iš-pur-an-ni* and *e-pu-uš* beside *e-pa-sa-an-ni* in ABL 800 r. 6.9.13; *ep-pu-šú* beside *e-pu-su-nu*, in CT 53 148:16 and r. 18; *iš-ku-ni-ni* and *e-pu-⌜uš-ma⌝* beside *e[p]-sa-tu-ni*, ABL 992:13 f and 23; *iš-kun-u-nu* and *le-pu-šú* beside *ni-is-pur-an-ni*, CT 53 289:13 and r. 5 f. Note also *iš-se-e-a*, NL 96:37 (Iraq 39 pl. 34, a letter from Arrapha), and *iš-sap-ra-a-ni*, SAA 10 273:7 and r. 11.

7 f. Literally, „there is no scribe with me."

9. When used in hendiadys with another verb, *šapāru* (without the ventive suffix) often had the meaning „to send (word), order, direct" in Neo-Assyrian, e.g., *liš-pu-ru lu-bi-lu-niš-šú*, ABL 464 r. 6; *šu-up-ru bé-et šu-tú-u-ni li-iṣ-[b]u-tu lu-bi-lu-ni-[šú]*, SAA 1 246:10 ff; *a-sa-par ú-ba-lu-ni-šú*, SAA 5 263:5; *šu-pur liš-u-lu a-na* ᵐ*sa-si-i*, ABL 1257:8; *a-šap-par i-šá-'u-ú-[lu-u]š*, ABL 464 r. 11; *a-šap-par i-ša-ú-lu*, SAA 1 91 r. 8.

9 ff. The word order can be compared with ABL 896 r. 2 (*la-áš-pur a-na* É–*a-muk-a-ni* „let me send word to Bit-Amukani") and ABL 1385:8 f (*ša áš-*

scribal art in Assur... In spite of these observations it must be assumed that the big firms did have their own scribes." See also his remarks on literacy in the Old Akkadian and Old Babylonian periods in Festschrift Reiner (above, n. 16), p. 219f. The evidence available to me indicates that this picture applies to the Assyrian Empire as well. Most private letters of this period are written with a limited syllabary and in this respect do not differ from their Old Assyrian predecessors. They also include a fair number of „outrageously hideous" documents (e.g., CTN 3 no. 3), which under no circumstances can qualify as the handiwork of expert scribes.

[20] For a similar view see H. Vanstiphout, „Memory and Literacy in Ancient Western Asia," in J. Sasson et al., eds., *Civilizations of the Ancient Near East* (New York, 1995), 2181-2196, esp. 2188 f.

pur-an-ni a-na ŠEŠ-*ia mu-uk,* „as to what I wrote to my brother, saying (...)").

11. The spelling URU.*arrap-ra-ap-ha* is attested only here and is a compromise between the standard spelling URU.*arrap-ha* and a fully syllabic spelling (e.g., *ár-rap-ha*, ABL 1244:10).

r. 1. There is an accidental vertical wedge above the second horizontal of *aš-šur*.

r. 3 f. *šapāru* + *issi* „to send to" is also attested in SAA 10 353:14 ff („[the king, my lord], sent a bodyguard to the commandant") and ABL 916:7 ([LÚ].A–KIN DUMU–LUGAL *is-si-ia is-sap-ra* „the crown prince sent a messenger to me").

K 652. Photograph courtesy Trustees of the British Museum

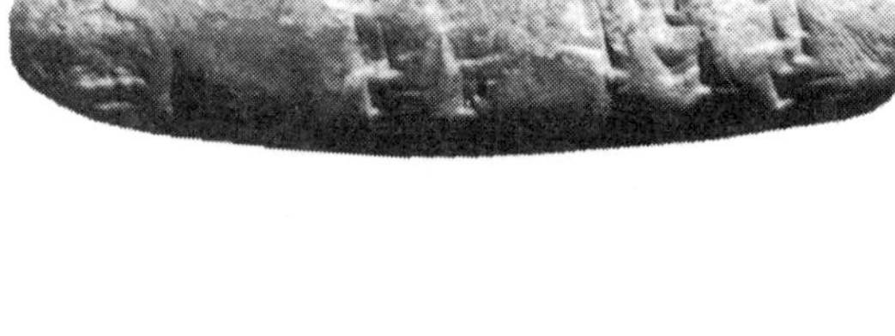

Right edge

Reverse

Obverse

Toponyme als Ausdruck assyrischen Herrschaftsanspruchs

Beate Pongratz-Leisten, Tübingen

In einer früheren Arbeit habe ich in Anlehnung an das von H. Cancik entwickelte Konzept der „sacred landscape"[1] ein Modell der Wahrnehmung und religiösen Besetzung des Raumes in Mesopotamien entworfen, das in der *mental map* zwischen der Mythologisierung des Raumes einerseits und seiner Ritualisierung andererseits unterscheidet.[2] Im Blickpunkt standen dabei zum einen der sprachliche Akt der Besetzung von Raum mit mythischen Konnotationen, wie er sich in Kosmologien, Mythen der Städtegründung, der Deifizierung von Flüssen und Gebirgen oder der Zuordnung von Göttern und Dämonen zu bestimmten Bereichen äußert,[3] also die Mythologisierung des gesamten Lebensraumes, und zum anderen die Ritualisierung des Raumes über symbolische Handlungen während der Festzeit,[4] die innerhalb der mythologisierten Landschaft Akzente setzt und zwischen bestimmten Bereichen, die im profanen Alltag unabhängig voneinander existieren, eine Beziehung herstellt.[5] Programm dieser Ritualisierung während der Festzeit war die Unterwerfung des als ungeordnet wahrgenommenen Bereichs unter die Kontrolle des Zentrums. Als Möglichkeiten der Realisierung dieser Kontrolle wurde zum einen die *akītu*-Prozession der Götter Marduk und Aššur in Babylonien und Assyrien angeführt, durch die der auf der mythologischen Ebene als Bereich der Antiordnung konnotierte Raum der Herrschaftskontrolle des Zentrums unterworfen wird. Auf der anderen Seite ließ sich die gemeinschaftliche Prozession von Stadtgott und assyrischem König anläßlich von *akītu*-Festen in assyrischen Residenzstädten und militärstrategisch wichtigen Provinzstädten als Mittel deuten, den territorialen Führungsanspruch des assyrischen Königs über das Universum[6] zu visualisieren.

Ziel des vorliegenden Artikels ist es, auf dem Wege einer weitergehenden Differenzierung nun die Kontrolle über den Sprachakt im Kontext mili-

---

[1] Cancik (1985-86) 250-260.

[2] Pongratz-Leisten (1994), für die theoretischen Ausführungen s. Kap. II.2.

[3] Pongratz-Leisten a.O. 15.

[4] Zum sakralen versus profanen Alltag im Kult s. Assmann (1991) 105 f.

[5] Pongratz-Leisten a.O. 16.

[6] Pongratz-Leisten (1996) im Druck. Eine leicht veränderte Version ist zu finden in: The Interplay of Military Strategy and Cultic Practice in Assyrian Politics, Vortrag gehalten auf dem Kongress *Assyria, 1995* in Helsinki, im Druck.

tärischer Eroberungspolitik herauszuarbeiten. Im Zentrum der folgenden Ausführungen soll der Akt der Umbenennung von Städten bzw. die Benennung von Neugründungen in eroberten Gebieten im Rahmen assyrischer Militärpolitik stehen.

Neben der Zerstörung von Städten und ihrem agrarischem Umland[7] sowie der Deportation der Bevölkerung,[8] d.h. der Eliminierung eines Gemeinwesens,[9] verfolgte die assyrische Politik in den eroberten Gebieten seit der mittelassyrischen Zeit den Aufbau eines Netzwerkes assyrischer Zentren, die im Laufe des 8. Jahrhunderts zu *nuclei* assyrischer Provinzen wurden.[10] Aus den mittel- und neuassyrischen Inschriften wird deutlich, daß der Aufbau dieses Netzwerkes von assyrischen Zentren entweder auf dem Ausbau bereits existierender Orte oder auf Neugründungen beruhte. H. Kühne[11] hat überzeugend dargestellt, daß im Gebiet des unteren Ḫābūr allerdings auch das Hinterland dieser Zentren bereits in mittelassyrischer Zeit unter assyrischer Kontrolle stand, und die politische Entwicklung im 9. Jahrhundert eher als Kontinuum der mittelassyrischen Zeit betrachtet werden sollte. Die Übernahme von Orten – *ana ramānīja aṣbat/lū amnu* – ging, wie bereits von M. Liverani hervorgehoben,[12] mit der Aneignung[13] oder neuen Errichtung[14] eines *ekallu* als staatlich administrativem Zentrum[15] einher. Daneben

---

[7] S. Cole, The Destruction of Orchards and Gardens in Assyrian Warfare, Vortrag gehalten auf dem Kongress *Assyria, 1995* in Helsinki, im Druck.

[8] Oded (1979); Freydank (1972).

[9] Häufig beschrieben mit der mythischen Konnotation der Sintflut wie z.B. bei Tigl. I.: ON URU *dan-nu-ti-šu-nu ki-ma* DU$_6$ *a-bu-be áš-ḫu-up* „Ich zerstörte ON, ihre Festungsstadt, so daß sie aussah wie ein (von) der Sintflut (zurückgelassener) Ruinenhügel." (RIMA II, S. 24, A.0.87.1, 99-100; ähnlich Adad-nīrārī II: S. 149, A.0.99.2, 31-32).

[10] M. Liverani (1988) umschreibt die Entwicklung des assyrischen Reiches als Umwandlungsprozeß von Städten als Zentren eines Netzwerkes zu *nuclei* von assyrischen Provinzen und benutzt dafür die Schlüsselworte: „network empire" und „territorial empire"; S. 81 Anm. 2-5 Verweise auf frühere Literatur.

[11] Kühne (1995).

[12] Liverani a.O. 88.

[13] Adad-nīrārī II: É.GAL^{meš}-*šú a-na ra-ma-ni-ia* ⌜*lu*⌝ *am-nu* „Seine Paläste betrachtete ich als die meinen." (RIMA II, S. 150, A.0.99.2, 47).

[14] Adad-nīrārī II. baut Apku neu auf und errichtet darin seinen Palast: É.GAL *be-lu-ti-ia šu-tur-ta i-na qé-reb-šu ar-ṣip* (RIMA II, S. 149 A.0.99.2, 38). Zur Schreibung Apku anstatt Apqu s. J.N. Postgate (1985) 99. Zur Lokalisierung s. Karte bei Cancik-Kirschbaum (1996) 34 Abb. 7.

[15] Zu Städten mit solchen *ekallāte* für die mittelassyrische Zeit s. auch Cancik-Kirschbaum a.O. 26.

erfolgte die Einrichtung von Getreidespeichern,[16] deren Zweck der Tributzahlung wie wohl auch der Verproviantierung des assyrischen Heeres bei einem weiteren Durchzug galt.

Ein idealtypisches Beispiel für eine Aneignung einer bereits existierenden Stadt, verbunden zusätzlich mit der Aufstellung einer Statue des assyrischen Königs und der Anbringung seiner Stele an der Stadtmauer, bietet die Schilderung Aššurnāṣirpals II. anläßlich der Eroberung von Tušḫa:[17]

> 2)... *iš-tu* KUR *ni-ir-bi at-tum*$_4$*-šá a-na* URU *tu-uš-ḫa* 3)*aq-ṭí-rib* URU *tu-uš-ḫa ana eš-šú-te aṣ-bat* BÀD-*šú la-be-ru ú-na-kir*$_7$ *a-šar-šú ú-me-si dan-na-su ak-šud* BÀD GIBIL 4)TA *uš-še-sú a-di gaba-dib-bi-šú ar-ṣip ú-šék-lil ú-šar-riḫ* É.GAL-*lum a-na šu-bat* MAN-*ti-a ina lìb-bi ad-di* ^{giš}IG^{meš} DÙ-*uš ina* KÁ^{meš}-*šá ú-re-te* 5)É.GAL *ši-i* TA *uš-še-šá a-di gaba-dib-bi-šá ar-ṣip ú-šék-lil ṣa-lam bu-na-ni-a šá* NA$_4$ *pi-li* BABBAR-*e* DÙ-*uš ta-na-ti* 6)*kiš-šú-ti-a šu-tu-ur-te ù il-ka-kàt qur-di-ia ša* KUR.KUR *na-i-ri e-tap-pa-šú ina* ŠÀ SAR *ina* URU *tu-uš-ḫa* 7)*ú-še-zi-iz* NA$_4$.NA.RÚ.A *ina* BÀD-*šú* GAR-*un* UN^{meš} KUR *aš-šur an-ša-te šá* TA *pa-an su-un-qi bu-bu-te a-na* KUR.KUR^{meš} 8)*šá-ni-ate a-na* KUR *šub-re-e e-li-ú-ni ú-te-ra-šú-nu ina* URU *tu-uš-ḫa ú-šá-aṣ-bit-su-nu* URU *šú-a-tú a-na ra-me-ni-a* 9)*aṣ-bat* ŠE.AM^{meš} ŠE.IN.NU^{meš} *šá* KUR *ni-ir-bi ina lìb-bi* DUB-*uk*

> „... Von Nirbu aus näherte ich mich Tušḫa. 3)Tušha reorganisierte ich. Seine alte Mauer riß ich nieder, maß sein Gebiet aus, erreichte seinen Baugrund und errichtete eine neue Mauer 4)von ihrem Fundament bis zu ihrer Zinne und vollendete und verschönte (sie). Einen Palast als Sitz meines Königtums errichtete ich. Ich fertigte Türen an und hängte sie in ihre Tore. 5)Diesen Palast errichtete und vollendete ich von seinen Fundamenten bis zu seinen Zinnen. Ich fertigte ein Bildnis meiner selbst aus weißem Kalkstein an und schrieb darauf 6)den Ruhm meiner übergroßen Macht und meiner Ruhmestaten, die ich in den Nairi-Ländern vollbracht habe, schrieb ich darauf und stellte sie in der Stadt Tušḫa 7)auf. Eine Stele beschrieb ich und brachte sie an der Stadtmauer an. Die geschwächten Assyrer, die aus Hungersnot in 8)andere Regionen nach

---

[16] Tiglatpilesar I.: RIMA II, S. 26, A.0.87.1 VI 100-104; Aššur-dān II.: RIMA II, S. 135 A.0.98.1 64-65; Tukultī-Ninurta II.: [*ekallāti ina šiddī mātīia arṣip epinnāti ina šiddī mātīia arkus* ŠE.A]M.MEŠ *tab-ka-*⸢*a*⸣-[*ni ana erišti mātīia eli ša pān ušātir atbuk eli māt aššur māta eli* UN].⸢MEŠ⸣-*ša* UN.ME[Š *uraddi*] „[Ich errichtete Paläste in verschiedenen Bereichen meines Landes, bespannte Pflüge in verschiedenen Bereichen meines Landes] und [hortete mehr] [Getr]eide als [der Bedarf meines Landes (erforderte). Zum Land Assyrien fügte ich Land, zu den Menschen] Menschen [hinzu]." (RIMA II, S. 168, Rs. 3'-4'); des weiteren Aššurnāṣirpal II. RIMA II, S. 202, A.0.101 col.II 9.

[17] RIMA II, S. 202 A.0.101.1 col.II 2-9.

Šubria gezogen waren, holte ich zurück und siedelte sie in Tušḫa an. Ich eignete mir Tušḫa 9)an und lagerte Gerste und Stroh ein."

Neben der Aneignung existierte der bereits erwähnte Akt der Neugründung von (Garnisons)städten zur Errichtung des militärischen und kommunikativen Netzwerkes. Nach Aussage von M. Liverani[18] sind dazu die in den Königsinschriften zahlreichen vertretenen Städte mit Namen, die die Elemente Dūr-... und Kār-... enthalten,[19] zu zählen. Dabei sind, zumindest ursprünglich, mit dem Element Dūr- Landfestungen, mit Kār- die an den Flüssen gelegenen Garnisonsstädte bezeichnet.[20] Gleichzeitig beinhaltet das Element Kār- wohl auch immer den ökonomischen Aspekt der Handelsstation oder Handelsstadt. In der mittelassyrischen Zeit werden die Namen von Festungen kleineren Ausmaßes oder sogar befestigter Gehöfte mit dem Element Dunni- + GN/PN gebildet.[21] Es scheint, daß der Namenstyp Dunni- + PN in der neuassyrischen Zeit von dem Typ *Kapar* + PN abgelöst wird,[22] ob es sich dabei allerdings auch um befestigte Gehöfte gehandelt hat, ist unsicher.

Die Ortsnamen des Typs Dūr-KN/GN oder Kār-KN/GN sind keine Erfindung der mittelassyrischen Zeit, sondern sind – wenn auch verhältnismäßig selten – bereits seit der präsargonischen Zeit belegt.[23] In der altbabylonischen Zeit ist ein Zuwachs des Typs Dūr-KN und Dūr-GN zu beobachten. So ist fast für jeden König der Dynastie Babylons ein Ortsname des Typs Dūr-KN belegt.[24] Dasselbe gilt für die Könige Jaḫdun-Lim[25] und

[18] Liverani a.O. 88.

[19] S. Belege bei Parpola NAT 108 passim und 195 passim.

[20] Zu den Toponymen mit den Elementen Kār-, Dūr-, Til- und Bīt- s. H. Limet (1977), spez. 109 ff.

[21] S. Ortsnamen bei Nashef, RGTC 5, 84-87; Parpola, NAT, weist für die neuassyrische Zeit nur das elamitische Dunni-Šamaš auf. In der mittelassyrischen Zeit wird das Element Dunnu- in der babylonischen Region mit einem GN wie z.B. Dunni-Adad, in der assyrischen Region dagegen bis auf wenige Ausnahmen (Dunni-Aššur, Dunni-Dagal, Cancik-Kirschbaum 31, Abb. 6) mit einem PN verbunden: Dunnu-ša Asusija, Dunnu-ša-Bēl-mušallāje, Dunnu-ša-Būr-nāṣir, Dunnu-ša Erabi, Dunnu-ša-Etelpû, Dunnu-ša-Ilu/Ilī-ēriš, Dunnu-ša-Kidin-ilāni, Dunnu-ša-LÚ I?.SUM-ME, Dunnu-ša-mārī ..., Dunnu-ša-mār-šarri, Dunnu-ša-Ninuāje, Dunnu-ša-Palipala, Dunnu-ša-Sînija, Dunnu-ša-Ṣalme, Dunnu-ša-Ṣilli- ..., Dunnu-ša-Šulmānu-nāṣir, Dunnu-ša-Šumu-libši, Dunnu-ša-Šūzube, RGTC 5, 84-87.

[22] S. zahlreiche Belege in den Indices von SAA I S. 237, SAA V S. 340 f., SAA XI S. 181, SAA XII S. 154.

[23] S. RGTC 1, 22 f., 32 ff., 83; RGTC 2, 22 ff., 35 f., 92 f.

[24] Dūr-Sumulael, Dūr-Apil-Sîn, Dūr-Sîn-muballiṭ, Dūr-Hammurabi, Dūr-Samsuiluna, Dūr-Abi-ešuḫ, Dūr-Ammiditana, Dūr-Ammiṣaduqa (s. RGTC 3, 57-63).

Jasmaḫ-Adad von Mari.[26] Išbi-Erra, der letzte König der Isin-Dynastie, bevorzugt dagegen Ortsnamen des Typs Dūr-KN/GN + prädizierendem[27] Zusatz, und läßt damit als erster Herrscher ein ausformuliertes Programm in seinem Städteonomastikon erkennen, wie es dann in der neuassyrischen Zeit geläufig wird:

Dūr-Ištar-tarâm-Išbi-Erra[28]	„Festung, o Ištar, du liebst Išbi-Erra"
Dūr-libūr-Išbi-Erra	„Festung, Išbi-Erra möge dauern"
Dūr-rīm-ᵈEnlil	„Festung, Stier des Enlil"

Daneben sind in der altbabylonischen Zeit vermehrt die Typen Dūr-GN und Kār-GN bezeugt.[29] Diese Tradition wird in der mittelbabylonischen Zeit auch in der babylonischen Region verstärkt fortgeführt, wobei nun das offizielle babylonische Pantheon in den Ortsnamen voll vertreten ist.[30]

Das Element Dūr- ist allerdings nicht auf das Onomastikon der Städte beschränkt, sondern ist auch Bestandteil von Personennamen.[31]

Thema der folgenden Ausführungen sind nun nicht die anfangs geschilderten realpolitischen Praktiken der Aneignung oder Zerstörung des „Fremden", die auch dem Jubilar ein Anliegen gewesen sind.[32] Vielmehr

---

[25] Zu den mit dem Element -Lim gebildeten Namen s. M. Krebernik, RlA 7 (1987-1990) 25-27.

[26] Dūr-Jaḫdun-Lim, Dūr-Jasmaḫ-Adad.

[27] Zu prädizierenden und attribuierenden Aussagen im Babylonischen und Assyrischen s. Landsberger (1926) 360 f.

[28] Mit *tarâm*-Išbi-Erra liegt eine Krasis vor (< *tarammī*-Išbi-Erra).

[29] RGTC 3, 59-63, 133-134.

[30] Dūr- + GN: Amurru, Bēlet-ilī, Bēl-mātāti, Enlil, Gula, Ištar, Išum, Marduk, Nabû, Nergal, Ningal, Ninlil, Ninmaḫ, Ninurta, Nusku, Papsukkal, Sebettu, Sîn, Šī-lābat (RGTC 5, 88-100).

Kār- + GN: Baba, Bēl-mātāti, Damu, Enlil, Ištar, Mami, Marduk, Nabû, Nineanna, Ningirsu, Ninlil, NinSAR, Ninsianna, Ninurta, Nusku, Sîn, Sukkal, Šamaš, Šī-lābat, Uraš (RGTC 5, 152-161).

Dūr + KN: Kadašman-Enlil, Kurigalzu, der älteren Zeit: Rīm-Sîn, Sîn-muballiṭ, Sumu-la-El, Šarru-kēn, Šulgi (ebenda).

Kār- + KN: Kaštiljašu (RGTC 5, 156).

Kombination: aus Dūr+Kār- : Kār-Dūr-Apil-Sîn (RGTC 5, 153).

[31] So z.B. Dūr-makî-Adad (APN 72), Dūr-makî-Aššur (APN, 72; NATA I 27 obv. 5), Dūr-makî-Ištar (APN 72), Nabû-dūr-makî (NATA I 35, r. 20), Dūr-Aššur (APN 71, NATA I 60 r. 12), Dūr-kēni (OMA I 195), Dūr-māti-Aššur (Eponym 901 v.Chr., SAAS 2, S. 94), Dūr-nā'id (APN 72), Nabû-dūr-qāli (APN 72).

[32] Röllig (1996), siehe dort auch Anm. 2 mit weiterführender Literatur.

soll im Blickpunkt der Aneignungsprozeß auf sprachlicher Ebene stehen, d.h. der Akt der Inbesitznahme über den Weg der Umbenennung von Städten und der Benennung von Neugründungen, da dieser Sprachakt ebenso wie die Bildkunst – Errichtung der Königsstatue und Königsstele – Ausdruck eines ideologischen Programms ist.

Aus Platzgründen kann hier nicht jeweils *in extenso* die historische Situation geschildert werden, ebenso muß auf das ausführliche Zitieren der entsprechenden Textstellen verzichtet werden.

Tukultī-Ninurta I.

In der mittelassyrischen Zeit liegt mit Tukultī-Ninurta I. der erste Beleg für die Verbindung von Kār- und Königsname vor:

– Neugründung seiner Residenzstadt *Kār-Tukultī-Ninurta*[33]

Aššur-bēl-kala

Aššur-bēl-kala berichtet in seinem „Zerbrochenen Obelisken"[34] zum ersten Mal über die Stadt Dūr-katlimmu im Zusammenhang mit seinem Feldzug gegen die Aramu.

– *Dūr-katlimmu*[35]

Aššur-rēša-iši I.

– Aus *Apku-ša-Adad* stammt eine Ziegelinschrift[36] mit einem Hinweis auf den Bau eines Palastes durch Aššur-rēša-iši, die implizit auf die Aneignung der Stadt und ihre Umbenennung oder ihre Neugründung hinweist.

Tiglatpilesar I.

Aus der Zeit Tiglapilesars I. sind vor einiger Zeit Zylinderinschriften eines Provinzfürsten namens Aššur-kettī-lēšer bekannt geworden,[37] die er-

---

[33] RIMA I, S. 270, A.0.78.22; S. 271 ff., A.0.78.23; S. 275 A.0.78.24; S. 277 f., A.0.78.25.

[34] RIMA II, A.0.89.7, Zln. 21-22.

[35] Bereits von E. Unger versuchsweise mit dem altbabylonischen Dūr-Igitlim identifiziert, Röllig, OrNS 47, 421. Nach Röllig a.O. 429 wurde wohl bereits in der mittelassyrischen Zeit die Herkunft von dem Gott Lim als Element des Namens nicht mehr verstanden, da der Name stets auf *-limu* endet. Neuassyrisch findet sich dann die etymologisierte Schreibung *adūk-1-lim* „ich tötete eintausend" (Röllig ebenda).

[36] RIMA I A.0.86.10.

[37] Maul (1992).

kennen lassen, daß dieser den heute unter dem Namen Tall Bdēri bekannten Hügel besiedelt, befestigt und ihr seinen Namen gegeben hat.[38]

– *Dūr-Aššur-kettī-lēšer* „Dūr-Aššur-kettī-lēšer"

Tukultī-Ninurta II.

– Als Neugründung ist wahrscheinlich die in den Inschriften Tukultī-Ninurtas II. erwähnte, aber ansonsten unbekannte Stadt *Nēmed-Tukultī-Ninurta* anzusehen, deren Name auf einer Steinplatte aus Ninive in Verbindung mit einem *ekallu* erwähnt wird.[39]

Aššurnāṣirpal II.

– Ausgangspunkt für Feldzug zum Nišpi-Berg[40] in der 4. Kampagne:

Arragdi (Bezeichnung d. Lullu)	*Tukulti-Aššur-aṣbat*[41]	„(Mit) der Hilfe von Aššur habe ich (sie = die Stadt) erobert."[42]

– Feldzug nach Mazamua, in den Bergen östlich von Kirkūk gelegen, Wiederaufbau und Umbenennung:

der Stadt *Atlila* → *Dūr-Aššur*[43] „Festung des Aššur"[44]

---

[38] a.O. 20 Zln. 2-8. Hier ist die in dem PN ausgedrückte Ideologie „o Aššur, meine Legitimität möge gedeihen" durch das Element Dūr- in den ON übertragen.

[39] RIMA II, S. 179 f., A.0.100.6, 10.

[40] Liverani (1992) 49.

[41] RIMA II, S. 205, A.0.101.1, II 48. Ansonsten nicht belegt; zu Lokalisierungsvorschlag s. Kessler ebenda.

[42] In dem *Mazamua Itinerary* SAA XI 14 19 aus der Zeit Sargons II. wird die Bezeichnung Aššurnāṣirpals nicht (mehr?) benutzt, sondern Arragdi, die Eigenbezeichnung der Lullu, zum Itinerar s. L.D. Levine, K.4675+ – The Zamua Itinerary, SAAB 3 (1989) 75-92. Als Parallele zu vorliegendem Ortsnamen ist der Personenname (*Ina*)-*Aššur-aṣbat* „(Mit) Aššur habe ich erobert" anzuführen. Daß es sich hier um einen stat. constr. im Genitiv handeln muß, ist dadurch erwiesen, daß der Nominativ im Assyrischen *tukulta Aššur* und babylonisch *tuklat Aššur* lauten müßte. Als Erklärung für die Tatsache, daß bis auf geringe Ausnahmen (*Ana-Aššur-utēr-aṣbat*, NAT 18; *Ina-birmanat*, NAT 174) keine Ortsnamen mit den Präpositionen *ina* oder *ana* gebildet werden, mag gelten, daß ihnen ebendiese Präpositionen im Satz häufig vorangehen, und ansonsten eine Verdopplung der Präposition gegeben wäre. Bei den Personennamen dagegen lassen sich beide Variationen beobachten, so existieren PN mit Präpositionen wie auch ohne dieselben, s. OMA I 86-87, 254-256.

[43] RIMA II, S. 208, A.0.101.1 II 84b-86a; S. 249 A.0.101.17. III 136'-137'.

[44] Dūr-Aššur wird nochmals im *Mazamua Itinerary* (SAA XI 14 r.3.5.6) erwähnt, s. auch Levine a.O. 87 f.; ebenso ist es bei Assurbanipal in seiner 5. Kampagne gegen

- Feldzüge im Bereich des Mittleren Euphrats und Ḫābūrs während der 7. und 8. Kamp. (877-876 v.Chr.), Gründung der Städte:
  Kār-Aššurnāṣirpal „Kai des Aššurnāṣirpal“[45]
  Nēbarti-Aššur[46] „Furt des Aššur“[47]

- Wiederaufbau mit Errichtung von Palast und Tempel für Mamu, Umbenennung von
  Imgur-Bēl „Es gefiel Bēl“[48]
  (wobei der alte Name nicht genannt wird)

Salmanassar III.

- Feldzüge nach Bīt Adini, Eroberung der Hauptstadt Til Barsib (854-856 v.Chr.)

Pitru (heth. Bezeichnung)	→	*Ana-Aššur-utēr-aṣbat*	„Ich habe (sie/es = die Stadt/das Land) (der Herrschaft) Aššurs wieder zugeführt und reorganisiert[49]“
Til-Barsib	→	*Kār-Šulmānu-ašared*	„Kai des Salmanassar“[50]
Nappigi	→	*Līt-Aššur*	„Sieg des Aššur“[51]

die Mannäer genannt, Iraq 7, Nr. 25, 18 (Parpola NAT 108); zu Lokalisierungsvorschlag s. K. Kessler, Assyrien bis 800 v.Chr., B IV 10 (1987); Liverani (1992) 55.

[45] Röllig (1980b). Liverani (1992) 71. Der Ortsname wird in der Stele der Nergalereš aus der Zeit Adad-nīrārīs III. erwähnt, Unger, PKOM 2 (1916) 12, 24 (Parpola NAT 196).

[46] RIMA II, S. 216, A.0.101.1 III 50; zur geographischen Lage s. Liverani (1988) fig.4.

[47] Liverani (1992) 71.

[48] RIMA II, S. 320, A.0.101.50, 21b-34a; S. 323, A.0.101.51, 28b-30. Wieder erwähnt bei Šamši-Adad V. (I R 29.45); Sanherib (in Dokument aus Mamu-Tempel, Iraq 25, 95 BT 119, 3-4); Asarhaddon (Iraq 25, 92, BT 107, 2) s. Parpola NAT 173; Assurbanipal (SAA XI 1 Rs. II 31). Dieser Ortsname existiert ebenso als Personenname und als Name der Stadtmauer von Babylon (BTT s. Angaben in General Index, S. 484).

[49] „Schwarzer Obelisk“, Luckenbill §§ 560 (ICC pls. 88-89 ll.35-44), nur hier belegt.

[50] „Monolith Inscription“, Luckenbill §§ 602 (3 III pl. 8 col. II 30-35) wieder erwähnt bei Šamši-Adad V. (I R 30 II 9); Salmanassar stellt zwei Löwen am Stadttor auf (RA 27, 18, 19), Parpola, NAT 199. Der Name der Stadt lautet auch noch in der Zeit Assurbanipals *Kār-Šulmānu-ašared* (SAA XI 1 Rs. II 21'; SAA XI 178 14').

[51] Bereits 100 Jahre später ist unter Tiglatpilesar III. die Umbenennung Salmanassars III. nicht mehr in Erinnerung und der Ort taucht unter seiner alten Benen-

Alligu	→	*Aṣbat-lakūnu*[52]	„Ich eroberte (die Stadt und) will (dort) bleiben“
Ruguliti	→	*Qibīt-...* „	(Auf) Befehl [von GN?]“[53]

Tiglatpilesar III.

- Feldzug gegen die Aramäerstämme im Jahre 745 v.Chr., Umbenennung der Stadt und Errichtung eines *ekallu*:
  Ḫumut → *Kār-Aššur*[54] „Kai des Aššur“
- Feldzug nach Medien, Neugründung der Stadt:
  Dūr-tukultī-apil-Ešarra → „Dūr-Tiglatpilesar“[55]
- Kampagne gegen Ulluba (739 v.Chr.), Annexion an das assyrische Reich, Neugründung und Einsetzung eines Eunuchen:
  Aššur-iqīša → „Aššur hat (sie = die Stadt) mir geschenkt“[56]

Sargon II.:

Im Gegensatz zu seinen Vorgängern beschränkt sich Sargon II. bis auf wenige Ausnahmen[57] auf Ortsnamen, die eine Verbindung aus Kār- oder

nung in den Inschriften Tiglatpilesars auf (Tadmor, Tigl. III., Misc. I 5, St II 5). M.E. darf aufgrund dieser Belege in Summary Inscr. 9 11’ nicht zu ... *Li*]-*ti-Aš-šur* ergänzt werden. Ebenso ist Nampigi in der Zeit Sargons II. (SAA I 185 und *Mazamua Itinerary* SAA XI 14 Rs. 2.3) belegt.

52 Assyrischer Prekativ mit überhängendem Vokal -*u* nach geschlossener Silbe. Nach Parpola NAT 41 nur hier belegt.

53 Auch hier handelt es sich wieder um einen stat. constr. im Genitiv mit vorangehender, aber nicht geschriebener Präposition *ina*; als Konstruktion ist hier *(Ina)-qibit-GN* anzusetzen. Nach Parpola NAT 286 das einzige Toponym mit dem Element *Qibīt-...* und nur hier belegt. *Qibit-Aššur* kann nicht gemeint sein, denn das wird erst von Adad-nīrārī III. gegründet (SAA XII 1 Vs.5). Im neuassyrischen Onomastikon ist die Verbindung [I]*(Ina)-qibit-GN* häufiger anzutreffen, so [I]*Qibit-Aššur* (NATA I 33 obv. 12 passim; 51 obv. 3 passim), [I]*Qibit-Ištar* (NATA I 14’).

54 Tadmor, Tigl. III., Ann. 9 2-3; Summ. 1 7, Summ. 7 10-11; s. zur Frage der Lokalisierung Brinkman, PHPKB 230 m. Anm. 1447. Wieder erwähnt bei Sargon II. (SAA V 250), Asarhaddon (Borger, Ash., § 64 Vs. 23); s. auch SAA VII 23 Rs. 7 (Zeit Ash. oder Asb.).

55 Tadmor, Tigl. III., Summ. 7 40, wieder erwähnt im *Mazamua Itinerary* SAA XI 14 Rs. 17.19; in SAA XI 105 6’ sollte statt *Kār*]- zu *Dūr*]- ergänzt werden.

56 Tadmor a.O. 127, 29; 135, 29’-30’.

57 S.u. Enlil-iqīša. Wahrscheinlich gehört auch Šarru-iqbi dazu, obwohl es in den Inschriften Sargons II. nicht explizit als Ort, der erobert und umbenannt wurde,

Dūr- mit einem Gottesnamen oder dem Königsnamen aufweisen. Seine neu gegründete Residenz nennt er Dūr-Šarru-kēn.[58] Die Auswahl der Gottesnamen in den Namenstypen Kār/Dūr + GN ist teilweise vergleichbar mit den Göttern, denen Sargon in seiner Residenz einen Tempel gestiftet hat: so sind in den Toponymen ebenfalls die Götter Nabû, Sîn und Adad belegt. Hinzu kommen der Gott Nergal in Kār-Nergal (anstatt Ninurta?) und die Göttin Ištar (Kār-Ištar).

– Feldzug gegen Medien im 6. Regierungsjahr, Eroberung, Ernennung zur Provinzhauptstadt und Umbenennung von:
  Kišessim → *Kār-Nergal*[59]

in Nārtu/Medien Eroberung, Ernennung zur Provinzhauptstadt und Umbenennung
  Ḫarḫar → *Kār-Šarru-ukīn*[60]

Ausbau und Umbenennung von Festungen in Nārtu:[61]

Prunk.64	Ann.113	umbenannt in:
Kišešlu	*Kišešlu*	*Kār-Nabû*[62]
Kindāu	*Kindāu*	*Kār-Sîn*[63]
Bīt-Bagaja	*Anzaria*	*Kār-Adad*[64]
Anzaria	*Bīt-Gabaja*	*Kār-Ištar*

– Eroberung des Gebietes von Gambulu im 12. Reg.-Jahr verbunden mit Eroberung, Ernennung zur Hauptstadt der Provinz und Umbenennung von:[65]
  Dūr Atḫara → *Dūr-Nabû*

erwähnt wird (ND 2664,6 (Parker, Iraq 23, 42). Šarru-iqbi wird als assyrische Festung wieder unter Asarhaddon in den Anfragen erwähnt (SAA IV 29). Assurbanipal rühmt sich, diese Festung von den Mannäern rückerobert zu haben (AS 5, 52.71).

58 S. Belege in Fuchs, Index, S. 431.

59 Röllig (1980d) ist hier zu revidieren; Fuchs, Ann. 93-95, Prunk. 59-60 und S. 442, 443; es fragt sich, wie der Text SAA XI 2 zu datieren ist, der in Z. 5 Kišessim und in Z. 3 Ḫarḫar erwähnt; er gehört entweder in die Zeit vor die Eroberung dieser Städte durch Sargon oder in die Zeit Asarhaddons oder Assurbanipals.

60 Fuchs a.O. Ann. 96-100 und S. 437, 442.

61 Fuchs a.O. Ann. 113-114, Prunk 64-65 und S. 442, 445 f.

62 Röllig (1980c).

63 Röllig (1980e).

64 Wieder erwähnt in SAA VII 161 Rs. 10, aus der Zeit Ash. oder Asb. Bei Tigl. III. Ann. 22, 3 kann nicht dasselbe Kār-Adad gemeint sein, s. auch Tadmor, S. 61 Anm. 6, der es mit Ḫalab identifizieren möchte.

65 Fuchs a.O. Ann. 279-280 und S. 430; Röllig (1980f).

– Feldzug gegen Elam, Eroberung und Umbenennung von
Samʾūna → *Enlil-iqīša* „Enlil hat sie mir geschenkt“[66]

Sanherib:

– 2. Kampagne gegen Kassiten, Elippi, Bīt-Barrû
Eroberung und Umbenennung der Provinzhauptstadt von Bīt Barrû:
Elenzaš → *Kār-Sîn-aḫḫē-erība*[67]

Asarhaddon:

– Feldzug gegen Sidon, Zerstörung der Stadt und Neugründung von:
Kār-Asarhaddon[68]

– Nur in den Anfragen an den Sonnengott wird auf eine als explizit von Asarhaddon gegründete Stadt namens *Dūr-Enlil* verwiesen, die er anscheinend an die Mannäer vorübergehend verloren hat.[69]

– Auf Ägyptenfeldzug Umbenennung von Sais?
Sais → *Kār-Bēl-mātāti*[70]

Den Abschluß soll der „Bericht“ Asarhaddons an Aššur über den Feldzug nach Šubria bilden[71], der am Ende eine Aufzählung von Toponymen aufweist, die als Namen von Neugründungen oder Umbenennungen anzusehen sind.

Die Liste der Toponyme kann wohl als kohärenter Entwurf des Autors des Königsberichtes gelten. Aufgrund dieser Kohärenz eignet sie sich besonders gut für eine Untersuchung zum einen des Formulars und zum anderen des ideologischen Programms, das mit der Benennung und Umbenennung von eroberten Städten verfolgt wird. Die einzelnen Namen sind mit Siglen versehen, um die ideologische Zielsetzung für den Leser zu veranschaulichen:

---

66 Fuchs a.O. Ann. 297-298. S. zuletzt Sader (1997) 367.

67 Röllig (1980f); „Bellino Cylinder“ (K 1680), ICC pl. 63 33 (Luckenbill, OIP 2, 59:32).

68 Röllig (1980a); Borger, Ash., § 27 (Nin.A II 65-82); s. auch die Verwaltungstexte SAA XI 38:2, 84:4.

69 SAA IV 30-32.

70 Borger a.O. § 64 25. Es ist zwar nicht von einer Umbenennung die Rede, aber der Schreiber Asarhaddons kennt den alten Namen; wie der Fall für das zuvor erwähnte Kār-Aššur zu bewerten ist, und ob hier tatsächlich eine parallele Formulierung zu ergänzen ist, ist fraglich. Der Ortsname ist ebenfalls belegt bei Assurbanipal VAB 7, 162, K 228 Vs.52.

71 Borger, Ash., S. 102 ff. § 68.

Präsentation von K (König); G (Gott); S (Stadt)

K	27	^{uru}*Aš-šur-māt-su-utīr*	„Ich habe Aššur sein Land (wieder) zugeführt"
G		^{uru}*Man-nu-šá-nin-Aš-šur*	„Wer ist der Rivale Aššurs?"
G		^{uru}*Aš-šur-man-nu-i-šá-na-an*	„Wer kommt Aššur gleich?"
G	28	^{uru}*A-bat-Aš-šur-la-te-ni*	„Ändere nicht das Wort Aššurs!"
K		^{uru}*A-bat-šárri-la-te-ni*	„Ändere nicht das Wort des Königs!"
G		^{uru}*Man-nu-li-ši-su*	„Wer sollte ihn (Aššur) verachten?"[72]
K	29	^{uru}*Ku-nu-uš-la-kan-šú*	„Unterwirf die Rebellen!"
S		^{uru}*Li-tir-a-a-im-ṭi*	„(Das Land/die Stadt) möge mehr sein, aber nicht weniger"[73]
S		^{uru}*A-mir-šú-li-ig-lu*[*d*]	„Sie (die Stadt) sehend, möge er (der Feind) erschrecken"
G	30	^{uru}*Mu-š*[*ak*]*-šid-na-ki-ri*	„Der (Gott, der den König) die Feinde erobern läßt"[74]
K		^{uru}*Ka-šid-su-*li_x*-bur*[75]	„Derjenige, der sie (die Stadt) erobert, möge dauern"
K		^{uru}*Ṣa-bit-su-li-ku*[*n*]	„Derjenige, der sie (die Stadt) gefangen hält, möge dauern"
K	31	^{uru}Li_x*-bur-mu-ni-iḫ-libbi-Aššur*	„Es möge dauern, der das Herz Aššurs beruhigt"
K		^{uru}*Dūr-*^{I}*Aš-šur-áḫu-ídina*	„Dūr-Asarhaddon"
S		^{uru}*Šá-ni-ni-a-a-ir-š*[*i*]	„Rivalen möge sie (die Stadt) nicht bekommen"
K	32	^{uru}IGI-*x-šu-ul-mi-a-mat*[76] *-šárri-šú*	„... des Heils ist das Wort seines Königs"

---

[72] S. CAD Š/2, 344 s.v. *šēṭu* 2.

[73] Zitat aus der Serie *Ana ittišu* I IV 72 (MSL 1) / Hh I 357, wo sich diese Formulierung auf ein Stück Land bezieht.

[74] Vgl. den PN *Aššur-mušakšid*, Hirsch, UAR, 12b.

[75] Pongratz-Leisten (1994) 215.

K		^{uru}*Pi-làḫ-ma-māt-ka-šal-lim*	„Sei ehrfürchtig und erhalte dein Land unversehrt“[77]
K	33	[^{uru}*La*]*-ip-làḫ-māt-su-iḫ-pi*	„Er fürchtete sich nicht, (deshalb) hat er sein (des Feindes) Land zerstört“
G		^{uru}*Aš-šur-i-nar-ga-ru-u-a*	„Aššur tötet meine Feinde“[78]
G	34	[^{ur}]^{u}*Aš-šur-ni-ir-šú-ú-rap-piš*	„Aššur hat sein Joch erweitert“
G		^{uru}*Aš-šur-ni-ir-ka-rap-p*[*iš*]	„o Aššur, erweitere dein Joch“[79]

M. Liverani hat für die in den Königsinschriften Aššurnāṣirpals II. genannten Städte eine fünfstufige Hierarchie entworfen, die repräsentativ für die neuassyrischen Königsinschriften insgesamt steht:[80]

1) Die Königsresidenz,
2) die „royal city“ (*āl šarrūti*), versehen mit einem *ekallu* als administrativem und kommunikativem Zentrum, in den assyrischen Provinzen,
3) die lokalen administrativen und kommunikativen Zentren in der Peripherie,
4) die „fortified cities“ (*āl dannūti*) als kleinere Städte mit Festungscharakter,
5) die Städte mit dörflichem Charakter (*kapru*).

Diesen Städten ist jeweils eine spezifische Funktion zuzuschreiben, so in den ersten drei Fällen die der Beherbergung der politischen Elite, der Aufhäufung von Reichtümern und Vorratshaltung[81]; die Städte der vierten Kategorie dienen der sicheren Abwicklung dieses Prozesses; Zweck der Städte der fünften Kategorie ist die Nahrungsmittelproduktion, sie liegen ungeschützt in der Landschaft.

---

[76] Auffällig ist die babylonische Schreibung *amat-* anstatt assyrisch *abat-šarri* wie oben in Z. 28.

[77] Zu den mit *Pilaḫ-* gebildeten PN s. Hirsch a.O. 4a, 6a, 11 f., 18b, 21a, 42b.

[78] Vgl. den PN *Aššur-gārūa-nīri* (postkanonischer Eponym), s. Millard (1994) 83.

[79] Vgl. den PN des Vaters der Königin Mullissu-mukannišat-Ninua, *Aššur-nīrka-da››ini* „Aššur stärke dein Joch!“, Fadhil (1990) 475 Rs. 15.

[80] M. Liverani (1992) 125 f., 131 f.

[81] Zur Unterdifferenzierung in der Administration s. Liverani (1992) 132.

Die Städte, die Ziel einer Neu- oder Umbenennung sind, gehören den Kategorien 1-4 an und werden aufgrund ihrer Funktion in den Inschriften explizit erwähnt. Dabei läßt sich für all diese Kategorien die Vergabe von Namen des Typs Dūr/Kār + GN/KN wie auch des attribuierenden und prädizierenden Namenstyps feststellen. Das Bewußtsein für diesen Sprachakt drückt sich u.a. auch in dem expliziten toponomastischen Bilingualismus[82] aus, wie er in den Inschriften Adad-nīrārīs II.,[83] Salmanassars III.[84], Aššurnāṣirpals II.[85] und Asarhaddons[86] zum Ausdruck kommt.

Aus dem oben dargebotenen Überblick ist weiterhin erkennbar, daß Herrschaftsanspruch und Inbesitznahme über den Weg des Sprachaktes immer auch in einem Fall mit der Präsentation des Königs über seine explizite Namensnennung in den eroberten Gebieten verbunden ist.[87] Dabei ist den Autoren bei der Neuvergabe von Toponymen sehr wohl bewußt gewesen, ob sie den Typ Kār-KN oder Dūr-KN bereits vergeben hatten, denn dann wurde im zweiten Fall in einer anderen Region jeweils der andere Typ benutzt.

Bestimmte Konstruktionen von Toponymen stellen Übernahmen aus der Terminologie der ideologischen Präsentation königlichen Handelns in den Königsinschriften dar, wie z.B. in den Fällen *Tukulti-Aššur-aṣbat*, wo die Konstruktion auf das Formular „*ina tukulti* GN handelte KN" zurückgeht, oder *Qibit*-[GN], das in Anlehnung an das Formular „*ina qibit* GN handelte KN" gestaltet ist. Des weiteren wurden häufig Anleihen aus dem Onomastikon der Personennamen festgestellt.[88]

Bemerkenswert ist, daß in den Toponymen des prädizierenden und attribuierenden Typs bis auf eine Ausnahme[89] der Gott Aššur, der assyrische König oder die Stadt als „Waffe" des Gottes im Zentrum stehen. Gemäß

---

[82] a.O. 139.

[83] *a-na* URU *gi-da-ra šá* KUR *a-ru-mu*.MEŠ URU *ra-qa-ma-tu i-qa-bi-šu-ú-ni* (RIMA II, S. 150, A.0.99.2 52).

[84] S. Anm. 40.

[85] *a-na* URU ${}^{\text{giš}}$*Tukulti-aš-šur-aṣ-bat ša* KUR *lu-lu a-ra-ak-di i-qa-bu-šú-ni at-ta-rad* (RIMA II, S. 207, II 77).

[86] Borger, Ash., § 27 Nin A III 57-58: *a-ši-bu-te* KUR *Tíl-A-šur-ri ša ina pi-i nišē*${}^{\text{meš}}$ KUR *Mi-iḫ-ra-(a)-nu* KUR *Pi-ta-a-nu i-nam-bu-u*. Til-Aššur wird bereits von Tiglatpilesar III. auf seinem Feldzug in die Osttigrisregion 737 v.Chr. erobert, scheint aber diesen Namen schon besessen zu haben; Tadmor a.O. 73 Anm. 12, nimmt dagegen an, daß unter Asarhaddon der Ort wieder Pitanu genannt wurde.

[87] Kār-Tukultī-Ninurta, Nēmed-Tukulti-Ninurta, Kār Assurnaṣirpal, Kār-Salmanassar, Dūr-Tiglatpilesar, Kār-Šarru-kēn, Dūr-Šarru-kēn, Kār-Sanherib, Kār-Asarhaddon, Dūr-Asarhaddon.

[88] Vgl. jeweils die Anmerkungen zu den einzelnen Toponymen.

[89] *Imgur-Bēl* (Salmanassar III.)

dem Programm der offiziellen Königsideologie präsentieren auch die Toponyme Gott und König als die einzigen Handlungsträger im Geschehen militärischer Eroberungspolitik. In den Toponymen des Typs Kār/Dūr-GN können dagegen die Götter des offiziellen assyrischen Pantheons vertreten sein, wie sie aus den Götterinvokationen in den Königsinschriften und Staatsverträgen bekannt sind.[90] Hier fällt auf, daß Sargon II. den Namen seiner Residenzstadt mit dem Element Dūr- gebildet hat, somit bereits im Namen den Festungscharakter ausdrückt, während er in den Toponymen der Provinzhauptstadt Kār-Šarru-kēn, der eroberten Provinz Nārtu und des sie umgebenden Festungskranzes der Städte Kār-Nabû, Kār-Sîn, Kār-Adad und Kār-Ištar zumindest auf ideologischer Ebene den friedvollen Aspekt vermitteln will.

Neben der Kohärenz in der ideologischen Botschaft, die dem Programm der offiziellen Königsinschriften voll entspricht, zeichnet sich die Städteliste bei Asarhaddon auch durch Kenntnis der gelehrten Tradition aus, wie aus dem Zitat der Serien *Ana ittišu*/UR$_5$.ra=*ḫubullu* zu ersehen ist.[91]

Betrachtet man den Akt der Benennung und Umbenennung von Städten vor dem Hintergrund des gesamten Repertoires der assyrischen Königsinschriften, so fällt auf, daß nur bestimmte Regionen Ziel dieser Aktion gewesen sind, so vor allem Städte in den osttigridischen und nördlichen Bergregionen sowie in Gebieten der Aramäerstämme. Politisch-kulturelle Zentren wie Babylon, Karkemiš oder Damaskus[92] sind nie diesem Herrschaftsanspruch über die Typonymisierung zum Opfer gefallen, und es scheint, daß der Westen in dieser Hinsicht eine bestimmte kulturelle Autonomie behaupten konnte. Ist somit dieser Sprachakt als eine Art Kulturimperialismus gegenüber Städten und Bewohnern zu sehen, die die Assyrer als „Barbaren" betrachteten? Der Blick in die Verwaltungstexte hat bewiesen, daß es sich keineswegs nur um einen Sprachakt handelt, der der ideologischen Ebene der Königsinschriften verhaftet bleibt, sondern daß die Namen sehr wohl Eingang in die Alltagspraxis gefunden haben und teilweise auch noch von späteren Königen verwendet wurden. Wie allerdings die Toponymenliste im Bericht Asarhaddons zu werten ist, bleibt fraglich. Daneben gibt es Fälle, wie die Städte Arragdi und Nappigi, deren assyrische Namen späteren Königen nicht mehr präsent sind, was vielleicht damit zu erklären ist, daß diese Städte nicht ständig im assyrischen Besitz verblieben sind.

Es läßt sich somit ebenso wie im ideologischen Programm der visuellen Präsentation – Stele, Statue des Königs, *kakku* des Gottes Aššur –, der

---

[90] Dazu Pongratz-Leisten (1994) 115-124.

[91] S. Anm. 70.

[92] Nicht für die Stadt, aber für die Provinz Damaskus ist der Name ^{uru}*šá*-ANŠE.NITA-*šú* belegt, s. dazu Sader (1984) 279-283.

kultisch-rituellen Präsentation im Fest[93], der literarischen Präsentation in den Königsinschriften auch speziell in den Toponymen der Ausdruck eines universalen Herrschaftsanspruchs erkennen, der der konzertierten Aktion von Gott und König vorbehalten bleibt.

Bibliographie

APN K.N. Tallqvist, Assyrian Personal Names (Leipzig 1914)

Assmann, J.
1991 Das ägyptische Prozessionsfest, in: ders. (Hrsg.), Das Fest und das Heilige (Gütersloh) 105-122

Borger, R.
1967 Die Inschriften Asarhaddons, Königs von Assyrien, BAfO 9 (Osnabrück)

Brinkman, J.A.
1968 A Political History of Post-Kassite Babylonia (Rom)

Cancik, H.
1985-86 Rome as Sacred Landscape, Visible Religion 4-5, 250-260

Cancik-Kirschbaum, E.
1996 Die mittelassyrischen Briefe aus Šēḫ-Ḥamad, BATSH 4 (Berlin)

Fadhil, A.
1990 Die Grabinschrift der Mullissu-mukannišat-Ninua aus Nimrud/Kalḫu und andere in ihrem Grab gefundene Schriftträger, BaM 21, 471-482

Freydank, H.
1972 Die Rolle der Deportierten im mittelassyrischen Staat, in: J. Herrmann/I. Sellnow (Hgg.), Die Rolle der Volksmassen in der Geschichte der vorkapitalistischen Gesellschaftsformen, 55-63

Fuchs, A.
1994 Die Inschriften Sargons II. aus Khorsabad (Göttingen)

Kühne, H.
1995 The Assyrians on the Middle Euphrates and the Ḫābūr, in: M. Liverani (ed.) Neo-Assyrian Geography (Rom) 69-85

Levine, L.D.
1989 The Zamua Itinerary, SAAB 3, 75-92

---

[93] S. Anm. 6.

Limet, H.

1977 Permanence et changement dans la toponymie de la Mésopotamie antique, in: La Toponymie antique. Actes du Colloque de Strasbourg (12-14 juin 1975) (Strasbourg) 83-115

Liverani, M.

1988 The Growth of the Assyrian Empire in the Ḫabur/Middle Euphrates Area: A New Paradigm, SAAB II/2, 81-98

1992 Studies on the Annals of Ashurnasirpal II. 2: Topographical Analysis (Rom)

Luckenbill, D.D.

1926 Ancient Records of Assyria and Babylonia. Vol. I: Historical Records of Assyria from the Earliest Time to Sargon (Chicago)

1927 Ancient Records of Assyria and Babylonia. Vol. II: Historical Records of Assyria from Sargon to the End (Chicago)

Maul, S.M.

1992 Die Inschriften von Tall Bdēri (Berlin)

Millard, A.

1994 The Eponyms of the Assyrian Empire, SAAS 2

NAT S. Parpola, Neo-Assyrian Toponyms, AOAT 6 (Neukirchen-Vluyn)

NATA F.M. Fales/L. Jakob-Rost, Neo-Assyrian Texts from Assur, Private Archives in the Vorderasiatisches Museum of Berlin – Part 1 (with two appendices by K. Deller), SAAB 5 (1991)

Oded, B.

1979 Mass Deportations and Deportees in the Neo-Assyrian Empire (Wiesbaden)

OMA C. Saporetti, Onomastica Medio-Assira. Vol. 1 I Nomi di Persona (Rom 1970)

PKOM Publikationen der kaiserlich osmanischen Museen

Pongratz-Leisten, B.

1994 *Ina šulmi īrub*. Die kulttopographische und ideologische Programmatik der *akītu*-Prozession in Babylonien und Assyrien im 1. Jahrtausend v.Chr. (Mainz)

1996 Territorialer Führungsanspruch und religiöse Praxis in Assyrien: Zur Stadtgott-Theologie in assyrischen Residenz- und Provinzstädten, in: G. Binder/K. Ehlich (Hgg.), Religiöse Kommunikation – Formen und Praxis vor der Neuzeit (1996) im Druck

Postgate, J.N.
1985 Rez.: Kh. Nashef, Die Orts- und Gewässernamen der mittelbabylonischen und mittelassyrischen Zeit, RGTC 5 (1982), in AfO 32, 99.

RGTC 1 D.O. Edzard/G. Farber/E. Sollberger, Die Orts- und Gewässernamen der präsargonischen Zeit (Wiesbaden 1977)

RGTC 2 D.O. Edzard/G. Farber, Die Orts- und Gewässernamen der 3. Dyn. von Ur (Wiesbaden 1974)

RGTC 3 B. Groneberg, Die Orts- und Gewässernamen der altbabylonischen Zeit (Wiesbaden 1980)

RGTC 5 Kh. Nashef, Die Orts- und Gewässernamen der mittelbabylonischen und mittelassyrischen Zeit (Wiesbaden 1982)

RIMA I A.K. Grayson, Assyrian Rulers of the Third and Second Millennia BC (to 1115 BC). (Toronto)

RIMA II A.K. Grayson, Assyrian Rulers of the Early First Millennium BC I (1114-859 BC). (Toronto)

Röllig, W.
1978 Dūr-katlimmu, OrNS 47, 419-430
1980a RlA 5, 407, s.v. Kār-Aššur-aḫ-iddina
1980b RlA 5, 407 f., s.v. Kār-Aššur-nāṣir-apli
1980c RlA 5, 447 f., s.v. Kār-Nabû
1980d RlA 5, 453, s.v. Kār-Ninurta
1980e RlA 5, 454, s.v. Kār-Sîn
1980f RlA 5, 454, s.v. Kār-Sîn-aḫḫē-erība
1996 Deportation und Integration. Das Schicksal von Fremden im assyrischen und babylonischen Staat, in: M. Schuster (Hrsg.), Begegnung mit dem Fremden, Colloquium Rauricum 4 (Stuttgart)

SAA I S. Parpola, The Correspondence of Sargon II, Part I (Helsinki 1987)

SAA IV I. Starr, Queries to the Sungod (Helsinki 1990)

SAA V G.B. Lanfranchi/S. Parpola, The Correspondence of Sargon II, Part II (Helsinki 1990)

SAA XI F.M. Fales/J.N. Postgate, Imperial Administrative Records, Part II (Helsinki 1995)

SAA XII L. Kataja/R. Whiting, Grants, Decrees and Gifts of the Neo-Assyrian Period (Helsinki 1995)

Sader, H.
1984 Les États Araméens de Syrie depuis leur fondations jusqu'à leur transformation en provinces Assyriennes (Diss. Tübingen)

1997 Tell el Burak: an unidentified city of Phoenician Sidon, in diesem Band, 363-376

Tadmor, H.
1994 The Inscriptions of Tiglath-Pileser III. King of Assyria (Jerusalem)

UAR H. Hirsch, Untersuchungen zur altassyrischen Religion, BAfO 13 (Osnabrück 1961)

Die Klage über die Zerstörung Ägyptens

Versuch einer Neudeutung der „Admonitions" im Vergleich zu den altorientalischen Städteklagen

Joachim Friedrich Quack, Tübingen

Zu den reizvollsten, aber auch schwierigsten literarischen Texten des alten Ägypten gehören sicher die sogenannten „Admonitions",[1] deren bisher einziger Textzeuge der pLeiden I 344 rekto ist.[2] Er schildert in finsteren Farben die Verwüstung und Zerstörung Ägyptens, wobei Bürgerkrieg ebenso wie das Eindringen fremder (asiatischer) Völker eine Rolle spielt. Der Anfang der Handschrift fehlt in unbestimmbarer Länge, die Schlußzeilen ebenfalls, und ab der zweiten Hälfte des Textes sind Teile jeder Seite großen Lücken zum Opfer gefallen. Hinzu kommt noch eine textkritisch recht mäßige Qualität der Kopie. Alle Faktoren gemeinsam tragen dazu bei, daß die Interpretation dieses inhaltlich ungewöhnlichen Textes keine leichte Sache ist.

Für den Bearbeiter stehen verschiedenen Möglichkeiten zur Auswahl. Einerseits kann er versuchen, mit allen philologischen Mitteln das Letzte aus dem Text herauszuholen und durch oft sehr komplexe Deutungen aller Einzelstellen ein Gesamtbild zu erreichen.[3] Dabei besteht allerdings immer das Risiko, daß Mißverständnisse einzelner Details zu schweren Verzerrungen des Gesamtbildes führen, und doppelt bedenklich wird es, wenn derart heikel gewonnene Ergebnisse als sichere Basis für weitere Studien dienen.[4]

---

[1] Ich behalte hier diese weithin eingebürgerte Bezeichnung bei, auch wenn sie sich im weiteren Verlauf der Untersuchung als wenig passend erweisen wird und tatsächlich weitgehend auf einer philologischen Fehldeutung bestimmter Abschnitte beruht.

[2] Basis-Edition ist A.H. Gardiner, The Admonitions of an Egyptian Sage (Leipzig 1909; ND Hildesheim 1990) und neuerdings W. Helck, Die „Admonitions". Pap. Leiden I 344 recto (KÄT 11; Wiesbaden 1995).

[3] Diese Vorgehensweise ist besonders kennzeichnend für J. Spiegel, Soziale und weltanschauliche Reformbewegungen im alten Ägypten (Heidelberg 1950) und G. Fecht, Der Vorwurf an Gott in den „Mahnworten des Ipu-wer" (AHAW 1972,1; Heidelberg 1972).

[4] Ein Musterbeispiel ist etwa die von Fecht, Vorwurf an Gott, S. 21-24 u. 172-186 vorgetragene Deutung von Adm. 7,1-7, die von R. Gundlach, Die religiöse Rechtfertigung des Sturzes der 8. Dynastie, in: Fs Kákosy (Budapest 1993), S. 245-264 in sehr konkreten historischen Bahnen ausgewertet wurde. Die von J.F. Quack, Studien zur Lehre für Merikare (Wiesbaden 1992), S. 87 f. und LingAeg 3 (1993), S. 65-67

An dieser Stelle soll ein anderer Zugang gesucht werden. Ausgangspunkt sind dabei eher die generellen Strukturen des Werkes, deren prinzipieller Charakter unberührt bleibt, selbst wenn sich die eine oder andere Textstelle im Detail als anderer Auffassung fähig erweisen sollte. Grundsätzliches Problem ist zunächst einmal, um was für einen Text es sich bei den „Admonitions" eigentlich handelt,[5] und damit auch, welchen Gattungsgesetzen er folgt. Die moderne Bezeichnung „Admonitions", also „Mahnworte", geht bereits auf Gardiner zurück. Sie beruht im wesentlichen auf der Interpretation der Abschnitte 10,6-12 und 10,12-11,11 als Aufforderungen zu konkretem Handeln.[6] Diese Deutung ist jedoch nicht nur philologisch bedenklich,[7] sondern führt auch nicht zu einer gattungsmäßigen Einordnung. Prinzipiell weiterführend ist dagegen die generelle Einordnung des Textes unter dem Komplex der „Klagen".[8] Da allerdings das innerägyptisch zusammengestellte Material deutlich disparate Züge trägt,[9] scheint es sinnvoll, über Ägypten hinausgreifend den gesamten Bereich des vorderen Orients abzudecken. Ein im folgenden unternommener Vergleich einiger Elemente der „Admonitions" mit den vorderasiatischen Städteklagen[10] soll deshalb zeigen, daß es Berührungspunkte zwischen diesen Texten gibt, die eine Zuweisung an eine gemeinsame Gattung möglich machen.[11]

Als Vergleichsmaterial kommen einerseits die sumerischen Städteklagen in Frage,[12] andererseits einige biblische Texte, vor allem die Klagelieder

---

nachgewiesenen euphemistischen Umschreibungen entziehen jener Auffassung an entscheidenden Stellen die Basis.

[5] Als Problem etwa von Helck, Admonitions, S. VIII klar erkannt.

[6] Gardiner, Admonitions, S. 6 u. 12 f.

[7] Zum Verständnis der Anapher in 10,6-12 als „Vernichtet ist die herrliche Residenz" s. Quack, Merikare, S. 88. Daß man in 10,12-11,11 nicht etwa daran denken soll, etwas zu tun, sondern sich daran erinnern soll, wie Dinge früher getan wurden, hat M. Lichtheim, Ancient Egyptian Literature I (Berkeley u.a. 1972), S. 162 Anm. 23 zu Recht betont; s. auch Fecht, Vorwurf an Gott, S. 27-31, dessen Versuch, Götter als Angesprochene dieses Abschnittes zu erkennen, allerdings angesichts von „den Göttern Gottesopfer darbringen" (11,2) bedenklich scheint.

[8] S. etwa F. Junge, Die Welt der Klagen, in: Fs Otto (Wiesbaden 1977), S. 275-284.

[9] S. Junge, S. 277.

[10] Ein knapper Hinweis auf denkbare Verbindungen zwischen diesen Texten findet sich bereits bei D. Sitzler, Vorwurf gegen Gott (StOrRel 32; Wiesbaden 1995), S. 212.

[11] Die nachfolgende Darstellung ist knapp und skizzenhaft gehalten. Eine ausführlichere Darstellung, die auch tiefer auf die philologischen Detailprobleme eingeht, muß der Zukunft vorbehalten bleiben.

[12] Übergreifende Diskussion bei M.W. Green, Eridu in Sumerian Literature (Dissertation Chicago 1975), S. 277-325. S. ferner P. Michalowski, The Lamentation over the Destruction of Sumer and Ur (Winona Lake 1989), S. 4-9. Für die

Jeremiae.[13] Für den Vergleich wird im folgenden der Gesamttext der „Admonitions" in der uns vorliegenden Form zugrunde gelegt. Zwar sind gerade für diesen Text immer wieder redaktionelle Scheidungen vorgeschlagen worden,[14] die dafür geltend gemachten Beobachtungen beruhen jedoch bislang vor allem auf zweifelhaften methodischen Voraussetzungen[15] sowie inhaltlich und philologisch problematischen Detailannahmen.[16] Das Gesamtwerk gleichmäßig heranzuziehen, scheint mir schon deshalb erforderlich, weil der nachfolgende Vergleich gerade erst ermitteln soll, welche Elemente innerhalb der Gesamtgattung angemessen und zu erwarten sind.

Das Sonst-jetzt-Schema

Für die „Admonitions" typisch ist ein Formulierungselement, das den früheren (guten) Zustand dem jetzigen (schlechten) gegenüberstellt.[17] Einige Beispiele sollen es veranschaulichen:

> „Wer sich (sonst) keine Sandalen machte, ist (jetzt) Herr von Schätzen" (2,4 f.)
>
> „Wahrlich, die (sonst) in der Balsamierungswerkstatt waren, sind (jetzt) auf den Hügel geworfen" (4,4)
>
> „Wer sich (sonst) keine Kammer baute, ist (jetzt) Herr von Mauern" (7,9)

---

einzelnen Texte sind folgende Editionen zugrunde gelegt: Klage über Ur nach S.N. Kramer, Lamentation over the Destruction of Ur (AS 12; Chicago 1940); Klage über Sumer und Ur nach Michalowski, Lamentation over Sumer and Ur; Nippur-Klage nach S.N. Kramer, Lamentation over the Destruction of Nippur, Acta Sumerologica 13 (1991), S. 1-26; Eridu-Klage nach M.W. Green, The Eridu Lament, JCS 30 (1978), S. 127-160; Uruk-Klage nach M.W. Green, The Uruk Lament, JAOS 104 (1984), S. 253-279.

13 Dazu, bereits im Vergleich mit den sumerischen Kompositionen, s. F.W. Dobbs-Allsopp, Weep, Daughter of Zion. A Study of the City-Lament in the Hebrew Bible (Rom 1993).

14 S. vor allem S. Herrmann, Untersuchungen zur Überlieferungsgestalt mittelägyptischer Literaturwerke (VIO 33; Berlin 1957), S. 8-37, Fecht, Vorwurf an Gott, bes. S. 10-42 u. 153-186; Helck, Admonitions, S. 72-79.

15 S. hierzu etwa P. Seibert, Die Charakteristik (ÄA 17, Wiesbaden 1967), S. 24 f. gegen Herrmann.

16 Gegen Fecht s. vor allem die kritische Rezension von F. Junge, WdO 7 (1973-74), S. 267-273 sowie Quack, Merikare, S. 87 f.

17 Nach ersten Ansätzen bei Herrmann, Untersuchungen, S. 12-15 vor allem von Seibert, Charakteristik, S. 20-24 untersucht, methodisch verfeinert von W. Schenkel, Sonst-jetzt. Variationen eines literarischen Formelementes, WdO 15 (1984), S. 51-61; s. auch W. Westendorf, Einst-Jetzt-Einst oder: Die Rückkehr zum Ursprung, WdO 17 (1986), S. 5-8; J. Assmann, Ma'at (München 1990), S. 72.

„Seht, die Herren von Galatrachten sind in Lumpen,
wer (sonst) nicht für sich webte, ist (jetzt) Herr von feinstem Leinen." (7,11 f.)

„Seht, wer (sonst) die Leier nicht kannte, ist (jetzt) Herr einer Harfe,
derjenige, der (sonst) nicht für sich sang, rühmt (jetzt) die Gesangsgöttin." (7,13 f.)

Diese Ausdrucksweise erscheint auch in den vorderasiatischen Klagen, wo sie allerdings bisher nur selten als Element erkannt wurde.[18] Demzufolge sind in den modernen Übersetzungen gelegentlich auch die Tempusverhältnisse nicht korrekt ausgedrückt. Während Michalowski etwa in der Klage über Sumer und Ur Z. 351 mit „The one who (used to) drill large wells, (now just) scraches the ground in the market place" den Sinn sehr gut trifft,[19] ist seine Auffassung von Z. 335 als „Those who are unfamiliar with butter were churning the butter" genau umzukehren. Bei allen Schwierigkeiten des sumerischen Verbalsystems kann man doch ansetzen, daß *ḫamtu*-Formen eher Vergangenheit, *marû*-Formen eher Gegenwart oder Zukunft bezeichnen.[20] Im vorliegenden Fall ist nu-zu-ne negiertes Partizip Plural vermutlich *ḫamtu*,[21] ì-dun$_5$-dun$_5$-ne sicher *marû*.[22] Richtig ist also zu übersetzen: „Die (sonst) keine Butter kannten, buttern (jetzt)." Einige weitere Beispiele mögen die Gestalt dieses Aussagetyps im Sumerischen zeigen:[23]

„Meine Palmengärten und Weinberge, die (sonst) von Honig und Wein überflossen, haben (jetzt) Bergdornen getrieben. (Klage über Ur, Z. 273)

„Die (sonst) kein Edelmetall kannten, haben (jetzt) mein Edelmetall an ihrer Hand befestigt,
die (sonst) keine Edelsteine kannten, haben (jetzt) meine Edelsteine um ihren Nacken gelegt." (Klage über Ur, Z. 280 f.)

---

[18] Sie fehlt in der Diskussion bei Green, Eridu in Sumerian Literature. Eine Zusammenstellung unter dem Thema „Contrast and Reversal" findet sich jedoch bei Dopps-Allsopp, Weep, Daughter of Zion, S. 38-41, wo die herausgestellte Absicht des Vergleichs von Vergangenheit und Gegenwart dem ägyptologischen Verständnis „sonst-jetzt" entspricht.

[19] Michalowski, Lamentation over the Destruction of Sumer and Ur, S. 59.

[20] M.L. Thomsen, The Sumerian Language (Mesopotamia 10; Kopenhagen 1984), § 235-240.

[21] Zum vermutlich im *marû* reduplizierenden Verb zu s. Thomsen, The Sumerian Language, S. 323.

[22] Zum nur in der zweiteiligen *marû*-Konjugation auftretenden Pronominalsuffix (e)ne s. Thomsen, Sumerian Language, § 294.

[23] Sachlich nahe steht auch die lange Einleitung der Klage über Sumer und Ur, in der die intendierte Verkehrung der guten Normverhältnisse thematisiert wird.

„Die getreuen Kuhhirten verwüsteten selbst jeden Viehpferch,
die Oberhirten selbst brannten alle Schafhürden nieder. (Uruk-Klage, 2,14' f.)

„Die Stadt mit (sonst) den reinsten Riten, ihre Riten wurden (jetzt) abgeschafft.“ (Eridu-Klage, 1,16)

„Die Länder, die (sonst) einen Weg gegangen waren, trennten sich (jetzt) in Parteiungen.“ (Klage über Sumer und Ur, Z. 101)

„Wer (sonst) zum Essen ging, geht (jetzt) fort und wird nicht zurückkehren,
wer (sonst) zum Trinken ging, geht (jetzt) fort vom Trinken und wird nicht zurückkehren.“ (Klage über Sumer und Ur, Z. 252 f.)[24]

„Der heilige Kasten, auf den (sonst) niemand ein Auge geworfen hatte, wurde (jetzt) vom Feind betrachtet.“ (Klage über Sumer und Ur, Z. 442)

Es ist übrigens nicht uninteressant, daß in beiden Kulturbereichen unabhängig voneinander die Totenklage als Ursprung der Gattung vermutet wurde.[25]

Der Vorwurf an Gott

Mit diesem Begriff wird der für die Erforschung der „Admonitions“ zentralste, aber auch schwierigste Bereich angesprochen. Die Lage ist noch mit dem zusätzlichen Problem behaftet, daß unsicher ist, welche Bereiche tatsächlich einen Vorwurf gegen den (Schöpfer)gott enthalten und wo vielmehr der König angesprochen ist. Einerseits enthält der Abschnitt 11,11-12,6 Kritik an jemandem, der in der dritten Person angesprochen wird. In diesem Bereich wird bereits seit Gardiner der Sonnengott Re als Zielscheibe erkannt.[26] Andererseits wird mindestens ab 12,12-13,8 eine in der zweiten Person angesprochene Gestalt ins Zentrum gestellt, die möglicherweise mit dem 15,3 erwähnten „Allherrn“ identisch ist. Gardiners Meinung war, daß es sich nach Epitheta und Prädikaten sicher um den König handele.[27] Eine Wende in der Interpretation bedeutete Ottos Versuch, auch diesen Abschnitt als Vorwurf an den Schöpfergott zu verstehen.[28] Obgleich Otto für seine Neuinterpretation keinerlei Begründung gibt, ja noch nicht einmal auf ihre

---

[24] Statt ba-gen ist eventuell das *marû* ba-du zu lesen und präsentisch zu übersetzen.

[25] Für Ägypten s. Seibert, Charakteristik, S. 20-24; andere Ableitungsmöglichkeiten stellt Schenkel, WdO 15, S. 59 zur Diskussion, zu Sumer und Israel s. Dobbs-Allsopp, S. 160.

[26] Gardiner, Admonitions, S. 13-15.

[27] Gardiner, Admonitions, S. 15.

[28] E. Otto, Der Vorwurf an Gott. Zur Entstehung der ägyptischen Auseinandersetzungsliteratur. Vorträge der orientalistischen Tagung in Marburg, Fachgruppe: Ägyptologie 1950 (Hildesheim 1951), S. 6 f.

Neuheit hinweist, hat sie vor allem in der deutschsprachigen Literatur die Meinung maßgeblich beeinflußt,[29] insbesondere nachdem sich Fecht ihr in einer umfangreichen Studie angeschlossen hat.[30] Erst in neuester Zeit machen sich kritische Stimmen breit.[31] Zumindest kann man feststellen, daß es wenigstens einen Bereich gibt, der das Verhalten der Gottheit kritisiert, wobei im Zentrum der Vorwürfe offenbar nicht eine generelle Kritik an der Schöpfung an sich steht, sondern konkret die Passivität gegenüber der Herrschaft des Unrechts.[32]

Für dieses Element gibt es Parallelen in den sumerischen Klagen. Obgleich dieses Motiv bisher kaum in größerem Zusammenhang erörtert worden ist,[33] sind kritische Äußerungen gegenüber dem „verantwortlichen" Gott typisch für die Gattung. Relevant sind dabei vor allem folgende Abschnitte:

Im achten Kirugu der Klage über Ur wird die Göttin Ningal angesprochen, der offensichtlich der Zustand von Ur zum Vorwurf gemacht und die daraus für sie selbst entstehenden schlimmen Folgen vorgehalten werden. Am eindeutigsten sind dabei die Sätze: „Wie lange denn willst du abseits deiner Stadt stehen wie ein Feind, Mutter Ningal, wie lange wirst du gegen deine Stadt wie ein Feind sprechen? Obwohl du ein König bist, von deiner Stadt geliebt, hast du deine Stadt ... verlassen." (374-376).[34] Besonders gut komponiert ist der betreffende Abschnitt in der Klage über Sumer und Ur. Der Stadtgott Sin wendet sich hier an seinen Vater Enlil, den er mit spürbarer Entrüstung fragt, wie er so etwas zulassen konnte. „Mein Vater, der mich zeugte, warum hast du dich von Ur abgewendet, der Stadt, die für dich ge-

---

[29] Weniger dagegen die englischsprachige, s. etwa Lichtheim, Ancient Egyptian Literature I, S. 162, Anm. 25 u. 29.

[30] Fecht, Vorwurf an Gott. Dort werden S. 44 f. die verschiedenen Forschungsmeinungen referiert, eine Diskussion der jeweiligen Vor- und Nachteile der Deutung auf König oder Gott sucht man jedoch vergebens.

[31] Vor allem H. Buchberger, Transformation und Transformat. Sargtextstudien I (ÄA 52; Wiesbaden 1993), S. 344 f. und 363 f. Sitzler, Vorwurf gegen Gott, S. 45 f. wirft immerhin die Frage auf, ob die Vorwürfe an die 2. und an die 3. Person unterschiedliche Stoßrichtungen haben.

[32] Sitzler, Vorwurf gegen Gott, S. 51.

[33] Vor allem bei Green, Eridu in Sumerian Literature, S. 304 f.

[34] Kramers Analyse „The eighth „song" proceeds to enumerate in direct adress to Ningal the misfortunes that have befallen her, but concludes with words of comfort and consolation" (Lamentation over Ur, S. 4) überhört die deutlich spürbaren kritischen Töne gegen die Göttin. Zutreffender formuliert Green, Eridu in Sumerian Literature, S. 290: „scolding her for abandoning her city and urging her to return."

baut war. Oh Enlil, warum hast du dich von Ur abgewendet, der Stadt, die für dich gebaut war?“ (Z. 341 f.).[35]

Auch die Nippur-Klage enthält im dritten Kirugu einen Abschnitt, der sich speziell mit dem Handeln des als Herrn der Stadt bezeichneten Gottes befaßt. Wie in den ägyptischen „Admonitions“ ist er in der dritten Person gehalten. Die Kritik an dem zerstörerischen Handeln dessen, von dem man Schutz seiner Stadt erwartet, ist deutlich zu spüren.

Möglicherweise ist auch in der schlecht erhaltenen Eridu-Klage ähnliches geäußert,[36] in der sehr fragmentarischen Uruk-Klage wäre ein derartiger Abschnitt im weitgehend zerstörten Bereich der Kirugus sieben bis elf zu erwarten.

Das gute Ende

Mit dem Ausgang der Admonitions hat man sich bisher wenig beschäftigt, schon allein aus dem einfachen Grund, daß von den letzten Seiten nur spärliche Reste erhalten sind.[37] Man wird sich aber immerhin die Frage stellen müssen, inwieweit ein „unglücklicher“ Schluß des Werkes überhaupt möglich ist.[38] Für die Möglichkeit eines guten Endes ist vor allem ein Abschnitt relevant,[39] nämlich 13,9-14,5. Als wiederkehrender Anfang jeder Strophe erscheint hier der Satz „Gut ist es doch wirklich, ...“, gefolgt von präsentischen Beschreibungen wünschenswerter Zustände und Handlungen. Leider machen die umgebenden Zerstörungen es schwer, seine Bedeutung im Rahmen der Gesamtkomposition zu erfassen.[40] Ein kurzer Abschnitt möge den ägyptischen Text illustrieren:

> „Schön ist es doch wirklich, wenn die Arme der Menschen Pyramiden bauen, Kanäle graben und Baumpflanzungen für die Götter anlegen. Schön ist es doch wirklich, wenn die Menschen trunken sind, indem sie ... trinken und ihre Herzen beglückt sind. Schön ist es doch wirklich, wenn Jubel in aller Munde ist, während die Notabeln der Bezirke dastehen und die Jubelnden in ihren Häusern se-

---

[35] Wenn Michalowski, Lamentation over Sumer and Ur, S. 14 einen Gattungsvergleich dieses Stückes mit Gebeten zur Vergebung von Sünden vornimmt, läßt er sich von scheinbaren Ähnlichkeiten täuschen: Sünden werden weder vorgeworfen noch verziehen, sie spielen im Text keine Rolle.

[36] Green, Eridu in Sumerian Literature, S. 305 verweist auf 8:3a.

[37] Vgl. am ehesten noch Fecht, Vorwurf an Gott, S. 37 f.

[38] S. dazu J.F. Quack, LingAeg 3 (1993), S. 79.

[39] Der *sḫꜣ*-Abschnitt 10,12-11,10 enthält zwar auch positive Bilder, aber wohl eher im Sinne einer verlorenen goldenen Vergangenheit.

[40] An dieser Stelle sollte man auch Gardiners Auffassung Admonitions, S. 94 f. erwähnen, daß im Schlußbereich der Admonitions Abschnitte in der Überlieferung an die falsche Stelle geraten sind.

hen, bekleidet mit Mänteln, gereinigt vorn(?), fein gemacht hinten(?). (13,12-14,1)

Man sollte jedenfalls die Möglichkeit im Auge behalten, diesen Abschnitt durch sumerische Parallelen in seinem Sinn für das Textganze verständlicher zu machen. Typisch für die mesopotamischen Städteklagen ist nämlich, daß sie nicht mit dem Bild der Zerstörung schließen, sondern der Wiederaufbau und eine glorreiche Zukunft verheißen oder sogar im Detail ausgemalt wird.[41] Gerade eine solche Parallele könnte auch die Anwesenheit dieser Sektion im ägyptischen Text erklären, statt daß man sie nur für eine sekundäre redaktionelle Zutat halten müßte. Hier einige sumerische Belege:

„Daß Tigris und Euphrat (wieder) Wasser führen, möge An es nicht ändern,
daß (wieder) Regen im Himmel und gutes Gewächs auf Erden ist, möge An es nicht ändern.“ (Klage über Sumer und Ur, Z. 498 f.)

„Daß die Stadt wiederaufgebaut und die Bevölkerung zahlreich wird, <möge An es nicht ändern>.
Daß auf der ganzen Erde für die Leute gesorgt wird, <möge An es nicht ändern>.
Oh Nanna, deine Königsherrschaft ist lieblich, kehr zurück zu deinem Ort,
möge in Ur eine gute und üppige Herrschaft lange dauern.“ (Klage über Sumer und Ur, Z. 512-515)

„Oh Nanna, möge deine Stadt, die zu ihrem Platz zurückgekehrt ist, glorreich vor dich treten,
wie ein strahlender Stern möge sie nicht zerstört werden, möge sie vor dich treten.“ (Klage über Ur, Z. 423 f.)

„Die Stadt, die nach der Verwüstung wieder aufgebaut ist,
deren glänzende Dinge, nachdem sie verstreut waren, verzehrt worden waren,
die brachte Enlil, der König aller Länder, an ihren Platz zurück,
er erfreute die Leute in ihren wohlgebauten Nestern.“ (Nippur-Klage Z. 270-273)

„Ein Tag, wenn ein Mann kein feindliches Wort zu einem Menschen sagt, wenn der Sohn den Vater achtet,
ein Tag, wenn Demut im Land vorherrscht, wenn der Edle vom Geringen geachtet wird,
ein Tag, wenn der junge Bruder sich zitternd vor seinem älteren Bruder erniedrigt,
[ein Tag, wenn der Vater] sein kleines Kind zu den Worten des Gelehrten setzt.“ (Nippur-Klage Z. 287-290)

Das zuletzt zitierte Beispiel zeigt dabei, den ägyptischen Mustern entsprechend, daß der Idealzustand keineswegs ein gleiches Glück für alle bedeutet,

---

[41] Green, Eridu in Sumerian Literature, S. 305 f.

sondern eine Wiederherstellung hierarchischer Strukturen, die auch Unterordnung und Gehorsam für die Armen und Machtlosen bedeutet. Entsprechend sind als Zielgruppen dieser Klagekompositionen auch diejenigen Leute anzunehmen, die bei einer derartigen Gesellschaftsstruktur ihre Vorteile und ihren Vorrang gewahrt sehen können.

Die vorliegende Analyse dürfte, ungeachtet ihrer notgedrungen vorläufigen Natur, doch einige Grundtendenzen zeigen, aus denen sich auch weitere Schlußfolgerungen plausibel machen lassen, die hier wenigstens thesenhaft vorgelegt seien.

Die Gattung der Klage, für den alten Orient typisch, kann mindestens in Gestalt der sogenannten „Admonitions" auch für Ägypten nachgewiesen werden.[42] Die sumerischen Klagen sind aber keineswegs einfache Augenzeugenberichte der Verzweiflung und des Schocks, sondern im Rahmen der historiographischen Produktion der Isin-Larsa-Zeit als politische Propagandaschriften einer „restaurativen" Epoche anzusehen,[43] in denen die in finsteren Farben ausgemalte Vergangenheit als Kontrastfolie zur Wiederherstellung der Ordnung und einer verheißenen glorreichen Zukunft steht. Entsprechend dürfte es sich auch empfehlen, die „Admonitions" im Kontext königlich geförderter Literatur zu verstehen, die zugunsten einer herrschenden Dynastie mobilisieren soll, welche sich selbst als Überwinder des Chaos und Schaffer neuer Ordnung legitimiert. Für eine solche Auffassung sprechen auch innerägyptische Parallelen, nämlich Prophezeiungen, die für Ägypten ein Chaos und Unheil vorhersagen, aber am Ende stets die Wende zum Guten verheißen.[44] Als Entstehungszeit in Frage kämen dabei sowohl die 11. oder 12. Dynastie (mit dem Kontrastbild der 1. Zwischenzeit) als auch die 13./17. Dynastie (mit dem Kontrastbild der 2. Zwischenzeit). Eine Entscheidung zwischen diesen Alternativen kann allenfalls durch eine genaue Detailuntersuchung getroffen werden und wird durch die Lücken sowie den Verlust von Anfang und Ende sehr erschwert.

Folglich sollte die Qualität der „Admonitions" als historische Quelle nicht überschätzt werden.[45] Daß die geschilderten Ereignisse basismäßig ein

---

[42] Inwieweit weitere Texte, insbesondere Chacheperreseneb, ebenfalls zugehörig sind, kann hier nicht weiter untersucht werden; zu letzterem vgl. zuletzt P. Vernus, Essai sur la conscience de l'histoire dans l'Égypte ancienne (Paris 1995), S. 1-33 mit weiteren Literaturangaben. Die Analyse wird nicht eben dadurch erleichtert, daß die einzig publizierte Schreibtafel BM 5645 keineswegs sicher den vollständigen Text bietet.

[43] Michalowski, Lamentation over Sumer and Ur, S. 5-8.

[44] In Frage kommen vor allem die Prophezeiung des Neferti, die als Propagandaschrift zugunsten des Begründers der 12. Dynastie zu erkennen ist, sowie das Lamm das Bokchoris, das in weit weniger präzisen Wendungen eine Heilszeit nach 900 Jahren Unglück ankündigt.

[45] Für die sumerischen Klagen s. entsprechend Michalowski, Lamentation over Sumer and Ur, S. 9.

tatsächliches Ereignis widerspiegeln, ist nicht unwahrscheinlich, die Einzelheiten dürften aber kaum verwertbar sein und sind mehr literarisch stilisiert als an realen Fakten orientiert. Auch wenn es einmal gelingen sollte, Entstehungszeit und historischen Hintergrund der „Admonitions“ genau festzulegen, wird dies eher zum Verständnis der politischen Tendenzen während der Abfassung als zur Historiographie der (vorgeblich) geschilderten Katastrophe beitragen.

Sacrifici umani a Tiro?

La testimonianza di Q. Curzio Rufo

Sergio Ribichini, Roma

La pubblicazione nel 1992 di stele, urne cinerarie e altri ritrovamenti provenienti da Tiro ha suscitato ampio interesse nell'ambito degli studi fenici e punici, soprattutto per l'ipotesi, subito proposta, che questi materiali provenissero da un *tofet* e recassero dunque la prima testimonianza della presenza in terra fenicia di questa specifica area cultuale[1].

Non è mia intenzione riprendere qui il problema connesso alle perplessità sollevate dalla mancanza di un preciso contesto archeologico nel recupero di tali materiali, né soffermarmi più specificamente sugli aspetti che suggeriscono di escludere, comunque, per essi l'ipotesi della provenienza da un *tofet*[2]. Piuttosto, per arricchire il dibattito, mi pare opportuno procedere a un breve riesame delle testimonianze di cui disponiamo, nella letteratura greca e latina, su eventuali sacrifici di bambini nella città fenicia. L'argomento, per forza di cose, è rimasto ai margini della discussione aperta dagli studiosi che hanno pubblicato i ritrovamenti di Tiro e trova spazio solo nel contributo di M. Gras, P. Rouillard e J. Teixidor, che accompagna la presentazione preliminare di quei ritrovamenti e al quale si può fare riferimento, sul piano generale, per il valore delle poche testimonianze, come Clitarco, Porfirio e Filone di Biblo, che testimoniano la pratica dei sacrifici umani presso i Fenici della madrepatria[3].

Nel riferimento specifico a Tiro, invece, vi è una sola notizia, sia pur importante: quella conservata nelle *Storie di Alessandro Magno* di Quinto Curzio Rufo e relativa ad un momento dell'assedio di Tiro da parte del condottiero macedone, nel 332 a.C. Scrive per l'appunto questo autore che in quella occasione «alcuni suggerirono di riprendere un rito che io invero non so credere bene accetto agli dèi, e che era stato abbandonato da secoli, ormai: l'immolazione a Saturno di un fanciullo di famiglia libera. Tale rito, sacrilego più che sacro, tramandato dai fondatori, si dice sia stato praticato dai Cartaginesi fino alla distruzione della loro città; e se non si fossero

---

[1] Cf. SEEDEN, 1991, 39-87; CONHEENEY – PIPE, 1991, 83-87; WARD, 1991, 89-99; SADER, 1991, 101-126; SADER, 1992, 53-79.

[2] Si vedano in particolare gli studi di MOSCATI, 1993, 147-151; BARTOLONI, 1993, 153-156; AMADASI GUZZO, 1993, 157-163; GARBINI, 1993, 3-6.

[3] GRAS- ROUILLARD – TEIXIDOR, 1991, 127-176 (traduzione del cap. VI del volume GRAS – ROUILLARD – TEIXIDOR, 1989), 156-157 in particolare. Sul valore dell'opera di Porfirio si veda SFAMENI GASPARRO, 1989, 461-505.

opposti gli anziani, per consiglio dei quali si faceva ogni cosa, una crudele superstizione avrebbe trionfato sui sentimenti di umanità»[4].

Si tratta, apparentemente, della prima chiara testimonianza della pratica del sacrificio di bambini in Fenicia, e la sua importanza per la ricostruzione della religione fenicia della madrepatria appare immediatamente evidente[5]; ma per comprendere l'effettivo valore documentario di questa fonte converrà porre subito in evidenza alcuni dati, che emergono da una lettura lineare del testo.

Anzitutto il fatto che il rito *non era* più praticato a Tiro nel 332 a.C., quando alcuni proposero di ripristinarlo, in via eccezionale, per far fronte ad una circostanza ovviamente particolare e ad una specifica situazione di grave pericolo. In secondo luogo le modalità del rito proposto: l'immolazione di *un solo* fanciullo (latino *puer*)[6], di famiglia libera (*ingenuus*) in onore di Saturno[7]. Si osservi, in terzo luogo, che non vi sono accenni al fuoco di un eventuale olocausto (ma il latino *immolare* è troppo generico, qui, per trarne conclusioni) né ad una pratica abituale; anzi la

---

[4] Q. CURT. RUF., *Hist. Alex. Magn.*, IV 3, 23: *Sacrum quoque, quod equidem dis minime cordi esse crediderim, multis saeculis intermissum repetendi auctores quidam erant, ut ingenuus puer Saturno immolaretur: quod sacrilegium verius quam sacrum Carthaginienses a conditoribus traditum usque ad excidium urbis suae fecisse dicuntur. Ac nisi seniores ostitissent, quorum consilio cuncta agebantur, humanitatem dira superstitio vicisset.*

[5] Cf. MOSCA, 1975, 9: «While Curtius seems more interested in clarifying for us his own personal reactions, he does mention a number of important points. This is our first clear reference to child sacrifice in mainland Phoenicia, although the rite had been 'discontinued for many years' (*multis saeculis intermissum*) and is now rejected by the elders. The Carthaginians are also said to have borrowed the practice directly from the mother-country. And finally, as in Diodorus, the victim of this 'awful superstition' is described in social terms; the child is to be *ingenuus*, literally 'freeborn', but with the extended meaning of 'noble' or 'honorable'»; BROWN, 1991, 24-25: «According to Rufus this practice had been transmitted to Carthage and lasted until the destruction of the city. While his specific story is certainly suspect, he is the only author to attribute (undoubtedly correctly) an eastern origin to the western rite»; WAGNER, 1993, 111-112 nota 7: «Según la noticia de Q. CURCIO RUFO en tiempos de Alejandro Magno la práctica del *molk* habría caído en desuso en Tiro. No obstante no se sabe a ciencia cierta que ocurría en el resto de Fenicia; en este sentido, alguna evidencia epigráfica aislada, lo que puede ser más bien consecuencia de las negativas circumstancias que han condicionado la investigación en aquella zona, sugiere una cierta pervivencia del mismo, cf.: B. DELAVAULT e A. LEMAIRE, *Une stèle 'molk' de Palestine dédiée à Eshmoun? RÉS 367 reconsidérée*, *Revue Biblique* 83 (1976), 569-583».

[6] Sul valore di questa designazione cf. in generale MAURIN, 1975, 221-230.

[7] E' necessario qui richiamare la presenza di un refuso nella traduzione francese di BARDON, 1947, 59, che rende con «Neptune» il latino *Saturnus*, dal momento che l'errore ha tratto in inganno qualche studioso, anche in tempi recenti.

testimonianza dichiara esplicitamente che neppure in quella occasione, per volontà di chi deteneva il potere, si giunse a porre in essere il proponimento. Si noti inoltre che l'autore dà diretta conferma della *communis opinio* relativa alla presenza di questo rito a Cartagine; ma nel farlo sottolinea al contempo le proprie riserve rispetto alle fonti così richiamate[8]. Si riconosce, infine, nei commenti personali dello scrittore, lo stile ellenistico del suo lavoro, teso a suscitare nel lettore il sentimento di orrore per avvenimenti giudicati crudeli, in una cornice colorita e patetica[9].

E' bene ricordare a questo punto che Quinto Curzio Rufo è un autore di cui ben poco sappiamo, vissuto, con tutta probabilità, all'epoca degli imperatori Caligola e Claudio. Le sue *Storie* risalgono, verosimilmente, alla fine del 78 o agli inizi del 79 d.C. Quanto alle sue fonti, per esplicite menzioni nel libro IX, pare certo che egli abbia utilizzato il greco Clitarco e il latino Pompeo Trogo (il quale, tuttavia, nel compendio conservato da Giustino, non parla di questo episodio dell'assedio di Tiro). Altre possibili fonti in greco possono individuarsi in Callistene, Aristobulo, Diodoro Siculo e forse Nearco[10].

La presenza primaria, tra le fonti, di Clitarco (autore vissuto tra la fine del IV secolo e l'inizio del III a.C., ben conosciuto a Roma nel I secolo d.C. ma giudicato già all'epoca come scrittore fantasioso e non sempre credibile[11]), è qui particolarmente interessante, poiché a questa fonte si deve la più antica menzione della statua bronzea di Kronos a Cartagine. In uno scolio a Platone, riassunto da Suida e da altri lessicografi di epoca tarda, viene infatti riportato un passo di questo storico, secondo il quale «i Fenici e soprattutto i Cartaginesi, quando desiderano che accada loro qualcosa di importante, promettono che, se otterranno ciò che desiderano, sacrificheranno un bambino a Kronos. Infatti presso di loro c'è una statua bronzea del dio, con le mani rivolte in alto e distese sopra un braciere, nel quale cade il bambino. Quando le fiamme avvolgono il corpo, le membra si contraggono e la bocca appare ghignante, finché il corpo contratto scivola nel braciere. Perciò questo riso ghignante è detto sardo, perché essi muoiono

---

[8] Sull'uso di espressioni del tipo «si dice», «si crede», ecc., con cui Curzio Rufo esprime più volte nell'opera le proprie riserve rispetto alle fonti si veda GIACONE, 1977, 13-14.

[9] Cf. GIACONE, 1977, 15.

[10] Per questi problemi cf. GIACONE, 1977, 9-15; l'introduzione di BARDON, 1947 e HAMILTON, 1988, 445-456. L'assedio di Tiro è raccontato anche da DIOD. SIC., XVII 40,2-46,6; JUST., XI 10,10-14; PLUT., *Alex.*, 24,5-25,3; ARRIAN., *Anab.*, II 15, 6-24,6, che non riferiscono l'episodio in questione.

[11] Cf. CIC., *Brutus*, XI 42 e QUINTIL., XI 74.

ridendo»[12]. Non è qui il caso di riprendere la questione relativa alla statua bronzea di Kronos a Cartagine né quella del riso sardonico[13]; giova piuttosto tener conto della menzione dei «Fenici» anche in Clitarco e tentare di esaminare il valore di questa fonte rispetto all'episodio narrato da Curzio Rufo per Tiro.

Il riferimento a Clitarco per il passo in questione è stato proposto da qualche studioso, ma risulta difficile: lo scrittore greco presenta il sacrificio di un bambino a Kronos come il compimento di un *voto*, mentre Curzio Rufo ne parla come un rito propiziatorio, nell'attesa di un favorevole intervento del dio in una situazione di grave pericolo. Il nostro testo, in secondo luogo, fa riferimento ad un *ingenuus puer* sacrificato per la salvezza dell'intera città fenicia assediata, fatto che non trova confronti nel passo di Clitarco, che parla di un'usanza diffusa a livello popolare, mentre è agevolmente comparabile con l'offerta, registrata da Diodoro Siculo in XX 14,4, di duecento fanciulli scelti tra le famiglie dell'aristocrazia cartaginese, quando la città si trovò stretta nell'assedio di Agatocle di Siracusa, nel 310 a.C. Anche la condizione sociale prevista per il fanciullo in questione (*ingenuus*, nel senso di «nato libero») può confrontarsi con quanto osserva Diodoro, sulla consuetudine d'immolare bambini «comprati» allo scopo, fatto che per la sua gravità avrebbe causato l'ira divina e il conseguente rovescio delle armate puniche. Da ultimo, il richiamo di Curzio Rufo ad un rito *multis saeculis intermissum* a Tiro, più che alla testimonianza di Clitarco rinvia ancora a quella di Diodoro, per il quale l'olocausto di centinaia di nobili vittime, nella Cartagine assediata, ripristinava «il costume tradizionale», anche qui «abbandonato da tempo», di sacrificare i giovani delle famiglie «migliori»[14].

Sembra così possibile dedurre che lo scrittore latino si sia servito, in modo primario, della testimonianza di Diodoro Siculo relativa a Cartagine, per descrivere ad effetto l'estremo tentativo dei Tirii (tentativo proposto e non attuato) di volgere a proprio favore le sorti del conflitto con Alessandro Magno, mediante un ricorso eccezionale al sacrificio umano. Non è un caso che Curzio Rufo citi, contestualmente a questo episodio, il permanere del rito a Cartagine «fino alla distruzione della città» né pare casuale il fatto che, con un errore cronologico peraltro comprensibile (non è l'unico nella sua opera), poco prima di riferire l'episodio di Tiro egli menzioni come *contemporaneo ad esso* l'assedio di Cartagine da parte dei Siracusani di Agatocle (in IV 3,20).

---

[12] Cf. SIMONETTI, 1983, 95; per il fr. 9 Jacoby di Clitarco (*FGrH*, n. 137, vol. II B p. 745) *apud* SCHOL. in PLAT., *Resp.*, 337 A; cf. anche SUID., σ 123-24, s.v. *sardonios gelos* e PHOT., *Lex.*, s.v. *sardonios gelos.*

[13] Sui valori del proverbiale «riso sardonico» nel mondo antico cf. RIBICHINI, 1994, 115-130.

[14] Utilizzo, per queste considerazioni, il commento di ATKINSON, 1980, 306-307.

Si può riconoscere, in definitiva, tra le fonti che Curzio Rufo cita genericamente al proposito, con un rinvio ai «si dice» (*dicuntur*), il testo di Diodoro Siculo e la sua testimonianza relativa all'uso, presso i Cartaginesi che a Tiro devono l'origine della propria civiltà, di sacrificare vittime umane in momenti di particolare gravità. Ne consegue, necessariamente, un ridimensionamento deciso per il valore di questa testimonianza sulla presenza di sacrifici di bambini nella città fenicia in epoca storica[15].

---

[15] Si può conseguentemente concordare, volendo, con LIPINSKI, 1988, 245, che afferma «La mention de Saturne implique, dans le chef de l'historien romain, l'identification de Baᶜal-Hamon à Saturne en Afrique du Nord et la conviction que le rite était d'origine tyrienne»; ma resta il fatto, che, in questi termini, Curzio Rufo testimonia l'opinione che si aveva in proposito ai suoi tempi e secondo le fonti di cui egli disponeva, e non già che «cette pratique n'était pas encore oubliée à Tyr au IVe siècle av. J.-C.» (*ibid.*; cf. anche LIPINSKI, 1993, 278).

Bibliografia

M.G. AMADASI GUZZO
1993 Osservazioni sulle stele iscritte di Tiro, Rivista di Studi Fenici, 21, p. 157-163.

J.E. ATKINSON
1980 A Commentary on Q. Curtius Rufus' Historiae Alexandri Magni, Books 3 and 4, Amsterdam.

H. BARDON
1947 Quinte-Curce, Histoires, tome premier, Paris.

P. BARTOLONI
1993 Considerazioni sul «tofet» di Tiro, Rivista di Studi Fenici, 21, p. 153-156.

S. BROWN
1991 Late Carthaginian Child Sacrifice and Sacrificial Monuments in their Mediterranean Context, Sheffield.

J. CONHEENEY – A. PIPE
1991 Note on Some Cremated Bone from Tyrian Cinerary Urns, Berytus, 39, p. 83-87.

G. GARBINI
1993 Iscrizioni funerarie da Tiro, Rivista di Studi Fenici, 21 Suppl., p. 3-6.

A. GIACONE
1977 Storie di Alessandro Magno di Quinto Curzio Rufo, con una Appendice di O. Botto, Torino.

M. GRAS – P. ROUILLARD – J. TEIXIDOR
1989 L'univers phénicien, Paris.
1991 The Phoenicians and Death, Berytus, 39, p. 127-176.

J.R. HAMILTON
1988 The Date of Quintus Curtius Rufus, Historia, 37, p. 445-456.

E. LIPINSKI
1988 Tannit et Baʿal-Ḥamon, Hamburger Beiträge zur Archäologie, 15-17, 1988-90, p. 209-249.
1993 Rites et sacrifices dans la tradition phénico-punique, in J. QUAGEBEUR (ed.), Ritual and Sacrifice in the Ancient Near East, Leuven, p. 257-281.

J. MAURIN
1975 Remarques sur la notion de «puer» à l'époque classique, Bulletin de l'Association G. Budé, p. 221-230.

P. MOSCA
1975 Child Sacrifice in Cananite and Israelite Religion. A Study in *Mulk* and מלכ, Thesis, Harvard University, Cambridge, Mass.

S. MOSCATI
1993 Non è un tofet a Tiro, Rivista di Studi Fenici, 21, p. 147-151.

S. RIBICHINI
1994 L'assassinio di Asdrubale: la «bella morte» e il riso sardonico, in A. GONZALEZ BLANCO – J.L. CUNCHILLOS ILARRI – M. MOLINA MARTOS (edd.), El mundo púnico. Historia, sociedad y cultura (Cartagena, 17-19 de noviembre de 1990), Murcia, p. 115-130.

H. SADER
1991 Phoenician Stelae from Tyre, Berytus, 39, p. 101-126.
1992 Phoenician Stelae from Tyre (continued), Studi Epigrafici e Linguistici sul Vicino Oriente antico, 9, p. 53-79.

H. SEEDEN
1991 A Tophet in Tyre?, Berytus, 39, p. 39-87.

G. SFAMENI GASPARRO
1989 Critica del sacrificio cruento e antropologia in Grecia: da Pitagora a Porfirio. II. Il *De Abstinentia* porfiriano, in F. VATTIONI (ed.), Sangue e antropologia nella teologia, I, Roma, p. 461-505.

A. SIMONETTI
1983 Sacrifici umani e uccisioni rituali nel mondo fenicio-punico. Il contributo delle fonti letterarie classiche, Rivista di Studi Fenici, 11, p. 91-111.

C.G. WAGNER
1993 Problemática de la difusión del *molk* en occidente fenicio púnico, in J. ALVAR – C. BLANQUEZ – C.G. WAGNER (edd.), Formas de difusión de la religiones antiguas. Segundo encuentro-coloquio de ARYS (Jarandilla de la Vera. Diciembre 1990), Madrid, p. 99-131.

W.W. WARD
1991 The Scarabs, Scaraboid and Amulet-Plaque, Berytus, 39, p. 89-99.

Tell el Burak: an unidentified city of Phoenician Sidon

Hélène Sader, Beirut

The natural boundaries of Sidon's territory are the river Dāmūr, ancient Tamyras, in the north and the river Qāsmiyye in the south (Dussaud 1927:47 and note 1). Apart from the capital Sidon, this narrow but fertile coastal strip bordered by the sea in the west and the mountain range of the Lebanon in the east, was occupied during the Iron Age by several urban and rural settlements scattered along the coast and on the neighboring hills. The written documents remain our main source of information for the study of Sidon's territory and they have often been discussed. On the other hand, there has never been a systematic survey of this area and the archaeological evidence is restricted to more or less extensive operations in Ḫalde (Saidah 1966:51-90), Ǧiyye (Saidah 1982), Sidon and its necropolei (mainly Contenau 1920:16-55 & 1924:261-280; Dunand 1967:27-46; 1969:101-107; 1973:7-53; Saidah 1969:119-142 & 1979:29-55) and finally Ṣarafand (Pritchard 1975 & 1978).

In this short study dedicated to Professor Wolfgang Röllig for his sixty-fifth birthday, a brief survey of the discussion related to the Sidonian toponyms mentioned in the ancient texts will be presented before dealing with the identification and the characteristics of Tell el Burak, a major site located in the territory of Sidon. This ancient settlement was not given the attention it deserves in the scientific discussion concerning Sidon's ancient topography. This essay will hopefully contribute to shed some light on the settlement pattern of the Phoenician cities.

The cities of Phoenician Sidon

Most of our information concerning Sidon's main cities comes from two types of ancient texts: the royal inscriptions of Eshmunazar II (*KAI* 14), Baalshillem (Gibson 1982:29) and Bodashtart (*KAI* 15) and the Assyrian royal inscriptions of Sennacherib (Luckenbill 1927:118 ff) and Esarhaddon (Borger 1967). Two brief biblical mentions of the toponym *Sidon Rabbah* (Jos. XI,8 & XIX,28) can be added to this evidence. However, the identification of the mentioned toponyms is often difficult and the problem of Sidon's historical topography remains largely debated.

The study of the above-mentioned texts has clearly indicated that the Phoenician inscriptions are concerned only with internal districts of the capital while the Assyrian texts deal with the cities belonging to Sidon, i.e., the external territory which was under the direct political hegemony of the Phoenician metropolis and that the Assyrian army was able to conquer.

1-The Phoenician royal inscriptions

Apart from the Palestinian districts of Dor, Jaffa and the plain of Sharon given to Eshmunazar II by the Persian king in return for his loyalty (*KAI* 14:18-19), the above-cited Phoenician inscriptions mention the following sectors:

ṣdn ym, ṣdn ʾrṣ ym, ṣdn šd/r, ṣdn mšl,

šmm rmm, šmm ʾdrm,

ʾrṣ ršpm and

ʿn ydll bhr or *ʿn ydl.*

The first two toponyms, *ṣdn ym* and *ṣdn ʾrṣ ym*, clearly refer to one and the same district, most probably the area built partly on the islets and partly on the coast around the harbour, which roughly corresponds to the modern old city of Sidon. Elayi (1989:83) argues that each one of these toponyms refers to a different district: *"...* ṣdn ʾrṣ ym, *'Sidon terre de la mer', aurait pu désigner d'abord une zone côtière avec les îlots, puis la zone des îlots aurait été isolée avec un nouveau nom:* ṣdn ym *('Sidon mer')".* There is no convincing reason for this assumption and the name of this district, as Elayi correctly points out, corresponds to the Assyrian designation uruṢ*i-du-nu ša qé-reb tam-tim* or uruṢ*i-du-un-nu šá qabal tam-tim* (Borger 1967:48:D68 & 49:BI,10), the city of Sidon in the midst of the sea. *ṣdn ym* or *ṣdn ʾrṣ ym* is a designation that clearly refers to the major coastal settlement of Sidon and both the Eshmunazar (*KAI* 14:16 & 18) and the Bodashtart (*KAI* 15) inscriptions mention it as the place where temples are built.

When read *ṣdn šd,* Sidon of the plain, this toponym has commonly been interpreted as the agricultural hinterland surrounding the coastal center of *ṣdn ym*: *"... la ville construite sur les contreforts du Liban porte le nom de Sidon-sade, 'Sidon-campagne'"* (Dussaud 1927:38-39; voir aussi Elayi 1989:82, Gibson 1982:112). This interpretation is based on the fact that the harbour city of Sidon clearly depended on the surrounding agricultural plain and that the territory of the city consisted basically of these two districts. There is a clear parallelism between *ṣdn ym* and *ṣdn šd* which led scholars to see in them the complementary components of Sidon's territory. However, the context in which *ṣdn šd* appears speaks against this interpretation because it seems to indicate a temple (with *KAI* 15:24) and not an administrative district. Indeed, *ṣdn šd* is referred to by the Bodashtart inscription as *ʾyt hbyt z bn lʾšmn* (*KAI* 15). Röllig (*KAI* 14; commentary page 24) correctly underlines the uncertain reading, *šd* or *šr*, which already casts a doubt on its interpretation as a place-name. He interprets it as a temple name but points out the fact that *"...* 'Sidon-Flur' *paßt ebenso schlecht als Name eines Tempels des Ešmun wie* '(Baal)-Sidon ist Fürst'*".* The modern site of Nabī Ṣaydūn could be the place where a temple of *ṣdn-šr*, (Baal)-Sidon is Prince, might have stood. Another reason against the interpretation of *ṣdn šd* as a toponym is the constant omission of the preposition *beth* before it in all the duplicate inscriptions of Bodashtart (Elayi 1989:41-43) while it constantly precedes the designation *ṣdn ym* (see *KAI* 14:16 & 18 *bṣdn ʾrṣ ym*; *KAI* 15: *bṣdn ym*). Gibson (1982:112:16) argues that a *beth* has to be understood before *ṣdn šd* because it follows a *beth* in the previous clause and compares it to *"the well-known 'double-duty' preposition of Ugaritic and Hebrew verse"*.

ṣdn mšl, 'Sidon rules', (Hoftijzer & Jongeling 1995:702 for the various interpretations of this name), *šmm rmm*, 'High Heavens', (Hoftijzer and Jongeling 1995:1161 list both interpretations as a ward of Sidon or as a name of a shrine or sacred precinct; *KAI* 14:22: temple name; Elayi 1989:83 interprets it as a toponym and suggests its identification with *Nahr er-Rami*, the Medieval name of *Nahr al-Awwali* and locates it either on the lower or on the upper course of this river), *šmm ʾdrm*, 'Lofty Heavens', (*KAI* 14:22: name of a temple) and *ʾrṣ ršpm* (Hoftijzer & Jongeling 1995:1087: exact meaning of *ršp* unknown; list the different interpretations: flames, shades, emphatic plural of divine name *ršp* or gate-keeper gods. See also *KAI* 15. All the proposed interpretations seem to suggest a funerary temple maybe in the royal necropolis area?) have been interpreted either as toponyms or as temple names. The contextual and grammatical evidence of both, the Eshmunazar and the Bodashtart inscriptions, seems to favor the second interpretation.

The last toponym mentioned in the Phoenician inscriptions is *ʿn ydll bhr* (*KAI* 14:17) written also *ʿn ydl* in the inscription of Baalshillem (Gibson 1982:29) where the kings of Sidon built a temple for their god Ešmun. Almost all scholars, with the exception of Dussaud (1927:38), agree that this toponym refers to the modern area of *Bustan aš šayḫ*, where a temple dedicated to the god Ešmun has been excavated (Dunand 1967:27-46, 1969:101-107, 1973:7-53).

From the above cited evidence, Dussaud correctly concluded that: *"Les textes phéniciens découverts à Sidon et dans les environs ont soulevé quelques questions de topographie; mais, à notre avis, elles se réduisent à peu de chose."* Only *ṣdn ym* or *ṣdn ʾrṣ ym* and *ʿn ydll* or *ʿn ydl* can be interpreted beyond any serious doubt as toponyms indicating respectively the main original coastal settlement and a sacred district on the hills overlooking Sidon. The other designations should be understood, according to the context, as names of temples.

2-The neo-Assyrian inscriptions

Concerning the extension of the territory controlled by Sidon, valuable information is provided by the royal inscriptions of Sennacherib and Esarhaddon. In his campaign against Luli of Sidon, Sennacherib lists in an apparently strictly geographical order from north to south, the cities of Luli that he has conquered. These are: Great Sidon, Little Sidon, Bit-Zitti,

Zaribtu, Maḫalliba, Ušu, Akzib and Akku (Luckenbill 1927:118 ff). The territory described in this passage, is that of the united kingdom of Tyre and Sidon which was divided between both cities after this defeat (Katzenstein 1973:252). If Zaribtu, Maḫalliba, Ušu, Akzib and Akku are clearly identified respectively with modern Ṣarafand (Pritchard 1975 & 1978), Maḥālib north of Tyre (Le Lasseur 1922:120 ff; Dussaud 1927:40; Elayi 1982:95; Lemaire 1991:136), Tell Rašidiyye (Katzenstein 1973:15 and note 59), Ez-Zib and Tell el Fuḫḫār (Lemaire 1991b:138 and note 12), the exact scope and location of Bit-Zitti remain debatable. This site has commonly been identified with Zayta, 9 km on the hills south-east of Sidon (Dussaud 1927:40; Greenfield 1985:129-134; Lemaire 1991a and Elayi 1989:88). Although the old name survives in that of the modern village of Zayta, the main settlement of Bit-Zitti may have been located in Maġdūše. This town, 4 km north-west of Zayta, has a strategic position because it overlooks and controls the coastal road leading to Tyre while Zayta is further inland. This city's territory must have included both, the coastal strip and the hills overlooking it, and the ancient name might also still be surviving in the site of ʿAyn Zaytūn in the southern suburbs of Sidon. This identification of Bit Zitti with ʿAyn Zaytūn was proposed by Delitzsch and Honigmann and arbitrarily discarded by Dussaud (1927:40).

The main problem lies in the identification of Great and Little Sidon which are mentioned only in this text: do these toponyms refer to two different urban settlements or do they refer to two districts of the capital's territory? Great Sidon, maybe the *Sidon rabbah* of the Bible (*Jos.* XI,8 and XIX,28) is, according to Dussaud (1927:38) *"...la suite ininterrompue de villages qui s'étendaient à l'est du port de Sidon sur les premiers contreforts du Liban. Quant à Sidon proprement dite, ou Sidon la petite, c'était la ville maritime, agglomération resserrée sur l'emplacement actuel de Saïda."*. In other words, Great Sidon would be the agricultural hinterland and Little Sidon the fortified coastal settlement and Dussaud equates Great and Little Sidon respectively with *Sidon-sade* and *Sidon-yam*. Elayi (1989:85) believes that these two sectors are two different urban agglomerations within the capital's territory, one being more populated than the other. Greßmann (1923:2218) suggests a location of Little Sidon in Ḫirbet Ṣaydūn, south-east of Sidon, in which the ancient toponym survives but no major settlement was found there. Kestemont places Little Sidon on the *'micro'* island of Zire (1983:57) and Great Sidon on the continent. None of these suggestions seems convincing because Sennacherib is enumerating only the **major** cities of the united kingdom of Sidon and Tyre described as *"...his strong, walled cities where there were supplies."* (Luckenbill 1927:119). So Little Sidon ought to have been a significant urban agglomeration and not a mere watch tower or a series of orchards.

The Annals of Esarhaddon, on the other hand, mention only **one** fortified urban agglomeration of Sidon described as Abdimilkutti's fortress town, which lies in the midst of the sea, *"^{uru}Ṣi-du-un-nu āl tuk-la-(a)-ti-šú ša qé-*

reb tam-tim" (Borger 1967:48:D68), and in another passage, he boasts that he is the conqueror of Sidon which lies amidst the sea, *"ka-šid* [uru]*Ṣi-du-un-ni šá ina qabal tam-tim"* and that he levelled all its settlements *"sa-pi-nu gi-mir da-ád-me-šú."* (Borger 1967:49:10-11). The fortified city, the metropolis with all its neighborhood, conquered and destroyed by the Assyrian king, is thus the maritime city and its hinterland. Great Sidon can only be this major coastal settlement corresponding to modern Saïda. Esarhaddon does not seem to know another city also called Sidon and his inscription, though listing several cities of Sidon, does not help us to clear the problem of what is to be understood by Little Sidon and where it is to be located.

A parallel to Great and Little Sidon could be Gordon's interpretation of the word *ṣr-m* mentioned in the Ugaritic legend of Keret as a dual form meaning the two Tyres, i.e., Great Tyre on the mainland and Little Tyre on the island (or *vice-versa*) (Gordon 1965:476). Katzenstein (1973:20) favors this suggestion and this may lead us to look for Little Sidon in a satellite settlement of the maritime city on which this latter depended. The fact that both urban centers bear the same name may denote similar physical characteristics and/or organic connections which made the Little agglomeration appear as an exact but smaller replica of the Great capital. If Little Sidon is to be understood as a coastal settlement different from Sidon, it has to be looked for probably south of it, since the order of the listed toponyms clearly goes from north to south. The above-mentioned parallel of insular (*ṣr*) and continental Tyre (*Ušu*-Rašidiyyé) suggests Tell el Burak, 9 km south of Sidon, as a possible candidate for the site of Little Sidon because of similar relations with the maritime capital city (see below).

After the conquest of Sidon, Esarhaddon says that he made the kings of Ḫatti and the Seacoast build a new city called Kar-Esarhaddon (Borger 1967:48:D82). It is to be noted that no attempt was ever made to try and locate this new city. It was always implicitly assumed that Kar-Esarhaddon is Sidon itself (Greßmann [1923:2219] places it east of Sidon, *"etwa in der Lage der heutigen Stadt"*.), rebaptised by the Assyrian king although it is explicitly stated in his annals that it was built in another place *"ina áš-ri šá-nim-ma"* without further precision (Borger 1967:48:D81). The name of this newly founded city (Esarhaddon's harbour) suggests that it must have been located on or near the coast. Moreover, the fact that all the kings of Ḫatti and the Seacoast contributed in building it suggests an impressive scale for the eponymous city of the Assyrian king. It is difficult to know whether it was a completely new foundation or whether it was built on a previous settlement. It is also not clear whether we should look for it north or south of Sidon.

Kar-Esarhaddon became the seat of an Assyrian province which included the following cities of Sidon: *Bit-Ṣupuri, Sikku, Giʾ, Inimme, Ḫildua, Qartimme, Biʾrû, Kilmê, Bitirume, Sagū, Ampa, Bit-Gisimeia, Birgiʾ, Gambulu, Dalaimme, Isiḫimme.* These cities are said to be near Sidon and to be fortresses of Abdimilkutti (Borger 1967:48:DIII,7-8). The toponyms listed here are not all near Sidon and they are enumerated from south to north (Kestemont 1983:56). It will be also argued that all of them are located north of Sidon. These cities appear indeed to be divided into two groups:

Group 1: includes the coastal cities from Sidon to Tripoli listed in a geographical order from south to north. The first city is: *Bit-Ṣupuri* (house or place of the birds), which is, according to Honigmann (1939:1129-30), the Greek Ornithonpolis, Bird-town, a locality mentioned by Strabo (XVI,2, 24) and Pliny (V,76) between Sidon and Tyre. *Bit-Ṣupuri* was thus identified with Tell el Burak only because it was believed to be Ornithonpolis (Elayi 1982:95 & 1989:88). Although an identification of *Bit-Ṣupuri* with Tell el Burak cannot be completely ruled out, it seems that the enumeration order of the cities adopted by the Assyrian scribe speaks against this identification. Indeed, all the other toponyms of the list are located, beyond any serious doubt, north of Sidon and *Bit-Ṣupuri* cannot be the only exception. The territory of the province seems to have included only the northern half of the Sidonian territory while the southern part was given to Tyre. *Bit-Ṣupuri* could be the locality commanding the route to Ǧazzīn (al Hlāliyye?), one of the ancient international trade routes to the Biqāᶜ and Damascus (Elayi 1989:87). One of the main villages on this route is called Ṣfaray or Bṣfaray (ca 12 km east of Sidon; see Map of Lebanon 1/20000), a clear survivance of ancient *Bit-Ṣupuri* (Wild 1973:76).

Sikkū or *Šikkū* is maybe Rmayle, a few kilometres north of Sidon. The ancient name, es-Sakkiye, was still known at the beginning of the century and the British map printed by the Survey of Egypt in 1916 mentions in this area *Ḫān es-Sakkiye*. *Giʾ* is to be identified with modern al Ǧiyye (Kestemont 1983:56), classical Porphyreon, which has yielded an important Byzantine settlement excavated by the Department of Antiquities but not published. *Inimme* is modern an-Nāᶜme (Kestemont 1983:56) where an ancient settlement has been located by the Department of Antiquities (Saidah 1967:173). This city was equated with classical Leonton (Dussaud 1927:47; Elayi 1989:87-88). *Ḫildua* is modern Ḫalde, where an important Iron Age cemetery (Saidah 1966:51-90) and a Roman-Byzantine settlement were discovered (Duval & Caillet 1982:311-394). Further north is *Qartimme*. Since this town is mentioned between Ḫalde and *Biʾrû*-Beirut (Forrer 1920:65; Kestemont 1983:56), it may be identified with modern Kfaršîma, which commands the access of the plain leading to the city of Beirut. Beirut could indeed not be reached from the coast because of the swamps in Ḫalde-ʾUzāᶜî and the rocky promontories of Rawše and the only access to the city coming from the South was across the plain of Šwayfât-Kfaršîma (Davie 1984 & 1987:146). *Kilmê* has been identified either with modern Qalamūn (Forrer 1920:65) or with Kalmin, east of Batrūn (Dussaud 1927:39; Kestemont 1983:56). The first suggestion is difficult because Qalamūn is north of Anfe and this disturbs the order of the enumeration whereas Dussaud's suggestion, adopted by Kestemont (1983:56) fits the geographical order. The area between Beirut and Batrūn is not included within the new province. Forrer correctly points out that Byblos was still an independent city-state and this is the reason why it is not mentioned in the list and the missing area probably corresponds to its territory. *Bitirume* is located north of Gubla and south of Šekka, the Sagū of Esarhaddon's list (Dussaud 1927:39), and it is tempting to see in this toponym a misspelling of Batrūn (with Kestemont 1983:56), the Baṭruna of the Amarna letters (Moran 1987:595). *Ampa*, *Ampi* of the Amarna letters (Moran 1987:594), is to be identified with Anfe (with Dussaud 1927:39 and against Forrer [1920:65], who identifies *Sagū* and *Ampa* respectively with Ehden and Bšarre in the mountains). *Bit-Gisimeia* is difficult to identify and it is uncertain whether it belongs to the first or to the second group of toponyms. It was located by Thompson in Ḫān Qāsmiyye (*RLA* II, 1938:41)

Group 2: includes the cities which are located on the hills north-east of Sidon which today form the administrative district of Iqlīm al Ḫarrūb (see Map of Lebanon 1/20000). Kestemont (1983:56) does not deal with the remaining toponyms: *"... il termine par 5 lieux difficiles encore à placer et qui se situent sans doute entre Enfe et Tripoli ou dans l'arrière-pays, faisant peut-être là la jonction entre la zone nord et la zone sud par derrière le pays de Byblos."* However, with the exception of *Gambulu*, all the toponyms can be identified with a high degree of probability.

'Birgi' is either Barǧa or al Burǧayn, east of Ǧiyye, against Dussaud (1927:39) who places it north of Beirut on the site of another locality called also Barǧa. This localisation goes against the internal order of the list and for the same reason, *Gambulu* cannot be Ǧabbūl in the Biqāʿ as suggested by Dussaud (1927:39). It has to be looked for in the same area between *Birgiʾ* and *Dalaimme*, modern Delhum/n, and *Isiḫimme* modern Šḥīm (Dussaud 1927:39), both of them east of Ǧiyye and important localities of the Iqlīm.

The province of Kar-Esarhaddon thus included not only the cities which traditionally belonged to Sidon and which were an inherent part of its natural territory, but also settlements located beyond the river Dāmūr, as far north as Tripoli, and which were obviously under the political hegemony of the Phoenician metropolis. This province did not include the cities located south of the capital for this area, or at least most of it, was given to Tyre. Esarhaddon's text mentions indeed two other cities of Sidon, *Maʾrubbu* and *Ṣariptu*, that he did not include in the territory of the province Kar-Esarhaddon, but that he gave to Baalu, king of Tyre, after the defeat of Abdimilkutti (Borger 1967:49:DIII,16). Both cities are located south of Sidon: *Ṣariptu* is modern Ṣarafand and *Maʾrubbu*'s name still survives in the modern toponym al Maʿārīb, between Ḫayzarān and ʿAdlūn (see Map of Lebanon 1/20000). Forrer (1920:65) has located this city in ʿAdlūn, 6 km south of Ṣarafand, and has identified it with classical Ornithonpolis. Southwest of the modern town, there is an ancient settlement, Tell Rās Abu Zayd, surveyed and classified by the Department of Antiquities and recognized as the ancient settlement of ʿAdlūn (Saidah 1967:173). This identification of *Maʾrubbu* with ʿAdlūn being highly probable, the Assyrian text would have solved the problem of the identification of two of the three major coastal tells found south of Sidon and north of the Qāsmiyye river. These three tells are from north to south: Tell el Burak, Ṣarafand and Tell Rās Abu Zayd and the identity of the first one remains to be solved.

Tell el Burak or el Brāk, Burak or Brāk at-Tell (Map of Lebanon 1/20000 and aerial photograph)

Between Sidon and Ṣarafand, there is a large artificial mound known as Tell el-Burak or Burak et-Tell, 9 km south of Sidon. Burak et-Tell lies in a very fertile plain abundantly watered by the rivers Baruqiyye and ʿAqbiyye and nearby springs. The location of this site on the shore indicates that it certainly controlled a nearby harbour: *"...Turner sagt, dass hier der Hafen Barone lag. Vielleicht verwechselt er ihn mit dem Namen Barûk."* (Van de Velde 1864:76). The tell rises abruptly at the edge of the water and has very steep slopes probably indicating the existence of a fortification. An important ancient settlement must be hidden under its ruins, the identity of which is still debated.

This impressive tell is very well preserved. It was protected from looting and from anarchic constructions during the Lebanese war because it lies off the main road, in the midst of a vast private plantation (see photograph and Map of Lebanon 1/20000). The site was surveyed and expropriated by the Department of Antiquities in the 1960's (Saidah 1967:173) and Ibrahim Kawkabani, an archaeologist of the Department, made two soundings there. One can still see the walled entrance of tombs on its western slope which yielded, according to the responsible of the Department, complete Phoenician red slip vessels. Unfortunately, the results of these excavations were never published.

The tell was visited and described by XIXth century travelers like Renan (1864:524-525), Thomson (1864:142), Van de Velde (1866:76) and others. It *"...rises like a huge hay-stack on the very margin of the sea. It is called Tell el Burak, from those very ancient cisterns east of it, in which was collected the water from fountains that rise out of the plain above it ... It once formed the acropolis of a city whose shapeless remains are scattered over the plain. I have often seen these mounds near fountains, which they were probably designed to command ..."* (Thomson 1864:142 & 145). The site, as already noted by Renan, shows striking similarities with Rās el ʿAyn: *"Les réservoirs de Borak et-Tell sont construits sur le même modèle que ceux de Ras el Aïn, près de Tyr; mais ceux de Borak et-Tell ne tiennent plus l'eau ... Comme Ras el Aïn, Borak et-Tell a une butte artificielle; ... Comme Ras el Aïn, aussi, Borak et-Tell sert de point de départ à des acqueducs. Les acqueducs qui prenaient autrefois l'eau de Borak et-Tell vont vers Sarepta, non vers Sidon. ... Le tell de Borak et-Tell ressemble beaucoup au Tell El-*

Kisan, près de Saint Jean d'Acre. Ce dernier a également près de lui une fontaine Aïn et-Tell ..." (Renan 1864:524-525). Renan's assumption that the aqueducts go only to the south in the direction of Ṣarepta is contradicted by Auberive (1861:187), another XIXth century traveler, who describes ʿAyn el Burak as a *"Fontaine dont les eaux sont conduites par un acqueduc à Saïda"*. This is again another similarity with Rās al ʿAyn from which two aqueducts carried the water, one to Tyre in the north and one to the south. Another argument in favor of this assumption is the existence of a main modern irrigation canal departing from the springs and going north and south (See Map of Lebanon 1/20000 and aerial photograph).

Two suggestions as to the ancient name of Tell el Burak were made. De Vogüé followed by the majority of scholars (Elayi 1982:95 & 1989:88; Dussaud 1927:41; Honigmann 1939:1129-30) identified Burak et Tell with Ornithonpolis and since Ornithonpolis was believed to be the Greek translation of *Bit-Ṣupuri* of the Assyrian texts, Tell el Burak was also identified with Bit-Ṣupuri. Forrer believes that Ornithonpolis is *Maʾrubbu* of Esarhaddon's text and identifies it with ʿAdlūn, a city 6 km south of Ṣarafand (Forrer 1920:65): *"... Da letzteres (Maʾrub) von einem Stamme ʿRB abgeleitet werden muss, und von einem solchen z.B. das assyrische aribu 'Rabe' kommt, vermute ich, dass das griechische Ornithonpolis einfach die Übersetzung von Maʾrub ist: Ornithonpolis, jetziges ʿAdlūn, 6 km im Süden von Sarafand"*. This identification of ʿAdlūn with Ornithonpolis fits the description given by Strabo (XVI:2,24) who explicitly says that after Ornithonpolis one comes to a river which empties near Tyre, obviously referring to river Qasmiyye. This location is however contradicted by Pliny and Skylax (Greßmann 1923:2218) who place Ornithonpolis north of Ṣarepta, i.e., probably on Tell el Burak.

Renan rejects the identification of the site with Ornithonpolis (1864:525) and identifies it with Enhydra, a city mentioned by Pliny and located, according to the ancient author, between Tyre and Ṣarepta. Renan argues that Pliny's itinerary between Tyre and Sidon should be reversed, and concludes that *"Parmi les noms de villes que les géographes anciens placent entre Sidon et Tyr, celui qui conviendrait le mieux à Borak et-Tell serait Euhydra, ou Enhydra qu'on croit lire dans quelques manuscrits de Pline (V,XVII [XIX],2)."*

To sum up the above discussion: Tell el Burak is a good though controversed candidate for the location of Greek Ornithonpolis. Although the identification Ornithonpolis – *Bit-Ṣupuri* (see above) is tempting because of the similarity of the names, there might be good reasons to look rather for Little Sidon on the site of Tell el Burak because of the similarity of the settlement pattern between Sidon-Burak et-Tell (Great and Little Sidon?) and Tyre-Rašidiyye (Great and Little Tyre? or Tyrus and Palaetyrus, see above) and the organic relation that links the capital and its closest satellite. Indeed, Tell el Burak and Tell Rašidiyye share the same characteristics and seem to present the same type of relation with the capital: they are both located on the coast close to a very important water source, they both provide a nearby capital and/or its territory with water supply, they are both located at a short distance (Rašidiyye 6 km south of Tyre and Burak 9 km south of Sidon, i.e., two hours walking distance) from the capital, they are both the major settlements closest to the capital and finally, the capital cities to which they belong are partly or totally built on islands. These observations are maybe relevant for the understanding of the urban settlement pattern of the Phoenician cities which seem to have developed and relied on a major coastal though continental site to compensate their insular location. This latter imposed natural limits to their relation with and to the control of their territory. The maritime capital was the main economic center controlling the harbours and thus monopolizing trade while the continental satellite probably controlled the agricultural and industrial production. Although equally important for the city-state, the maritime settlement always had preeminence because of its privileged defensive location: it was the treasury of the state and the residence of the ruling class. More investigation is needed to understand better the nature of the relation between these twin urban agglomerations of the Phoenician cities.

Another possible, though less probable, identification of Tell el Burak is with Kar-Esarhaddon. Unfortunately, Esarhaddon does not mention the former name of the site on which he built his province capital. He only says that he did not build it in Sidon itself but elsewhere, probably on the coast. The best alternative for him was maybe to chose the next important city on which the destroyed capital and its territory depended and this could possibly be the settlement hidden in the ruins of Tell el Burak. Could this account for the fact that Esarhaddon omits to mention Little Sidon?

Independently from these or any other hypothetical suggestion as to the identity of Tell el Burak, one fact remains undisputed: this Tell together with Ṣarepta and ʿAdlūn, is one of the three main settlements of Sidon's southern territory. Of the three, Ṣarepta is obviously the best known and the most often mentioned. It is also the only site that has kept the ancient toponym alive and that has been excavated. While ʿAdlūn is on the borders of the Tyrian territory, Tell el Burak is the closest to Sidon. It is impressive enough to have been the site of an important city of the Sidonian kingdom which could not have been overlooked or ignored by the Assyrian kings. The final evaluation of Tell el Burak will have to await the planned survey of the area and the archaeological investigation of the site. The results of these operations might reveal not only its identity but also its settlement history and the role it played in the political and economic growth of the most significant Phoenician metropolis.

Bibliography

Auberive, C.
1861 *Voyage au Mont Liban*. Paris. Victor Sarlit.

Borger, R.
1967 *Die Inschriften Asarhaddon's Königs von Assyrien*. Archiv für Orientforschung Beiheft 9. Osnabrück. Biblio-Verlag.

Contenau, G.
1920 Mission archéologique à Sidon (1914). *Syria* 1: 16-55.
1924 Deuxième mission archéologique à Sidon. *Syria* 4: 261-280.

Davie, M.
1984 Trois cartes inédites de Beyrouth. Eléments cartographiques pour une histoire urbaine de la ville. *Annales de Géographie* de la FLSH-USJ 5: 37-82. Beyrouth.
1987 Maps and the historical topography of Beirut. *Berytus* 35: 141-165.

Donner, H. & Röllig, W.
1973 *Kanaanäische und Aramäische Inschriften*. 3 vols. Wiesbaden. Harrassowitz.

Dunand, M.
1967 Rapport préliminaire sur les fouilles de Sidon en 1964-1965. *Bulletin du Musée de Beyrouth* 20: 27-46.
1969 Rapport sur les fouilles de Sidon en 1967-68. *Bulletin du Musée de Beyrouth* 22: 101-107.
1973 Le temple d'Echmoun à Sidon. Essai de chronologie. *Bulletin du Musée de Beyrouth* 26: 7-53.

Dussaud, R.
1927 *Topographie Historique de la Syrie Antique et Médiévale*. Paris. Geuthner.

Duval, N. & Caillet, J.P.
1982 Khan Khaldé (ou Khaldé III). Les fouilles de Roger Saidah dans les églises, mises en oeuvre d'après les documents de l'auteur. In *Archéologie au Levant. Recueil Roger Saidah*. Maison de l'Orient. Lyon. 311-395.

Elayi, J.
1982 Studies in Phoenician Geography in the Persian Period. *Journal of Near Eastern Studies* 41/2: 83-110.
1985 Les relations entre les cités phéniciennes et l'Empire assyrien sous le règne de Sennachérib. *Semitica* 35: 23 ff.
1989 *Sidon, Cité autonome de l'Empire Perse*. Paris. Editions Idéaphane.

Forrer, E.
1920 *Die Provinzeinteilung des assyrischen Reiches.* Leipzig. Hinrichs'sche Buchhandlung.

Gibson, J.C.L.
1982 *Textbook of Syrian Semitic Inscriptions. Phoenician Inscriptions.* Vol. III. Oxford. Clarendon Press.

Gordon, C.
1965 Ugaritic Textbook. *Analecta Orientalia* 38. Rome. Pontifical Biblical Institute.

Greenfield, J.C.
1985 A group of Phoenician city seals. *Israel Exploration Journal* 35: 129-134.

Greßmann, H.
1923 Sidon in *Paulys Realencyclopädie der classischen Altertumswissenschaft.* Stuttgart. Druckenmüller Verlag. 2216-2230.

Hoftijzer, J. & Jongeling, K.
1995 *Dictionary of the North-West Semitic Inscriptions.* 2 vols. Leiden-New-York-Köln. E. J. Brill.

Honigmann, E.
1939 Ornithonpolis in *Paulys Realencyclopädie der classischen Altertumswissenschaft.* Stuttgart. Druckenmüller Verlag. 1129-1130.

Katzenstein, H.J.
1973 *The History of Tyre. From the Beginning of the Second Millennium B.C.E. until the Fall of the Neo-Babylonian Empire in 538 B.C.E.* The Schocken Institute for Jewish Research. Jerusalem.

Kestemont, G.
1983 Tyr et les Assyriens. *Studia Phoenicia* I-II. 53-78.

Le Lasseur, D.
1922 Mission archéologique à Tyr. *Syria* 3: 120 ff.

Lemaire, A.
1991a Le royaume de Tyr dans la seconde moitié du IVe siècle av. J.C. *Acts of the Second International Congress of Phoenician and Punic Studies.* Rome.
1991b Asher et le Royaume de Tyr. in Phoenicia and the Bible. *Studia Phoenicia XI. Orientalia Lovaniensia Analecta 44.* Leuven. 135-152.

Luckenbill, D.D.
1927 *Ancient Records of Assyria and Babylonia I & II.* Chicago. University Press.

Moran, W.L.
1987 *Les Lettres d'El Amarna. Correspondance diplomatique du pharaon.* Traduction française de Dominique Collon et Henri Cazelles. Paris. Editions du Cerf.

Pritchard, J.B.
1975 *Sarepta. A Preliminary Report on the Iron Age.* The University Museum. Philadelphia.
1978 *Recovering Sarepta, a Phoenician city.* Princeton University Press. Princeton.

Renan, E.
1864 *Mission de Phénicie.* Paris. Imprimerie Impériale.

Saidah, R.
1966 Fouilles de Khaldé. Rapport préliminaire sur la première et deuxième campagne (1961-1962). *Bulletin du Musée de Beyrouth* 19: 51-90.
1967 Chronique. *Bulletin du Musée de Beyrouth* 20: 155-180.
1969 Archaeology in the Lebanon, 1968-1969. *Berytus* 18: 119-143.
1979 Fouilles de Sidon-Dakerman: l'agglomération chalcolithique. *Berytus* 27: 29-55.

Thomson, W.M.
1864 *The Land and the Book.* London. T.Nelson and Sons, Paternoster Row.

Van De Velde, C.W.M.
1861 *Reise durch Syrien und Palästina in den Jahren 1851-1852.* Vol. I. Utrecht. Kemink & Sohn.

Wild, S.
1973 *Libanesische Ortsnamen. Typologie und Deutung.* Beiruter Texte und Studien 9. Wiesbaden. Steiner Verlag.

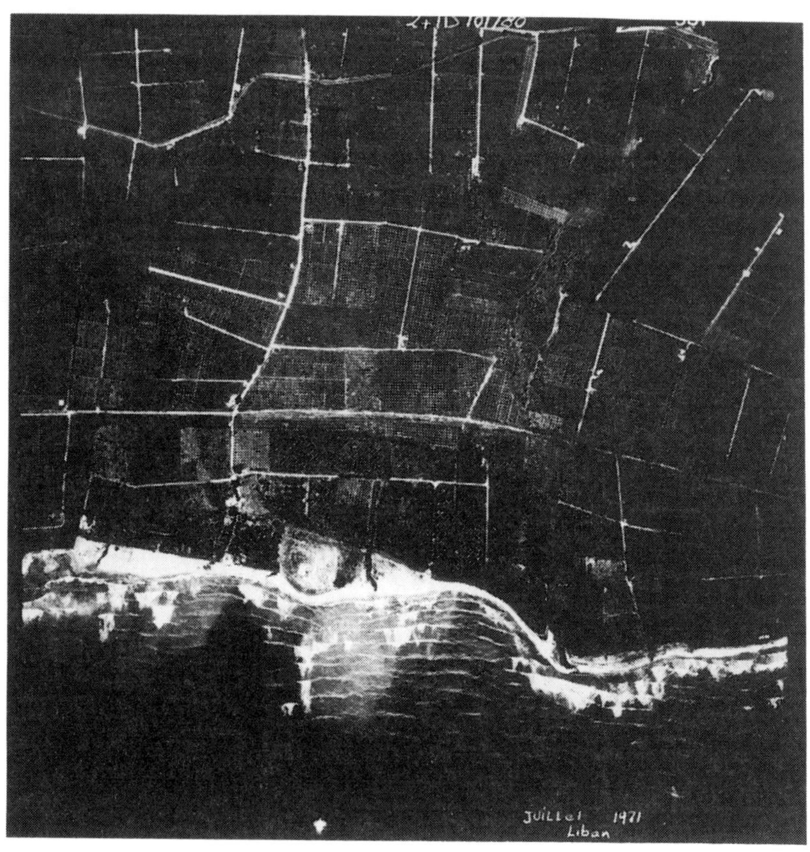

Aerial photograph of Burak et-Tell and the surrounding plantation. 1971. Scale 1/13333

Ein beschrifteter Flaschendeckel aus Nippur

Leonhard Sassmannshausen, Tübingen

Während eines von der Breuninger Stiftung, Stuttgart, geförderten Forschungsaufenthalts am University Museum in Philadelphia im Frühjahr 1996 sichtete ich die Tontafeln von rundem Format aus Nippur.[1] Hierbei fiel mir ein rundes Objekt aus Ton auf, das sich bei näherer Betrachtung als Deckel einer Flasche erwies. In seinem gegenwärtigen Zustand mißt dieser Deckel 6,1×5,4 cm und ist 2,3 cm dick. Er trägt die Museumsnummer UM 29-15-423 und wird hier mit der freundlichen Genehmigung der Kuratoren Profs. Åke Sjöberg und Erle Leichty veröffentlicht.

Der Deckel ist beschriftet und dadurch ein Unikat.

Wie mir Prof. Richard Zettler mündlich mitteilte, hat er ein zu in Nippur häufig gefundenen neubabylonischen Flaschen passendes Format.

Dies bestätigt mir brieflich Dr. James Armstrong vom Harvard Semitic Museum, einer der besten Kenner mittel- und neubabylonischer Keramik: „Your jar stopper could reasonably fit the mouth of a small bottle from the Neo-Babylonian period (i.e., after the 8th century). Examples of such bottles, which almost always bear polychrome, geometric glazed designs, can be found in Nippur I (OIP 78), pl. 101: 1-3, 15, 18-20. These bottles, though not frequent, are nevertheless not rare in 8th-6th century levels at Nippur, and are used as diagnostic indicators for this period.“

Auch die Paläographie spricht für eine Datierung in neubabylonische Zeit. Ebenfalls verweist die Genitivform *mašmašūt*(*u*) in die nachkassitische Zeit.[2]

Der Text auf diesem Deckel lautet:

[*ina* K]A ^{2} ⌈^{d}⌉Nin-tin-ug$_{5}$-ga ^{3} ^{d}Me-me ^{d}Nin-ezen ^{4} *u* ^{d}AMAR.UTU EN *maš-maš-ú-tú* ^{5} *liš-lim*

„Auf den Befehl von Nintinuga, Meme, Ninisina und Marduk, des Herrn der Beschwörungskunst, möge er/es heil/gesund sein/werden“.

---

[1] Siehe Verf., Baghdader Mitteilungen 28, 1997.

[2] Erste Beispiele für den Gebrauch der Nominativform anstelle der nach alt- und mittelbabylonischer Norm zu erwartenden Genitivform findet man schon in Texten aus der Zeit der 2. Dynastie von Isin. Vgl. 10 MA.NA GUŠKIN *maḫ-ṣu ša a-na u-mu* GAR-*nu* „10 Minen ‘geschlagenes’ Gold, das für den Tag (der Ausgabe) gestellt wurde“ in U 5585, 1-3, einer unpublizierten Urkunde aus Ur aus dem 9. Jahr Nebukadnezars I. im Besitz des University Museum.

Die Aussage kann sich auf das Gefäß beziehen: „möge es heil bleiben", oder auf den behandelten Patienten bzw. den behandelten Körperteil.

Die Formel *ina amāt* GN *lišlim* findet sich auch mehrfach auf spätbabylonischen Tontafeln im Kolophon oder auch am oberen Rand der Tafel.[3] Sie wird unterschiedlich interpretiert. Während etwa H. Hunger eine Bedeutung „Auf Befehl von GN möge sie heil bleiben!" annimmt[4], geht CAD Š/I S. 217 davon aus, daß diese Formel „by the command of ... may (this work) be successful" zu übersetzen sei und sich auf die Arbeit des Schreibers beziehe.

Nintinuga und Meme sind Heilgöttinnen, die im 2. und 1. Jahrtausend mit Gula/Ninisina identifiziert wurden.

Es liegt nahe, zu vermuten, daß die zum Deckel gehörige Flasche ein Heilmittel im engeren Sinne oder mindestens eine als heilsam betrachtete Flüssigkeit beinhaltete.

Die Veröffentlichung des bescheidenen, aber doch einzigartigen Artefakts sei dem Jubilar mit den besten Wünschen für lange Jahre der Gesundheit und Schaffenskraft gewidmet.

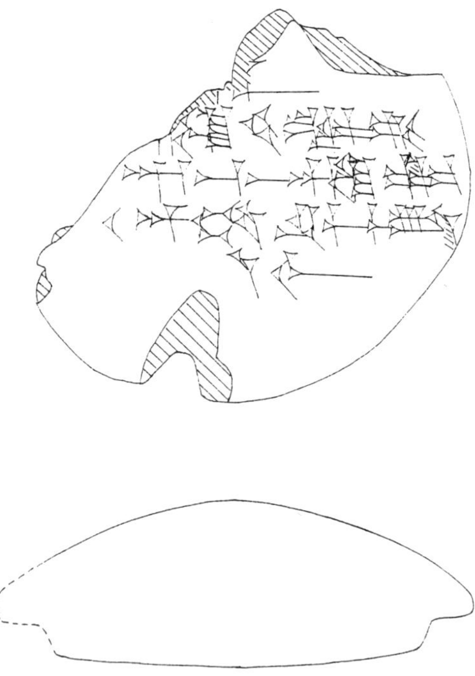

Maßstab 1:1

[3] Vgl. AHw S. 1144 s. v. *šalāmu* II G 4 und CAD Š/1 S. 217 s. v. *šalāmu* 4c.

[4] Babylonische und assyrische Kolophone, AOAT 2, Kevelaer/Neukirchen-Vluyn 1968, Nr. 95, 6 und 425, 6. Dieselbe Bedeutung nahm CAD A/II S. 36 an.

Zur Namenformel Aker Tavarsio Vanalašial der Stele von Lemnos

Carlo de Simone, Tübingen

An Herrn Wolfgang Röllig freundlich überreicht

Die beiden „tyrrhenischen" Texte der Stele von Lemnos (ca. Ende des VI. Jhs. v.Chr.) sind in letzter Zeit von verschiedenen Autoren behandelt worden[1]. Es ist in diesem Zusammenhang nicht möglich, die sich bei der Analyse der Inschriften ergebenden einzelnen exegetischen und sprachhistorischen Probleme ausführlich zu besprechen, nicht zuletzt, da die Meinungen z.T. heute noch erheblich voneinander abweichen.

Ich habe mit ausführlicher Begründung – nicht zuletzt aufgrund neuer linguistischer Argumente – den Standpunkt vertreten, daß die Sprache der Texte von Lemnos (Stele) nichts anderes als eine Variante der altetruskischen Sprache darstellt; meiner Meinung nach sind die Tyrrhener von Lemnos und Imbros (und der Ägäis) nichts anderes als eine Splittergruppe von „Etruskern", die aus Italien eingewandert sind (IX. - VII. Jh. v.Chr.; aus Caere oder Süd-Etrurien?). Diese These kann hier freilich nicht in gebührender Weise dargelegt und begründet werden[2]. Ich halte es aber für sinnvoll und lehrreich, ein einzelnes – aber zentrales – onomastisches Problem zu besprechen.

Es ist der Verdienst von H. Rix und J. Heurgon[3], ausdrücklich darauf hingewiesen zu haben, daß der Name des Dedikanten (oder Herstellers) der Stele von Lemnos in der Formel *Aker Tavasio Vanalašial* (A, 7-8) angegeben wird. Es gilt nun, diesen Punkt zu vertiefen und zu präzisieren.

H. Rix hat schon hervorgehoben, daß *Aker* mit dem etruskischen männlichen Vornamen *Θuker* (*Θucer*), der schon in archaischer Zeit belegt ist, unmittelbar zu vergleichen ist (*-er*). Es ist aber notwendig geworden hinzuzufügen, daß es sich dabei nicht um den einzigen etruskischen Vornamen auf *-er* handelt, da auch *Vener* (2×) und *Lucer* belegt sind. Es handelt sich insgesamt um

Aker (Stele von Lemnos)
Vener (2×)
Θuker (*Θucer;* n×)
Lucer (1×)

---

[1] Vgl. de Simone 1996.

[2] Vgl. de Simone 1996.

[3] Vgl. de Simone 1996.

Was den zweiten Namen („Nachnamen") betrifft, so bietet sich heute ebenfalls eine Erklärung aus dem Etruskischen. Diese Sprache weist nämlich eine Reihe von Diminutiva auf *-iu* (z.B. *Alpiu, Aniu, Carziu* etc.) auf; es ist auch sicher kaum ein Zufall, daß diese Namen auf *-iu* als Gentilicia erscheinen können (z.B. *V(e)l Pumpiu* etc.): es handelt sich wohl – bezogen auf den jungetruskischen Sprachzustand – um „Vornamengentilicia". Es ist deshalb m.E. sehr naheliegend, daß *Tavarsio* (*-io* = *-iu*!) auf der Stele von Lemnos auf die gleiche Ebene wie etwa *Pumpiu* zu stellen und deshalb als „Vornamengentile" zu betrachten ist (für die archaische Zeit ist es freilich zweckmäßiger, hierfür den Terminus „Individualnamengentilicia" zu verwenden).

Es bleibt nun *Vanalašial*. Ich kann hier nicht auf alle Einzelheiten eingehen, die in meinem Buch ausführlich erörtert werden. Meine These ist, daß *Vanalašial* – wie schon H. Rix vermutet hatte – die Mutterangabe *more etrusco* (!) darstellt. Es handelt sich wohl um den weiblichen Gentilnamen *Vanalaši*, *-al*, wofür sich im Etruskischen unmittelbare Vergleichsstücke anführen lassen; bildungsmäßig ist **Vana-la-si(a)* (männl. **Vana-le-sie*) ein gut etruskischer Name.

Es ist überflüssig zu betonen, daß diese Gesichtspunkte eine Rolle im Gesamtrahmen meiner These spielen, daß es „Etrusker" sind die (wohl z.T. als Seeräuber) Lemnos und Imbros besiedelt haben.

Bibliographie:

De Simone, Carlo

1996 I Tirreni a Lemnos: evidenza linguistica e tradizioni storiche, Firenze (im Druck).

Sprachen und Schriften in Karkamis

Frank Starke, Tübingen

Obwohl Zwei- oder gar Mehrsprachigkeit und der Umgang mit verschiedenen Schriften ein allgemeines Kennzeichen der altorientalischen Geisteskultur darstellen, gibt es bekanntlich in der gesamten Textüberlieferung des Alten Orients nur sehr wenige Belege für die Benennung einzelner Sprachen und Schriften. Noch viel seltener sind Angaben über die Erlernung oder die aktive Beherrschung zweier bzw. sogar mehrerer Sprachen und Schriften durch Einzelpersonen. Das einschlägige Material aus dem 2. und 1. Jt. hat unlängst Greenfield zusammenfassend behandelt[1] und dabei auch die Aufmerksamkeit auf eine schon seit 1975 in neuerer Umschrift und Übersetzung vorliegende[2], aber bislang nur wenig beachtete Textpassage der hieroglyphen-luwischen Inschrift KARKAMIS A 15b [A. 8. Jh.] gelenkt, die nicht nur hinsichtlich der namentlichen Nennung gleich mehrerer Schriften, sondern auch im Hinblick auf ihre Aussage über den Erwerb von Fremdsprachenkenntnissen als eines der bemerkenswertesten Zeugnisse für den Umgang mit fremden Sprachen und Schriften im Alten Orient gelten darf. Da Greenfield nur recht kurz auf die im Text benannten Schriften eingegangen ist und auch m.E. nicht alle vollbefriedigend identifiziert hat, erscheint es sinnvoll, hier einmal eine Interpretation der gesamten Textpassage vorzulegen, zumal diese – insbesondere auch was die Identifizierung der Schriften betrifft – noch durch die Heranziehung einer weiteren Textpassage aus der Inschrift KARKAMIS A 6 [A. 8. Jh.][3], welche u.a. drei bisher verkannte Sprachbenennungen enthält, gefördert werden kann.

Zunächst sei vorausgeschickt, daß die Inschriften KARKAMIS A 6 und A 15b nicht nur nach Ort und Zeit zusammengehören, sondern auch vom selben Verfasser, einem gewissen I̯ariri, stammen. Dieser ist ein wohl hochrangiger Regierungsvertreter aus Karkamis, der als Prinzregent und Erzieher der Söhne seines allzufrüh verstorbenen Herrn Astiruu̯a auftritt, wobei er vor allem um die Vorbereitung des noch unmündigen Kronprinzen Kamani auf dessen künftiges Königsamt bemüht ist[4]. In diesem Zu-

---

[1] Greenfield, 1991.

[2] Hawkins, 1975, 152.

[3] Neuere Umschrift und Übersetzung: Hawkins, 1975, 151.

[4] Vgl. insbesondere A 15b, 3: ^m^*Ka-ma-ni-na-pa-u̯a/i-´* CRUS.CRUS-*ní-i̯a-sa-ta-la-na* MAGNUS+*ra/i-nú-ha-´* „Ich machte Kamani durch ständige Führung (dazu Starke, 1991, 322) groß." Zur Person des I̯ariri s. Hawkins, 1979, 157, 157 ff.; zur Dynastie des Astiruu̯a s. Hawkins, 1986b.

sammenhang stehen auch die beiden hier interessierenden Textpassagen, A 6, 2-3 und A 15b, 4, die I̯ariris besondere Qualifizierung zum Prinzenerzieher unterstreichen sollen, indem erstere seine gute Reputation im Ausland herausstellt, letztere auf seine vielfältigen Sprach- und Schriftkenntnisse Bezug nimmt. Sie lauten im einzelnen wie folgt:

KARKAMIS A 6, 2-3

§ 3 *á-ma-za-ḫa-u̯a/i-ta á-ta₅-ma-za* DEUS-*ni-zi* FINES+*ḪI-ti-i-na* ᴷPES₂(-)*ḫi-i-nú-u̯a/i-ta*

§ 4 *u̯a-ma-ta₅* ᴷ*zi-i-na* ‘*MÌ*.REGIO’*Mi-za+ra/i*URBS ᴷAUDIRE-*ti-i-ta*

§ 5 *zi-pa-u̯a/i+ra/i* ᴷ*475-*LA*URBS-′ ᴷAUDIRE-*ti-i-ta*

§ 6 *zi-i-pa-u̯a/i-′ Mu-sá-za*URBS *Mu-sà-ka-za*URBS *Su+ra/i-za-ḫa*URBS AUDIRE-*ti-i-ta*

§ 7 *u̯a/i-ta ta-ni-mi* REX-*ti mí-tí-ti-zi à-ta* BONUS*u̯a-sa₅+ra/i-nú-ḫa*

§ 3 Meinen Namen aber hatten die Götter die Grenze überschreiten lassen,
§ 4 und man hörte ihn von mir einerseits in Ägypten (*Mizra-*),
§ 5 andererseits hörte man ihn in Urartu (**Pii̯ana/ila-*),
§ 6 andererseits hörte man (ihn) auf Lydisch (*Musazza-*), auf Phrygisch (*Muskazza-*) und auf Phönizisch (*Surazza-*);
§ 7 doch ließ ich (meine) Untergebenen ihn zusätzlich bei jedem König angenehm machen.

KARKAMIS A 15b, 4

§ 18 ....] URBS-*si-i̯a-ti* ᴷSCRIBA-*li-i̯a-ti Sù+ra/i-u̯a/i-ni-ti*URBS ᴷSCRIBA-*li-i̯a-ti À-sú+ra/i*REGIO-*u̯a/i-na-ti*URBS ᴷSCRIBA-*li-i̯a-ti-i Ta-i-ma-ni-ti-ḫa*URBS SCRIBA-*li-ti*

§ 19 12-*ḫa-u̯a/i-′* ᴷ‘LINGUA’-*la-ti-i-na* ᴷ LITUUS+*u-ni-ḫa*

§ 20 *u̯a-mu-u ta-ni-ma-si-na* REGIO-*ni-si-i-na-′* ᴷINFANS-*ni-na* ᴷ‘VIA’*ḫa+ra/i-u̯a/i-ta-ḫi-ta₅-ti-i* CUM-*na* ARḪA *sa-ta* DOMINUS-*na-ni-i-sa á-mi-i-sa* ᴷ‘LINGUA’-*la-ti* SUPER+*ra/i*

§ 21 *ta-ni-mi-ḫa-u̯a/i-mu* *273*u̯a/i+ra/i-pi-na* LITUUS+*u-na-nu-ta*

§ 18 [Ich konnte in 4 Schriften schreiben, und zwar] in der städtischen (URBS-*si-*) Schrift in der phönizischen (*Surau̯anni-*) Schrift, in der assyrischen (*Assurauann*(*i*)-) Schrift und in der aramäischen (*Taimani*-) Schrift.

§ 19 Auch konnte (wörtl.: wußte) ich 12 Sprachen:

§ 20 Anläßlich von Reiseunternehmungen hatte mir mein Herr wegen der (erforderlichen) Sprachen(kenntnisse) den Sohn eines jeden Landes zur Verfügung gestellt,

§ 21 und er lehrte mich alle (sprachliche) Gewandtheit.

Wenden wir uns zunächst der Textpassage A 6, 2-3 zu, so erscheinen hier vor allem die in § 6 genannten Sprachbenennung bemerkenswert. Die betreffenden Schreibungen *Mu-sá-za*, *Mu-sà-ka-za* und *Su+ra/i-za* wurden von Hawkins, 1975, 152, indem er jeweils *-za* als graphischen Ausdruck für die h.-luw. Pl.D.-Endung *-nz* verstand, als *Musa-nz*, *Muska-nz*, *Sura-nz* „among the Musa, the Muska, and the Sura" gedeutet, weshalb sie auch bei Greenfield nicht als Sprachbenennungen angeführt sind. Wegen des offensichtlichen Fehlens eines Ethnikonsuffixes – in Betracht kommen die funktional gleichwertigen (und auch miteinander kombinierbaren) Adjektivsuffixe -*zza*-, -*uann*(*i*)-, und -*ia*-, von denen die letzteren beiden auch in A 15b, § 18 (s. dazu unten) belegt sind – können hier jedoch gar keine Völkerbezeichnungen im Pl.D. vorliegen. Vielmehr ist in dem Silbenzeichen *-za* das erforderliche Suffix *-zza-* zu sehen[5], so daß es sich tatsächlich um Ethnika im adverbiell gebrauchten Pl.N.A.n. (Endung *-a*) handelt und *Musa-zza*, *Muska-zza*, *Sura-zza*[6] sich im vorliegenden Kontext als Sprachbenennungen „auf Musisch, Muskisch, Surisch" darstellen[7].

Was die Identifizierung dieser Ethnika angeht, so sind *Musazza*- und *Muskazza*- schon seit langem mit den Lydern und Phrygern in Zusammenhang gebracht worden (Hawkins, 1975, 152), und in der Tat ist *Muskazza*- „phrygisch" im Hinblick auf zeitgenössisches neuassyr. *māt Muski* „Phrygien" bzw. *Muskaia* „phrygisch" sicherlich unproblematisch[8]. Da wir

---

[5] Vgl. Starke, 1990, 179 f. u. 352^{1242}.

[6] Wegen des zweideutigen Silbenzeichens *ra/i* ist übrigens eine Ausdrucksform *Surizza*, d.h. eine Bildung mit der Suffixkombination *-ia-* + *-zza-*, wie sie z.B. für *Karkamisizza*- (neben *Karkamisazza*-) „karkamisisch" nachgewiesen werden kann (Starke, 1990, 179), ungeachtet der Parallelbildungen *Musazza* und *Muskazza* nicht völlig auszuschließen.

[7] Auch die heth. Sprachbenennungen *Nesumnili*- „hethitisch", *Luuili*- „luwisch" etc. sind durchweg nur im adverbiellen Sg.N.A.n. (auf *-ili*) bezeugt.

[8] Vgl. Parpola, 1970, 252 f. sowie Postgate, 1973, 21 ff. und Parpola, 1987, 4 ff. Die von Laminger-Pascher, 1989, 16 ff. vorgebrachten Argumente gegen die Gleichung Musker = Phryger überzeugen demgegenüber kaum. Insbesondere stimmt auch nicht die a.a.O. 16^{19} von Ed. Meyer, Geschichte des Altertums III^{6}, 1980, 35^{4} aufgegriffene Behauptung, daß sich der Name *Muski* nach Sargon nicht mehr finde, wie Eilers, 1940, 205^{4} unter Anführung einschlägiger spätbabylon. Belege (vgl. vor allem die aufschlußreiche Verbindung ^{LÚ}*Muš-ka-aia* *ù* ^{LÚ}*Sa-pár-da-aia* „Phryger

uns mit dem Phrygischen bereits im kleinasiatischen Raum befinden, liegt es andererseits auf der Hand, in *Musazza-* eine Ableitung von dem als griech. *Μυσία* bekannten Landschaftsnamen zu sehen; denn griech. *Μυσία* verhält sich zur Namensform *Musa-** wie etwa griech. *Λυκία* „Lykien" zu dem schon aus dem 2. Jt. bekannten Landesnamen *Lukka-* (Del Monte – Tischler, 1978, 249 f.). Aus dem nördlich an Lydien anschließenden Mysien ist zwar bis heute nur eine einzige epichorische Inschrift des 4./3. Jh. bekannt, die aus dem von Lydien eher weit entfernten modernen Ort Uyučık stammt und sprachlich ungeachtet einiger anscheinend dialektaler Eigentümlichkeiten zum Altphrygischen zu stellen ist[9], doch verdient hier der Hinweis des griech. Geographen Strabon (XII 572 C) Beachtung, der die sprachliche Situation in Mysien unter Berufung auf Xanthos den Lyder als *μυξολύδιον ... καὶ μυξοφρύγιον*, also als gemischt lydisch-phrygisch charakterisiert, so daß die Identifizierung von *Musazza-* mit der lydischen Sprache, deren einheimisch-lydische Benennung übrigens bisher nicht bekannt ist, durchaus Wahrscheinlichkeit für sich beanspruchen kann[10]. Dies gilt um so mehr, als man ungeachtet der Tatsache, daß Lydien etwa ein Jahrhundert später von den Assyrern *māt Luddi* genannt wird[11], in Karkamis sehr wohl mit einer eigenständigen Benennung rechnen darf, wie im folgenden die h.-luw. Benennungen für „Urartu" und für „aramäisch" zeigen.

---

und Lyder"!) aufgezeigt hat. – Die inschriftliche Überlieferung des Altphrygischen setzt im 8. Jh. ein (Brixhe – Lejeune, 1984).

9 Friedrich, 1932, 140 f.; vgl. die neue Bearbeitung von Bayun – Orel, 1988.

10 Auch Homers Ilias, deren Entstehung in die zweite Hälfte des 8. Jh. fällt, kennt den Namen „Lyder" nicht; andererseits werden im Troerkatalog Myser, Phryger und Maioner (Il. 2, 858 ff., in dieser Reihenfolge) als Verbündete der Troer angeführt. Daß nach Herodot (I 7, VII 74) und anderen antiken Autoren die Lyder ursprünglich *Μῄονες/Μαίονες* hießen, stellt gleichwohl abgesehen davon, daß man sich schon im Altertum über das Verhältnis dieser Namen zueinander nicht völlig im klaren war (vgl. Strabon XIII 620 u. 625), insofern nicht unbedingt ein Gegenargument dar, als die Landschaft *Μῃονίη/Μαιονία* im mysisch-lydisch-phrygischen Grenzgebiet (vgl. Ptolemaios V 2, 21: *ἐν μεθορίοις Μυσίας καὶ Λυδίας καὶ Φρυγίας*) liegt. Vielmehr weist dies wohl darauf hin, daß die Lyder zunächst nicht in Lydien selbst, sondern in einem Gebiet nordöstlich davon ansässig gewesen sind, wofür im übrigen auch der Umstand spricht, daß Lydien im 14./13. Jh. das Territorium des Landes Arzau̯a (bzw. später: Mirā) sowie des nördlich angrenzenden Seḫa(-Fluß)-Landes bildet und damit als luwischsprachiges Gebiet ausgewiesen ist (zum luw. Substrat in Lydien s. Carruba, 1963, 405 f.; vgl. auch die h.-luw. Inschriften SIPYLOS und KARABEL [13. Jh.]).

11 Parpola, 1970, 227. Zur literarischen Verarbeitung der ersten Kontaktaufnahme des Lyderkönigs Gyges mit Assurbanipal, die den Assyrern erstmals auch die lydische Sprache zur Kenntnis brachte, s. Cogan – Tadmor, 1977. Vgl. auch Lipiński, 1993.

Bezüglich *Surazza-* hatte Hawkins, einem Vorschlag Meriggis folgend, zunächst an „Syrer, syrisch", d.h. „Aramäer, aramäisch" gedacht[12], was aber schwerlich richtig sein kann, da „Syrer, syrisch" eigentlich die griech. Namensform für „Assyrer, assyrisch" ist (z.B. Herodot VII 63), darüber hinaus die Gleichung „Syrer" = „Aramäer" sich erst bei dem griech. Geographen Poseidonios (ca. 135-51/50 v.Chr.) findet, der hierzu von Strabon I 42 zitiert wird[13]. Aber auch der alternativ von Hawkins (a.a.O.) erwogene Anschluß an das urartäische Gentiliz Pl.N. *Surele*, G. *Suraue̯* (vor allem im Ausdruck LUGÁL [KUR]*Suraue̯*), das inzwischen von Wilhelm, 1993, eingehend behandelt wurde, kommt abgesehen von den Gründen, die weiter unten bei der Erörterung der von *Surazza-* nicht zu trennenden Schriftbenennung *Surau̯anni-* anzuführen sein werden, insofern kaum in Betracht, als dem der h.-luw. Ethnikonbildung zugrundeliegenden *Sura-** im Urartäischen selbst ein gleichlautender politisch-geographischer Name, der als einheimische Bezeichnung des Landes Urartu fungiert und als Leitform dienen könnte, nicht gegenübersteht. Ebendiese notwendige Voraussetzung ist indes gegeben bei einer Ableitung vom phönizischen Ortsnamen *Ṣr* „Tyros", die bereits Greenfield, 1991, 179 f. und ich selbst (Starke, 1990, 231[780]) unabhängig voneinander vorgeschlagen haben: *Sura-** ist die im H.-Luw. regelrecht thematisierte Stammform dieses Ortsnamens; für das Ethnikon ergibt sich die Bedeutung „tyrisch", so daß die Sprachbenennung „Phönizisch" erwartungsgemäß vom Namen der bedeutendsten phön. Hafen- und Handelsstadt ausgeht[14].

Im Unterschied zu den Ethnikonbildungen von § 6 stehen sich in den parallelen Sätzen § 4 und § 5 der Landesname *Mizra-* „Ägypten", im lokativischen Dativ *Mizri*, sowie ein logographisch *475-*LA*[URBS]-′ geschriebener Orts- bzw. Ländername gegenüber. Das Silbenzeichen *LA* bietet hier offensichtlich nicht den tatsächlichen Wortausgang, der die Dativendung *-i* zeigen sollte, sondern ist – wie etwa *ḪI* in Sg.A. FINES+*ḪI-ti-i-na [irḫatin]* „Grenze" (in § 3) – als phonetischer Indikator zu verstehen, der nur bezüglich des Konsonanten *l* Verbindlichkeit hat. Da das Logogramm *475 Hapax legomenon ist, stellt *LA* zugleich den einzigen Anhaltspunkt für die Identifizierung des geographischen Namens dar. Im Anschluß an Bossert, 1960, 442 galt deshalb Babylon(ien), für das im H.-Luw. etwa (mit Anlaut-

---

12 Hawkins, 1974, 68[6]; Meriggi, 1962, 111 und 1967, 25. Vgl. auch R. Stefanini bei Greenfield, 1991, 180[27].

13 Vgl. im übrigen Honigmann, 1932, 1549 ff., 1551.

14 Zur Wiedergabe von phön. /ṣ/ durch h.-luw. /s/ ist anzumerken, daß sie nicht unbedingt im Widerspruch zur Schreibung bzw. Lautung *Mizra-* „Ägypten" (wo /z/ gleichfalls semitischem /ṣ/ entspricht) in § 4 steht, da dieser Name, zumal in der ehemaligen heth. Sekundogenitur Karkamis, über das Heth. ins H.-Luw. gelangt sein dürfte. Im übrigen wird h.-luw. /z/ im Phön. nicht durch /ṣ/, sondern durch /z/ umschrieben, wie etwa im PN *Azatiu̯adau̯a-* bzw. (kontrahiert) *Azatiu̯adā* = *ʾztwd(y)* KARATEPE, passim (vgl. Starke, 1990, 148).

verschärfung */b/ > /p/*) **Pabila*- anzusetzen ist, bisher als der naheliegendste Kandidat[15], doch hat der Anschluß an den Namen (Pl.N.) *Biainele*, der einheimisch-urartäischen Bezeichnung für „das gesamte Reich von Urartu unter Einschluß seiner Provinzen“[16], insofern gewiß größere Wahrscheinlichkeit, als Urartu zur Zeit des I̯ariri (A. 8. Jh.) neben Assyrien zweifellos die bedeutendste Macht Vorderasiens darstellt, während das politisch mehr oder weniger an Assyrien angegliederte Babylonien – gerade auch aus der Sicht von Karkamis – vergleichsweise unbedeutend erscheint. Die luwisierte Namensform dürfte **Pi̯ainala*- bzw. **Pi̯ainila*- lauten, da das (H.-) Luw. keinen eigenen Vokal */e/* besitzt und fremdsprachiges */e/* durch */a/* bzw. */i/* wiedergibt[17].

Die Identifizierung des Namens für „Urartu“ gewinnt im übrigen weiter an Plausibilität durch seine Gegenüberstellung mit Ägypten; denn beide Länder bilden ihrer geographischen Lage nach gewissermaßen die Endpunkte einer von Südwesten nach Nordosten verlaufenden Linie, auf deren Mitte etwa Karkamis liegt. Zugleich wird klar, daß in diesem Sinne wohl auch die in § 6 genannten Sprachen zu verstehen sind, indem – wiederum jeweils von Karkamis aus gesehen – Lydisch und Phrygisch für die entferntesten bekannten Regionen im Nordwesten und im Norden stehen, Phönizisch die Levanteküste im Westen repräsentiert. Ausgespart bleiben hingegen, sicherlich nicht zufällig, der Osten und der Südosten, d.h. vor allem Assyrien[18], so daß der umschriebene geographische Raum offensichtlich nur diejenigen Länder und Völker umfaßt, die für Karkamis als potentielle Verbündete gegen Assyrien in Betracht kommen. Es ist der Aktionskreis der karkamisischen Politik und Diplomatie, der nach Ausweis der sogleich zu erörternden zweiten Textpassage von I̯ariri selbst bereist wurde, was wiederum zeigt, daß die Behauptung „weltweiter“ Bekanntheit keine Prahlerei ist[19], sondern einen realen Hintergrund hat.

---

[15] Hawkins, 1975, 152: „gives a very attractive sense“. Auch ich habe diese Identifizierung in Starke, 1990, 352 übernommen.

[16] Wilhelm, 1993, 139; vgl. auch Salvini, 1995, 18 u. 39.

[17] Starke, 1990, 344 f.[1221] (dort auch zum sekundär aus */ă/* entstandenen */e/*, das aber für das 8. Jh. noch nicht zu sichern ist; vgl. auch unten Anm. 39).

[18] Tatsächlich bietet eine andere Inschrift I̯ariris (KARKAMIS A 24a) die bisher einzigen h.-luw. Belege für „Assyrien“ und „König von Assyrien“; s. unten Anm. 30.

[19] Dies ergibt sich eigentlich auch aus den präzisen Angaben, durch die sich unsere Textpassage deutlich abhebt von dem in der Einleitung derselben Inschrift (A 6, 1) gebrauchten, formelhaften Ausdruck *ibammadi kistammadi pri̯a tummantimmis* „im Westen (und) im Osten besonders berühmt“, der auch BOHÇA [E. 8. Jh.], 1 und – variiert als *irḫadi tummantimmis* „über die Grenzen hinaus berühmt“ – MARAŞ [E. 9. Jh.], 3 f. begegnet (vgl. Hawkins, 1975, 151; Starke, 1990, 455[1645]).

Andererseits läßt nun diese erste Textpassage auch die Aussagen von KARKAMIS A 15b, 4 besser einschätzen. Dies gilt zunächst für die Behauptung I̯ariris in § 19, er habe 12 Sprachen beherrscht, die für sich genommen eher den Eindruck starker Übertreibung erwecken mag, im Hinblick auf den geographischen Raum, den I̯ariri nach KARKAMIS A 6 im Auge hat, jedoch in ganz anderem Licht erscheint. Da im übrigen der Begriff „Sprache" (h.-luw. *lalati-* c.) nicht notwendig im Sinne moderner Terminologie nur auf Nationalsprachen zu beziehen ist – als solche kommen hier in Betracht: Lydisch, Phrygisch, Urartäisch, Phönizisch, Aramäisch, Hebräisch, Ägyptisch und sicherlich auch Akkadisch –, vielmehr auch für regional gebundene Teilsprachen innerhalb dieser Nationalsprachen stehen dürfte, wobei außer an Assyrisch und Babylonisch etwa auch an die verschiedenen dialektalen Ausprägungen des Aramäischen[20] zu denken ist, hat man die Zahl 12 gewiß wörtlich zu nehmen, d.h. nicht als bloß gerundetes Dutzend zu verstehen.

Die Sachlichkeit der Aussage wird ferner dadurch unterstrichen, daß I̯ariri seine Behauptung in § 20-21 näher begründet. Die Fremdsprachenkenntnisse sind hier nämlich in direkten Zusammenhang mit „Reiseunternehmungen" gestellt[21], worunter man sich zweifellos diplomatische Missionen vorzustellen hat. Ihre Erwerbung entsprach demnach nicht, wie bisherige Vergleiche dieser Textpassage mit einschlägigen Äußerungen Assurbanipals über seine Schrift- und Sprachkenntnisse (Streck, 1916, 4 I 31-33 u. 256 I 17) nahelegen[22], einem allgemeinen Interesse an Bildung und Gelehrsamkeit, sondern trug vornehmlich rein praktischen Erfordernissen Rechnung, nämlich der Befähigung, im Ausland Verhandlungen führen zu können, was in Bestätigung der 2. Könige 18, 26 bzw. Jesaja 36, 11 für den assyr. *rab-šāqeh* bezeugten Hebräischkenntnisse[23] zeigt, daß die Beherrschung von Fremdsprachen keineswegs nur professionellen Dolmet-

---

[20] Zur dialektalen Gliederung des älteren Aramäischen vgl. Greenfield, 1978 und zuletzt Tropper, 1993, 307 ff.

[21] Das Verbalabstraktum *ḫaru̯atāḫid-* n. ist über ein denominales Verbum *ḫaru̯atai̯i-** „reisen" von *ḫaru̯ata-* n. „Weg" abgeleitet (Pl.N.A. mit Sekundärendung *-sa*: VIA-*u̯a/i-ta-za* bzw. VIA-*u̯a/i-ta-z*[*a*] TELL TAYINAT 2, Fragm. 7 u. 6; vgl. Meriggi, 1962, 54 [abweichende Zählung nach freundlicher Mitteilung von Hawkins]), das seinerseits sich als denominale *-ta*-Ableitung von *ḫaru̯a-* c. „Weg" (Meriggi, 1962, 53) darstellt.

[22] Vgl. Hawkins, 1975, 150; Greenfield, 1991, 178. Tatsächlich bezieht sich Assurbanipal nur auf die Keilschrift bzw. auf die Corpussprache Sumerisch sowie auf das ältere Akkadische, nicht auf zeitgenössische Informantensprachen wie I̯ariri. Ein Vergleich ist im übrigen auch insofern kaum angemessen, als Assurbanipal seine Behauptungen nicht begründet.

[23] Auf dem Hintergrund der vorliegenden Textpassage besteht m.E. keine Notwendigkeit mehr, diese in Frage zu stellen (Tadmor, 1982, 452) oder zu relativieren (Greenfield, 1991, 177).

schern vorbehalten war, vielmehr allgemeiner auch bei den Vertretern der staatstragenden Oberschicht vorausgesetzt werden muß[24]. Praxisbezogen erfolgte denn auch, wie in § 20 explizit ausgeführt ist[25], die Erlernung der einzelnen Fremdsprachen, für die jeweils ein *native speaker* als Sprachlehrer zur Verfügung gestellt werden konnte[26].

Daß nichtsdestoweniger der Sprachunterricht neben Konversationsübungen gegebenenfalls auch die Erlernung der zugehörigen Schrift mit einschloß, legt dann § 18 nahe, wo die Ergänzung des Satzanfangs zwar bloß sinngemäß zu verstehen ist, ungeachtet dieser Textlücke aber sicher nur vier Schriften genannt sind, da der Ausdruck URBS-*si̯adi* SCRIBA-*li̯adi* „in der städtischen Schrift“[27], der wie die folgenden, parallelen Ausdrücke im Ablativ steht, die einheimische luw. Hieroglyphenschrift meint und diese an erster Stelle erwartet werden darf. Die Benennung als „städtische Schrift“ mag insofern überraschen, als sich die Hieroglyphenschrift der Denkmäler Kleinasiens und Syriens sowohl in ihrem äußeren Erscheinungsbild wie auch ihrer inneren Form nach durchaus einheitlich darstellt und auch hinsichtlich ihrer Entstehung nicht speziell mit Karkamis in Verbindung zu bringen ist[28], erklärt sich hier aber wohl einfach aus der kontrastierenden Gegenüberstellung mit den anderen, fremden Schriften. Im übrigen macht diese Gegenüberstellung deutlich, daß die Hieroglyphenschrift im 1. Jt. ungeachtet der überlieferungsbedingt so stark hervortretenden Beschriftung von Orthostaten, Stelen u.ä. natürlich vor allem in der Administration Verwendung fand, wovon bisher nur die wenigen erhaltenen, auf Bleistreifen geschriebenen Briefe und Wirtschaftstexte aus Assur bzw. Kululu zeugen. Zwar werden diese Texte gewöhnlich u.a. wegen ihrer kursiven Schriftform relativ spät (E. 8./A. 7. Jh.) datiert[29], doch darf es als wahrscheinlich gelten, daß die abstrakt-kursivere Schriftform gerade in der Administration schon sehr viel früher im Gebrauch war und überhaupt hier ihren Ursprung hat.

---

[24] Die Heranziehung von Dolmetschern wurde im übrigen, wie bereits an anderer Stelle gezeigt (Starke, 1993, 36 f.), durchaus nicht immer von der Notwendigkeit bestimmt, ein fremdes Idiom nur mit Hilfe eines Sprachmittlers verstehen zu können, sondern hatte oft auch bloß Prestigegründe.

[25] Zu *u̯arba(/i)*- c. „Fertigkeit, Tüchtigkeit, (praktische) Erfahrung“ s. Hawkins – Morpurgo Davies, 1986, 76 f. Hier bezieht sich *u̯arba(/i)*- gewiß auf die sichere, idiomatisch korrekte Beherrschung der Sprachen.

[26] Zu *sa-^{i}* „frei-, entlassen, freistellen“ vgl. Melchert, 1989, 32 ff. Der Bedeutungsansatz „zur Verfügung stellen“ ergibt sich hier aus der Verbindung mit CUM-*na [annan]* + Dativ: „mit jemandem/auf jemandes Seite freistellen“.

[27] Die hinter den Logogrammen stehenden Wörter sind noch nicht identifiziert. Zum Wort für „Schrift“ vgl. auch Starke, 1990, 464[1691].

[28] Für eine Entstehung eher im Westen Kleinasiens hat sich Hawkins, 1986b, 373 f. ausgesprochen.

[29] Vgl. Hawkins, 1982, 438.

Die folgenden drei Ausdrücke bestehen dann jeweils aus dem Substantiv „Schrift", SCRIBA-*li̯adi* bzw. einmal kontrahiert zu SCRIBA-*lidi*, sowie aus einem als Ethnikon fungierenden Adjektiv: *Assurau̯annadi* ist mit dem Suffix -*u̯ann*(*i*)-[30], *Taimanidi* mit dem hier im Ablativ kontrahierten Suffix -*i̯a*- gebildet (das auch in URBS-*si̯adi* vorliegt); *Surau̯annidi* gehört hingegen zu einem Stamm *Surau̯anni*- mit der Suffixkombination -*u̯ann*(*i*)- + -*i̯a*-.

Was die Identifizierung dieser drei Schriften betrifft, so besteht bislang nur Einigkeit darüber, daß *Assurau̯annadi* SCRIBA-*li̯adi* für die neuassyr. Keilschrift steht. Die Frage, ob *Surau̯annidi* SCRIBA-*li̯adi* die urartäische oder die phönizische (tyrische) Schrift meint, dürfte durch die obige Erörterung von *Surazza*- und durch die Identifizierung des im selben Kontext wie *Surazza*- vorkommenden Namens für Urartu allerdings bereits im wesentlichen zugunsten der letzteren Möglichkeit entschieden sein. Gegen die Nennung einer urartäischen Schrift spricht darüber hinaus, wie schon Greenfield, 1991, 179 betont hat, daß in Urartu die Keilschrift das vornehmlich verwendete graphische Ausdrucksmittel darstellt, und diese sich von der neuassyr. Keilschrift, von der sie im übrigen entlehnt ist, prinzipiell nicht unterscheidet[31]. Aber auch die zwar bodenständige, jedoch allem Anschein nach wenig entwickelte und nur sehr begrenzt angewendete urartäische Hieroglyphenschrift[32] bleibt sicherlich außer Betracht. Tatsächlich hat man hier gleich nach der eigenen luw. Hieroglyphenschrift und noch vor der neuassyr. Keilschrift vielmehr die Nennung einer wichtigen, vor allem auch allgemein verbreiteten Schrift zu erwarten – ein Kriterium, dem nur die phön. Alphabetschrift zu genügen vermag. Ihre Nennung an zweiter Stelle entspricht nicht nur der (nach KARKAMIS A 6) vornehmlich „westlich" orientierten Diplomatie, sondern trägt wohl auch der handelspolitischen Bedeutung von Tyros Rechnung; denn der seit dem 9. Jh. sich entfaltende phön. Handel, der u.a. im südlichen Kleinasien dazu geführt hat, daß sich hier im 9.-7. Jh. neben luw. Sprache und Hieroglyphenschrift auch phön. Sprache und Alphabetschrift etablieren konnten (wie die Inschriften von Zincirli, Hasan-Beyli, İvriz, Cebel İres Dağı und Karatepe sowie eine Reihe von Siegeln aus Kilikien zeigen), dürfte gerade auch für Karkamis von besonderem Interesse gewesen sein[33].

---

30 Vgl. dasselbe Ethnikon im Ausdruck (Sg.N.c.) *À-sú+ra/i*[REGIO-]*u̯a/i-ni*[-*sá*]URBS REX[-*ti-sa*] bzw. *À-sú+ra/i*REGIO-*u̯a/i-ní*[-*sá*URBS] REX[-*ti-sa*] „assyrischer König" (oder: „König von Assyrien") neben der (in Starke, 1990, 178 f. leider übersehenen) -*i̯a*-Bildung (Sg.N.A.n.) *À-sú+ra/i*REGIO-*i̯a-na* [*Assurii̯an*] „Assyrien", eigentlich „das Assyrische (Gebiet)" KARKAMIS A 24a 2/3+6, 4 f. (zum Kontext s. Hawkins, 1974, 72 f.; Meriggi, 1975, 156).

31 Vgl. hierzu Wilhelm, 1986.

32 S. zuletzt Salvini, 1995, 203 ff.

33 Vgl. den KARKAMIS A 11b [A. 9. Jh.], 3 genannten „kawischen Streitwagen" (*Ka-u̯a/i-za-na*URBS CURRUS*u̯a/i+ra/i-za-ni-ná [Kau̯a/izzan u̯arzannin]*, Sg.A.c.) –

Die vierte Schrift, die h.-luwisch „taimanische Schrift" genannt wird, stellt sich zunächst insofern rätselhaft dar, als die drei anderen Schriften bereits alle bedeutenden Schriften Vorderasiens zu repräsentieren scheinen und auch die im Hinblick auf KARKAMIS A 6 in Betracht zu ziehenden Schriften Ägyptens, Lydiens und Phrygiens sich offensichtlich nicht mit der Benennung *Taimani-* zusammenbringen lassen. Gleichwohl macht dieser letztere, negative Befund eigentlich schon deutlich, daß hier weniger an irgendeine abseitige, exotische als vielmehr an eine für Karkamis besonders naheliegende und unmittelbar wichtige Schrift zu denken ist. Keine Überzeugungskraft hat daher die von Greenfield, 1991, 180 f. vorgeschlagene Verknüpfung des Ethnikons *Taimani-* mit dem Namen der Oase Tema im Norden der arabischen Halbinsel, die eine Identifizierung mit der zum nördlichen Zweig der altsüdarabischen Schrift gehörigen thamudischen Schrift impliziert; sie scheitert im übrigen auch an der formalen Tatsache, daß sich *Taimani-* als Ableitung von einem thematisierten Stamm *Taimana-** versteht, das *n* also Bestandteil des fremden Namens ist[34]. Formal unproblematisch und auch unter geographischem Gesichtspunkt plausibel ist hingegen der längst erwogene Anschluß an den im neuassyr. Ethnikon *Tema(n)naḁa* (KUR*Te-ma/man-na-aḁa*) bezeugten Namen *Teman**[35], mit dem in Inschriften Adad-nirāris II. (909-889) ein bedeutender Aramäerstamm östlich von Karkamis auf dem Gebiet des Landes Ḫanigalbat benannt wird, der zu Beginn des 1. Jt. vor allem in der Umgebung von Ḫuzirīna und Niṣibīna mächtige Staatswesen bilden und den Assyrern lange Zeit erfolgreich den Weg zum Euphrat versperren konnte. Bezüglich der abweichenden Lautung /*ai*/ : /*e*/ verdient Beachtung, daß h.-luw. /*ai*/ wohl fremdsprachiges /*ai*/ oder /*ei*/ wiedergeben, nicht aber aus /*e*/ entstanden sein kann, so daß der Name des Aramäerstammes mit Sicherheit unabhängig vom Neuassyr. ins H.-Luw. übernommen ist und der

---

wohl ein Importstück aus dem kilikischen *Kau-** (so gegen Starke, 1990, 340[1203a] anzusetzen!) = neuassyr. *Qaḙe*, hebr. *Qwh*, woher nach 1. Könige 10, 28 f. bzw. 2. Chronik 1, 16 ff. auch Salomo über Tyros seine Streitwagengespanne bezog (s. dazu Ikeda, 1982). Auf phönizisch-karkamisische Handelsverflechtungen weist die „Mine von Karkamis" als Währungseinheit in einer – anscheinend im Raum Ḫarran/Guzana ausgestellten – Verkaufsurkunde des Phöniziers Dagan-milki (Lipiński, 1985, 85 f., Z. 9).

[34] Die von Greenfield (der sich auf die alttestamentlichen Belege für *Têma* bezieht) angeführte Variante „Teman" (nach der Septuaginta: Genesis 25, 15; 1. Chronik 1, 30), die wohl vermitteln soll, beruht offenbar auf Verwechslung mit dem edomitischen *Têman* (vgl. dazu bes. 1. Chronik 1, 45!).

[35] Meriggi, 1962, 239; Hawkins, 1974, 68[6]. Zu *Tema(n)naḁa* s. Parpola, 1970, 350 f.; Grayson, 1991, 149 ff., Z. 39-80.

h.-luw. Diphthong der ursprünglichen, d.h. aramäischen Lautung näher steht als das neuassyr. /e/[36].

Der Anschluß bedeutet notwendig, daß *Taimanidi* SCRIBA-*lidi* für „aramäische Schrift" steht – eine Folgerung, die bisher wohl deshalb nicht explizit gezogen wurde, weil die phön. und die aram. Inschriften des 9./8. Jh. sich im allgemeinen nicht voneinander unterscheiden, d.h. die Form ihrer Buchstaben identisch ist[37]. Dieses lange Zeit gültige Bild hat allerdings durch die 1979 nahe Tell Halaf-Guzana in Tell Fekherye gefundene Statue des Hdysʿy mit einer assyrisch-aramäischen Bilingue, die von den Bearbeitern aufgrund historisch-prosopographischer Kriterien in die zweite Hälfte des 9. Jh. datiert wird[38], insofern eine grundlegende Korrektur erfahren, als hier im Osten des aram. Sprachgebietes und nur ca. 169 km Luftlinie von Karkamis entfernt eine Alphabetschrift greifbar wurde, die vor allem in den Buchstabenformen, aber auch orthographisch (*s* für /ṯ/, Verwendung von Jod und Waw als matres lectionis für /ī/ bzw. /ū/ gerade auch im Wortinnern) signifikant abweicht[39]. Es liegt daher auf der Hand, in der „taimanischen Schrift" ebendiese Alphabetschrift zu sehen. Während die Inschrift TELL FEKHERYE den Beweis für die Existenz einer eigenständigen aram. Alphabetschrift liefert, läßt die Nennung der „taimanischen Schrift" im Kontext der Schriften von § 18 deutlich werden, daß diese Alphabetschrift verbreiteter gewesen sein muß, als der bislang noch vereinzelte Inschriftenfund zu erkennen gibt. Tatsächlich dürfte es die im Osten allgemein geläufige Alphabetschrift sein, die insbesondere auch von den „aramäischen

---

[36] Tatsächlich bleiben im Aram. Diphthonge weitestgehend erhalten, insbesondere wird hier /ay/ im Wortinnern nie kontrahiert; vgl. Tropper, 1995, 186 u. 307.

[37] Vgl. etwa Naveh, 1970, 8: „There is no basic difference between the monumental Aramaic script and that of the Phoenician inscriptions of the ninth century B.C.E. [...] It would appear that this lapidary script can properly be called 'Phoenician-Aramaic'."

[38] Abou-Assaf – Bordreuil – Millard, 1982. Für eine Datierung nicht vor dem 8. Jh. spricht sich hingegen Sader, 1987, 26 anhand ikonographischer Gesichtspunkte aus.

[39] Vgl. auch Kaufman, 1982; Röllig, 1995, 200 f. – Die ältesten sicheren Beispiele für den Gebrauch von inlautenden matres lectionis in phön. Inschriften bieten die luw. Personennamen der Inschrift CEBEL İRES DAĞI [E. 7./A. 6. Jh.], und zwar nicht nur Aleph und Jod für /a/ bzw. /i/, wie Lemaire, 1991, 144 herausgestellt hat, sondern wohl auch He für /e/, namentlich im PN *Phlʾš*/*Phlš* (ibid. C 3, B 9), der gewiß *[Pellās]* zu lesen und mit dem in heth. Texten gut bezeugten PN *Pallā-* (ᵐ*Palla*(-*a*)-, s. Laroche, 1966, Nr. 906) zu verbinden ist (Lemaire gibt die Deutung „Pihalas", die eine Ableitung von h.-luw. *piḫa-* c. „Blitz, Glanz" impliziert, doch wird h.-luw. stimmhaftes /ḫ/ im Phön. klärlich durch /ʿ/ wiedergegeben, wie z.B. im ON *Paḫra-** = *Pʿr*, KARATEPE, VII Hu = A I 6/B I 4/C I 10 f.; vgl. auch Starke, 1990, 144 f.); es ist zugleich der bisher älteste Beleg aus Kilikien für den späten Lautwandel /ā/ > /e/, der sich sonst erst ein Jahrhundert später im Fürstennamen bzw. Titel *Συεννεσις* (< h.-luw. *suṷannassa*(/*i*)- „zum Hund gehörig") bei Herodot (I 74, V 118, VII 98) greifen läßt.

Schreibern“ (LÚA.BA^{MEŠ} *Ára-ma-a̯a*) der assyr. Administration benutzt wurde[40]. So ist die „taimanische Schrift“ wohl nicht zufällig von der immerhin verwandten phön. Alphabetschrift abgesetzt und der neuassyr. Keilschrift nachgeordnet, vielmehr zeigt die Reihenfolge „assyrische Schrift, taimanische Schrift“ deren Stellung zueinander an, indem sie die Keilschrift, die zur Zeit des I̯ariri im Osten noch das vorherrschende graphische Ausdrucksmittel darstellt, zuerst anführt.

Die Aufzählung der Schriften folgt also nicht etwa schrifttypologischen Gesichtspunkten, sondern orientiert sich – in absteigender Reihenfolge, mit der zugleich eine Gliederung nach den betreffenden Verbreitungsgebieten westlich und östlich von Karkamis einhergeht – an deren Bedeutung für Karkamis. Daß dabei die Keilschrift nur die dritte Stelle einnimmt, weist natürlich darauf hin, daß ihr im Westen die phön. Alphabetschrift den Rang abgelaufen hat, ist aber sicherlich vor allem auch ein klares Indiz dafür, daß sie in Karkamis selbst im 9./8. Jh. nur noch ein untergeordnete Rolle spielte: Nach dem Ende des Hethiterreiches war die Keilschrift in den luwischsprachigen Staaten zunehmend in Konkurrenz zur Hieroglyphenschrift geraten und mußte dieser, als sie sich zu Beginn des 1. Jt. durch vermehrte und differenziertere Verwendung von Silbenzeichen zu einer effektiven Gebrauchsschrift entwickelt hatte, in Verwaltung und Wirtschaft schließlich ganz weichen. Als nationales Ausdrucksmittel der luw. Sprache hat sich die Hieroglyphenschrift denn auch nicht nur gegenüber der Keilschrift durchsetzen können, sondern sich bis zu dem durch die Assyrer Ende des 8. Jh. bzw. Anfang des 7. Jh. herbeigeführten politischen Ende der luw. Kleinstaaten ebenso neben den Alphabetschriften (z.B. KARATEPE) zu behaupten vermocht. Die fremden Schriften sind dementsprechend wohl vornehmlich im diplomatischen und wirtschaftlichen Kontakt mit dem nicht-luwischsprachigen Ausland verwendet worden, wofür im übrigen auch der weitere Kontext von KARKAMIS A 15b, 4 spricht.

Bibliographie

Abou-Assaf, A. – Bordreuil, P. – Millard, A.R.
1982 La Statue de Tell Fekherye et son inscription bilingue assyro-araméenne. Etudes Assyriologiques 7. Paris.

Bayun, L.S. – Orel, Vl.E.
1988 The ‘Moesian’ Inscription from Uyučık, Kadmos 27, 131-138.

[40] Zu den „aramäischen Schreibern“, deren älteste Bezeugung im Neuassyr. bemerkenswerterweise die zeitgenössischen ‘Nimrud Wine Lists’ [A. 8. Jh.] bieten, s. Garelli, 1982; Tadmor, 1982, 451 ff.

Bossert, H.Th.
1960 Ist die B-L Schrift im wesentlichen entziffert?, Orientalia 29, 423-442.

Brixhe, Cl. – Lejeune, M.
1984 Corpus des inscriptions paléo-phrygiennes. Editions Recherches sur les Civilisations, Memoire no. 45. Paris.

Carruba, O.
1963 Lydisch und Lyder, MIO 8, 383-408.

Cogan, M. – Tadmor, H.
1977 Gyges and Ashurbanipal, A Study of Literary Transmission, Orientalia 46, 65-85.

Del Monte, G. – Tischler, J.
1978 Die Orts- und Gewässernamen der hethitischen Texte (RGTC 6). Wiesbaden.

Eilers, W.
1940 Kleinasiatisches, ZDMG 94, 189-233.

Friedrich, J.
1932 Kleinasiatische Sprachdenkmäler. Berlin.

Garelli, P.
1982 Importance et rôle des Araméens dans l'administration de l'empire assyrien, Berliner Beiträge zum Vorderen Orient 1, 437-447.

Greenfield, J.C.
1978 The Dialects of Early Aramaic, JNES 37, 93-99.
1991 Of Scribes, Scripts and Languages, in: Cl. Baurain et al., Phoinikeia grammata, Collection d'Etudes Classiques 6, Namur, 173-185.

Hawkins, J.D.
1974 Assyrians and Hittites, Iraq 36, 67-83.
1975 The Negatives in Hieroglyphic Luwian, Anatolian Studies 25, 119-156.
1979 Some Historical Problems of the Hieroglyphic Luwian Inscriptions, Anatolian Studies 29, 153-167.
1982 The Neo-Hittite States in Syria and Anatolia, in: The Cambridge Ancient History, Vol. III/1, Cambridge, 372-441.
1986a Rulers of Karkamiš: The House of Astiruwas, IX. Türk Tarih Kongresi'nden ayrıbasım, 259-271.
1986b Writing in Anatolia: Imported and Indigenous Systems, World Archaeology 17, 363-375.

Hawkins, J.D. – Morpurgo Davies, A.
1986 Studies in Hieroglyphic Luwian, in: H.A. Hoffner – G.M. Beckman, Kaniššuwar, A Tribute to Hans G. Güterbock on His Seventy-Fifth Birthday, Assyriological Studies No. 23, Chicago, 69-81.

Honigmann, E.
1932 Syria, in: G. Wissowa et al., Paulys Realencyclopädie der classischen Altertumswissenschaft, Bd. IV A, Stuttgart, 1549-1727.

Ikeda, Y.
1982 Solomon's Trade in Horses and Chariots in Its International Setting, in: T. Ishida, Studies in the Period of David and Solomon and Other Essays, Winona Lake, Indiana, 205-238.

Kaufman, S.A.
1982 Reflections on the Assyrian-Aramaic Bilingual from Tell Fakhariyeh, Maarav 3, 137-175.

Laminger-Pascher, G.
1989 Lykaonien und die Phryger. Sitzungsberichte der Österreichischen Akademie der Wissenschaften, Phil.-hist. Klasse, 532. Bd., Wien.

Laroche, E.
1966 Les Noms des Hittites. Paris.

Lemaire, A.
1991 L'Écriture phénicienne en Cilicie et la diffusion des écritures alphabétiques, in: Cl. Baurain et al., Phoinikeia grammata. Collection d'Etudes Classiques 6. Namur, 133-146.

Lipiński, E.
1985 Phoenicians in Anatolia and Assyria, 9th-6th Centuries B.C., Orientalia Lovaniensia Periodica 16, 81-90.
1993 Gygès et Lygdamis d'après les sources hébraiques et néo-assyriennes, Orientalia Lovaniensia Perodica 24, 65-71.

Melchert, H.C.
1989 New Luvo-Lycian Isoglosses, Historische Sprachforschung 102, 23-45.

Meriggi, P.
1962 Hieroglyphisch-hethitisches Glossar.Wiesbaden.
1967 Manuale di eteo geroglifico II 1. Roma.
1975 Manuale di eteo geroglifico II 2-3. Roma.

Naveh, J.
1970 The Development of the Aramaic Script. Jerusalem.

Parpola, S.
1970 Neo-Assyrian Toponyms (AOAT 6). Kevelaer und Neukirchen-Vluyn.1987.
1987 The Correspondance of Sargon II, Part I. Letters from Assyria and the West (SAA I). Helsinki.

Postgate, J.N.
1973 Assyrian Texts and Fragments, Iraq 35, 13-36.

Röllig, W.
1995 L'alphabet, in: V.Krings, La Civilisation phénicienne et punique, Handbuch der Orientalistik, Leiden, 193-214.

Sader, H.S.
1987 Les États araméens de Syrie depuis leur fondation jusqu'à leur transformation en provinces assyriennes. Beiruter Texte und Studien 36. Beirut – Wiesbaden.

Salvini, M.
1995 Geschichte und Kultur der Urartäer. Darmstadt.

Starke, F.
1990 Untersuchung zur Stammbildung des keilschrift-luwischen Nomens (StBoT 31).Wiesbaden.
1993 Zur Herkunft von akkad. *ta/urgumannu(m)* „Dolmetscher“, WO 24, 20-38.

Streck, M.
1916 Assurbanipal und die letzten assyrischen Könige bis zum Untergang Ninivehs. Leipzig.

Tadmor, H.
1982 The Aramaization of Assyria: Aspects of Western Impact, Berliner Beiträge zum Vorderen Orient 1, 449-470.

Tropper, J.
1993 Die Inschriften von Zincirli (ALASP 6). Münster.

Wilhelm, G.
1986 Urartu als Region der Keilschrift-Kultur, in: V. Haas, Das Reich Urartu (Xenia 17), Konstanz, 95-113.
1993 *Sura/i* in Karkamiš und das urartäische Gentiliz *Šurele*, SMEA 31, 135-141.

Ventiv oder *yaqtula*-Volitiv in den Amarnabriefen aus Syrien-Palästina?*

Josef Tropper, Berlin

1. In den Amarnabriefen aus Syrien-Palästina gibt es zahlreiche Verbalformen der Präfixkonjugation, die im Singular (außer 2. f. sg.) und in der 1. Person Plural eine Endung /*-a*/[1], seltener auch /*-am*/ aufweisen. Diese Endung kann auf zweierlei Weise interpretiert werden, nämlich entweder als Endung des akkadischen Ventivs, eines Verbalmodus im weiteren Sinne, der die Richtung einer Verbalhandlung anzeigt, oder aber als Endung eines im Westsemitischen, genauer gesagt im Zentralsemitischen bezeugten Verbalmodus im engeren Sinne mit volitivischer[2] Funktion, der uns vor allem in Form des hebräischen Kohortativs *ʾæqṭᵉlāh* einerseits und des arabischen Subjunktivs *yafʿala* andererseits bekannt ist.

In seiner Dissertation zur Verbalsyntax der Amarnabriefe aus Byblos[3] und in seinem zehn Jahre später publizierten Artikel „Early Canaanite *yaqtula*"[4] sprach sich W.L. Moran entschieden für die letztere Lösung aus. Gemäß Moran begegnet nämlich die hier interessierende Verbalform mit Endung /*-a*/, kurz: „*a*-Form", im wesentlichen in folgenden vier Kontexten:

1. in Hauptsätzen in der Funktion eines direkten Volitivs, d.h. zum Ausdruck von Wünschen bzw. Befehlen, z.B. *ù ia-di-na* LUGAL „Und der König möge geben ... „ (EA 118:11);
2. in Nebensätzen, meist mit finalem Sinn, in der Funktion eines indirekten Volitivs, z.B. *yu-wa-ši-ra* LUGAL-*ru* ANŠE.KUR.RA ... *ù a-na-ṣa-ra* „Der König möge Pferde schicken ..., damit ich beschützen kann ..." (EA 117:72-74);
3. nach Verben des Fürchtens, z.B. *pa*[*l-ḫ*]*a-ti a-n*[*a-k*]*u la-a-mi ú-da-a-k*[*a*] „Und ich fürchte, daß ich getötet werden könnte" (EA 131:27f.);

---

* Der vorliegende Artikel beruht auf einem Vortrag, der am 7. Juli 1995 auf der 42ᵉ Rencontre Assyriologique Internationale in Leuven gehalten wurde.

[1] Da der betreffende Vokal niemals *plene* geschrieben wird, ist er wahrscheinlich kurz.

[2] Ich verwende den Begriff „Volitiv" im Anschluß an Joüon, 1923, § 114a als Oberbegriff der Wunsch- bzw. Befehlsmodi des Semitischen, namentlich des Jussivs/Prekativs, Kohortativs und Imperativs.

[3] Moran, 1950, bes. 89-106.

[4] Moran, 1960.

4. in Konditionalsätzen, und zwar sowohl in der Protasis als auch in der Apodosis.[5]

Da in vergleichbaren Kontexten auch der hebräische Kohortativ bzw. der arabische Subjunktiv gebraucht wird, da ferner die *a*-Form in den betreffenden Amarnabriefen im wesentlichen volitivische Funktion besitzt und damit im klaren Gegensatz zur *yaqtulu*-Indikativform dieser Briefe steht, da ferner die *a*-Form in den betreffenden Briefen bisweilen auch bei Verben bezeugt ist, die im Standard-Akkadischen nicht im Ventiv gebraucht werden, und da schließlich die verbale Morphosyntax in den betreffenden Briefen im allgemeinen stärker zentralsemitische als akkadische Merkmale aufweist, gelangte Moran zu dem Schluß, daß die *a*-Form vor dem Hintergrund des zentralsemitischen Verbalsystems als sogenannter *yaqtula*-Volitiv zu deuten ist.

Moran registrierte im übrigen auch einige Beispiele für präteritale und damit nicht-volitivische *a*-Formen.[6] Er schloß nicht aus, daß es sich dabei um akkadische Ventive handeln könnte, bevorzugte jedoch auch hier eine – m.E. nicht überzeugende – Deutung vor dem Hintergrund der zentralsemitischen Verbalsyntax.

Morans These von der Bezeugung eines zentralsemitischen *yaqtula*-Volitivs in den Amarnabriefen stieß alsbald auf breite Zustimmung – namentlich bei H. Fleisch[7], J. Blau[8] und A.F. Rainey[9] – und führte zu einem neuen Verständnis des zentralsemitischen Modalsystems. Es setzte sich die Auffassung durch, daß das frühe Zentralsemitische drei volitivische Modi besaß, nämlich a) einen Imperativ *qtul*, b) einen Jussiv *yaqtul* und c) eine recht häufig gebrauchte Form mit Endung */-a/*, kurz: *yaqtula*. Die Funktion der *yaqtula*-Form – direkter und indirekter Volitiv – galt als beinahe identisch mit der des Jussivs. Sowohl die Einschränkung dieses Modus auf die 1. Person entsprechend dem Befund des hebräischen Kohortativs als auch die Einschränkung dieses Modus auf den Gebrauch als indirekter Volitiv in finalen Nebensätzen entsprechend dem klassisch-arabischen Befund wurden als sprachgeschichtlich sekundäre Entwicklungen betrachtet.

2. Es dauerte gut 30 Jahre, bis sich zum ersten Mal Widerstand gegen Morans Interpretation der *a*-Form im Sinne eines zentralsemitischen *yaqtula*-Volitivs regte. Die Kritik kam von A.F. Rainey, der lange selbst die Auffassung Morans geteilt hatte, durch seinen Artikel „Is There Really a

---

[5] Siehe Moran, 1960, 14-16.

[6] Moran, 1960, 16.

[7] Fleisch, 1968.

[8] Blau, 1971, 133-144.

[9] Siehe z.B. Rainey, 1975, 403-404.414 und Rainey, 1990, 416-418.

yaqtula Conjugation Pattern in the Canaanite Amarna Tablets?".[10] Darin wies Rainey überzeugend nach, daß die meisten *a*-Formen in den Amarnabriefen aus Syrien-Palästina eindeutig als akkadische Ventive zu betrachten sind. Dies gilt mit Sicherheit:

1. für unmittelbar aus dem Akkadischen übernommene stereotype Wendungen wie *ṭup-pa an-na-a uš-te-bi-la-ku* „diese Tafel habe ich dir geschickt" (EA 367:3);

2. für *a*-Formen mit Akkusativsuffix, wie sie besonders in den Jerusalem-Briefen begegnen, z.B. *t*[*u*]-*šu-r*[*u*]-*ba-ni* „sie können/sollen mich eintreten lassen" (EA 300:18);

3. für *a*-Formen bei Verben, die auch im Standard-Akkadischen üblicherweise im Ventiv gebraucht werden, namentlich bei *šapāru* „(Brief) schreiben, schicken", *w*/*muššuru* „schicken, senden", *leqû* im Sinne von „mitbringen", *izuzzu* „sich hinstellen (zu/gegen), Widerstand leisten" und (*w*)*aṣû* „herauskommen";

4. für *a*-Formen mit präteritaler Bedeutung, z.B. *ù aš-pu-ur ù tu-ṣa* ERÍN.MEŠ *pí-ṭá-tu ù* ti_7*-il-qé* ^{I}*a-ba-šu-nu* „Deshalb schrieb ich (hin), und die Armee zog aus und nahm ihren Vater gefangen" (EA 362:18-20).

Ausgehend von diesem neu beurteilten Befund stellte Rainey nun auch in Frage, ob die restlichen *a*-Formen als zentralsemitische *yaqtula*-Volitive zu deuten sind. Er wies nach, daß die *a*-Formen in der Funktion eines direkten Volitivs zum Ausdruck von Wünschen und Befehlen ebenfalls als Ventive gedeutet werden können, da die betreffenden Verben auch im Akkadischen in der Regel im Ventiv gebraucht werden.[11] Ferner bezweifelte Rainey die Stringenz von Morans Deutung der *a*-Formen in Final- und Konditionalsätzen als *yaqtula*-Volitive und rechnete seinerseits mit den Möglichkeiten der Modusattraktion und des sekundären, durch Analogie motivierten Ventivgebrauchs auch bei solchen Verben, die im Standard-Akkadischen nicht im Ventiv belegt sind.

Rainey gelangte auf diese Weise zu dem Schluß, daß „the EA texts have not given us any conclusive evidence for the existence of a Canaanite *yaqtula* pattern. In spite of Moran's brilliant mustering of the evidence, it is still possible to argue that the *-a* suffix is merely the Akkadian ventive". Als Bestätigung seiner These verwies Rainey außerdem auf die Tatsache, daß der *yaqtula*-Modus in den Amarnabriefen weder in Form von kanaanäischen Glossen noch von sonstigen eindeutig kanaanäischen Formen bezeugt ist. Trotz seiner Kritik an Moran stellte Rainey die Existenz eines *yaqtula*-Modus im frühen Kanaanäischen aber nicht grundsätzlich in Abrede. Rainey äußerte vielmehr die Vermutung, daß die Funktion der *yaqtula*-Form im

---

[10] Rainey, 1991-93.

[11] Rainey, 1991-93, 112b-113a.

frühen Kanaanäischen im wesentlichen mit der des *yaqtul*-Jussivs identisch gewesen sein dürfte und daß die Schreiber der Amarnabriefe aus Syrien-Palästina aufgrund der Existenz des *yaqtula*-Modus in ihrer Muttersprache eine Vorliebe für den formal identischen akkadischen Ventiv gehabt haben könnten.[12]

3. Raineys gut begründete und über weite Teile auch vollständig überzeugende Kritik an Moran stellt meines Erachtens einen eminent wichtigen wissenschaftlichen Meilenstein in der Amarnaforschung dar. Allein, Raineys These, es habe im frühen Kanaanäischen sehr wohl einen *yaqtula*-Volitiv gegeben, in den Amarnabriefen aus Syrien-Palästina sei davon aber kein einziger eindeutiger Reflex zu beobachten, läßt sich meiner Ansicht nach aber kaum halten. Ich nenne fünf Argumente gegen diese These:

1. Raineys These verträgt sich schwerlich mit dem im wesentlichen zentralsemitischen, genauer gesagt: kanaanäischen Charakter des Verbalsystems der Amarnabriefe aus Syrien-Palästina, insbesondere der Endungen der diversen Verbalformen. Sollte ein *yaqtula*-Volitiv im Kanaanäischen existiert haben, müßten davon in den betreffenden Briefen zumindest Spuren zu finden sein.

2. In einem Amarnabrief aus Tyros begegnet als kanaanäische Glosse eine Form *ku-na* (EA 147:36). Es handelt sich um einen Imperativ mask. Sg. der Wurzel √*kwn* „sein; bereit, fest sein" mit Endung /*-a*/.[13] Die betreffende Endung, die dem sogenannten /*-ā*/*-paragogicum* der hebräischen Grammatik entspricht, ist etymologisch sehr wahrscheinlich mit der Kohortativendung /*-a*/ identisch. Läßt sich in den Amarnabriefen die genannte Endung /*-a*/ aber beim Imperativ nachweisen, darf man erwarten, daß sie auch bei der Präfixkonjugation (sprich: Jussiv) aufzuspüren ist.

3. Wie Rainey[14] eingestehen muß, ist die *a*-Form in den Amarnabriefen aus Syrien-Palästina bisweilen auch bei Verben bezeugt, die im Standard-Akkadischen nicht im Ventiv gebraucht werden. Dazu zählen: *šemû* „hören", *naṣāru* „beschützen", *epēšu* „machen", *maḫāṣu* „schlagen, erschlagen", *arādu*/*urrudu* „dienen", *dâku* „töten", *mâtu* „sterben", *balāṭu* „(über)leben", *dabābu* „sprechen". Rainey erklärt, wie erwähnt, diese

[12] Siehe Rainey, 1991-93, 115 f.

[13] Na'aman, 1990, 402 mit Anm. 25 und Moran, 1992, 234, Anm. 8 betrachten *ku-na* als Imperativ des Grundstammes mit Volitivendung /*-a*/ und übersetzen sinngemäß: „bereite (vor)!". Da jedoch in inhaltlich vergleichbaren Kontexten sonst ein Š-Stamm von *ešēru* gebraucht wird (vgl. besonders EA 65:11; 292:31.39; 367:15) und da „bereiten" (transitiv) im Hebräischen mit dem Polel oder Hif'il von √*kwn* ausgedrückt wird, dürfte *ku-na* eher als Imperativ Polel zu deuten sein: *ku-na* = /*kō/on(ᵉ)nă*/ < **kōnena*; vgl. hebräisch *kônᵉnāh* (Ps 90,17).

[14] Rainey, 1991-93, 113-115.

Beispiele mittels Modusattraktion einerseits und mittels der Annahme von sekundärem, durch Analogie motiviertem Ventivgebrauch andererseits. An der Stringenz dieser Erklärungen darf jedoch gezweifelt werden, insbesondere im Hinblick auf das folgende Argument.

4. Eine Durchsicht der genannten Belege fördert nämlich folgenden frappierenden Befund zutage: Von einer einzigen Ausnahme abgesehen sind sämtliche *a*-Formen der genannten Verben Formen der 1. Person Sg.: *a-na-ṣa-ra* (EA 74:56; 117:73); *i-na-ṣí-ra* (EA 123:27); *i-pu-ša* (EA 83:24); *i-ma-ḫa-ṣa* (EA 270:21); *i-ru-da-am*[15] (EA 300:20); *ú-da-a-k*[*a*] (EA 131:28); [*a*]*-mu-ta* (EA 130:51); *ib-lu-ṭá* (EA 123:26); *a-da-bu-ba* (EA 119:23). Dieser Befund dürfte kaum auf Zufall beruhen, zumal die *a*-Formen anderer Verben beinahe ausschließlich Formen der 3. und (seltener) 2. Person darstellen. Er ist nicht zuletzt deshalb ernst zu nehmen, da bekanntlich im Hebräischen die *a*-Form praktisch nur in der 1. Person als sogenannter Kohortativ nachweisbar ist.
Die erwähnte einzige Ausnahme lautet *ù-ul yi-ìš-ma* „er soll nicht hören!" (EA 82:23). Man beachte dabei jedoch, daß eine Wurzel III-ʿ vorliegt. Aus diesem Grund ist nicht auszuschließen, daß die Schreibung *yi-ìš-ma* für den endungslosen Jussiv /*yišmaʿ*/ steht, auch wenn dieser sonst orthographisch mit den Zeichen ME bzw. MI erscheint (meist: *yi-i/ìš-mi/e*).[16]

5. Eines der wichtigsten Argumente Raineys gegen eine Deutung der *a*-Formen als Volitive besteht darin, daß die Endung /*-a*/ nicht nur an Verbalformen mit volitivischer Bedeutung, sondern auch an indikativischen Verbalformen bezeugt sei, und zwar sowohl an präteritalen als auch bisweilen an präsentischen Verbalformen des zentralsemitischen Typs *yaqtulu*. Ich kann diesem Argument nicht vollständig zustimmen. Zwar gibt es in der Tat eindeutige Präterita mit Endung /*-a*/, der Nachweis der Existenz von Präsentia mit Endung /*-a*/ steht jedoch aus. Rainey konnte in diesem Zusammenhang lediglich darauf hinweisen, daß in den Byblos-Briefen nebeneinander die Wendungen *mīnu yinaṣṣiru-ni* (EA 112:17) und *mīnu*/*mannu yinaṣṣir-anni* (EA 112:13; 119:10; 121:10; 130:19) begegnen.[17] Abgesehen davon, daß es sich dabei jeweils um Formen mit Pronominalsuffixen handelt, die m.E. eine gesonderte Behandlung verdienen, bezweifle ich, daß die genannten Wendungen bedeutungsgleich sind, zumal sich erstere in der Apodosis eines Konditio-

---

[15] *i-ru-da-am* stellt offenbar eine hyperkorrekte Form in Analogie zu Ventivformen (mit Mimation) des akkadischen Verbs *arādu* „hinabsteigen" dar (siehe Izreʾel, 1978, 82, Anm. 278); vgl. ferner *ur-ra-da* „ich will dienen" (EA 294:33 [Apodosis eines Konditionalsatzes]).

[16] Zur Diskussion siehe Moran, 1960, 4 mit Anm. 4 und Rainey, 1991-93, 113.

[17] Rainey, 1991-93, 109a.

nalsatzes findet, letztere aber einen unabhängigen Fragesatz bildet. *mīnu yinaṣṣiru-ni* (EA 112:17) ist mit Kontext wie folgt zu übersetzen: „Wenn der König mich nicht beschützt, wer beschützt mich (dann)?"; als Übersetzung für *mīnu/mannu yinaṣṣir-anni* schlage ich vor: „Wer soll/kann mich (denn) beschützen?". Trifft diese Deutung zu, dann gibt es in den Amarnabriefen aus Syrien-Palästina kein einziges Beispiel für eine präsentische Verbalform mit Endung /-*a*/.

4. Vor dem Hintergrund der angeführten Überlegungen möchte ich folgende neue Beurteilung der *a*-Form in den Amarnabriefen aus Syrien-Palästina vorschlagen:

- Im Einklang mit Rainey ist die *a*-Form in den Amarnabriefen aus Syrien-Palästina häufig als Verbalform plus akkadische Ventivendung zu deuten. Dies gilt für sämtliche Verbalformen mit indikativisch-präteritaler Bedeutung, ferner für die überwiegende Mehrzahl der Jussiv-Formen der 3. und 2. Person und schließlich wohl auch für viele Imperative (mask. Sg.).
- Anders verhält es sich mit den vergleichsweise häufig bezeugten volitivischen Verbalformen der 1. Person mit Endung /-*a*/. Sie stellen in der Regel – nachweislich aber bei Verben, die im Standard-Akkadischen nicht im Ventiv gebraucht werden – Kohortative nach kanaanäischem Vorbild dar.[18]
- Ein Sonderproblem stellen Formen mit /-*a*/-Endung vor Pronominalsuffixen dar. Hier ist zusätzlich zu den bereits genannten Interpretationsmöglichkeiten (Ventiv oder Volitiv mit Endung /-*a*/) auch mit sogenannten kanaanäischen Energikusformen, d.h. -*a*(*n*) + Suffix, zu rechnen. Eine Entscheidung darüber zu fällen, ob der Schreiber im Einzelfall

[18] Aufschlußreich ist in diesem Zusammenhang der Befund in den Gezer-Briefen (vgl. Izreʾel, 1978, 62f.80-82). Neben der fünfmal belegten (stereotypen) Ventivform *yu-uš-ši-ra* „er möge schicken" und zwei *a*-Formen (3./2. Person Sg.) mit Pronominalsuffix (*yi-it-ra-*⌈*ni/u*⌉ [EA 299:22] und *tu-šu-ru-ba-ni* [EA 300:18]), sind fünf *a*-Formen der 1. Person Sg. bezeugt: *iz-zi-ba* (EA 294:31); *il*$_5$-*la-ka* (EA 294:32); *ur-ra-da* (EA 294:33); *i-ru-da-am* (EA 300:20); *i-ma-ḫa-ṣa* (EA 270:21). Dieser Befund zeigt zum einen, daß *a*-Formen der 1. Person Sg. vergleichsweise häufig sind. Zum anderen ist von Interesse, daß keine der genannten Formen der 1. Person Sg. eine „normale" akkadische Ventivform darstellt. Die drei letzteren Formen sind sicher keine Ventive, weil die zugrundeliegenden Wurzeln im Akkadischen nicht im Ventiv gebraucht werden. Die Form *il*$_5$-*la-ka* kann ebenso nicht als Ventiv gemeint sein, da sie dem Kontext zufolge mit „ich will/werde *weg*gehen" (nicht: „ich will kommen") übersetzt werden muß (siehe Izreʾel, 1978, 82, Anm. 278, Beispiel a). Schließlich dürfte auch *iz-zi-ba* „ich will/werde verlassen" keine Ventivform sein, da sie inhaltlich die Imperativform (ohne Ventivendung) *iz-zi-ib-mi* (EA 294:29) aufnimmt und in einer Reihe mit anderen (kanaanäischen) Kohortativformen (*il*$_5$-*la-ka* und *ur-ra-da*) steht.

einen akkadischen Ventiv oder einen kanaanäischen Energikus intendierte, ist unmöglich und auch unnötig, zumal Ventiv und Energikus – beide Kategorien sind sprachhistorisch identisch – in diesen Fällen funktionsgleich sind.

Die Schreiber der Amarnabriefe aus Syrien-Palästina kannten somit die formale Gestalt und die Funktion des akkadischen Ventivs sehr wohl.[19] Sie verwendeten die Ventivendung /*-a*/ aber nur dort, wo sie zu keinen Konflikten mit einer kanaanäischen Verbalendung führen konnte. Folglich wird die Ventivendung /*-a*/ ausschließlich bei Verbalformen gesetzt, die nach dem kanaanäischen Verbalsystem entweder endungslos sind oder von Hause aus eine formal identische Endung /*-a*/ besitzen. Dazu zählen erstens die eher selten bezeugten präfigierten Verbalformen mit präteritaler Bedeutung, zweitens die Imperative mask. Sg. und schließlich drittens die diversen, vergleichsweise häufig belegten präfigierten Verbalformen mit volitivischer Bedeutung (1. Sg.; 2.m.Sg.; 3. Sg.; 1. Pl.). Nicht kompatibel ist die Ventivendung dagegen mit der Endung /*-u*/ der indikativischen Präsensformen des kanaanäischen Typs *yaqtulu*.[20]

Aufgrund dieser Konditionen vermitteln die Belege meiner Ansicht nach gleichsam zufällig den Eindruck, daß die Endung /*-a*/ in den Amarnabriefen aus Syrien-Palästina so gut wie nur bei volitivischen Verbalformen bezeugt ist, was wiederum Moran zu der m.E. irrtümlichen Auffassung verleitet hat, die Endung /*-a*/ sei in jedem Fall eine kanaanäisch zu interpretierende volitivische Endung.

5. Aus dem vorgestellten Befund ergeben sich weitreichende Konsequenzen für die vergleichende semitische Sprachwissenschaft. Der Befund legt die Annahme nahe, daß die sogenannte volitivische Endung /*-a*/ – nach der traditionellen hebräischen Grammatik auch /*-ā*/*-paragogicum* genannt – im frühen Kanaanäischen eine Art Exhortativendung darstellte, die zur Verstärkung des Volitivs der 1. Person (= Kohortativ) und des Volitivs der 2. Person (= Imperativ)[21] diente. Kohortative und Imperative aber fungieren primär als direkte Volitive, d.h. als Wunsch- und Befehlsformen in unabhängigen Sätzen, und erst sekundär als indirekte Volitive in Sätzen mit finalem oder konsekutivem Sinn. Dieser Gebrauch der Endung /*-a*/ wird

---

[19] Dies geht im übrigen auch daraus hervor, daß in den betreffenden Briefen vereinzelt auch die pluralische Ventivendung *-ni*(*m*) (2./3. Pl.) Verwendung findet. Die Belege aus Byblos lauten: *pu-ḫu-ru-nim-mi* „sammelt euch!“ (EA 74:31); *ta-di-nu-ni* „sie gaben“ (EA 126:64.65); *ti*$_7$*-iq-bu-ni* „sie sprachen“ (EA 362:17.25) (dazu Izreʾel, 1984, 91, Anm. 37).

[20] Ebenso scheint im Plural (2./3. Pl.) die (pluralische) Ventivendung *-ni*(*m*) mit der kanaanäischen Präsensendung *-ūna* inkompatibel zu sein: Eine Endung **-ūnani*(*m*) ist in den Amarnabriefen nicht bezeugt.

[21] Die Endung /*-a*/ findet sich ausschließlich beim Imperativ mask. Sg.

gestützt durch den identischen Befund im Klassischen Hebräisch und m.E. auch im Ugaritischen.[22]

Folglich kann im Kanaanäischen entgegen Moran, Rainey und anderen Wissenschaftlern nicht von einem spezifischen *yaqtula*-Modus gesprochen werden, zumal die Endung /*-a*/ nicht Merkmal eines spezifischen Modus und außerdem in der 3. Person praktisch nicht bezeugt ist.[23] Der betreffende Begriff läßt sich ausschließlich auf den klassisch-arabischen Befund anwenden, wo die Endung /*-a*/ regelmäßig auch bei Präfixformen (= Jussiven) der 3. und 2. Person Verwendung findet und sich (allmählich) als spezifisches Merkmal der Moduskategorie „indirekter Volitiv" etablierte.[24] Beide Phänomene beruhen jedoch offensichtlich auf sekundären Entwicklungen.

Vor dem Hintergrund dieses Befundes ist es im übrigen nicht erstaunlich, daß weder das Altäthiopische (Gəʾəz) noch das Akkadische einen *yaqtula*-Volitiv, sondern – neben dem Imperativ – nur den sogenannten einfachen Jussiv bzw. Prekativ kennt, der in beiden Sprachen sowohl als direkter wie als indirekter Volitiv fungiert.

Die Erweiterung bzw. Verstärkung von (bestimmten) Volitiven durch eine Endung /*-a*/ stellt somit ein Spezifikum der zentralsemitischen Sprachen, nachweislich des Kanaanäischen (inklusive des Ugaritischen) und des Arabischen, dar.[25] Und allein das Arabische hat mit Hilfe dieses Merkmals eine eigene Moduskategorie zum Ausdruck des indirekten Volitivs gebildet.

Ich widme diese Ausführungen dem Jubilar Prof. Dr. Wolfgang Röllig, meinem ersten Lehrer der Altorientalistik, der als einer der letzten Vertreter seines Fachgebietes den westsemitischen Sprachen und Kulturen nicht weniger Beachtung schenkte als den ostsemitischen und auf diese Weise den

---

[22] Zum ugaritischen Befund siehe Tropper, 1991, bes. 349-352.

[23] Im Biblisch-Hebräischen gibt es nur zwei sichere Belege der Kohortativendung an Jussiven der dritten Person, nämlich a) *yaḥîšāh* „er soll eilen(ds kommen)", b) *w*[e]*tābôʾāh* „und sie soll kommen", die beide aus Jes 5,19 stammen. Da zu beiden Verbalwurzeln Kohortative (der 1. Person) gut bezeugt sind, liegt die Annahme nahe, daß es sich dabei um Analogiebildungen zu Kohortativen (der 1. Person) handelt. Motiviert durch Analogie findet sich die Kohortativendung im Hebräischen im übrigen bisweilen – vornehmlich in späten Texten – auch an *wayyiqtol*-Formen der 1. Person (zu den Belegen siehe Bergsträsser, 1929, § 5 f.).

[24] Diese Moduskategorie ist aber auch im Arabischen bekanntlich morphologisch nicht voll ausgeprägt: Nur im Singular (außer 2. f. Sg.) und in der 1. Person Plural existieren spezifische Formen des *yaqtula*-Modus. Die restlichen Formen sind mit denen des (einfachen) Jussivs identisch. Die Einschränkung des Gebrauchs der /*-a*/-Endung auf den indirekten Volitiv führte im übrigen im Arabischen dazu, daß diese bei Imperativen (mask. Sg.) keine Verwendung mehr fand.

[25] Ob es auch im frühen Aramäischen einen Volitiv mit Endung /*-a*/ gegeben hat, läßt sich aufgrund des vokallosen Schriftsystems der betreffenden Quellen nicht eruieren.

gesamten Raum von Karthago bis Mesopotamien in seine Forschungen einbezog.

Literatur:

Bergsträsser, G.

1929 Hebräische Grammatik, Teil II, Leipzig (Nachdruck: Hildesheim [u.a.] 1985).

Blau, J.

1971 Studies in Hebrew Verb Formation, Hebrew Union College Annual 42, 133-158.

Fleisch, H.

1968 *yaqtula* cananéen et subjonctif arabe, Studia Orientalia. Wissenschaftliche Zeitschrift der Martin Luther Universität Halle-Wittenberg (Halle), Jahrgang 17, Heft 2/3, 65-76.

Izreʾel, S.

1978 The Gezer Letters of the El-Amarna Archive – Linguistic Analysis, IOS 8, 13-90.

1984 On the Use of the So-Called Ventive Morpheme in the Akkadian Texts of Amurru, UF 16, 83-92.

Joüon, P.

1923 Grammaire de l'Hébreu biblique, Rom.

Moran, W.L.

1960 Early Canaanite *yaqtula*, Orientalia 29, 1-19.

1992 The Amarna Letters, Baltimore/London.

Naʾaman, N.

1990 Praises to the Pharao in Response to his Plans for a Campaign to Canaan, in: Lingering over Words: Studies in Ancient Near Eastern Literature in Honor of William L. Moran, Atlanta (Georgia), 397-405.

Rainey, A.F.

1975 Morphology and the Prefix-Tenses of West Semitized El-ʿAmarna Tablets, UF 7, 395-426.

1990 The Prefix Conjugation Patterns of Early Northwest Semitic, in: Lingering over Words: Studies in Ancient Near Eastern Literature in Honor of William L. Moran, Atlanta (Georgia), 407-420.

1991-93 Is There Really a *yaqtula* Conjugation Pattern in the Canaanite Amarna Tablets?, Journal of Cuneiform Studies 43-45, 107-118.

Tropper, J.

1991 Finale Sätze und *yqtla*-Modus im Ugaritischen, UF 23, 341-355.

From Lullû to Ebla

An Old Babylonian Document Concerning a Shipment of Horses

Akio Tsukimoto, Tokyo

Among the cuneiform tablets of the Hirayama Collection (Kamakura, Japan) there is an unpublished Old Babylonian document telling about a shipment of horses from the land of Lullû to Ebla via the city of Niḫria. Where the tablet was found is not known to the present writer, but the content of the text shows that it was inscribed in Niḫria or nearby:

Bringing 51 horses down from the land of Lullû, the transporters, three men of Niḫria, declared to the "palace overseer of Niḫria" probably the number of the horses and the purpose of moving them and swore by the "dagger" of the god Aššur. Five of the horses were in the possession of two private individuals. One horse was paid as a *nisḫatu*-tax to the palace in Niḫria and the rest of the horses were taken further to Ebla.

Behind the text one might assume a situation in which the three men were caught passing through Niḫria without paying the tax and brought to the court, as the expression "to swear by the dagger of Aššur" indicates a judicial court in the Old Assyrian texts. But, if so, the text should have had a description of the sanction. Neither does it say anything about the purpose of the shipment. Were the men of Niḫria engaged in horse trading? Or did some ruler entrust them with their transport? We know from some Mari texts that horses were sent as gifts between rulers of northern Syria in the OB period (see the evidence cited in CAD S 332b). Anyhow, the text suggests that the land of Lullû was one of the lands providing horses in this period. From a later period we have a reference to "one horse from Nullû" (=Lullû) in one of the horse tablets from Nuzi (HSS 15, 108, 4-5).

In publishing this interesting document, I would like to express my hearty gratitude to Prof. Wolfgang Röllig who introduced me to Ancient Near Eastern studies.

Transcription (45 × 68 × 20 mm):

obv. 1. 51 ANŠE.KUR.RA

2. ša iš-tu ma-at Lu-ul-li-i

3. ša LÚ^{meš} <ša> ^{uru}Ni-iḫ-ri-a^{ki}

4. ú-še-ri-du-ma

5. šu-um-šu-nu ša LÚ^{meš}

6. ^{I}A-ḫi-ma-li-ik
7. ^{I}Ad-ri-ad-du
8. ù ^{I}Ar-ra-šu
9. a-na ša É.GAL ša
10. ^{uru}Ni-iḫ-ri-a^{ki}
11. [i]q-bu-nim-ma
12. a-na GÍR-ri ^{d}A.ŠAR.ŠAR
13. it-ta-mu-ú

---

rev. 14. a-na ^{uru}Ni-iḫ-ri-a^{ki}
15. ur-du-nim-ma
16. ša 1 LÚ NIM 3 ANŠE.KUR.RA-šu
17. ù <ša> ša-ni-im 2 ANŠE.KUR.RA-šu
18. 1 ANŠE.KUR.RA a-na É.GAL
19. a-na ni-is_x-ḫa-ti
20. id-di-nu
21. ù ri-ḫa-at
22. ANŠE.KUR.RA 46 LÚ^{meš} a-na
23. ^{uru}Eb-la-a^{ki}
24. ir-te-du-ú

===

25. ù 30 GU_4^{ḫá}

Translation:

$^{1-4}$ (Concerning) 51 horses from the land of Lullû which the men of Niḫria brought down: $^{5-8}$ The names of the men are Aḫi-malik, Adri-Addu and Arrašu: $^{9-13}$ They talked to the palace overseer of Niḫria and swore by the dagger of Aššur(!).

$^{14-17}$ They (the horses) came down to Niḫria. Three horses were in possession of an Elamite, and two horses in possession of another. $^{18-20}$ They paid a horse to the palace as the *nisḫatu*-tax. $^{21-24}$ And the men have led the rest of 46(sic!) horses to Ebla.

===

25 And 30 oxen.

Notes to the text:

1 In the text the plural sign is not used for ANŠE.KUR.RA (*sīsû*), whereas it is used for GU_4 in l. 25. For textual evidence of ANŠE.KUR.RA (*equus caballus*) in the Ur-III period, see M. Civil, JCS 20, 121 f. From the early 2nd millennium we have references to *sīsû* ("horse") in OA texts as well as in OB texts from Mari, Alalakh, Cagar Bazar, T. el-Rimah (see AHw 1051b and CAD S 328 ff.), and Tell Leilan (see J. Eidem, RA 85, pp. 131 ff.).

2 The land of Lullû is generally located in the western part of the Zagros mountains. In the OB texts from Tall Šimšāra (ancient Šušārrā) Lullûm seems to denote the inhabitants of this region (see B. Groneberg, RGTC 3, p. 154; H. Klengel, RlA 7, pp. 164 ff.). Problematic is Lullû in a letter of Ibal-Addu, king of Ašlakkā, to Zimrilim (ARM HC B.308 = A. Finet, RA 60, p. 20), because it mentions LÚ *Lu-ul-li-*[*i*] between Eluḫut and Ḫaḫḫum (l. 27). M.C. Astour recently noted that Lullû here cannot refer to the country in the Zagros mountains, but to one of the districts north of Mount Kašiyari, which later appears as KUR*Lu-lu-ta* in the annals of Assurnasirpal II (M.C. Astour, "The North Mesopotamian Kingdom of Ilānṣurā," in *Mari in Retrospect*, p. 11). A question remains, then, as to how one can harmonize it with Lullûm in the Šušārrā-texts. Anyhow, the designation *māt Lullī* "the land of Lullû" in our text is, as far as I know, the first evidence from the OB period of Lullû. In the texts from Mari, Lullû is always used to designate an ethnic (or possibly geographical) origin of people (see J.-M. Durand, CRRAI 38, p. 98).

3 For the location of Niḫria in general see I. Singer, ZA 75, p. 106 and Kh. Nashef, RGTC 4, p. 88. Some scholars, including Singer, are attempting to locate it in the upper Tigris valley near Diyarbakır (e. g. Astour, *op. cit.*, p. 6), and others in the upper Baliḫ or Ḫabur regions (e. g. B.J. Beitzel, "The Old Assyrian Caravan Road in the Mari Royal Archives," in *Mari in Retrospect*, pp. 53 f.). If Niḫria, as our text suggests, is located on a caravan route from the land of Lullû to Ebla, the latter location seems to be more probable.

6-8 The personal names Aḫi-mālik and Adri-Addu are NW Semitic. The latter occurs as the name of a Yamḫadian in Mari (see ARMT 16/1, 52). The third name, Arrašu, is new to the present writer.

9-11 *ša ekallim* (É.GAL) here should mean "palace overseer" or the like (= *ša muḫḫi ekalli* / *ša pān ekalli*), not "a queen," as in later times. A palace in Niḫria is attested already in one OA text (KUG 36, x+4f.) and an Assyrian had to make a payment to it (K.R. Veenhof, *Old Assyrian Trade*, p. 293). What the three men said to the "palace overseer" is not mentioned in our text, but obviously they made a declaration about their trade activities and swore to the truth of it.

12-13 As for ^{d}A.ŠAR.ŠAR (or ^{d}A.ŠAR{.ŠAR}?) one can pay regard to forms like ^{d}*A-šur*$_4$ (= LAL+ŠAR) in OB and MB and ^{d}A-šùr (= ŠIR) in OA (cf. ŠAR = ŠIR$_9$). So there is no doubt that ^{d}A.ŠAR.ŠAR (or ^{d}A.ŠAR{.ŠAR}?) is an irregular form for the god Aššur. The expression *ana paṭri Aššur tamāʾum* ("swear by the dagger of Aššur") is parallel to *maḫar (/ina) paṭrim ša Aššur tamāʾum / paṭram ša Aššur tamāʾum* in OA texts (H. Hirsch, UAR, pp. 64 f.). The "dagger of Aššur" is one of the emblems which played a role in judicial administration at that time. There also were Aššur temples and the "dagger of Aššur" in caravan stations like Apum and Uršu (see K.R. Veenhof, *Old Assyrian Trade*, pp. 292 f.). Our text shows that such an Assyrian judicial custom still remained in Niḫria after the Old Assyrian trade with Cappadocia had faded away.

14-15 If the subject of the verb in l. 15 is "the horses" as I assume, they were brought to the city of Niḫria possibly as proof of what the transporters had sworn.

16-17 The text does not show interest in the names of the two persons or in how the five horses came into their possession, but just in the number of the horses. The logogramm LÚ NIM (= *awīlum elamû* "an Elamite") is also used in a few texts from Mari (Groneberg, RGTC 3, p. 70).

18-21 According to OA texts the merchants had to pay a *nisḫatu*(*m*)-tax (CAD N II 269b: "a tax levied on imported merchandise") to local rulers in Anatolia, northern Mesopotamia and northern Syria (see Veenhof, *op. cit.*, pp. 294 f.). As the *nisḫatu*(*m*)-tax is attested so far only in OA texts, our text is the first evidence in OB texts. This scribe uses the special sign IS$_x$ (= ÌS×EŠ), while the sign IS is usual in the OA texts.

22-23 If 51 horses in l. 1 is correct, then 46 must be a scribal error for 45 or a miscalculation. For Ebla in the OB period see H. Klengel, *Syria: 3000 to 300 B.C.*, Berlin: Akademie Verlag, 1992, pp. 41 and 45.

25 Because of the preceding double dividing line l. 25 seems to be a catchline to another tablet concerning 30 oxen. As the text has no dating formulas it might be a memorandum about a *nisḫatu*(*m*)-tax which would have been rewritten later as an official document.

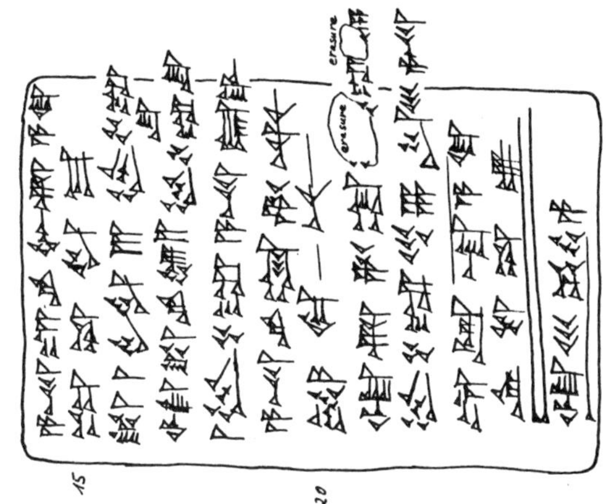
Rev.
erasure
erasure

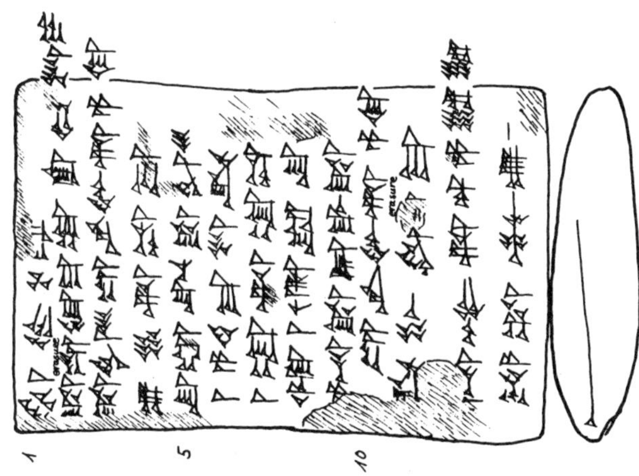
Obv.
erasure
erasure

Reverse

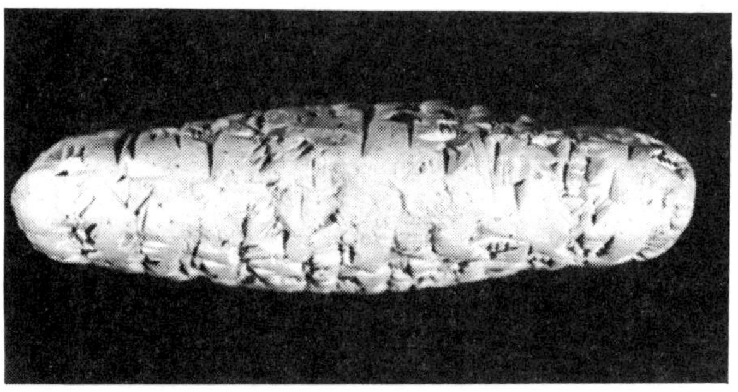

Right edge

Obverse

Nanāja-šamḫats Rechtsstreit um ihre Freiheit

Claus Wilcke, Leipzig

Die von Daniel Arnaud (1989) als Nr. 23 veröffentlichte Gerichtsurkunde ist nicht sehr gut erhalten*. Sie mißt (s. Katalog, S. 9) 66 × 147 × 36 mm. Ihre Oberfläche ist abgerieben, die Hacke des Raubgräbers hat sie auf der Rückseite verletzt, und Brüche haben wichtige Textpassagen ganz oder teilweise zerstört. Dank der Freundlichkeit von Béatrice André-Salvini konnte ich die Tafel im Oktober 1991 kollationieren; ihr danke ich auch herzlich für die bei der weiteren Arbeit an diesem Text sehr hilfreichen Photos.

Die Urkunde entstammt der spät-altbabylonischen Zeit und ist auf den 24. vi. des Jahres „q“ von König Abī-ešuḫ von Babylon datiert. A. Goetze (1951) stellt dieses in Texten des Iltani-Archivs bezeugte Datum zwischen die diesem mit dem des Ubarum gemeinsamen Jahresnamen und die Gruppe der letzten Jahre des Herrschers.

Der Fundort der seit 1910 im Louvre aufbewahrten Tontafel (Béatrice André im Avant-propos zu Arnaud (1989): „acquisition Géjou en 1910“) ist unbekannt und kann nur aufgrund interner Kriterien erschlossen werden: ich vermute, sie stammt aus Babylon. Denn nach Kiš ist geschickt worden (Z. 14); von Truppen des sonst unbekannten Ortes Ušānum und von Kassitentruppen (Z. 5, 36) ist im Zusammenhang mit einem Aufbruch die Rede, ferner (vielleicht) von Richtern von Uruk (Z. 50) zu einer Zeit, zu der diese Stadt vermutlich nach Samsu-ilunas Siegen über die südbabylonischen Aufrührer aus Larsa und Ur und den damit verbundenen Verwüstungen gänzlich verlassen war[1]. Babylon aber wird mit Verben im Ventiv genannt (Z. 6-7/37-38). Danach nehme ich an, daß auch die weniger deutlich geschriebenen oder teilweise zerstörten Ortsnamen in Z. 51 und 59 als *Babilim*^{ki} zu lesen sind.

D.O. Edzard (1993, 300) spricht vom „besondere[n] Interesse“, das diese Gerichtsurkunde verdient, und Stephanie Dalley (1992, 325) sieht in ihr „one of the longest, most interesting and unusual texts in the volume“. Ich

---

* M. Stol danke ich für freundlich-kritisches Lesen des MS, einige Lesungsvorschläge und Hinweise auf einschlägige Literatur.

[1] Zwar berichtet Samsu-iluna in seinen Jahresnamen 15 und 17 vom Wiederaufbau der Stadtmauern von Isin und im Lande Emutbal, d.h. in Larsa, es gibt aber keine dem Datum Ha 34 entsprechende Aussage über die Wiederherstellung der sicher auch in diesen Kriegen verwüsteten Wasserläufe. (Jahresdaten hier nach A. Ungnad, in RlA s.v. Datenlisten.).

hoffe, daß der Rechtsstreit der Nanāja-šamḫat um ihre Freiheit das Interesse des Jubilars findet.

Nanāja-šamḫat, die Klägerin, entstammt väterlicherseits einer angesehenen Familie aus Kiš, die wenig zuvor nach den erwähnten Siegen Samsu-ilunas über den Süden des Landes von Uruk nach Kiš gezogen war und dort für den Kult der Uruk-Gottheiten An und Inana isib-Priester stellte und in der Namengebung die Verbindung mit der alten Heimat pflegte: Ihr Vater hieß Uruk-tajjār, ihr Vetter war ein isib-Priester von An und Inana namens Nidin-Ištar[2], und auch ihr eigener Name bezieht sich auf eine Göttin aus Uruk.

Auch ihre Angehörigen mütterlicherseits scheinen in der Uruk-Tradition zu stehen: der Name ihres Onkels, Sapḫum-lipḫur, kann auf die in alle Winde zerstreute Bevölkerung von Uruk Bezug nehmen, wenngleich er schon vor Samsu-iluna bezeugt zu sein scheint[3]. Wie der Name der Tochter, nennt auch der der Mutter die Uruk-Göttin Nanāja.

An und Inana werden die Götter „ihrer", d.h. des Nidin-Ištar und des Sapḫum-lipḫur (und der Nanāja-šamḫat?) Stadt genannt (Z. 48). Damit dürfte ihre Heimatstadt Uruk gemeint, aber vielleicht auch Kiš, wo der Kult dieser beiden Uruk-Gottheiten heimisch geworden war, mit einbegriffen sein.

Charpin (1986, 404 ff.) hatte die auf den ersten Blick sehr plausible These aufgestellt, die Zeichengruppe AN.AN.INANA in den spätaltbabylonischen Kiš-Texten und im Datum Ha(mmurabi) 34 bezeichne die Ištar von Uruk („Il ne s'agit pas, ..., d'une paire formée par «An (et) Inanna», mais bien d'une déesse, comme le montre TCL I 19 (voir p. 411): on a manifestement affaire à une autre façon d'écrire le nom d'Ištar-d'Uruk, qui se lisait en Akkadien Urkītum."). Die Schreibung ^{lú}*i-si-ip-pu ša* An ⌈*ù* ^{d}Inana⌉[4] in Z. 27-28, die Nennung des Tores von An und Inana in Z. 48 und 51, in Z. 48 mit dem Zusatz *i-li a-li-šu-nu* „Götter ihrer Stadt", sind Anlaß, den Hauptgrund[5] für seine Auffassung, den aB Brief TCL 1, 19, kritisch zu betrachten.

---

[2] Siehe im Komm. zu Z. 27 f.; s. auch Charpin (1986) 406 f.

[3] Siehe unten, im Komm. zu Z. 11.

[4] Vgl. die Kollation zu Z. 28 nach Photo.

[5] Charpins (1986, 404, Anm. 1) weiterer Grund ist der Vergleich der Jahresnamen Ha 34 mit Si 6:
Ha 34: Bau des É-tùr-kalam-ma für AN.AN.INANA *ù* ^{d}Na-na-a(-a) e-ne-bi-ta
Si 6: Weihung von Statuen für ^{d}Utu ^{d}Marduk e-ne-bi-da-ra.
Daraus folge, der Tempel „n'était pas voué à la triade An, Inanna et Nanaya, mais simplement à AN-^{d}INANNA et Nanaya".
Beispiele für die Notierung ^{d}X ^{d}Y(-e-ne)-bi-da/ta zur Bezeichnung einer Gruppe von zwei Göttern finden sich in den Jahresnamen der Dynastie von Babylon häufig; s. nur das Datum Ha 36 und A. Poebel (1923) § 400-401. Charpins Schluß ließe sich nachvollziehen, wären die beiden Konstruktionen genau parallel – Poebel, l.c., wies

Der Brief TCL 1, 19 beweist die These Charpins nicht eindeutig; denn er schreibt in Z. 4-5 AN.AN.INANA *ù* ^{d}*Na-na-a aš-šum-ja da-ri-iš* u_4*-mi-im li-ba-al-li-ṭú-ka* und zeigt mit der maskulinen Verbalform, daß (mindestens) ein grammatisches Maskulinum unter den Subjekten ist[6]. Das kann nur An sein. Später (Z. 10-12 und 21-23) heißt es in der Tat *a-na* AN.AN.INANA ^{d}*Na-na-a ù* ^{d}*Ka-ni-sur-ra be-le-ti-ja* und *ma-ḫar* AN.AN.INANA *ù* ^{d}*Na-na-a be-le-ti-ja*, wo sich mit Charpin die Apposition „meinen Herrinnen" nur auf die Göttinnen Ištar, Nanāja (und Kanisurra) beziehen kann; doch halte ich hier eine Auffassung der Aussagen als „zu An, meinen Herrinnen Ištar, Nanāja (und Kanisurra)", „vor An, meinen Herrinnen Ištar und Nanāja" für durchaus möglich.

Das Jahresdatum Ha 34 berichtet nach traditioneller Ansicht den Bau des Tempels É-tùr-kalam-ma in Babylon für die Götter An, Inana und Nanāja (An ^{d}Inana ^{d}Na-na-a(-a) e-ne-bi-ta). In Z. 59 unserer Urkunde erscheinen diese Götter im Titel ihres *šangûm* sehr wahrscheinlich als ⸢An ^{d}Inana⸣ (ohne Nanāja)[7]. Mit der Formulierung An *ù* ^{d}Inana *i-li a-li-šu-nu* sagt unser Text aber deutlich, daß der Himmelsgott An in diesem Tempel verehrt wurde, daß also die Schreibung AN.AN.INANA des Datums mindestens zwei Gottheiten meint, von denen wieder mindestens eine ein grammatisches Maskulinum ist. Charpins Ansicht (1986, 404 Anm. 1), auch hier sei nicht von An, sondern nur von der Ištar von Uruk und Nanāja die Rede, ist darum nun aufzugeben.

Interessant ist die Verwendung der Begriffe für Familie und Verwandtschaft: *nišū* sind hier die Mitglieder der Kleinfamilie, während *kimtu* von Verwandten sowohl väterlicher- als auch mütterlicherseits mit Bezug auf das (unverheiratete) Mädchen gebraucht wird; s. bereits D.O. Edzard (1993, 300 mit Anm. 2-5). Dies läßt sich verstehen, wenn *kimtu*, wie es bereits das aB Gebet CBS 473: Wilcke (1983, 49-54) deutlich zeigt, die

---

aber schon auf das seiner Ansicht zufolge „pleonastische" *ù* in Ha 34 hin – und wenn damit erwiesen wäre, daß eine Trias so nicht ausgedrückt werden kann. Vgl. aber Ha 37: Sieg über ugnim Tu-ru-uk-ku-um Ka-ak-mu-um^{ki} kur Subir$_4$-bi-ta ... „Truppen von Turukkum, Kakmûm und dem Land Subir" mit Ha 38: du$_{11}$-ga An ^{d}En-líl-bi-ta ... „Ausspruch von An und Enlil".
Im Datum des Kisurra-Textes Nr. 184, gegen dessen Lesung und Interpretation durch B. Kienast (1978/1, 20f. mit Anm. 94) sich Charpin, l.c., ausspricht, scheint die Lesung ⸢gur$_7$⸣ durch Kienasts Hinweis auf die Formulierungen in Uruktexten plausibel. Gleich, wie man das zweite AN.NA versteht (Kienast: ^{d}Na-<na-a>), die Schreibung ⸢x(= gur$_7$!)⸣ An-na ^{d}Inana ... zeigt mit dem Genitivsuffix nach An deutlich, daß die Zeichen AN und AN.INANA als zwei Wörter zu lesen sind.

6 Charpin geht auf diese Verbalform nicht ein. Wollte man hier ein Schreiberversehen annehmen (fehlerhaft in Nachahmung der wesentlich häufigeren Formen mit maskulinem Subjekt), wäre dies doch angesichts der späteren eindeutigen Feminina nicht sehr überzeugend.

7 Vgl. die Kollation zu Z. 59 nach Photo; s. auch unten im Kommentar.

„Blutsverwandtschaft“[8] bezeichnet – diese besteht ja sowohl zum Onkel mütterlicherseits wie auch zum Vetter väterlicherseits – im Unterschied zu *salātu* als der „angeheirateten Verwandtschaft“.

Die Klägerin wird als *ṣuḫartum* bezeichnet – ein hinsichtlich der Altersstufe wenig präziser Begriff „(junges) Mädchen“, „Dienstmädchen“. Wenn der in Z. 5 und 36 erwähnte Zwischenfall mit den Kassitentruppen mit dem Jahresdatum Ae d vom Anfang der Regierungszeit des Königs zusammenhängt[9], ist sie vermutlich älter als 13 Jahre, die Zeitspanne, die für die Jahresnamen e und f und die Ubarum- und frühen Iltani-Daten[10] anzusetzen wäre.

Die Urkunde ist vom Verurteilten als der verpflichteten Partei und von den Zeugen 1-3 und 5-8 gesiegelt; Siegelabrollungen der Zeugen 4 und 9 sind nicht zu erkennen. Die Abfolge der Siegel auf dem linken Tafelrand entspricht in der spät-altbabylonischen Weise der der Personen (Verpflichteter, Zeugen) auf der Tafel, lediglich die Reihenfolge der Zeugen 5 und 6 ist umgekehrt; hat Zeuge 6 für Zeugen 4 mitgesiegelt, das Siegel aber nur einmal abgerollt, ist die Abfolge sogar verständlich.

Daniel Arnaud (1989) Nr. 23: AO 5421 (koll. x 91; Photo)

1 ^{I} ^{d}*Na-na-a-ša-am-ḫa-at* dumu-mí *Ša-*[^{d}*Na-na-a*]

2 *ma-*⸢*ḫar* di-ku$_5$⸣-m[eš] ⸢*ki*⸣*-a-am iš-ku-un um-ma* [*ši-i-ma*]

3 dumu-mí ^{I}Unu$_5$[^{k}]^{i}-⸢*ta*?*-a-a-ar*⸣ *a-na-ku*

4 *i-nu-ma Ma-an-*[*nu-um-ki-ma*]-^{d}*Šamaš* ugula mar-tu

5 *i-na ša-lam* ⸢$^{\mathrm{lú?}}$éren *Ú*⸣*-ša-nu-um*^{ki} *i-na pa-ni* éren *Ka-aš-š*[*i-i*]

6 *a-na Babilim*^{ki} *is-sú-ḫa-am a-bi um-mi ù a-na-*⸢*ku*⸣

7 *a-na Babilim*^{ki} *ni-ru-ba-am-ma ma-ḫar* ^{I}*Ḫa-zi-ip-pa* ⸢simug⸣ *nu-ši-ib*

8 ^{I}*Ḫa-zi-ip-pa* simug *ša* Lú-^{d}Iškur-ra 6 sìla še *e-li um-mi-ja* ⸢*ir-ši-i-ma*⸣

9 *iš-tu um-mi i-mu-tu a-na né-pu-tim ip-pí-a-an-ni-ma*

[8] Die Wörterbücher geben lediglich an: „Familie“; „family, kin“.

[9] Daß hier offensichtlich von einem Rückzug im Angesichte der Kassiten gesprochen wird, das Jahresdatum aber gewiß mit dem Verweis auf die Götter An und Enlil einen Sieg feiert, muß kein Widerspruch sein.

[10] Goetze (1951) 98-103.

10 ^{urudu}*ka-an-nam ù ab-bu-ut-tam iš-ku-na-an-ni-ma a-na a-mu-tim n*[*a-ad-na-ku*$^{?}$]

11 ^{I}*Sà-ap-ḫu-um-li-ip-ḫu-ur a-ḫi um-mi-ja ù Ḫa-zi-ip-pa*

12 *ma-ḫar* Lú-^{d}Iškur-ra *i-di-nu-ma* Lú-^{d}Iškur-ra *be-el-šu it-ta-aḫ-la-an-ni*

13 *i-*⸢*na-an*⸣*-na Ḫa-zi-ip-pa šu-ú a-na* kù-babbar *ú-ka-al-la-an-ni-ma*

14 *a-na ki-im-ti-ja a-na Kiš*^{ki} *aš-pu-ur-ma i-il-li-ku-nim*

15 *ki-im-ti ša-la-a-ma di-nam qí-bi-a-nim*

16 ^{I} ^{d}*Na-na-a-ša-am-ḫa-at ki-a-am iq-bi-ma*

17 ^{I}*Ḫa-zi-ip-pa be-el a-wa-ti-ša* ⸢*ki*⸣*-a-am i-pu-ul um-ma* ⸢*šu-ú*⸣*-ma*

18 *ṣú-ḫa-ar-tam an-ni-tam iš-tu* mu-3-kam *i-na tu-le-e*(-)*em* IŠ.AR-x-x(-x)

19 *it-ti um-mi-ša a-na ma-ru-tim el-qé-e-ši*

20 *i-na-an-na ib-ta-aq-ru-ni-in-ni ki-a-am i-pu-ul-ma*

21 di-ku$_5$-meš *ši-bi-šu-nu i-ri-šu-šu-nu-ti-ma*

22 *i-*⸢*na*⸣ *ša-ni-im u$_4$-mi ši-bi-šu-nu ub-lu-nim-ma*

23 *i-tu-ru Ḫa-zi-ip-pa ma-ḫar* di-ku$_5$-meš *li-ša-an-šu iš-ta-*⸢*na*$^{?}$*-an*$^{?}$*-ni-ma*⸣

24 *ša pa-na* ^{d}*Na-na-a-ša-am-ḫa-at it-ti um-mi-ša a-na ma-ru-tim*

25 *el-qé-e-ši iq-bu-ú a-na a-mu-tim-ma a-na* 3 gín kù-babbar

26 *a-ša-*⸢*am*⸣*-ši iq-ta-bi* di-ku$_5$-meš *ši-bi-šu-nu i-ša-lu-ma*

27 *ši-bu ša* ^{d}*Na-na-a-ša-am-ḫa-at Ni-di-in-Íštar* ^{lú}*i-si-ip-pu*

28 *ša* An ⸢*ù* ^{d}Inana dumu⸣ *a-ḫi a-bi-ša*

29 ⸢*ù*⸣ [*Sà-ap-ḫu-um-li-i*]*p-ḫu-ur* ⸢^{lú}⸣*sà-as-s*[*í-in-nu*]

30 [ ] ⸢*a*⸣*-ḫi* [*u*]*m-mi-ša*

u.Rd. ⸢*ši-bu*$^{?}$⸣ x[ ] *ši-bu-us-sú-*[*nu*]

32 ⸢*ki*⸣*-a-am* ⸢*iq-bu-ú*⸣ *um-ma š*[*u*]*-nu-ma*

33 ^{I} ^{d}*Na-na-a-ša-am-ḫa-at an-ni-tum ki-im-ta-n*[*i*]

34 *aḫ-ḫu a-bi-ša ù um-mi-ša ni-nu*

Rs. *i-nu-ma Ma-an-nu-um-ki-ma-*^{d}*Šamaš* ugula mar-tu

36 *i-na ša-lam* ^{lú}éren *Ú-ša-nu-um*^{ki} *i-na pa-ni* éren *K*[*a-aš-ši-i*]

37 *a-na Babilim*^{ki} *is-sú-ḫa-am it-ti ni-ši-ša*

38 *a-na Babilim*^{ki} *i-ru-ba-am-ma ma-ḫar Ḫa-zi-ip-pa* ⸢*uš*$^?$*-bu*$^?$⸣

39 *wa-ar-ki um-mi-ša iḫ-bu-us-sí ṣú-ḫa-ar-tum an-ni-tum*

40 *ú-ul a-m[a-sú ḫu*$^?$*]-*⸢*us-sú-us*⸣ *ki-im-ti-ni ši-i*

41 *ši-bu-u[s-sú-nu] ki-a-am iq-bu-ú*

42 di-ku$_5$-meš [*a-na ši-bi Ḫa-z]i-ip-pa ki-a-am iq-bu-ú*

43 *um-ma šu-nu-[ma ša ṣú-ḫa]-ar-tim an-ni-tim*

44 *ma-ru-ut Ḫ[a-zi-ip-pa ù]-lu a-mu-us-sà ti-de-a*

45 *um-ma šu-nu-*⸢*ma ṣú*$^?$*-ḫa*$^?$*-ar*$^?$*-tum*$^?$ *ù*$^?$ *ma*⸣*-ar-tum ù a-*⸢*ma-at-ma*⸣ *ú-ul ni-de*

46 *ki-a-am iq-bu-ú [aš-š]um ú-ul ni-de iq-bu-ú* di-ku$_5$-m[eš] *ú-ki-šu-šu-nu-ti*

47 *a-na Ni-di-in-Íštar* dumu *a-ḫi a-bi-ša ù Sà-ap-ḫu-um-li-*⸢*ip-ḫu*⸣*-ur*

48 *a-ḫi um-mi-š[a]* ⸢*i-na* ká An⸣ *ù* ^{d}Inana *i*$^?$*-li a-li-šu-nu*

49 *ṣú-ḫa-ar-tum an-ni-tum lu-ú* ⸢dumu-mí⸣ *Ša-*^{d}*Na-na-a a-ḫa-ti-*⸢*ja*⸣

50 *za-ka-ra-am* ⸢di$^?$-ku$_5$$^?$⸣ *[Ur]uk*$^{?ki}$ *a-li iq-b[u]-šu-nu-ši-im*

51 *ki-ma* di-ku$_5$-me[š *iq]-bu-šu-nu-ši-im i-na* ⸢ká$^?$⸣ An *ù* ^{d}Inana *Babilim*$^{?ki}$*-ma*

52 ^{I}*Ni-di-in-Íštar* ⸢dumu *a-ḫi*⸣ *a-bi-ša ki-a-am [iz-k]u-ur um-ma* ⸢*šu-ú*⸣*-ma*

53 *ṣú-ḫa-ar-tum an-[ni]-tum lu-ú* dumu-mí *a-ḫi a-b[i-ja] ši-i iz-kur*

54 *ù Sà-ap-ḫu-um-li-ip-ḫu-ur a-ḫi um-m[i]-ša*

55 *ki-a-am iz-ku-ur um-ma šu-ú-ma ṣú-ḫa-*⸢*ar-tum an*⸣*-[ni-tum]*

56 *lu-ú* dumu-mí *Ša-*^{d}*Na-na-a a-ḫa-ti-ja ši-i-*⸢*ma*⸣ *[ki-a-am]*

57 *iz-ku-ru-ú-ma il-qú-ú-ši* u$_4$-kúr-šè l[ú lú-ra nu-gi$_4$-gi$_4$-dè]

58 mu ^{d}Marduk *ù A-bi-e-šu-uḫ* lugal i[n-pà-dè-m]eš

---

59 igi ⸢^{d}⸣[*Šu-b]u-la-*⸢*ga*$^?$*-mil*$^?$ sağa (An) ^{d}Inana⸣ *Babi[lim]*⸢^{ki}⸣

60 igi [*I*-x-^{d}x(-x)] dumu ^{d}*Kab-ta-*[x x ^{l}]$^{ú?}$eger ugula da[m-gà]r

61 igi [*Ib-ni*-^{d}x x]x ugula lú šaḫ-šum-ma [dumu *Aš-q*]*u-du-um*

62 ⸢igi *Ip*$^{?}$⸣-[*qú-š*]*a*$^{?}$ dumu *Be*-[x-x-x]-*e*

63 igi *E-tel*-KA-^{d}*Na-bi-um* dumu ⸢x x x x⸣

64 [ig]i *É-a-šar-ni*-⸢*ši*⸣ dumu ⸢x-x⸣-*É-a*

o.Rd. [igi] ^{d}*Marduk-mu-ša-lim* dumu ^{d}*Na*-[*n*]*a-a*-x[x (x)]

66 igi *Ib-ni*-⸢^{d}*Na*$^{?}$-*na*$^{?}$⸣-[*a* dumu *Id*$^{?}$-*d*]*a-tum*

67 iti ⸢kin ^{d}Inana u$_{4}$⸣ 24-[kam]

68 mu *A-bi-e*-⸢*šu-uḫ* lugal-e x x⸣ [x x]

69 alan$^{?}$-gal-gal šu mú-mú [x x]

l.Rd., Siegelabrollungen:

a) (quer): [Ḫ]a-zi-ip-pa, [dum]u ZA.ZA x x, ⸢urdu x x⸣ [x x]

b) ^{d}⸢Šu$^{?}$⸣-b[u$^{!}$-la-ga$^{?}$-mil$^{?}$], dumu x[ ], [u]rdu ⸢É⸣-[tù]r$^{?}$-[kalam-ma(?)]

c) I-x-^{d}x[ ], dumu ^{d}Kab-ta-x[ ], urdu ^{d}x[ ]

d) Ib-ni-^{d}[ ], dumu Aš-qú-[du-um], urdu ^{d}Nin-[ ]

e) ⸢É-a-šar⸣-[ ], dumu x x [ ], urdu ^{d}x[ ]

f) E-[tel]-pí-⸢^{d}⸣[ ], dumu x x x [ ], urdu ^{d}Be-[ ]

g) ⸢^{d}Marduk⸣-[ ], dumu ^{d}⸢Na$^{?}$⸣-[ ]

Übersetzung

Nanāja-šamḫat, die Tochter von Ša-[Nanāja], hat den Richtern dergestalt vorgetragen, so <sagte> [sie]:

(3) »Ich bin die Tochter von Uruk-tajjār. Als der ‘Amurru-Aufseher’ Man[num-kīma]-Šamaš bei der wohlbehaltenen Heimkehr der Truppen von Ušānum angesichts der Kassiten-Truppen hierher nach Babylon aufbrach, sind mein Vater, meine Mutter und ich nach Babylon hereingekommen und haben dann bei (wörtl. „vor“) dem Schmied Ḫazippa gewohnt.

(8) Ḫazippa, der Schmied von Lu-Iškura, erwarb eine Forderung von 6 Liter Gerste gegen meine Mutter und hat mich, nachdem meine Mutter gestorben war, in Schuldhaft genommen und mir eine Metall-Fessel an- und die Sklavenhaartracht auferlegt, so daß ich in den Sklavinnenstand [versetzt bin?].

(11) Saphum-liphur, der Bruder meiner Mutter, und Ḫazippa prozessierten vor Lu-Iškura, und da hat mich sein Herr Lu-Iškura (in sein Eigentum) übergeben.

(13) Jetzt hält mich besagter Ḫazippa (als Gegenwert/Pfand?) für Silber fest, und darum habe ich zu meinen Blutsverwandten nach Kiš geschickt, und sie sind hergekommen. Befragt meine Blutsverwandten und sprecht mir ein Urteil!«

(16) So sprach Nanāja-šamḫat, und dann antwortete ihr Prozeßgegner Ḫazippa, so <sagte> er:

(18) »Dieses junge Mädchen habe ich, nachdem es 3 Jahre lang? an der Mutterbrust ..., von ihrer Mutter adoptiert. Jetzt hat man (sie) von mir eingeklagt.«

(20b) So sprach er, und dann verlangten die Richter von ihnen ihre Zeugen, und daraufhin brachten sie am nächsten Tag ihre Zeugen herbei und kamen zurück.

(23) Ḫazippa – vor den Richtern änderte sich seine Aussage immer wieder – (er), der vorher gesagt hatte: »Nanāja-šamḫat habe ich von ihrer Mutter adoptiert«, sagte anschließend: »als Sklavin habe ich sie für 3 Scheqel Silber gekauft.«

(26b) Die Richter befragten ihre Zeugen, und zwar waren Zeugen der Nanāja-šamḫat Nidin-Ištar, der isib-Priester von An und Inana, der Sohn des Bruders ihres Vaters, und [Saphum-li]phur, der Bogenmacher [von ...], der Bruder ihrer Mutter. [Diese] Ze[ugen ...] trugen ihr Zeugnis dergestalt vor, so <sagten> sie:

(33) »Diese Nanāja-šamḫat (gehört zu) unserer Blutsverwandtschaft. Wir sind Brüder ihres Vaters und ihrer Mutter. Als der 'Amurru-Aufseher' Mannum-kīma-Šamaš bei der wohlbehaltenen Heimkehr der Truppen von Ušānum angesichts der Kassiten-Truppen nach Babylon aufbrach, ist sie mit ihrer Familie nach Babylon hereingekommen, und sie haben bei („vor") Ḫazippa gewohnt. Nach dem Tode ihrer Mutter hat er sie geraubt. Dieses junge Mädchen ist [seine] Sklavin nicht; sie ist (Gegenstand des) Gedenken(s)? unserer Blutsverwandtschaft.«

(41) So trugen sie [ihr] Zeugnis vor.

(42) Die Richter sprachen [zu den Zeugen von Ḫaz]ippa dergestalt, so <sagten> sie: »Wißt ihr (etwas über) die Kindschaft dieses [jungen Mä]dchens oder ihren Sklavinnenstatus?«

(45) So <sagten> sie: »Ob das junge Mädchen eine Tochter oder aber eine Sklavin ist, wissen wir nicht.« So sprachen sie.

(46b) [We]il sie gesagt hatten: »Wir wissen (es) nicht«, jagten die Richter sie fort.

(47) Nidin-Ištar, den Sohn des Bruders ihres Vaters, und Saphum-liphur, den Bruder ihrer Mutter, wiesen die Richter der Stadt [Ur]uk? an, im Tor von An und Inana, der Götter ihrer Stadt, zu schwören: »Dieses junge Mädchen ist wirklich die Tochter meiner Schwester Ša-Nanāja!«

(51) Wie die Richter sie angewiesen hatten, [sch]wor im Tor von An und Inana von eben Babylon Nidin-Ištar, der Sohn des Bruders ihres Vaters, dergestalt, so <sagte> er: »Dieses junge Mädchen ist wirklich die Tochter des Bruders meines Vaters!« Er schwor.

(54) Auch Sapḫum-lipḫur, der Bruder ihrer Mutter, schwor dergestalt, so <sagte> er: »Die[ses] junge Mädchen ist wirklich die Tochter meiner Schwester Ša-Nanāja!«

(56c) [Dergestalt] schworen sie und nahmen sie dann an sich.

(57b) Daß in Zukunft [nicht] ei[ner auf den anderen zurückkomme,] sch[woren s]ie bei Marduk und dem König Abī-ešuḫ.

(59) Vor Šubula-gāmil?, dem Tempelverwalter von (An und) Inana von Babylon, vor [I.], dem Sohn von Kabta-..., dem Gefolgsmann des Aufsehers über die Kaufleute, vor Ibni-..., dem Aufseher über die Schweinemetzger, dem Sohn des Asqudum, vor Ipquša, dem Sohn des B., vor Etel-pī-Nābiʾum, dem Sohn von ..., vor Eʾa-šar-nišī, dem Sohn von ...-Eʾa, [vor] Marduk-mušallim, dem Sohn von Nanāja-..., vor Ibni-Nanāja(?), dem Sohn von Iddatum.

(68) 24. vi. Jahr Abi-ešuḫ q.

Siegelinschriften:

a) [Ḫ]azippa, [Soh]n des ZA.ZA-..., Diener von ...
b) Šub[ula-...], Sohn des .[..], [Dien]er des É-[tù]r-[kalama]
c) I..., Sohn des Kabta-.[...], Diener des Gottes .[...]
d) Ibni-[...], Sohn des Asqu[dum], Diener der Gottheit Nin-[...]
e) Eʾa-šar-[nišī], Sohn des ...-[Eʾa], Diener der Gottheit .[...]
f) E[tel]-pī-[Nābiʾum], Sohn des ..., Diener der Gottheit N[a...]
g) Marduk-[mušallim], Sohn von Na[nāja-...]

Kommentar

Z. 1/49/56: Zum Namen der Mutter der Nanāja-šamḫat s. schon Edzard (1993, 300 mit Anm. 4).

Z. 5/36: Auffällig das Fehlen des Determinativs LÚ vor éren *Ka-aš-š*[*i-i*]. Es ist hier vermutlich auf das Ereignis abgehoben, das dem Jahresdatum Ae d zugrundeliegt; s.o. Den ON Ušānum kann ich sonst nicht nachweisen; darum bleibt der Ort des Geschehens unklar. [M. Stol weist auf nB Udannum hin.]

Z. 7/8/11/13/17/23/42/44/Siegel a: Der Name Ḫazippa scheint hurritisch zu sein; s. Laroche (1976, 95 f.) s.v. ḫaš-; Kraus (1985) Nr.81 Rs. 8.13 mit Komm.; [J. Sasson, Assur 2/2 (1979) 42 (Hinweis M. Stol)]. Gelb (1980, 586) führt jetzt aber Ḫa-zi-ba(-tum) und Ḫa-zi-pa-an als amurritische PNn (ʿazib-). W. Sallaberger hält eine Ergänzung der 3. Zeile der Siegelinschrift als ⸢urdu⸣ [A]-⸢bi-e-šu⸣-[uḫ] für möglich.

Z. 8: Eine Schuld von 6 Litern Gerste (Gegenwert von 3,6 Gran Silber) als Grund für Versklavung überrascht.

Z. 11/29/47/54: Der Name Sapḫum-lipḫur erscheint z.B. auch in Kraus (1977) Nr. 36:20; Szlechter (1963) pl. 19 MAH 16159:13 (Sohn des Imgur-Ninurta; Datum abgebrochen) und 69 MAH 16651:14 (Hamm. 36 oder Ad 34? Sohn des Puzur-Sîn). [M. Stol verweist auf seinen Beitrag in SEL 8 (1991) 192.]

Z. 12: Das Verbum *naḫālu* (II: AHw; B: CAD) ist hier erstmals in Babylonien bezeugt; nach Auskunft der Wörterbücher kam es bislang nur in Mari vor. [M. Stol erwägt eine Ableitung von *ḫalālu*.]

Z. 13: Auf welchen Rechtstitel Ḫazippa sein *ana kaspim kullum* hier stützt, ist unklar. Ist es die alte Gersteschuld, geleisteter Unterhalt (oder beides samt Zinsen)?

Z. 18: mu 3-kam = *šalaš šanātim* „3 Jahre lang" oder *šattum šaluštum* „drittes Jahr"? Lesung und Wortabgrenzung am Zeilenende unklar: *ina tulê* (Dual/Plural) oder Singular *ina tulêm*? Die Zeichenreste des letzten Wortes scheinen nicht zu einem denkbaren *pa*$^{!}$*-ar-*⌜*sa*$^{!}$*-at*⌝ „nachdem sie im dritten Jahr entwöhnt worden war" zu passen.

Z. 23: Die Metonymie *lišānum* „Zunge" > „Aussage vor Gericht" erscheint hier erstmals (vor Nuzi); im Sinne von „Gerede" o.ä., ist sie aber schon aB und aA gut bezeugt; s. die Wörterbücher.

Z. 27-28: Die (spät-nord-altbabylonische) Variante *isippu* gegenüber dem *išippu* der aB Omentexte aus Larsa: Goetze (1947) ist neu; s. AHw s.v. išippu. Der Sibilant entspricht der Ausspracheangabe i-sí-ib in Proto-Ea 72 (Hinweis W. Sallaberger). Ein Nidin-Ištar, isib-Priester von An und Inana aus Kiš erscheint in Finkelstein (1972) Nr. 331: 10 vi Ae i, m oder r; Szlechter (1963) H 26, 29 (pl. 38; p. 48 ff.: 1 i Ad 21); zur Zeit Ammiditanas dann auch ein Lú-^{d}Inana, isib-Priester von An und Inana, als Sohn des Nidin-Ištar in Szlechter (1963) G 36 Rs. 10' (pl. 25; p. 55 f.); mit Charpin (1986, 406 f.) ist mit zwei Priestern desselben Namens zu rechnen (besonders, wenn in Finkelstein (1972) Nr. 331 Ae r datiert), von denen der erste der auch in unserem Texte bezeugte sein muß (Ae q gehört zur selben Gruppe wie Ae m, was dadurch für Finkelstein (1972) Nr. 331 wahrscheinlicher ist) und vielleicht der Großvater des zweiten Nidin-Ištar ist.

Z. 29: AHw und CAD setzen das Wort für den „Bogenmacher" als *sasinnu* an; siehe aber die aB Schreibung aus Alalaḫ *ša-aš-ši-nu*: Wiseman (1953) Nr. 227:7 und nB *sa-ás-sin-nu*: Weisberg (1980) Nr. 211 Rs. 3, die das hier geschriebene lange [s] stützen.

Z. 40: Ergänzung *a-m[a-sú]*, nicht *a-m[a-at]*, aus Raumgründen; für das erste Zeichen des folgenden Wortes bleibt auch so nur sehr wenig Platz in der Lücke.

Edzard (1993, 300, Anm. 3) erwägt die Konjektur *nu]-us-sú-úḫ*$^{!}$ „etwas aus unserer Familie Herausgerissenes". Die Zeichenspuren erlauben verschiedene Ergänzungen von Infinitiven oder Verbaladjektiven des D-Stammes: *ḫussus* von „(besorgt) bedenken", *ḫuṣṣuṣ* von „abknicken" (z.B. Rohr), *kussus* von „abnagen", „zernagt", *kuṣṣuṣ* von „beschneiden, stutzen", *muzzuz* „?", *nussus* von „jammern", *nussus* von „rütteln"[11], *pussus* von „zerstören" *(w)uṣṣuṣ* von „befragen", *uzzuz* von „erzürnen". Im Kontext scheinen nur *ḫussus*, „Objekt des Be- oder Gedenkens", *ḫuṣṣuṣ* „abgeknicktes Rohr" (Metapher) und *nussus* „Objekt des Jammerns" sinnvoll. Ich vermute, die Aussage soll bezeugen, daß im jeweiligen Familienverband Nanāja-šamḫats Zugehörigkeit zu ihm bekannt und sie nicht (durch die von Ḫazippa behauptete Adoption) aus diesem ausgeschieden ist.

Z. 49: Ein entsprechend für Nidin-Ištar durch die Richter vorformulierter Eideswortlaut ist vermutlich versehentlich ausgefallen.

Z. 50: Sind die Spuren zurecht zu [Ur]uk^{ki} ergänzt – für [Babil]im^{ki} scheint der Platz in der Lücke nicht auszureichen – überrascht das Auftreten von Richtern von „Uruk" in einem Prozeß in Babylon, so lange nach dem Abbrechen jeglicher Nachrichten aus dem Süden. Gab es im aB Babylon einen Stadtteil „Uruk" oder handelt es sich um Vertreter der nach Kiš ausgewanderten Urukäer?

Z. 59: Unsicher, ob die Spuren im Bruch vor Inana zu zwei oder nur einem Zeichen AN gehören. In Finkelstein (1972) Nr. 368:21; 494:18; 498:10 (und Siegel) ist von Ae s bis Ad 5 ein ^{d}*Šu-bu-la-ga-mil* s a g̃ a bezeugt – ohne Angabe von Gottheit oder Tempel. Nach dem Gottesnamen ergänze ich mit Vorbehalt ⌜*ga-mil*⌝; der Text enthält kein GA, doch vgl. das GA im Namen ^{d}*Šu-bu-la-ga-mil* s a g̃ a in Finkelstein (1972) Nr. 494:18.

Z. 61: Lesung lú šaḫ-šum-ma nach M. Stol.

Z. 64: M. Stol möchte mit YOS 12, 530 mit Siegel auf pl. C *É-a-šar-ì-lí* lesen.

Siegel f: Lesung ^{d}N[a- nach M. Stol.

Bibliographie

Arnaud, Daniel
1989 Altbabylonische Rechts- und Verwaltungsurkunden. Berlin (BBVOT 1)

Charpin, Dominique
1986 Le Clergé d'Ur au siècle d'Hammurabi. Genf/Paris

Dalley, Stephanie
1992 Rez. zu D. Arnaud 1989, in: OrNS 61, 324-325

Edzard, Dietz Otto
1993 Rez. zu D. Arnaud 1989, in: ZA 83, 299-301

[11] Dazu wohl auch mit CAD das in AHw als *nazāzu* D angesetzte Verbum mit Objekt Kleinkind.

Finkelstein, Jacob J.
1972 Late Old Babylonian Documents and Letters. New Haven, London (YOS 13)

Gelb, Ignaz J.
1980 Computer-Aided Analysis of Amorite. Chicago (AS 21)

Goetze, Albrecht
1947 Old Babylonian Omen Texts. New Haven, London (YOS 10)
1951 The Year Names of Abī-ešuḫ, in: JCS 5, 98-103

Kienast, Burkard
1978 Die Altbabylonischen Briefe und Urkunden aus Kisurra. Wiesbaden (FAOS 2/1-2)

Kraus, Fritz Rudolf
1977 Briefe aus dem British Museum (CT 52). Leiden (AbB 7)
1985 Briefe aus kleineren westeuropäischen Sammlungen. Leiden (AbB 10)

Laroche, Edouard
1976 f. Glossaire de la langue Hourrite, in: RHA 34-35

Poebel, Arnold
1923 Grundzüge der Sumerischen Grammatik. Rostock

Szlechter, Émile
1963 Tablettes juridiques et administratives de la IIIe Dynastie d'Ur et de la Ire Dynastie de Babylone. Paris

Weisberg, David B.
1980 Texts from the Time of Nebuchadnezzar. New Haven, London (YOS 17)

Wilcke, Claus
1983 Nachlese zu A. Poebels *Babylonian Legal and Business Documents from the Time of the First Dynasty of Babylon, Chiefly from Nippur* (BE 6/2). Teil 1, in: ZA 73, 48-66

Wiseman, Donald
1953 The Alalakh Tablets. London

BBVO-T 1,23: AO 5421 Vs. und u. Rd.; l. Rd.

BBVO-T 1,23: AO 5421 Rs. und o. Rd.

36) i-na … ú- -nu-
37) … - -ha-am
38) Ende
39) an-…
40) … ⌜ki⌝-im-ti- …
41)
43) … -tim -mi-tim
44) ma-ru-ut …
45) um-ma ù a- …
46) … ⌜iq-bu⌝-ú ú-
47) a-ma Ni-di-
48) a-ḫi um-mi-⌜ša⌝
49) lu-ú
50) za-ka-ra-am
51) …
52) Ni-di-in … -am
53) … an-[ni] DUMU.MÍ
54) ù ša-ap-šu-um-
55) … šu-ú-ma
56) … ša
57) -ši
58) … -uš
59) …. (s.u., nach Photo)
60) … …
61) …
62) Ende:
64) [i]gi É-a-šá-ás-mi DUMU
65) … DUMU dN[a-
66) igi Ib-ni
68) … š]u-
69) gal-gal

Nach Photo:

*59)

AO 5421
Vs. L. Rd.

AO 5421
Rs.

r. Rd.

Ao 5421
u. Rd.

o. Rd.

Der mittelassyrische Brief eines Verwalters an seinen Herrn

Gernot Wilhelm, Würzburg

Die im folgenden edierte Tafel befindet sich seit längerer Zeit in deutschem Privatbesitz. Über ihre Herkunft ist nichts bekannt. Der Text wurde von C. Saporetti durch Vermittlung K. Dellers verschiedentlich nach der hier publizierten, von mir Mitte der siebziger Jahre hergestellten Kopie zitiert.[1] Die Maße sind 54×63×18 mm, die Farbe heller rötlicher Ocker, die Tafel ist gleichmäßig und gut gebrannt. Das Datum ist teilweise zerstört, doch sind die Spuren ausreichend, um den Namen des in die Regierungszeit Salmanassars I. (1263-1234) zu datierenden Eponymen Ištar-ēriš, Sohn des Šulmānu-qarrād,[2] mit Sicherheit zu lesen. Der Text ist der Brief eines Verwalters namens Sisugi an seinen Herrn Adad-mušašri[3]. Leider ist gerade der Teil des Briefes, der die eigentliche Botschaft enthält, so stark zerstört, daß dem Verf. nicht in jedem Punkte eine Textwiederherstellung gelungen ist. Gleichwohl erscheint eine weitere Zurückstellung der Publikation nicht vertretbar, und die Festschrift für einen Gelehrten, der sich seit zwei Jahrzehnten als Philologe der Grabungen in Dūr-katlimmu mit dem Mittelassyrischen befaßt hat und dem der Verfasser für manche Hilfe in früheren Jahren und vielfältigen kollegialen Austausch in jüngerer Zeit dankbar verbunden ist, erscheint dafür als ein besonders geeigneter Ort.

Vs. 1 *a-na* ^{md}IM-*mu-šá-á*[*š-ri*]

2 *ṭup-pí* ^{m}*Si-su-g*[*i*] Ì[R-*ka*]$^{?}$

---

3 *ul-ta-ka-in*

4 *a-na di-na-an* EN-*i*⸢*a*⸣

5 *at-ta-lak*

6 *a-na* ^{giš}GIGIR ANŠE.KUR.RA^{meš}

7 *ù pa-ḫe-te ša* EN-*ia gab-be*

---

[1] C. Saporetti, 1979, 81 (Datum); Freydank / Saporetti, 1979, 19 (Adad-mušašri), 59 („Ḫusugi" [= Sisugi]), 67 (Ištar-ēriš), 126 (Šulmānu-qarrād).

[2] Cf. Saporetti, 1979, 81; Freydank, 1991, 39 f., 41, 53, Anm. 138.

[3] Dieser Name ist sowohl in Assur als auch in Tall ar-Rimāḫ für verschiedene Personen in Texten des 13. Jhds. bezeugt; cf. Saporetti, 1970, 49.

8 *lu-ú šul-mu*

---

9 *an-na-ka a-na* É *gab<-be>*

10 *šul-mu*

---

11 [n ^{gi}]^{š}[A]PIN^{meš} *ù* 2 EM[E$_5$$^{\text{?me}}$]$^{\text{š?}}$

12 [*a*$^?$-*na* UR]U/⌜É⌝ *du-un-ni*

13 [x -*i*]*k*$^?$ *ti te*

Rs. 14 [*a*$^?$-*na*$^?$ $^{\text{m?}}$]x-^{d}*Na-bi-um*

15 [*al*]-*ta-pàr*

16 20 IKU A.ŠÀ *i+na* URU$^{!?}$ *du-ni*

17 *ša* ^{m}x *ḫu*/*si ir šu*$^?$ SAR$^?$

18 3 ^{giš}APIN^{meš} *ra-ak-sa*

19 *ù a-ra-áš*

(Zwei Zeilen unbeschrieben)

20 ITI *Mu-ḫur*-⌜DINGIR UD 22⌝ [KAM]

21 *li-mu* ^{md}*I*[*š*$_8$-*tár*-KAM]

22 DUMU ^{d}*Šùl-ma-n*[*u*]-U[R.SAG]

1-2 „An Adad-mušašri: Tafel des Sisugi, [deines] D[ieners].

3 Ich habe mich niedergeworfen.

4-5 Als Ersatz meines Herrn bin ich gegangen.

6-8 Dem Streitwagen, den Pferden und dem Amtsbereich meines Herrn insgesamt sei Wohlbefinden!

9-10 Hier geht es dem ganzen Hause gut.

11-15 [n Pf]lüge und 2 [Esel]in[ne]n(?) habe [ich] in die befestigte Siedlung/das befestigte Gehöft [...]... [*dem*(?)] ...-Nabium geschickt.

16-17 20 *ikû* Feld in der befestigten Siedlung ...

18-19 3 Saatpflüge sind bespannt, und ich werde (das Feld) bestellen.

20-22 Monat Muḫur-ilāne, 22. Tag, Eponym: I[štar-ēriš], Sohn des Šulmānu-q[arrād].“

Der Name des Absenders ist anscheinend sonst nicht bezeugt, und zwar – nach freundlicher Auskunft H. Freydanks – auch nicht in den noch unveröffentlichten Texten aus Kār-Tukultī-Ninurta.

Das Einleitungsformular und die Ergebenheitsadresse Z. 3-5 haben eine genaue Parallele in KAJ 302, einem Brief, den ebenfalls ein Diener an seinen Herrn geschrieben hat. Auch die Briefe aus Tell Billa JCS 7 (1953) 167, Nr. 62, 63 und 64 (Bearbeitung ibid. 135 f.) bedienen sich dieser im übrigen auch sonst, in Mari und in mittelbabylonischen Briefen bekannten Ergebenheitsformeln.

Zeile 11: Der Lesungsvorschlag für das letzte Wort der Zeile geht auf H. Freydank zurück, dem ich für eine kritische Durchsicht des Manuskripts zu Dank verpflichtet bin.

Zeile 14: Wohl PN; der wahrscheinlichste Name, Kidin-Nabium, ist allerdings nicht gut mit der Zeichenspur hinter dem Bruch zu vereinbaren. Der Zeichenrest könnte zu *mar* gehören, doch sind die Namen des Typs Mār-GN mA – so weit ich sehe – stets mit DUMU geschrieben; auch ist der Name *Mār-Nabium mA nicht belegt.

Zeile 18: *epinnāte ... rakāsu* (nA) cf. AHw 945b sub *rakāsu* 1c.

Zeile 19: Die Form *a-ra-áš* ist, gestützt durch den Kontext, als 1. Ps. Sg. von der nichtumlautenden Variante des Verbs *erāšu/arāšu* zu stellen (*arraš*).

Bibliographie:

Freydank, Helmut

1991 Beiträge zur Mittelassyrischen Chronologie und Geschichte (SGKAO 21), Berlin.

Freydank, Helmut und Claudio Saporetti

1979 Nuove attestazioni dell'onomastica medio-assira (Inc. Graeca 74), Roma.

Saporetti, Claudio

1970 Onomastica medio-assira vol. I, Rom.

1979 Gli eponimi medio-assiri (BibMes 9), Malibu.

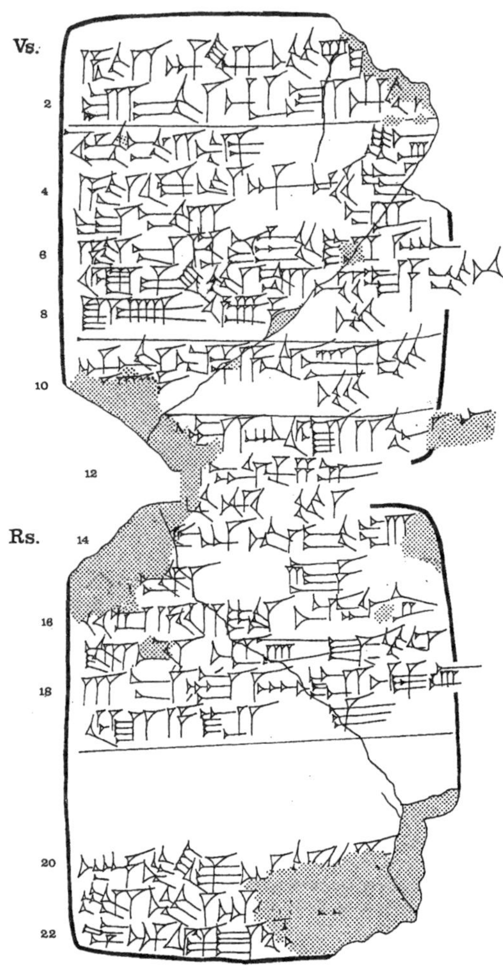
Vs.
2
4
6
8
10
12
Rs.
14
16
18
20
22

La «sagesse» de Baal

Paolo Xella, Rome

Les études sur la religion et la mythologie d'Ugarit ont de plus en plus manifesté la tendance à caractériser les dieux El et Baal – assurément les divinités poliades les plus importantes – comme deux types fondamentalement différents, mais en quelque sorte complémentaires, de figure divine[1].

On attribue généralement au dieu El, père des dieux comme des hommes, un pouvoir charismatique qui dériverait d'une ancienne activité de créateur du cosmos[2] : un rôle de juge âgé et sage, formellement *super partes*, même si son cœur semble toujours battre pour ceux qui défendent l'ordre universel qu'il a jadis établi.

Baal est évalué par contre comme un dieu jeune et puissant, actif et belliqueux, dont les pouvoirs semblent provenir beaucoup plus de son énergie et de ses aptitudes au combat que d'une sagesse acquise et profonde.

Toutefois, aussi bien El que Baal, même s'ils sont remarquablement diversifiés dans leur personnalité et leurs caractéristiques, sont considérés comme l'«esprit» et le «bras» d'un même pouvoir positif, à savoir comme deux figures qui agissent sur des plans différents, mais dont l'action convergente vise de toute manière au bien-être des hommes et à la préservation de l'ordre cosmique, naturel et social[3].

---

[1] La bibliographie à ce sujet est immense: voir entre autres CAZELLES 1977-78; L'HEUREUX 1979; XELLA 1982, p. 39 ss.; CASADIO 1987; XELLA 1994, p. 229 ss. Cf. aussi *infra*, notes 3 et 4.

[2] Cf. DE MOOR 1980; MULLEN 1980, p. 12-22; HANDY 1993, p. 79-83 (sur Baal et KTU 1.3 V 30-31, cf. p. 99 ss.).

[3] Cette fonction fondamentale de Baal peut être également vérifiée à travers une analyse attentive de son iconographie spécifique, telle qu'elle résulte de l'excellente étude de CORNELIUS 1994. L'on ajoutera qu'une pareille évaluation d'El et Baal dans une perspective de complémentarité s'avère la plus correcte du point de vue de l'histoire des religions et élimine la théorie (infondée) selon laquelle El est un *deus otiosus* ou en déclin au sein du panthéon ugaritique. Il suffira ici de citer les études de KAPELRUD 1952; POPE 1955; OLDENBURG 1969; KAPELRUD lui-même (1980) fait allusion à El comme à un dieu qui «is slowly receding into the background». DE MOOR 1986, continue de parler de «palpable tension» entre Ilu et Baal. Voir aussi HANDY 1994, qui propose (avec une méthode vaguement dumézilienne: il suppose des reflets au niveau de la société) la subdivision suivante des divinités d'Ugarit: 1) «authoritative deities» (parmi lesquelles El et Ashérah), 2) «active deities» (catégorie à laquelle appartiendrait Baal) 3) «artisan deities» et 4) «messenger deities». En dépit de l'appartenance à la catégorie des dieux «authoritative» d'El, Handy continue à l'évaluer comme une figure peu active (!) et en déclin.

Les écarts qu'on enregistre dans la typologie de ces deux figures divines n'empêchent toutefois pas qu'on puisse identifier, dans leur personnalité, des aspects en partie communs ou du moins semblables. L'histoire des religions nous montre par ailleurs qu'il est tout à fait impossible – dans n'importe quel système polythéiste – de distinguer complètement et nettement les caractères et les pouvoirs des dieux qui présentent toujours des zones de superposition plus ou moins grandes[4].

Dans le cas d'El et de Baal, quelques exemples suffiront sans doute à rendre l'idée.

Le dieu El, d'une part, loin d'être toujours une figure éloignée et peu active, révèle les traces d'une ancienne personnalité de dieu guerrier[5], tandis qu'il apparaît comme un personnage assez actif qui intervient à plusieurs niveaux de la réalité cosmique et sociale. Si les attraits de l'*eros* ne le laissent manifestement pas tout à fait indifférent[6], c'est bien lui qui doit proclamer officiellement le dieu choisi comme dépositaire de la royauté[7], et il intervient personnellement et à plusieurs reprises dans le monde des hommes, comme p. ex. dans le cas de Keret. À ce dernier personnage (qui n'est pas caractérisé par hasard comme «serviteur d'El»[8]), El apparaît dans un rêve (ou une vision) et explique comment obtenir ce que Keret désire à tout prix (une épouse, une descendance)[9]; ensuite, le dieu intervient encore une fois lorsque Keret – coupable d'un acte d'*hybris* à l'égard d'Athirat[10] – tombe malade et est proche de la mort. El ne se limite pas à convoquer l'assemblée divine afin de résoudre ce cas[11]: face à l'impuissance générale, il s'engage personnellement, en créant de ses mains une figure de guérisseuse, *Š*ʿ*tqt*, qui sauvera son fidèle mourant grâce à un puissant exorcisme[12].

Mais il y a davantage encore. La démonstration la plus convaincante de l'*activitas* d'El est fournie par le rôle qu'il jouait dans le culte, où il est sans aucun doute un des dieux les plus vénérés par les sacrifices et les offrandes[13], tandis que la fréquence avec laquelle le théonyme est attesté dans

---

[4] Cf. surtout BRELICH 1960.

[5] Cf. déjà CROSS 1973, p. 15 ss. et dernièrement VAUGHN, 1993, p. 423-430 (bibliographie), même si je ne partage pas l'opinion de l'auteur selon laquelle *il ġzr* serait une épithète d'El et non pas de Mot (comme je le pense).

[6] Cf. POPE 1979, p. 701-708.

[7] Sur ce passage et l'épisode de ʿAṯtar cf. XELLA, 1996.

[8] Cf. p. ex. KTU² 1.14 III 51.

[9] KTU² 1.14 I 26 ss. et parallèles.

[10] KTU² 1.14 IV 31b-43.

[11] KTU² 1.16 IV et V 1-22.

[12] KTU² 1.16 V 23 ss., 1.16 VI 1-14c.

[13] XELLA 1981, Index, *s.v.*

l'onomastique personnelle d'Ugarit[14] représente une preuve supplémentaire de la grande dévotion dont il jouissait au niveau de la *private Frömmigkeit*[15].

En ce qui concerne Baal, d'autre part, il s'agit sans aucun doute d'un type de dieu plus entreprenant et, si l'on veut, plus dynamique (au sens étymologique du terme). Mais on n'a pas simplement affaire à un héros courageux, prêt à se battre[16] et ardent en amour: une analyse plus attentive nous révèle en même temps des aspects de divinité sage et réflexive, comme cela résulte en partie de ses titres[17] et aussi de quelques épisodes mythologiques. Je pense surtout à cette espèce de «pèlerinage» qu'il effectue en pleine solitude, pour visiter ses domaines immédiatement après sa victoire sur Yam et l'édification de son palais[18]. Pareille initiative joue sans aucun doute un rôle primordial dans sa décision de laisser ouverte une fenêtre dans sa maison: après son inspection dans les terres dont il est maître, Baal semble en effet avoir pris conscience de ce que les hommes attendent de lui et il accepte (avec une profondeur d'esprit tout à fait remarquable) de s'exposer au dernier et décisif assaut de la Mort et de ses acolytes. Il s'agit d'un geste qui témoigne de son caractère sage et mûr, dont les conséquences ne seront pas sans effet sur les hommes: un rapport va s'instaurer, permanent et direct, entre lui et l'humanité qui pourra bénéficier de la pluie et entendre à l'oreille «sa voix sainte», *qlh qdš*[19].

Ces prémisses indispensables étant formulés, il faut que je précise le but de cette étude que j'ai le plaisir de dédier à Wolfgang Röllig, un savant dont tous, nous connaissons les qualités et les mérites, parmi lesquels je rappellerai ici sa remarquable contribution sur la religion de la Syro-Palestine dans le «Wörterbuch der Mythologie». Je me propose donc d'approfondir un aspect jusqu'à présent assez méconnu de la personnalité de Baal, qui modifie légèrement l'image traditionnelle (et pratiquement d'Épinal) de dieu actif et combattant qu'on retient de lui. Je me réfère à une qualité particulière de «connaissance» ou de «sagesse» de Baal, conséquence et/ou présupposé de sa maîtrise indiscutable des phénomènes naturels comme l'orage, la foudre ou le tonnerre. De cette perspective, il semble en effet possible de découvrir une dimension «sapientielle» de notre dieu qui doit

---

[14] GRÖNDAHL 1967, *s.v.*

[15] Voir dernièrement EDZARD 1993.

[16] Cf. MC CLIVE GOOD 1994.

[17] DIETRICH – LORETZ 1980; COOPER 1981, p. 347-361; WYATT 1992.

[18] KTU[2] 1.4 VII 5-14b.

[19] KTU[2] 1.4 VII 29-35b.

remonter à une haute antiquité et qui était vraisemblablement commune aux autres *Wettergötter* de la tradition syrienne.

* * *

Une épisode très connu de la littérature mythologique d'Ugarit est représentée par le «message» envoyé par Baal à ʿAnat, concernant la révélation d'un «secret» dont le dieu s'avère être le seul dépositaire.

Des raisons d'opportunité m'invitent à citer le passage en question, en tenant compte du fait que je ne m'arrêterai pas sur les problèmes strictement philologiques (dont j'ai bien conscience), qui n'empêchent toutefois pas une compréhension satisfaisante des vers et de l'épisode dans son ensemble.

KTU^2 1.3 III 13-31 (28b)

(13) ṯḥm. aliyn. bʿl	Message du Tout-puissant Baal,
hwt (14) aliy. qrdm.	parole du plus puissant parmi les héros!
qryy. barṣ (15) m*l*ḥmt	Poses dans la terre de la nourriture,
št. bʿprm. ddym	poses dans la poussière des *mandragores*
(16) sk. šlm. lkbd. arṣ	répands la paix dans les entrailles de la terre
(17) arbdd. lkbd. šdm	le *bien-être* dans les entrailles des champs!
(18) ḥšk. ʿṣk. ʿbṣk	Allez, vite, accours!
(19) ʿmy. pʿnk. tslmn	Vers moi tes pieds courent,
ʿmy (20) twtḥ. išdk.	vers moi se hâtent tes jambes!
dm. rgm (21) iṯ. ly. w. argmk	Car il y a un discours que je veux te faire,
(22) hwt. w. aṯnyk.	une parole, et je veux te la répéter:
rgm (23) ʿṣ. w. lḫšt. abn	le discours de l'arbre et le chuchotement de la pierre,
(24) tant. šmm. ʿm. arṣ	le murmure des cieux à la terre,
(25) thmt. ʿmn. kbkbm	des eaux de l'abîme aux étoiles.
(26) abn. brq. dl. tdʿ. šmm	Je connais la foudre que les cieux ne comprennent pas,
(27) rgm. ltdʿ. nšm	un discours que les hommes ne comprennent pas
w. ltbn (28) hmlt. arṣ	et que ne connaissent pas les multitudes de la terre.

Le «message» est répété tel quel, selon le style quasiment formulaire des mythes d'Ugarit[20], lorsque les envoyés de Baal doivent le transmettre à ʿAnat (KTU² 1.3 IV 7-20): son interprétation d'ensemble ne pose aucune difficulté insurmontable[21].

Il apparaît de toute évidence que le «secret» de Baal est surtout exprimé par les vers 26-28, où la seule incertitude philologique concerne le terme *abn*, que l'on peut interpréter théoriquement soit comme une forme verbale à la Ière pers. sing. impf. G de *byn «comprendre», soit comme un substantif, «pierre(s)». De toute façon, la structure chiastique des lignes caractérisée par les termes ABN : (L)TDʿ :: (L)TDʿ : (L)TBN impose presque inévitablement de reconnaître ici deux formes dérivées des racines *byn et *y/wdʿ, qui ont par ailleurs un sens très proche[22].

Le contexte dans lequel ce passage s'insère mérite un bref commentaire. Baal vient de triompher de Yam et, immédiatement après cette théomachie, on trouve l'épisode (assez obscur) des «massacres de ʿAnat»[23]. À ce point, il semble que Baal prie la déesse de cesser (et de faire cesser) toute action violente afin que la paix puisse régner sur et sous la surface de la terre: ʿAnat devra collaborer avec lui pour le bien-être collectif et pour la continuation sereine de la vie dans toutes ses manifestations.

Prémisse et conséquence de tout cela, la construction d'un palais royal digne de Baal qui est désormais le champion indiscutable des dieux et le garant de l'ordre universel instauré *illo tempore* par El.

Dans ce contexte se trouve donc l'affirmation de Baal qui admet de «connaître» ce que personne d'autre, au ciel ou sur terre, n'est en mesure de comprendre (et, par conséquent, de maîtriser): les phénomènes les plus puissants et mystérieux de la nature, y compris la «foudre» (*brq*) et sa «voix» (ici l'emploi de *rgm* devait créer expressément une ambiguïté entre le sens littéral et le bruit du tonnerre). Voilà donc en quoi surtout consiste la «connaissance» et la «sagesse» (**byn*, *y/wdʿ) de Baal.

L'on doit à M.S. Smith d'avoir attiré l'attention sur un passage parallèle à celui du «secret» qu'on vient d'examiner, c'est-à-dire KTU² 1.1. III 10 ss.[24]. Ici d'autres personnages, les messagers du dieu El, répètent le même discours à un interlocuteur anonyme (vraisemblablement Kṯr-w-ḫss), mais avec une variante très importante et significative: par rapport à la première version, ici est absent précisément le passage décisif (KTU² 1.3 III 26: *abn*

---

[20] Cf. XELLA 1991.

[21] Comme on peut le déduire de toutes les éditions les plus importantes de ce texte et des études particulières.

[22] Cf. entre autres DAHOOD – PENAR 1970, p. 449; WATSON 1972; AVISHUR 1984, p. 12, 41, 306, 366-367.

[23] KTU² 1.3 II.

[24] SMITH 1984.

brq dl tdʿ šmm) où l'on formule le concept de la connaissance/sagesse de Baal. Pareille omission – qui ne peut pas être considérée comme fortuite – s'explique par le fait que celui qui prononce le deuxième message n'est pas Baal et l'on ne pouvait donc pas lui attribuer les prérogatives et les pouvoirs spécifiques du *Wettergott* d'Ugarit. M.S. Smith reste à juste titre sur cette ligne d'interprétation dans son ouvrage récent sur le cycle de Baal[25] même si, à mon sens, il commet une erreur lorsqu'il croit reconnaître en Yam l'auteur du deuxième message avec l'«omission»: il n'y a pas le moindre indice qui puisse justifier cette option tandis que, au contraire, tout semble indiquer que ces mots sont prononcés par El.

Il est de toute façon possible de conclure que la connaissance/sagesse de Baal, à savoir la maîtrise de la foudre et du tonnerre (et d'autres mystérieuses manifestations de la nature) représentait une prérogative unique et non transmissible: quel que soit le personnage qui ait prononcé la version «abrégée» du discours (El ou d'autres, peu importe), les rédacteurs du texte (et, avant eux, les auteurs anonymes du cycle mythique) ne pouvaient absolument pas répéter le passage *ipsissimis verbis*, même s'ils avaient à leur disposition le cliché formulaire de l'énonciation du «message avec secret»[26]: l'attribution à quelqu'un d'autre des facultés spécifiques du dieu de l'orage aurait été considérée comme une manipulation arbitraire et inacceptable de la personnalité des figures divines concernées.

Il est très intéressant de vérifier que la découverte d'un côté «sapientiel» *sui generis* dans la personnalité de Baal peut être confirmée par d'autres témoignages que les mythes. Un examen rapide des noms propres théophores d'Ugarit[27], par exemple, nous apporte le résultat suivant: le seul ND qui entre en combinaison avec la racine *w/ydʿ est précisément Baal, une fois en cunéiformes alphabétiques (*bʿldʿ* [28]), une fois en akkadien (ᴵᵈIM-*i*-*da-ʾa* [29]). De ce point de vue aussi il ressort donc qu'une telle faculté était la prérogative exclusive du dieu poliade d'Ugarit.

La racine *w/ydʿ, tout autre que rare dans l'onomastique mésopotamienne et syro-palestinienne du IIIe[30] au Ier millénaire av. J.C.[31], se trouve

[25] Cf. SMITH 1994, p. 155 ss., en part. p. 179-180 sur l'absence du passage en question: «The absence of this line from 1.1 III 12b-16 may stem from a variation in phraseology (...) Rather, this line may be applicable only in a message concerning Baal, but inappropriate for a communication regarding Yamm».

[26] XELLA 1991.

[27] Cf. RIBICHINI – XELLA 1994.

[28] GRÖNDAHL 1967, p. 62, 116, 379.

[29] PRU 6, 79:1: cf. HUEHNERGARD 1987, p. 246.

[30] Cf. MAD 3, p. 17-18 et en général DI VITO 1993. En ce qui concerne en part. Ebla, voir le répertoire de KREBERNIK 1988, avec les compléments de POMPONIO

du reste employée surtout avec les noms des grandes divinités, au caractère royal ou de maître de l'orage (comme p. ex. Dagan et Kura à Ebla), assimilables donc *mutatis mutandis* au Baal (Haddu) d'Ugarit.

Mais quelles sont les implications de l'idée de «connaître/savoir» exprimée dans ces anthroponymes? Pour répondre à cette question, il faut qu'on précise le sens exact de *w/ydᶜ. L'hypothèse qu'on soutient en général[32] – à savoir que *w/ydᶜ doit être interprété dans le sens que le dieu a «(re)connu» l'enfant qui vient de naître et se montre de la sorte disposé à lui accorder sa protection – n'est pas pourvue de fondements solides. Comme l'ont montré en particulier les études de J.A.E. Emerton sur cette racine[33] et de J.D. Fowler sur les noms théophores hébraïques[34], la portée sémantique du concept de «connaître» est beaucoup plus vaste: il faut assigner au dieu qui la possède une vertu profonde et nuancée, une «sagesse» qui dérive du fait d'avoir tout connu (sens étymologique de la racine) et pas seulement une action banale de sauvegarde et de protection du fidèle, exprimable et exprimée par de nombreuses autres racines verbales. Pareille interprétation «élargie» du sens de *w/ydᶜ contribue du reste à mieux expliquer pourquoi cette racine est utilisée – dans les NP théophores de toutes les documentations – pour un nombre très limité de théonymes (on ne tient pas compte ici des épithètes «anonymes» ou des termes génériques, susceptibles aussi de désigner le soi-disant 'dieu personnel'), puisque l'attribution de la sagesse (voire de l'omniscience!)[35] est forcément réservée à une élite très restreinte de divinités. Les dieux gratifiés d'une telle faculté doivent par conséquent se signaler par leur caractère exceptionnel qui leur garantit un rôle primordial dans les traditions religieuses: il suffit p. ex. de considérer le cas de Kura à Ebla, un dieu encore presque inconnu, mais assurément une des divinités les plus importantes du panthéon local[36].

En guise de conclusion, si donc Baal apparaît surtout comme une divinité dynamique et belliqueuse, la faculté de connaissance que les textes lui attri-

1988 et de BONECHI 1990 (i-da--, a-da--, wa-da--, peut-être ti-da--, cf. BONECHI 1988, p.155: aussi dans *da-te*-ND ? Voir *ibid.*, p. 153).

[31] Amorite: HUFFMON 1965, p. 209 (et 182?), *s.v.* YDḪ; Ugaritique: GRÖNDAHL 1967, p. 39, 142-143 et *passim*; Phénicien et Punique: BENZ 1972, p. 321-322; Hébreu: NOTH 1980², p. 181 et *passim* et aussi FOWLER 1988, p. 284, 347.

[32] Voir p. ex. NOTH 1980², p. 181; DI VITO 1993, p. 195 et *passim*. L'on remarquera néanmoins l'indécision de STAMM, 1939, p. 198, lui qui d'une part insère des NP comme Ida-belí, Ida-ilum e Ilum-ida dans la catégorie «Prospektives Vertrauen – 2. Religiöse Vertrauensnamen», et laisse de l'autre indéterminé le sens de «wissen».

[33] EMERTON 1970, qui continue et approfondit l'analyse de WINTON THOMAS 1934.

[34] FOWLER 1988, p. 101-102.

[35] Cf. l'étude classique de PETTAZZONI 1951.

[36] Cf. en part. MILANO 1989-90.

buent le caractérise comme une personnalité complexe et aux facettes diverses, dont les pouvoirs ne se limitent pas à la force et au courage: il possède en plus un bagage sapientiel exclusif[37] qui ne lui permet pas seulement de maîtriser les phénomènes de la nature et de s'imposer comme champion des dieux, mais aussi de s'en servir sagement pour défendre et préserver l'ordre cosmique et social.

Si mes remarques s'avéraient fondées, l'on serait une fois de plus en mesure de comprendre la complexité extraordinaire et le profil fluctuant des personnalités divines dans un système polythéiste avancé, comme celui qui est documenté par le textes ugaritiques.

Abréviations

AVISHUR 1984
Y. Avishur, *Stylistic Studies of Word Pairs in Biblical and Ancient Semitic Literatures*, AOAT 210, Kevelaer/Neukirchen-Vluyn.

BENZ 1972
F.L. Benz, *Personal Names in the Phoenician and Punic Inscriptions*, Roma.

BONECHI 1988
M. Bonechi, *Sulle attestazioni arcaiche del prefisso di coniugazione* ti, ds Miscellanea Eblaitica 1, Firenze, p.121-172.

– 1990
M. Bonechi, *À propos des noms propres d'Ebla*, M.A.R.I. 6, p. 221-244.

BRELICH 1960
A. Brelich, *Der Polytheismus*, Numen 7, p. 123-136.

CASADIO 1987
G. Casadio, *El and the Cosmic Order: is the Ugaritic Supreme God a* deus otiosus*?*, ds Mythology and Cosmic Order, StOr Fenn 32, Helsinki, p. 45-58.

CAZELLES 1977-78
H. Cazelles, *El et Baal dans quelques textes d'Ugarit*, École Pratique des Hautes Études, Sc. Rel. 86, p. 215-222.

COOPER 1981
A. Cooper, *Divine Names and Epithets in the Ugaritic Texts*, ds Ras Shamra Parallels III, Roma, p. 333-469.

[37] Sur ce sujet, voir entre autres KHANJIAN 1974.

CORNELIUS 1994
I. Cornelius, *The Iconography of the Canaanite Gods Reshef and Baʿal*, OBO 140, Göttingen.

CROSS 1973
F.M. Cross, *Canaanite Myth and Hebrew Epic*, Cambridge (Mass.).

DAHOOD – PENAR 1970
M. Dahood – Th. Penar, *The Grammar of the Psalter*, ds M. Dahood, Psalms III, Anchor Bible, p. 361-456.

DE MOOR 1980
J.C. de Moor, *El, the Creator*, ds G. Rendsburg *et alii* (éds.), The Bible World. Essays in Honor of C.H. Gordon, New York, p. 171-187.

– 1986
J.C. de Moor, *The Crisis of Polytheism in Late Bronze Ugarit*, Oudtestamentische Studiën 24, p. 1-20.

DIETRICH – LORETZ 1980
M. Dietrich – O. Loretz, *Die Baʿal-Titel* bʿl arṣ *und* aliy qrdm, Ugarit-Forschungen 12, p. 391-393.

DI VITO 1993
R.A. Di Vito, *Studies in Third Millennium Sumerian and Akkadian Personal Names*, Roma.

EDZARD 1993
D.O. Edzard, *Private Frömmigkeit in Sumer*, ds E. Matsushima (éd.), Official Cult and Popular Religion in the Ancient Near East, Heidelberg, p. 195-208.

EMERTON 1970
J.A.E. Emerton, *A Consideration of Some Alleged Meanings of* ידע *in Hebrew*, Journal of Semitic Studies 15, p. 145-180.

FOWLER 1988
J.D. Fowler, *Theophoric Personal Names in Ancient Hebrew*, JSOT SS 49, Sheffield.

GRÖNDAHL 1967
Fr. Gröndahl, *Die Personennamen der Texte aus Ugarit*, Roma.

HANDY 1993
L.V. Handy, *Among the Host of Heaven: The Syro-Palestinian Pantheon as Bureaucracy*, Winona Lake.

HUEHNERGARD 1987
J. Huehnergard, *Ugaritic Vocabulary in Syllabic Transcription*, HSS 32, Atlanta.

HUFFMON 1965
H.B. Huffmon, *Amorite Personal Names in the Mari Texts*, Baltimore.

KAPELRUD 1952
A.S. Kapelrud, *Baal in the Ras Shamra Texts*, Copenhagen.

– 1980
A.S. Kapelrud, *The Relationship between El and Baal in the Ras Shamra Texts*, ds G. Rendsburg *et alii* (éds.), The Bible World. Essays in Honor of C.H. Gordon, New York, p. 79-85.

KHANJIAN 1974
J. Khanjian, *Wisdom in Ugarit and in the Ancient Near East*, Unp. Diss., Ann Arbor.

KREBERNIK 1988
M. Krebernik, *Die Personennamen der Ebla-Texte. Eine Zwischenbilanz*, BBVO 7, Berlin.

KTU[2]
M. Dietrich – O. Loretz – J. Sanmartín, *The Cuneiform Alphabetic Texts from Ugarit, Ras Ibn Hani and Other Places*, Münster 1995.

L'HEUREUX 1979
C.E. L'Heureux, *Rank among the Canaanite Gods. El, Baʿal, and the Rephaʾim*, Missoula.

MAD 3
I.J. Gelb, *Glossary of Old Akkadian*, MAD 3, Chicago.

MC CLIVE GOOD 1994
R. McClive Good, *The Sportsman Baal*, Ugarit-Forschungen 24, p. 147-163.

MILANO 1989-90
L. Milano, *Luoghi di culto in Ebla: economia e sistema delle offerte*, Scienze dell'Antichità 3-4, p. 155-173.

MULLEN 1980
E.T. Mullen, *The Divine Council in Canaanite and Early Hebrew Literature*, HSM 24.

NOTH 1980[2]
M. Noth, *Die israelitischen Personennamen im Rahmen der gemeinsemitischen Namengebung*, Hildesheim.

OLDENBURG 1969
U. Oldenburg, *The Conflict between El and Baʿal in Canaanite Religion*, Leiden.

PETTAZZONI 1951
R. Pettazzoni, *L'onniscienza di Dio*, Torino.

POMPONIO 1988
F. Pomponio, compte-rendu de Krebernik 1988, AfO 35, p.164-169.

POPE 1955
M.H. Pope, *El in the Ugaritic Texts*, Leiden.

– 1979
M.H. Pope, *Ups and downs in El's Amours*, Ugarit-Forschungen 11, p. 701-708.

RIBICHINI – XELLA 1991
S. Ribichini – P. Xella, *Problemi di onomastica ugaritica: il caso dei teofori*, Studi epigrafici e linguistici sul Vicino Oriente antico 8, p. 149-170.

SMITH 1984
M.S. Smith, *Baal's Cosmic Secret*, Ugarit-Forschungen 16, p. 295-298.

– 1994
M.S. Smith, *The Ugaritic Baal Cycle-I. Introduction with Text, Translation and Commentary of KTU 1.1 - 1.2*, Leiden.

STAMM 1939
J.J. Stamm, *Die akkadische Namengebung*, Leipzig.

VAUGHN 1993
A.G. Vaughn, il ġzr – *An Explicit Epithet of El as a Hero/Warrior*, Ugarit-Forschungen 25, p. 423-430.

WATSON 1972
W.G.E. Watson, *Fixed Pairs in Ugaritic and Isaiah*, Vetus Testamentum, 22, p. 460-67.

WINTON THOMAS 1934
D. Winton Thomas, *The Root* ידע *in Hebrew*, Journal of Theological Studies 35, p. 298-306.

WYATT 1992
N. Wyatt, *The Titles of the Ugaritic Storm-God*, Ugarit-Forschungen 24, p. 403-424.

XELLA 1981
P. Xella, *I testi rituali di Ugarit*, Roma.

– 1982
P. Xella, *Gli antenati di Dio*, Verona.

– 1991
P. Xella, *Tradition orale et rédaction écrite au Proche-Orient ancien: le cas des textes mythologiques d'Ugarit*, ds Cl. Baurain - C. Bonnet - V. Krings (éds), Phoinikeia Grammata. Lire et écrire en Méditerranée (=Actes du Colloque de Liège), Namur, p. 69-89.

– 1994
P. Xella, *Le religioni della Siria e della Palestina*, ds G. Filoramo (éd.), Storia delle religioni 1. Le religioni antiche, Bari, p. 219-262.

– 1996
P. Xella, *Les pouvoirs du dieu ʿAṯtar*, ds N. Wyatt –W.G.E. Watson – J.B. Lloyd (éds), Ugarit, Religion and Culture. Essays in Honour of J.C.L. Gibson, Münster, p. 381-404.

Syro-Mesopotamian Notes*

Ran Zadok, Tel Aviv

This article deals with subjects to which Professor Röllig has significantly contributed. It consists of four sections.

1. Geography

1.1. Sippar region

Nār(I$_7$)-*Hi-ra-nu* (BM 75502 = Bert. pl. 1481; 544/3 BC; mentioned together with Bāb-Nār-Šamaš) and *Nār-Šà-pa-zi* (BM 58706, r. 1; und.), flowed in Hirānu and Šapazzu respectively. – *Til-gubbi* was on the royal highway (*harrān-šarri*) according to BM 74453 (= Bert. pl. 1472) from 26.XI.544/3 BC. Iron and spades for work on the royal highway were donated on 12.XI.540/39 BC (BM 63884 = Bert. pl. 1621); its maintenance is reported in BM 74463 from 536/5 BC. The royal highway is mentioned in BM 59115 (und. fragment) together with *Nār*(I$_7$)-*Sip-par*^{ki} and *Har-ri rabû* (GAL^{i}, gen.).[1] – Property of Šamaš was located in ^{uru}*Ha-as-pe-e* and *Til-ṣa-lam* (BM 74564 = Bert. pl. 2600, 1 f., 14 f.; Babylon, 10.IV.496/5 BC). – ^{garim}*Hi-ia-tu*$_4$ (BM 54107 = Bert. pl. 2845, 2), ^{garim}*La-ha-a-ta* (BM 74644 = Bert. pl. 2690,8; 7.IX.492/1 BC), ^{garim}TI (BM 77843 = Bert. pl. 2816; time of Darius I) and the gentilic $^{lú.uru}$*Ri*(or *D/T/Ṭal*)-*ni-na*!-*A*+*A* (BM 49183 = Bert. pl. 1073, 591/0 BC) are recorded in documents from Sippar. – Both *Bāb*(KÁ)-*nēšē*(UR.MAH^{meš}, BM 59083, 3; 26.XII.584/3 BC) and ^{garim}*Ha-b/pu-tú* (BM 75526 = Bert. pl. 1362; 550-546 BC) are mentioned in documents which are possibly from Sippar. *Šu-zu-bu* ^{lú}*Na-ṣir-*[*A*?+*A*?] (BM 58537, 8, und.) originated from either the settlement of *Naṣiru* or was a member of the homonymous Aramean tribe.

---

* Abbreviations of text editions as in von Soden 1959-1981. – und. = undated. All the cuneiform material is N/LB unless otherwise indicated. The Roman numbers in the dates refer to the Babylonian months. – I should like to thank the Trustees of the British Museum and Mr C.B.F. Walker for permission to quote from BM tablets (and to consult the Bertin copies, henceforth „Bert.“), as well as Professors E. Leichty and A. Sjöberg (The University Museum, Babylonian Section, University of Pennsylvania) who allowed me to publish PTS 2284 and to quote from PTS 2146, 2246.

[1] For a royal highway in the region of Babylon see Unger, Bab., 70 f., 73 f., 92 f., 98 f., 106, 112, 114. Such a highway is also recorded near Uruk (AnOr 9, 7, 5). It is to be differentiated from royal procession ways within cities (e.g., Borsippa, Nbk. 374, 4 and Dilbat, VS 3, 153, 2 f.; 156, 2 f., 158, 2 f.; cf. VS 5, 105, 7 f.)

1.2. Babylon region

Tamertu(GARIM) *e-li-ni-tu*$_4$ was in the district (*pīhatu*) of Babylon (620/19 BC; BM 92996,8). – ^{garim}*Li-ta-mu* was situated on *Nār-Piqūdu* (BM 30441= Bert. pl. 2580, 4; Babylon, 1.III.497/6 BC). *Harru-ša-mār*(DUMU) ^{md}KASKAL+KUR-*ú* flowed in ^{uru}*Li-ta-mu* according to a document from *Bīt-Ha-ah-hu-ru* (BM 30339 = Bert. pl. 2579,19; 27.V.497/6 BC; ^{uru}*Li-ta-mu* is also mentioned in BM 33934 = Bert. pl. 2726 f.). ^{uru}*Ha-ah-hu-ru Ālu*(URU) *šá* ^{m}*Šá-rib-ba-a* and *Nār*(I$_7$) *eš-šú elû*(UGU-*ú*) are recorded in Dar. 212, 21 and 313, 18 respectively. – *Ālu*(URU) *šá mār*(DUMU) *Ahu*(ŠEŠ)-*ba-ni-i* was situated on *Harru-ša-Zabūnu* (Dar. 255, 16). – $^{\text{uru.d}}$*Bēl*(EN)-*it-tan-nu* (Dar. 127,17 f.; Egibi archive) on *Harru-ša-mār-rēʾî-sīsē* is probably identical with *Ālu-šá-Bēl-ittannu* (RGTC 8, 10). – ^{uru}*Bīt*(É)-*Ha-re-ma-re-e* was in the district (*pīhatu*) of ^{uru}*Dan-nu-*^{d}*Nergal*(U.GUR, BM 30740 = Bert. pl. 2577, 23; Egibi archive, 29.VI.497/6 BC). – *Ālu*(URU) *šá* ^{md}*Bēl*(EN)-*iddina*(MU, BM 33965 = Bert. pl. 2637, 10; 11.IV.495/4 BC) and *bi-rit nārāti* (I$_7$^{meš}) *ina Ālu*(URU) *šá* ^{lú}*qí-pi* (BM 41441 = Bert. pl. 2833, 4; poss. Egibi archive; time of Darius I) are recorded in documents from Babylon. – *Nār*(I$_7$)-*Ba-aṣ-ṣu šá* TIN.TIR^{ki} is recorded in the Eanna archive (Sack 1994, 96, 13; 596/5 BC). A document (Sack 1994, 89, 570/69 BC) recording delivery in *Ālu*(URU) *šá* ^{d}*Bēl*(EN)-*ēṭir*(SUR) on $^{\text{i}_7}$*Ba-aṣ-ṣu* (provided it is short for the preceding) was issued at [*Ālu*(URU)] *šá* ^{m}*Ṭāb*(DU$_{10}$.GA)-^{d}*Adad*(IŠKUR). – *Ālu*(URU) *šá* ^{md}*Nabû*(AG)-*ēreš*(KAM, Sack 1994, 14; 582/1 BC; Eanna archive) is homonymous – if not identical – with a settlement not far from Babylon (RGTC 8, 16). – Note ^{d}EN *ap-pa-*⌈*qí*⌉[...] in BM 58606, r. 3 (und.) where the deities of Sippar are mentioned. – ^{garim}*ra-hu-tu*$_4$ was situated on $^{\text{i}_7}$*Har-ri šá* ^{md}*Nergal*(U.GUR)-*šuma*(MU)-*iddina*(MU, BM 54063 = Bert. pl. 2852, 10 f.; from Cutha).

1.3. Borsippa region

Nār(I$_7$)-*Ka-b/par-r*[*u*] was possibly near Borsippa (OECT 12, A 125,17). – *Harru-ša-Mušallim-ilāni* flowed in *Bāb-surri* (OECT 12, AB 241, 5). – For ^{garim}*Kan-du-ru-ú* (BM 102310, Borsippa, 517/6 BC) cf. *Kan-du-re-e* near Dilbat (695/4 BC; BR 8/7, 40) and MB *Kan-du-ru-ú*$^{\text{(ki)}}$, ^{uru}*Kan-du-ru-ú*, *Kan-du-re-e*^{ki} in texts from Nippur (RGTC 5, 149; cf. CAD K, 149), all referring to different sites. Astour (1968, 177) compares the oronym *Kán/Kun-dur-na* in the Kumarbi myth. Astour regards the name as Mesopotamian, but he does not take into account *Hu-un-du-ur* in Urartu, as well as *Hu-un-du-ur-na* and *Kunduru-* in Media (cf. Parpola 1970, 169; Grantovskij 1970, 290 f.). – GARIM *Šu-pal āli*(URU, Borsippa, 529/8 BC; BE 8, 79,1) is presumably identical with A.ŠÀ *šá šu-pal āli*(URU, VS 3, 100); both are recorded in the archive of Marduk-šuma-ibni. – Here follow a provisional transliteration and translation of PTS 2284 from *Hadirānu ša Nabû*

(26.VI.570/69 BC; the reading and translation of lines 13, 14, 16, 17 are uncertain and may eventually be improved by further collation):

^{1}3 GUR ZÚ.LUM.MA ZAG.LU A.ŠÀ [NÌ.GA] ^{2}*šá* ^{d}GAŠAN *šá* UNU^{ki} *šá* AŠ UGU *bi-it-*[*qa*] ^{3}*šá la-d/ṭa-na-nu šá i-na* ŠU^{II} ^{m}*šá*-^{d}[AG-*šú-ú*](?) ^{4}A-*šú šá* ^{m}*ši-rik-ti* A ^{lú}SANGA INNANNA TIN.TIR^{ki} ^{5}*kap-ra* NÌ.GA ^{d}GAŠAN *šá* UNU^{ki} *u* ^{d}*na-na-a* ^{6}AŠ UGU ^{m}ÌR-^{d}AG A-*šú šá* ^{m}*ha-ah-hu-ru* A ^{m}SANGA-^{d}ŠEŠ^{ki} ^{7md}AG-MU-MU A-*šú šá* ^{md}EN-NIGIN^{ir} A ^{md}EN-A-ÙRU ^{8lú}NU.GIŠ.SAR^{meš} ^{md}AG-ŠEŠ^{meš}-MU A-*šú šá* ^{m}A^{a} ^{9}A ^{lú}ŠU.HA *u* ^{md}AG-ŠEŠ^{meš}-MU A-*šú šá* ^{10md}AG-NUMUN-MU ^{lú}EN^{meš} ⸢*pi*⸣-⸢*qí*(?)*-né-ti*⸣ ^{11}*šá* ^{md}XXX-MU ^{lú}*qí-i*-⸢*p*⸣[*u*] (Lo.E.)^{12}AŠ ^{iti}GÁN *i-na ma*⸣-[*ši-hi*(?)] ^{13}AŠ UGU *id/t/ṭ-ra*⸣-[...] (Rev.)^{14}1 GUR ZÚ.LUM.⸢MA ... *ši-si-in*] ^{15}*a-ki-i* ÚS.SA.DU⸣ ^{16}*šá* É *dul-lu ép-šú ul-tu i*-[...] ^{17lú}NU.GIŠ.SAR^{meš} AŠ ŠÀ^{bi} *in*-x⸣[...] ^{18}1 *pu-ut* 2-*i na-šu-ú* ^{lú}*mu-kin-nu* ^{19m}*ba-la-ṭu* A-*šú šá* ^{md}AG-MU A $^{m.giš}$PA-KAM ^{20m}*re-mut* A-*šú šá* ^{m}ŠEŠ^{meš}-*e-a* ^{21m}*kal-ba-a* A-*šú šá* ^{m}*bi-bi-e-a* ^{md}EN-MU ^{22}A-*šú šá* ^{m}ÌR-^{d}EN *u* ^{lú}UMBISAG ^{md}AG-KAR-ZI^{meš} ^{23}A-*šú šá* ^{md}EN-BA^{šá} A ^{md}EN-A-ÙRU ^{24uru}*ha-di-ra-nu šá* ^{d}AG ^{iti}KIN (U.E.)^{25}U$_4$ 26 KAM MU 35 KAM ^{26d}AG-NÌ.DU-ÙRU LUGAL TIN.TIR^{ki}.

Three gur of dates (is) the assessed rent for a field property of the Lady of Uruk (situated) on the canal of Lad/ṭnānu which is in the hands of Ša-[Nabû-šū(?)] son of Širiktu descendant of the Priest of Ištar of Babylon; (the property is located in) the 'farm' of the property of the Lady of Uruk and Nanâ; It is debited against Ardi-Nabû son of Hahhūru descendant of the Priest of Nanna (and) Nabû-šuma-iddina son of Bēl-upahhir descendant of Bēl-apla-uṣur, the gardeners of Nabû-ahhē-iddina son of Aplā descendant of the Fisherman (Bāʾiru) and Nabû-ahhē-iddina son of Nabû-zēra-iddina the executive officers (sg. *bēl-piqitti*) of Sîn-iddina, the inspector (of Eanna). In Kislimu [they will deliver the dates] in the measure of [..., which is] on x[...]. (They will give) one gur of dates ...., payment for the orchardman from the cultivated land as the neighbours (give, cf. VS 5,11[= NRV 374],15; 33,12; PTS 2146). From.... The gardeners ... in it. Each assumes warranty for the other. Witnesses: Balāṭu son of Nabû-iddina descendant of Haṭṭu-ēreš; Rēmūtu son of Ahhēʾa; Kalbā son of Bibea; Bēl-iddina son of Ardi-Bēl; and the scribe Nabû-ēṭir-napšāti son of Bēl-iqīša descendant of

Bēl-apla-uṣur. Hadirānu ša Nabû, 26th Elul, 35th year of Nebuchadnezzar II.

PTS 2284 was not only issued in a settlement near Borsippa, but also deals with a palm grove in the Borsippa region. The delivery of dates in Kislimu suits central and northern Babylonia rather than the Uruk region (cf. Coquerillat, ADFU 8, 33 ff.). In addition, *Haṭṭu-ēreš* is a typical Borsippean surname. $^{\mathrm{I_7}}$*bit-qa šá La-ad-na-nu* (property of Eanna) recurs in Sack 1994, 85, 3, 14 (545/4 BC). For Sîn-iddina see Kümmel 1979, 141. The scribe recurs in TCL 12,73, 24 Uruk, Eanna archive, 555/4 BC). Is Nabû-ahhē-iddina son of Aplā (without surname and title; Uruk, 588/7 BC, TCL 12, 36, 27) identical with the first executive officer? In lines 14 f. one expects to find also the delivery of the usual by-products. The Eanna temple of Uruk had property not only in the Borsippa region, but also in the Babylon district: 136 gur of dates *imittu* A.ŠÀ NÌ.GA ^{d}[GAŠAN (*šá*) UN]U^{ki} on the bank of *Nāru šá* ^{m}*Aha*(ŠEŠ)-*šullim*(GI) NAM TIN.T[IR^{k}]^{i} are recorded in PTS 2146 (Babylon, 20.V.534/3 BC; delivery in Arahsamnu).[2] Therefore the definition of a site as belonging to Eanna (usually 'property of the Lady of Uruk and Nanâ') cannot be regarded in itself a criterion for locating it in the Uruk region.

1.4. Dilbat region

^{garim}*Nam-gàr-mārē*(DUMU^{meš}) was situated in the district of (*pi-hat*) Dilbat close to the town, adjacent to the property of Uraš and to the irrigation dike (*ki-la-a-ta*) of the Elamites (^{lú}*E-la-mi-ia*; BM 77426 = Bert. pl. 2673; also BM 92798 = Bert. pl. 2678, 3) . The same meadow was adjacent to the irrigation dike of the Scythians (^{lú}*gi-mir-ra-A+A*, i.e. < 'Cimmerians') according to BM 92799 = Bert. pl. 2711 f.

1.5. Uruk region (refs. are to Sack 1994 unless otherwise indicated)

97 (572/1 BC) was issued at ^{uru}*Šá-a-ra-a-ta* (or URU *šá A-ra-a-ta*) in the Uruk district (NAM UNU^{ki}); delivery in *Ālu*(URU) *šá* ^{lú}*šá-tam-mu*. – I$_7$ *Bāb*(KÁ)-*Nār*(I$_7$)-*Me-ki-ri* (64, 7; 528/7 BC), i.e. 'gate of the M. canal', does not refer to two distinct canals (*pace* Sack); concerning barley brought to Uruk. – ^{uru}*Hu-da-da*, the place of issue of 92 (596/5 BC) is probably identical with *Hu-da-da* 2 (RGTC 8, 164). The transaction took place at *Ālu*(URU) *šá* ^{md}*Nabû*(AG)-*bēl*(BE)-*ili*(DINGIR, payment at Eanna). –

---

[2] Debtor: Nabû-ēṭir-napšāti s. of Rēmūtu desc. of Sîn-ilāni. He was obliged to cultivate the grove (*inter alia* with the blade of the *majāru*-plow) and to deliver one gur of by-products (*huṣābu*, *mangaga*, and *liblibbu*) as well as food portions (*kurummatu*, e.g. TCL 13, 192, 16; cf. Landsberger 1967, 45a, 48, 56; mostly in Uruk). He has to take proper care of the land. Witness: Ardija s. of Nabû-mušēzib(?) desc. of Andahar; guarantor: Arrab s. of Nusku-id-ri-i; and scribe: *B*[*a*](?)-⌜*la*(?)⌝-*ṭu* s. of Nabû-ēṭir desc. of Saggilajju.

^{uru}*Ia-da-qu* (73, 6; 579/8 BC) was on a watercourse as it was connected by boats. Oblates from ^{uru}*Ia-a-da-qu* are mentioned in an Uruk temple (BIN 2, 120, 5 f.). – ^{uru}*A-da-bu-ìl* is the place of issue of a document (93, 5; 562/1 BC) belonging to the 'archive' of Šuma-ukīn son of Bēl-zēri the rent collector of Eanna (cf. 101, see Kümmel 1979, 106). The toponym is possibly Arabian, compare NA gentilic *I-di-ba-ʾ-il-A+A*, OT *ʾdbʾl* (cf. Zadok 1988, 208). – ^{lú}*Har-ri šá* ^{m}*ab-da-a* (16, 5; 590/89 BC, no context, Eanna archive). – ^{uru}*A-mat-*^{d}*Bēl*(EN, 98, 7; 570/69 BC). – ^{uru}*Gi-ru-mu* (PTS 2246,9 [delivery of barley], 16 [place of issue]; Eanna archive, 17.XII.598/7 BC); = modern *Barǵūṯiyāt* (linguistically related to ^{uru}*Gi-ra-mu* near Uruk (RGTC 8, 141, *s.vv.* ^{uru}*Gi-ra/ru-mu*).[3]

1.6. In Syria

Kpr ṣʿ (wool of ~, Achaemenian period, Porten and Yardeni 1993, lv with refs.) may have Ugaritic forerunners, viz. *Ṣʿ* (town) and RS A.ŠÀ *Ṣa-(a-)i* (estate, Ugaritica 5, 9:6, 7). They are to be sought within the kingdom of Ugarit. Astour (1979, 20) distinguishes between both of them and *Ṣaʾa*, poss. modern *Ṣaya* SE of Banyas. The 'ground word' *kpr* (Aram. 'village, estate') might have been added to earlier toponyms (cf. modern Palestinian *Kafr ʿāna* < *ʾwnw*).

2. Toponymy

Regarding *A/Uṣarum* (Zadok 1983, 240), A.GÀR *A-ṣa-ri-im* and ~ *Ha-ṣí-ru-um* (Dekiere 1994, 1, 271, *s.vv.*) are not identical. The latter derives from the same root as OB < Am. A.GÀR *Ha-ṣà-ra-a* (Dekiere 1994, 2, 295, 1). – *Ṣdīqīn* (near Tyre) can be the plural of a form which goes back to the Phoenician source of Σαδυκος, Συδυκ 'righteous, truthful' (Friedrich and Röllig 1970, ##75a, 97a, 199). If the modern toponym is not the result of a later simplification of a geminated pattern, then the lack of gemination in the transcriptions, which are recorded in two different sources, is significant and the Phoenician term for 'righteous' was not originally a *qattīl* formation (as registered in the standard grammars of Phoenician-Punic) like in other West Semitic dialects, but a non-geminated *qVtīl* form.[4]

---

[3] The following settlements, whose region is unknown, are to be sought in Babylonia: ^{uru}*Du-ʾ-ìl* (544/3 BC; BM 63942 = Bert. pl. 1492; AH collection, but no Šamaš names; all the theophorous anthroponyms contain Bēl, Marduk and Nabû) is hardly to be differentiated from ^{uru}*Du-ʾ-i-ìl* in GC 2, 86, 2, a document which is said to come from Uruk. – ^{uru}*Qu-ru-bu šá* ^{d}*Bēl*(EN, 4.IX.542/1 BC, BM 33388 = Bert. pl. 1582; principal: ^{lú}*simāgir*). – ^{uru}*Dūr*(BÀD)-^{d}*Adad*(IŠKUR, BM 74539 = Bert. pl. 2635, 4; from ^{uru}[...], 4.XII.494/3 BC).

[4] The toponym was interpreted as 'the truthful ones' by Palmer 1881, 32, but erroneously normalized *Ṣiddīqīn* by this Arabist in order to adjust it to the classical Arabic form. Wild (1973, 89) leaves it unexplained.

3. Ethno-linguistic groups

3.1. Phoenicians and Philistines

The theophorous element of NA *Ab-di-i-iá-zi/ṣí* (SAA 11, 38, 1, from Kār-Aššur-aha-iddina, i.e. Sidon) is obscure, cf. perhaps OB < Am. *Ì-lí-ia-ṣum* (Dekiere 1994, 1, 96, 19) and Phoen. *ʿbdyṣ*(?)[*n*(?)] (3rd -2nd cent. BC, Delavault and Lemaire 1979, 24 f., 48). – NA *IA-ki-in-lu-ú/Ik-ka-lu-ú* (APN, 95a) may start with either *qal* imperfect or *yqtl* (*/yiqtil/*, Phoenician causative > Punic *iqtil*). Semantic considerations may favour the first alternative whereas the second one looks attractive in view of the variant *Ik-ki-lu-ú*. *Yhwpdny* (either imperative or perfect), the name of a Samarian mentioned in the Wādi Dālyi papyri, is presumably Aramaic (but *P-D-Y* is poorly documented in Aramaic; it is more common in Hebrew-Canaanite, cf. Zadok 1988, 42). Therefore, it can be argued that possibly also (ʾ)*srtny* (Benz 1972, 217) may be considered a Phoenician-Punic imperative sentence name. An adjective in nominal sentence names is normally the predicate, followed or preceded by a substantive serving as a subject (mainly DN): RS *Ka₄-bid-na-na*, Phoen.-Pun. *Kbdmlqrt* (Benz 1972, 330; the second component of Hebrew *Ywkbd* is related, but may be a substantive); NA < WSem. *Aq-da-áš-ìl* (APN, 25a, cp. Phoenician *Bʿl ʾqdš* as an epithet of the deity *Skn*). Most genitive compound names are of the type *nomen regens* followed by a theophorous element as *nomen rectum*, e.g. Pun. *ʿbdkrr* 'servant of *Krr*' (theophorous element < month name *krr*, Alalah and Emar *Kiraru*), *ʿbdks* (*ksʾ* 'full moon', Benz 1972, 334 f.; Heb. PN *Ksʾ*, Zadok 1988, 84). – In some cases the distinction between *qitl* and original *qatl* is difficult, e.g. NA *Šá-áš-ma-a* (mid-7th century BC, Kwasman 1988, 137, mentioned together with other Phoenician-Canaanites) vs. Σεσμαιος (Marissa, 1st half of the 3rd century BC, Peters and Thiersch 1905, 38, 52, 64, 67), common among Phoenicians although ultimately presumably non-Semitic; cf. Χελβης (< *qatl*, see Jongeling 1984, 124). *Qatal* is extant in NA *Ia-ma-ni* which refers to an Ashdodite. It is not a gentilic and therefore hardly means 'the Greek'. His alias, *Ia-at-na*, is typically Phoenico-Philistine. Does the absence of Neo-Assyrian vowel harmony point that the penultima was stressed? *Qettūl* < *qattūl* (caritative) is recorded in Pun. *Secchun* < *Sakkūn* (extant in Σανχουνιαθον [< Phoen.], cf. Δελλους, Ιεδδους below). – *qut*(*t*)*il*: Βουριχιος/Βουρριχις (an Ashkelonite, Dittenberger 1905, 691, 692; to *B-R-K* 'bless'; with hypocoristic -*ī*).

3.2. Israelites, Judeans and Transjordanians

Az-zi-ia-a-ma, *Hu-ul-ia-a-ma* and *Ma-la-ki-iá-a-ma* (father of Nergal-ēṭir, Zadok 1988, 312) are quoted by Pinches 1896, 22. *Ìl-iá-a-mu* (father of AN-*bu-ru*, *Bīrtu-ša-Kūna*, 508/7 BC; BM 64049 = Bert. pl. 2308; courtesy Leichty) < *ʾlyhw* (the document has more foreign names). NA *Ṭu-bu-sa-lu-m*[*u*] (SAA 11, 11, 3) renders *Ṭbšlm* (cf. Zadok 1988, 52). – The Nimrud ostracon has only *qtl* names with the theophorous element *ʾl* as subject: 7

names with *qtl* + *ʾl* compared with only 3 with the inverted order. This resembles the Hebrew and ancient Arabian order rather than the South Transjordanian (notably Ammonite) one. It should not be forgotten that the subject of almost all the pertinent Ammonite names is also *ʾl*. Of course, final judgement about the ethno-linguistic identity of the individuals mentioned in the Nimrud ostracon is impossible without taking into account additional considerations, viz. the exclusively Hebrew-Canaanite character of at least four names on the one hand and the complete lack of Yahwistic names on the other. Moreover, there is no proof that we have to deal here with a homogeneous group (see Becking 1988). Most West Semitic verbal sentence names illustrate the *qal* stem. There can be little doubt that almost all the forms render *qatal*(*a*), although there might have been some fluctuation. For *qatil*(*a*) in Biblical Hebrew see Zadok 1992, 47 f. and compare several Punic forms of *B-R-K* 'bless'. Regarding *qatul*(*a*), Σοφονιας cannot be taken at its face value in view of LB *Ga-da-al/lu-ia-a-ma* which is earlier by several hundred years than LXX Γοδολιας (*Suphunibal*, Σοφονιβα [< Phoen.-Pun.] can be nominal sentences). Very few Amorite, Phoenician-Punic and Hebrew sentence names contain verbs of the D stem. Was the LXX form influenced by the form used in the spoken language of Hellenistic Judea? The abundant Aramaic onomasticon has no definite examples. Ιδελλας (s. of Σαβαθαιος; 3rd century BC, Tcherikover and Fuks 1957, 39, 49) may render **ʾy-dlh* („Ayya [> *I*] has delivered“, cf. *A-da-la-a*, Zadok 1977, 47 f., which ends in a G pf. of *D-L-Y*) with a predicative element resembling Δελλαιας (Tcherikover and Fuks 1957, 121, 3) an undoubtedly Jewish name being the D counterpart of the G form MT *Dᵉlāyāh*; it shows unstressed *a* > *e* (Δελλεας, Tcherikover and Fuks 1960, 284, 1, may be a variant of *Dlyh*). Yet, the context does not favour a Jewish identification of Ιδελλας (he was a shepherd in a Pagan shrine in Fayum). His patronym is not exclusively Jewish (cf. Tcherikover 1954, esp. 79 f. with n. 11). He might have been a Pagan Syro-Palestinian (but hardly a Phoenician), perhaps Idumean in view of the form Ιεδδους (with the same phonological shift, cp. Δελλους in the same corpus, Tcherikover and Fuks 1957, 6, 2, 6; 107, 9) referring to an individual active in Idumea (not necessarily a Jew!). Other derived stems are found in a negligible number of Amorite, Hebrew and Aramaic verbal sentence names. *qottūl* < *qattūl* is extant in Σολλουμις (*Š-L-M* 'be complete, sound, safe' with hypocoristic *-ī*; Egypt, 2nd century BC, Tcherikover and Fuks 1957, 64,4; 104,4; s. of Σαμβαθαιος[5]).

---

[5] Σαβαιδων and Σαβδαιος are not related to the patronym (as suggested with all due reserve by Tcherikover and Fuks 1957, 192 *ad* 46, 22; 96, 5). The original initial consonant of both is presumably *Z-* (to *Z-B-D* 'give, grant' in Aram.), in which case they are not necessarily Jews, but may either be Arameans or Arabians. The case for the non-Jewishness of Ιαφευς (2nd cent. BC; presumably Arabian, cf. Zadok 1987, 311) is strengthened by the fact that Heb. */p/* is almost invariably rendered by <π> in documents concerning Jews in pre-Christian Egypt: Heb. *Ywsp* is

4. Appellatives

1. NA *i-ki-su*, SB *i-ki-šu/šú* = MHeb. *(ʾ)gys* (also JAram. and Syr.), i.e. 'brother-in-law, the husband of a wife sister' (see Kwasman 1985) is possibly with original /*ś*/.

2. Aramaic scribes. The list of witnesses of BM 29391 (15 ff.), a decision concerning consecration to the Ezida temple of Borsippa,[6] has 13 prominent figures. ^{md}Marduk(AMAR.UTU)-erība(SU) the overseer (^{lú}PA), the Aramaic scribe (^{lú}UMBISAG *ar-ma-a-*[*a*])[7] is preceded by ^{m}(x)⸢x-ia⸣, the mayor (^{lú}*ha-za-an*) of Nineveh (^{uru}*Ni-nú-a*), who is listed first, [^{m}DN]-*ahhē*(PAP^{meš})-*šul-lim*, scribe (^{lú}DUB.SAR) [xx] and ⸢^{md}⸣*Šamaš*(UTU)-*ba-la-ṭu šá* ⸢*pa*⸣-*an* É.G[AL]. Marduk-erība is followed by ^{m}Ki-NE.NE-A+A, the 'governor' (^{lú}EN.NAM) of é.eš.b[ar?] (poss. é.eš.bar.an.ki, seat of Šamaš or eš.bar.me.si.sá, seat of Nabû in ub.šukkin.na, both in Esaggila at Babylon, George 1993, 82:256, 259; for *bēl-pīhati*-s in N/LB temples see San Nicolò 1941, 54 n. 5); ^{md}Marduk(AMAR.UTU)-šuma(MU)-uṣur(ÙRU) chief of the diviners (GAL ^{lú}H[AL^{meš}]); ^{m}*Na-ṣi-ru* and ^{m}*A-qar-a*, both diviners, sg. ^{lú}*bārû* (HAL); Bābilajju (^{m}TIN.TIR^{ki}-A+A) the eunuch (^{lú}SAG), scribe (^{lú}DUB.SAR) of the king of Babylon (LUGAL TIN.TIR^{ki}); ^{md}Nabû(AG)-ušabši(GÁL^{ši}) ^{lú}x⸣ (a functionary), ^{m}Ušabši(GÁL^{ši})-ilu(DINGIR) diviner (^{lú}HAL); $^{\text{m[d]}}$Nabû(?A[G]?)-ēṭir(KAR^{ir}), scribe (^{lú}DUB.SAR); and ^{m}⸢x(x)⸣-ru-^{d}Sibitti(IMIN.BI) the royal merchant (or commercial agent, ^{lú}DAM.GÀR LUGAL). The presence of the mayor of Nineveh and the fact that Assurbanipal is mentioned strongly suggest that the case was brought before the Assyrian king in his capital. The case was important seeing that the document was witnessed by prominent Babylonian and Assyrian officials and religious functionaries. The mayor of Nineveh cannot be identified with any of the holders of this office in the middle of the 7th century BC. The last sign of the name of NA *In-si-i* (Kwasman 1988, 285, 3'), who might have held the same office sometime between 671 and 660 BC, can be written *-ia* in N/LB (Frame 1992, 282 f. dates the document

---

rendered 26 times as Ιωσηπος (Tcherikover and Fuks 1957, 283a; 1960, 266a, index *s.vv.* and once as Ιωσηπιος, gen., Tcherikover and Fuks 1957, 89, 3; the dated documents are from 160 BC - 109 CE) whereas Ιωσηφος occurs only twice (Tcherikover and Fuks 1957, 24, 10; 1960, 240, 1; both patronyms from 174 BC and 70-71 CE resp.). A non-spirantized Heb /*b*/ is rendered in Ιακουμβος (< Ιακουβος, early 3rd cent. CE, Tcherikover and Fuks 1960, 157, 14 f. and 256b, index, *s.vv.* resp.).

[6] Shaving for consecration (poss. of the first son) is mentioned in line 6; the principals are Nabû-leʾ (poss. s. of Zakir) and Šūlā (s. of Nabû-iddina).

[7] Admittedly, this combination makes little sense, but the lack of the plural determinative after UMBISAG renders a translation 'overseer of the Aramaic scribes' difficult.

to the beginning of Assurbanipal's reign; cf. Frame 1992:108 ff., 131 on Assurbanipal's interference in internal Babylonian affairs.)

References

Astour, M.C.

1968 Semitic Elements in the Kumarbi Myth: an Onomastic Enquiry, JNES 27, 172-177.

1979 The Kingdom of Siyannu-Ušnatu, UF 11, 13-28.

Barton, G.A.

1900 Some Contracts of the Persian Period from the Kh2 Collection of the University of Pennsylvania, AJSL 16, 65-82.

Becking, B.

1988 Kann das Ostrakon ND 6231 von Nimrūd für ammonitisch gehalten werden?, ZDPV 104, 59-67.

Benz, F.L.

1972 Personal Names in the Phoenician and Punic Inscriptions, Rome.

Dekiere, L.

1994 Old Babylonian Real Estate Documents from Sippar in the British Museum, l: Pre-Hammurabi; 2 : Hammurabi dynasty, Ghent.

Delavault, B. and A. Lemaire

1979 Les Inscriptions phéniciennes de Palestine, RSF 7, 1-35.

Deller, K. and A. Fadhil

1993 Neue Nimrud-Urkunden des 8 Jahrhunderts v.Chr., BagM 24, 243-270.

Dittenberger, W.

1905 Orientis graeci inscriptiones selectae 2, Leipzig.

Fales, F.M.

1980 New Assyrian Letters from the Kuyunjik Collection, AfO 27, 136-153.

Frame, G.

1984 The „First Families“ of Borsippa During the Early Neo-Babylonian Period, JCS 36, 67-80.

1992 Babylonia 689-627 B.C.: A Political History, Leiden.

Friedrich, J. and W. Röllig,

1970 Phönizisch-Punische Grammatik, Rome.

George, A.R.
1993 House Most High: the Temples of Ancient Mesopotamia, Winona Lake.

Grantovskij, E.A.
1970 Rannjaja istorija iranskikh plemjon perednej Azii, Moscow.

Jongeling, K.
1984 Names in Neo-Punic Inscriptions, Groningen.

Kümmel, H.M.
1979 Familie, Beruf und Amt im spätbabylonischen Uruk, Berlin.

Kwasman, T.
1985 Notes breves: ikīšu/su, RA 79, 95-96.
1988 Neo-Assyrian Legal Documents from the Kouyunjik Collection of the British Museum, Rome.

Landsberger, B.
1967 The Date Palm and its By-Products According to the Cuneiform Sources, Graz.

Palmer, E.H.
1881 Arab and English Name Lists. The Survey of Western Palestine, London.

Parpola, S.
1970 Neo-Assyrian Toponyms, Neukirchen-Vluyn.

Peters, J.P. and H. Thiersch,
1905 Painted Tombs in the Necropolis of Marissa (Marêshah). Edited by S.A. Cook, London.

Pinches, T.G.
1896 The Religious Ideas of the Babylonians, JTVI 28:1-23

Porten, B. and A. Yardeni
1993 Textbook of Aramaic Documents from Ancient Egypt, 3: Literature, Accounts, Lists, Jerusalem.

Sack, R.
1994 Cuneiform Documents from the Chaldean and Persian Periods, Selinsgrove.

San Nicolò, M.
1941 Beiträge zu einer Prosopographie neubabylonischer Beamten der Zivil- und Tempelverwaltung, Munich.

von Soden, W.
1959-81 Akkadisches Handwörterbuch, 1-3, Wiesbaden.

Stolper, M.W.
1990 Tobits in Reverse: More Babylonians in Ecbatana, AMI 23, 161-176.

Tcherikover, V.A.
1954 The Sambathions, Scripta Hierosolymitana 1, 78-98.

Tcherikover, V.A. and A. Fuks
1957/60 Corpus papyrorum judaicarum 1, 2, Cambridge (Mass.).

Wild, S.
1973 Libanesische Ortsnamen: Typologie und Deutung, Beirut.

Zadok, R.
1977 Historical and Onomastic Notes, WO 9, 35-56.
1978 On West Semites in Babylonia During the Chaldean and Achaemenian Periods, Jerusalem.
1983 Review of Gelb I.J. 1980. Computer-Aided Analysis of Amorite, Chicago, WO 14, 235-240.
1987 Zur Struktur der nachbiblischen jüdischen Personennamen semitischen Ursprungs, Trumah 1, 243-343.
1988 The pre-Hellenistic Israelite Anthroponymy and Prosopography, Leuven.
1992 Onomastic and Prosopographic Notes, BN 65, 47-54.

Indizes

bearbeitet von M. Dietrich / Münster

A Stellen

1. Sumerische und akkadische Texte

2. Texte aus Ugarit

3. Texte der nordwestsemischen Epigraphik

4. Altes Testament

5. Luwische Texte

6. Ägyptische Texte

7. Klassische Literatur

B Wörter

1. Akkadisch

2. Sumerisch

3. Ugaritisch

4. Nordwestsemitisch

5. Phönikisch-Punisch

6. Hebräisch

7. Altaramäisch

C Namen

1. Götter

2. Toponyme - Gentilicia

3. Personen

D Sachen

Abkürzungen

(mit Ausnahme der in dem Beitrag von O. Loretz, S. 249-251, aufgeführten)

ÄA	Ägyptologische Abhandlungen, Wiesbaden
AAS	Annales archéologiques de Syrie, Damas
AbB	Altbabylonische Briefe, Leiden
ABL	R.F. Harper, Assyrian and Babylonian Letters, Chicago 1892/1914
ABRT	J.A. Craig, Assyrian and Babylonian Religious Texts, Leipzig 1895
ADD	C. H. Johns, Assyrian Deeds and Documents
ADOG	Abhandlungen der Deutschen Orientgesellschaft, Berlin
AEPHE	Annuaire. École pratique des Hautes Études, Paris
AfO(B)	Archiv für Orientforschung (Beihefte), Graz
AHAW	Abhandlungen der Heidelberger Akademie der Wissenschaften, Heidelberg
AHw	W. von Soden, Akkadisches Handwörterbuch, Wiesbaden 1958/81
AION	Annali del'istituto universitario orientale di Napoli, Napoli
AJSL	American Journal of Semitic Languages and Literatures
ALASP(M)	Abhandlungen zur Literatur Alt-Syrien-Palästinas (und Mesopotamiens), Münster
AlT	D.J. Wiseman, The Alalakh Tablets, London 1953
AMI	Archäologische Mitteilungen aus Iran, Berlin
AnOr	Analecta Orientalia, Roma
ANRW	Wissenschaftliche Abhandlungen der Arbeitsgemeintschaft für Forschung des Landes Nordrhein-Westfalen.
AnSt	Anatolian Studies, London
AOAT(S)	Alter Orient und Altes Testament (Sonderreihe), Kevelaer/ Neukirchen-Vluyn
AoF	Altorientalische Forschungen, Berlin
AOS	American Oriental Series, New Haven, Cn.
APN	K. Tallqvist, Assyrian Personal Names (Helsingfors 1914)
ARAB	D.D. Luckenbill, Ancient Records os Assyria and Babylonia (Chicago 1926-27)
ARET	Archivi Reali di Ebla Testi, Roma
ARM(T)	Archives royales de Mari (Textes), Paris
ArOr	Archiv Orientální, Prag
AS	Assyriological Studies, Chicago
ASJ	Acta sumerologica, Japan, Tokyo
AT	Altes Testament
AUCT	M. Sigrist, Neo-Sumerian Account Texts in the Horn Archaeological Museum. Andrews University Cuneiform Texts I-III, Barren Springs/Mich., 1984/88
AuOr(S)	Aula Orientalis (Supplementa), Barcelona
AUWE	Ausgrabungen in Uruk-Warka, Endberichte, Berlin
BaF	Baghdader Forschungen, Mainz
Ba(g)M	Baghdader Mitteilungen, Berlin
BAH	Bibliothèque archéologique et historique, Paris

BASOR(SS)	Bulletin of the American Schools of Oriental Research, Jerusalem-Bagdad-New Haven, Cn.
BATSH	Berichte der Ausgrabung Tall Šēḫ Ḥamad / Dūr-Katlimmu
BBVO(T)	Berliner Beiträge zum Vorderen Orient (, Texte), Berlin
BE	The Babylonian Expedition of the University of Pennsylvania, Series A: Cuneiform Texts, Philadelphia
BeO	Bibbia e Oriente, Milano
Ber	Berytus, København
BibMes	Bibliotheca Mesopotamica, Malibu
BM	British Museum, London (Tafelsignatur)
BN	Biblische Notizen, Bamberg
BRM	Babylonian records in the Library of J. Pierpont Morgan
BSA	Bulletin on Sumerian Agriculture
BSOAS	Bulletin of the School of Oriental and African Studies. London.
BTT	A. George, Babylonian Topographical Texts, OLA 40 (1992)
CAD	The Assyrian Dictionary of the Oriental Institute of the University of Chicago, Chicago, Ill.
CBQ(MS)	The Catholic Biblical Quarterly (Monograph Series), Washington, D.C.
CCSL	Corpus Christianorum Series Latina, Turnholti
CdB	Concise Dictionary of the Bible, London
CIL	Corpus inscriptionum latinarum, Paris
CIS	Corpus inscriptionum semiticarum, Paris
CLAM	M.E. Cohen, The canonical Lamentations of Ancient Mesopotamia, Potomac (1988)
CRAI	Comptes rendus de l'Academie des Inscriptions et Belles Lettres. Paris
CRRAI	Compte Rendu de la . . . Rencontre Assyriologique Internationale
CSEL	Corpus sriptorum ecclesiasticorum latinorum, Wien
CT	Cuneiform Texts from Babylonian Tablets in the British Museum, London
CTMMA	Cuneiform Texts in the Metropolotan Museum of Art, New York
CTN	Cuneiform Texts from Nimrud, London
DeZ	Inventarnummer Dēr ez-Zōr
DI	Dan-Inscription
DMOA	Documenta et monumenta Orientis antiqui. Leiden.
DN(W)SI	J. Hoftijzer - K. Jongeling, Dictionary of the North-West Semitic Inscriptions (HdO I 21 1/2), Leiden 1995
EI	Eretz Israel. Archaeological, Historical and Geographic Studies, Jerusalem
EPRO(ER)	Études préliminaires aux religions orientales dans l'empire romain. Leiden.
FAOS	Freiburger Altorientalische Studien, Wiesbaden
FARG	Forschungen zur Anthropologie und Religionsgeschichte, Münster
FGrH	Fragmente der griechischen Historiker, Berlin
FLP	Inventarnummer Free Library of Philadelphia
GLECS	Comptes rendus du groupe linguistique d'études chamito-sémitiques. Paris.
GLH	E. Laroche, Glossaire de la langue Hourrite, Paris 1980
HANES	History of the Ancient Near East. Studies, Padova
HdA	Handbuch der Archäologie, München
HdO	Handbuch der Orientalistik, Leiden
HSM	Harvard Semitic Monographs, Cambridge, Mass.

HSS	Harvard Semitic Series, Cambridge, Mass.
IAS	R.D. Biggs, Inscriptions from Tell Abū Ṣalābīkh (OIP 99 1974)
ICC	The International Critical Commentary, Edinburgh
ID	W. Sladek, Inanna's Descent to the Netherworld (Diss. Philadelphia 1974)
IEJ	Israel Exploration Journal, Jerusalem
IFAO	Institut Français d'Archéologie du Proche Orient
IOS	Israel Oriental Studies, Tel Aviv
JANES	Journal of the Ancient Near Eastern Society of Columbia University, New York, N.Y.
JAOS	Journal of the American Oriental Society, New Haven, Cn.
JBL	Journal of Biblical Literature, Philadelphia, Pa.
JCS	Journal of Cuneiform Studies, New Haven, Cn.
JESHO	Journal of the Economic and Social History of the Orient, Leiden
JNES	Journal of Near Eastern Studies, Chicago, Ill.
JSOT(SS)	Journal for the Study of the Old Testament (Supplement Series), Sheffield
JSS	Journal of Semitic Studies, Manchester
JTVI	Journal of the Transactions of the Victoria Institute, London
KAI	H. Donner/W. Röllig, Kanaanäische und aramäische Inschriften, Wiesbaden 1962/64
KAJ	E. Ebeling, Keilschrifttexte aus Assur juristischen Inhalts (Leipzig 1927)
KÄT	Kleine ägyptische Texte, Wiesbaden
KAV	O. Schröder, Keilschrifttexte aus Assur verschiedenen Inhalts (Leipzig 1920)
KTU^2	M. Dietrich, O. Loretz, J. Sanmartín, The Cuneiform Alphabetic Texts from Ugarit, Ras Ibn Hani and Other Places (KTU: second, enlarged edition) (ALASP 8), Münster 1995
KUG	K. Hecker: Die Keilschrifttexte der Universitätsbibliothek Gießen unter Benutzung nachgelassener Vorarbeiten von Julius Lewy. Berichte und Arbeiten aus der Universitätsbibliothek Gießen 9, Gießen 1966.
LÄ	W. Helck/E. Otto, Lexikon der Ägyptologie, Wiesbaden 1975ff.
LAPO	Littératures anciennes du Proche-Orient, Paris
LAS	S. Parpola, Letters from Assyrian Scolars to the Kings Esarhaddon and Assurbanipal. AOAT 5,1-2.1970/83.
LingAeg	Lingua Aegyptia, Göttingen
LSS	Leipziger Semitistische Studien, Leipzig
MAD	Materials for the Assyrian dictionary, Chicago, Ill.
MAH	Tablets du Musée d'Art et d'Histoire de Genève.
MAOG	Mitteilungen der Altorientalischen Gesellschaft. Leipzig etc.
MARI	Mari. Annales de Recherches interdisciplinaires, Paris
MARV	H. Freydank, Mittelassyrische Rechtsurkunden und Verwaltungstexte, Berlin
MDAIK	Mitteilungen des Deutschen Archäologischen Instituts, Abt. Kairo, Wiesbaden
MDOG	Mitteilungen der Deutschen Orientgesellschaft, Berlin
MEE	Materiali epigrafici di Ebla, Napoli
MIO	Mitteilungen des Instituts für Orientforschung, Berlin
MLC	G. Del Olmo Lete, Mitos y Leyendas de Canaán según la tradición de Ugarit, Madrid 1981
MSL(SS)	Materialien zum sumerischen Lexikon (Supplement-Serie), Roma

MVAeG	Mitteilungen der Vorderasiatisch-ägyptischen Gesellschaft, Leipzig
MVN	G. Pettinato u.a, Materiali per il Vocabolario neosumerico, Rom 1974 ff.
NABU	Nouvelles Assyriologiques Brèves et Utilitaires, Paris
NAT	S. Parpola, Neo-Assyrian Toponyms (AOAT 6 1970)
NATA	F.M. Fales - L. Jakob-Rost, Neo-Assyrian Texts from Assur. Private Archives in The Vorderasiatisches Museum of Berlin. Part I. SAAS Bulletin V (1991)
NESE	Neue Ephemeris für semitische Epigraphik. Wiesbaden.
NL	H.W.F. Saggs, "The Nimrud-Letters" in Iraq 17, 1955, 21ff.
NRV(U)	N. San Nicolò - A. Ungnad, Neubabylonische Rechts- und Verwaltungsurkunden, Leipzig 1935-37
OBO(SA)	Orbis Biblicus et Orientalis (... Archaeologica). Fribourg
OIP	Oriental Institute Publications
OLA	Orientalia Lovaniensia Analecta, Leuven
OLP	Orientalia Lovaniensia Periodica, Leuven
OLZ	Orientalistische Literaturzeitung, Leipzig
OMA	Cl. Saporetti, Onomastica Medio-Assira. Vol. I/II (Roma 1970)
OrAnt	Oriens Antiquus, rivista del Centro per le Antichità e la Storia dell'Arte del Vicino Oriente. Roma
Or(NS)	Orientalia (Nova Series), Roma
PBS	University of Pennsylvania. The University Museum. Publications of the Babylonian Section, Philadelphia
PKOM	Publikationen der Kaiserlich Osmanischen Museen, Konstantinopel
PPG^2	J. Friedrich - W. Röllig, Phönizisch-punische Grammatik, Roma 1970 (II éd.)
PTS	Tablets in the Collection of the Princeton Theological Seminary
PTU	F. Gröndahl, Die Personennamen der Texte aus Ugarit, SP 1.1967
PW	Pauly-Wissowa, Real-Encyclopädie der classischen Altertumswissenschaften, Stuttgart
RA	Revue d'assyriologie et d'archéologie orientale, Paris
RB	Revue Biblique, Paris
RCAE	L. Waterman, Royal Correspondence of the Assyrian Empire, Ann Arbor 1930-36
RE	s. PW
REPPAL	Revue des études phéniciennes et puniques et des antiquités libyques
RES	Répertoire d'épigraphie sémitique, Paris
RGTC	Répertoire Géographique des Textes Cunéiformes, Wiesbaden
RHR	Revue de l'Histoire des Religions, Paris
RIMA	The Royal Inscriptions of Mesopotamia, Assyrian Periods, Toronto etc.
RIMB	The Royal Inscriptions of Mesopotamia, Babylonia, Toronto
RIME(P)	D.R. Frayne, The Royal Inscriptions of Mesopotamia, Early Periods, Toronto etc.
RlA	Reallexikon der Assyriologie, Berlin
RS	Inventarnummer Ras Shamra
RSF	Rivista di Studi Fenici, Roma
RSO	Rivista degli studi orientali, Roma
RSO(u)	Ras Shamra-Ougarit. Publications de la Mission Archéologique Francaise de Ras Shamra-Ougarit, Paris
SAAB	State Archives of Assyria, Bulletin, Padova

SAAS	State Archives of Assyria, Studies, Helsinki
SACT	Sh.T. Kang, Sumerian Economic Texts from the Drehem Archive. Sumerian and Akkadian Cuneiform Texts in the Collection of the World Heritage Museum of the University of Illinois. Vol. I/II (Chicago u.a. 1972-73)
SAOC	Studies in Ancient Oriental Civilization, Chicago
SBH	G. Reisner, Sumerisch-babylonische Hymnen nach Thontafeln griechischer Zeit (Berlin 1896)
SEL	Studi epigrafici e linguistici, Verona
SH	Inventarnummer Šēḫ Ḥamad
SLA	R.H. Pfeiffer, State Letters of Assyria. AOS 6 (New Haven, Cn. 1935)
SM	Studi Magrebini
SMEA	Studi Micenei ed Egeo-Anatolici, Roma
SMSR	Studi e materiali di storia delle religione, Roma
St.Sem.	Studi semitici (Nova series). Roma.
StEb.	Studi Eblaiti, Roma
StOr Fenn	Studia Orientalia, Societas Orientalis Fennica, Helsingfors
StOrRel	346 D, Sitzler, Vorwurf gegen Gott
SWU	H. Freydank, Spätbabylonische Wirtschaftstexte aus Uruk (Berlin 1971)
Syr	Syria, Paris
TAD	A. Yardeni, Textbook of Aramaic Documents from Ancient Egypt (Jerusalem 1986ff)
TAVO(B)	Tübinger Atlas des Vorderen Orients (Beihefte), Wiesbaden
TCL	Textes cunéiformes. Musée du Louvre, Paris
TCS	Texts from Cuneiform Sources, New York
THAT	Theologisches Handwörterbuch zum Alten Testament, München
T(h)WAT	Theologisches Wörterbuch zum Alten Testament, Stuttgart
TIM	Texts in the Iraq Museum (Baghdad)
TM	Tell Mardikh/Ebla (Tafelsignatur)
TSSI	J.C.L. Gibson, Textbook of Syrian Semitic Inscriptions — III. Phoenician Inscriptions, Oxford 1982
TUAT	Texte aus der Umwelt des Alten Testaments, Gütersloh
UAR	H. Hirsch, Untersuchungen zur Altassyrischen Religion, BAfO 13/14, Osnabrück ²1972
UCLM	Inventarnummer Lowie Museum, University of California
UF	Ugarit-Forschungen, Kevelaer/Neukirchen-Vluyn
UVB	Vorläufiger Bericht über die von der Notgemeinschaft der Deutschen Wissenschaft in Uruk-Warka unternommenen Ausgrabungen, Berlin 1930ff.
VAB	Vorderasiatische Bibliothek, Berlin
VAT	Vorderasiatischen Abteilung der Berliner Museen (Tafelsignatur)
VIO	Veröffentlichungen des Instituts für Orientforschung der Deutschen Akademie der Wissenschaften (Berlin)
VS	Vorderasiatische Schriftdenkmäler der Königlichen Museen zu Berlin, Berlin
VT(S)	Vetus Testamentum. (Supplementum) Leiden.
W	Inventarnummer Uruk-Warka
W(d)O	Die Welt des Orients, Göttingen
WMANT	Wissenschaftliche Monographien zum Alten und Neuen Testament, Neukirchen-Vluyn

WVDOG	Wissenschaftliche Veröffentlichungen der Deutschen Orient-Gesellschaft, Leipzig/Berlin
WZKM	Wiener Zeitschrift für die Kunde des Morgenlandes, Wien
YOS	Yale Oriental Series, New Haven, Cn.
ZA	Zeitschrift für Assyriologie und vorderasiatische Archäologie, Berlin
ZAH	Zeitschrift für Althebraistik, Stuttgart
ZÄS(A)	Zeitschrift für ägyptische Sprache und Altertumskunde, Berlin
ZDMG(S)	Zeitschrift der Deutschen Morgenländischen Gesellschaft (Supplement), Wiesbaden
ZDPV	Zeitschrift des Deutschen Palästina-Vereins, Leipzig, u.a.
IV R	H.C. Rawlinson, The Cuneiform Inscriptions of Western Asia, Vol. IV, London 1875

Ugarit-Verlag Münster

Ricarda-Huch-Straße 6, D-48161 Münster

Abhandlungen zur Literatur Alt-Syrien-Palästinas und Mesopotamiens (ALASP)

Herausgeber: *Manfried DIETRICH - Oswald LORETZ*

Bd. 1 Manfried DIETRICH -Oswald LORETZ, *Die Keilalphabete.* 1988 (ISBN 3-927120-00-6), 376 S., DM 93,--; SFr 84,50; ÖS 679,--.

Bd. 2 Josef TROPPER, *Der ugaritische Kausativstamm.* 1990 (ISBN 3-927120-06-5), 252 S., DM 71,--; SFr 64,50; ÖS 518,--.

Bd. 3 Manfried DIETRICH - Oswald LORETZ, *Mantik in Ugarit.* 1990 (ISBN 3-927120-05-7), 320 S., DM 98,--; SFr 89,--; ÖS 715,--.

Bd. 5 Fred RENFROE, *Arabic-Ugaritic Lexical Studies.* 1992 (ISBN 3-927120-09-X). 212 S., DM 77,--; SFr 70,--; ÖS 582,--.

Bd. 6 Josef TROPPER, *Die Inschriften von Zincirli.* 1993 (ISBN 3-927120-14-6). XII + 364 S., DM 108,--; SFr 96,--; ÖS 788,--.

Bd. 7 *UGARIT - ein ostmediterranes Kulturzentrum im Alten Orient.* hrsg. von Manfried DIETRICH und Oswald LORETZ.
Bd. I: *Ugarit und seine altorientalische Umwelt.* 1995 (ISBN 3-927120-17-0). XII + 298 S., DM 120,--; SFr 106,50; ÖS 876,--.
Bd. II: H.-G. BUCHHOLZ, *Ugarit und seine Beziehungen zur Ägäis.* 1996 (ISBN 3-927120-38-3)(im Druck).

Bd. 8 Manfried DIETRICH - Oswald LORETZ - Joaquín SANMARTÍN, *The Cuneiform Alphabetic Texts from Ugarit, Ras Ibn Hani and Other Places. (KTU: second, enlarged edition).* 1995 (ISBN 3-927120-24-3). XVI + 666 S., DM 120,--, SFr 106,50; ÖS 876,--.

Bd. 9 Walter MAYER, *Politik und Kriegskunst der Assyrer.* 1995 (ISBN 3-927120-26-X). XVI + 545 S., DM 170,--, SFr 151,--, ÖS 1.241,--.

Bd. 10 Giuseppe VISICATO, *The Bureaucracy of Šuruppak.* 1995 (ISBN 3-927120-35-9). XX + 165 S. DM 80,--; SFr 72,50; ÖS 584,--.

Bd. 11 Doris PRECHEL, *Die Göttin Išhara.* 1996 (ISBN 3-927120-36-7). XII + 248 S., DM 102,--; SFr. 81,--; ÖS 745,--.

Bd. 12 Manfried DIETRICH - Oswald LORETZ, A Word-List of the Cuneiform Alphabetic Texts from Ugarit, Ras Ibn Hani and Other Places (KTU: second, enlarged edition). 1996 (ISBN 3-927120-40-5), x + 250 S., DM 80,--; SFr 72,50; ÖS 584,--.

Ugaritisch-Biblische Literatur (UBL)

Herausgeber: *Oswald LORETZ*

Bd. 1 Oswald LORETZ, *Der Prolog des Jesaja-Buches (1,1-2,5).* 1984 (ISBN 3-88733-054-4), 171 S., DM 52,--; SFr 47,--; ÖS 380,--.

Bd. 2 Oswald LORETZ, *Psalm 29.* 1984 (ISBN 3-88733-055-2), 168 S., - Neuauflage UBL 7.

Bd. 3 Oswald LORETZ, *Leberschau, Sündenbock, Asasel in Ugarit und Israel.* 1985 (ISBN 3-88733-061-7), 136 S., DM 47,--; SFr 43,50; ÖS 343,--.

Bd. 4 Oswald LORETZ, *Regenritual und Jahwetag im Joelbuch.* 1986 (ISBN 3-88733-068-4), 189 S., DM 62,--; SFr 56,50; ÖS 453,--.

Bd. 5 Oswald LORETZ - Ingo KOTTSIEPER, *Colometry in Ugaritic and Biblical Poetry.* 1987 (ISBN 3-88733-074-9), 166 pp., DM 52,--; SFr 47,--; ÖS 380,--.

Bd. 6 Oswald LORETZ, *Die Königspsalmen.* Teil I. *Ps. 20; 21; 72; 101 und 144.* Mit einem Beitrag von Ingo Kottsieper zu *Papyrus Amherst.* 1988 (ISBN 3-927120-01-4), 261 S., DM 82,--; SFr 74,50; ÖS 599,--.

Bd. 7 Oswald LORETZ, *Ugarit-Texte und Thronbesteigungspsalmen.* - Erweiterte Auflage von UBL 2. 1984-. 1988 (ISBN 3-927120-04-9), 550 S., DM 94,--; SFr 85,50; ÖS 686,--.

Bd. 8 Marjo C.A. KORPEL, *A Rift in the Clouds.* 1990 (ISBN 3-927120-07-3), 736 S., DM 110,--; SFr 98,--; ÖS 803,--.

Bd. 9 Manfried DIETRICH - Oswald LORETZ, *"Yahwe und seine Aschera".* 1992 (ISBN 3-927120-08-1) (Neuauflage i.V.)

Bd. 10 Marvin H. POPE, *Probative Pontificating in Ugaritic and Biblical Literature. Collected Essays.* Ed. by Mark S. SMITH. 1994 (ISBN 3-927120-15-4), xvi + 406 S. DM 106,--; SFr 94,--; ÖS 774,--.

Bd. 11 *Ugarit and the Bible.* Ed. by G.J. BROOKE, A.H.W. CURTIS, J.F. HEALEY. 1994 (ISBN 3-927120-22-7), X + 470 S., 3 Abb., DM 104,--; SFr 92,50; ÖS 759,--.

Bd. 12 *Ugarit: Religion and Culture*. Eds. N. WYATT, W.G.E. WATSON, J.B. LLOYD. 1996 (ISBN 3-927120-37-5) xiv + 448 S., DM 116,--; SFr 103,--; ÖS 847,--.

Bd. 13 Nick WYATT, *Myths of Power - a study of royal myth and ideology in Ugaritic and biblical tradition*. 1996 (ISBN 3-927120-43-X), viii + 492 S., DM 116,--; SFr 103;--; ÖS 847,--.

Altertumskunde des Vorderen Orients (AVO)

Herausgeber: *Manfried DIETRICH - Reinhard DITTMANN - Oswald LORETZ*
Mitwirkende: *Nadja Cholidis - Maria Krafeld-Daugherty - Ellen Rehm*

Bd. 1 Nadja CHOLIDIS, *Möbel in Ton*. 1992 (ISBN 3-927120-10-3), XII + 323 S. + 46 Taf., DM 119,--; SFr 105,--; ÖS 869,--.

Bd. 2 Ellen REHM, *Der Schmuck der Achämeniden*. 1992 (ISBN 3-927120-11-1), X + 358 S. + 107 Taf., DM 125,--; SFr 111,--; ÖS 913,--.

Bd. 3 Maria KRAFELD-DAUGHERTY, *Wohnen im Alten Orient*. 1994 (ISBN 3-927120-16-2), x + 404 S. + 41 Taf., DM 146,--; SFr 129,50; ÖS 1.066,--.

Bd. 4 Manfried DIETRICH - Oswald LORETZ, Hrsg., *Beschreiben und Deuten. Festschrift für RUTH MAYER-OPIFICIUS*. 1994 (ISBN 3-927120-18-9), xviii + 356 S. + 256 Abb., DM 116,--; SFr 103,--; ÖS 847,--.

Bd. 5 Gunnar LEHMANN, *Untersuchungen zur späten Eisenzeit in Syrien und Libanon. Stratigraphie und Keramikformen zwischen ca. 720 bis 300 v.Chr.* 1996 (ISBN 3-927120-33-2), x + 548 S. + 3 Karten + 113 Tf., DM 212,--; SFr 188,--; ÖS 1.550,--.

Bd. 6 Ulrike LÖW, *Figürlich verzierte Metallgefäße aus Nord- und Nordwestiran - eine stilkritische Untersuchung*. 1996 (ISBN 3-927120-34-0)(im Druck)

Bd. 7 Ursula MAGEN - Mahmoud RASHAD, Hrsg., *Vom Halys zum Euphrat. THOMAS BERAN zu Ehren*. 1996 (ISBN 3-927120-41-3), XI+311 S., 123 Abb.; DM 139,--; SFr 123,--; ÖS 1.015,--.

Eikon

Beiträge zur antiken Bildersprache
Herausgeber: *Klaus STÄHLER*

Bd. 1 Klaus STÄHLER, *Griechische Geschichtsbilder klassischer Zeit*. 1992 (ISBN 3-927120-12-X), X + 120 S. + 8 Taf., DM 40,80; SFr 38,--; ÖS 298,--.

Bd. 2 Klaus STÄHLER, *Form und Funktion*. 1993 (ISBN 3-927120-13-8), VIII + 131 S. mit 54 Abb., DM 43,--; SFr 39,50; ÖS 314,--.

Bd. 3 Klaus STÄHLER, *Zur Bedeutung des Formats*. 1996 (ISBN 3-927120-25-1), ix + 118 S. mit 60 Abb., DM 48,--; SFr 44,50; ÖS 350,--.

Forschungen zur Anthropologie und Religionsgeschichte (FARG)

Herausgeber: *Manfried DIETRICH - Oswald LORETZ*

Bd. 27 Jehad ABOUD, *Die Rolle des Königs und seiner Familie nach den Texten von Ugarit*. 1994 (ISBN 3-927120-20-0), XI + 217 S., DM 38,50; SFr 36,--; ÖS 283,--.

Bd. 28 Azad HAMOTO, *Der Affe in der altorientalischen Kunst*. 1995 (ISBN 3-927120-30-8), XII + 147 S. + 25 Tf./155 Abb., DM 49,--; SFr 45,50; ÖS 358,--.

Bd. 29 *Engel und Dämonen. Theologische, anthropologische und religionsgeschichtliche Aspekte des Guten und Bösen*. Vorträge gehalten während eines Symposiums zu Tartu/ Estland am 7.-8. April 1995, hrsg. von Gregor AHN - Manfried DIETRICH, 1996 (ISBN 3-927120-31-6) (i.D.)

Mitteilungen für Anthropologie und Religionsgeschichte (MARG)

Herausgeber: *Gregor AHN - Manfried DIETRICH - Ansgar HÄUSSLING*

Bd. 8 1994 (ISBN 3-927120-21-9), X + 219 S., DM 51,--; SFr 46,50; ÖS 372,--.

Bd. 9 *In memoriam A. Rupp (1930 - 1993)*. 1994 (ISBN 3-927120-23-5), XXVI + 341 S. + 15 Taf., DM 62,--; SFr 56,50; ÖS 453,--.

Bd. 10 1995 (ISBN 3-927120-32-4), VI + 173 S., 31 Abb., DM 46,--; SFr 42,50; ÖS 336,--.

Bd. 11 mit Beiträgen u.a. von G. Ahn, M. Dietrich, A. Häußling, V. Iwanow, T. Kulmar, K. Meisig, S. Stadnikow. 1996 (ISBN 3-927120-45-6)(im Druck)

Bei einem Abonnement der Reihen liegen die angegebenen Preise um ca. 15% tiefer.

Auslieferung durch - Distributed by:
BDK Bücherdienst GmbH
Kölner Straße 248
D-51149 Köln

Distributor to North America:
Eisenbrauns, Inc.
Publishers and Booksellers
POB 275
Winona Lake, Ind. 46590
U.S.A.